I0869196

ANNUA NUNTIA LOVANIENSIA

XXIV

1962-1968

Les Facultés de théologie et de droit canonique — De Faculteiten der Godgeleerdheid en van het Kerkelijk Recht
7-3-1961.

Prof. De Smet — Giblet — Fransen — Vieujean — Houssiau — Van Roey — Neirynck
Prof. Van Steenberghen — Van den Bussche — Aubert — Thils — Onclin — De Langhe — Massaux — Wagnon
Prof. Riedl — Janssen — Mgr van Waeyenbergh — Mgr Descamps — Dom Capelle — Mgr Litt — Prof. Coppens — Ryckmans — Philips.
Les prof. A. Dondeyne, Fr. Grégoire, L. Janssens étaient absents.

UNIVERSITAS CATHOLICA LOVANIENSIS

ANNUA NUNTIA LOVANIENSIA

Facultatum
Sacrae Theologiae atque Iuris Canonici
ed. J. Coppens

Fasciculus XXIV

Les six dernières années des Facultés unitaires de Théologie et de Droit canonique 1962–1968

Nécrologies et Chronique 1962–1970

De laatste zes jaren van de niet gesplitste Faculteiten van Godgeleerdheid en Kerkelijk Recht 1962 1978

Necrologieën en Chronica 1962–1970

PEETERS
P.B. 41
B–3000 LEUVEN
1980

ISBN 2-8017-0158-0
D. 1980/0602/27

PARS PRIMA

Nuntia Facultatis theologicae et Facultatis Iuris Canonici

FACULTAS THEOLOGICA

ELENCHUS PROFESSORUM

Decani		*Secretarii*
A. Dondeyne	1961-1962	É. Massaux
A. Dondeyne	1962-1963	É. Massaux
A. Dondeyne	1963-1964	É. Massaux
J. Coppens	1964-1965	É. Massaux
J. Coppens	1965-1966	F. Neirynck
J. Coppens	1966-1967	F. Neirynck
G. Thils	1967-1968	A. Houssiau
G. Thils	1968 octobr.	A. Houssiau

PROFESSORES AD HONOREM

LOTTIN, Joseph, O.S.B., natus Neufchâteau (lez-Visé), 2 iul. 1880, professor in Univ. Lovan. 1912-1914, obiit Lovanii 10 martii 1965.

DESCAMPS, Albert, natus Escanaffles, 27 iunii 1916, lector, 1952, professor 1953-1960, rector Universitatis 1962, rector magnificus 1964.

PROFESSORES EMERITI

CERFAUX, Lucien, nat. Presles, 14 iun. 1883, lector 1925, prof. 1930-1953, emer. 1953, obiit Lourdes, 11 augusti 1968.

JANSSEN, Arthur, nat. Antverpiae, 11 febr. 1886, doc. 1913, praeses Collegii Iusti Lipsii 1913-1956, prof. 1919-1956, emer. 1956, obiit Lovanii, 4 mart. 1979.

RIJCKMANS, Gonzague, nat. Antverpiae, 10 dec. 1887, lector 1926, prof. 1930, emer. 1958, obiit Korbeek-Lo, 3 sept. 1969.

PROFESSORES ORDINARII

DRAGUET, René, nat. Gosselies, 13 febr. 1896, lector 1925, prof. 1926-1942, 1947-1966, emer. 1966.

COPPENS, Joseph, nat. Teneremundae, 12 oct. 1896, professor 1927, praeses Collegii Papae Hadriani VI 1930-1967, emer. 1967.

VAN STEENBERGHEN, Fernand, nat. Saint-Josse-ten-Noode, 13 febr. 1904, lector 1926, prof. 1926, praeses Collegii Americae Meridionalis 1956-1961, emer. 1974.

DONDEYNE, Albert, nat. Lo, 10 maii 1901, prof. vicarius 1932, doc. 1933, prof. 1933, emer. 1971.

GRÉGOIRE, Franz, nat. Sombreffe, 16 aug. 1898, lector 1932, doc. 1936, prof. 1938, emer. 1962, obiit Erps-Kwerps, 10 oct. 1977.

JANSSENS, Louis, nat. Olen, 21 iulii 1908, prof. Scholae Pol.-Soc. 1939, prof. 1942, praeses Collegii S. Antonii 1944-1947, praeses Collegii Americani 1947-1952, emer. 1978.

PHILIPS, Gérard, nat. St.-Truiden, 19 aprilis 1899, lector 1942, prof. 1944, emer. 1969, obiit Kessel-Lo, 14 iul. 1972.

DE LANGHE, Robert, nat. Vinkt, 13 febr. 1911, lector 1942, docens 1943, prof. 1945, praeses Collegii S. Pii X 1954-1963, obiit Lovanii, 30 oct. 1963.

THILS, Gustave, nat. Etterbeek, 3 febr. 1909, lector 1945, prof. 1947, praeses Collegii Iusti Lipsii 1956-1959, emer. 1976.

VIEUJEAN, Jean, nat. Awans-Aywaille, 23 mart. 1897, lector 1942, prof. 1950, emer. 1967, obiit Liège, 22 april. 1970.

VAN ROEY, Albert, nat. Vorselaar, 15 aprilis 1915, doc. 1949, prof. 1953.

MASSAUX, Édouard, nat. Neufchâteau, 27 sept. 1920, prof. 1953, Bibliothecae Universitatis Praefectus adiunctus 1960, praefectus 1961, prorector Universitatis 22 aprilis 1965, rector U.C.L. nov. 1968.

HOUSSIAU, Albert, nat. Hal, 2 nov. 1924, prof. Inst. Sup. Sc. Relig. 1956, lector 1958, prof. 1959.

VAN DEN BUSSCHE, Hendrik, nat. Schendelbeke, 8 febr. 1920, prof. Inst. Sup. Sc. Relig. 1956, prof. 1961, obiit Lovanii 2 iul. 1965.

GIBLET, Jean, nat. Nivelles, 25 mart. 1918, prof. Inst. Sup. Sc. Relig. 1956, professor 1961.

HEYLEN, Victor, nat. Rijkevorsel, 11 oct. 1906, prof. Inst. Sup. Sc. Relig. 1956, prof. 1961, emer. 1977.

ÉTIENNE, Jacques, nat. Namur, 24 febr. 1925, lector 1959, prof. 1961.

NEIRYNCK, Frans, nat. Wingene, 15 maii 1927, doc. 1960, prof. 1962.

HAVET, Joseph, nat. Esneux, 25 ianuarii 1911, lector 1942-1945, professor 1963.

GUELLUY, Robert, nat. St.-Sauveur, 29 iunii 1913, professor extraordinarius 1963, professor 1964.

DELHAYE, Philippe, nat. Nanurci, 17 febr. 1912, professor ordinarius 1966.

GESCHÉ, Adolphe, nat. Uccle, 25 oct. 1928, professor 1966, professor ordinarius 1969.

PROFESSOR

SABBE, Maurice, nat. Tielt, 18 aug. 1924, professor Instituti Superioris Scientiarum religiosarum 1966, professor 1967, professor ordinarius 1970.

PROFESSORES EXTRAORDINARII

RIGAUX, Béda, nat. Biesmerée, 31 ian. 1899, prof. Inst. Sc. Rel. 1956, docens extraordinarius 1961, prof. extraord. 1963, prof. ordinarius 1968, emeritus 1969.

ANCIAUX, Paul, nat. Leuven, 17 iun. 1921, prof. extraord. 1963-1967, 1969-1974, prof. ordinarius 1974, obiit Lovanii (Kessel-Lo), 13 dec. 1979.

INVITATI PROFESSORES

SMITS, A. Luchesius, nat. Eindhoven, 3 mart. 1921, prof. inv. 1963.
DUPLACY, Jean, nat. Parisiis, 27 febr. 1916, prof. inv. 1967.
LAGA, Carlos, nat. Roeselare, 29 oct. 1934, prof. inv. 1968-1969, prof. Facult. Philos. Litt. 1969, prof. ordinarius ibid. 1975.
VAN DEN EYNDE, Marcel, nat. Bruxellis, 19 sept. 1902, professor inv. 1968-1969.

LECTORES

MUYLDERMANS, Joseph, nat. Mechelen, 12 aug. 1891, lector 1937, emer. 1962, obiit Antverpiae, 30 nov. 1964.
BOTTE, Bernard, O.S.B., nat. Charleroi, 22 oct. 1893, lector 1960, lector ad honorem 1963, obiit Lovanii, 14 mart. 1980.
RIEDL, Paul, nat. Worcester (Mass.), 26 aug. 1910, praeses Collegii americani 1960, lector 1960-1969.
VANDER PERRE, Adolphe, nat. Etterbeek, 29 oct. 1922, praeses Collegii Americae latinae 1960, lector 1962.
DE HALLEUX, André, nat. La Roche-en-Ardenne, 18 ian. 1929, lector 1963, prof. Fac. Phil. Litt. 1966, prof. Fac. theol. U.C.L. 1969.
SCHOORS, Antoon, nat. Deinze, 19 iun. 1934, lector 1965, docens Fac. Phil. Litt. K.U.L. 1969, professor 1973, professor ordinarius 1975.
PETITJEAN, Albert, nat. Neufchâteau, 30 april. 1934, lector 1967, professor ordinarius U.C.L. 1969-1970.
LIPIŃSKI, Édouard, nat. Lods. 1930, lector 1967, prof. Fac. Philos. Litt. 1975.

LECTOR EXTRAORDINARIUS

DEKKERS, Jan-(Eligius), O.S.B., Antverpiensis, 20 iun. 1915, lector 1965, docens extraordinarius 1974-1975, professor invitatus 1976.

ADSISTENTES

SIKORSKI, Harold, nat. Saginaw (Michigan), 15 dec. 1929, ads. 1963.
DELOBEL, Joël, Brugensis, nat. 11 oct. 1935, adsistens 1967, lector 1969, docens 1969, professor 1979.
GISTELINCK, Frans, nat. Menen, 18 aug. 1939, adsistens 1967, lector 1969-1974.
MEEUS, Michel, nat. Leopoldsburg, 29 oct. 1933, 1967-1969.
SNOY ET D'OPPUERS, Thierry, O.S.B., nat. Bruxellis, 11 oct. 1936, adsistens 1967.
HUYGHEBAERT, Norbert, O.S.B., Cortracentis, nat. 22 dec. 1912., vicem gerens prof. Aubert 1968, lector 1969, docens extraord. U.C.L. 1975.
GILMONT, Jean-François, nat. Tervuren, 30 mart. 1934, adsistens prof. Aubert U.C.L. 1968.
ABEL, Jean, nat. Emptinne, 16 iul. 1937, monitor Fac. theol. 1968-1969.
LECLERCQ, Henri, natus 27 nov. 1922, monitor Fac. Phil. Litt. 1950, adsistens, ibid. 1965, adsist. Fac. theol. 1968, lector 1976.

DOCTORES HONORIS CAUSA

Cf. *ANL*, 1970, XVII, p. 61-63.

Stephen KUTTNER, 1955.
Fulton SHEEN, 1957, obiit New York, 12 sept. 1979.
Hubert JEDIN, 1960.
Bernard ALFRINK, 1961.
Leo-Joseph SUENENS, 1962 [1]
Stefan WYSZYNSKI, 1966.
Fr.-M. BRAUN, 1967.
W.-A. VISSER 'T HOOFT, 1967.

[1] A. DONDEYNE, *Laudatio Card. Suenens, S.T.D. h. c.*, ap. *Annuaire-Jaarboek 1962-1963. Un. Cath. Louv.*, 1950, t. XCIV, vol. 2, pp. 25-28.

INSTITUTUM SUPERIUS SCIENTIARUM RELIGIOSARUM

	Praesides	*Director*	*Secretaris*
1961-1962	A. Houssiau	F. De Pauw	F. Neirynck
1962-1963	A. Houssiau	F. De Pauw	F. Neirynck
1963-1964	A. Houssiau	F. De Pauw	M. Caudron
1964-1965	A. Houssiau	F. De Pauw	M. Caudron
1965-1966	A. Houssiau	F. De Pauw	M. Caudron (N), B. Rigaux (F)
1966-1967	V. Heylen	F. De Pauw	M. Caudron (N), B. Rigaux (F)
1967-1968	V. Heylen	F. De Pauw	M. Caudron (N), B. Rigaux (F)
1968-1969	V. Heylen	F. De Pauw	M. Caudron (N), B. Rigaux (F)

PROFESSORES INSTITUTI SUPERIORIS SCIENTIARUM RELIGIOSARUM

ROBEYNS, Édouard (Anselme), O.S.B., nat. Rillaar, 23 febr. 1902, prof. 1956, lector Fac. (K.U.L.), emer. 1972.

RANWEZ, Petrus, S.J., nat. Namur, 31 aug. 1905, prof. 1956, obiit Bruxellis, 10 aprilis 1973.

BAERS, Joris, O.M.I., Antverpiensis, 26 iunii 1923, prof. 1956, doc. Fac. (K.U.L.), 1969, professor 1973, professor ordinarius 1975.

GHOOS, Jozef, nat. Vorst (Kempen), 17 febr. 1924, prof. 1956, professor Fac. (K.U.L.) 1968, prof. ordinarius 1972.

WALGRAVE, Jan-Baptist, O.P., nat. Heist, 30 april. 1911, prof. 1957-1967, prof. extraord. Fac. (K.U.L.) 1969.

DE PAUW, Frans, Mechliniensis, 10 dec. 1909, prof. 1958, secret. Instituti 1959, prof. Fac. (K.U.L.) 1969, prof. ord. 1976, emer. 1978.

KERKHOFS, Jan, S.J., nat. Hasselt, 5 maii 1924, prof. 1959, lector Fac. (K.U.L.) 1969, docens extraord. 1974.

RAUWENS, Joseph, nat. St.-Gilles-Bruxelles, 28 april. 1917, prof. 1959.

BLOCKX, Karel, nat. Retie, 14 febr. 1925, adsistens 1955, prof. 1962, prof. Fac. (K.U.L.), 1968, prof. ord. 1972.

CLOES, Henri, nat. Ohée, 14 ian. 1927, prof. 1962-1970.

CLAIRBOIS, Michel, nat. Woluwe-St.-Lambert, 19 mart. 1926, adsistens 1956, monitor Fac. Phil. Litt. 1957-1965, prof. 1962, prof. Fac. Phil. Litt. (U.C.L.) 1970, Fac. Medec. (U.C.L.) 1974.

CAUDRON, Marc, nat. Dendermonde, 5 sept. 1929, professor 1962, prof. Fac. (K.U.L.) 1968, prof. ord. 1975.

VERHEUL, Wilhelmus, O.S.B., nat. Den Haag, 4 nov. 1916, prof. 1963, lector Fac. (K.U.L.) 1969, docens extraord. 1974.

BERTRANGS, Albert, nat. Vliermaal, 22 febr. 1925, docens Fac. (K.U.L.) 1969, prof. 1963.

BULCKENS, Jozef, nat. Herentals, 22 febr. 1936, prof. 1963, doc. Fac. (K.U.L.) 1969, prof. ordin. 1975.

PALSTERMAN, Jean, nat. Anderlecht, 28 aug. 1933, prof. 1964, prof. ord. Fac. (U.C.L.) 1972.

DE GRAEVE, Frank, S.J., nat. Wetteren, 9 febr. 1927, vicem gerens 1964, prof. 1965, prof. extraord. Fac. (K.U.L.) 1969, prof. ord. 1973.

SIMON, Maurice, nat. Roeulx, 24 mart. 1928, prof. 1965, prof. Fac. (U.C.L.) 1970, professor ordinarius 1973.

GROOTAERS, Jan, nat. Heverlee, 18 nov. 1921, prof. Inst. Sup. Sc. Rel. 1966, lector Fac. 1969, docens extraordinarius 1974.

DECLERCQ, Paul, nat. Westkerke, 16 dec. 1922, prof. 1966, lector Fac. (K.U.L.), 1969-1970.

SABBE, Maurice, Tiletanus, nat. 18 aug. 1924, prof. 1966, prof. Fac. 1967, prof. ordinarius K.U.L. 1970.

PROFESSOR INVITATUS

BISSONNIER, Henri, nat. Paris, 9 iun. 1911, prof. invitatus 1963.

LECTORES

COOREMANS, Paul, Mechliniensis, nat. 17 iul. 1937, lector 1967, lector Fac. K.U.L. 1975, docens extraord. 1976.

WAELKENS, Robert, nat. Schaerbeek, 5 ian. 1912, lector 1967, docens Fac. U.C.L. 1972, obiit Lovanii, 4 dec. 1979.

LECTORES EXTRAORDINARII

HOSTIE, Raymond, S.J., Antverpiensis, nat. 3 mart. 1920, lect. extraord. 1966, doc. extraord. Fac. K.U.L. 1974.

GOOR, Raymond, natus Châtelineau, 21 iul. 1908, vicem gerens 1963, chargé de conférences 1966.

NOCENT, Adrien, O.S.B., natus Marcinelle 2 febr. 1913, chargé de conférences 1966-1972 (U.C.L.).

VICEM GERENTES

DE HAES, Paul, nat. Aarschot, 11 febr. 1925, vic. gerens 1965-1967.

HOUBEN, Marcel, nat. Loncin, 19 oct. 1932, vic. gerens 1968-1971 (U.C.L.).

ADSISTENTES

JACOBS, Gustaaf, nat. Kortrijk-Dutsel, 21 dec. 1924, ads. 1962.

VAN MOL, Josephina, nat. Schoten, 25 febr. 1914, ads. 1962.

PLISSART, Marie-Carmel, nat. Ixelles, 20 mart. 1933, ads. 1962-1965.

DEREAU, Michelle, nat. La Louvière, 2 febr. 1936, ads. 1963-1966.
HENDRICKX, Hilda, nat. Bierbeek, 12 mart. 1943, ads. 1965-1966.
FREDERIX, Leonard, nat. Leuven, 25 mart. 1923, adsistens part time, 1966.
RÉZETTE, Jean, Gandavensis, 17 april. 1927, adsistens part time 1966-1968.
STAVROPOULOS, nat. Athènes, 30 maii 1937, ads. 1968-1970.
BRUSSELMANS, Christiana, nat. Leuven, 1 nov. 1930, vicem ger. 1968, lect. Fac. Theol. K.U.L. 1969.
VERCRUYSSE, Godelieve, nat. Ukkel, 17 dec. 1933, ads. part time 1968-1969, transiit ad Fac. Psych. K.U.L. 1969-1973.

FACULTAS THEOLOGICA

ELENCHUS PERICULORUM ATQUE PROMOTIONUM [1]

I. *Baccalaurei Sacrae Theologiae*

1962-1963

DE BIE, Ioannes, ex Olen, dioec. antv., c. fructu,
DE RUDDER, Ioannes-Petrus, rollariensis, dioec. brug., c. l.,
DEVLEESCHOUWER, Rogerius, e Veltem, O.F.M., c. l.,
ERNENS, Eddy, e Sint-Martens-Voeren, dioec. leod., c. l.,
FORTHOMME, Renatus, e Tohogne, dioec. nam., c. l.,
GRYSON, Rogerius, ex Uccle, dioec. mechl.-brux., m. c. l.,
HAQUIN, Andreas, e Beauraing, dioec. nam., c. l.,
HENAU, Ernestus, ex Erwetegem, Congr. Pass., c. l.,
HYLAND, John, e Brooklyn, dioec. brukl., c. fructu,
LUMKUTU, Silvester, e Lukaju, dioec. Lumumbashi, c. fructu,
LUST, Ioannes, brug., dioec. brug., c. l.,
POTTIE, Franciscus, e Moorsele, Congr. Sales., c. l.,
PROVOST, Jacobus, e Washington, dioec. Helena, c. l.,
RENAUD, Bruno, e Chênée, dioec. leod., c. l.,
SCHMUCK, Franciscus, e Soufflenheim, C.SS.R., c. l.,
SNOY, Theodoricus, O.S.B., m. c. l.,
TILLMANS, Gulielmus, e Geleen, O.C.D., c. l.,
VANGHELUWE, Rogerius, rollariensis, dioec. brug., c. l.,
WILKUSKI, Leonardus, ex Omer (U.S.A.), c. fr.

1963-1964 [2]

ABBOTT, Eduardus, e Greenwood (U.S.A.), dioec. provid., c. l.,
ABEL, Ioannes, ex Emptinne, dioec. nam., c. l.,
COSTANZO, Ioannes, e Gunnison (U.S.A.), dioec. Pueblo, c. l.,
CRATE, Elias, ex Hodeige, dioec. leod., c. l.,
*DEGROOF, Ludovicus, e Balen, dioec. antv., m. c. l.,
*DENAUX, Adelbertus, brug., dioec. brug., c. l.,
*DOCX, Hermannus, e Berlaar, C.I.C.M., c. l.,
DONOHUE, Gulielmus, e Buffalo, dioec. Buffalo, c. l.,
DUBUS, Claudius, e Boussu, dioec. tornac., c. l.,
DUFRASNE, Adeodatus, e Cuesmes, O.S.B., c. l.,

[1] Inde ab hoc academico anno introductae sunt duae sectiones, scil. regiminis linguae gallicae et regiminis linguae neerlandicae. Alumni linguae neerlandicae asterisco notantur.

[2] Cum fructu (c. fr.), cum laude (c. l.), magna cum laude (m. c. l.), summa cum laude (summa c. l.).

*DUHAMEL, Ericus, e Wevelgem, C.I.C.M., c. l.,
*GISTELINCK, Franciscus, e Menen, dioec. brug., m. c. l.,
*GOLTSTEIN, Gerardus, e Waalre, S.M.M., c. l.,
LENGRAND, Eligius, e Sebourg, dioec. camer., c. l.,
MERDINGER, Philippus, ex Orange (U.S.A.), dioec. Newark, c. l.,
NYAMITI, Carolus, e Ndala (Tanzania), dioec. Tabora, c. fr.,
PIRLOT, Hubertus, e Lamorteau, A.A., c. l.,
RAMIREZ, Albertus, medellentis, dioec. med., c. l.,
SCHAECK, Lucianus, e Tintange, A.A., c. l.,
SMITH, Kenneth, e Quincy (U.S.A.), dioec. Worcester, c. l.,
SPERMAN, Ioannes, e Valdagno, O.S.M., c. l.,
TESTA, Franciscus, e Guttenberg (U.S.A.), dioec. Newark, c. fr.,
VAN DULMEN, Antonius, ex Hoorn, Can. Reg. Lat., c. l.,
*VERSTEGEN, Raphael, e Westende, dioec. brug., m. c. l.,
WEBER, Philippus, ex Etterbeek, dioec. mechl.-brux., m. c. l.

1964-1965

ABEL, Mauritius, ex Emptinne, dioec. namurc., m. c. l.,
BRÜLS, Alphonsus, e Rocherath-Wirtzfeld, dioec. leod., c. l.,
*CLAERHOUT, Ignatius, ex Ooigem, C.P., c. fr.,
DE CLERCK, Paulus, ex Uccle, dioec. mechl.-brux., c. l.,
*DE WOLF, Andreas, e Ronse, dioec. gandav., c. l.,
*GOOSSENS, Andreas, e Mortsel, dioec. antverp., c. l.,
GRÉGOIRE, Iosephus, ex Uccle, dioec. mechl.-brux., m. c. l.,
*HALLAERT, Iulius, ex Aalter, C.P., c. fr.,
*HANSEN, Theodorus, e Beek, dioec. ultraiect., c. l.,
*KONINGS, Ioannes, e Riemst, dioec. hasselt., m. c. l.,
LAURAIRE, Gulielmus, e Corconne (Gallia), dioec. Montpellier, c. l.,
MENUNA, Vincentius, ex Ekekam (Cameroun), dioec. Yaoundé, c. fr.,
MINET, Franciscus, e Confolens (Gallia), Can. Reg. Lat., c. l.,
*NEYENS, Ioannes, e Bree, dioec. hasselt., c. l.,
ORAVEC, Christianus, e Johnstown (U.S.A.), Tert. Ord. S. Franc., c. fr.,
PRIETO HERRERO, Florencio, e Prioro (Hisp.), O.F.M. Cap., c. l.,
*SCHEIRE, Urbanus, e Waarschoot, dioec. gandav., m. c. l.,
SOLEM, Philippus, ex Ely (U.S.A.), dioec. duluth, c. fr.,
*VAES, Victor, ex Houthalen, dioec. hasselt., c. fr.,
*VANDEN BERGH, Ioannes, ex Haarlem, O.S.A., c. l.,
*VAN MUYLEM, Dionysius, e Voorde, Congr. Sal., c. l.,
*VAN REGENMORTEL, Ioannes, e Baal, dioec. mechl.-brux., c. l.,
*VAN TENTE, Marcus, alostensis, O.M.I., c. l.,
*VERBEECK, Michael, e Sint-Huibrechts-Lille, O. Praem., c. l.

1965-1966

ALMEIDA, Joachim Anecio, e Goa, dioec. belgaumnensis, c. fr.,
*BOLLEN, Guglielmus, e Genk, dioec. hasselt., c. l.,
BRESLIN, Michael, e New York, dioec. bruklym., c. fr.,

CASAVECCHIA, Carolus, ex Osimo, O.S.M., c. fr.,
CAVANAUGH, Petrus, e Providence, dioec. provid., c. fr.,
COLTER, Dionysius, e Waterloo (U.S.A.), dioec. dubuq., c. l.
*DEBAILLIE, Rogerius, e St.-Pieters-Kapelle, dioec. brug., c. l.,
*DE COOMAN, Hadrianus, ex Herzele, S.D.B., c. l.,
*DE MAAT, Paulus, e Vogelwaarde, dioec. bredanae, c. fr.,
*DEVISCH, Michael, brug., dioec. brugensis, m. c. l.,
DIGOMBE, Lazarus, e Mouila (Gabon), dioec. muilensis, c. fr.,
DOMINQUEZ, Georgius-Mauritius, e Mexico, O.F.M., c. fr.,
DORAN, Ioannes, e Worcester (U.S.A.), dioec. wigorniensis, c. fr.,
DUBOIS, Ludovicus, namurc., dioec. namurc., m. c. l.,
*EVENS, Leopoldus, ex Hasselt, O.F.M. Cap., c. l.,
FINNEGAN, Eugenius, e New York, O.S.M., c. l.,
GÉRADIN, Paulus, e Rocourt, dioec. leod., m. c. l.,
IZCO ILUNDAIN, Joseph-Antonius, ex Anorbe, Inst. S. Franc. Xav. pro Missionibus Exteris, c. l.,
KELLY, David, e Somerville, dioec. wigorniensis, m. c. l.,
LEROY, Petrus, e Vilvoorde, dioec. mechl.-bruxell., c. l.,
*LEYSSEN, Lambertus, ex Hamont, dioec. leod., c. l.,
*LOGISTER, Gulielmus, e Nieuwenhagen, S.M.M., c. fr.,
MBUYI, Joseph, e Panda-Jadotville, O.F.M., c. fr.,
MCEWAN, Daniel, e Paisley (Scotia), O.S.M., c. fr.,
*NELISSEN, Cornelius, e Vroenhoven, A.A., c. fr.,
NICOLUSSI, Iosephus, e Bolzano, S.D.B., m. c. l.,
POIER, Guido, e Trento, O.S.M., c. l.,
REDFERN, Eduardus Kenneth, e Brunley, Miss. Africae, c. l.,
SCHOOLEY, Franciscus, ex Urbana, Congr. Cler. S. Viat., c. l.,
SLUSSER, Michael, e Kalamazoo, dioec. S. Pauli (U.S.A.), c. l.,
TILMANT, Lucien, e Mellier, dioec. namurc., c. l.,
TORRA LLANAS, Raymundus, e Calaf, dioec. vicensis, c. l.,
VANDE LOO, Franciscus, ex Appletown, dioec. Sinus Viridis, c. l.,
*VAN WAELDEREN, Eduardus, e Merksem, dioec. antverp., m. c. l.,
WEYNAND, Carolus, ex Elsenborn, Congr. S. Spiritus, c. l.

1966-1967

ALCSER, Georgius, e Budapest, c. fr.,
BELO ANDRADE, Fernandus, e Lissabon, dioec. Lissabon, c. fr.,
*BLEUS, Ioseph, e Borgloon, dioec. hasselt., c. l.,
*CASTELEYN, Robertus, brug., dioec. brug., c. l.,
COLLINET, Raphael, ex Huccorgne, dioec. leod., m. c. l.,
DAIBER, Ioannes, e Philadelphia, dioec. Camden, c. l.,
DARGIS, Andreas, e Leominster (U.S.A.), A.A., c. l.,
DEMOLLE, Michael, e Monceaux, O.F.M. Cap., c. fr.,
FERRERAS, Gregorius, e Melgar de Tara, dioec. Astorga, c. fr.,
*GILISSEN, Mauritius, e Kortessem, SS.CC., c. fr.,
*HANSSENS, Joseph, e Gullegem, dioec. brug., c. l.,
*HEYDE, Ludovicus, e Waarschoot, dioec. gandav., m. c. l.,

LIVET, Ioanna, e Malmédy, c. l.,
NIGHTINGALE, Edmundus, e S. Paul (U.S.A.), dioec. S. Pauli, c. l.,
PSUTY, Silvester, e Pittsburgh, O.F.M., c. l.,
SEVRIN, Johannes-Maria, e Marche-en-Famenne, m. c. l.,
*SYMOENS, Theodoricus, cortracensis, dioec. brug., c. l.,
*THIELEN, Ludovicus, e Kleine-Spouwen, dioec. hasselt., c. l.,
*VAN ETTEN, Cornelius, e Boxtel, A.A., c. fr.,
VERMEYLEN, Jacobus, ex Etterbeek, dioec. mechl.-bruxell., m. c. l.,
*VINKEN, Paulus, e Merksem, dioec. antv., c. l.,
WASCO, Dennis, e Bay City, dioec. Saginaw, c. fr.,
WEISKOPF, Gulielmus, e Tampe (U.S.A.), dioec. S. Aug., c. fr.

1967-1968

APERS, Hugo, e Vrasene, dioec. gand., c. l.,
BOS, Antonius, ex Holthees, O.C.D., c. l.,
BROEKAERT, Anna, e Borgerhout, c. l.,
BURKE, Andreas, e Denver, dioec. pueblensis, c. fr.,
CEUPPENS, Waltherus, e Putte, dioec. antverp., m. c. l.,
DEGAND, Andreas, ex Uccle, dioec. mechl.-brux., m. c. l.,
DELGADO, Jesus, ex Ilabasco, dioec. S^ae^ Annae, c. l.,
*DE WITTE, Andreas, ex Scheldewindeke, dioec. gand., c. l.,
FORNARO, Italus, e Pontelongo, O.F.M., c. fr.,
*JORIS, Stephanus, e Brecht, dioec. antverp., m. c. l.,
KASWIZA, Carolus, e Bussongo, dioec. tabaorensis, c. fr.,
KELLY, Eduardus, e Philadelphia, Frat. Schol. Christ., c. l.,
LANGFORD, Vernon, e Hollywood, dioec. dioec. miam., c. fr.,
LEBAS, Lucianus, e Maulde, dioec. leod., c. l.,
LEMIEUX, Joannes, e New York, dioec. dioec. ogdenb., c. fr.,
LORENTE, Emmanuel-Martinez, e Lumpiaque, cler. dioec. tarazonensis, c. fr.,
MCMAHON, Josephus, e Sioux Falls, c. l.,
*OP DE KAMP, Josephus, O.S. Cruc., c. fr.,
*QUINTIENS, Stephanus, ex Hasselt, dioec. hasselt., c. l.,
SANTANA, Franciscus, e Cienfuegos, dioec. cholutecensis, c. fr.,
SCHAEFER, Ricardus, e Bellevue, dioec. dubuq., c. fr.,
SENIOR, Donaldus, e Philadelphia, passion., c. l.

In sessione mensis octobris

*ERPELINCK, Emiel, e Vogelwaarde, c. fr.,
RATAJCZAK, Miroslav, e Jablona, c. fr.

II. *Pericula Primi anni ad gradum L.S.T.*

1962-1963

BAZOCHE, Carolus-Henricus (Placidus), e Mulhouse, O.S.B., c. fr.,
BOONEN, Ioannes, ex Hamont, dioec. hasselt., c. l.,

BECKERS, Gulielmus, ei Zichem, dioec. antv., m. c. l.,
DELOBEL, Ioel, brug., dioec. brug., m. c. l.,
ENGELS, Petrus, e Roosendaal, A.A., c. l.,
GÉRARD, Camillus, e Masbourg, dioec. namurc., c. l.,
JOUSTEN, Aloisius, e Sankt Vith, dioec. leod., c. l.,
MAYENCE, Stephanus, e Jumet, dioec. tornac., m. c. l.,
MEGER, Thomas, e Chicago, Cler. S. Viat., m. c. l.,
PETITJEAN, Albertus, neocastrensis, dioec. namurc., m. c. l.,
RUTSAERT, Carolus, ex Aalter, dioec. gandav., m. c. l.,
SAMAIN, Stephanus, ex Anderlues, dioec. tornac., c. l.,
SONNEVILLE, Iacobus, e Lauwe, dioec. brug., c. l.,
TAYLOR, Richardus, e Dublin, dioec. Salford., c. l.,
ZANDUETA VERA, Jesus, e Pamplona, dioec. pampl., c. l.

1963-1964

*DE BIE, Ioannes, ex Olen, dioec. antv., m. c. l.,
*DE RUDDER, Ioannes-Petrus, rollariensis, dioec. brug., m. c. l.,
*DEVLEESCHOUWER, Rogerius, e Veltem, O.F.M., c. l.,
ERNENS, Eddy, e Sint-Martens-Voeren, dioec. leod., c. l.,
FORTHOMME, Renatus, e Tohogne, dioec. nam., c. l.,
GRYSON, Rogerius, ex Uccle, dioec. mechl.-bruxell., m. c. l.,
HAQUIN, Andreas, e Beauraing, dioec. namurc., c. l.,
*HENAU, Ernestus, ex Erwetegem, C.P., c. fr.,
LUMKUTU, Silvester, e Mundu, dioec. Lumumbashi, c. fr.,
*LUST, Ioannes, brug., dioec. brug., m. c. l.,
*POTTIE, Franciscus, e Moorsele, S.D.B., c. l.,
RENAUD, Bruno, e Chenée, dioec. leod., c. fr.,
SCHMUCK, Franciscus, e Soufflenheim, C.SS.R., c. l.,
SNOY ET D'OPPUERS, Theodoricus, bruxellensis, monachus O.S.B., m. c. l.,
*TILLMANS, Gulielmus, e Geleen, O.C. Disc., c. l.,
VANGHELUWE, Rogerius, rollar., dioec. brug., c. l.

1964-1965

ABEL, Ioannes, ex Emptinne, dioec. namurc., c. l.,
CRATE, Elias, ex Hodeige, dioec. leod., c. l.,
*DENAUX, Adelbertus, brug., dioec. brug., m. c. l.,
*DOCX, Hermannus, e Berlaar, C.I.C.M., c. l.,
DOLAN, Gerardus, O.F.M., e Long Island City (U.S.A.), c. l.,
DUBUS, Claudius, e Boussu, dioec. tornac., c. l.,
DUFRASNE, Adeodatus (Michael), e Cuesmes, O.S.B., c. fr.,
*DUHAMEL, Ericus, e Wevelgem, C.I.C.M., c. l.,
*GISTELINCK, Franciscus, e Menen, dioec. brug., c. l.,
*GOLTSTEIN, Gerardus, e Waalre, S.M.M., c. l.,
LENGRAND, Eligius, e Sebourg, dioec. camer., m. c. l.,
NYAMITI, Carolus, e Ndala, dioec. Tabora, c. fr.,

PIRLOT, Hubertus, e Lamorteau, A.A., c. fr.,
RAMIREZ, Albertus, medellensis, dioec. medell., c. l.,
SCHAECK, Lucianus, e Tintange, A.A., c. l.,
VAN DULMEN, Antonius, ex Hoorn, Can. Reg. Lat., c. l.,
WEBER, Philippus, ex Etterbeek, dioec. mechl.-brux., m. c. l.
DOLAN, Gerardus, e Long Island City (U.S.A.), c. l.

1965-1966

ABEL, Mauritius, ex Emptinne, dioec. namurc., m. c. l.,
BRÜLS, Alphonsus, e Wirtzfeld, dioec. leod., c. l.,
*CLAERHOUT, Ignatius, ex Ooigem, C.P., c. l.,
DE CLERCK, Paulus, ex Uccle, dioec. mechl.-brux., c. l.,
*DE WOLF, Andreas, e Ronse, dioec. gandav., m. c. l.,
GILBERT, Ioannes, e S. Paul (U.S.A.), dioec. S. Pauli, c. l.,
*GOOSSENS, Andreas, e Mortsel, dioec. antverp., c. l.,
GRÉGOIRE, Iosephus, ex Uccle, dioec. mechl.-bruxell., c. l.,
*HALLAERT, Iulius, ex Aalter, C.P., c. fr.,
*HANSEN, Theodorus, e Beek, dioec. ultraiact., c. l.,
*KONINGX, Ioannes, e Riemst, dioec. hasselt., m. c. l.,
LAURAIRE, Gulielmus, e Corconne, dioec. Montpellier, c. l.,
MENUNA, Vincentius, ex Ekekam (Cameroun), dioec. Yaoundé, c. fr.,
MINET, Franciscus, e Confolens, Can. Reg. Lat., c. l.,
*NEYENS, Ioannes, e Bree, dioec. Hasselt, c. l.,
ORAVEC, Christianus, e Johnstown (U.S.A.), Tert. Ord. S. Franc., c. l.,
PRIETO HERRERO, Florencio, e Prioro (Hisp.), O.F.M. Cap., c. l.,
*SCHEIRE, Urbanus, e Waarschoot, dioec. gand., m. c. l.,
*VAES, Victor, ex Houthalen, dioec. hasselt., c. fr.,
*VANDEN BERG, Ioannes, ex Haarlem, O.S.A., c. l.,
*VAN MUYLEM, Dionysius, e Voorde, S.D.B., c. l.,
*VAN REGENMOORTEL, Ioannes, e Baal, dioec. mechl.-brux., c. l.,
*VAN TENTE, Marcus, alostensis, O.M.I., c. l.,
*VERBEECK, Michael, e Sint-Huibrechts-Lille, O. Praem., c. l.

1966-1967

ALMEIDA, Joachim Anecio, e Goa, dioec. belgaumnensis, c. fr.,
*BOLLEN, Guglielmus, e Genk, dioec. hasselt., c. fr.,
*DEBAILLIE, Rogerius, e St.-Pieters-Kapelle, dioec. brug., c. l.,
*DE COOMAN, Hadrianus, ex Herzele, S.D.B., c. fr.,
*DE MAAT, Paulus, e Vogelwaarde, dioec. bredanac., c. fr.,
*DEVISCH, Michael, brugensis, dioec. brug., c. l.,
DIGOMBÉ, Lazarus, e Mouila (Gabon), dioec. muilensis, c. fr.,
DOMINGUEZ, Georgius, e Mexico, O.F.M., c. fr.,
DUBOIS, Ludovicus, namurc., dioec. namurc., c. l.,
*EVENS, Leopoldus, ex Hasselt, O.F.M. Cap., c. fr.,
GÉRARDIN, Paulus, e Rocourt, dioec. leod., m. c. l.,
IZCO ILUNDAIN, Joseph-Antonius, ex Anorbe, Inst. S. Franc. Xav. Miss. Ext., c. l.,

LEROY, Petrus, e Vilvoorde, dioec. mechl.-brux., c. l.,
*LEYSSEN, Lambertus, ex Hamont, dioec. leod., m. c. l.,
*LOGISTER, Guglielmus, e Nieuwenhagen, S.M.M., c. l.,
MAMPRA, Thomas, e Kainakry (India), c. fr.,
MCEWAN, Daniel, e Paisley (Scotia), O.S.M., c. l.,
*NELISSEN, Cornelius, e Vroenhoven, A.A., c. fr.,
NICOLUSSI, Iosephus, e Bolzano, S.D.B., c. l.,
NIRAPPEL, Antonius, e Chemgalam (Kerala), dioec. Changanackerry (India), c. fr.,
POIER, Guido, e Trento, O.S.M., c. l.,
REDFERN, Eduardus Kenneth, e Burnley, Miss. Africae, c. l.,
TILMANT, Lucien, e Mellier, dioec. namurc., c. l.,
TORRA LLANAS, Raymundus, e Calaf, dioec. vicensis, c. l.,
*VAES, Victor, ex Houthalen, dioec. hasselt., c. fr.,
*VAN WAELDEREN, Eduardus, e Merksem, dioec. antverp., m. c. l.,
WEYNAND, Carolus, ex Elsenborn, Congr. S. Spiritus, c. l.

1967-1968

*BLEUS, Josephus, e Borgloon, dioec. hasselt., c. fr.,
*CASTELEYN, Robertus, brug., dioec. brug., c. l.,
DARGIS, Andreas, e Leominster, assumpt., c. l.,
*DEGROOF, Ludovicus, ex Halen, dioec. antverp., c. l.,
DEMOLLE, Michael, e Monceau-s.-S., O.F.M. Cap., c. fr.,
FERRERAS, Gregorius, e Melgar de Tara, c. fr.,
*GILISSEN, Mauritius, e Kortessem, Congr. SS. Cord., c. fr.,
*HANSSENS, Joseph, e Gullegem, dioec. brug., c. l.,
*HEYDE, Ludovicus, e Waarschoot, dioec. gand., m. c. l.,
KASWIZA, Carolus, e Bussongo-Nzega, dioec. tabor., c. fr.,
LIVET, Joanna, e Malmédy, c. l.,
PSUTY, Verno, e Pittsburg, O.F.M., c. fr.,
SEVRIN, Johannes Maria, e Marche-en-Famenne, O.F.M., m. c. l.,
*SYMOENS, Theodoricus, cortracensis, dioec. brug., m. c. l.,
*THIELEN, Ludovicus, e Kleine Spouwen, dioec. hasselt., c. l.,
THUNDIYELL, Cyriacus, e Trivandrum, Carm. Mariae Imm., c. l.,
VERMEYLEN, Jacobus, ex Etterbeek, dioec. mechl.-brux., c. l.,
*VINKEN, Paulus, e Merksem, dioec. antv., c. l.

III. *Licenciati Sacrae Theologiae*[1]

1962-1963

ALBA-HARRANZ, Felix, e Tordellego (España), c. l.,
BECKER, Petrus, ex Hasselt,
BESTERS, Andreas, Antverpiensis, c. l.,
DE LIL, Hugo, e Geraardsbergen, m. c. l.,
DE SCHEPPER, Andreas, e De Pinte, c. l.,

[1] Pro pleniore indicatione cf. *infra Elenchus Theses quas.*

FILÉE, Stephanus, e Nandrin, c. l.,
FLETCHER, Daniel, e Kansas (U.S.A.),
LAPORTE, Romanus, cortracensis, m. c. l.,
LINNAN, Iohannes, e Springfield, Cl.S. Viat., c. l.,
MALHERBE, Paulus, namurcensis, c. l.,
MCLOUGHLIN, Michael, e Wimbledon (Great Britain), c. l.,
MURAILLE, Philippus, e Genval, m. c. l.,
VAN DEN NIEUWENHUIZEN, Martinus, e Dinther (Ned.), c. l.,
VAN SEGBROECK, Franciscus, mechliniensis, c. l.,
VERHOEVEN, Jan, ex Uden (Nederland), c. l.

Nederlandse taalrol

1963-1964

BOONEN, Jan, ex Hamont, c. l.,
DECKERS, Willy, e Zichem, m. c. l.,
DELOBEL, Joël, brugensis, m. c. l.,
ENGELS, Peter, e Roosendaal (Ned.), c. l.,
RUTSAERT, Carlos, ex Aalter, m. c. l.,
SONNEVILLE, Jacques, e Lauwe, m. c. l.,
VAN OSCH, Jan, ex Heerlen (Ned.), c. l.

1964-1965

DE BIE, Jan, ex Olen, c. l.,
DE RUDDER, Jean-Pierre, rollariensis, m. c. l.,
DEVLEESCHOUWER, Roger, e Veltem-Beisem, c. l.,
HENAU, Ernest, ex Erwetegem, c. l.,
LUST, Johan, brugensis, m. c. l.,
POTTIE, Frans, e Moorsele, c. l.,
TILLMANS, W. Godfried, e Geleen (Ned.), c. l.,
VANGHELUWE, Roger, e Roeselare, c. l.

1965-1966

DENAUX, Adelbert, brugensis, m. c. l.,
DOCX, Herman, e Berlaar, m. c. l.,
DUHAMEL, Eric, e Wevelgem, c. l.,
GISTELINCK, Frans, e Menen, m. c. l.,
GOLTSTEIN, Gérard, e Waalre (Ned.), m. c. l.,
VAN DULMEN, Antoon, ex Hoorn (Ned.), m. c. l.

1966-1967

DE WOLF, André, e Ronse, m. c. l.,
CLAERHOUT, Ignace, ex Ooigem, c. l.,

GOOSSENS, André, e Mortsel, c. l.,
HALLAERT, Jules, ex Aalter, c. l.,
HANSEN, Theodorus, e Beek (Ned.), m. c. l.,
KONINGS, Johan, e Riemst, c. l.,
SCHEIRE, Urbain, gandavensis, m. c. l.,
VAN REGENMORTEL, Jan, e Baal, c. l.,
VAN TENTE, Marc, alostensis, m. c. l.,
VERBEEK, Michiel, e St.-Huibrechts-Lille, c. l.

1967-1968

BOLLEN, Willy, e Genk, c. l.,
DEBAILLIE, Roger, e St.-Pieters-Kapelle, m. c. l.,
DE COOMAN, Adrianus, ex Herzele, c. l.,
DEVISCH, Michel, brugensis, m. c. l.,
EVENS, Leopold, ex Hasselt, c. l.,
LEYSSEN, Lambert, ex Hamont, m. c. l.,
LOGISTER, Willem M.E., e Nieuwenhagen (Nederland), c. l.,
NELISSEN, Cornelius, e Vroenhoven, c. l.,
VAES, Victor, ex Houthalen, c. fr.,
VAN WAELDEREN, Eddy, e Merksem, m. c. l.

Régime de langue française

1963-1964

BAZOCHE, Charles-Henry, e Mulhouse (France), c. l.,
GÉRARD, Camille, e Masbourg, c. l.,
JOUSTEN, Aloys, e St-Vith, m. c. l.,
LINNAN, John, e Springfield (U.S.A.), c. l.,
MAYENCE, Étienne, e Jumet, m. c. l.,
MEGER, Thomas, e Chicago (U.S.A.), c. l.,
MÜLLER, Paul-Gerd, e Sulzbach (Deutsche Bundesstaat), c. l.,
PETITJEAN, Albert, e Neufchâteau, m. c. l.,
SAMAIN, Étienne, ex Anderlues, c. l.,
TAYLOR, Richard, e Dublin (Irlande), c. l.,
ZANDUETA, Jesus, e Pamplona (Espagne), c. l.

1964-1965

ERNENS, Eddy, e Fouron-St-Martin, c. l.,
FORTHOMME, René, e Tohogne, c. l.,
GRYSON, Roger, ex Uccle, m. c. l.,
HAQUIN, André, e Beauraing, c. l.,
LUMKUTU, Sylvestre, e Mundu (Zaïre),
RENAUD, Bruno, e Chênée, c. l.,
SCHMUCK, François, e Soufflenheim (France), m. c. l.,

SNOY ET D'OPPUERS, Thierry, e Bruxelles, m. c. l.

1965-1966

ABEL, Jean, ex Emptinne, m. c. l.,
CWIEKOWSKI, Frederick, e Meriden (U.S.A.), c. l.,
CRATE, Élie, ex Hodeige, c. l.,
DOLAN, Gerald, e Long Island (U.S.A.),
DUBUS, Claude, e Boussu, c. l.,
DUFRASNE, Michel, e Cuesmes, c. l.,
O'BRIEN, Roger, e Seattle, c. l.,
YURRITA, José, e San Sebastian, m. c. l.,
LENGRAND, Éloi, e Sebourg (France), m. c. l.,
NYAMITI, Charles, de Ndala-Tabora (Tanzanie), c. l.,
PIRLOT, Hubert, e Lamorteau, c. l.,
RAMIREZ, Alberto, e Medellin (Colombie), m. c. l.,
SCHAECK, Lucien, e Tintange, c. l.,
WEBER, Philippe, ex Etterbeek, m. c. l.

1966-1967

ABEL, Maurice, ex Emptinne, m. c. l.,
BRÜLS, Alphonse, e Rocherath (Wirtzfeld), c. l.,
DE CLERCK, Paul, ex Uccle, c. l.,
GILBERT, John, e St.-Paul (Minnesota, U.S.A.), c. l.,
GRÉGOIRE, José, ex Uccle, m. c. l.,
LAURAIRE, Guy, e Corconne (Gard, France), m. c. l.,
MENUNA, Vincent, ex Ekekam (Okola, Cameroun),
MINET, Francis, e Confolens (France), c. l.,
ORAVEC, Christian, e Johnstown (U.S.A.), c. l.,
PRIETO HERRERO, Florencio, e Prioro (Espagne), c. l.

1967-1968

ALMEIDA, Joaquim Anecio, e Goa (India), c. l.,
DIGOMBE, Lazare, e St.-Martin (Mouila, Gabon), c. fr.,
DOMINGUEZ, Jorge, e Mexico D.F., c. l.,
DUBOIS, Louis, namurcensis, c. l.,
GÉRARDIN, Paul, e Rocourt, m. c. l.,
IZCO ALUNDAIN, Jose Antonio, ex Anorbe (Navarra, Espagne), c. l.,
LEROY, Pierre, e Vilvoorde, m. c. l.,
MCEWAN, Daniel, e Paisley (Écosse, Grande Bretagne), c. l.,
NICOLUSSI, Giuseppe, e Bolzano (Italia), m. c. l.,
NIRAPPEL, Anthony, e Chemgalam (Kerala, India), c. l.,
POIER, Guido, e Trento, c. l.,
REDFERN, Edw. Kenneth, e Nelson (Lancashire, Grande Bretagne), c. l.,
TILMANT, Lucien, e Mellier, c. l.,
TORRA LLANAS, Ramon, e Calaf (Barcelone, Espagne), m. c. l.

IV. *Dissertationes in ordine ad licentiam* [1]

1965

DE BIE, I. *De rol van de koning van Portugal in de missies van Noord-Brazilië. Een studie van de brieven van Padre Antonio Vieira, S.J., van 1652 tot 1661.* In-4°, 12-28 p. Dir. R. Aubert.

DE RUDDER, I.-P. *Betekenis en waarde van de taalfilosofie voor de theologen van het woord in de openbaring.* In-4°, 138 p. Dir. A. Vergote.

DEVLEESCHOUWER, R. *Ezechiël, XL-XLVIII en de Heiligheidswet in hun wederzijdse verhouding.* In-4°, 23 p. Dir. J. Coppens.

ERNENS, E. *La conception du christianisme et ses implications catéchétiques selon Mgr Dupanloup.* In-4°, 31 p. Dir. R. Aubert.

FORTHOMME, R. *Le problème de la conscience perplexe.* In-4°, 85 p. Dir. L. Janssens.

GRYSON, R. *Le sacerdoce selon saint Ambroise de Milan. Étude préliminaire.* In-4°, 48 p. Dir. A. Houssiau.

HAQUIN, A. *Aux origines du mouvement liturgique belge. Dom Lambert Beauduin et le congrès de Malines (1909).* In-4°, X-54 p. Dir. R. Aubert.

HENAU, E. *Paulus van het Kruis (1694-1775). Zijn optie voor het apostolaat en de concrete gestalte ervan in zijn missiepredikatie.* In-4°, III-52 p. Dir. G. Philips.

LUNKUTU, S. *La définition du péché véniel dans la théologie de saint Augustin.* In-4°, 60 p. Dir. L. Janssens.

LUST, I. *De rol van de traditie en de traditiegeschiedenis bij Ezechiël. Status quaestionis.* In-4°, 46 p. Dir. J. Coppens.

POTTIE, F. *De synoptische echtscheidingslogia in de hedendaagse exegese.* In-4°, 97 p. Dir. F. Neirynck.

RENAUD, B. *La doctrine eucharistique de saint Cyprien.* In-4°, 111 p. Dir. A. Houssiau.

SCHMUCK, F. *Les évêques de la minorité au premier concile du Vatican.* In-4°, 44 p. Dir. R. Aubert.

SNOY ET D'OPPUERS, G. *Le contexte littéraire de Mc., 16, 17-18. État de la question.* In-4°, XII-205 p. Dir. F. Neirynck.

TILLMANS, F. *Inleiding tot de studie van de paradijssymboliek in het « Cantico espiritual » van S. Juan de la Cruz.* In-4°, IX-84 p. Dir. A. Vergote.

VANGHELUWE, R. *Johannes de Doper. De relatie tussen het vierde evangelie en de synoptische traditie.* In-4°, XIII-64 p. Dir. F. Neirynck.

CWIEKOWSKI, F.J. *English Ultramontanism in the Nineteenth Century prior to Vatican One.* In-4°, 23 p. Dir. R. Aubert.

O'BRIEN, R. *The Theological Importance of Preaching.* In-4°, III-76 p. Dir. G. Philips.

YURRITA, I. M. *L'obéissance religieuse.* In-4°, IV-53 p. Dir. L. Janssens.

[1] Pro annis 1963 et 1964 tituli dissertationum non indicantur in Actis Facultatis.

1966

ABEL, J. *Charité et vertus morales acquises dans la pensée de Gabriel Vasquez.* In-4°, 45 p. Dir. L. Janssens.

CRATE, É. *Les premiers essais d'une théologie du travail (1830-1852).* In-4°, 147 p. Dir. L. Janssens.

DENAUX, A. *De bijbelse restgedachte. Inleiding tot een thematisch onderzoek van het Nieuwe Testament.* In-4°, XII-151 p. Dir. F. Neirynck.

DOCX, H. *Het probleem van de intercommunie in de beweging van « Faith and Order » tussen Lund en Montréal (1952-1963).* In-4°, 87 p. Dir. L. Smits.

DUBUS, Cl. *Pierre Teilhard de Chardin (1881-1955).* I. *Science et foi dans les œuvres 1881-1926.* II. *Aperçu bibliographique.* In-8°, 134 p. Dir. G. Van Riet.

DUFRASNE, D. *L'eucologe de Sérapion. État de la question.* In-8°, 108 p. Dir. A. Houssiau.

DUHAMEL, E. *De opvatting van de missie in het Instituut voor missiewetenschap te Münster.* In-4°, XVIII-77 p. Dir. G. Philips.

GISTELINCK, Fr. *De christelijke initiatie bij Cyprianus. Ritus en theologie.* In-4°, 87 p. Dir. A. Houssiau.

GOLTSTEIN, G. *De theologische actualiteit van het leven en denken van D. Bonhöffer.* In-4°, XVIII-73 p. Dir. A. Vergote.

LENGRAND, É. *« Traité du ministère des pasteurs » de Fénelon. Un ouvrage de controverse contre les protestants.* In-4°, IV-37 p. Dir. R. Aubert.

NYAMITI, Ch. *Christian and Non-christian Initiation according to Mircea Eliade.* In-4°, 35 p. Dir. A. Houssiau.

PIRLOT, H. *L'analyse littéraire de Mc., I, 18-25. État de la question.* In-4°, XXVII-78 p. Dir. F. Neirynck.

RAMIREZ, A. *Los origines de la ideologia pascual. Estudios preliminares.* In-8°, II-84 p. Dir. A. Houssiau.

SCHAECK, L. *Les normes de la doctrine chrétienne dans les « Discours contre les Ariens » de saint Athanase d'Alexandrie.* In-4°, 65 p. Dir. A. Van Roey.

VAN DULMEN, A. *De doubletten in het evangelie van Lukas. Inleiding tot een redaktionsgeschichtliche Studie.* In-8°,. XIII-81-XXIII p. Dir. F. Neirynck.

WEBER, Ph. *La théologie dans la synthèse blondélienne.* In-8°, 116 p. Dir. G. Van Riet.

1967

ABEL, M. *Le « Praedestinatus ». La doctrine, l'auteur. État de la question.* In-4°, XV-33 p. Dir. M. Cappuyns.

BRÜLS, A. *Deus pro nobis. Eine historisch-theologische Untersuchung zur Gotteslehre in Melanchtons Loci theologici von 1521.* In-4°, 67 p. Dir. R. Aubert.

CLAERHOUT, J. *Isaias 56-66. Auteurschap en datering.* In-4°, XIII-33 p. Dir. J. Coppens.

DE CLERCK, P. *L'oratio fidelium dans les liturgies anciennes. État de la question. Sondage patristique.* In-4°, XVIII-62 p. Dir. A. Houssiau.

DE WOLF, A. *Status quaestionis en geschiedenis van de evolutie in de motivering van het gebruik van contraceptiva in de Anglikaanse theologie.* In-4°, III-53 p. Dir. L. Janssens.

GILBERT, J. *Theological Motives for the Celibacy of the Ecclesiastical Minister in the Western Church.* In-4°, VI-60 p. Dir. G. Thils.

GOOSSENS, A. *De misverklaring op de vooravond van de Hervorming. Een repertorium van de misverklaringen die in druk verschenen tussen 1450 en 1520.* Dir. A. Houssiau.

GRÉGOIRE, J. *La relation éternelle de l'Esprit au Fils d'après les écrits de Jean de Damas.* In-4°, VIII-38 p. Dir. A. Van Roey.

HALLAERT, J. *Erasmus van Rotterdam (1469-1536). Een biographische schets: 1478-1499.* In-4°, 30 p. Dir. J. De Smet.

HANSEN, Th. *De overeenkomsten Matteüs-Lukas tegen Markus in de drievoudige traditie. Hun belang voor de redactiegeschiedenis der evangeliën.* In-4°, XV-58-57* p. Dir. F. Neirynck.

KONINGS, J. *De bewerkingsstof in het evangelie volgens Johannes.* In-4°, XVII-68 p. Dir. F. Neirynck.

LAURAIRE, G. *L'eucharistie comme sacrifice chez S. Irénée.* In-4°, 59 p. Dir. A. Houssiau.

MENUNA, V. *L'élaboration des décrets sur le mariage à la période bolonaise du concile de Trente.* In-4°, XIX-70 p. Dir. A. Houssiau.

MINET, Fr. *La controverse E. Ranwez - R. Carpentier. La personne et sa perfection.* In-4°, XXXV-54 p. Dir. L. Janssens.

ORAVEC, Chr. *The Ecclesiology of Dietrich Bonhöffer in « Sanctorum Communio ».* In-4°, VII-51 p. Dir. G. Thils.

PRIETO, Fl. *Origen de la designación « camino » aplicada al primitivo cristianismo.* In-4°, 36 p. Dir. J. Coppens.

SCHEIRE, U. *Aanzet tot een genetisch-kritische studie van het begrip « openbaring » in het werk van H. Duméry.* In-4°, I, 77 p.; II. Aantekeningen 70-XXV p. Dir. G. Van Riet.

VANREGENMOORTEL, J. *De leer van Basilius Pontius Legionensis over de echtelijke kuisheid.* In-4°, VIII-51 p. Dir. L. Janssens.

VAN TENTE, M. *Het apologetisch karakter van de systematische theologie bij Paul Tillich.* In-4°, 47 + 55 p. Dir. G. Thils.

VERBEEK, M. *De mens Gods beeld en gelijkenis in het werk van Irenaeus.* In-4°, X-42 p. Dir. A. Van Roey.

JOSAITIS, N.F. *The Evolution of the Thirty-nine Articles of the Church of England. With Special Reference to their Sources and the Ministry.* In-4°, 54 p. Dir A. Houssiau. — Étude préparatoire au doctorat.

1968

ALMEIDA, A. *The Population in India.* — Dir. L. Janssens.

BOLLEN, W. *De Jezusoverlevering bij Paulus.* — Dir. F. Neirynck.

DEBAILLIE, R. *Het theologisch denken over de toekomst en endtijd. J. Moltmann.* — Dir. A. Gesché.

DIGOMBÉ, L. *La notion hébraïque de la personnalité collective.* — Dir. J. Coppens.

DE COOMAN, A. *De zedelijke waarde van subjectieve motieven bij de huwelijksdaad in de schriften na 1679.* — Dir. L. Janssens.

DE MAAT, P. *Het theologisch probleem van de bijbelkritiek in de inleidingen tot het N.T. van de eerste helft der XIXe eeuw.* — Dir. F. Neirynck.

De Visch, M. *De geschiedenis van de Quelle-hypothese vanaf J.G. Eichhorn tot B.H. Streeter.* — Dir. F. Neirynck.

Dominguez, J. *Las tradiciones «ad mores pertinentes» en el Concilio de Trento.* — Dir. L. Janssens.

Dubois, L. *La sociologie atteint-elle la réalité de l'Église? Une position protestante : R. Mehl.* — Dir. J. Havet.

Evens, L. *Het perplex geweten bij de Decretisten.* — L. Janssens.

Gérardin, P. *Autrui, signe de Jésus-Christ, dans la théologie de Karl Barth.* — Dir. L. Janssens.

Izco Ilundain, J. *El conocimiento de Dios en el Antiguo Testamento.* — Dir. J. Coppens.

Leroy, P. *La conscience dans le commentaire Ad Romanos de saint Thomas.* — Dir. Ph. Delhaye.

Leyssen, L. *Martin Bucer. De theologie van de Romeinencommentaar en de invloed van Thomas van Aquino.* — Dir. L. Smits.

Logister, W. *De theologie van de Openbaring bij Wolfhart Pannenberg en zijn school.* — Dir. L. Smits.

McEwan, D. *The Notion of Apologetics in the Writings of George Tyrrell.* — Dir. R. Aubert.

Nelissen, C. *Calvijn en de Scholastiek.* — Dir. L. Smits.

Nicolussi, G. *La sacramentalità dell'episcopato nel Vaticano II.* — Dir. G. Philips.

Nirappel, A. *An Introduction to the Bhagavadgita.* — Dir. G. Thils.

Poier, G. *Morale conjugale nella Costituzione pastorale «Gaudium et Spes» (sec. pars, cap. I).* — Dir. L. Janssens.

Tilmant, L. *Le traité de morale «Des moyens de conserver la paix avec les hommes» de P. Nicole (1625-1695).* — Dir. R. Aubert.

Torra Llanas, R. *Dieu dans la doctrine de l'élection gratuite de K. Barth.* — Dir. A. Gesché.

Vaas, V. *Niceta van Nemesiana. Zijn getuigenissen over nachtwaken en psalmen-zingen.* — Dir. A. Van Roey.

Van Waelderen, E. *De mens tussen God en wereld volgens F. Gogarten.* — Dir. F. Gesché.

V. *Doctorandi*[1].

1962-1963

N. Charlier, m. c. l.,
M. Chéza, m. c. l.,
*G. Dreesen, m. c. l.,
M.C. Duchaine[2],
*S. Lamberigts, m. c. l.,
*R. Michiels, m. c. l.
A.Th. Patrick, c. l.,
*A. Schoors, m. c. l.,
Th. Stanks, c. fr.,
I.M. Tshiamalenga, c. l.,
*H.Fr. van Leeuwen, m. c. l.,

[1] Cf. *infra*, pp. 39-44 *Theses quas.*

[2] Dissertationem non defendit.

1963-1964

M. Aghiorsousis, c. fr.,
*A. Besters, m. c. l.,
S. Lamberigts, m. c. l.,
A. Matellanes Crespo, m. c. l.
A. Montes Moreira, m. c. l.,
*M. van den Nieuwenhuizen, c. l.,
*Fr. Van Segbroeck, m. c. l.

1964-1965

*W. Deckers, m. c. l.,
*H. Delil, m. c. l.,
*J. Delobel, m. c. l.,
*P. Engels, c. l.,
A. Jousten, m. c. l.,
J. Linnan, c. l.,
É. Mayence, m. c. l.,
M. McLoughlin, m. c. l.,
Th. Meger, m. c. l.,
Ph. Muraille, m. c. l.,
A. Petitjean, summa c. l.,
É. Samain, c. l.,
*J. Sonneville, m. c. l.,
R. Taylor, m. c. l.,
*J. van Osch, m. c. l.[3].

1965-1966

*J. P. De Rudder, m. c. l.,
R. Gryson, summa c. l.,
A. Haquin, m. c. l.,
*E. Henau, m. c. l.,
*J. Lust, m. c. l.,
*W. G. Tillmans, m. c. l.,
J. Zandueta, c. fr.

1966-1967

Fr. J. Cwiekowski, m. c. l.,
*A. Denaux, summa c. l.,
G. M. Dolan, c. l.,
*Fr. Gistelinck, m. c. l.,
É. Legrand, m. c. l.,
A. Ramirez, m. c. l.,
Br. Renaud, m. c. l.,
Th. Snoy et d'Oppuurs, m. c. l.,
Ph. Weber, m. c. l.,
I. M. Yurrita, m. c. l.

1967-1968

M. Abel, m. c. l.,
*A. De Wolf, m. c. l.,
*G. Golstein, m. c. l.,
J. Grégoire, m. c. l.,
R. O'Brien, m. c. l.,
Br. Renaud, m. c. l.,
*J. Van Regenmortel, c. l.
J. Yurrita, m. c. l.

In sessione octobris.

POKLOP, Joseph, e Oucary (Tchécoslovaquie), m. c. l.

Prima pars periculi ad lauream.

1966-1967

J. Abel,
M. Mandac,

[3] Pl. Bazoche examina non complevit.

É. Crate,
Cl. Dubus,
M. Dufrasne,
H. Pirlot,
L. Schaeck,
G. Selong.

1967-1968

A. Brüls,
U. Ibarra Muñoz.

Examina praeparatoria ad doctoratum.

G. Dolan, c. l.,
U. Ibarra Muñoz, c. l.,
N. F. Josaitis, c. l.,
*J. van Nuland, m. c. l.,
Th. Mampra, c. l.,
M. Mandac, m. c. l.,
Ch. Nyamiti,
Chr. Oravec,
*D. Van Eecke, c. l.

Dissertationes in ordine ad lauream.

Cf. *De Theologische Faculteit 1919-1969*, ap. *ANL*, 1970, t. XVII, pp. 72-109.

VI. *Doctores S. Theologiae* [1].

1963

R. F. Collins, dioec. provid.,
*W. De Smet, dioec. gand.,
*I. Luyten, S.D.B.,
*Chr. Sporken, A.A.

1964

M. Chéza, dioec. namurc.,
M. Coune, O.S.B.,
W. Jenkinson, dioec. provid.,
*J. Lemmens, A.A.,
*A. Modde, dioec. brug.,
A. T. Patrick, O.F.M. Conv.,
*A. Schoors, dioec. gandav.,
T. Tshibangu, dioec. elisabetopolit.,
*J. Van Craenenbroeck, dioec. mechl.

1965

*A. Besters, dioec. antverp.,
A. Charlier, O.M.I.,
A. Matellanes Crespo, O.P.,
*R. Michiels, dioec. mechl.,
I. F. Randall, dioec. provid.,
*F. van Segbroeck, Miss. S. Cordis,
*B. M. van Leeuwen, O.S.B.
*P. Veugelers, dioec. rurem.,

1966

*J. Delobel, dioec. brug.,
*P. Engels, A.A.,
R. Taylor, dioec. salford.,
*L. Van Baelen, O.F.M. Cap.,

[1] Pro ampliore notitia cfr *ANL*, 1970, t. XVII, pp. 100-103 et infra *Theses quas*, pp. 39-44.

A. Jousten, dioec. leod.,
A. Petitjean, dioec. namurc.,
*I. Van Osch, S.M.M.

1967

*I. P. De Rudder, dioec. brug.,
R. Gryson, dioec. mechl.-bruxell.,
A. Haquin, dioec. namurc.,
*E. Henau, C.P.,
*J. Lust, dioec. brug.,
S. McLoughlin, O.S.B.,
*G. Tillmans, O.C.D.

1967-1968

*Fr. Gistelinck, dioec. brug.,
Ph. Muraille, dioec. Mechl.-Brux.,
*A. Rubbens, dioec. Gand.,
Th. Snoy et d'Oppuurs, O.S.B.,
*M. van den Nieuwenhuysen, O.S.A.,
*P. Warmoes, Miss. Africae,
Ph. Weber, dioec. Mechl.-Brux.

Magistri[1].

A. Gesché, ex Uccle, dioec. mechl.-brux., 1962.
A. de Halleux, e Marche-en-Famenne, O.F.M., 1963.
É. Lipiński, e Lodz, dioec. lods., 1965.
Th. Tshibangu, e Kipushi, dioec. Lumumbashi, 1965.
R. Gryson, ex Uccle, dioec. mechl.-brux., 1968.

[1] Pro enumeratione completa magistrorum S.T.L. aut I.C. cfr *Annua Nuntia*, 1970, t. XVII, pp. 65-72.

FACULTAS IURIS CANONICI

ELENCHUS PROFESSORUM

Decani		*Secretarii*
H. Wagnon	1961-1962	É. Massaux
H. Wagnon	1962-1963	É. Massaux
H. Wagnon	1963-1964	É. Massaux
G. Fransen	1964-1965	É. Massaux
G. Fransen	1965-1966	Fr. Neirynck
G. Fransen	1966-1967	Fr. Neirynck
W. Onclin	1967-1968	A. Houssiau
W. Onclin	1968-1969	A. Houssiau

PROFESSORES

ONCLIN, Willy, nat. Hamont, 22 febr. 1905, lector 1937, professor 1938, emeritus 1975.

WAGNON, Henri, nat. Mouscron, 21 aprilis 1906, lector 1938, professor 1941, emer. 1976.

FRANSEN, Gérard, nat. Wegnez, 26 ian. 1915, professor 1948.

STEPPE, Jan, nat. Ninove, 16 nov. 1918, adsistens 1947, doc. 1952, professor 1956, emer. 1979.

DE SMET, Joseph, nat. Kortrijk, 30 iunii 1916, adsistens 1946, doc. 1956, professor 1956.

PROFESSOR INVITATUS

FEGHALI, Joseph, nat. Kfarabida (Liban), 6 febr. 1909, visiting professor 1962, professor U.C.L. 1969, emer. 1979.

DOCENS

LINDEMANS, J., nat. Bruxellis, 1921, lector 1958, docens extraord. Fac. Pol.-Soc. 1962, docens extraord. Fac. I.C. 1966, professor 1968, professor extraordinarius 1978.

DOCENS ADSOCIATUS

HANSSENS, Silvère, nat. Gullegem, 31 dec. 1908, docens adsociatus 1962, professor 1968, emer. 1979.

LECTORES

PHILIPPOT, Robert, nat. Namur, 13 febr. 1906, lector 1966, emeritus 1976.
CUYPERS, L., nat. Rumst, 15 febr. 1916, lector 1967, professor extraordinarius 1970.

VICEM GERENTES

BAEKELANDT, Marianus, nat. Gullegem, 22 dec. 1922, vicem gerens 1962.
HUIZING, Petrus, S.J., nat. Haarlem, 22 febr. 1911, vicem gerens 1965.

ADSISTENS

VAN HOOTEGHEM, M., nat. 1916, ads. 1967.

Elenchus Periculorum et Promotionum.
Baccalaurei Iuris Canonici.

1962-1963

AMSINI, Elias, e Kindu (Zaïre), c. fr.,
*COPPENS, Iacobus, brugensis, m. c. l.,
*DE JONG, Adrianus, e Blaricum (Nederland), c. fr.,
*HEYNDRICKX, Guido, e St.-Niklaas, m. c. l.,
KUMBATI, Raphaël, ex Amadi, c. fr.,
MARCHINI-CAMIA, Romanus, c. l.,
*PLESSERS, Guido, ex Hasselt, c. l.,
*VANDECASTEELE, Herman, e Wevelgem, m. c. l.,
*WAUMANS, Maurice, e Puurs, m. c. l.

1963-1964[1]

AACHEN, Johan, e Reuland (Dürler), c. l.,
LEJEUNE, Michel, e Tirlemont, c. fr.,
SURY, Michel, antverpiensis, c. fr.,
*VAN MEER, Anna, c. l.

1964-1965

*VERSTEGEN, Rafaël, e Westende, m. c. l.

[1] Ab hoc academico duo regimina linguistica sunt introducta. Alumni regiminis linguae neerlandicae asterisco notantur.

1966-1967

*CORTEN, Gustaaf, alostensis, c. l.,
*DE MEESTER, Hubert, gandavensis, c. l.,
*DESSEIN, Jozef, e Dadizele, c. l.,
JACQUES, André, ex Halma, c. l.,
*MAERTENS, Louis, e Menen, c. l.

1967-1968

COLLINET, Raphaël, ex Huccorgne, m. c. l.

Primum periculum ad licentiam I.C.

1962-1963

*VAN HOUT, Leonardus, e Someren (Ned.), c. fr.

1963-1964

AMSINI, Elias, e Kindu (Zaïre), c. fr.,
*COPPENS, Jacobus, brugensis, m. c. l.,
*DE JONG, Adrianus, e Blaricum (Ned.), c. l.,
*HEYNDRICKX, Guido, e St.-Niklaas-Waas, c. l,
KUMBATI, Raphaël, ex Amadi, c. fr.,
*PLESSERS, Guido, ex Hasselt, c. fr.,
*VANDECASTEELE, Herman, e Wevelgem, m. c. l.,
*WAUMANS, Maurice, e Puurs, c. l.

1964-1965

AACHEN, Johan, e Reuland (Dürler), c. l.,
LEJEUNE, Michel, e Tirlemont, c. fr.,
SURY, Michel, antverpiensis, c. fr.,
*VAN MEER, Anna, e Merksem, c. l.

1965-1966

*VERSTEGEN, Rafaël, e Westende, m. c. l.

1967-1968

*CORTEN, Gustaaf, alostensis, c. l.,
*DESSEIN, Jozef, e Dadizele, c. l.,
JACQUES, André, ex Halma, c. l.,
*MAERTENS, Louis, e Menen, c. l.

Licenciati I.C.

1962-1963

FAHY, Michael, e Wexford, Hibernia, c. l.,
*ZAMAN, Lucas, ex Essen, c. l.

1963-1964

*VAN HOUT, Leonardus, e Someren (Ned.), c. fr.

1964-1965

AMSINI, Élie, e Kindu (Zaïre), c. fr.,
*DE JONG, Adrianus, e Blaricum (Ned.), c. l.,
*HEYNDRICKX, Guido, e St.-Niklaas-Waas, c. l.,
KUMBATI, Raphaël, ex Amadi, c. fr.,
*PLESSERS, Guido, ex Hasselt, c. l.,
*VANDECASTEELE, Herman, e Wevelgem, m. c. l.,
*WAUMANS, Maurice, e Puurs, m. c. l.

1965-1966

LEJEUNE, Michel, e Tirlemont, c. l.,
SURY, Michel, antverpiensis, c. l.,
*VAN MEER, Anna, e Merksem, c. l.

1966-1967

*VERSTEGEN, Rafaël, e Westende, m. c. l.

1967-1968

*DE MEESTER, Hubert, gandavensis, m. c. l.

Dissertationes in ordine ad licentiam.

1965

AMSINI, E. *L'empêchement canonique de disparité de culte dans la doctrine et la pratique canonique jusqu'au pontificat de Benoit XIV*. In-4°, 50 p. Dir. H. Wagnon.

COPPENS, I. *De Verenigde naties en de religieuze niet-discriminatie. Het begrip godsdienst in de bestrijding van de religieuze intolerantie*. In-4°, IX-40 p. Dir. W. Onclin.

DE JONG, A. *Het concordaatshuwelijk*. In-4°, IX-72 p. Dir. H. Wagnon.

HEYNDRICKX, G. *La liberté scientifique dans les universités de l'état. L'affaire Laurent Brasseur 1855-1856.* In-4°, X-49 p. Dir. W. Onclin.

KUMBATI, R. *Les pouvoirs et les problèmes de l'école catholique au Congo.* In-4°, IX-23 p. Dir. H. Wagnon.

PLESSERS, G. *Artikel 16 van de Belgische grondwet en het recht van Kerk en Staat in de benoeming van de bedienaars van de eredienst.* In-4°, VII-73 p. Dir. J. Lindemans.

VANDECASTEELE, H. *De algemene dwaling bij Panormitanus (1386-1953).* In-4°, VII-63 p. Dir. G. Fransen.

WAUMANS, M. *Kerkelijke verenigingen zonder winstoogmerk in hun verhouding tot de kerkelijke overheid.* In-4°, 63 p. Dir. J. Lindemans.

1966

AACHEN, J. *L'executio potestatis chez Hostiensis et Bernard de Parme.* In-8°, XXIII-53 p. Dir. G. Fransen.

LEJEUNE, M. *Les sulpiciens prêtres séculiers non-diocésains? Pour une étude canonique du problème de la Compagnie de Saint-Sulpice et du statut de ses membres selon l'esprit de son fondateur.* In-4°, VI-46 p. Dir. G. Fransen.

SURY, M. *La Cura Animarum chez Hostiensis.* In-4°, III-40 p. Dir. G. Fransen.

VAN MEER, A. *De seculariteit van de seculiere instituten.* In-4°, V-57 p. Dir. G. Fransen.

1968

DE MEESTER, H. *Het wezen van de morele persoonlijkheid en de rechtspersoonlijkheid.* Dir. W. Onclin.

Periculum ad lauream I.C.

1962-1963

*DECKMIJN, Richard, e Roeselare, m. c. l.

1963-1964

FAHY, Michael, e Wexford (Hibernia), m. c. l.

1965-1966

*DE JONG, Adrianus, e Blaricum (Ned.), c. l.,

1966-1967

KUMBATI, Raphaël, ex Amadi, c. fr.,
LEJEUNE, Michel, e Tirlemont, c. fr.,
*TEMMERMAN, Frans, ex Erembodegem, m. c. l.,
*VAN MEER, Anna, e Merksem, m. c. l.

Doctores I.C.

1962-1963

GEORGES, Roger, ex Arlon,
*HANENBURG, Iacoba, e Smeek (Ned.),
MAYENCE, Roger, e Gosselies.

1964-1965

FAHY, Michael, e Wexford (Hibernia),
*LAUWERS, Emiel, antverpiensis.

1967-1968

*BACKELJAUW, Clemens,
LEJEUNE, Michel, e Tirlemont,
*VAN MEER, Anna e Merksem.

THESES QUAS FACULTATIS THEOLOGICAE ET FACULTATIS IURIS CANONICI

1962-1963

1920. Petrus BECKER, S.T.L., hasseletensis, O.S.B.
1921. Andreas BESTERS, S.T.L., dioecesis antverpiensis.
1922. Hugo DE LIL, S.T.L., e Gerardimonte, dioecesis gandav.
1923. Andreas DE SCHEPPER, S.T.L., e De Pinte, O.C.D.
1924. Stephanus FILÉE, S.T.L., e Nendrin, dioec. leod.
1925. Emericus FLETCHER, S.T.L., e Beloit (Kansas), O.S.B.
1926. Romanus LAPORTE, S.T.L., cortracensis, dioec. brug.
1927. Ioannes LINNAN, S.T.L., e Springfield, C. Cl. S. Viat.
1928. Paulus MALHERBE, S.T.L., namurcensis, dioec. namurc.
1929. Swithunus MCLOUGHLIN, S.T.L., e Wimbledon, O.S.B.
1930. Philippus MURAILLE, S.T.L., e La Hulpe, dioec. mechl.-brux.
1931. Martinus VAN DEN NIEUWENHUIZEN, S.T.L., e Dinther, O.E.S.A.
1932. Franciscus VAN SEGBROECK, S.T.L., mechliniensis, M.S.C.I.
1933. Ioannes VERHOEVEN, S.T.L., ex Uden, O.S. Crucis.
1934. Albertus CHARLIER, e Battice, S.T.L., O.M.I.
1935. Mauritius CHEZA, S.T.D., marchiensis, dioec. nam.: *Le chanoine Joly (1847-1909) et la méthode missionnaire.*
1936. Gerardus DREESEN, S.T.D., hasseletensis, M.S.C.I.: *De leer over de geschapen genade in de Sententiëncommentaar van de H. Bonaventura.*
1937. Mauritius C. DUCHAINE, S.T.D., e New Bedford, Soc. S. Sulp.: *Pais theou in the Acts of the Apostles.*
1938. Silvester LAMBERIGTS, S.T.D., e Mechelen-aan-de-Maas, dioec. leod.: *De heiligheidsgedachte in de teksten van Qoemraan.*
1939. Robertus MICHIELS, S.T.D., ex Onze-Lieve-Vrouw-Tielt, dioec. mechl.-brux.: *De oproep tot religieus-zedelijke omkeer in het Nieuwe Testament.*
1940. Augustinus T. PATRICK, S.T.D., e West Chester, O.F.M. Conv.: *The Unity and Origin of the Decalogue. A Bibliographical and Exegetical Approach.*

[1] La collection des Theses quas, inaugurée lors de la reconstitution de l'Université catholique aux débuts de l'indépendance belge sous l'impulsion du premier recteur magnifique, l'historien de Ram, fut supprimée sous le décanat de Mgr Thils sous prétexte que l'impression était devenue trop coûteuse. Elle signifia la suppression d'une documentation des plus précieuses pour l'histoire de l'université et de l'enseignement des professeurs. Nous n'avons plus pu intervenir pour que la Faculté revînt sur cette décision pour le moins regrettable.

Au reste, au cours de la même année académique 1967-1968, la Faculté se scinda en deux groupes linguistiques désormais indépendants et rattachés respectivement à la K.U.L. = *Katholieke Universiteit Leuven* et l'U.C.L. = *Université Catholique de Louvain.* Cette dernière fut au surpuls amenée à quitter la ville de Louvain et à s'établir sur un campus situé entre Wavre et Ottignies et baptisé « Louvain la Neuve ».

1941. Antonius SCHOORS, S.T.D., donsanus, dioec. gand. : *Litteraire en doctrinele eenheid van Isaias, XL-LV.*
1942. Thomas D. STANKS, S.T.D., e Pittsburgh, Soc. S. Sulp. : *The Servant of God in John*, I, 29, 36.
1943. I. Marcellus TSHIAMALENGA, S.T.D., e Bakwanga, vicar. bakwangensis : *La méthode théologique chez Denys Petau.*
1944. Basileus M. VAN LEEUWEN, S.T.D., e Velsen, O.S.B. : *Het negatief kenteken van de Kerk in de Apologetiek na het Concilie van Trente.*
1945. Michael FAHY, I.C.L., e Wexford, O.F.M.
1946. Lucas ZAMAN, I.C.L., ex Essen, dioec. antverp.
1947. Richardus DECKMYN, I.C.D., rollariensis, dioec. brug. : *De excommunicatie in het Decreet van Gratiaan.*
1948. Andreas DE HALLEUX, S.T.M., e La Roche-en-Ardenne, O.F.M. : *La vie, les écrits et la théologie de Philoxène de Mabbog.*

1963-1964

1949. Placidus BAZOCHE, S.T.L., e Mulhouse, O.S.B.
1950. Iohannes BOONEN, S.T.L., ex Hamont, dioec. leod.
1951. Gulielmus DECKERS, S.T.L., e Zichem, dioec. antverp.
1952. Ioel DELOBEL, S.T.L., brug., dioec. brug.
1953. Petrus ENGELS, S.T.L., e Roosendaal, Congr. Assumpt.
1954. Camillus GÉRARD, S.T.L., e Masbourg, dioec. namurc.
1955. Aloysius JOUSTEN, S.T.L., e Saint-Vith, dioec. leod.
1956. Stephanus MAYENCE, S.T.L., e Jumet, dioec. tornac.
1957. Thomas A. MEGER, S.T.L., e Chicago, Congr. Cler. S. Viat.
1958. Paulus G. MÜLLER, S.T.L., e Sulzbach, dioec. trevir.
1959. Albertus PETITJEAN, S.T.L., neocastrensis, dioec. namurc.
1960. Carolus RUTSAERT, S.T.L., ex Aalter, dioec. gandav.
1961. Stephanus SAMAIN, S.T.L., ex Anderlues, dioec. tornac.
1962. Iacobus SONNEVILLE, S.T.L., e Lauwe, dioec. brug.
1963. Ricardus TAYLOR, S.T.L., e Mancunio, dioec. salford.
1964. Ioannes VAN OSCH, S.T.L., ex Heerlen, Soc. Mariae Montfortanae.
1965. Iesus ZANDUETA VERA, S.T.L., pampilonensis, dioec. pampil.
1966. Maximos AGIORGOUSIS, S.T.D., e Callimasia-Chios : *La dialectique de l'image de Dieu d'après S. Basile le Grand.*
1967. Andreas BESTERS, S.T.D., e Westmalle, dioec. antverp. : *Het centraal heiligdom. Historisch-literair-kritisch onderzoek van Jud., XIX-XXI.*
1968. Angelus MATELLANES CRESPO, S.T.D., e Manzanal de Abajo, O.P. : *Sentido y alcance de la* communicatio *en San Cipriano de Cartajo.*
1969. Antonius MONTES MOREIRA, S.T.D., e Vila Real, O.F.M. : *Potamius de Lisbonne et la controverse arienne.*
1970. Martinus E. VAN DEN NIEUWENHUIZEN, S.T.D., e Dinther, O.E.S.A. : *Zonde en zondebewustzijn bij Kierkegaard.*
1971. Franciscus VAN SEGBROECK, S.T.D., mechlin., Miss. S. Cordis Iesu : *De formulecitaten in het Mattheüsevangelie. Bijdrage tot de christologie van Mt., IV-XIII.*
1972. Antonius MARCHINI CAMA, I.C.L., romanus.

1973. Leonardus VAN HOUT, I.C.L., e Someren, O.F.M. Conv.
1974. Michael FAHY, I.C.D., e Wexford, O.F.M. : *The Origin of the Ordinary and Extraordinary Canonical Form of Marriage.*

1964-1965

1975. Ioannes DE BIE, S.T.L., ex Oolen, dioec. antverp.
1976. Ioannes-Petrus DE RUDDER, S.T.L., rollar., dioec. brug.
1977. Rogerius DEVLEESCHOUWER, S.T.L., e Velthem, O.F.M.
1978. Eduardus ERNENS, S.T.L., e Fouron St-Martin, dioec. leod.
1979. Renatus FORTHOMME, S.T.L., e Tohogne, dioec. namurc.
1980. Rogerius GRYSON, S.T.L., ex Uccle, dioec. Mechl.-Brux.
1981. Andreas HAQUIN, S.T.L., e Beausaing, dioec. namurc.
1982. Ernestus HENAU, S.T.L., ex Erwetegem, Congr. Pass.
1983. Silvester LUNKUTU, S.T.L., e Mundu, dioec. Elisabetenae.
1984. Ioannes LUST, S.T.L., brugensis, dioec. brug.
1985. Franciscus POTTIE, S.T.L., e Moorsele, Congr. Sales.
1986. Bruno RENAUD, S.T.L., leodiensis, dioec. leod.
1987. Franciscus SCHMUCK, S.T.L., e Soufflenheim, O.SS.R.
1988. Gerardus SNOY, S.T.L., e Nivelles, monachus, O.S.B.
1989. Godefridus TILLMANS, S.T.L., e Geleen, O.C. Disc.
1990. Robertus VANGHELUWE, S.T.L., rollariensis, dioec. brug.

1991. Gulielmus DECKERS, S.T.D., e Mol, dioec. antv. : *De opvatting van Martinus Lemaistre over de seksuele moraal en de invloed van zijn leer.*
1992. Hugo DE LIL, S.T.D., e Gerardimonte, dioec. gand. : *De Sadduceeërs, Qumran en de Sadokiden.*
1993. Ioel DELOBEL, S.T.D., brug., dioec. brug. : *De zalvingsverhalen. Bijdrage tot de redactiegeschiedenis der evangeliën.*
1994. Petrus ENGELS, S.T.D., e Roosendaal, Congr. Ass. : *Spiritualisme en realisme in de eucharistieleer van de negende tot de elfde eeuw.*
1995. Swithun MCLOUGHLIN, S.T.D., e Wimbledon, O.S.B. : *The Synoptic Theory of Xavier Léon-Dufour. An Analysis and Evaluation.*
1996. Philippus MURAILLE, S.T.D., e La Hulpe, dioec. mechl.-bruxell. : *L'Église dans le mystère du Christ selon saint Grégoire de Nazianze.*
1997. Iacobus SONNEVILLE, S.T.D., e Lauwe, dioec. brug. : *De christelijke contemplatie in een veranderd mensbeeld. Kritische bezinning op de thomistische grondstellingen.*
1998. Ricardus TAYLOR, S.T.D., e Mancunio, dioec. salford. : *The Just. Their Condition and Reward according to the Book of Wisdom.*
1999. Ioannes VAN OSCH, S.T.D., ex Heerlen, Soc. Mariae Montfortanae : *De eenheid van de Kerk in de theologie van Karl Barth.*
2000. Placidus BAZOCHE, S.T.D., e Mulhouse, O.S.B. : *Origine et signification du groupe de vocabulaire epouranios dans l'épître aux Hébreux.*
2001. Aloysius JOUSTEN, S.T.D., e Sankt Vith, dioec. leod. : *La morale et la finalité globale de l'entreprise industrielle.*
2002. Ioannes LINNAN, S.T.D., e Sprinfield, Congr. S. Viatoris : *The Evangelical Background of John Henry Newman 1816-1826.*

2003. Stephanus MAYENCE, S.T.D., e Jumet, dioec. torn.: *La parole de Jésus sur le serment (Mt., V, 33-37; Jac., V, 12). Tradition et rédaction dans l'évangile de Matthieu.*
2004. Thomas A. MEGER, S.T.D., e Chicago, Congr. S. Viatoris: *The Notion of the Divine Glory in the Hebrew Bible.*
2005. Albertus PETITJEAN, S.T.D., neocastrensis, dioec. namurc.: *Les textes du Proto-Zacharie relatifs à Zorobabel. Critique textuelle et analyse littéraire.*
2006. Stephanus SAMAIN, S.T.D., ex Anderlues, dioec. tornac.: *Le récit de Pentecôte dans le cadre de l'œuvre lucanienne.*

2007. Elias AMSINI, I.C.L., e Kindu, dioec. kongoloensis.
2008. Iacobus COPPENS, I.C.L., brug., dioec. antverp.
2009. Adrianus DE JONG, I.C.L., e Blarico, dioec. harlem.
2010. Guido HEYNDRICKX, I.C.L., e Sint-Niklaas, dioec. gandav.
2011. Raphael KUMBATI, I.C.L., ex Amadi, praef. de Doruma.
2012. Guido PLESSERS, I.C.L., e Hasselt, dioec. hasselt.
2013. Hermanus VANDECASTEELE, I.C.L., e Wevelgem, dioec. brug.
2014. Mauritius WAUMANS, I.C.L., e Puurs, dioec. mechl.-bruxell.

2015. Tharcisius TSHIBANGUE, S.T.M., e Kipushi, dioec. elisabethapolitanae: *Théologie positive et théologie spéculative. Position traditionnelle et nouvelle problématique.*
2016. Eduardus LIPIŃSKI, S.T.M., e Lodzia, dioec. Lodzensis: *La Royauté de Yahwé dans la poésie et le culte de l'ancien Israël.*

1965-1966

2017. Ioannes ABEL, S.T.L., ex Emptinne, dioec. namurc.
2018. Elias CRATE, S.T.L., e Hodeige, dioec. leod.
2019. Adelbertus DENAUX, S.T.L., ex Assebroek, dioec. brug.
2020. Hermanus DOCX, S.T.L., e. Berlaar, C.I.C.M.
2021. Claudius DUBUS, S.T.L., e Boussu-Bois, dioec. tornac.
2022. Deodatus DUFRASNE, S.T.L., e Cuesmes, O.S.B.
2023. Ericus DUHAMEL, S.T.L., e Wevelgem, C.I.C.M.
2024. Franciscus GISTELINCK, S.T.L., e Wevelgem, dioec. brug.
2025. Gerardus GOLTSTEIN, S.T.L., e Waalre, Soc. Mariae Montfortanae.
2026. Eligius LEGRAND, S.T.L., e Sebourg, dioec. Cameracensis.
2027. Carolus NYAMITI, S.T.L., e Tabora, dioec. taboraensis.
2028. Hubertus PIRLOT, S.T.L., ex Arlon, Congr. Assumpt.
2029. Albertus RAMIREZ, S.T.L., medellensis, dioec. medellensis.
2030. Lucianus SCHAECK, S.T.L., e Tintange, Congr. Assumpt.
2031. Antonius VAN DULMEN, S.T.L., ex Hoorn, Can. Reg. S. Aug.
2032. Philippus WEBER, S.T.L., ex Etterbeek, dioec. mechl.-bruxell.
2033. Ioannes Petrus DE RUDDER, S.T.D., rollariensis, dioec. brug.: *Bijdragen van de hedendaagse taalfilosofie voor de theologie van het woord.*
2034. Robertus GRYSON, S.T.D., ex Uccle, dioec. mechlin.-bruxell.: *La typologie sacerdotale de saint Ambroise et ses sources.*

2035. Andreas HAQUIN, S.T.D., e Beauraing, dioec. namurc. : *Histoire du renouveau liturgique belge (1882-1914).*
2036. Ernestus HENAU, S.T.D., ex Erwetegem, Congr. Passionis : *De passie-mystiek van Paulus van het Kruis. Structuuranalyse van een christelijke ervaring.*
2037. Ioannes LUST, S.T.D., brugensis, dioec. brug. : *Traditie, redactie en kerygma in het boek Ezechiël. Een analyse van Ez., XX, 1-26.*
2038. Gulielmus Godefridus TILLMANS, S.T.D., e Geleen, O.C. Disc. : *De paradijssymboliek in het « Cantico Espiritual » van San Juan de la Cruz.*
2039. Iesus ZANDUETA, S.T.D., e Pampilona, dioec. pampilonensis : *Los temas religiosos en el pensamiento de Maurice Blondel.*
2040. Ioannes AACHEN, I.C.L., e Dürler, dioec. leod.
2041. Michael LEJEUNE, I.C.L., e Thenis, Soc. Miss. Africae.
2042. Michael SURY, I.C.L., bruxellensis, Soc. Miss. Africae.
2043. Anna VAN MEER, I.C.L., e Merksem.
2044. Adrianus DE JONG, I.C.D., e Blarico, dioec. harlem. : *Het concordaats-huwelijk.*

1966-1967

2045. Mauritius ABEL, S.T.L., ex Emptinne, dioec. namurc.
2046. Alphonsus BRÜLS, S.T.L., e Wirtzfeld, dioec. leod.
2047. Ignatius CLAERHOUT, S.T.L., ex Ooigem, Congr. Passionis.
2048. Paulus DE CLERCK, S.T.L., ex Uccle, dioec. mechl.-bruxell.
2049. Andreas DE WOLF, S.T.L., e Ronse, dioec. gandav.
2050. Ioannes GILBERT, S.T.L., e Sancto Paulo (U.S.A.), dioec. S. Pauli et minneapolitanensis.
2051. Andreas GOOSSENS, S.T.L., e Mortsel, dioec. antverp.
2052. Iosephus GRÉGOIRE, S.T.L., bruxellensis, dioec. mechl.-bruxell.
2053. Iulius HALLAERT, S.T.L., ex Aalter, Congr. Passionis.
2054. Theodorus HANSEN, S.T.L., e Beek, dioec. ultraiectensis.
2055. Ioannes KONINGS, S.T.L., e Riemst, dioec. leod.
2056. Guido LAURAIRE, S.T.L., e Claret, dioec. Montis Pessulani.
2057. Vincentius MENUNA, S.T.L., ex Ekekam I (Cameroun), dioec. Yaundensis.
2058. Franciscus MINET, S.T.L., e Tarcienne, Can. Reg. S. Augustini.
2059. Ioannes NEYENS, S.T.L., e Bree, dioec. leod.
2060. Christianus ORAVEC, S.T.L., e Johnstown, Tert. Ord. Reg. S. Francisci.
2061. Florentius PRIETO HERRERO, S.T.L., e Prioro (Hispania), O.F.M. Cap.
2062. Urbanus SCHEIRE, S.T.L., e Wachtebeke, dioec. gandav.
2063. Ioannes VAN REGENMORTEL, S.T.L., e Baal, dioec. mechl.-bruxell.
2064. Marcus VAN TENTE, S.T.L., alostensis, O.M.I.
2065. Michael VERBEEK, S.T.L., e Sint-Huibrechts-Lille, canon. reg. abbatiae parcensis.
2066. Fredericus J. CWIEKOWSKI, S.T.D., e Meriden (U.S.A.), Congr. S. Sulp. : *The Ecclesiology of the English Bishops at the First Vatican Council.*
2067. Adelbertus DENAUX, S.T.D., ex Assebroek, dioec. brug. : *De sectie Lc., XIII, 22-35 en haar plaats in het lucaanse reisbericht.*

2068. Geraldus M. DOLAN, S.T.D., e Long Island City, O.F.M. : *The Gift of the Spirit according to John Henry Newman 1828-1839.*

2069. Franciscus GISTELINCK, S.T.D., e Wevelgem, dioec. brug. : *De christelijke initiatie in Romeins Afrika gedurende de derde eeuw.*

2070. Eligius LEGRAND, S.T.D., e Sebourg, dioec. cameracensis : *« Traité du ministère des pasteurs » de Fénelon. Un ouvrage de controverse contre les protestants en 1688.*

2071. Albertus RAMIREZ, S.T.D., medellensis, dioec. medellensis : *Los origenes de la ideologia pascual cristiana.*

2072. Bruno RENAUD, S.T.D., ex Angleur, dioec. leod. : *Eucharistie et culte eucharistique selon Cyprien.*

2073. Theodorus SNOY ET D'OPPUURS, S.T.D., e Bois-Seigneur-Isaac, monachus O.S.B. : *La marche de Jésus sur les eaux. Étude de rédaction marcienne.*

2074. Philippus WEBER, S.T.D., ex Etterbeek, dioec. mechlin.-bruxell. : *La morale fondamentale d'après Matthieu d'Aquasparta.*

2075. Iosephus Michael YURRITA, S.T.D., e Sancto Sebastiano, S.J. : *Presupuestos metódicos y doctrinales de una teologia de la obediencia religiosa.*

2076. Raphael VERSTEGEN, I.C.L., e Westende, dioec. brug.

2077. Raphael KUMBATI, I.C.D., ex Amadi, praef. de Doruma : *L'Église, l'État et les problèmes de l'école catholique au Congo 1876-1960.*

2078. Michael LEJEUNE, I.C.D., e Thenis, Soc. Miss. Africae : *La jurisprudence de la Congrégation du Concile, de la Constitution « Speculatores » (1864) au décret « A primis » (1898) en matière de « titres d'ordination ».*

2079. Michael SURY, I.C.D., bruxellensis, Soc. Miss. Africae : *La « Cura animarum » au XIIIe siècle.*

2080. Franciscus TEMMERMAN, I.C.D., ex Erembodegem, dioec. gandav. : *Het landsheerlijk kerkbestuur van de Evangelische Kerk in Duitsland. Zijn historische groei, zijn juridische fundering door de evangelische kanonisten en zijn verdere evolutie en vervanging.*

2081. Anna VAN MEER, I.C.D., e Merksem : *« Seculier » en « seculariteit » in de pauselijke documenten over de « Seculiere Instituten » en in de leer van enkele auteurs*[1].

[1] In anno academico 1967-1968 statuerunt duae Facultates collectionem *Theses quas* non amplius edendam esse.

NOTANDA PRO UTRAQUE FACULTATE

Cfr *De Theologische Faculteit 1919-1969*, ap. *ANL*, 1970, t. XVII[1] :

1. Doctores Honoris Causa. — *Ibid.*, pp. 61-63.
2. Dissertationes ad gradum magistri. — *Ibid.*, pp. 65-72.
3. Dissertationes ad gradum doctoris. — *Ibid.*, pp. 73-109.
4. Volumina edita in *Sylloge Excerptorum e dissertationibus ad gradum Doctoris*, cfr *ibid.*, pp. 111-134.
5. Volumina edita in *Bibliotheca Ephemeridum Theologicarum Lovaniensium 1947-1970*, *ibid.*, pp. 128-139.
6. Fasciculi editi in *Analecta Lovaniensia biblica et orientalia 1947-1970*, *ibid.*, pp. 140-151.
7. Volumina edita in *Recherches bibliques*, *ibid.*, p. 151.
8. Volumina edita in *Orientalia et Biblica Lovaniensia*, *ibid.*, p. 152.
9. Sessiones *Colloquii Biblici Lovaniensis 1949-1969*, *ibid.*, pp. 153-158.
10. Vāria colloquia 1968, *ibid.*, pp. 158-159.
12. Professores Cathedrae Hadriani VI, 1960-1967, *ibid.*, pp. 159-160.
13. Visiting professors 1922-1968, *ibid.*, pp. 161-168.
14. Statisticae indicationes de promotionibus, *ibid.*, pp. 166-170.
15. Elenchus alumnorum, *ibid.*, pp. 171-198.

[1] Adest ap. Sekr. Faculteit der Theologie, St. Michielsstraat 2, B-3000 Leuven.

PARS SECUNDA

Necrologiae

IN MEMORIAM

Een terugblik over de jaren 1962-1971[1]

Sedert wij het nummer XVI van de *Annua Nuntia Lovaniensia* in 1962 samenstelden[2] hebben vele oud-studenten van de Fakulteiten der Godgeleerdheid en van het Kerkelijk Recht ons verlaten. Dat geen nieuwe aflevering van de *ANL* sinds 1962 het licht zag die aan de levensloop van de afgestorvenen heeft herinnerd, is aan vele oorzaken toe te schrijven, niet het minst aan wat zich in de schoot van de Leuvense Alma Mater heeft voltrokken. Men vergete ook niet dat het moeilijk is bereidwillige pennen te vinden om aan het levensbeeld van een overledene iets anders en iets beters te wijden dan de tekst van een doodsprentje of de gemeenplaatsen van een homelie, een literair genre dat thans de voormalige tweede-nocturne-lezing dreigt te vervangen.

Tijd ontbreekt in deze toespraak om al de afgestorvenen op passende wijze te gedenken. Ik doe een beroep op de welwillendheid van de aanwezigen om mij de lacunes te signaleren en stof te leveren voor een uitvoeriger *In Memoriam*.

* * *

Op 22 augustus 1960 overleed te Roermond op 76-jarige ouderdom Mgr. Guillaume Lemmens, van 1932 tot 1958 bisschop van het nederlandse bisdom Limburg, vanaf 1 januari 1958 rustend bisschop en titulair aartsbisschop van Samosate. Aanknopend bij een oude, nederlands-limburgse traditie van gehecht-zijn aan Leuven, traditie die aan Roermond zijn eerste bisschop Lindanus, schonk en later Nederland met Dr. en Magister Poels[3] verrijkte, werd Guillaume Lemmens na zijn priesterwijding naar Leuven gestuurd om zijn theologische studiën voort te zetten. Blijkbaar aardde hij niet in het Leuvense milieu. Na twee jaar vertrok hij in 1911 naar Rome om aan

[1] Toespraak op de eerste vergadering van de nederlandstalige alumni te Leuven in 1971

[2] *Quatre années d'études et de recherches théologiques et canoniques à Louvain, Vier jaar theologische en canonistische studiën en navorsingen te Leuven*, Leuven, 1963. In-8°, 318 p.

[3] *ANL*, t. VIII, p. 143 ss.

de «Apollinaris» kanoniek recht te studeren. Op 9 juli 1914 promoveerde hij er tot *doctor utriusque iuris*. Heeft Leuven aan de Roermondse bisschop weinig meegegeven, ons land oefende op hem een niet te onderschatten invloed uit. Hij kwam inderdaad onder de bekoring van de eerbiedwaardige Edward Poppe en hij deelde met hem, mede onder impuls van een gelijktijdige bewondering voor kardinaal Mercier, een intense mariale en eucharistische vroomheid. Dat niet iedereen opliep met de ietwat speciale persoonlijkheid van bisschop Lemmens, die, vooruit op zijn tijd, zich «vader-bisschop» noemde en aldus wou worden aangesproken, — die het bekende Rolduc-gymnasium tot een strict klein seminarie wou omvormen, — die in zijn diocees de leider en inspirator wenste te zijn van een montfortaanse Maria-kruistocht, — spreekt vanzelf.

Toch moet men eerbied opbrengen voor deze vrome man die de moed had op te treden tegen de NSB-beweging, en die in de harde winter van 1945, toen Nederland door oorlogsgeweld en hongersnood werd geteisterd, besloot de naar het Noorden uitgewezen Limburgers als zielzorger te vergezellen. Of hij met zijn opvolgers, Mgr. Hanssen en later Mgr. Moors, gelukkig was, zal later de geschiedschrijving dienen uit te maken. Het vroegtijdig overlijden van van Mgr Feron, die in bestuurscapaciteit en intelligentie hem overtrof, was een van de zware beproevingen die aan de mariale bisschop niet werden gespaard.

Op vrijdag 27 december 1963 verloor de Faculteit der godgeleerdheid in Mgr. Karel-Justinus CALEWAERT een alumnus die eveneens tot het ambt van bisschop werd gepromoveerd. Wij hebben aan zijn persoon, zijn loopbaan, zijn bisschoppelijk apostolaat, een brochure gewijd die ons toelaat thans slechts op summiere wijze zijn gedachtenis op te roepen[4]. Hij stak in de Gentse clerus door zijn rijzige gestalte boven velen uit. Op priesterlijk en pastoraal vlak was hij een goede en getrouwe herder die bij priesters en gelovigen de fundamentele natuurlijke en christelijke deugden predikte zonder welke geen blijvende vroomheid en zielenijver stand houden. Een hang om het *ne quid nimis* als levensregel te kiezen, te beleven, voor te houden heeft ertoe bijgedragen om zijn episkopaat in *grisaille* te laten voorbijgaan. Dat zijn

[4] J. COPPENS, *Monseigneur K.-J. Calewaert 1893-1963. In Memoriam*, ap. *Analecta Lovaniensia*, nr 17, Leuven, 1972. — *In Memoriam Mgr. Louis-Joseph Kerkhofs 1878-1962. Mgr. Karel-Justin Calewaert 1893-1963*, ap. *ANL*, XXIII, Leuven, Fakulteit der Godgeleerdheid, 1979.

naam zou verbonden blijven met de besluiten van Vatikaan II betreffende de liturgische hernieuwing ligt zeker niet besloten in wat hijzelf ooit heeft verwacht of nagestreefd. Dat die besluiten nooit naar de letter zouden worden opgevolgd heeft hij ongetwijfeld niet voorzien. Dat ze zouden worden misbruikt om een verwildering en soms een kletspraterij in te voeren kon hij niet vermoeden. Ongetwijfeld zou hij zijn gezag hebben aangewend om het liturgisch aggiornamento in de goede baan te houden.

Aan een derde alumnus die tot bisschop werd verheven, nl. in het diocees Providence, Mgr. McVinney, en die door de Fakulteit tot eredoctor werd gepromoveerd, hebben wij het heropenen van het Amerikaans college na de tweede wereldoorlog grotendeels te danken [5]. In 1958 kregen wij de gelegenheid vast te stellen hoe hij in zijn bisdom naar voor-conciliaire stijl tal van initiatieven nam en instellingen oprichtte die hij beschouwde als onontbeerlijke structuren voor een ook innerlijk groeiende katholieke geloofsgemeenschap. In zijn laatste levensjaren bleven hem noch ontgoocheling noch beproeving gespaard. Hij ging rustig zonder strijd gedurende zijn slaap de eeuwigheid in op 10 augustus 1971.

Over een alumnus die missiebisschop werd in Congo en aldaar een fijne, hooggeschatte vertegenwoordiger was van de Scheutse missiecongregatie, Mgr. G. Kettel, kon ik tot nu toe geen biographische gegevens bekomen. Ik verwacht inlichtingen van een zijner medewerkers.

Op 17 februari 1967 kwam het beloftevol leven van Dr. en Magister in het kerkelijk recht Fortunato da Veiga Coutinho tragisch door een auto-ongeval tot een einde. Hij was de jongste van onze alumni om tot bisschop te worden gewijd. De Kerk in Indië had van hem veel voor haar toekomstige uitbouw verwacht.

* * *

In de verlopen jaren werd het professoraal korps door vele overlijdens zwaar getroffen. Hebben ons verlaten onder de ouderen Lucien Cerfaux, Gonzague Ryckmans, Jean Vieujean, Gérard Philips, Joseph Muyldermans, en, onder de jongeren, Robert De Langhe en Henri Van den Bussche. Ook Dom Odon Lottin, Étienne Van Cauwenbergh en Albert Torhoudt dienen te worden vermeld.

[5] *Le Centenaire du Collège américain*, ap. *ANL*, 1958, t. XIV, pp. 7-58.

Allen hebben zich door hun onderricht en hun publikaties verdienstelijk gemaakt. De meesten onder hen geraakten buiten de grenzen van ons land bekend. Mogen hun werkwijze, hun toewijding, hun trouw, vandaag en morgen een blijvend en lichtend voorbeeld voor meesters en studenten zijn.

* * *

Onder de doctores honoris causa van de Faculteit vermelden wij Kardinaal CUSHING, een weldoener van het Amerikaans college, en de professoren Guillaume MOLLAT, Jean LEVIE, Alberto VACCARI, Gabriel LE BRAS, Roland DE VAUX. Vooral pater Jean Levie onderhield met de faculteit en haar professoren nauwe en hartelijke betrekkingen. Wij mogen hem zo niet als een medestichter dan toch als één van de eerste en trouwste medewerkers van het *Colloquium Biblicum Lovaniense* begroeten.

Vóór het rectoraat van Mgr. Van Waeyenbergh werden te Leuven en ook elders in ons land de eredoctoraten karig uitgedeeld. In de toekomst zal men dienen op de hoede te zijn tegen inflatie. Het worde geen *do ut des*, geen *échange d'aimables procédés*, ook geen middel om betwiste personages wat gezag en steun te bezorgen, opdat straks het erelint van eredoctor niet op de voddemarkt terecht kome.

* * *

Talrijk zijn de magisters die ons hebben verlaten, enkele in een gezegende ouderdom, andere al te vroegtijdig.

Guillaume VOISIN en Fernand CLAEYS BOUÜAERT genoten lange tijd het voorrecht te fungeren als ouderdomsdekens van de alumni. De notitie van VOISIN moet ik nog schrijven. Hij was een uiterst rijke en interessante persoonlijkheid. Priester van het bisdom Luik was hij in 1901 één van de eersten om zijn proefschrift in het frans te schrijven en het bewijs te leveren dat de Leuvense faculteit op het gebied van de patrologie voor geen andere theologische school moest onderdoen. Voisin stond onder zijn klasgenoten bekend als iemand dien men vooruitstrevend kon heten. Men verweet hem zelfs zich op glad en broos ijs te hebben gewaagd met een vulgariserend artikeltje over de oorspronkelijke tekst van het *Vader ons*. Hij kreeg niet de gelegenheid om zich verder aan de studie te wijden of door een leraarsambt zijn voortreffelijke kennis aan anderen door te geven. Hij ging heel en al op in het pastorale werk en eindigde als pastoor-deken te Herve waar hij een onbetwistbaar gezag verwierf. Uit zijn gedrukte en niet gedrukte preken treedt een diep vrome en apostolische priester naar voren, streng vasthoudend aan de gevestigde dogma's en de traditionele plichtenleer, ja zelfs aan de meest klassieke devoties : kortom hierin verschijnt een man die het beeld schril tegenspreekt waartoe hij in studiejaren aanleiding heeft gegeven.

Fernand CLAEYS BOUÜAERT kwam een paar jaren later dan Voisin in het Heilige-Geest-college aan. Hij eindigde zijn verblijf aldaar als subregent en magister in het kerkelijk recht. Zijn carrière voltrok zich te Gent, zijn hart bleef te Leuven, waar hij met De Meyer, Van Hove, Van Cauwenbergh en uw dienaar regelmatig contact zocht en vond. Bevoegd canonist, gepassioneerd verdediger van het recht tegenover elke persoonlijke, zij het charismatische, willekeur, scrupuleuze administrator, onvermoeibare lezer en navorser, ging hij onder de clerus door als de vertegenwoordiger van de franstalige Gentse hogere burgerij. Geschiedenis was zijn hobby. Op dit gebied presteerde hij, rekening houdend met de beperkte hulpmiddelen en medewerking, waardevolle werken die door de Leuvense Alma Mater, door het uitreiken van een eredoctoraat in de geschiedkundige wetenschappen bij monde van professor Leo van der Essen, werden erkend. Hoewel hij niet de biezondere sympathie genoot van Mgr. Coppieters die hem evenwel tot zijn vicaris generaal had aangesteld, hebben wij nooit van hem enig woord vernomen dat zijn bisschop en diens meer bevriende medewerkers kritikeerde. *Un grand monsieur! Chapeau bas!* In zijn laatste levensjaar, toen hij zijn arm had gebroken en bovendien slecht verzorgd werd, ging hij moedig voort dagelijks de heilige mis te celebreren in de kapel van de Zusters van Sint Vincentius, hoe pijnlijk het hem viel zich liturgisch aan te kleden en met een zieke arm al de voorgeschreven riten te volbrengen. Het *fidelem esse etiam in minimis* was voor deze intelligente canonist een levensregel waaraan men niet mocht tornen.

Van de *vier coronati* waarvan professor Jozef Bittremieux bij de promotie tot het magisterium in 1925 gewaagde, zijn er twee sinds 1962 ter ziele gegaan : kanunnik Jozef Brys in 1966 en Mgr. Rudolph Bandas in 1970. Brys' opgang was vlug en schitterend. Zijn dissertatie betekende te Leuven de doorbraak van professor Alfons Van Hove op academisch vlak. Brys' loopbaan bereikte haar hoogtepunt op het

Brugs seminarie gedurende het voorzitterschap van Mgr. Callewaert[6]. Met Mgr. Lamiroy[7] keerde het getij en met Mgr. De Smedt kwam geen nieuwe opvallende wending. Dat professor Brys medestichter was van het *Wit-gele Kruis* is thans door velen niet meer geweten. Als rustend pastoor schreef hij de geschiedenis van de Tieltse muziekmaatschappij. Hij stierf, zoals hij had geleefd, vroom, onderworpen aan Gods wil. Misschien zou hij, rekening houdend met de beproevingen die zijn deel werden, Molière's gezegde hebben tegengesproken: *Le Seigneur Jupiter sait dorer la pilule*!

In de paters Pontianus Polman en Siegfried Stokman verloren wij twee Nederlandse franciskanen die het magisterium respectievelijk in de theologie en in het ius canonicum behaalden.

Polman magistreerde onder leiding van professor Albert De Meyer[8] in het jaar 1932, toen te Leuven de affiches van een voorbijtrekkende circus de prestaties van een naamgenoot van de promovendus: *The Great Polman* aankondigden. Toen ik aan de Utrechtse universiteit gastcolleges hield, had ik de gelegenheid een bezoek te brengen aan deze bescheiden geleerde, uiterst begaafde en werklustige historicus. Men kan slechts betreuren dat hij niet over een palet en borstels als die van Rogier beschikte om aan het belangrijk historisch werk dat hij ontwierp en voleindigde, meer kleur en reliëf te schenken.

Polmans confrater, Siegfried Stokman kwam in het politieke vaarwater te recht. Het werd hem echter niet gegeven een rol te spelen die met de taak van de grote figuren uit de periode van de sociale en politieke emancipatie van de Nederlandse katholieken kan worden vergeleken.

In 1933 huldigden wij in het dagblad *De Standaard* de promotie van de franciskaan Damianus Van den Eynde en de benediktijn Maïeul Cappuyns, beiden afkomstig uit Lier, tot het magisterium in de theologie.

Het proefschrift van Damianus Van den Eynde: *Les Normes de l'enseignement chrétien dans la littérature patristique des trois premiers siècles* geldt zonder tegenspraak als een van de beste die in de reeks dissertaties van de theologische faculteit werden opgenomen. Het werd tevens beschouwd als een bekroning van het onderwijs en het vakkundig leiderschap van collega René Draguet, die, — aldus werd

[6] Cfr *ANL*, t. VII, p. 88 ss. — *Callewaert, Kamiel-Aloïs (1866-1943)*, in *Nationaal Biografisch Woordenboek*, t. I, p. 295.

[7] Cfr *ANL*, t. VIII, p. 181 ss.

[8] Cfr *ANL*, t. VIII, p. 193 ss.

in de wandeling verteld, — zich graag in zijn bekwame student spiegelde.

Van den Eynde zocht weinig contact met de faculteit. Hij kreeg te Rome aan het Antonianum een leeropdracht die afweek van zijn eerste navorsingsdomein. Als rector van het Antonianum blijkt hij geen biezondere naam te hebben verworven. Men kan er zich over verwonderen dat hij op Vaticaan II, — althans voor zo ver wij weten, — geen belangrijke rol heeft gespeeld.

De tweede Lierse magister, Dom Maïeul CAPPUYNS, loste niet al de beloften in die op hem werden gesteld. Zijn werkijver leed eerst onder de moeilijkheden die zijn onderwijs op de abdij Keizersberg ontmoette en later onder het administratief werk dat hij aanvaardde bij de Koninklijke Bibliotheek te Brussel en, na zijn ontslag aldaar, bij de Leuvense universiteitsbibliotheek. De leergang in de geschiedenis van de middeleeuwse theologie die hij aan de Faculteit doceerde, was verzorgd, doch hij groeide niet tot een handboek uit en heeft blijkbaar slechts weinige studenten geboeid.

Tragisch was het lot van Robert BLOMME en Fortunatus DA VEIGA COUTINHO. Deze laatste hebben wij reeds herdacht waar wij de alumni vermeldden die tot het episcopaat werden verheven. Aan *Robert Blomme* die in 1958 tot magister in de theologie promoveerde[9] bleek een belangrijke toekomst beschoren. Na de verdediging van zijn proefschrift, verdediging die nog doorging onder de hoede en in aanwezigheid van Kardinaal van Roey, won hij vlug, wellicht te vlug, invloed op de clerus, zodat hem een belangrijke rol werd toegewezen bij het ontwerpen van de plannen om de theologische studiën te hervormen en een model-seminarie te stichten. Door kanker aangetast waren zijn laatste levensjaren een aanhoudende martelie. Een ruim gevulde kerk bewees bij de uitvaart op 9 november 1966 in de kerk van Onze-Lieve-Vrouw van den Rozenkrans dat priesters en gelovigen het tragisch levenseinde van de jonge en talentvolle priester diep meevoelden en eraan hielden hun deelneming aan de treurende moeder uit te drukken. Kardinaal Suenens sprak de homelie uit[10].

* * *

[9] Cfr *ANL*, t. XVI, pp. 174-188.

[10] *In Memoriam Robert Blomme 1927-1966*. Plaquette in-8° de 8 pages avec portrait.

Laten wij thans vluchtiger, en voor zover mij inlichtingen werden verstrekt, de overige overleden alumni uit de verschillende bisdommen en religieuze orden opsommen en vroom gedenken.

Uit *Het Antwerpse* werd mij het overlijden gemeld van Eerw. Heer Bergen, een van onze meest bejaarde en trouwe leden en van Zeereerw. Heer De Keulenaer, pastoor van St.-Jacobs te Antwerpen. Deze laatste zouden wij met sterke kleuren in de verf kunnen zetten. Hij was zo weinig om een evenwichtig optreden bekommerd als hij met velerlei talenten was bedeeld. Door wijlen kanunnik Édouard Tobac werd hij, zoals wijlen Jan De Wit[11], als een van zijn beste Mechelse studenten naar Leuven gestuurd. Uitgenodigd om tot het magisterium op te gaan slaagde hij er niet in een proefschrift voor te dragen. Zijn Mechels professoraat was geen succes. Zijn herderschap te Antwerpen, waar hij geen « bibbergeld » vroeg om, gedurende het V1 en V2 offensief tegen de Scheldestad, op zijn post te blijven, schonk heel wat meer voldoening.

Talrijk zijn de *Brugse oud-studenten* die wij in de *Annua Nuntia* nog moeten herdenken : de kanunniken Jérôme Mahieu, Renaat De Schepper, Achille Logghe, Aimé Legrand, André Van Lersberghe en Zeereerw. Heer Marcel Ghesquière. Door deze alumni werd in het Brugse diocees op een drievoudig terrein een brok geschiedenis gemaakt, nl. van de opleiding van de toekomstige priesters, van het sociaal apostolaat, en de klassieke pastoraal.

Wie de geschiedenis van de voor-conciliaire priesterlijke spiritualiteit, vooral in onze Vlaamse provincies, eenmaal zal schrijven, zal voorzeker aan Mahieu's *Probatio Charitatis* en Legrands *Florilegium* niet kunnen voorbijgaan. Onlangs trof ik nog het *Florilegium* aan op de tafel van een voorbeeldig priester, en wijzelf zoeken af en toe erin naar teksten die ons bij de opleiding tot het priesterschap dierbaar zijn geweest.

Aan de dood betaalde *het bisdom Gent* nog een hogere tol. Laten wij gedenken de pastoors emeriti Bogaert, Hoorens, Weytens, pastoor-deken Willems, kanunnik-secretaris Philippe, de directeurs Soens en De Caluwe, professor Hofmans, leraar De Brandt, hoogstudent Scheire. Tragisch was de dood van hoogstudent Urbain Scheire en van hoogleraar Florent Hofmans. Beiden kwamen in de lente van een veelbelovend leven om ten gevolge van een auto-ongeluk. Vooral directeur Jozef De Caluwe willen wij gedenken, de steeds trouwe

[11] Cfr *ANL*, t. VII, p. 83.

aanwezige op onze vergaderingen, de levenslustige, op intellectueel vlak nooit verzadigde oud-professor. Op niemand beter dan op deze edele, onbaatzuchtige, zelfstandige persoonlijkheid passen Rostands verzen :

Chanter, c'est ma façon de me battre et de croire,
Et si de tous les chants mon chant est le plus pur
C'est que chante clair.

En verder :

Je fais en traversant les groupes et les ronds
Sonner les vérités comme les éperons.

En ten slotte :

Quelque chose que sans un pli, sans une tache,
j'emporte malgré vous...

Et c'est?...
C'est mon panache!

Uit het bisdom Hasselt meen ik slechts één alumnus te moeten memoreren, de canonist Henri NULENS. Wij hebben in zijn gezelschap het regime van het Heilige-Geest-College beleefd zoals het na de eerste wereldoorlog onder de leiding van professor Lebon tot nieuw leven startte[11a].

Naast de reeds vermelde Jean Vieujean, alias Jean le Presbytre, betreuren wij *uit het Luikse diocees* het heengaan van Mgr. Leroux, de tweede voorzitter van de Vereniging van Leuvense professoren en studenten in de theologie of het kerkelijk recht. Dat tot nu toe nog geen levensbericht van deze wijze, vrome, bescheiden prelaat het licht zag, is te wijten aan het overlijden van Mgr. Litt en kanunnik Kuppens die beiden door een onvoorzien en vroegtijdig overlijden hun belofte niet hebben vervuld. De vicaris-generaal André Minon en de deken van Spa René Struman waren te Leuven ongeveer tijgenoten. Marcel Kuppens kwam later in de universiteitsstad aan. Hij overtrof zijn medestudenten door zijn sterke persoonlijkheid. Hem werd een posthume brochuur gewijd die zijn beeld te conservatief vertekent[12]. Voorzeker was hij geen enthoesiast partijganger van Vatikaan II en vooral geen dweper met de uitlopers er van. Zijn kritiek was te heftig en te eenzijdig, maar wie zal betwisten, rekening houdend met vele naconciliaire verwilderingen

[11a] Wij hebben het régime beschreven in *Robrecht hoogstudent te Leuven*, ap. *Dr. Robrecht Stock. Liber amicorum*, Tielt, 1975, pp. 15-21.

[12] *In Memoriam. Le chanoine Marcel Kuppens. Témoignages et choix de textes*, Bruxelles-Paris, 1965. In-8°, 208 p.

en aftakelingen, dat hij helder en scherp, bepaalde miswassen heeft voorzien?

Uit het Mechelse herdenken wij Eerwaarde Heer OTS, een al te vroeg gestorven sociale werker, — twee verdienstelijke auteurs van locale geschiedenis, Zeereerwaarde Heren SOILLE en TAMBUYSER, — twee prelaten Mgr. Evrard JANSSENS en Mgr. Louis DE RAEYMAEKER. De eerste van deze twee *praelati domestici* maakte een snelle opgang die velen verbaasde en die in ontgoocheling en ziekte vroegtijdig eindigde. Voor de tweede is volgens menselijke maatstaf alles naar wens verlopen. Hij hield van uiterlijke, voorconciliaire staatsie en wedijverde hierin met Mgr. Van Waeyenbergh. *Quand on prend du galon*, tekende hierbij een collega aan, *on n'en saurait trop prendre*. Hij had aanleg voor administratie, was een goed docent en durfde het aan een handboek van klassieke metaphysica te schrijven in een tijdperk waarin weinigen in die bespiegelingen belang stellen. Op het einde van zijn loopbaan speelde hij de kaart van een Vlaams radicalisme. Menig collega die minder met De Raeymaekers verleden aan het oorlogsfront 1914-1918 was vertrouwd en die zich herinnerde hoe hij later met Mercier had uitgepakt, was hierover verwonderd.

Uit het Naamse bereikte ons het bericht van het overlijden van twee pastoor-dekens, Zeereerw. Heer Béka, deken van Ciney, en Zeereerw. Heer Courtoy, deken van Bertrix. Deze laatste was een studiemakker en vriend van Mgr. Calewaert. Hij was een kleurrijke figuur die heel wat jolijt verwekte op de *disputationes sabbatinae* die in het Spoelberchinstituut plaats vonden.

Ook twee pastoor-dekens van het *Doornijkse diocees* gingen naar de Heer : Zeereerw. Heren BORLÉE en ROLLAND.

Van de oud-studenten religieuzen ontvielen ons de benediktijnen LAMBOT (Maredsous) en SYMONS (Keizersberg), — de kapucijnen MICHIELS, eredoctor in kanoniek recht, en MOREL, — de franciskanen SAGAERT, SANDERS, EPPING, Jacobus STOKMAN, — de kruisheer VERHOEVEN, — de praemonstratenzers VAN LEE en VAN LANTSCHOOT, — de scheutist COOREMAN, de jezuïeten GUNS, BERGH, LEVIE. Een biezonder herdenken verdient de kruisheer Verhoeven die slachtoffer viel van de woelingen en schietpartijen die de onafhankelijkheid van Belgisch Congo vergezelden.

* * *

Mag ik U verzoeken recht te staan en in vrome stilte onze overledenen te gedenken.

Sedert deze toespraak werd gehouden overleden volgende alumni: Mgr. G. Philips (1972), Basiel De Pauw (1972), Alfred Faux (1974), Eligius Buytaert (1975), V. M. Buffon (1975), K. Cruysberghs (1976), V. Jacques (1976), A. Paillot (1976), A. Collart (1976), M. Nédoncelle, dr h. c. (1976), A. Charlier (1977), Ch. Balič (1977), Kardinaal Roberti, dr h. c. (1977), Fr. Grégoire (1977), J. Sobry (1977), Pl. Lefèvre (1978), A. Vandooren (1978), G. Bruyninckx (1978), A. Charue (1978), F. Raeymaekers (1978), R. Beel (1979), A. Janssen (1979), M. Geerardijn (1979), L. De Vos (1979), O. Derop (1979), M. Lamote (1979), M. Dessoy (1980), R. Ceuppens (1980).

* * *

GUILLAUME SIMENON

1871-1951

Natus Vlijtingen, 12 aug. 1871, sacerdotio auctus 15 apr. 1895, professor in minore seminario St-Trudonis 1894, in seminario leodiensi 1906, secretarius curiae episcopalis 1924, vicarius generalis 1927, obiit Beverst 8 aug. 1951.

Sur les instances des professeurs de droit canonique, en particulier de Mgr Onclin, la Faculté conféra le doctorat h. c. en droit canon à celui qui aimait répéter: «Multi docti non doctores, multi doctores non docti». Une notice biographique de Mgr Simenon dont l'activité fut inlassable, a paru dans le *Nationaal Biographisch Woordenboek*, t. III, 815.

HIËRONYMUS MAHIEU

1874-1955

Natus Poperinge, 16 dec. 1874, sacerdotio auctus 17 apr. 1897, professor in maiore seminario brugensi 31 dec. 1900, secretarius dioeceseos et canonicus ad hon. 13 dec. 1911, director generalis Sororum Sancti Iosephi 13 dec. 1911, vicarius generalis 25 mart. 1931, archidiaconus 15 dec. 1932, protonotarius apostolicus 20 ian. 1953, obiit in Diksmuide 14 oct. 1955.

In het *Brugs Parochieblad* schreef A. L. (A. Legrand) volgend *In Memoriam*: «De dood heeft vrijdag 14 oktober 1955 op het feest van Sint Donatiaan, patroonheilige van het bisdom Brugge, plots het slotpunt gezet aan het aardse leven van een hoogstaande priester, Monseigneur Mahieu.

Gans het bisdom treurt om zijn heengaan, gelijk gans het bisdom zich, in januari 1953, verheugd heeft om zijn verheffing tot het purper, als Protonotarius Apostolicus.

Geboren te Poperinge, 16 december 1874 en priester gewijd op 17 april 1897, behaalde hij aan de Leuvense Universiteit de graad van doctor in de godgeleerdheid. Einde 1900 zou hij voor een drietal maanden onderpastoor zijn te Moeskroen. De overige vijf-en-vijftig jaren van zijn leven heeft hij te Brugge doorgebracht: zij werden besteed aan de opleiding der toekomstige priesters in het Groot Seminarie (31 december 1900 - 13 december 1911), daarna aan het bestuur van het bisdom, eerst als secretaris, daarna als vicaris-generaal van Mgr. Waffelaert, later als vicaris-generaal van Mgr. Lamiroy en van Mgr. De Smedt.

Hij was een hoogstaande priester, met diep verstand en theologische kennis; hij had een brede ontwikkeling, was voorzichtig en wijs in zijn oordeel en in zijn raadgevingen; daarenboven bezat hij een gevoelig hart, een sterke wil, en was ten uiterste toegewijd aan zijn plicht.

Hij werd een leermeester en geestelijke vader van zijn volk, en van velen in de vreemde. Daar ligt de grote verdienste en het kenmerk van dit edel priesterleven. Door zijn voorbeeld, door zijn geschriften, door zijn ontelbare retraiten, recollecties, preken, heeft hij het geestelijk leven gevoed in duizenden zielen: de priesters, de religieuzen, — vooral zijn Zusters van Sint-Jozef —, de leken en vooral de kinderen van de Zilverstraat, die hij zó lief had. Zijn doel, zoals dit van zijn zo diep vereerde en beminde bisschop, Mgr. Waffelaert, was zijn volk, doch eerst de uitgelezen zielen, priesters en religieuzen, door de geest van geloof bewust te maken van hun waar leven, hun eeuwig leven, hun goddelijk genadeleven, en van het inwonen in hun ziel van de Heilige Drievuldigheid. Hij leerde hun dat leven stapsgewijze te ontwikkelen door boetedoening als losprijs voor de zonde, door de beoefening van de zedelijke deugden — vooral van matigheid en sterkte; door het beleven van de goddelijke deugden, om alleen nog te leven voor God en in God, door de volmaakte liefde tot God in zichzelf en in de naaste.

Maar dat goddelijk leven leerde hij ons vooral omzetten in gebed: hij leerde ons bidden, echt bidden, diep bidden, inwendig bidden; ons leedwezen en onze onmacht uitstorten in Gods hart, vooral ons geloof, onze hoop en vertrouwen, onze liefde tot God en de naaste altijd maar herhalen, met als dominanten: onze diepste nederigheid, dat is aanbidding, en onze volmaakte liefde of devotie, gaande tot aan de onvoorwaardelijke overgave aan de wil van Vader uit de hemel.

Een christenvolk is een volk dat bidt, dat zijn priesters smeekt: «Priester, priester, leer ons bidden, leer ons weer bidden». Zulk een volk, een biddend volk, zulk een priesterschap, een altijd-biddende priesterschap, heeft hij gewild en betracht: daarvoor heeft hij zich doodgewerkt.

Hoe dit priesterleven eindigde in Diksmuide? Hij had aanvaard, want hij kon niet weigeren, daar een retraite te preken, al liep zijn een-en-tachtigste jaar ten einde. Hij sprak er natuurlijk over het gebedsleven en was gekomen aan het slot van zijn retraite en het toppunt van het gebedsleven: een uur lang had hij het over het hemels gebed, het zalige Godschouwen. Hij verliet de kapel en... zakte ineen. Dit was het AMEN van zijn leven, zo volkomen in de toon van geheel zijn priesterleven. We hopen — doch we blijven er voor bidden — dat dit AMEN uitliep op het eeuwig ALLELUIA bij zijn intrede in de hemel».

A. L.

Dans la même feuille, l'abbé M. ENGLISH évoqua à sa même manière la physionomie du défunt sous le titre «*The Great Old Man*» *van Brugge. Onze goede Mgr. Mahieu is niet meer.*

«Onze Moeder de H. Kerke, die een wijze, voorzichtige moeder is, canoniseert slechts haar kinderen als ze lange dood en begraven zijn, en men een ernstig onderzoek heeft kunnen instellen over wat men heet : de heldhaftigheid hunner deugden. De H. Kerke wordt hierin geleid door den H. Geest, die is een Geest van wijsheid en verstand, van goeden raad en voorzichtigheid.

De mensen canoniseren ook. Ge moet, om daarvan overtuigd te zijn, maar de meeste van onze doodsanctjes lezen. De mensen moeten daarvoor, om hun zaligverklaringen te doen, noch lange wachten noch vele peinzen en onderzoeken. En of de H. Geest hierbij te passe komt, is meer dan twijfelachtig. Die portretten «naar 't leven» zijn zodanig geretoucheerd, dat we den dode er moeilijk in verkennen. Als we al die schone woorden mogen geloven, dan gaan de meeste van die «dierbare afgestorvenen» maar een kort wandelingske doen langs 't Vagevuur, en gaat die strenge pater Godts, die een boekske schreef «over 't klein getal uitverkorenen», er lelijk bedrogen uitkomen. De mensen begraven, bedelven hun doden — in de letterlijken en figuurlijken zin — onder kransen en bloemen. Daar zit zeker entwat schoons in, dat de dood veel doet vergeten, en van vijanden vrienden kan maken. Al weet ik zeker — we moeten om dat te begrijpen maar vergelijken onze officiële Dodenhulden en de hardnekkigheid waarmee dat beetje Amnestie geweigerd blijft — al ben ik zeker, zeg ik, dat die verzoening bij het graf nog een schoon stukske egoïsme blootlegt. Zolang een mens leeft, kan hij nog in de weg lopen, een competiteur worden. Komt hij te sterven, dan is de mededinger uitgeschakeld, en komt de baan vrij.

Iemand die nooit anderen in de weg liep, ter contrairie, met zijn vriendelijk, stil gebaar voor velen de weg effen maakte, — wat al beroerde dingen heeft hij niet op hun pootjes gezet? — iemand die niet heeft moeten wachten op de dood om geprezen te worden, — hij werd door iedereen bemind en wordt nu door iedereen betreurd, dat is... Kom, laten we voor een moment abstractie maken van dat striepke purper dat als de late avondglans was van zijn schone levensdag, en van dit wit-zilveren mijterke, dat hij noô droeg, en slechts uit ootmoedigheid zich had laten opzetten, — die iemand was grootvicaris Mahieu. Voor 't bisdom Brugge is hij, jarenlang, «the great old man» geweest, de man die de koordekens in de hand hield, en ermee maneuvreerde... *ad majorem Dei gloriam* en ten bate van de gemeenschap. In ons bisdom heeft hij een eerste-rang rol gespeeld, en dat in zeer moeilijke tijden. De H. Kerke is altijd een beetje traditioneel, en dat is ten slotte een benedictie; maar ze moet ook met de tijden meegaan, en vicaris Mahieu was voor de gezonde aanpassing en modernisering. Beslist, maar dan zonder ruitenbreken, en met die gezapigheid die het kenmerk is van de wijze. Wat heeft hij al niet gekeerd, en gekeerd ten goede, in dat oud, een beetje verouderd bisdom Brugge! En dat al van in zijn jongen tijd, toen hij met dien onvergetelijken kanunnik Aloïs De Smedt en dien zachtzinnigen, ietwat bedeesden Monseigneur Callewaert een soort driespan vormde — driespan tegen driepikkel zeggen de stoute tongen — driespan dat alle gezonde initiatieven aanwakkerde en steunde. Hoeveel van die durvers en werkers van 't eerste uur, die onbegrepen waren en soms aleens verdacht gemaakt, hebben de beschermende hand van het driespan niet gevoeld op kritieke ogenblikken. Ze kregen een *compareat*, en kwamen met lood in de schoenen op 't bisdom; ze gingen naar huis met een licht hart, een benedictie, en een «doe maar voort; maar gezapig en verstandig». Later, toen de dood zijn trouwe medewerkers had weggemaaid, stond vicaris Mahieu alleen voor de reuzentaak. Maar hij versaagde niet: een reus was hij.

Zelden of nooit heb ik iemand ontmoet bij wie natuur en bovennatuur zo harmonisch lagen samenvergroeid. God had hem begaafd met een klare kop, een gulden hart, en dat gevoel voor humor, dat beminnelijk maakt en een grote gave blijft. Men kon hem werkelijk plezier doen met een goede mop te vertellen, en in de conversatie kon hij sprankelend geestig zijn. Zelfs in zijn sermoenen en aanspraken bleef die geestige noot zelden achterwege. Hij was de man van het «dient den Heer in blijdschap», en zijn prelaatspreuk was: *Pax et gaudium* = vrede en vreugde.

Die twee hoge gaven — vrede en vreugde — waaraan hijzelf zo intens genoot, en die hij zo kwistig aan anderen kon meedelen, waren de vrucht van zijn diepe verbondenheid met God. Hij was een zeer devoot man, die midden de veelzijdige beslommeringen, haast zonder inspanning — maar dat was de uitkomst van een doorgehouden training — zich van alles kon losmaken, om rustig te staan voor den Heer, en zich te verliezen in den afgrond van de beschouwing. Zijn geschriften en sermoenen zijn een echo op zijn diep godsdienstig leven: *contemplata tradere* = wat hij voorhoudt had hij eerst zelf beleefd. Dat maakte zijn woord zo diep ingrijpend. Zo lang de krachten het hem toelieten, was hij de punctuële aanwezige in de koordienst. Hij had een kloeke, zware stem. Bij 't zingen volgde hij eigenlijk meer het impuls van zijn diep doorvoelde godsvrucht dan de klassieke regels van den Benedictijner kerkzang. Hij wist dat. De laatste keer dat de Dagklapper 't geluk had hem te ontmoeten, stak hij den vinger ondeugend in de hoogte, en zei schalks: «A propos van dat koororgeltje, 't zal al niet veel meer dienen om mijn gezang te helpen schaven; maar een duwke zal ik geren doen!». Ge moest hem alleen horen zingen, als hij zich niet gebonden voelde aan het ritme — of gebrek aan ritme — van andere meezingers; in zijn plechtige prefaties b.v., waar hij ontroerd, heel zijn hart in uitzong en zijn diepe godsvrucht!

Hij is geweest een zaaier van het goede zaad. De huisvader die uit zijn tresoren van godsvrucht oude en nieuwe schatten wist op te diepen. Zijn ascetische werken staan hoog aangeschreven, en zijn *Probatio Charitatis* lag bij de Paus als dagelijks meditatieboek op den bidstoel. Hij was de onvermoeibare en graag beluisterde predikant. Pallieterke, die, zoals de boze tongen beweren, niemand en niemandalle respecteert, respecteert in elk geval onze generaals niet. Waarvan het zegt: dat ze liefst oorlog voeren ver achter de frontlijn, en er een punt van ere van maken, van, lijk de meest verwoede antimilitarist, op een bed te... sneuvelen. Wij hebben meer eerbied voor de idealist, die sneuvelt met het zwaard in de hand. Grootvicaris Mahieu, die spijt zijn hoge jaren en zijn wankelende gezondheid, de onverdroten pelgrim bleef en de verkondiger van de opbeurende boodschap, is op de taak bezweken. Hij was een retraite aan 't prediken in 't vredige Begijnhof te Diksmuide. Hij had juist gesermoend over den Hemel, de «vrede en vreugde» van den Hemel. Dat was een thema waarover hij nooit uitverteld raakte... hij zou er in de volgende conferentie nog eens op terugkeren. En buiten gekomen, kon hij nog eens kijken in den blauwen hemel die reuzegroot over de Westvlaamse polders koepelt. En toen riep hem de Heer...

Ik wil hier niet vervallen in den trant van die dwaze doodsanctjes. Gods oordelen zijn streng, en de H. Kerk leert ons voor onze afgestorvenen te bidden. Wat onszelve voordelig is, ook waar die dierbare afgestorvenen 't niet nodig mochten hebben. En dat nu voor Grootvicaris Mahieu veel en schoon gebeden wordt, is zeker : hij had anders niets dan vrienden. Maar ik moet u een kurieuze droom vertellen.

Ziehier mijn droom.

Op datzelfde moment dat ze daar in 't witte begijnhof te Diksmuide in beroering stonden rond het lijk, wandelde vicaris Mahieu op de grote laan naar de Hemelpoort. Ge weet, die laan, waar, zoals ze vertellen, nog altijd brugs en ander purper *les cent pas* doet, wachtend op 't uur van de genade. Vicaris Mahieu knikte vriendelijk goeden dag naar al zijn oude kennissen, en klopte resoluut op de Gouden Poort. Hij was eigenlijk maar in 't voorgeborchte, in 't kantoor van Sinte Pieter, dat lijkt 't doeanekantoor is van den Hemel. Sinte Pieter, die een oud man is, neemt het van nu voort op zijn duizend gemakken. Hij zat in zijn grote leunstoel, en las een stichtelijk boekske, de vliegende Danstent, meen ik. Sinte Pieter heeft een knappe engel geëngageerd, die voor hem de registers naslaat en de papieren onderzoekt. Sinte Pieter bekeek de nieuw-aangekomen, van 't toppeke van den wit-zilveren mijter tot aan de purperen kousen, en zei, een beetje bars : uw papieren. Daar was van alles bij : doopakte en certifikaat van priesterwijding, diploma's van universiteiten en pauselijke bullen. Aan de Secretaris overhandigen, zei Sinter Pieter. In geestelijke kringen is men altijd zeer precies in die dingen, en zelfs pauselijke oorkonden worden onderzocht, of ze niet vervalst zijn, of door vergetelheid onvolledig, en dus waardeloos. 't Was alles perfect in orde. Begin maar, zei Sinte Pieter aan den engel. En 't begon. Volgens de aantekeningen in 't Groot Register; Henricus Hieronymus Cornelius Mahieu, van Poperinge, priester uit 't bisdom Brugge. — Brugge, onderbrak Sinte Pieter, en hij maakte een beweging die men op diverse wijzen kan uitleggen — Brugge... ga voort. De Engel ging voort. Doctor in 't Kerkelijk Recht, deken van 't kapittel, Vicarisgeneraal van zijn Hoogwaardige Excellentie, Protonotarius Apostolicus ad instar participantium... Sinte Pieter knikte een beetje onverschillig, als wilde hij zeggen : we kennen dat. En toen zei hij : Begin nu maar aan de punten. Ge moet weten dat ze daarboven puntenlijsten aanleggen van onze deugdbeoefening, lijk ze hier doen voor de schooljongens. En 't waren al schone cijfers... voor de godvruchtigheid, 't gebed, de liefde tot den naaste, de onbaatzuchtigheid, de nederigheid, en dies meer. En toen kwam de Engel aan de rubriek : Cievieke deugd = is door en door vlaamsvoelend, honderdprocent, en heeft dat in vele moeilijke omstandigheden metterdaad bewezen... Eu... onderbrak Sinte Pieter... Artikel herlezen! Hij was rechte gekomen in zijn leunzetel en bekeek aandachtig en een beetje ongelovig zijn klant, van 't wit mijterke tot aan de purperen kousen. 't Gebeurt immers maar zelden dat 't gemijterd en 't gepurperd uit Vlaanderen met zo'n schoon getal punten in dat vak weglopen. En de Engel herhaalde 't. Heb je van zijn leven... zei Sinte Pieter, terwijl hij voldaan in zijn zetel achterover leunde. En dan kwam de Engel aan de rubriek *Eutrapelia*: is een opgeruimd en geestig karakter; kan wonderschoon vertellen, en heeft overal op zijn levensweg vreugde gezaaid. Stop zei Sinte Pieter, die overeind was gesprongen, stop, en vul maar zijn briefje in. Wat *à la minute*, met gouden inkt geschreven werd. En Sinte Pieter gaf de kaarte aan de vicaris en zei: Proficiat, Jeroom, ge moogt binnen. En dan knipoogde hij een keer, en zei stillekens: 'd'Ene liefde is d'andere waard. 't Is hier een beetje eenzaam, en ge moet mij beloven dat ge van tijd tot tijd met mij een beetje komt klappen. Ge moet die schone kerels uit de streke meebrengen, Van Hee, Blancke, Van Haecke, Dr Spruytte, Warden Oom, Achiel Denijs en Milo Frutsaert. We kunnen een soort club stichten en heten dat: de Middagen van Westvlaamse Poesie!'.»

KAREL DUBOIS

1895-1956

Cfr *ANL*, t. XIV, p. 161.

Verslag over de oorlog 1914-1918 opgesteld door seminarist Karel Dubois bij de terugkeer naar het Seminarie in 1919, ap. *Ne Pereant* IV, Brugge, 1968, pp. 101-120.

BERNARD GRIFFIN

1899-1956

Natus Birmingham, 21 febr. 1899, sacerdotio auctus 1 nov. 1924, S.T. et I.C.D., episcopus auxiliarius archiepiscopi Birmingham 1933, episcopus Westminster dec. 1943, cardinalis 1947, S.T.D. ad hon. lovaniensis, obiit London 20 aug. 1956.

Le cardinal Griffin naquit le 21 février 1899 à Birmingham. Après avoir servi dans l'armée anglaise durant la première guerre mondiale, il fut admis en 1919 à l'Oscott College pour se préparer au sacerdoce. En 1921 il fut envoyé au Collège anglais de Rome, où il continua ses études sous la présidence de Mgr Hinsley, appelé plus tard à devenir son prédécesseur sur le siège de Westminster. Le 1er novembre 1924 il fut ordonné prêtre et, en 1927, il revint dans son pays après avoir conquis le doctorat en théologie et en droit canonique. Après avoir été le secrétaire de l'évêque de Birmingham, il devint en 1933 son auxiliaire. Enfin en décembre 1943 il succéda au cardinal Hinsley et, en 1947, il fut lui-même promu à la dignité cardinalice. En 1950, il eut l'honneur de présider comme légat pontifical aux solennités qui commémorèrent le centenaire de la restauration de la hiérarchie catholique en Grande Bretagne.

Le 12 février 1948 nous avons eu le privilège de prononcer la *laudatio*, quand le cardinal reçut à Louvain le doctorat honoris causa en théologie : cfr *Promotion solennelle des docteurs h. c. en théologie et en droit*, dans *Annua Nuntia Lovaniensia*, t. VI, Louvain, 1948, pp. 53-57. En relisant aujourd'hui la notice consacrée au Cardinal Griffin dans la Biographie nationale anglaise, nous avons constaté, non sans quelque satisfaction, que nous avons en 1948 réussi à dégager les vrais mérites du cardinal. Il fut un champion de l'entente internationale, un promoteur de la justice sociale, un défenseur courageux de l'enseignement catholique, un promoteur de la participation du laïcat à l'apostolat. Ajoutons que devenu malade, il affronta courageusement son infirmité et que durant toute sa carrière il réussit à se concilier partout la sympathie grâce à deux qualités particulièrement prisées en son pays : *cheerful courage and smiling simplicity*. — Cfr M. DE LA BEDOYÈRE, *Cardinal Bernard Griffin*, 1953. — *Tribute to Cardinal Griffin. A Symposium*, 1956.

AUGUSTE PELZER

1876-1958

Les *Annua Nuntia Lovaniensia* ont déjà évoqué la mémoire du savant scrittore de la Bibliothèque Vativane qui voulut leur témoigner son intérêt le plus vif (cfr t. XVI, pp. 293-294).

Ajoutons à la notice précédemment parue celle qu'un de ses amis fit paraître le 18 janvier 1958 dans *La Libre Belgique*, p. 5, sous le titre *Mgr Pelzer*.

« La disparition de ce grand savant qui faisait honneur à l'Église et à la patrie, a causé une profonde émotion tant à l'étranger que dans notre pays, et en particulier dans le diocèse de Liège. Auguste Pelzer avait fait de brillantes humanités au Collège royal Marie-Thérèse de Herve et achevait sa rhétorique en 1894, année où le Pape Léon XIII fondait l'Institut supérieur de Philosophie à l'Université de Louvain. L'évêque de Liège, Mgr Doutreloux, ayant pris l'avis des professeurs de Herve, envoya à Louvain le jeune Pelzer, qui se destinait à la prêtrise. C'est à ce moment qu'eut lieu la rencontre providentielle de Mgr Mercier et du séminariste liégeois : l'illustre rénovateur des études philosophiques eut tôt fait d'estimer à sa juste valeur sa nouvelle recrue. En 1898, l'abbé Pelzer était proclamé docteur en philosophie. Ordonné prêtre en 1901, il retourna à Louvain où il étudia la méthode historique sous la direction du savant chanoine Alfred Cauchie. Il continua ses travaux sur le moyen âge et sa collaboration à la *Revue néo-scolastique*. En 1907, Mgr Mercier, se trouvant à Rome, fit au préfet de la Bibliothèque vaticane l'éloge de son éminent disciple ; peu de temps après, l'abbé Pelzer entrait au service de la grande institution de l'Église romaine et s'installait pour toujours dans la Ville Éternelle. Il devenait aussi chapelain de notre église nationale, Saint-Julien-des-Belges. En 1910, après un stage de trois ans, il était attaché officiellement à la Vaticane en qualité de «scrittore» et, cinq ans plus tard, était élevé à la dignité de camérier d'honneur de Sa Sainteté. En 1923, le pape Pie XI, qui avait été préfet de la Vaticane et tenait en haute estime celui dont il connaissait l'incessant et probe labeur, le nommait prélat de sa maison.

Pendant un demi-siècle, Mgr Pelzer fut le plus admirable scripteur de la Bibliothèque pontificale : on lui doit le monumental catalogue des manuscrits vaticans latins, œuvre scientifique de premier ordre, qui frappe d'étonnement tous les savants qui viennent consulter les trésors de la grande bibliothèque pontificale.

Mais à côté de ses nombreuses publications et de ses titres scientifiques les plus remarquables, Mgr Pelzer laissera le souvenir impérissable d'un prêtre modeste et charitable, qui se fit tout à tous et se mit avec une généreuse simplicité et un complet oubli de soi au service des autres. La part la plus admirable de sa prodigieuse activité c'est sans doute l'aide inépuisable qu'il prodigua à tous les jeunes chercheurs qui, par milliers, s'initièrent, sous sa direction, à la recherche scientifique.

Parmi ceux-ci, il en est qui ne manqueront pas de se souvenir des délicates attentions dont ils furent l'objet de la part du regretté prélat. Bien qu'il ait vécu la majeure partie de sa vie à Rome même, où se concentraient ses activités, il resta toujours profondément attaché à son pays d'origine et, chaque année, il revenait fidèlement passer plusieurs semaines de vacances à Liège, dans sa famille. Il retrouvait avec joie ses anciens compagnons d'études, ses confrères et ses amis. Au début de l'automne dernier, après son traditionnel séjour en Belgique, il avait repris à Rome toutes ses occupations. Le 21 décembre, il se plaignit de quelques malaises, qui semblaient passagers, car le 28 décembre ses amis se réunirent autour de lui pour fêter ses 81 ans. Mgr Pelzer admit alors qu'il avait besoin de quelques jours de repos et consentait à envisager une brève période de détente.

Le 4 janvier 1958, le Seigneur a rappelé à Lui son bon et fidèle serviteur, dont la mémoire restera en bénédiction.»

De son côté, *Le Rappel* du 16 février 1958 publia sous le titre : *La mort impressionnante d'un grand savant belge à Rome. Mgr Pelzer a succombé à la tâche après cinquante ans de travail à la Bibliothèque Vaticane*, le texte suivant :

«Au mois d'août dernier, nous signalions à nos lecteurs la part importante prise aux travaux scientifiques de la Bibliothèque Vaticane par un groupe de savants belges et notamment par leur doyen d'âge et de résidence romaine, Mgr Auguste Pelzer.

Mgr Pelzer à succombé à la tâche et l'un de ses collègues belges, le chanoine José Ruysschaert, prêtre du diocèse de Tournai, vient de lui consacrer, dans l'*Osservatore Romano*, un article qui mérite d'être connu dans notre pays.

Le chanoine Ruysschaert évoque de façon impressionnante les débuts et le terme de la carrière romaine du prélat défunt. Le matin du 12 novembre 1907, un jeune prêtre belge s'inscrivait pour la première fois dans le registre des hommes d'études admis à fréquenter la Bibliothèque Vaticane. Agé de 30 ans, formé à Louvain à l'Institut de Philosophie, de fondation alors récente, Auguste Pelzer, du diocèse de Liège, avait été un des meilleurs élèves de Mercier. Et ce fut précisément celui-ci qui, devenu archevêque de Malines, lui demanda d'accomplir un séjour d'études à Rome et, en même temps, appela l'attention du Préfet de la Bibliothèque, le futur cardinal Ehrle, sur les qualités exceptionnelles du jeune savant belge.»

«Le 3 janvier 1958, vers 13 heures, Mgr Pelzer, Prélat de la Maison de Sa Sainteté, «scrittore», — c'est-à-dire conservateur, — honoraire, émérite depuis 1947, quittait pour la dernière fois la Bibliothèque Vaticane.

Ainsi s'achevaient cinquante années d'un travail ininterrompu au service de l'Église et des études de philosophie médiévale.

Que cette carrière fût près de finir, Mgr Pelzer, dit le chanoine Ruysschaert, en avait, depuis quelques mois, le pressentiment. Une décision significative lui avait fait, en ces derniers temps, revoir et distribuer beaucoup de ses livres aimés. Ses amis voyaient s'annoncer la fin. Depuis son dernier retour de vacances, ils remarquaient les signes d'un lent mais continuel dépérissement dans l'amaigrissement du visage et dans la démarche qui se faisait lente.

Cependant leurs craintes se laissaient tromper par l'extraordinaire résistance de l'homme. Aussi réservé sur lui-même qu'ouvert à l'égard des autres, il ne faisait que de rares allusions aux efforts que lui coûtait la fréquentation régulière des matinées de travail à la Vaticane. Il avait passé largement l'âge qui réclame une vie plus tranquille et, depuis dix ans, il n'était plus tenu à des obligations de présence, mais il continuait, quand même, tous les jours à s'asseoir à son bureau.

Ce bureau, c'était une simple table couverte de livres et de papiers, dans l'énorme embrasure des hautes fenêtres ouvrant sur la cour du Belvédère.

Pour y arriver, le vieux prélat devait, à la descente de l'autobus, faire un long et fatiguant chemin à travers la Cité du Vatican. A peine un moment de repos, note le chanoine Ruysschaert, et on le voyait reprendre, infatigable, ses papiers et accueillir, avec une amabilité qui ne faiblissait jamais, tous ceux qui recouraient à lui, ou s'entretenir quelques instants avec des collègues et des amis.

Si l'un de ceux-ci lui suggérait de se ménager, sans oser insister beaucoup, Mgr Pelzer ne comprenait pas. Il devait se dire, comme il le fit le 28 décembre, jour de son 81e anniversaire, qu'aussi longtemps qu'il se sentirait en état de rendre service à la Bibliothèque, il continuerait à y venir.

Il ne comprit même pas, quand, le matin du 2 jancier, un de ses collègues l'accompagna à son habitation, la fondation belge de Saint-Julien. Et l'après-midi de ce même jour, ce collègue étant revenu le voir pour lui faire accepter la visite d'un médecin, s'entendit dire, avant toute autre chose, qu'il avait décidé de se faire conduire désormais tous les matins, en taxi, à la Bibliothèque.

Il consentit, cependant, à voir un médecin, mais, en attendant, il retourna encore une fois, le matin du 3 janvier, à la Vaticane, comme il se l'était proposé. Il y acheva une liste d'abréviations médiévales de caractère philosophique et théologique qu'il préparait pour l'impression. L'après-midi de ce jour-là, le médecin ordonnait qu'il fût conduit aussitôt en clinique, mais le lendemain matin, le 4, un arrêt du cœur provoquait subitement la mort.

Il s'éteignit assisté par Mgr Vaes, qui, en 1907, l'avait accueilli à Rome, étant recteur de Saint-Julien des Belges.

Comme le remarque M. Ruysschaert, cette mort couronnait une belle vie de prêtre savant. La grande œuvre laissée par Auguste Pelzer est le catalogue des manuscrits philosophiques de la Bibliothèque Vaticane : œuvre monumentale et, par excellence, un modèle du genre pour les spécialistes. A cette œuvre restera attachée la renommée de Mgr Pelzer dans le monde international des études du moyen âge, et c'est l'honneur de l'Université de Louvain d'avoir préparé son auteur, comme c'est celui de la Bibliothèque Vaticane de l'avoir compté parmi les savants qui lui ont appartenu dans la ligne d'une tradition scientifique séculaire.

Nommé «scrittore» pour la langue latine en 1910, Pelzer publia la partie descriptive de ce catalogue en 1933. Parmi ses papiers se trouvent les feuilles sur lesquelles il avait rédigé tout son catalogue et que, légitimement fier de son œuvre, il conserva comme une chose précieuse. Une fois cette œuvre imprimée, il écrivit sur la dernière de ces feuilles, cette note qu'on lit aujourd'hui avec émotion : «Manuscrits Vaticans latins 679-1134 = 22 ans. C'est pour cela que Mgr Mercier m'a envoyé à Rome».

Au terme de son travail, le bon ouvrier se rendait justice à lui-même.

C'est aussi ce qu'il répétait, l'avant-veille de sa mort, au collègue qui l'accompagna «à la maison», comme il avait l'habitude d'appeler la fondation de Saint-Julien. Il terminait ainsi, dans une rectitude et une continuité parfaites de pensée, une vie exemplaire.

De toute son âme, Mgr Pelzer s'était donné à une tâche austère dont il avait su apprécier la valeur. Et il remerciait toujours la Providence d'avoir orienté ainsi sa carrière sacerdotale. Une personnalité vigoureuse et une réserve systématique avaient développé, dans cette vie, certains aspects originaux qui provoquaient parfois quelque sourire malicieux chez ceux qui eurent le privilège de le connaître de plus près. Cette même personnalité et cette réserve lui donnèrent la force et lui conservèrent le goût de conduire, sans rien céder, une vie dont était bannie toute ambition mesquine. Et pour cette raison, il demeurera un exemple et un réconfort pour tous ceux qui l'ont connu.

Tous ceux qui travaillaient avec lui le vénéraient, à quelque degré qu'ils fussent de la hiérarchie d'une institution qu'il laisse empreinte de son exemple. Et ceux qui le connaissaient plus intimement savent quelle piété animait ce prêtre, quelle bonté était cachée dans ce savant, parfois brusque en apparence, et qui est mort pauvre parce qu'il était généreux et qu'il dédaignait complètement les profits.

Sans chercher les honneurs, Mgr Pelzer avait vu ses mérites reconnus par les sociétés savantes les moins prodigues de distinctions. Il était membre de l'Académie Royale de Belgique, de la Société Thomiste, de la «Libera Scuola di Lullismo» de Majorque et de la «Medieval Academy» de Philadelphie.

Il n'y avait là que des signes du prestige exceptionnel qu'il avait conquis dans le monde international des spécialistes de l'histoire littéraire du moyen âge. Cinquante années d'activité infatigable dans l'incomparable centre scientifique qu'est la Bibliothèque Vaticane, lui avaient permis d'acquérir une information de rare ampleur et de rare qualité. Il la mettait avec une spontanéité complète au service de tous ceux qui allaient le consulter.

Ce que ne savaient pas ceux qui l'ont vu vieillir à sa table de la Vaticane, c'est que le jeune prêtre de Liège avait été, en son temps, à l'avant-garde des idées sociales.

Mais ils continuaient certainement à bénéficier de ce passé, quand ils apprenaient de lui le désir de servir qu'avait été et qui était resté l'âme de son sacerdoce.

Par sa compétence comme par sa générosité à en faire part, le vénérable prélat a maintenu la Bibliothèque Vaticane dans la ligne qu'avait tracée, au début du siècle, le cardinal Ehrle à la mémoire de qui il avait conservé une si profonde dévotion.

Pour Auguste Pelzer avant tout autre vaut le portrait du bibliothécaire qu'il esquissa au terme d'un rapport au Congrès Bibliologique franciscain international en 1950 : 'Homme d'ordre, courtois, patient et, à l'occasion ferme, toujours prêt à répondre aux demandes d'informations orales ou écrites et à déférer, dans les limites du possible, aux désirs légitimes du public auquel la Bibliothèque est destinée, le bibliothécaire n'oubliera jamais que la bibliothèque n'existe pas pour lui, mais qu'il existe pour la bibliothèque'.

Mgr Pelzer avait le droit de parler ainsi parce que telle avait été, sans défaillance, la règle de toute sa vie de bibliothécaire. »

GERARDUS KINDT

1910-1959

Natus in Ardooie, 24 aug. 1910, sacerdotio auctus in Congregatione Sanctissimi Redemptoris 23 sept. 1934, Iuris Canonici Magister 1945, professor iuris canonici in schola theologica lovaniensi Redemptoristarum, obiit in Roeselare, 18 febr. 1959.

Le Père Gérard Kindt fut promu docteur en droit canonique après la soutenance d'une dissertation : *De natura et vi obligandi potestatis dominativae superiorum religiosorum* (Louvain, 1942. In-4°, XV-122 p.), élaborée sous la conduite du professeur A. Monin : cfr *De potestate dominativa in religiosis*, ap. *ETL*, 1942, t. XIX, pp. 246-295 et *Syll. Excerpt.*, 1944, t. X. En 1945, il fut promu à la maîtrise en droit canonique : *De potestate dominativa in religione*, dissertation achevée sous la conduite du même professeur. Sa promotion coïncida avec celle de R. De Langhe à la maîtrise en théologie.

PETRUS AMANDUS SOENS

1874-1960

Natus Aspelare 31 oct. 1874, sacerdotio auctus 18 sept. 1897, S.T.B., professor in collegio gerardimontensi 30 aug. 1899, professor in athenaeo gandavensi et director sororum capuc. 30 dec. 1907, eleemosynarius hospitii aldenardensis 14 dec. 1916 et simul director Sororum Bernard. 13 nov. 1946, emeritus 24 dec. 1955, obiit in civitate Oudenaarde 3 aug. 1960. — Cfr *Oudenaardse Biografieën*, Oudenaarde, 1976, pp. 43-46.

G. LEMMENS

1884-1960

Herdenking van Zijne Hoogwaardige Excellentie Mgr. Dr. J.H.G. Lemmens, Bisschop van Roermond, uitgesproken in de Academische Senaat der Katholieke Universiteit te Nijmegen op 29 november 1960 door de toenmalige rector, prof. J.P.M. van der Ploeg en afgedrukt in Analecta van het Bisdom Roermond, 1961, t. 42, pp. 134-143.

Joseph Hubert Guillaume Lemmens werd op 26 juli 1884 geboren in het Zuid-Limburgse dorpje Schimmert. Dit dorpje telde in 1954 rond 2500 inwoners, die hoofdzakelijk van landbouw en veeteelt leven. Het ligt op 11 km noordoostelijk van Maastricht; er staat een monumentale kerk en er is een klooster van Paters Montfortanen. Guillaume, zoals zijn roepnaam was, was de tweede zoon en het vierde kind uit een gezin dat later uit twee jongens en zes meisjes zou bestaan. Beide jongens zijn priester geworden; de oudste was jaren lang leraar in het Frans aan het bisschoppelijk college te Sittard en later pastoor te Posterholt en te Schimmert. Hij overleed enkele maanden na zijn broer. Twee dochters traden in het klooster; één van haar, moeder Emmanuel, was jaren lang algemene overste van de Zusters van Liefde van de H. Carolus Borromeüs te Maastricht, daar meer bekend als «de Zusters onder de Bogen». De laatste is Franciscanes van Heythuysen en verblijft in Indonesië; zij heeft haar broer nooit als bisschop gezien. De vader van het gezin was rijksveearts te Schimmert.

In 1902, toen Guillaume zestien jaar oud was, vertrok de familie naar Maastricht, waar vader Lemmens was benoemd tot directeur van het slachthuis. Hier deed Guillaume de liefde op tot het excentrisch gelegen middelpunt van Limburg, een liefde die hem altijd zou bijblijven, zoals zovele anderen die in deze stad zijn geboren of er hebben gewoond. Guillaume wilde priester worden en studeerde humaniora, filosofie en theologie te Rolduc en te Roermond. Op 26 augustus 1909 werd hij in de Jezuïetenkerk te Maastricht tot priester gewijd.

Na zijn neomistenvakantie, stuurde zijn bisschop hem naar Leuven om daar de hogere theologische studies te volgen, die hem echter niet bijzonder schijnen te hebben geboeid. Tot zijn geluk werd hij twee jaar later, in 1911, naar Rome gezonden om canoniek recht te studeren aan de «Apollinaris», nog steeds de romeinse opleidingsschool voor canonisten. Op 9 juli 1914 promoveerde hij er tot doctor utriusque iuris en keerde naar zijn vaderland terug.

In september van hetzelfde jaar werd Dr. Lemmens benoemd tot kapelaan aan de St. Mathiasparochie te Maastricht. Hij nam zijn intrek bij zijn ouders, die niet ver van de parochiekerk woonden. Het is bij de diocesane clerus van Nederland nog steeds gebruik, dat de voor het professoraat op het Groot Seminarie bestemde priesters, na hun vakstudie, eerst enige jaren de zielzorg uitoefenen in een parochie. Dit heeft het onmiskenbare voordeel, dat zij vertrouwd worden met de noden van hen, voor wier verzorging zij straks op het Seminarie priesters zullen opleiden. Maar het heeft ook een duidelijk nadeel: het onderbreekt de vakstudie gedurende lange tijd en leidt heel gemakkelijk de belangstelling der jonge priesters van de studie en de boeken af naar de mensen, meestal veel boeiender dan boeken.

Kapelaan Lemmens heeft van 1914-1918 in de St. Mathiasparochie gewerkt en deze jaren moeten voor deze priester, na alle studie, een verademing zijn geweest. In de parochie woonden de armsten en de meest verlatenen der stad; daar stonden ook de grote fabrieken van de Sphinx, waar rondomheen de duizenden arbeiders woonden die er werkten. Kapelaan Lemmens voelde zich bijzonder tot de armen en armsten aangetrokken. Voor de arbeidende meisjes richtte hij een soort zondagsschool op, het St. Agnespatronaat. Ook voor de kinderen had hij een heel bijzondere belangstelling, die hem zijn leven lang is bijgebleven.

In het najaar van 1918 werd hij benoemd tot professor in de moraaltheologie aan het Groot Seminarie te Roermond. Zijn doceren was vooral pastoraal gericht; een nuchter-intellectuele en zuiver wetenschappelijke behandeling der moraalproblemen lag hem niet, en wat hij meedeelde kwam in niet geringe mate ex abundantia cordis voort. Het gevoel speelde daarbij een grote rol. Misschien kan men er zich een idee van vormen hoe hij gedoceerd moet hebben, wanneer men de zeven vastenbrieven leest die hij aan zijn diocesanen heeft gericht en die in de Analecta van het Bisdom zijn gepubliceerd. In zijn latere bisschopsjaren was hij er trots op, dat hij, zoals hij placht te zeggen, in zijn professoraat «een doorbraak had gepleegd», door in zijn lessen bijzonder de aandacht te vestigen op de individuele zielkundige aspecten van het menselijk handelen; daardoor kwam hij ertoe veel milder over afkeurenswaardige daden, speciaal die met betrekking tot zesde en negende gebod, te oordelen dan het in zijn tijd door velen zijner collegae werd gedaan.

Bij de groot-seminaristen propageerde hij de godsvrucht tot Maria en die tot de H. Eucharistie, in de geest van Edward Poppe. Aan velen van hen gaf hij geestelijke leiding en gaf deze ook, als zo menig seminarie-professor, aan vrouwelijke religieuzen. Daarnaast is hij lange jaren diocesaan directeur der pauselijke missiegenootschappen geweest, een zorg die géén *sina cura* was.

Het is duidelijk dat Professor Lemmens zijn viertienjarig professoraat niet heeft beleefd, en niet heeft willen beleven als dat van de geleerde theoloog die zich terugtrekt in zijn studeerkamer, waar hij zich in zelfontzegging ononderbroken toelegt op de studie der gewijde wetenschap, om de waarheid beter te leren kennen en de resultaten van zijn onderzoek aan anderen mede te delen, in de overtuiging dat hij daardoor zijn bijdrage levert tot de grote en noodzakelijke arbeid die eeuwen lang verricht is en steeds verricht moet worden voor de Kerk in haar geheel en zodoende óók zielzorg is, in de allerruimste zin van het woord. Professor Lemmens wilde zo direct mogelijk bij de zielzorg betrokken zijn, zijn studenten bovennatuurlijk leiden en bezielen en hun dat bijbrengen wat zij later direct en altijd nodig zouden hebben bij de leiding der aan hun zorg toevertrouwde gelovigen. Bij de seminaristen was hij zeer gezien en geliefd.

Op 5 februari 1932 werd hij, tot grote vreugde van velen, benoemd tot titulair Bisschop van Cardicio i.p.i., en tot Coadjutor met recht van opvolging van Mgr. Laurentius Schrijnen, Bisschop van Roermond. Op 19 maart ontving hij in de Roermondse kathedraal de bisschopswijding uit de handen van Mgr. J.H.G. Jansen, Aartsbisschop van Utrecht. Het coadjutorschap duurde maar een week, — anders dan dat van zijn opvolger, die hij nog zou overleven, — want Mgr. Schrijnen stierf al op 26 maart. Van toen af lag het bestuur van het bisdom in zijn handen.

Het kan niet worden betwijfeld dat Mgr. Lemmens graag bisschop is geweest. Daarom zal de uitverkiezing tot het hoge ambt hem zeker grote voldoening hebben geschonken en een reden van levensgeluk zijn geweest. Maar hij was zich ook bewust van de zwaarte van de last die hij op zich had genomen en van de grote verantwoordelijkheid die hij daarbij was gaan dragen. «Gij begrijpt hoe zwak en klein wij ons gevoeld hebben — zo schrijft hij tien dagen na zijn consecratie aan zijn diocesanen — toen de goede God ons zulk een zware levenstaak oplegde. Ware het niet dat ook voor ons geldt dat sterkende woord van de Heiland: Ik ben met U tot het einde der tijden, wij zouden deze zware taak zeker niet hebben durven aanvaarden».

Dit heeft hij ongetwijfeld ten volle gemeend, want van obligate frasen is hij zijn leven lang wars gebleven. Als wapenspreuk koos hij veelbetekenend twee woorden uit de *oratio* van Epiphanie: «Stella Duce». De ster, die Jesus aan de wereld heeft getoond en waardoor wij tot Hem worden geleid was voor hem niet zozeer die der drie Wijzen uit het Oosten, als wel Maria, te Maastricht vereerd onder de titel van «Sterre der Zee». Die ster versierde ook zijn bisschopsstaf, terwijl hij op zijn borstkruis de afkorting A.M. (Ave Maria) liet graveren.

De gedachten die Mgr. Lemmens hebben bezield in het bestuur van zijn diocees, dat hij bijna zes en twintig jaar lang heeft waargenomen, zijn te vinden in zijn brieven aan zijn diocesanen, het duidelijkst in de eerste brief die hij hun schreef enkele dagen na zijn benoeming tot bisschop van Roermond, en in de zeven vastenbrieven die hij tot hen heeft gericht, en die uit de jaren 1935, '36, '37, '38, '39, '40 en '48 dateren. Slechts twee daarvan behandelen op enigszins systematische wijze in hoofdzaak één onderwerp. In de eerste zegt hij dat het zijn program is aan de gelovigen «de H. Eucharistie en Maria te leren». De brief spreekt dan verder hoofdzakelijk over de devotie tot Maria, die niet alleen Moeder van God, maar ook onze moeder is (op dit laatste heeft Mgr. Lemmens steeds een bijzondere nadruk gelegd), en die hij onze Mede-Verlosseres en Middelares van alle genaden noemt. De brief van 1938, de vierde vastenbrief, behandelt het thema van de H. Eucharistie als offer volgens een bekend handboekenschema, zonder persoonlijke inzichten en geheel pastoraal georiënteerd. In de volgende vastenbrief zou de behandeling van de Eucharistie worden voortgezet, zo schreef hij, maar dit voornemen is niet uitgevoerd; in plaats daarvan besprak de bisschop in 1939 allerlei gevaren die zijn bisdom bedreigden. De laatste brief en de vier andere zijn aan een aantal weinig samenhangende onderwerpen tegelijk gewijd.

Het meest opvallende van Mgr. Lemmens' herderlijke bemoeiïngen is zonder twijfel zijn zorg geweest om de devotie tot Maria te verspreiden en te verdiepen; daarbij gaf hij haar het liefst de titel van «Sterre der Zee», waaronder zij te

Maastricht eeuwen lang wordt vereerd, en noemde haar ook graag vertrouwelijk «Moederke». In zijn geestelijk Testament, gedateerd op 22 november 1957, schreef hij zelfs: «Mijn *hoofdtaak* is geweest om Maria, onze hemelse Moeder, steeds dieper te planten in Uw aller harten, opdat gij door haar altijd meer Jesus zoudt beminnen en zo het geloof in Uw aller harten zou bewaard blijven». Dit scheen hem dus op het eind van zijn leven zijn belangrijkste werk te zijn geweest. Dat niet iedereen in zijn bisdom aan de Mariadevotie dezelfde waarde toekende als hij, is zeker, maar de bisschop bleef steeds handelen naar eigen inzicht.

Enkele jaren na zijn bisschopswijding nam Mgr. Lemmens het besluit alle organisaties van het bisdom toe te wijden aan Maria. Dit vond op 15 augustus 1937 zijn apotheose op het Vrijthof te Maastricht, waar de organisaties moesten verschijnen met een blauwe wimpel aan de vaandels: de Mariawimpel. Na de tweede wereldoorlog werd de toewijding in andere vorm herhaald. De bisschop beval dat het beeld van de Sterre der Zee van Maastricht het bisdom moest doortrekken en van parochie naar parochie, van dekenaat naar dekenaat gaan. In de kerk, waar het dan tijdelijk verbleef werden bidstonden georganiseerd, preekten vaak paters Montfortanen, die het beeld vergezelden, werd biecht gehoord en hadden algemene Communies plaats; het slot was een toewijding van parochie of dekenaat aan Maria. Deze tochten waren in de kringen van clerus en gelovigen — in de eerste misschien nog meer dan in de tweede — voorwerp van veel gesprekken en discussies. Het staat echter vast dat de resultaten ervan op het punt van hernieuwde geloofsbeleving, talloze biechten en bekeringen, zodanig zijn geweest, dat zij veel kritiek hebben doen verstommen of zelfs in bewondering hebben doen omslaan.

De wijze waarop Mgr. Lemmens zijn diocesanen tegemoettrad is altijd een heel persoonlijke geweest. Het optreden van de bisschop had niets van dat van een plechtige prelaat; van officiële vormen hield hij niet en hij sprak het liefst dialect. Dit wil echter niet zeggen, dat hij niet geëerd en geëerbiedigd wenste te worden, verre van daar; zijn wil moest wet zijn. Bij dit alles zag hij zichzelf het liefst als de Vader van zijn bisdom, en zijn onderdanen als zijn kinderen, in welk laatste hij vaak heel ver ging. Niet alleen kleine kinderen kregen van hem kruisjes op het voorhoofd en tikjes op de wang, ook volwassenen moesten zich dit laten welgevallen. Meestal dééd men het maar, omdat men voelde dat de bisschop het in zijn gemoedelijkheid zo goed meende. Te Lourdes klopte hij zelfs statige en verbaasde kardinalen vertrouwelijk... op de schouder. In plaats van «Monseigneur» liet hij zich het liefst «Vader bisschop» noemen. Zo noemt hij zichzelf al in een brief aan zijn diocesanen van 30 augustus 1934; later ondertekent hij allerlei brieven aan zijn diocees met: «Uw aller herder en vader Gulielmus». Het liefst was hij onder de mensen, om met hen te praten en hun betuigingen van eerbied en aanhankelijkheid in ontvangst te nemen; een bijzondere voorliefde had hij voor de omgang met kinderen, in het bijzonder op het laatst van zijn leven. Daarom was hij dikwijls op reis en noemde men hem wel schertsend «de bisschop *uit* Roermond».

Zijn diocees viel voor hem samen met het begrip Limburg. In zijn ogen en in dat van vele Limburgers was dit dat goede, heel bijzondere land, door God gezegend en uitverkoren, met zijn goede en brave mensen, de eeuwen door trouw aan God, aan zijn kerk en hun bisschop, het land waar de kruisen nog langs de wegen staan, in de zomer de processies trekken en Maria in vele beeltenissen wordt vereerd. De hoofdstad van dit heerlijk gewest is Maastricht, dat de bisschop eens noemde: «de oude veste van de Koningin der aarde... de stad van de Sterre der Zee». Dit bisdom moest door hem, Vader bisschop, onder opperste leiding van Moeder Maria, hemelwaarts worden geleid, naar God.

Maar hij wist ook dat deze idylle niet altijd klopte met de werkelijkheid. Zo schreef hij in zijn vastenbrief van 1939, te hebben vernomen dat er maandelijks ongeveer 100 meisjes uit Limburg in dienstbetrekking naar het Noorden vertrekken, naar «de grote stad»; «de gevaren in die steden — zo schreef hij letterlijk — zijn zo ontzettend groot dat een meisje zonder... hulp bijna zeker verloren gaat». In een andere brief waarschuwde hij tegen de ontucht waartoe vlak over de grenzen (speciaal die van Maastricht) gelegenheid werd gegeven, en waaraan ook Limburgers zich overgaven.

Maar er was meer en iets dat hem heel bijzonder ergerde. Satan (een uitdrukking die hij vaak gebruikte) was niet slechts buiten, maar ook in zijn diocees werkzaam. Onder de invloed van het Duitse nationaal-socialisme en bevorderd door factoren als sociale onrust, werkloosheid, ontevredenheid van velen met de wijze waarop bij ons de democratie functioneerde, was door A. Mussert in Nederland de N.S.B. gesticht. Deze had ook in Limburg een niet gering aantal aanhangers gevonden, en zelfs, naar de leiding meende en openlijk uitsprak, een «goede voedingsbodem». In 1934 hadden de Nederlandse bisschoppen tegen de beweging gewaarschuwd en op 6 mei 1936 hadden zij aan de priesters verboden de Sacramenten toe te dienen aan die Katholieken die haar in belangrijke mate steunden. Een aantal katholieke leden der N.S.B., ook in Limburg, beschouwden dit als een onwettige inmenging van de Kerk in de politiek, stoorden zich aan vermaan noch verbod en publiceerden een verklaring dat zij de N.S.B. trouw bleven. Op 5 september 1936 organiseerde de beweging een grote «volksdag» in Limburg. Dát was voor Mgr. Lemmens meer dan hij kon verdragen. Hij zag het geloof en het katholieke sociale leven in gevaar, zijn vaderlijke bedoelingen miskend, zijn bevelen met voeten getreden. In het nationaal-socialisme — hij zag het goed — was Satan zelf aan het werk, die zich begaf onder de kinderen van het Licht. «Helaas — zo schreef hij op 8 augustus 1936 — Uw bisschop ziet ook gevaar in eigen kring. De door God gestelde herder merkt vijanden tussen de eigen kudde en vreest, hoe ongelooflijk hard het ook klinkt (dit laatste is typisch Mgr. Lemmens, hij kan het haast niet geloven dat men aan de Kerk en hem ontrouw wordt), dat er wolven in schapenvacht tussen de schapen zijn. De vader, die op al zijn kinderen meende te kunnen vertrouwen, is met reden bezorgd, dat er ontrouw dreigt van eigen kinderen. En dat zou toch te erg wezen». Om de N.S.B. te bestrijden nam hij een kloek besluit, en in een verontwaardigde en toornige brief «aan ons dierbaar katholiek volk van Limburg» gericht op 1 september 1936, bepaalde hij dat 5 september voor zijn hele diocees een stille bid- en boetedag zou zijn, waarbij men zich van elke demonstratie diende te onthouden, en zou getuigen door stilte en afwezigheid. De volgende dag, zondag 6 september, moest in alle kerken van het bisdom eerherstel worden gebracht door Communies, gebedsoefeningen met Rozenhoedje en andere openlijke acten van eerherstel. Twee dagen later, op 8 september, dankte de bisschop alle gelovigen in een korte brief voor het volkomen slagen van «onze volksdag». De brieven van 1 en 8 september eindigen met «Limburg aan Christus door Maria».

Toen in de oorlogswinter van 1945 een groot aantal bewoners van Midden-Limburg door de bezetter naar Noord-Nederland werd overgebracht, besloot Mgr. Lemmens met hen mede te gaan. Van januari tot mei 1945 verbleef hij in Friesland. Hij wilde op deze wijze ook een voorbeeld geven aan zijn priesters, om hun te leren dat zij in alle omstandigheden bij hun kudde moesten blijven en er zich voor opofferen. Niet allen hadden dit gedaan, meende hij, zoals het behoort. Er was dus reden om verbetering in hun opleiding te brengen en daarom rijpte in hem het besluit de oude en vermaarde kostschool van Rolduc voor niet-priesterstudeneten te sluiten en tot het klein-seminarie te maken dat in zijn bisdom nog ontbrak. Dit besluit was er een van grote moed, want Rolduc was in het hele land bekend, en het sluiten ervan betekende het breken van een oude en bij velen dierbare traditie. Het was dus te voorzien dat niet iedereen het ermee eens zou zijn, en dit gold zowel voor leken als voor priesters. De bisschop hield echter voet bij stuk en maakte zijn besluit aan zijn diocees bekend in een brief van 25 maart 1946; het werd reeds in september van hetzelfde jaar van kracht. De verslagenheid van vele leraren en oud-leerlingen was groot, maar de bisschop bleef onverzettelijk, overtuigd als hij was dat dit grote offer moest worden gebracht voor het hoger belang van zijn bisdom. Te dikwijls worden in het bestuur van gemeenschappen, ook in dat der Kerk, maatregelen die het algemeen belang eist niet genomen omdat de bestuurders de moed niet hebben persoonlijke gevoelens te kwetsen van mensen wie zij genegen zijn. De gevoelsmens Mgr. Lemmens wist ook in dit geval dat wat hij als zijn plicht beschouwde boven de gevoelens van zichzelf en van anderen te plaatsen.

Een bijzondere belangstelling heeft Mgr. Lemmens steeds gehad voor de religieuzen van zijn bisdom, heel speciaal voor de zusters. Het spreek vanzelf dat hij «Onder de Bogen» te Maastricht, waar zijn zuster algemeen overste was, een vereerde en vaak geziene gast was, maar ook bij andere kwam hij gaarne en kende er vele, als hij ze slechts enkele malen had gesproken, bij naam. Om haar aan te sporen haar religieuze staat goed te beleven schreef hij elk jaar een speciaal gedrukte religieuze «vastenbrief», waarnaar elke zuster verlangend uitzag.

Zijn grote zorg en liefde voor armen en lijdenden, bracht hem ertoe, samen met zijn godsvrucht tot Maria, elk jaar, of zelfs tweemaal per jaar, de Limburgse ziekenbedevaart naar Lourdes te begeleiden. Dán voelde hij volkomen zijn geestelijk vaderschap, bad hij voor, praatte met iedereen, met de zieken, met de kinderen, zegende, gaf kruisjes; dán kon hij zich het beste uiten zoals hij het het liefste deed, zonder plichtplegingen van weerskanten. Op grond van zijn betrekkingen tot Lourdes benoemde de bisschop van Tarbes en Lourdes hem op 27 februari 1957 tot erekanunnik van zijn kathedraal.

Mgr. Lemmens wilde niet slechts een vader zijn voor zijn eigen diocees. In 1954 sprak hij te Lourdes tot een zieke: «Noem me geen Monseigneur, maar Vader Bisschop en dat wil ik ook voor U zijn al bent ge niet van Limburg». Dit was slechts een kleinigheid. Tijdens zijn professoraat was hij diocesaan directeur der pauselijke missiegenootschappen geweest. Toen hij bisschop was geworden, liet hij door het «door O.L. Heer zo gezegende Limburg» het apostolisch vicariaat Tsing-Tao in China adopteren. De hulpverlening zou moeten bestaan uit: 1) een kort gebedje, na het avondgebed, voor het vicariaat Tsing-Tao en het bisdom Roermond (welk laatste niet vergeten werd), en 2) het offeren, na dit gebedje, van elke avond één cent per gezin door een der kinderen, of anders door een grotere. Zou dit gebeuren, dan zou «ons grootse plan» geslaagd zijn. In geldswaarde omgerekend zou het dan jaarlijks rond 50.000 vooroorlogse guldens opbrengen. De bisschop zag zijn diocees bewust als een onderdeel van de wereldkerk en hij wilde de noden van een medebroeder in het bisschopsambt helpen verlichten. Het kwam met zijn karakter overeen dat hij zijn steun liefst niet op algemene wijze gaf door algemene gebeden en het inzamelen van gelden voor *de Propaganda Fide*, die dan zelf maar moest zien wat zij ermee deed; hij wilde op tastbare wijze persoonlijke banden leggen, die hem de vreugde bezorgden te weten voor wie hij werkte en hem de voldoening schonken de dank der gesteunden te ontvangen.

Zo ging de bisschop *uit* Roermond als de Vader, die hij wilde zijn, onder zijn diocesanen rond, legde overal persoonlijk contacten en vond daarin grote voldoening. Te Roermond bestuurde zijn trouwe vriend, de vicaris-generaal Mgr. F. Feron, in bestuurscapaciteiten en intellect zijn meerdere, het diocees, daarbij in sterke mate geassisteerd door de secretarissen, soms meer dan het de clerus lief was.

Persoonlijke moeilijkheden bleven Mgr. Lemmens niet bespaard. Door de vele zorgen die hij gedurende de oorlogsjaren had en door alles wat zijn gevoelige natuur moest verdragen, werd zijn gezondheid, in het bijzonder zijn zenuwgestel, geknakt. Hij raakte ernstig overspannen; een tijd lang kon hij het bestuur over zijn bisdom in het geheel niet voeren. Op het grote Mariacongres, dat in 1947 te Maastricht werd gehouden en waartoe hijzelf jaren geleden het initiatief had genomen, voerde hij niet het woord. Hij moest te Rome een coadjutor aanvragen en zag zich deze op 16 juli 1947 toegewezen in de persoon van de seminarie-professor Mgr. Dr. A. Hanssen, een nuchtere, scherpzinnige en naar buiten koel lijkende prelaat, die een heel andere persoon was dan hijzelf. In een herderlijk schrijven van 24 augustus werd de benoeming aan het bisdom bekend gemaakt en op 7 oktober daarop volgend werd Mgr. Hanssen tot bisschop geconsacreerd. Op 1 februari 1951 stelde Mgr. Lemmens, inmiddels weer een eind van zijn ziekte hersteld, hem aan tot Vicaris-Generaal en belastte hem met de uitsluitende zorg over een aantal vraagstukken. Zelf bleef de bisschop door zijn diocees reizen om contact te houden met zijn diocesanen; zijn tijd om af te treden voelde hij nog niet gekomen. Toen hij zijn coadjutor aan zijn bisdom had voorgesteld had hij dit immers op veelbetekenende wijze gedaan door hem de bisschop te noemen «aan wie wij, als God daartoe het uur bepaalt, met volle vertrouwen ons bisdom zullen overgeven». Dat uur kwam pas tien jaar later. Ondertussen ijverde hij persoonlijk nog sterk voor het herstel van de door de oorlog verwoeste of beschadigde kerken van zijn bisdom en voor de bouw van nieuwe. Hij zat vele vergaderingen voor van informatieve processen tot zaligverklaring van personen die in zijn diocees hadden geleefd, zoals de Stichter der Congregatie van het Goddelijk Woord. Hij begeleidde het beeld van de Sterre der Zee op vele tochten en wijdde op 17 juli 1955 op het O.L. Vrouweplein te Maastricht Limburg nogmaals toe aan Maria.

Met het afnemen van zijn vermogens lijkt het alsof zijn gevoelens een nog grotere rol gingen spelen. Zijn toestand werd ondertussen van die aard, dat hij op zijn verzoek, met ingang van 1 januari 1958 werd ontheven van het bestuur over het bisdom en tegelijk werd benoemd tot titulair aartsbisschop van

Samosate, nadat hij in 1949 tot assistent-bisschop bij de pauselijke troon was benoemd. Na een kort ziekbed overleed hij op 22 juli 1960 in het St. Laurentiusziekenhuis te Roermond, in welke plaats hij op 26 juli werd begraven.

Op zijn bidprentje staat te lezen dat hij «op geheel persoonlijke, onnavolgbare wijze» zijn bisschopsambt heeft beleefd. «Hij trad zijn kinderen tegemoet — zo staat er verder — met een beminnelijke eenvoud, die sommige mensen verbaasde, maar ten slotte allen ontwapende door zijn ongedwongen echtheid». De volle betekenis van deze woorden begrijpen slechts zij die Mgr. Lemmens persoonlijk goed hebben gekend. Hij heeft allen een voorbeeld gegeven van bovennatuurlijke levensopvatting zoals men niet vaak aantreft, en zijn beste krachten gegeven aan hen die de H. Geest hem had toevertrouwd. Zijn voorbeeld in het goede strekke tot navolging, zijn gedachtenis blijve onder ons in eerbiedige eer.

Lezéker ʿôlam jihjeh ṣaddîq.
De rechtvaardige blijft eeuwig in herinnering.

J. VAN DER PLOEG, O.P.

OCTAVIANUS SAGAERT

1897-1961

Natus in Zwevegem 18 apr. 1897, O.F.M. 17 sept. 1914, sacerdotio auctus 1 apr. 1922, S.T.D. 1925, obiit in Sint-Truiden 23 oct. 1961.

C'est sous la direction de Mgr J. Lebon que le défunt acheva sa dissertation : *Étude historique sur l'argument de tradition dans l'Église catholique*. Il eut comme compagnons de promotion Gabriel Rolland et Aloïs Van Hove.

Le Père Sagaert résida 33 ans dans le couvent de Saint-Trond et il se dévoua à la restauration de la maison au lendemain de la deuxième guerre mondiale. Dans *De Band*, 1961, t. V, n° 6, pp. 6-8 parut un In Memoriam dont nous reproduisons le texte :

«Op maandag 23 oktober is zacht in de Heer overleden Pater Octavianus Sagaert, minderbroeder. Met hem verdwijnt een verdienstelijk man, een voorbeeldig kloosterling, een treffende figuur uit Sint-Truiden.

Onvermoeibaar, met totale inzet van zijn persoon heeft hij iedere taak hem door de overheid opgelegd, vervuld en op ongelooflijke wijze tot bloei gebracht.

Omwille van zijn uitzonderlijke geestelijke begaafdheid werd hij door zijn oversten naar de Universiteit van Leuven gezonden, waar hij op 13 juli 1925 de doctorstitel in de Theologie behaalde, met het proefschrift: «L'Origine de l'argument de tradition dans l'Église catholique». Nog datzelfde jaar werd hij aangesteld te Rekem tot lector in de filosofie, om sedert 1928 te Sint-Truiden het lectoraat te vervullen in de theologie. Met gloed en scherpe kritische geest doceerde hij de dogmatische wetenschap.

Tijdens de gruwelijke dagen van Wereldoorlog II bleken zijn vooruitziendheid en vastberadenheid. Vóór de inval van mei '40 wist hij de vele kunstschatten, die eeuwen lang in het aloude minderbroedersklooster waren vergaderd, in veiligheid te brengen. Nadat het klooster en een groot gedeelte van de kerk de prooi van de vlammen was geworden, was Pater Octavianus de nimmer falende werkkracht om in de meest ongunstige tijd een reuzenwerk van wederopbouw te beginnen. Op 21 augustus 1940 begon men met de opruiming der puinen. Op Kerstmis 1941 werden kerk en klooster terug in bezit genomen.

Als overste van het klooster, 22 januari 1941, en vooral na de terugkomst van de fraters-studenten, Pasen 1943, was zijn vaderlijke bezorgdheid onbegrensd.

Aangesteld tot Commissaris van de Derde-Orde van Vlaams België, op 19 januari 1944, trok hij onverpoosd het land rond tot oprichting van priester-sodaliteiten, bezocht hij vele Derde-Orde-afdelingen en wist door zijn gloedvol woord overal nieuwe geest en bezieling te brengen. In 1946 stichtte hij het tijdschrift «Alter Christus» voornamelijk bedoeld als geestelijke leiding voor priester-tertiarissen.

Als bestuurder van de talrijke bedevaarten kwam ontegensprekelijk zijn grote mariale godsvrucht tot uiting. Reeds vanaf het begin van de Verschijningen te Banneux, stond hij in de bres voor Onze-Lieve-Vrouw, en liet hij in de kerk het mooie monument de Lievevrouw ter eer optrekken. Het mag als een bekroning van zijn mariale godsvrucht aanzien worden dat hij onlangs door Mgr. de Bisschop werd aangesteld tot Provinciale Proost van het Blauwe Leger. Zijn mariale godsvrucht was geen louter devotionele, maar werd gedragen door een diepe overtuiging, getuigen daarvan zijn konferenties gehouden op de Mariale Dagen te Tongerlo (1933), Leuven (1947) en te Lourdes (1956).

Heeft niet iedereen, zo binnen als buiten de stad, in bewondering gestaan voor de prachtige Sint-Franciscusstoet, die hij met de weinige middelen waarover hij kon beschikken, tot zulk een volwaardige prestatie heeft gebracht? De laatste dagen hadden hem weer helemaal ingenomen voor de toebereidselen die dienden getroffen bij gelegenheid van de komende rondgang.

Niet alleen in het grootse en uiterlijke was zijn invloed diepgaande, ook de stille kring van de priesterconferenties mochten de vrucht dragen van zijn innerlijke geestelijke overtuiging. Ook in de afzondering van de biechtstoel, in de kerk of elders bij de verschillende religieuze congregaties, gaf hij zich onverdeeld en deelde hij de vlam van zijn religieuze geest mede.

Van 1928 tot 1935 was hij Rector van het pensionaat der Zusters Ursulienen te Sint-Truiden.

Het heengaan van Pater Octavianus schept ongetwijfeld een leemte, omdat een verdienstelijke figuur van ons is heengegaan. Maar zijn heengaan is toch een troost en opbeuring, getuigen daarvan diegene die hem in zijn laatste uren hebben bijgestaan : die ongelooflijke kalmte en overgave aan Gods Wil. Hij is teruggegaan naar het Vaderhuis met die zelfzekerheid en rust en innerlijke vreugde waarmede hij eertijds zo vaak naar Maria's Genadeoord is geweest.»

J.A. VERSTEYLEN

1896-1962

J.A. Versteylen, né à Turnhout, 10 octobre 1896, ordonné prêtre le 11 mai 1919, béni abbé de l'abbaye des Prémontrés de Parc le 14 avril 1937, décédé à Heverlee-lez-Louvain, le 16 mars 1962.

Cfr *ETL*, 1962, t. XXXVIII, p. 804. — Si nous évoquons la mémoire du prélat Versteylen, c'est que durant de nombreuses années, dès son entrée au séminaire historique d'Alfred Cauchie à sa promotion à la tête de l'abbaye de Parc, il fut le collaborateur fidèle du professeur Albert De Meyer[1] pour la rédaction de la bibliographie de la *Revue d'Histoire Ecclésiastique*.

ISIDORE VERSLUYS

1884-1962

Isidore VERSLUYS, inspecteur principal honoraire du Ministère de l'Instruction publique, ancien secrétaire du chanoine Cauchie et de son séminaire historique pour les étudiants en théologie et en droit canonique, décédé à Louvain, le 15 juin 1962, dans sa 78e année.

Cfr *ETL*, 1964, t. XL, pp. 200-201. — Les anciens de théologie et de droit canonique qui furent membres du séminaire d'Alfred Cauchie, n'ont jamais oublié les services qu'Isidore Versluys leur a rendus. A Bruxelles, le défunt continua de s'intéresser aux anciens de nos deux facultés et de leur être utile.

LOUIS-JOSEPH KERKHOFS

1878-1962

Natus in Val-Meer, 15 febr. 1878, missus ad Universitatem gregorianam 1894-1900, sacerdotio auctus 22 sept. 1900, professor in seminario minore Sancti Trudonis 1900, professor in maiore seminario leodiensi 1917, praeses istius seminarii 1922, episcopus auxiliarius Exc. Domini Rutten 1924, episcopatu auctus 11 febr. 1925, episcopus leodiensis 18 iul. 1927, doctor h. c. lovaniensis 1948, episc. demiss. 1961, obiit Leodii 31 dec. 1962.

Cfr J. COPPENS, *Son Excellence Mgr Louis-Joseph Kerkhofs, ancien évêque de Liège 1878-1962*, ap. *Annua Nuntia Lovaniensia*, fasc. XXIII, Leuven, Bibliotheek Fakulteit der Theologie, de Beriotstraat, 1979 et ap. *Annuaire Université catholique — Jaarboek Katholieke Universiteit 1962-1963*, t. XCIV, vol. II, pp. I-X, Leuven, 1980. — Voir aussi la *Biographie nationale*, 1980.

[1] Cfr *ANL*, t. VIII, pp. 193 ss. — *Nationaal Biografisch Woordenboek*, t. III, p. 560.

NICOMEDES SANDERS

5 nov. 1892 – 21 mei 1962

Pater Nicomedes (Gerardus) Sanders, geboren 5 november 1892 te Haarlem, is 7 september 1911 te Alverna-Wijchen ingekleed in de Eerste Orde, plechtig geprofest te Weert 9 september 1915 en aldaar priester gewijd 10 maart 1918.

Zoals hij zelf bij zijn gouden kloosterfeest memoreerde (zie *Neerl. Ser.* 31 [1961] 441) had de goddelijke voorzienigheid hem na zijn priesterwijding op merkwaardige wijze de weg gewezen. China, Rome en Brazilië, waarvoor hij aanvankelijk bestemd scheen te worden, bleken niet voor hem te zijn weggelegd. Uiteindelijk ging hij naar Leuven waar hij in 1923 de titel doctor theologiae verwierf. Van augustus 1918 tot 3 december 1919 woonde hij tijdelijk in het klooster te Woerden en verhuisde 3 december 1919 naar Leuven.

Na beëindiging van zijn theologie-studie te Leuven werd hij lector van de theologia fundamentalis te Bleijerheide (1923-1924) en te Alverna (1924 - 7 september 1934) en lector van de theologia specialis te Weert (tot 22 augustus 1949). De titel van lector jubilatus werd hem toegekend op 10 september 1939.

Daarna pastoor en praeses aan de Mozes en Aaronkerk (H. Ant. van Padua) te Amsterdam (tot 12 augustus 1958). Vervolgens assistent te Haarlem (H. Nicolas Pieck. De Open Deur) en 26 september 1960 rector van het St. Jozef-pensionaat te Bodegraven. Omstreeks mei 1962 trad een storing op in het centraal zenuwstelsel, die langzaamaan verergerde. Overgebracht naar het kloosterziekenhuis te Venray op 20 mei, is hij daar op 21 mei voorzien van de heilige sacramenten der stervenden en overleden op 15 juli. Uitvaart en begrafenis hebben plaats gehad op 18 juli 1962.

Et voici le curriculum vitae d'un théologien dont l'activité fut féconde et les publications nombreuses.

Nicomedes Sanders, 10 maart 1918 priester gewijd, wilde als missionaris naar China. Hij werd door zijn provinciaal Paulus Stein bestemd voor Brazilië. Bij de medische keuring adviseerde de dokter een jaar te wachten. Het motief was een open wintervoet. Hij ging naar Venray om daar de pastoraal-cursus te volgen. 3 september 1918 werd hem meegedeeld: «se conferet Romam frequentandi causa scholas Instituti Pontificii Orientalis». Hij zou in Rome oosterse theologie gaan studeren aan het pas opgerichte oosterse instituut, overgaan naar een oosterse ritus en na voltooiing van zijn studie in Rusland gaan werken. Het vertrek naar Rome werd uitgesteld, waarschijnlijk wegens de tijdsomstandigheden. Na de beëindiging van het pastoraal-jaar werd hij verplaatst naar Woerden. Vandaar zou hij in het najaar van 1919 naar Rome reizen. Hij was op vacantie thuis en had zijn treinkaartje al gekocht, toen hij telegrafisch van de provinciaal Simon Bennenbroek, die in sept. 1919 aan zijn tweede ambtsperiode was begonnen, het bericht ontving dat de reis naar Rome niet doorging. Hij werd benoemd tot theologie-student te Leuven.

3 december 1919 vertrok hij naar Leuven. Nicomedes Sanders behoorde daar tot de eerste studenten na de heropening van de tijdens de oorlog verwoeste universiteit. Voor dogmatiek volgde hij professor J. Bittremieux, ondanks zijn franse naam een rasechte vlaming, met wie hij bevriend raakte. 16 juli 1923 promoveerde hij magna cum laude tot doctor in de theologie. Zijn dissertatie handelde over de protestantse missieactiviteit. De keuze van dit onderwerp, wellicht beïnvloed door zijn missieaspiraties, bleek minder gelukkig te zijn. De sterk apologetische behandeling van het protestantisme bood weinig perspectief voor verdere studie. Dit kan een motief zijn geweest, waarom er na het doctoraat geen magisterium, de hoogste bekroning van de theologische studie in Leuven, gevolgd is. Een aanbod van professor Bittremieux aan Nicomedes Sanders, om een magisters-thesis te schrijven over Duns Scotus, is niet doorgegaan, o.a. wegens het ontbreken van een kritische uitgave van de werken van Scotus.

Juli 1923 werd Nicomedes Sanders benoemd tot lector in de fundamentele theologie te Bleijerheide. Augustus 1924 verhuisde hij met deze cursus naar Alverna, waar hij tot juli 1934 de fundamentele theologie doceerde. September 1934 «promoveerde» hij tot lector in de dogmatiek te Weert. Hij bleef dat tot augustus 1949.

De betekenis van Nicomedes Sanders als theoloog wordt hier beoordeeld volgens de maatstaf van zijn publicaties. Dit is een eenzijdige norm. Maar we kunnen deze norm veilig volgen. Want vooreerst heeft hij zeer veel gepubliceerd. En vervolgens kunnen we toch wel zeggen, dat hij het best in zijn theologische betekenis uit zijn publicaties gekend wordt. Daar lag zijn grote kracht. Hij was, tenminste als theoloog, meer man van het geschreven als van het gesproken woord.

Zijn belangstelling ging bij voorkeur uit naar de meest problematische onderwerpen. De algemene mening van de theologen was van meetaf voor hem slechts een zeer betrekkelijke norm. Hij wilde in alles zelf inzicht verwerven en als de bestaande opvattingen hem niet konden bevredigen, zocht hij naar een nieuwe oplossing. Hij bleef onvermoeid en zelfstandig zoeken, tot zijn gelovig verstand bevrediging gevonden had. Zo zijn de publicaties, die zijn belang als theoloog tonen, stuk voor stuk het resultaat van jarenlang nadenken. Zijn grootste zorg daarbij was, in overeenstemming te blijven met de vaststaande leer van de Kerk. Maar ook hierin oordeelde hij zelfstandig en liet hij zich niet imponeren door hetgeen de theologen hierover zeiden.

Zijn belangrijke publicaties zijn vooral te vinden in *Collectanea Franciscana Neerlandica* en in *Studia Catholica*. Hij was van de 1ste (1924-1925) tot de 30ste jaargang (1955) lid van de redactie van *St. C.* en van de 9^e^ (1932) tot en met de 22ste (1947) jaargang secretaris van de redactie. Hij heeft in *St. C.* behalve 29 grotere en kleinere bijdragen een zeer groot aantal recensies gepubliceerd.

Uit de lange lijst van zijn publicaties moest een keuze worden gemaakt. Het was noodzakelijk in deze veelheid een zekere systematiek aan te brengen.

Zijn studie van Duns Scotus.

Nicomedes Sanders was als theoloog een echte Scotist. Dit betekent niet dat hij de scotistische school volgde. Daarvoor was hij als theoloog te zelfstandig en te origineel. Zijn studie te Leuven had hem gericht op de bronnen zelf, in dit geval op de werken van Duns Scotus. Daarom is het ontbreken van een kritische uitgave van diens werken voor hem een zware handicap geweest.

Duns Scotus was zijn lievelingsauteur. Degenen die zijn lessen in Weert gevolgd hebben, kunnen dit getuigen. Daarbij veronderstelde hij te gemakkelijk ook bij zijn leerlingen begrip en sympathie voor deze franciscaanse theoloog. Een zekere naïviteit was hem hierbij niet vreemd.

Hij heeft zich bij Scotus als theoloog echt thuis gevoeld. Zijn rusteloos zoeken naar de oplossing van vele theologische problemen, ook wanneer andere theologen reeds lang tot een mening gekomen waren, is bij hem sterk gestimuleerd door de studie van Duns Scotus. Hij bewonderde in hem de echte minderbroeder-theoloog, «eerlijk en ronduit, moedig en durvend, origineel en voorvechter van de vrijheid, vooral van Gods vrijheid ten opzichte van de schepping, maar toch wars van alle willekeur» (Zonde en genade volgens Johannes Duns Scotus, Coll. Franc. Neerl. 1 (1927) 151). In deze woorden tekende hij ook zijn eigen ideaal als theoloog.

Hij bewonderde in Duns Scotus de openheid van probleemstelling en de scherpzinnigheid in de strikt logische argumentatie. Hij werd hierdoor aangetrokken en tegelijkertijd in zijn eigen denken beïnvloed. Duns Scotus gold voor hem, in het tijdperk van de thomistische neo-scholastiek, als het ideaal van de theologische vrijheid, welke hem zeer lief was.

Als franciscaans theoloog heeft Nicomedes Sanders voortdurend Duns Scotus bestudeerd. Typerend is, dat hij aan Bonaventura maar betrekkelijk weinig aandacht heeft besteed. De veel meer synthetische en intuïtieve theologie van Bonaventura lag hem blijkbaar minder goed dan de analytische en scherp rationele wijze van denken van Duns Scotus.

De lange rij van publicaties begint in 1922, nog tijdens zijn verblijf te Leuven, met een korte bijdrage over Duns Scotus als verdediger van de Onbevlekte Ontvangenis. We mogen hier invloed van de marioloog J. Bittremieux veronderstellen. Vanuit de mariologie zal Bittremieux het interesse van zijn leerling voor Duns Scotus zeker gestimuleerd hebben.

In 1927, in het eerste deel van de *Collectanea Franciscana Neerlandica*, uitgegeven bij het zevende eeuwfeest van Sint Franciscus, verschijnt de studie over zonde en genade volgens Johannes Duns Scotus. Het betoog is hier nog sterk apologetisch van klank. Het is een verdediging van Scotus tegen de bewering dat hij het samengaan van zonde en genade geleerd zou hebben.

In 1937 publiceert Nicomedes Sanders een artikel over de erfzonde volgens Duns Scotus. Daarna volgt in 1943 een artikel over materie en vorm van de sacramenten en in 1948 een artikel over het character sacrementale volgens Scotus. In het fascikel van *Coll. Franc. Neerl.* van 1950 dat aan Bonaventura is gewijd, bestudeert Nicomedes Sanders het natuurlijk verlangen naar de Godsschouwing. Hij beperkt zich hierbij echter niet tot Bonaventura, hoewel hier voldoende stof geweest zou zijn, maar besteedt minstens evenveel aandacht aan de leer van Scotus.

Een duidelijke lijn valt in deze onderwerpen niet te ontdekken. Men kan alleen zeggen, dat het thema van de zonde naar voren komt. De indruk hieruit is, dat Scotus over de gehele lijn van de theologische problematiek zijn bijzondere belangstelling heeft.

Vanzelfsprekend is ook in andere publicaties deze scotische invloed aanwijsbaar. Voorbeelden hiervan zijn : zijn voordracht over Christus Koning (1934), zijn artikel over God en schepping en vooral zijn artikel over de onmogelijkheid van een bovennatuurlijke orde zonder Christus (1954). Zowel in zijn denkwijze als in de inhoud van zijn theologische meningen is Nicomedes Sanders sterk beïnvloed door Duns Scotus.

De apologetische methode.

Van 1923 tot 1934 heeft Nicomedes Sanders de fundamentele theologie gedoceerd. Aanvankelijk gebruikte hij als handboek het Compendium theologiae dogmaticae generalis (2[e] ed. 1923) van de duitse scotist Parthenius Minges O.F.M. Daarna is hij eigen scripta gaan gebruiken. In elke jaren precies en op welke wijze deze ontstaan zijn, heb ik niet kunnen vaststellen.

In zijn leeropdracht is hij onderscheid gaan maken tussen de apologetica en de eigenlijke fundamentele theologie. De gestencilde scripta dragen als titel : *Apologetica et Dogmatica Fundamentalis.* In het eerste behandelde hij het doel en de methode van de apologetische bewijsvoering, Jesus Christus als bovennatuurlijke persoonlijkheid en de katholieke Kerk als voortzetting van de godsdienst van Christus. In de fundamentele dogmatiek behandelde hij de Kerk, de geloofsregel van Schrift, overlevering en leerambt, de dogmaontwikkeling en het geloof.

In de Apologetica trekt hem de kwestie van de methode. Hierin vooral tracht hij tot klaarheid te geraken.

In twee vervolgartikelen in de 1[ste] en 2[e] jaargang van *Studia Catholica* heeft hij zijn leuvense dissertatie over het missiewerk van de protestanten, tenminste voor een deel en wellicht omgewerkt, gepubliceerd. We kunnen dit laatste niet beoordelen, omdat we de oorspronkelijke dissertatie niet in handen hebben gehad.

De groeiende missiearbeid van de protestanten vormde een probleem voor de apologetica. Het argument namelijk, dat missiearbeid een bewijs is voor de katholiciteit van de enig ware Kerk, scheen niet meer te kloppen. Nicomedes Sanders antwoordt hierop, dat de kenmerken van de ware Kerk : eenheid, katholiciteit, heiligheid en apostoliciteit, tesamen genomen moeten worden. Door het ontbreken van de eenheid bij de protestanten ontbreekt ook de katholiciteit, ondanks hun missiearbeid. In het vervolg-artikel wordt aan de protestantse missiearbeid ook echte bovennatuurlijkheid en heiligheid ontzegd. Begrijpelijk is, dat hierin geen perspectief lag voor verdere studie. Voor de apologetische methode is hier van belang, dat de kenmerken geen afzonderlijke bewijskracht bezitten, maar tesamen genomen moeten worden.

In 1928 verschijnt zijn apologetisch tractaat : *Jesus Christus, een bovennatuurlijke persoonlijkheid.* Dit is een bewerking van het middenstuk van zijn apologetica-cursus. Dergelijke tractaten vormen gewoonlijk niet de meest geschikte maatstaf voor de bepaling van de theologische betekenis van de auteur. Daarvoor zijn ze te zeer op de eisen van een handboek ingesteld.

In 1931 stelt hij de kwestie van de apologetische methode aan de orde met betrekking tot de Kerk. Aanleiding hiertoe is zijn kritiek op het boek van H. Dieckmann, *De ecclesia tractatus historici dogmatici*. Hij verzet zich tegen een veelheid van methoden. De door Dieckmann verdedigde historische weg is een deel van de weg der kentekenen en de historische weg moet gecomplementeerd worden door de zogenaamde empirische weg. Het apologetisch tractaat over de Kerk heeft als taak de bovennatuurlijkheid van de Kerk zowel in haar ontstaan als in haar voortbestaan te bewijzen.

In 1933 volgt de belangrijke studie over de apologetische methode. Het begin kenmerkt de auteur: «Reeds jaren leven wij in onmin met de bestaande Apologetiek». Deze wil namelijk alleen het feit van de openbaring bewijzen. Zij zou echter de waarheid van de christelijke godsdienst in haar geheel moeten aantonen. Door de beperking tot het feit van de openbaring ontneemt de apologetiek zichzelf de mogelijkheid om andere wezenlijke aspecten van de christelijke godsdienst, bijv. de heiligheid, de liturgie enz. in haar bewijsvoering te betrekken. De conclusie luidt: niet slechts het feit van de openbaring, maar de bovennatuurlijkheid van de christelijke godsdienst in haar geheel, in haar ontstaan en in haar voortbestaan, moet bewezen worden. Deze bewijsvoering kan gebaseerd zijn zowel op de voortreffelijkheid van deze godsdienst (hij noemt dit de innerlijke criteria) als op de klaarblijkelijke bovennatuurlijkheid ervan (dit zijn de uiterlijke criteria, met name het wonder).

Merkwaardig is dat Nicomedes Sanders, in hetgeen hij noemt de ontdekking van de grondfout van de apologetiek, de meest voor de hand liggende conclusie nog niet gezien heeft, terwijl hij toch, blijkens een mededeling in 1939, reeds in die tijd reflecteerde over het openbaringsbegrip.

Hij accepteert namelijk dat de openbaring verstaan moet worden als mededeling van waarheden, dus als een leersysteem. Daarom juist heeft hij er principieel bezwaar tegen de apologetische bewijsvoering tot de openbaring te beperken. Hij had echter deze doelstelling kunnen handhaven, wanneer hij het begrip van openbaring zelf verdiept had, zoals hij het in 1939 zelf voorstelt.

Zijn studie over de apologetische methode is blijven steken binnen de bestaande kaders. Tot een echte doorbraak is hij hier nog niet gekomen. Dat geschiedt pas in zijn studie over openbaring en overlevering.

Openbaring, overlevering en dogma-ontwikkeling.

Dat Nicomedes Sanders zelf het gevoel had hier een uitermate belangrijk onderwerp aan te pakken en hierover werkelijk nieuwe dingen te zeggen, blijkt uit zijn inleidende woorden: «Reeds verschillende jaren hebben we bijzondere belangstelling gehad voor de onderlinge verhouding van openbaring, traditie en dogma-ontwikkeling. Wat we daarover bij de auteurs tegenkwamen had zeker wel zijn waarde, maar het kon ons toch moeilijk geheel bevredigen. We hadden het gevoel, dat de noties te schraal, te arm van inhoud waren en dat daardoor hun onderlinge verhouding ook niet geheel tot haar recht kon komen. Maar wat er precies aan ontbrak wilde ons maar niet duidelijk worden, ofschoon we voortdurend zoekende geweest zijn in de richting, waarin we nu menen de oplossing gevonden te hebben. Daartoe heeft ons bijzonder geholpen een gedachte over de openbaring, die we een 12 of 13 jaar geleden reeds met een confrater besproken hebben, maar die hij toen zover wegwierp als niet overeenkomstig de katholieke leer, dat we er nauwelijks nog aan durfden denken, totdat ons nu duidelijk is geworden, dat de vrees daardoor in botsing te komen met de katholieke leer geheel ongegrond was».

We hebben hier dus voor ons het resultaat van jarenlang nadenken, waarbij vooral de overeenstemming met de katholieke leer de remmende en controlerende factor is geweest. Met een duidelijk gevoel van bevrijding geeft Nicomedes Sanders hier het resultaat van zijn fundamenteel-theologische ontwikkeling.

Het meest belangrijke hierin is de vernieuwing van het openbaringsbegrip, waarin hij zich los maakt van de algemeen aanvaarde mening van de theologen. Hij is, voorzover ik heb kunnen nagaan, de eerste katholieke theoloog in Nederland geweest, die dit duidelijk gezien heeft. Na de oorlog heeft deze gedachte, vooral onder invloed van de Bijbel-theologie, een brede verbreiding gevonden.

Openbaring is niet louter mededeling van waarheden, maar wezenlijk ook de bovennatuurlijke werkelijkheid zelf. Traditie is niet louter het leren van de geopenbaarde doctrine door het kerkelijk leergezag, maar wezenlijk ook het voortleven van de bovennatuurlijke werkelijkheid van de Kerk. «De Kerk is dus zelf de geopenbaarde waarheid en het leven en voortleven van de Kerk is ook het leven en voortleven der geopenbaarde waarheid» (8). Dogma-ontwikkeling is niet louter rationele deductie uit de geopenbaarde waarheden, maar wezenlijk ook de overgang van impliciet naar expliciet in het leven van de Kerk zelf.

Voor ons zijn dit geen vreemde of nieuwe gedachten. In 1939 echter waren deze ideeën nieuw. Ze worden door Nicomedes Sanders terecht als een belangrijke en fundamentele vernieuwing voorgesteld.

Het zou voor hem een groot genoegen zijn geweest, wanneer hij de eerste zittingsperiode van het Concilie had kunnen meemaken. Hij had dan kunnen constateren, dat de strijd in en buiten het Concilie in sterke mate dit begrip van openbaring betrof, en dat door de gehele nieuwere theologie scherp gereageerd werd tegen het openbaringsbegrip, waarmede hijzelf reeds in 1939 gebroken had.

Hoe is Nicomedes Sanders aan deze nieuwe gedachte gekomen?

Duidelijke invloed van de Bijbel-theologie heb ik in dit opzicht bij hem niet kunnen ontdekken. Ook beïnvloeding vanuit de protestanse theologie lijkt onwaarschijnlijk. Enkele jaren tevoren, in 1934, heeft hij de theologie van Karl Barth over de vrijheid van Gods openbaring bestudeerd. Hij was de eerste van de katholieke theologen in Nederland die Karl Barth bestudeerd heeft en op diens bijzondere betekenis heeft gewezen. Er blijkt echter geen enkel verband tussen Karl Barth's opvatting over de openbaring als het vrije handelen van God en de in 1939 door Nicomedes Sanders verdedigde opvatting van de openbaring als werkelijkheid. Een onbewuste invloed blijft mogelijk, maar aanwijsbaar is deze niet.

We houden het erop, dat hij tot zijn nieuwe opvatting van openbaring, traditie en dogma-ontwikkeling gekomen is vanuit een langdurig gevoel van onbehagen met de heersende theologische opvattingen. Dat hij daarbij in de stroom van de theologische ontwikkeling heeft gestaan, is niet verwonderlijk. De ontevredenheid met hetgeen hij noemt de schraalheid van een aantal theologische noties zat in de lucht. Hij is een van de eersten geweest, die hieraan uiting gegeven heeft.

Heeft Nicomedes Sanders zijn nieuwe opvatting over openbaring en traditie ook consequent doorgebracht in het geheel van de theologie?

In het artikel over de vrijheid van de geloofsact van 1947 maakt hij onderscheid tussen het louter verstandelijk inzien van een waarheid en het aanvaarden ervan. Het tweede is een vrije daad, het eerste niet. Dit onderscheid doet ons denken aan Newman's «Inference» en «Assent». Er is echter geen aanwijzing dat Newman invloed op hem heeft uitgeoefend.

In dit artikel over het geloof verwijst hij niet naar zijn vroegere studie over de openbaring. Het verband is zwak en impliciet. Zowel in zijn openbarings- als in zijn geloofsbegrip ontbreekt nog de bepaling van het persoonlijk karakter van deze werkelijkheid. Het verst is hij in deze richting gekomen in zijn artikel van 1954 over de onmogelijkheid van een bovennatuurlijke orde zonder Christus. Maar ook hier is geen direct verband aanwijsbaar met zijn verdieping van het openbaringsbegrip.

De transsubstantiatie.

Nicomedes Sanders heeft zijn theologische krachten het eerst beproefd op het probleem van de transsubstantiatie. Dat was reeds in 1924, in de eerste jaargang van *Studia Catholica*.

Hij was niet tevreden met de bestaande toepassing van het hylemorphisme op de transsubstantiatie. Maar omdat op dat moment nog niet de mogelijkheid bestond zich als theoloog vrij te maken van het hylemorphisme, probeerde hij tot een meer bevredigende oplossing te geraken door een wijziging aan te brengen in de klassieke toepassing van het hylemorphisme op de transsubstantiatie. Voor die tijd was dat reeds een gedurfde onderneming.

Dat hij met dit onderwerp is bezig gebleven tot 1934 is hieraan te danken, dat zijn opvatting bestreden werd door G. Morsch. Twee maal heeft hij diens opwerpingen gerepliceerd. Dit was voor hem een pijnlijke aangelegenheid, omdat hij verplicht was zijn opvatting te verdedigen tegen misverstand en beschuldiging van onverenigbaarheid met de leer van de Kerk.

Wat men ook over de eigen mening van Nicomedes Sanders moge denken, zijn verdienste is in ieder geval geweest, dat hij zich niet neergelegd heeft bij de algemene opvatting van de theologen en daardoor het theologische probleem van de werkelijke aanwezigheid van Christus in de Eucharistie opnieuw aan de orde heeft gesteld.

God en de schepping.

In de jaren 1943-1944 heeft Nicomedes Sanders twee artikelen gewijd aan de verhouding tussen God en schepping, God en mens.

In het eerste artikel keert hij zich tegen de opvatting, als zou de verhouding van God tot de schepping, op grond van zijn onveranderlijkheid, alleen maar een relatio rationis zijn. Dit kwam hem als een onbegrijpelijkheid voor. Krachtens Gods eeuwig scheppend willen verdedigt hij een reëele relatie van God tot de wereld.

In het tweede artikel, handelend over God en de vrije mens, tracht hij een meer bevredigende verklaring te geven van de menselijke vrijheid tegenover de scheppende God. De vrijheid van de mens behoort wezenlijk tot de schepping. God immers schept de mens als vrij handelend. Er kan dus nooit een tegenstelling bestaan tussen goddelijke schepping en menselijke vrijheid.

Het ongedoopte kind.

Ook dit probleem heeft hem jarenlang beziggehouden. Hij zocht naar een oplossing, welke niet strijdig is met de leer van de Kerk en recht doet aan de algemeenheid van Christus' verlossing. In hetgeen voor Christus glorievol is, wil hij gaan tot het uiterst mogelijke. Een uitsluiting van de verlossingsgemeenschap met Christus aanvaardt hij slechts door de hardnekkigheid van de zware zonde.

De bovennatuurlijke orde en Christus.

De laatste belangrijke bijdrage, gepubliceerd in 1954, toen hij reeds 5 jaar het lectoraat vaarwel had gezegd, is een waardig besluit van zijn theologische loopbaan. Hij verdedigt hierin de thesis, dat zonder Christus een bovennatuurlijke orde theologisch niet goed denkbaar is. Dit betreft niet een of andere orde die de natuur te boven gaat, maar het herboren worden van de mens tot het kindschap Gods. Uitsluitend door de unio hypostatica in Christus treedt God in een geheel nieuwe verhouding tot de mensheid.

De evolutie.

In zijn laatste jaren, gedurende zijn verblijf te Haarlem van augustus 1958 tot september 1960 en te Bodegraven tot aan zijn ziekte omstreeks Pasen 1962, heeft Nicomedes Sanders zich vooral bezig gehouden met de vraagstukken van de evolutie, de erfzonde, het monogenisme, de verhouding tussen lichaam en ziel. Dit waren voor hem oude vragen, waarmee hij nog altijd niet klaar gekomen was en die hij nu voor zichzelf tot klaarheid wilde brengen.

Uit deze tijd dateren een aantal manuscripten, welke in zijn nalatenschap gevonden werden, over de oorsprong van de mens, het evolutionisme, de vraag of de menselijke ziel een eigen zijn bezit, de natuurdrang naar de verrijzenis, de aparte schepping van de mens en speciaal van de menselijke ziel. We respecteren hem het meest door deze manuscripten te laten in de onvoltooide staat, waarin ze gevonden werden.

Hij is blijkbaar met deze problemen niet klaar gekomen. Hier vooral klemde voor hem de moeilijkheid zijn opvattingen in overeenstemming te houden met de leer van de Kerk.

Uit deze laatste jaren van studie is te voorschijn gekomen een artikel in *Te Elfder Ure* van 1960. Hij toont zich hier in grote lijnen eensgezind met Teilhard de Chardin, wiens grootse en consequent doorgedachte wereldvisie blijkbaar een grote indruk op hem heeft gemaakt.

Filosofie in de priesteropleiding.

Vermelden we tenslotte nog zijn allerlaatste geschrift, namelijk zijn bijdrage over «Filosofie in de priesteropleiding», na zijn dood gepubliceerd in het nummer van *Rivo Torto*, dat opgedragen is aan Clementius Schoonbrood bij gelegenheid van zijn zilveren lectoraat. Typerend is dat Nicomedes Sanders de feesteling niet beter weet te eren dan door met hem in discussie te treden over de verhouding tussen filosofie en theologie.

Nicomedes Sanders heeft geleefd en gewerkt in een overgangstijd van een oude naar een zich vernieuwende theologie. Door zijn vorming behoorde hij tot de oude theologie, maar hij heeft zijn grote ontevredenheid met de bestaande theologie niet onder stoelen of banken gestoken. Door een aantal theologische problemen opnieuw te stellen en te doordenken heeft hij een belangrijke bijdrage gegeven tot de vernieuwing van de theologie in Nederland. In 1946, in de oprichtingsvergadering van het Werkgenootschap van katholieke theologen in Nederland heeft hij het inleidend referaat gehouden over actuele stromingen en problemen. Sedert 1946 is er in de theologie heel wat gebeurd. Men moet deze inleiding en de daarna volgende gedachtenwisseling beoordelen in die tijd. Dat geldt uiteraard voor geheel de persoon van Nicomedes Sanders. In de jaren 1924 tot 1950 heeft hij een bijzondere en leidinggevende rol gespeeld in het theologische leven in Nederland.

P. Bertulf VAN LEEUWEN.

Bibliografie.

1922 Duns Scotus, de verdediger van Maria's Onbevlekte Ontvangenis, *De Standaard van Maria* 2 (1922), 193-196.

1923 De oorspronkelijke gerechtigheid en de erfzonde volgens S. Thomas. *De Katholiek* 163 (1923), 399-410. Uitvoerige bespreking van de dissertatie van J.B. Kors O.P., La justice primitive et le péché originel d'après S. Thomas, 1922.

1924 De rentestrijd in Holland, *Ephemerides Theologicae Lovanienses* 1 (1924), 197-200. Naar aanleiding van de dissertatie van G. Vrijmoed O.F.M., De arbeid in ethisch-economisch licht (Delft, 1923) en de door dit boek veroorzaakte polemiek over het rentevraagstuk.

1924 Theologica-homiletica, *De Gewijde Rede* 1 (1924-1925), 2 en 3. Een achttal korte dogmatische bijdragen.

1924 Het Hylemorphisme en de Transsubstantiatie, *Studia Catholica* 1 (1924-1925), 15-24. De nieuwe hylemorphistische theorie van H. Gerz O.F.M. (dissertatie van Leuven) wordt toegepast op het dogma van de transsubstantiatie.

1924 Missiearbeid en de ware Kerk, t.z.p. 1 (1924-25), 285-296; 2 (1925-26), 289-294. Nicomedes Sanders publiceert hier, tenminste ten dele en wellicht omgewerkt, zijn leuvense doctors-thesis.

1926 Maria Middelares, t.z.p. 3 (1926-1927), 179-186. Bespreking van J. Bittremieux, De mediatione universali B. M. Virginis quoad gratias, Brugge 1926.

1927 Opeenvolgende Katholiciteit, t.z.p. 4 (1927-1928), 130-132. Een korte bijdrage over het katholiciteits-begrip in de 16[e] eeuw bij Driedo, Sonnius, Cano en Bellarminus.

1927 Zonde en genade volgens Johannes Duns Scotus, *Collectanea Franciscana Neerlandica* 1 (Den Bosch 1927), 151-170.

1928 Maria Middelares, *Stud. Cath.* 5 (1928-1929), 216-217. Naar aanleiding van J. Bittremieux, Doctrina Mariana Leonis XIII, Brugge 1928.

1928 Jesus Christus, een bovennatuurlijke persoonlijkheid, Antwerpen 1928, 180 blz. (Serie : Leerboeken der dogmatica en der apologetica, 7).

1929 Kerk en Staat, *Stud. Cath.* 6 (1929-1930), 427-434. Naar aanleiding van P. Creemers S.J., Kerk en Staat, 1927.

1929 *De Kloosterling* 1 (1929) en volgende jaarg. een groot aantal korte dogmatische bijdragen onder de rubriek : Diepere verklaring van geloofs- en zedenleer.

1930 De Transsubstantiatie, *Stud. Cath.* 7 (1930-1931), 149-168. Antwoord op G. Morsch, Hylemorphisme en transsubstantiatie t.z.p. 6 (1929-1930), 198-207.

1930 Waarom in parabels? t.z.p. 7 (1930-1931), 358-360. Naar aanleiding van A. Charue, L'incrédulité des Juifs dans le Nouveau Testament, 1929.

1930 Jesus van Nazareth, in — De Moederkerk, Roermond 1930, 35-62.

1931 Een kwestie van apologetische methode, *Stud. Cath.* 8 (1931-1932), 81-92; 161-171. Naar aanleiding van H. Dieckmann S.J., De Ecclesia tractatus historici dogmatici, 1925. Verg. *Stud. Cath.* 1 (1924-1925), 504-506 (recensie).

1933 De kenbaarheid van de ware godsdienst. Een kwestie van apologetische methode, *Collectanea Franciscana Neerlandica* III, 2 (Den Bosch 1933), 62 blz.

1933 Naar aanleiding van Beauraing en Banneux, *Stud. Cath.* 10 (1933-1934), 3-11.

1934 Gods vrijheid in het zich openbaren volgens Karl Barth, t.z.p. 11 (1934-1935), 161-174. Naar aanleiding van Karl Barth, Die Lehre vom Wort Gottes. Prolegomena zur kirchlichen Dogmatik, 1932.

1934 Christus Koning, t.z.p. 11 (1934-1935), 428-438. Voordracht gehouden op de Mariale dagen van Tongerloo.

1934 De Transsubstantiatie, t.z.p. 11 (1934-1935), 362-375. Antwoord op G. Morsch, Een nieuwe Transsubstantiatie-opvatting, *Stud. Cath.* 11 (1934-1935), 353-361. Op blz. 375 verklaart de redactie : Hiermede zij het debat in *Studia Catholica* beëindigd.

1936 De H. Elisabeth. In de serie : Gemeenschap der Heiligen, n[r] 3.

1937 De Bijbel en het alcoholvraagstuk, Den Bosch 1937, 12 blz. Voordracht gehouden op het Sobriëtascongres te Antwerpen, 11 april 1937.

1937 De erfzonde volgens Duns Scotus, *Stud. Cath.* 13 (1937), 108-131.

1937 De Kerk en de vergiffenis der zonden in de eerste eeuwen, t.z.p. 13 (1937), 137-143. Bespreking van P. Galtier, L'Église et la remission des péchés aux premiers siècles, 1932.

1939 Naar de nieuwe gemeenschap. Samenwerking tussen Sobriëtas en de godsdienstige verenigingen, Den Bosch 1939, 18 blz. Rede gehouden op de nationale Sobriëtasdag 16 april 1939 te Utrecht.

1939 Openbaring, Traditie, Dogmaontwikkeling, *Stud. Cath.* 15 (1939) 1-12; 111-129.

1939 K. Barth over de mens als beeld Gods, t.z.p. 15 (1939), 495-499. Bespreking van J. Ries, Die natürliche Gotteserkenntnis in der Theologie der Krisis in Zusammenhang mit dem Imagobegriff bei Calvin, 1939.
1943 Waarom zijt gij naar de woestijn gegaan?, t.z.p. 19 (1943), 47-48.
1943 God en zijn schepping, t.z.p. 87-97.
1943 Het zout der aarde, t.z.p. 243-245.
1943 Duns Scotus over materie en vorm der sacramenten, t.z.p. 271-276.
1944 Het lege huis en de gerechtvaardigde wijsheid, t.z.p. 20 (1944), 7-14.
1944 God en de vrije mensch, in — Theologische opstellen, opgedragen en aangeboden aan Mgr G. C. van Noort (Utrecht 1944), 195-209.
1945 Katholieke Godsdienstleer. Verdieping en waardering. Deel I. God met ons (163 blz.). Deel II. Wij met God (142 blz.). Met bijbehorende vragenboekjes, Utrecht 1945 (2e en 3e druk 1946).
1946 Ook onze vijanden!, *Stud. Cath.* 21 (1946), 12-21.
1946 Maagdelijke ontvangenis en erfzonde, in — Miscellanea historica in honorem Alberti de Meyer (Leuven 1946), 391-404.
1947 De vrijheid van de geloofsact, *Stud. Cath.* 22 (1947), 42-52.
1947 Actuele stromingen en problemen, in — Jaarboek van het Werkgenootschap van katholieke theologen in Nederland 1947-1948, 1-19. Inleiding gehouden in de eerste vergadering van het theologisch Werkgenootschap op 10 sept. 1946.
1948 Duns Scotus over het character sacramentale, *Stud. Cath.* 23 (1948), 39-42.
1948 Het ongedoopte kind in het andere leven, t.z.p. 125-137.
1949 Antonius de beroemde predikant, in — Doctor Evangelicus. Vier studies over de H. Antonius van Padua, *Collectanea Franciscana Neerlandica* VII, 2 (Den Bosch 1949), 59-79.
1950 Het natuurlijk verlangen naar de Godsschouwing volgens S. Bonaventura en Duns Scotus, in — Doctor Seraphicus. Vier studies over de H. Bonaventura, *Collectanea Franciscana Neerlandica* VII, 3 (Den Bosch 1950), 63-83.
1950 Handelingen met een goed en een kwaad gevolg, *Stud. Cath.* 25 (1950), 319-322. Naar aanleiding van een discussie hierover in het theologisch Werkgenootschap.
1951 Naschrift, t.z.p. 26 (1951), 92-93. Reactie op kritiek van L. Bender (88-90) en L. H. Cornelissen (90-92).
1954 Een bovennatuurlijke orde mogelijk zonder Christus?, t.z.p. 29 (1954), 152-158.
1960 Evolutie en de mens, *Te Elfder Ure* 7 (1960), 202-207.
1962 Filosofie in de priesteropleiding, *Rivo Torto* 22 (1962), 539-545.

Voor de volledigheid — voor zover mogelijk — worden ter completering van bovenstaande (theologisch) bibliografie nog enige andere publikaties en aktiviteiten toegevoegd.

Bij gelegenheid van het eeuwfeest van de heilige Franciscus (1926) schreef hij het toneelstuk : St Franciscus' strijd om het hoogste.

Met het eeuwfeest van de heilige Antonius (1931-1932) het toneelstuk : Het mislukte woekerhuwelijk.

Verder leverde hij een bijdrage voor het St Antonius-nummer van *De Maasbode* 12 juni 1931.

Meerdere jaren is hij medewerker geweest aan *De Meierijsche Courant* (wekelijks vanaf 1927).

Voor de jaren 1936-1938 zijn nog de volgende publikaties te vermelden :

Hoge inkomens in een ongeordend bedrijfsleven, *De Nieuwe Eeuw* 5 maart 1936.

Franciscus' bekering, *Sint Franciscus* 51 (1936), 132-135.

De patroon van de K.A., *De Maasbode* 3 okt. 1937.

Onze geloofsleer, *De Kloosterling* 9 (1937), 10 (1938), 11 (1939). Meerdere bijdragen.

De H. Nicasius van Heeze, Weert 1937. — 64 blz. (anoniem).

Noveen ter ere van de H. Antonius van Padua, Weert 1936. — 32 blz. (anoniem).

Op een onverwacht uur! Handleiding voor geestelijke eerste hulp bij ongelukken, Tilburg 1937. — 52 blz.

Zie ook : Bibliographie van de minderbroeders der nederl. prov., *Neerl. Ser.* 25 (1955), Bijlage blz. 68 (en volgende jaren).

In *Neerl. Ser.* 32 (1962), 363-366 schreef pater Crispinus Smits een « in memoriam ».

RENIER DESCHEPPER

1878-1963

Op 84-jarige leeftijd overleed te Brugge op 15 januari 1963 Kanunnik Renier Deschepper en werd er op 21 januari na de begrafenisplechtigheid in de Sint-Salvatorskathedraal in de grafkelder van het kapittel op het stedelijk kerkhof bijgezet.

Renier Deschepper was geboren uit een landbouwersfamilie te Heile-Sluis (Ned.) op 14 november 1878. In 1881 verhuisde hij naar Heist-aan-Zee. Hij volgde de humaniora te Roeselare. In de retorica van 1898 was hij tweede van zijn klas na Alberik Beeuwsaert. Te Roeselare ook volgde hij nog één jaar wijsbegeerte. Pas in 1904 werd door Mgr. Waffelaert een tweede jaar bijgevoegd. Van 1899 tot 1902 studeerde hij theologie aan het Brugse Grootseminarie. Het professorenkorps bestond uit president H. Van den Berghe en de hoogleraren Van Coillie, Van de Putte, A. De Smet, Van der Meersch, Vande Woestyne, Callewaert, Camerlynck. Mahieu volgde in december 1900 op aan Van Coillie, en De Bruyne in januari 1901 aan Van de Putte. Tot zijn 45 medestudenten behoorden o.m. de latere Prof. J. Bittremieux, die vanaf september 1901 te Rome studeerde, en L. Colens, die vanaf dezelfde datum te Leuven was. In september 1902 volgden er nog vier naar Leuven. Deschepper kreeg de tonsuur op 22 december 1900, de mindere orden op 1 juni 1901, werd subdiaken op 24 mei 1902, diaken op 20 september 1902 en werd priester gewijd te Luik op 13 april 1903. Intussen was hij echter in september 1902 naar de Leuvense Universiteit gestuurd voor de verdere studie van het kerkelijk recht. Hij verbleef er tot juli 1905. Hij was er lid van het genootschap

Met Tijd en Vlijt (*Annuaire de l'Université Catholique de Louvain*, 1904, blz. 335 en 1906, blz. 354) en nam deel vanaf het jaar 1902-03 aan de activiteiten van het *Séminaire Historique* onder leiding van Prof. Cauchie (*Annuaire*, 1904, blz. 351). Studiegenoten waren o.a. Leon Van der Essen en Maurits Vaes, benevens de West-Vlamingen, priesterstudenten : Frutsaert, Soetaert, Colens, Logghe, Vermaut, Buysschaert, De Meester, Allossery, Van Cappel. Een uitgelezen ploeg! Gedurende het academisch jaar 1903-04 trad *l'abbé Deschepper, René, bachelier en droit canon* voor met een practisch werk over het juridisch regiem der religieuzen tijdens het Ancien Régime (*Annuaire*, 1905, blz. 376 en 437). In het volgend jaar werden speciaal de verhoudingen tussen Kerk en Staat bestudeerd en Deschepper handelde over de toestand in de Nederlanden in de XVIIe en XVIIIe eeuw (*ibid.*, 1906, blz. 519). Daarmee was de Leuvense periode voor hem afgesloten, want op 11 juli 1905 werd hij rector van San Andres de los Flamencos te Madrid : *Mr l'abbé R. Deschepper a été choisi pour remplir prochainement à Madrid les fonctions d'aumônier de Saint-André des Flamands, tandis que Mr l'abbé M. Vaes était élu recteur de Saint-Julien des Flamands à Rome* (*Annuaire*, 1906, blz. 520). Veel werk vroeg deze taak niet en Spanje was rijk aan kunstbezit en archieven. Sporen van deze periode zijn er echter in zijn latere werkzaamheden niet terug te vinden.

Op 6 september 1907 werd hij professor aan het Grootseminarie van Brugge. Hij was belast met de cursus van kerkgeschiedenis en *De legibus*. Hij volgde op aan C. Callewaert, die na de benoeming van Van den Berghe tot vicaris-generaal in vervanging van Rembry, president geworden was. Samen met hem werd Van der Heeren benoemd in vervanging van Soetaert, professor in de *Theologia moralis specialis*, die carmeliet werd. Mahieu was sinds 1903 directeur na Callewaert. Zijn andere collega's waren : A. De Smet (econoom), Camerlynck, Van der Meersch en De Meester. Deschepper bleef twintig jaar op het seminarie tot 18 augustus 1927. Tijdens deze periode heeft hij heel wat meegemaakt. Hij zelf werd bij de benoeming van De Meester op 31 januari 1913 tot inspecteur van de colleges, gedeeltelijk belast met de cursus van kerkelijk recht; hij voerde op 27 december van dat jaar ALBERS' *Handboek der Algemene Kerkgeschiedenis* in ter vervanging van FUNK-HEMMER, en onderwees als eerste de kerkgeschiedenis in het Nederlands. Op 4 april 1914, op de vooravond van de Goede week, werd hij econoom benoemd. Op 15 juni vierden de seminaristen het zilveren priesterjubileum van president Callewaert, maar tijdens de vacantie brak de eerste wereldoorlog uit. Als econoom droeg Deschepper zeker in grote mate de lasten van deze periode. Op 14 october, feest van Sint-Donatiaan, 1914 werd Brugge bezet. De seminaristen kwamen niet binnen en het seminarie herbergde een tijdlang het novitiaat der Paters Jezuïeten en was ingericht als hospitaal voor Belgische militairen die verzorgd werden door seminaristen uit het Brugse. Toen de oorlog toch langer duurde dan verwacht, werden de seminaristen naar het seminarie teruggeroepen. Op 13 april 1915 werd het seminarie heropend met 64 theologanten en 30 studenten in de wijsbegeerte. Daar directeur A. Legrand was opgeroepen kwam er ook wijziging in de opdrachten der professoren. Deschepper werd ontlast van *De legibus* maar werd directeur. De professoren van wijsbegeerte waren A. De Cuypere en K. Mullie. De eerste werd in augustus 1916 pastoor van Sint-Andries en als professor vervangen door A. Verhamme, Ph.D. van Rome, die toen te Brugge zijn derde jaar theologie beëindigd had.

De grootste moeilijkheden begonnen pas toen het seminarie op 23 januari 1917 moest ontruimd worden. Wijsbegeerte vond een onderkomen in het Engels weeshuis in de Sint-Jorisstraat en Theologie vooral in en rond het Begijnhof. Deze toestand sleepte aan tot december 1918. De materiële zorgen van de econoom voor het seminarie en misschien voor zijn bisschop waren intussen beloond. Op 19 februari 1917 was hij, op 38 jaar, bevorderd tot titulair kanunnik. Tevens werd hij van zijn functie van directeur ontlast, die werd overgenomen door Van der Heeren tot de terugkeer van A. Legrand uit het leger op 18 januari 1919. Op 29 januari werd het eerste jaar wijsbegeerte met A. Verhamme heropend te Roeselare waarheen ook het tweede jaar met Mullie omstreeks Pasen volgde. Voor Deschepper hernamen de rustiger jaren. Wel waren er na de oorlog ook op het grootseminarie moeilijkheden in verband met Vlaams nationalisme, maar Deschepper schijnt er niet speciaal door gestoord geweest te zijn. Veel van zijn collega's werden benoemd en vervangen : Van der Meersch door Lamiroy, De Smet door Coucke, Hosten door De Jonghe, De Meester door Brys die in juli 1925 magistreerde. Tenslotte werd ook de econoom Deschepper zelf benoemd en wel tot pastoor van O.-L.-Vrouw te Brugge en deken van Brugge-Zuid op 19 augustus 1927.

De waardering en vriendschap van Mgr. Waffelaert voor deken Deschepper bleken verder uit zijn aanstelling tot lid van de bisschoppelijke raad en *examinator synodalis* in september 1929. Op 31 augustus 1952 vierde de parochie zijn zilveren ambtsjubileum van pastoor-deken en zijn gouden priesterjubileum. Tenslotte nam hij op 4 november 1953 eervol ontslag en bracht nog tien gelukkige en vreedzame jaren door bij zijn neef kanunnik O. Van Besien op de Christus-Koning parochie, in de Geeraard Davidstraat 5, te Brugge. De laatste achttien maanden van zijn leven kon hij geen mis meer celebreren. «Stilletjes is hij uitgegaan lijk een kaarske dat altijd zijn vriendelijk licht had verspreid, met die hartelijke monkelplooi en zijn eenvoudig goed woord. Een priester die geen bewogen dagen had gekend van Vlaamse of sociale strijd, die niet ziek was aan moderne problematieken, die weet dat Gods molen langzaam maalt, die op Christen-Vlaamse wijze zonder beslag zijn werk deed, anderen gelukkig maakte en daardoor zelf gelukkig was» schreef Dagklapper (J. Geldhof) in het *Parochieblad van Brugge*, 27 januari 1963. Op 31 augustus 1952 schreef de toenmalige dagklapper, M. English, in het het Parochieblad : «Deken Deschepper, Gij, de man van de historie en zonder eigen historie, moet op de dood niet wachten om in iedereens gunste te staan». «Scheppertje» zoals hij heette was een bescheiden, bezadigd, vredelievend en vergoelijkend man, liefst iedereen ter wille. In zijn twee lange Brugse levensperioden als seminarieprofessor en als pastoor-deken heeft hij rustig zijn doodgewone werk gedaan. Weinig spectaculairs is er over te vertellen noch over zijn economaat, in tegenstelling met zijn voorganger De Smet en met zijn opvolgers, noch over zijn ambtsperiode als deken. Hij spaarde en bewaarde.»

Ook op studiegebied heeft Deschepper zijn plicht gedaan zonder uit te blinken. Zijn voornaamste bijdragen liggen op het domein der kerkgeschiedenis. Toch niet uitsluitend. Ook over *De legibus* heeft hij enkele conferentie-antwoorden geleverd aan de *Collationes Brugenses* (1908, blz. 91, 164, 241, 369; 1914, blz. 397, 453, 516; 1920, blz. 31, 329, 331; 1923, blz. 41, 64, 199, 219; 1924, blz. 53, 153, 209, 296), alsook over kerkelijk recht (1914, blz. 49, 255, 323, 520, 585). Voor de kerkgeschiedenis hebben we vooreerst zijn brochure over

Het Stevenisme, vooral in West-Vlaanderen (Geloofsonderricht, nieuwe reeks, n^r^ 1, Brugge 1929, 35 blz.). Het is de beknopte samenvatting, zonder wetenschappelijk apparaat, van een destijds graag beluisterde voordracht, vlot en helder geschreven. Naam en faam verwierf hij in binnen- en buitenland met zijn *Inleiding tot de studie der Kerkgeschiedenis*, Brugge, 1915 (*RHE*, XVII, blz. 465). Deze herhaaldelijk herwerkte, heruitgegeven en vertaalde inleiding munt uit door beknoptheid en helderheid. Ze is voor een groot deel de vrucht van zijn historische opleiding en seminarieoefeningen onder leiding van Professor Cauchie te Leuven. Ze blijft voor de beginnende kerkhistoricus een zeer bruikbare handleiding. Behalve deze twee afzonderlijke publikaties zijn er nog een aantal artikelen, vooral in de *Collationes Brugenses* en in de *Annales de la Société d'Émulation de Bruges*. Daarbuiten is ons van hem alleen zijn studie over *Les paroisses rurales primitives et les anciennes divisions territoriales du Franc de Bruges*, in *Mélanges d'Histoire offerts à Charles Moeller*, I, Leuven, 1914, blz. 366-376, bekend. Daarin toont hij aan dat en hoe men uit de grenzen van middeleeuwse heerlijkheden en administratieve omschrijvingen soms de grenzen der oorspronkelijke parochies kan terugvinden. Hij bewees het voor Oostkamp, Sijssele, Lissewege, Uitkerke, Vladslo en Eessen. Het was en blijft een knap stuk werk.

Zijn medewerking aan de *Société d'Émulation* beperkt zich tot enkele boekbesprekingen (A. SCHOUTTEET en E. I. STRUBBE, *Honderd jaar geschiedschrijving in West-Vlaanderen*, Brugge, 1950, blz. 291, aan te vullen met n^r^ 138), tot de bibliografie vooral voor de rubrieken *Sciences auxiliaires* en *Histoire religieuse* en tot enkele bijdragen in vier jaargangen van de *Annales* over de Duinenabdij waarin het grootseminarie sinds 1833 was ondergebracht. Enkele zijn kortere notities, meestal in het Frans (LVIII, 1908, blz. 381-388, 397-400; LXIX, 1909, blz. 85-88; LXI, 1911, blz. 176-177, 177-180, 180-182). Twee zijn uitvoeriger en in het Nederlands gesteld: *Het kloosterpand der voormalige Duinenabdij te Brugge* (LX, 1910, blz. 65-88) en *Een geschil in de abdij van Duinen in 1666* (LXI, 1911, blz. 254-269).

Talrijker, regelmatiger en langduriger is zijn medewerking aan de *Collationes Brugenses* tussen 1908 en 1928, met onderbreking 1915-1919. Hij was er ambtshalve toe verplicht en zeker aangespoord door het voorbeeld van zijn collega's en niet het minst van zijn president, C. Callewaert, wien men het tot verdienste rekent dat «hij Scheppertje aan het schrijven heeft gekregen». Zijn historische bijdragen kan men in twee reeksen indelen : algemene en nationale (Vlaamse of Belgische) kerkgeschiedenis. De eerste reeks behandelt slechts twee perioden : oudheid (1908, blz. 662; 1910, blz. 739; 1926, blz. 508; 1927, blz. 490; 1928, blz. 512) en middeleeuwen (1911, blz. 732; 1912, blz. 757; 1913, blz. 727). De andere reeks bespreekt de Kerk in België onder het Hollands bewind (1924, blz. 526; 1925, blz. 489; 1926, blz. 528) of de vroegste geschiedenis van de Kerk in Vlaanderen (1921, blz. 526; 1922, blz. 528). Vooral deze laatste bijdragen zijn belangrijk en enigermate origineel. Over de oorsprong van de bisdommen Doornik en Terwaan zijn ze nog altijd het lezen waard. Opvallend is dat tussen 1907 en 1928 in de *Collationes* nooit werd geschreven over de Moderne of Hedendaagse perioden van de algemene kerkgeschiedenis. Pas met Deschepper begonnen de artikelen over kerkgeschiedenis en slechts vanaf 1921 in het Nederlands. In verband met zijn regelmatige boekbesprekingen moet hier alleen een *Bulletin d'Histoire Ecclésiastique* vermeld worden (1908, blz. 530-535) als een critisch overzicht van een reeks handboeken van kerkgeschiedenis. Hij wordt geciteerd als medewerker van de *Revue d'Histoire Ecclésiastique* in de *Tables* (1900-1926).

Ook op wetenschappelijk gebied heeft Deschepper gewoon, goed en gedienstig zijn werk gedaan. Met hem verdwijnt tevens de laatste van een generatie van Brugse priesters-Lovanienses die zich zeer verdienstelijk hebben gemaakt voor de wetenschappelijke beoefening van de geschiedenis in West-Vlaanderen en er het prestige van de clerus op wetenschappelijk terrein verzekerd hebben.

Brugge. P. DECLERCK.

Et voici le texte de l'*In Memoriam* qui parut dans le *Dagklapper* de l'hebdomadaire *Het Parochieblad van Brugge* du 27 janvier 1963.

Maandag jl. werd Z.E.H. Kanunnik deken Deschepper begraven. Hij had zich in 1953 uit de dekenij van O.-L-Vrouw teruggetrokken korte tijd nadat hij er het jubileum van 50 jaar priester en 25 jaar deken had gevierd, en hij was gaan wonen op Kristus-Koning bij zijn neef de Aartspriester Kanunnik Omer Van Besien, waar hij de gelukkigste levensavond sleet die men zich kan indenken: de kerk vlak bij de deur, goed verzorgd, rustig de ene pijp na de andere smoren, denken aan de voorbije gelukkige jaren, zich op een goede dood voorbereiden en soms, ter verstrooiïng, een partijtje manillen of een oude vriend ontvangen. Reeds achttien maanden zat hij thuis en deed hij geen mis meer. Stilletjes is hij uitgegaan lijk een kaarske dat altijd zijn vriendelijk licht had verspreid, met die hartelijke monkelplooi en zijn eenvoudig goed woord. Een priester die geen bewogen dagen had gekend van Vlaamse of sociale strijd, die niet ziek was aan moderne problematieken, die weet dat Gods molen langzaam maalt, die op Christen-Vlaamse wijze zonder beslag zijn werk deed, anderen gelukkig maakte en daardoor zelf gelukkig was. «Scheppertje is dood» hoorden we oudere priesters zeggen die hem als leraar in het Seminarie hadden gekend. «Scheppertje heeft zijn paraplu weggezet» zei een parochiaan van O.-L-Vrouw, «Scheppertje heeft zijn pijpke uitgeklopt» zei hier en daar een schalkse vriend, maar bij allen kwam spontaan dat verkleinwoord op zijn naam dat in ons taalgebruik burgerrecht heeft gevonden om de goedheid, de eenvoud en de hartelijkheid van iemand aan te duiden.

Zo hebben de parochianen van O.-L.-Vrouw hem ruim 25 jaar gekend. Ik herinner me dat ik hem eens vroeg om de graven van Maria van Bourgondië en Karel de Stoute te bezoeken in zijn kerk. Lijk een Zuster van Liefde antwoordde hij «*gratuiter et hilariter*: gaarne en met plezier». Ware hij proost van het vroegere O.-L.-Vrouwkapittel geweest en had hij een wapen gevoerd hij had gerust die spreuk er onder mogen plaatsen. Monumentale veranderingen en restauraties zijn er onder zijn bestuur in O.-L.-Vrouw niet geschied, maar met zijn goedheid veroverde hij de harten van zijn parochianen en voor een pastoor is dat nog wel het kostelijkste bezit. Hij was op O.-L.-Vrouw toegekomen toen hij in 1927 aan Mgr. Waffelaert zijn benoeming had aangevraagd om zijn oude vader bij zich te nemen. Mgr. Waffelaert hield van Scheppertje en hij gaf hem de schoonste dekanale kerk van gans het Bisdom. Dat was ten andere verdiend voor iemand die zich twintig jaar in het Seminarie verdienstelijk had gemaakt bij de opleiding van de priesters. Hij was er eerst leraar geweest in de Kerkgeschiedenis vanaf 1907 en vanaf 1913 daarbij ook nog econoom. In deze laatste bevoegdheid was hij als een Zuster van Liefde begaan geweest met de ravitaillering van de seminaristen in de bewogen tijd van de eerste oorlog. 't Seminarie werd aan de deur gezet in Ter Duinen : de seminaristen gingen in het Begijnhof wonen en de leraars in de Oude Burgstraat. Gans de tijd van de oorlog heeft hij de hongerige magen van de jeugdige geestelijken goed gevuld en er schoot zelfs nu en dan nog een klutske graan over voor de bisschop. 't Was dan ook niet te verwonderen dat Mgr. Waffelaert de beslagen econoom in 1917 tot titulair kanunnik benoemde, een uitzonderlijke benoeming als men weet dat professor Deschepper dan nog maar 38 jaar oud was.

Maar hij had niet alleen magen gevuld, hij had ook de hoofden van zijn studenten met soliede en levende wetenschap verrijkt. Als leraar in de Kerkgeschiedenis zat hij daar midden een groep eminente koppen met gans aan de spits president Callewaert die zelf het voorbeeld gaf van noeste arbeid en wetenschappelijk werk. Weldra ging de jonge leraar ook aan het publiceren. Zeker, geen monumentale studies, want Deschepper was geen boekenworm zoals Callewaert. Als lid van het *Genootschap voor Geschiedenis* schreef hij in de *Annalen van de Emulatie* enkele korte bijdragen over de geschiedenis van de Duinenabdij waar het seminarie gevestigd is. Vooral de eerste jaren van zijn professoraat, toen hij nog niet benomen was door de zorgen van het economaat, waren op dit gebied vruchtbaar. Als leraar in de Kerkgeschiedenis heeft hij tientallen seminaristen, die zich tot de geschiedenis aangetrokken voelden, naar archief en bibliotheek geleid. Zo o.m. Z.E.H. Viaene. In de *Collationes Brugenses*, het tijdschrift voor de Westvlaamse geestelijken, begon hij ook met de studie over de Westvlaamse Heiligen en de periode der eerste kerstening in onze gewesten. Er stak echter geen ambitie genoeg in hem om later op dit domein nog voort te werken, zodat de aansporingen van Z.E.H. English vruchteloos bleven. De enige afzonderlijke werken die van zijn hand verschenen zijn : *Het Stevenisme in Vlaanderen*, uitgegeven in de Reeks Geloofsverdediging en vooral zijn *Inleiding tot de studie van de Kerkgeschiedenis*, een werkje bescheiden van opzet en omvang dat echter vier edities beleefde en lange tijd als handboek werd gebruikt.

Ook in het Seminarie was Deschepper de schalkse man die zijn lessen met slaande gezegden doorspekte in de aard van «Luther heeft het ei uitgebroed dat door Erasmus werd gelegd». In het ietwat protocolaire kader van het seminarie uit die dagen was hij Scheppertje, de man met de guitige lach en het sprankelend woord. Geen diepzinnig denker, geen wereldvreemd boekenworm, maar de eenvoudige zonnige ziel die het Evangelie beleefde als de blijde boodschap.

De zon en die vreugde had hij misschien uit Spanje meegebracht, want van 1905 tot 1907 had hij te Madrid vertoefd in de stichting St.-Andreas der Vlamingen waar regelmatig Westvlaamse priesters de zielzorg gingen waarnemen om in hun vrije uren nog wat te grasduinen in de rijke Spaanse archieven. Vóór zijn verblijf in Spanje had hij drie jaar te Leuven Kerkelijk Recht gestudeerd want reeds in de studententijd was hij aan de oversten opgevallen door zijn schrandere geest. Te Roeselare had hij humaniora gedaan en in de retorica werd hij in 1898 nipt geklopt door Alberik Beeuwsaert, de nog immer strijdende Blauwvoet uit Tielt. Roeselare had in die tijd nogal wat mannen van formaat geleverd, o.m. Achiel Logghe, Paul Allossery, Achiel Lauwers en Remi De Saegher, allemaal laureaten die wat uitgericht hebben in hun leven.

Hoe hij te Roeselare terecht was gekomen om te studeren kan ik niet zeggen. De Descheppers zijn toch afkomstig uit het noorden van West-Vlaanderen, nl. uit Stalhille, waar ze tot de landbouwersbevolking behoorden. Ze hadden een hofstede te Heille in Sluis bij het Lapscheurse Gat. Zo komt het dat Renier Deschepper het eerste levenslicht zag op Hollandse bodem, het gebied dat tot aan de Franse Tijd tot het Bisdom Brugge behoorde : *in partibus infidelium* : in de heidenisse, en zo is het ook verstaanbaar waarom hij te Oudenburg werd gedoopt.

Met Renier Deschepper verdwijnt een schone priesterziel uit het Bisdom. Iemand die een beetje de guitige geest had van de Lapscheurse pastoor Heldeweys van wie hij als kind wel moet gehoord hebben toen hij in de velden bij het Lapscheurse-Gat rondliep. Een Vlaming die zijn aard trouw bleef, gevormd in de school van Roeselare waar de wekroep vroeger had weerklonken en waar hij gestudeerd had. Iemand·ook die niet verwaand werd of zelf-ingenomen toen de eretitels hem werden verleend, de bisschop als vriend telde of zetelde in de Raad van het Bisdom waar hij samen met Mgr. Mahieu de benoemingen mocht helpen raden.

Met hem ook daalt de Nestor der Brugse kanunniken in het graf. Het weder is zo guur als in de roemruchtige oorlogswinter van 1917 toen het water vervroren stond in de lampetten van de seminaristen die in het Begijnhof woonden, maar zijn leven is als het sneeuwklokje of de crocus die midden koude en sneeuw aan de lente doen denken, aan de zon en de kinderlijke vreugde.

J. Geldhof.

ROBERTUS EMILIUS LEO JOSEPHUS WEYTENS

1899-1963

Natus in Sinaai, 15 mart. 1899, sacerdotio auctus 27 apr. 1924, vice-parochus in Zomergem 30 iun. 1925, vice-parochus in ecclesia Beatae Mariae Sancti Petri Gandae 30 iun. 1938, parochus in Merelbeke 3 mart. 1947, parochus Gandae in ecclesia Sancti Martini 2 dec. 1954, emeritus 20 nov. 1958, obiit in Sinaai 29 ian. 1963.

Robert Weytens était le fils du médecin de Sinaai-Waas. Bien éduqué, il avait conscience d'appartenir à un milieu aisé, jugé même notable, fier de la confiance témoignée à son père par l'abbé Oscar Joliet, à cette époque directeur de la section de philosophie à St-Nicolas-Waas, dont la santé paraissait menacée. La famille était profondément chrétienne : Robert entendit et suivit l'appel du Seigneur et une sœur se fit religeuse chez les Réparatrices venues s'installer dans ce coin isolé et tranquille du Pays de Waas.

Nous n'avons pu recueillir beaucoup d'échos de son ministère pastoral, mais de divers côtés on nous invita à ne pas oublier de mentionner le dévouement total avec lequel il accepta, en marge de ses fonctions pastorales, d'assumer le secrétariat de la Mutualité Saint-Bavon créée par les autorités diocésaines pour le clergé.

ALFONS HOORENS

1889-1963

Alfons Hoorens, natus in Aspelare 27 martii 1889, sacerdotio auctus 14 aprilis 1914, eleemosynarius militum durante primo bello mundiali 1914-1918, successive professor in collegio teneraemundano, vice-parochus in Nieuwerkerken-prope-Alostum, director Operum Socialium in Oudenaarde, parochus in Bever-Oudenaarde, parochus in Drongen, parochus emeritus in Opbrakel, ubi obiit die 2 iulii 1963.

ANDRÉ VANLERSBERGHE

1898-1963

Natus in Zwevegem, 21 iul. 1898, sacerdotio auctus 17 apr. 1922 in cathedrali gandavensi, professor in Instituto pro Caecis et mente debilibus in civitate brugensi (Snaggaardstraat), vice-parochus in St.-Michiels (Brugge) 26 iul. - 7 oct. 1938, in ecclesia brugensi B. Mariae 7 oct. 1938 - 4 sept. 1943, professor in Schola normali Torhout 4 sept. 1943, rector Congregationis Sororum Misericordiae Iesu (O.-L.-Vrouw-gesticht) in civitate brugensi (St.-Michiels) 20 aug. 1950, visitator conventuum religiosarum 16 dec. 1953, canonicus ad hon. 5 febr. 1955, obiit in «clinica» Sancti Iosephi 25 aug. 1963.

HENRICUS DE MESMAECKER

1906-1963

Natus in Wintam (Hingene), 23 maii 1906, sacerdotio auctus 26 dec. 1931, cand. Philos. et Litter., Philosophiae lic., S.T.L., professor in maiore seminario Mechliniensi 19 iul. 1935, visitator communitatum religiosarum 7 ian. 1948, defensor vinculi in tribunali eccles. Mechliniensi 16 mart. 1953, obiit Mechliniae 7 oct. 1963.

ROBERT DE LANGHE

1911-1963

Robert DE LANGHE, né à Vinkt (Flandre Orientale), le 13 février 1911, sous-régent au Collège du Pape 1938-1942, directeur de ce Collège 1942-1943, docteur en théologie 1938, maître en théologie 1945, chargé de cours 1943, professeur ordinaire 1945, professeur extraordinaire à Nimègue 1948-1961, président du Collège Saint Pie X 1954-1963, assesseur du Vice-recteur 1958, chanoine de la cathédrale de Gand 1949, camérier secret de Sa Sainteté 1961, décéda à Louvain le 30 octobre 1963.

Le 30 octobre 1963, un de mes plus brillants élèves, le professeur Robert De Langhe, succomba brutalement à une crise cardiaque. Nous avons évoqué son œuvre dans un article des *Eph. Theol. Lov.*, auquel nous nous permettons de renvoyer nos lecteurs : *La carrière et l'œuvre scientifique de Mgr R. De Langhe*, ap. *ETL*, 1964, t. XL, pp. 104-125. On complétera cette notice par les souvenirs évoqués par John Marco ALLEGRO dans l'ouvrage *Search in the Desert*, New York, 1964, où cet auteur retrace une expédition au Désert de Juda à laquelle notre collègue participa. Cfr *ETL*, 1967, t. XLIII, 324.

Ici nous reproduisons l'éloge funèbre prononcé le 5 novembre 1963 aux funérailles par Mgr Descamps, recteur magnifique, et la notice que nous avons consacrée au défunt dans *De Spectator*.

*
* *

Quasi vas auri solidum
ornatum omni lapide pretioso.
« Als vaatwerk van gedegen goud,
met kostbare stenen bezet ».
(*Ecclesiasticus*, L, 10.)

Monseigneurs, Heten Professoren, Zeereerwaarde Heren,
Beminde Gelovigen,

Met deze woorden beschrijft de auteur van het boek Ecclesiasticus de hogepriester Simon; met dezelfde woorden menen wij het levensbeeld van Monseigneur Robert DE LANGHE te mogen oproepen.

Zoals elk priesterleven dat zich door een samenhang van omstandigheden op een uitgebreid terrein moet afspelen, vertoont het leven van de betreurde professor veelvuldige aspekten. Priester, filoloog en exegeet, professor aan twee universiteiten, auteur van merkwaardige publicaties, beheerder van instituten of organismen, president van een universitair college : dit zijn slechts enkele zijden van een complex arbeidsveld. Maar wellicht is het ons toegelaten te zoeken naar het eenheidsprincipe van deze veelvuldigheid, wellicht is het aangewezen de vele aspekten van deze rijkbegaafde persoonlijkheid tot eenheid te herleiden. En hier willen wij het citaat uit *Ecclesiasticus* op onze dierbare afgestorvene toepassen : de verborgen maatstaf van zijn leven was het gedegen goud van zijn zieleadel, een ingeboren maar tevens bovennatuurlijke adel. Goud dat met kostbare stenen bezet is : bescheiden maar diep geankerd geloof, zin voor schoonheid en voor nauwkeurige wetenschap, zorg voor elegante uitdrukking in woord en gebaar, voornaamheid in het voorkomen en in de omgang met de medemensen. Ik meen dan ook de tolk te zijn, én van de familie van Monseigneur, én van zijn dorpsgenoten en vrienden, én van de universitaire gemeenschap, wanneer ik hier deze zeldzame zieleadel in het licht poog te stellen. En dit, — naar het woord van Augustinus, — *magis ut vivorum solacia quam ut subsidia mortuorum* : niet zozeer voor het heil van de afgestorvene dan wel voor de troost van degenen die overblijven.

* * *

Robert-August De Langhe werd geboren te Vinkt op 13 februari 1911. Zijn kinderjaren bracht hij door te Zulte midden talrijke broeders en zusters, onder de hoede van voorbeeldige ouders. Heel zijn leven door heeft hij voor zijn familie de grootste toewijding getoond; hij bleef ook altijd zeer gehecht aan zijn geboorte-streek en aan zijn vroegere medeburgers. Zijn humaniorastudiën begon hij op het College te Deinze, om ze te beëindigen op het St.-Antoniuscollege te Ronse, waar hij blijk gaf van ongewone begaafdheid. Hij werd dan ook naar Leuven gestuurd (1929) en behaalde er de graad van kandidaat in de Wijsbegeerte en Letteren. In 1931 ging hij over naar het Groot Seminarie te Gent. Als jonge seminarist vergezelde hij graag de jongeren op kamp, en zijn apostolische ijver was er ten zeerste gewaardeerd. Het kon niet anders of de zeer begaafde seminarist werd na zijn derde jaar theologie terug naar Leuven gestuurd, in de Faculteit der Godgeleerdheid (1934). In de loop van zijn eerste studiejaar in deze Faculteit werd hij priester gewijd (1935).

Uit deze jaren dateren mijn oudste persoonlijke herinneringen aan Robert De Langhe : het weze me toegelaten ze hier even op te roepen. Als jonge student op het Leo XIII-Seminarie, volgde ik toevallig een keuzevak in de Theologische Faculteit. De pauze tussen twee op elkaar volgende colleges was voor de jonge priesters de gelegenheid om luidruchtig te verbroederen, en voor mij, jonge filosoof, om op eerbiedige afstand het schouwspel te volgen. Ik heb zeer levendige herinneringen bewaard aan al de priesters die ik daar ontmoet heb, en waarvan er thans zo velen ofwel te Leuven doceren, ofwel kopmannen zijn in hun bisdom, — hetzij op het seminarie of in het parochieleven, hetzij in de hoogste rangen van de diocesane administratie. Zij hebben mij, jonge seminarist, toen gesticht door hun geest van kameraadschap en hun goed humeur. Onder hen onderscheid ik nog zeer goed Robert De Langhe, bij wie een tikje plechtigheid in het voorkomen toch met gulle hartelijkheid gepaard ging. Ik heb trouwens de indruk dat deze laatste vóóroorlogse jaren in vele opzichten een gezegende tijd waren voor de Leuvense Faculteit. De Belgische Seminaries mochten bogen op een schoon aantal roepingen van hoog intellectueel gehalte; in elk geval was het jaar van Robert De Langhe te Leuven een bijzonder merkwaardige promotie. En het was op schitterende wijze dat priester De Langhe het doctoraat in de theologie behaalde, met een dissertatie over *Ras Shamra* (1938).

Hij werd dan door Mgr. Coppieters naar Rome gestuurd om er aan het Bijbelinstituut verder te studeren. Te Rome verbleef hij in St-Juliaan-der-Belgen, waar hij de grote sympathie veroverde van Mgr. Vaes, van Mgr. Pelzer, en vooral van zijn eminente confrater uit het bisdom Gent, Mgr. Hebbelynck, geprezen oriëntalist, en rector emeritus van de Leuvense Universiteit.

Bestemd voor het magisterium in de Godgeleerdheid, keerde Robert De Langhe naar Leuven terug; hij werd ook tot subregent (later directeur) benoemd op het Pauscollege. Onder leiding van Professor Coppens begon hij het onderwerp van zijn doctoraatsthesis verder uit te breiden, met het oog op de einddissertatie; tevens wijdde hij zich met ijver aan zijn taak van subregent en bracht in de moeilijke oorlogsjaren een kostbare hulp aan zijn president. Het past hier bijzonder de nadruk te leggen op zijn moed en zijn koelbloedigheid gedurende de bombardementen welke in de lente van 1944 de stad en de universiteit Leuven zo vreselijk teisterden.

Benoemd tot aspirant van het Nationaal Fonds voor Wetenschappelijk Onderzoek (1941), was E. H. De Langhe bij de oprichting van het Instituut voor Godsdienstwetenschappen (1942) met de cursus *Inleiding tot de Bijbel* belast; hij aanvaardde tegelijk een cursus van godsdienst in het licenciaat Wijsbegeerte en Letteren; hij werd dan ook wat later tot docent aan de Universiteit bevorderd (1943).

In 1945 promoveerde hij tot magister in de Godgeleerdheid met een dissertatie in twee lijvige boekdelen: *Les textes de Ras Shamra-Ugarit et leurs rapports avec le milieu biblique de l'Ancien Testament.* Voor de publieke verdediging, die bijzonder schitterend was, kwam Mgr. Coppieters naar Leuven: het was het laatste bezoek van de Kerkvorst aan de hem zo dierbare Universiteit. De dissertatie van magister De Langhe biedt een volledige *status quaestionis* over een boeiend onderwerp dat sindsdien de aandacht van de geleerden steeds weerhouden heeft; zij is een waar monument van eruditie en van kritische zin; zij was na korte tijd in de handel uitgeput en, om haar exhaustief karakter, wordt zij vandaag nog door alle specialisten van het vak geraadpleegd en geciteerd.

Na de verdediging van dit proefschrift werd magister De Langhe tot gewoon professor gepromoveerd. Hij kreeg dan ook de cursus van Akkadisch en van Aramees, en twee jaar later die van Bijbels Grieks toegewezen. In 1952 werd hem de cursus van Latijn en Grieks toevertrouwd in de *Schola Minor*, in 1954 die van Hebreeuws in de *Schola Maior*. Om zich in de Oosterse talen te specialiseren, had de professor, in het verborgene, veel degelijk werk verricht; in deze domeinen, die een echte ascese van de geest vereisen, en waar de wetenschappelijke roepingen zeldzaam zijn, stelde hij zijn scherp verstand in dienst van zijn studenten.

In 1948 nam hij deel, met Professor Coppens, aan het congres voor Oudtestamentische Studiën dat gehouden werd te Cardiff. Daar ontmoette hij voor de eerste maal Kardinaal Alfrink, toen nog professor van Oudtestamentische exegese te Nijmegen. Deze ontmoeting was de aanleiding tot de kort daaropvolgende benoeming van Professor De Langhe te Nijmegen: als buitengewoon professor gaf hij daar in de Faculteit der Wijsbegeerte en Letteren, Semitische

Afdeling, de cursussen van Akkadisch, van Aramees en van Vergelijkende Spraakkunst der Semitische talen. Tussen de twee professoren ontstond dan een edele vriendschap die geenszins gestoord werd door de promotie van Professor Alfrink in de kerkelijke hiërarchie. Indien de Kardinaal steeds een vererende belangstelling voor de Leuvense Universiteit getoond heeft, en verscheidene malen onze academische vergaderingen met zijn aanwezigheid opgeluisterd heeft, dan is dit vooral te danken aan zijn vriendschapsbanden met Professor De Langhe. Op het H. Pius X-College zelf kwam Zijne Eminentie graag, hetzij om in intieme kring een familiefeest voor te zitten, hetzij om enkele uren verpozing te genieten. Wij zijn hem ook dankbaar omdat hij zo goed was zich in deze rouwdienst te laten vertegenwoordigen. Zijn onderwijsopdrachten te Nijmegen heeft Professor De Langhe tot in 1961 behouden. Bij het einde van zijn professoraat werd hij door Zijne Heiligheid Paus Johannes XXIII met de waardigheid van Geheim kamerheer bedacht. In 1949 was hij door Mgr. Calewaert tot erekanunnik van de St.-Baafskathedraal benoemd.

Onder zijn publicaties vermelden wij er slechts enkele : zijn inaugurale rede te Nijmegen, waarin hij de taal van Ṛas Shamra filologisch tracht te situeren; zijn studie *Het gouden altaar in de Israëlitische Eredienst* (1952) en de zeer recente notitie over de bijbelse bijdragen van Mgr. Ryckmans. Al zijn geschriften dragen de stempel van zijn persoonlijkheid. Degelijkheid van de informatie, nauwkeurigheid van de inhoud, — Mgr. De Langhe was een geboren filoloog, — helderheid en soberheid van de uiteenzetting, fijne verzorging van de taal : alles brengt er getuigenis voor de stijlvolle adel van de persoon. Over onderwerpen van zijn specialiteit heeft de overledene talrijke lezingen gehouden, ook in het buitenland, onder meer te Leiden, Amsterdam, Istamboel, Rome, Groningen, Marburg, Oslo, Jeruzalem.

In het studiedomein van hoogleraar De Langhe had zich in 1947 een merkwaardige gebeurtenis voorgedaan : de ontdekking, in de woestijn van Juda, van een aantal dokumenten en archeologische overblijfselen die een nieuw licht wierpen op het leven van de Essenen, een secte die rond het begin van onze tijdrekening een gewichtige rol speelde in het Jodendom. Die ontdekking betekende een belangrijke verruiming voor onze kennis van het milieu waarin het kristendom geboren werd. Omdat het instuderen van deze gegevens in de lijn lag van zijn specialiteit, wilde de overledene ook persoonlijk en ter plaatse het werkterrein gaan verkennen en zo mogelijk uitbreiden. Dit bracht weerom nieuwe lasten mede. De eerste expeditie had plaats in 1954, de tweede in 1960, en sindsdien is de professor regelmatig terug naar de woestijn van de Dode Zee vertrokken; zijn laatste reis heeft hem voorzeker veel fysische vermoeienis gekost. De uitslagen van deze studiereizen zijn misschien niet spectaculair te noemen; maar zij waren beperkt door materiële factoren waarmede de vorser genoegen moest nemen. De onderneming was in elk geval een eerlijke poging, en een methodisch verantwoord werk; zij was ook een sprekend getuigenis voor de aanwezigheid van Leuven en van ons land op een werkterrein dat de aandacht blijft wekken van de internationale wetenschap.

Tenslotte wil ik hier nog vermelden de steeds onberispelijk-nauwkeurige wijze waarop de betreurde professor administratieve opdrachten vervulde in de schoot van verscheidene organismen : als secretaris van het Instituut voor Oriëntalisme, als secretaris van de bloeiende collectie *Bibliothèque du Muséon*, als secretaris van de Commissie die belast is met de verdeling der subsidiën aan wetenschappelijke publicaties, en in de jongste tijd als lid van de Commissie voor de toekenning van de Tienjaarlijkse prijs voor Filologie. Als voorzitter der Bijbelse Dagen van 1960 heeft Monseigneur ook de uitgave verzorgd van de lessen en voordrachten : zij vormen een schoon boekdeel over het Psalterium.

Met de opening van het H. Pius X-College, in 1954, kwam een wending in het leven van de hoogleraar. Door de vele kwaliteiten die hij als directeur van het Pauscollege getoond had, was hij om zo te zeggen voorbestemd om een analoge zending te vervullen in het nieuw college; door zijn hoffelijkheid was hij bijzonder aangewezen om aan dit prachtig huis, waar de architectuur zelf een kostbare les van levensstijl geeft, de gewenste bezieling te verzekeren. Zijn taak van president heeft hij met enthoesiasme aanvaard, en met al zijn krachten behartigd; sinds verleden jaar had hij zelfs zijn priesterlijke ijver uitgestrekt tot de studenten van een naburig tehuis. Zijn beleid was bescheiden, maar tevens vol aandacht voor al de materiële bijzonderheden van het huis. De smaak van de president was in alles feilloos. Zijn houding was voor de studenten een bestendige les van voornaamheid, op een moment van hun leven waar de instinctieve uitbundigheid geleidelijk de plaats moet ruimen voor een nieuwe levensstijl. Mgr. De Langhe dacht dat het prachtige levenskader dat hij aan zijn studenten schonk, ook hun diepe menselijkheid en hun morele opgang zou ten goede komen; daarin gaf hij ook blijk van gezond humanisme. Hij bekommerde zich uitermate met de aanleg van het omliggende park, en waar hij gevaar meende te zien, verscheen hij soms wel als de verbolgen vader die zijn bedreigde familie uit alle krachten verdedigt.

Met de spirituele behoeften van zijn onderdanen, en met de religieuze vorming van zijn studenten was hij eveneens ingenomen; het was vooral langs de liturgische viering om dat hij hun godsvrucht trachtte te bevorderen. Van de sierlijke kapel van het college was hij een enthoesiaste bewonderaar, en, naar het voorbeeld van de psalmist, heeft hij de luister van het huis Gods liefgehad. Graag fungeerde hij daar als celebrant, midden zijn studenten en zijn vrienden.

In dit universitair college, zoals in verscheidene andere, bewijzen de kloosterzusters kostbare diensten. Mgr. De Langhe was zich daar ten volle van bewust, en voor deze kleine communiteit had hij alles over. Ook voor de priesters die zijn medewerkers waren was hij de liefdevolle vader, vol goedheid en tact. Kort gezegd, Mgr. De Langhe was in alles diep overtuigd van de hoge pedagogische zending die hij als collegepresident toegewezen kreeg; wellicht heeft hij daar ook zijn beste vreugden aan beleefd; zeker is het dat hij op de hoogte was van zijn taak.

In zijn dierbaar College heeft President De Langhe op prinselijke wijze de deugd van gastvrijheid beoefend. Op de eerste plaats in de kapel zelf, die hij graag ter beschikking stelde van buitenstaanders, en waar hij op de liturgische diensten talrijke vrienden verwelkomde. Aan tafel was Mgr. De Langhe een ongeëvenaarde gastheer, en deze vorm van gastvrijheid was bij hem slechts een uiting van de grote vrijgevigheid die hij in alles en tegenover iedereen toonde.

Het volstaat echter niet van gastvrijheid te spreken : wij moeten hier wijzen naar een der schoonste gaven van deze rijkbedeelde persoonlijkheid : zijn zin voor echte vriendschap. Het was een der realiteiten die bij zijn dood ontsluierd werd : deze mens had veel vrienden, die hem ongemeen trouw waren. Zonder te spreken van zijn warme genegenheid voor zijn familie, — zijn grote ontsteltenis bij de recente ziekte van zijn oudste zuster was er een nieuw bewijs van, — past het vooreerst te herinneren hoe hij zich met zijn dorpsgenoten verbonden voelde; in verscheidene omstandigheden heeft hij zijn bescheiden maar gezagvolle invloed ten bate van vrede en verzoening doen gelden. Heel zijn leven door heeft hij zich een echte Zultenaar gevoeld, en het verwondert ons dan ook niet dat hij gevraagd heeft om op het kerkhof van deze parochie begraven te worden. Natuurlijk was het vooral te Leuven dat hij zich vrienden maakte : hetzij met studiemakkers, hetzij met collega's, hetzij met oud-studenten van het Pauscollege, en dit altijd zonder onderscheid van taal, van strekking of van temperament; de vriendschapsbanden die hij zo gesmeed heeft, zijn door de jaren heen even sterk gebleven. Zijn vriendelijkheid was zo groot dat velen zich met delicate problemen tot hem wendden en zich aan hem toevertrouwden; in deze omstandigheden bezat hij het geheim om het grootste vertrouwen in te boezemen.

Zeer opvallend was ook de gehechtheid van Mgr. De Langhe aan de Leuvense Alma Mater. In de recente discussies rond het probleem van de aanpassing van de Universiteit, was zijn houding steeds die van een vredelievende mens; zijn heldere rationele geest, zijn bekende wijsheid, zijn ingeboren zin voor maat kwamen hier ook ten volle tot hun recht. Wanneer hij over het peil van de universitaire studiën sprak, of over de noodzakelijke uitstraling van de Alma Mater, stelde hij zijn eisen zeer hoog; hij was daarin getrouw aan het verleden van Leuven, en deze zin voor academische traditie was bij hem een hoge vorm van humanisme. Maar boven alles was zijn houding ter zake ingegeven door een vurige liefde voor de Universiteit.

Om de ridderlijke gestalte van Monseigneur De Langhe volledig te schetsen moeten wij nog even blijven stilstaan bij een mysterie dat hij ons ook op zijn wijze heeft geopenbaard : het mysterie van het lijden en van de dood. Nu de dood zijn vonnis heeft geveld, begrijpen wij des te beter wat wij soms vermoed hebben. Sinds jaren scheen de professor in enige mate door vermoeienis gehinderd te zijn. Gedurende de laatste weken, werd hij af en toe door felle pijn gekweld, en op de vooravond van zijn intrek in de kliniek was het voorgevoel van de dood bij hem zeer duidelijk. Op zaterdag 26 oktober vond hem een bezoeker, die ook een boezemvriend was, met de paternoster in de hand en tot zijn grote verbazing werd hij met deze woorden begroet : « U komt een oude priester bezoeken, die zich op de dood voorbereidt ». De volgende dag, zondag 27 oktober, trad hij de kliniek binnen; door de dokter werd hem een rustperiode voorgeschreven. De woensdag daarop ontving hij na het avondmaal het bezoek van zijn naaste medewerkers. Zij vertrokken rond halfnegen, en kort daarop werd Monseigneur, bij een poging om op te staan, door een geweldige hartcrisis neergeveld; de zuster-verpleegster hoorde hem kreunen en was er onmiddellijk bij; gedurende een kwartier poogde men hem met een kunstmatige ademhaling te redden : het kon echter niet meer baten.

De houding van Monseigneur De Langhe gedurende deze laatste weken is ook de supreme les die hij ons schenkt, en zij ligt volledig in de lijn van zijn hoogstaand leven. Zonder panick, en zonder romantische uitlatingen, heeft hij zijn lijden aanvaard; in stilte en verlatenheid heeft hij zijn kruis gedragen. Krachtens zijn roeping zelf is de priester weliswaar bestemd om zijn lijden in eenzaamheid te dragen en om zijn geest van geloof aan de goddelijke wilsbeschikking te toetsen. Zoals Jacob alleen met de engel tot aan de dageraad te worstelen had, is de priester geroepen om door eenzame strijd de overwinning te behalen. Maar bijzonder indrukwekkend schenen, in dit opzicht, de laatste dagen van Monseigneur De Langhe. De dood zelf heeft hij in de ogen gekeken, zonder wankelen is hij er bewust naartoe gestapt. Zonder maar iets van zijn kalmte op te geven, is hij de eeuwigheid ingegaan. Zijn dood geeft een soort wijding aan zijn leven, en als er nog iets moest ontbreken aan de statige fysionomie van de professor, dan zou zijn majesteit in het aanschijn des doods als een waardige bekroning voorkomen.

Dit dwingt ons allen tot eerbied; moge dit ook ons allen tot heilzame bezinning brengen. Amen.

Zulte, 5 november 1963. †A. DESCAMPS.

IN MEMORIAM MGR. ROBERT DE LANGHE

Toen in de rustige avonduren van woensdag 30 oktober l.l. de telefoonbel ons plotseling deed opschrikken, trof ons als een donderslag het ontstellende nieuws: *Mgr. De Langhe overleden. Hartinfarct.* Op dinsdag 29 oktober hadden wij vernomen dat de professor lichtjes ongesteld was. Op woensdagmorgen wonnen wij enkele nadere inlichtingen in en wij besloten hem op donderdag een bezoek te brengen: «De toestand wekte geen zorgen en de patiënt stond op bezoeken». Doch bruusk, in een paar minuten, werd Monseigneur ons allen ontstolen. Het kostte moeite het harde nieuws ten volle te realiseren, en wij twijfelden haast nog aan de echtheid van onze woorden toen wij koortsachtig in de nachtelijke uren enkele vrienden en kennissen opbelden om hun het dramatisch gebeuren mee te delen.

Groot was 's anderdaags de verslagenheid in de gehele universiteitsstad, een schokkende verslagenheid als degene die wij destijds bij het overlijden van professor Sobry aanvoelden.

Zwaar rouwde het Pius-X-College, het gesticht waarop hij zó trots was en waarvoor hij had geijverd, wellicht zelfs ten koste van persoonlijk wetenschappelijk werk, om er van te maken een college dat niet enkel *non pluribus impar* zou zijn, doch schoner, comfortabeler, gezelliger dan alle overige colleges van de universiteitsstad.

Zwaar rouwden de Zusters van het Geloof voor wie hij geworden was als een kardinaal-protector en die hij ongeveer in functie van visitator nog in de loop van dit jaar was gaan bezoeken te Leopoldstad. Zwaar rouwde een familie, wier raadsman hij was en geestelijke vader. Ook de universiteit rouwde in het diepe besef van de gapende wonde haar plotseling toegebracht. Rouwde ten slotte zijn gewezen promotor, die door die schitterende oud-leerling op de laatste Bijbeldagen met een uitstekende lezing over de laatste oegaritische vondsten en navorsingen werd verrast, een lezing die alle toehoorders als de voorbode van een nieuwe lente begroetten. Het moge een oppervlakkige toeschouwer verwonderen, een toeschouwer die slechts oog heeft gehad voor enkele blijken van een wederkerige, vooral stimulerende emulatie, en die nooit heeft nagedacht over de smart van koning David bij het verliezen van een zoon: *Ach, Absalon, mijn zoon! Mijn zoon Absalon!*

Toen wij op donderdag 31 oktober uit de kliniek terugkeerden, waar wij aan de betreurde afgestorvene een laatste kruisje hadden geschonken, liet het beeld van wijlen Robert-August De Langhe ons niet meer los. Wij gedachten de begaafde student die in 1935 naar een studie-onderwerp vroeg dat het aanpakken volwaardig was. Wij herinnerden ons het enthousiasme waarmee hij de suggestie van Mgr. Ryckmans aanvaardde, om zich toe te leggen op de studie van de alsdan pas gevonden en nog zeer onvolkomen ontcijferde oegaritische teksten. Hoe was hij gelukkig na de publikatie van zijn doctoraal proefschrift, toen hem gelukwensen werden gestuurd vanwege vaklui die in de schrijver van het artikel reeds een meester en een collega meenden te moeten begroeten. In 1938 volgden wij hem briefwisselend naar Rome waarheen Mgr. Coppieters hem ter voltooiing van zijn studies had gezonden. Het werd aan de jeugdige doctor gegund aldaar in wijsheid en wetenschap op te groeien in het gezelschap van een bekend trio van prelaten: Mgr. Hebbelynck, Mgr. Pelzer en Mgr. Vaes, die te dien tijd Sint-Juliaan-der-Vlamingen bewoonden. Hij vond in de Eeuwige Stad een paradijs waar hem de toegang tot de boom der Kennis niet werd ontzegd. In 1939 keerde hij huiswaarts en wij stelden voor hem gulhartig, wijd en breed, de poorten van het Pauscollege open, waar hij subregent werd benoemd en veertien volle jaren zou verblijven.

Lang zouden wij kunnen uitweiden over de toegewijde medehelper. Gedurende de bange oorlogsjaren luisterden wij 's avonds voorzichtig naar de kritisch-nuchtere Engelse uitzendingen van de B.B.C. Herhaaldelijk sprong hij in de bres om behendig proviand voor onze studenten te zoeken en te vinden. Ieder jaar fietsten wij in de grote vakantie naar Scherpenheuvel en Averbode om Maria's bescherming over het college te bekomen. Tijdens de hachelijke nachtelijke bombardementen die Leuven in 1944 zo vreselijk teisterden, bleef hij manmoedig op zijn post, en bij de bevrijding trad hij één van de laatststrijdende Duitse soldaten op de binnenkoer van het Pauscollege te gemoet, om zwaar onheil te voorkomen. Doch laten wij die talrijke en nog levendige herinneringen rusten om het wetenschappelijk werk van onze betreurde collega even voor te stellen.

Einde 1945, — «in het putje van de winter», zoals Mgr. Coppieters het pittig uitdrukte, — verdedigde Dr. De Langhe, — hij was inmiddels tot docent benoemd (1943), — zijn proefschrift tot het bekomen van de academische graad van magister. Hij legde ter beoordeling aan de Faculteit der Theologie twee boekdelen in-octavo voor, waarin hij de volledige *status quaestionis* opmaakte van de oegaritische teksten en studiën, en tevens kordaat stelling koos in de meest omstreden problemen. Er gebeurde zo iets als wat onlangs op het Concilie plaats greep toen een groep *periti* zijdelings werd aangevallen. De jonge geleerde slaagde erin zó meesterlijk de vinnige aanvallen van zijn promotor af te weren, dat de bomvolle zaal hem luidruchtig applaus bracht. Nooit behaalde een Leuvense magister-dissertatie zulk een vlug en overweldigend succes. Nooit bereikte een jeugdige geleerde met een slag zulk een ruime internationale bekendheid. Hij won de bewondering van meesters als Eissfeldt, Driver, Rowley, de Liagre Böhl, Mowinckel, Dossin en de Vaux. Hij trok de aandacht van professor Alfrink, die hem in 1948 te Cardiff ontmoette, die voor hem de weg baande naar een buitengewoon professorschap te Nijmegen, en die van meet af hem een genegenheid en vertrouwen betoonde die later uitgroeiden tot een bestendige en ongeschonden vriendschap.

De teksten van Oegariet werden nooit meer uit het oog verloren, doch in 1953 ondernam professor De Langhe stoutmoedig een nieuw wetenschappelijk avontuur. Toen hij in 1950 voor de eerste maal in gezelschap van wijlen Mgr. Bellon en Eerw. Heer Van den Branden het Nabije Oosten doorreisde, oefenden de landen van de Bijbel op hem een onweerstaanbare bekoring uit. In 1953 daagde onverwacht de gelegenheid op om aldaar persoonlijk *research-work* te ondernemen. In nauwe samenwerking met kapitein Lippens werd een Leuvense expeditie naar het Heilig Land, meer bepaaldelijk naar de Woestijn van Juda beraamd, voorbereid en uitgevoerd. De heuvel van Khirbet Mird, gelegen in de omgeving van het klooster Mar Saba, werd het doel van de moedige onderneming. Wekenlang sloofde de professor zich af in stof en hitte, — *fouilleurs infatigués malgré nos fronts en nage*, — om kostbare resten van oude handschriften op te sporen. Was de oogst schaars, «althans in de ogen van sommigen die waren thuisgebleven», toch werden ettelijke belangrijke vaststellingen geboekt en bovendien verschillende waardevolle fragmenten van aloude manuscripten ontdekt, talrijk genoeg om ermee, — zoals de professor placht te zeggen, — een doos biscuits De Beukelaer propvol te vullen.

Behouden teruggekeerd spande de leider van de expeditie zich in om de resultaten ervan bekend te maken. Later werden nieuwe tochten voorbereid en gedeeltelijk, in 1960 en 1961, in samenwerking met een Engelse groep onder leiding van Dr. John Allegro, ondernomen. Bleef hieromtrent niet alle kritiek achterwege, de professor wist zich te verdedigen. Wij herinneren ons hoe hij in aanwezigheid van zijn vriend de Kardinaal en van onszelf zeide: «Ik heb misschien op een verkeerd paard gewed, maar het was het enige dat in die jaren over geld en over invloed bij koning Hussein, beschikte, om eventueel nog niet opgespoorde documenten te vinden of aan te kopen».

Ondertussen nam onze collega overvloedig deel aan congressen en hield hij talrijke lezingen. Men zag of hoorde hem te Leiden, Amsterdam, Groningen, Oslo, Manchester, Straatsburg, Rome, Jerusalem, Istamboel. Te lande bedacht hij de afdelingen van het Davidsfonds, van de *Vlaamse Leergangen*, van *Les Amis de Louvain*, met keurige lezingen en lantaarnplaatjes.

In 1960 zat hij te Leuven de *Twaalfde Bijbelse Studiedagen* voor, en in 1962 drukte hij de verslagen ervan in een belangrijk werk: *Le Psautier*, het vierde boekdeel van een universitaire collectie die hij over de doopvont had gehouden. Ten slotte schilderde hij dit jaar op ons verzoek een voortreffelijk portret van zijn meester en voorganger Mgr. Ryckmans, en hield hij op de laatste Bijbelse Studiedagen de belangrijke reeds vermelde lezing.

Plaats ontbreekt om hier van onze betreurde collega en oud-leerling een sprekend portret ten voeten uit te schilderen. Laten wij evenwel even stilstaan bij enkele karaktertrekken die allen die hem leerden kennen, zonder enig onderscheid waardeerden, en voor dewelke wijzelf, in zonnige of benevelde dagen, nooit blind zijn geweest.

Hoe zouden wij niet gewagen van zijn koninklijke zin voor gastvrijheid, — van zijn edelmoedig en vrijgevig hart dat zich kon wegschenken in talrijke, kleine, liefdevolle attenties, — van zijn toewijding aan de universiteit, toewijding die hem verleden jaar zo bezorgd maakte om haar toekomst, — van zijn scherp-kritische geest die mensen en toestanden doorzag en zó dikwijls het juiste doelwit trof, waar anderen nog slaapwandelend naar een gepaste oplossing rondtastten. Vergeten wij ook niet de nuchtere denker, wars van elke vorm van show-theologie of show-apostolaat, waarmee oppervlakkige succes-jagers gaarne uitpakken. Gedenken wij ten slotte de vrome priester, onwankelbaar gehecht aan aloude beproefde devoties en bezield met een nooit versagende liefde voor de schoonheid van Gods eredienst en Gods huis. Nog niet zo lang geleden zei hij mij, schertsend en doelende op een derde collega : « Wij vormen een trio die aan de soutane getrouw zijn gebleven en geen frustratie-complex dienen af te leggen ».

Op zaterdag 26 oktober was een trouwe vriend onze collega gaan bezoeken. Hij ontmoette hem toen hij terugkeerde van een korte wandeling in het park van Heverlee, dat hij zo liefhad en waarvan hij de integriteit hardnekkig verdedigde tegen wat hij soms noemde : « de inval van de Barbaren ». Hij had in de hand zijn brevier en rozenkrans, en sprak zijn vriend toe : « Gij komt een oude priester bezoeken die zich voorbereidt op de dood ». Was die uitlating een behendige poging om over zijn toestand een oordeel in te winnen? Was het een profetische intuïtie? Of was het de spontane uitdrukking van een verborgen en lang verzwegen onrust? Wie zal het ons zeggen? Beschouwen wij het als een getuigenis van de ernst en van de vroomheid waarmee hij de naderende ziekte, ja een mogelijk stervensgevaar aanvaardde als een teken van Gods wil. Hij wou zich bereiden om met volle onderwerping de Heer te gemoet te gaan en Hem het offer, het grote offer te brengen waartoe wij allen, mensen-kinderen, geroepen zijn.

Telkens als in het park van Heverlee één van de trotse, krachtige, heerlijke, haast onsterfelijke bomen werd geveld, bloedde zijn hart. Hoeveel te meer bloedt thans ons eigen hart en dat van de gehele universitaire gemeenschap, nu niet een bosreus werd geveld doch degene die men stilaan was gaan beschouwen als de heer en het sieraad van het aloude hertogelijke domein, — degene die aldaar niet meer uit te rukken wortels had geschoten en wiens wijdgetakte kruin de aandacht trok en vasthield van het gehele academisch korps.

Mogen wij voortaan zijn nagedachtenis vereren door een stil en vroom gedenken van zijn al te vroegtijdig afgebroken levenswerk, — *pendent opera interrupta*! — en door onze ijver en onze liefde voor de Leuvense Alma Mater en haar niet te splitsen wetenschappelijke prestige te versterken, een prestige dat zo nauw aan het hart lag, het rusteloze hart van de dierbare afgestorvene.

Leuven, 2 november. J. COPPENS.

JOZEF OST

1912-1963

Natus in St.-Pieters-Leeuw 7 oct. 1912, sacerdotio auctus 4 apr. 1937, S.T.B., professor in minore seminario Hoogstraten 1 sept. 1937, professor religionis in Schola normali officiali pro puellis in Laken

8 nov. 1951, eleemosynarius nationalis KSA 27 iul. 1959, obiit Bruxellis, 20 dec. 1963.

Monsieur l'abbé Ost ne fit que passer rapidement par la faculté. Versé tôt dans le ministère, il fut appelé à diriger la jeunesse estudiantine flamande. Dans son numéro du 28-29 décembre 1963, *De Nieuwe Gids* rapporta comme suit ses funérailles.

«In de stampvolle parochiekerk van St.-Pieters-Leeuw had de begrafenisplechtigheid plaats van Z.E.H. Ost, in leven verbondsproost van de Katolieke Studentenaktie Jong-Vlaanderen. Onder de voornaamste aanwezigen bemerkte men Z. Exc. Mgr. Schoenmaeckers, hulpbisschop van Mechelen-Brussel; Mgr. Raes, vikaris-generaal van Antwerpen, tal van parlementsleden, vertegenwoordigers van de jeugdbewegingen, met onder meer de algemene K.S.A.-leiding, enz.

De plechtige Mis werd opgedragen door Z.E.H. Kanunnik De Wil, pastoor van Laken. Na de Mis werd een indrukwekkende lijkrede uitgesproken door de gouwproost van K.A.S. - Limburg, Z.E.H. Schruers. Spreker gaf een korte levensbeschrijving van de op 51-jarige leeftijd overleden verbondsproost.

De teraardebestelling had plaats te St.-Pieters-Leeuw».

MAURICE BÉKA

1897-1963

Maurice-Louis-Joseph-Ghislain Béka, natus in Bothey, 17 sept. 1897, sacerdotio auctus Namurci 15 aug. 1921, alumnus universitatis lovaniensis, S.T.B. 1923, professor religionis in Schola normali Couvin et vice-parochus ibidem 1923, parochus in Vierves 20 aug. 1935, parochus decanus in Ciney 20 oct. 1937 et parochus-consultor 18 nov. 1937, obiit in Ciney, 24 dec. 1963.

«C'est avec une véritable stupeur que les Cinaciens ont appris, ce 24 décembre, au début de l'après-midi, la mort de leur vénéré pasteur, le chanoine Maurice Béka, révérend curé-doyen de Ciney.

Ordonné prêtre en 1921, M. l'abbé Béka était nommé vicaire à Couvin et professeur de religion à l'École Moyenne de l'État de cette localité. Il devait y rester 14 ans. En 1935, il fut nommé curé à Vierves. Deux années plus tard, Mgr Heylen le plaçait à la tête de l'important doyenné de Ciney.

Pendant les 26 ans qu'il passa à Ciney, il sut s'attirer la sympathie de tous, croyants et incroyants, tant sa personnalité était forte et son cœur généreux. Pendant 26 années, le chanoine Béka a répandu le bien autour de lui. Il emporte les regrets de la population cinacienne tout entière.

Pendant toute son existence, il mit ses forces au service de l'enseignement libre de Ciney. Il construisit de nouvelles écoles, créa de nouvelles sections et eut la grande satisfaction, au soir de sa vie, de recueillir le fruit de son labeur incessant. Il part, mais son œuvre reste. Son nom demeurera attaché aux établissements scolaires libres de la ville.

Il y a un an, Mgr l'Évêque le nommait chanoine. Ce fut l'occasion pour la population de Ciney de lui témoigner sa gratitude au cours d'une séance d'hommage qui fut organisée par les différentes œuvres paroissiales au Théâtre communal, et au cours de laquelle on lui remit les insignes de sa dignité.

La disparition de M. le chanoine Béka laisse un grand vide à Ciney. Les Cinaciens conserveront de cet homme de bien un inaltérable souvenir (*L'Avenir du Luxembourg*, 25 déc. 1963).» Les funérailles furent célébrées dans la Collégiale de Ciney le samedi 28 décembre.

CHARLES CALEWAERT

1893-1963

Le vendredi soir, 27 décembre 1963, Mgr Karel Calewaert, 27e évêque de Gand, s'est endormi dans le Seigneur dans la clinique gantoise de St-Vincent où il avait été transporté après qu'une violente crise de diabète l'eut terrassé dans sa demeure épiscopale. A la Noël, le malade était tombé dans un état comateux.

Nous reproduisons — *ne pereant!* — la nouvelle de son décès telle que *De Nieuwe Gids* du samedi-dimanche 28-29 décembre 1963 la communiqua à ses lecteurs, ainsi que deux aperçus de la carrière du défunt, l'un de la main du chanoine D. DE SWAEF paru dans le même journal (p. 5), l'autre rédigé par le chanoine HULPIAU et publié dans *De Gazet van Antwerpen* du 28-29 décembre (p. 7).

Vrijdagavond 27 december 1963, omstreeks 17 u. 40, is Mgr. Carolus-Justinus Calewaert, zevenentwintigste bisschop van Gent, overleden. Mgr. Calewaert, die maandag j.l. naar de Sint-Vincentiuskliniek werd overgebracht wegens een ernstige crisis van diabetes, was sedert Kerstdag niet meer bij bewustzijn geweest. Vrijdag had hij nog een drietal crisissen gehad. De geneesheren noteerden nagenoeg geen ademhaling en geen polsslag meer, maar het hart hield stand, zodat de doodstrijd lang was. In de namiddag verergerde de toestand meer en meer, en werd alle hoop opgegeven.

In kamer 227, waar de bisschop verpleegd werd, bevonden zich gisternamiddag Mgr. De Kesel, hulpbisschop; Monseigneurs De Keersmaeker, Schelfhout en Van Peteghem, vicarissen-generaal; kanunnik Van Durme en Z.E.H. Dobbelaere, secretarissen van het bisdom; Mgr. Blaton en de algemene overste der Zusters van Liefde; de biechtvader van Mgr. Calewaert; Z.E.H. Roets, prof. aan het groot-seminarie, alsmede de geneesheren Verstraete en Vuylsteke. Staatsminister De Schrijver had een bezoek gebracht aan de bisschop, voor wie omstreeks 17 u. 30 opnieuw de gebeden der stervenden werden gereciteerd. Tien minuten later gaf hij de geest. Onmiddellijk luidden de klokken over de stad.

Na het overlijden vergaderde het diocesane kapittel en werd Mgr. De Kesel tot kapittel-vicaris aangeduid. De uitvaart van wijlen Mgr. Calewaert had plaats op zaterdag 4 januari. Het stoffelijk overschot van de bisschop werd opgebaard in de Sint-Baafskathedraal, waar een laatste groet kon gebracht worden.

* * *

Mgr. Karel-Justinus Calewaert, 27e bisschop van Gent, werd geboren te Deinze op 17 oktober 1893. Hij vierde zijn zeventigste verjaardag toen hij zich te Rome bevond in volle werkzaamheden voor de tweede zittijd van het Concilie.

Hij liep school in het St.-Barbaracollege te Gent, kwam vervolgens aan het Klein Seminarie van St.-Niklaas-Waas, waar hij de twee voorbereidende jaren filosofie volgde. Zijn studies onderbrak hij om, tijdens de eerste wereldoorlog, dienst te doen als brankardier in het Belgisch leger.

Na de oorlog zette Karel Calewaert zijn studies voort, behaalde het licentiaat in de godgeleerdheid aan de Katholieke Universiteit te Leuven. Op 23 april 1922 ontving hij de priesterwijding. In 1925 werd E.H. Calewaert benoemd tot professor in de moraaltheologie aan het opleidingscentrum voor seminaristen en kloosterlingen-brankardiers te Leopoldsburg.

Op 27 augustus 1927 werd priester Calewaert belast met het bestuur van het Groot Seminarie te Gent. Hij werd achetereenvolgens bevorderd tot ere-kanunnik van de St.-Baafskathedraal, titulair kanunnik van het kathedraal kapittel, bisschoppelijk censor, rechter bij het kerkelijk tribunaal van het bisdom Gent en lid van de bisschoppelijke raad.

Na de dood van kanunnik Van Crombrugghe werd Mgr. Calewaert tot diens opvolger aangesteld als vicaris-generaal voor Gent. In 1948 op 30 januari werd hij benoemd tot opvolger van de in 1947 overleden bisschop van Gent, Mgr. Coppieters. Op 8 maart 1948 ontving Mgr. Calewaert als 27e bisschop van Gent, de bisschopswijding. Zijn bisschopsspreuk luidde «Caritate Veritatis» (in de liefde voor de waarheid).

Vorig jaar in oktober werd Mgr. Calewaert bij de eerste sessie van het Concilie met een zeer grote meerderheid van stemmen gekozen tot lid van de liturgische commissie bij het Concilie. Het is bekend dat de bisschop van Gent een enorm aandeel had in de werkzaamheden van die commissie en dat zijn stem gezag genoot te Rome. Zijn taak en inbreng in deze commissie waren zo ruim, dat hij de Allerheiligendagen te Rome doormaakte om de laatste hand te helpen leggen aan het definitieve schema over de liturgie, dat op 4 november l.l. door de Paus als Apostolische constitutie werd afgekondigd.

In Romeinse kringen was het een publiek geheim dat, indien de liturgische commissie haar activiteiten kon beëindigen, Mgr. Calewaert hierin een zeer ruim aandeel had. Hij was ook de concilievader die wat de liturgie betreft, de gulden middenweg aankleefde. Dit was onder meer het geval bij het feit dat een middenweg diende gezocht tussen enerzijds de wens om het Latijn in de Westerse ritus niet af te schaffen en anderzijds een handhaving zonder meer niet wenselijk was.

In zijn laatste Vastenbrief (20 februari 1963) handelde Mgr. Calewaert nog over de dwingende liefdeplicht voor alle christenen, dit in het licht van de actualiteiten van het Concilie.

(C.I.P.)

Mgr. Calewaert gevallen bij zijn zware taak als Concilievader na zestien jaar episkopaat.

Adsumus!

In het begin van iedere werkvergadering op het Concilie bidden de Vaders het gebed van S. Isidorus van Sevilla : *Adsumus.* Wat zoveel wil zeggen als het soldateske antwoord op een naamafroeping : «Aanwezig».

«Wij zijn hier, Heer, Heilige Geest, wij zijn op post, weliswaar als zondaars, maar in uw naam speciaal bijeengekomen. Kom bij ons, sta ons bij, doordring ons hart en toon ons de weg, zodat wij uw instemming verwerven in alles... Zo geworde ons ook, in verder verschiet, het eeuwige loon als wel gedaan is wat we deden. Amen.»

Bij het overlijden van Monseigneur Karel Justinus Calewaert, bisschop van Gent, krijgt dit gebed, dat hij zo dikwijls meebad, nu voor hem zelf een pregnante betekenis. In de ziekenkamer van de Sint-Vincentiuskliniek te Gent, in een gewoon ijzeren bed, gedurende drie dagen stervensnood, is dit *Adsumus* van een concilievader als een kloek levensbesluit, als een gelovig antwoord op de roepstem des Heren : «Zie Ik sta voor uw deur en klop...». In het licht van dit overlijden krijgen de woorden van het conciliegebed een ontroerende zin : «Ik ben op post, Heer, als zondaar zeker, maar in uw naam, als vader van dit bisdom, als bisschop van uw Kerk. Verleen mij uw «placet» over mijn leven van 41 jaar priester en 16 jaar hogepriesterschap...».

Testament.

Want zijn overlijden en overleven zijn niet los te maken van het Concilie. Wat ingewijden wisten, is nu voor niemand meer geheim te houden : hij is gevallen bij zijn zware taak als concilievader. Reeds voor het Vaticanum II begonnen was, tijdens de commissiezittingen voor liturgie, had hij te Rome een ernstige waarschuwing gehad omtrent zijn gezondheid. Maar hij was er de man niet naar om daarom op te geven. Plichtbewuste doorzetter, hoe «Broeder Ezel» ook tegenspartelde.

Bij de terugkeer van de tweede zitting was hij voor goed getekend, zoals de boom in het bos «geschalkt» wordt... Hij had er andere reeds horen vallen. Zoals de Schotse bisschop Campbell, die naar Lourdes is gaan sterven. Ook Mgr. Calewaert heeft aan de Lieve Vrouwe van Massabielle gedacht waar hij zovele bedevaarders en zieken heeft heengeleid. Bij een opflakkering van het bewustzijn, liet hij een telegram sturen naar de bisschop van Lourdes, waarin zijn betrouwen op de Onbevlekte Moeder in zijn levensoffer doorstraalt.

Het moet hem, stervend, een vreugde geweest zijn dat zijn speciale opdracht voor het Concilie, het schema van de liturgie, waarvoor hij zo hard gewerkt heeft, vervuld was. Het is een wonder samentreffen : de week van zijn heengaan verscheen de nieuwe conciliaire constitutie over de liturgie, tot nu toe ook de enige definitieve tekst (*Osservatore Romano*, 22-12-63) van het Concilie. Men zal daarin, en in haar komende toepassingen, de hand en de geest erkennen van één zijner bewerkers, die voortleeft in de keurige Latijnse formulering en in de gulden middenweg van de liturgische hernieuwing.

Schoner testament of bekroning van zestien jaar episcopaat kan men zich niet voorstellen. Niet alleen in eigen bisdom maar in geheel de Kerk «volgen zijn werken hem na». Dat wil zeggen : die vele vergaderingen overdag, en de nachtelijke uren, die hij, ten koste van zijn wankele gezondheid, heeft gegeven aan de verwerking der amendementen en de oppuntstelling van dit blijvend document voor de kerkelijke eredienst.

Rond de troon van het Lam.

In de dagen van Kerstmis bij het jaareinde, heeft de bisschop van Gent, zoals de goede Paus Joannes XXIII in de Pinksterdagen, na een lange doodstrijd, zijn aardse loopbaan voltrokken. Ook hij zal gelijk de diaken Stephanus en de apostel-bisschop Sint-Jan, voortaan de hemelse liturgie aanschouwen : «Ik zie de hemelen open en de Heer Jezus in de glorie van de Vader». Meer dan 41 jaar als priester, bijna 16 jaar als bisschop heeft hij, gelijk de priesters en bisschoppen op het weergaloze retabel der Van Eycken in zijn kathedraal, de eeuwige liturgie rond het Lam voorbereid met «het ongedesemde brood van rechtzinnigheid en waarheid».

Hij werd priester met Pasen 1922, na de wonderbare tocht door de Rode Zee van de wereldoorlog 1914-1918. Karel Justinus Calewaert behoorde immers tot het geslacht van de «soldatenpriesters» die door de eerste wereldoorlog onuitwisbaar gemerktekend waren. Toen zij na vier jaar front en een jaar bezetting van Duitsland terug hun soutane aantrokken zei men : «Ze hebben vijf jaar verloren». Maar men vergat dat zij aldus een weergaloze ervaring hadden gewonnen waardoor zij, niet alleen letterlijk zoals brancardier Calewaert, maar ook figuurlijk, met kop en schouders boven de anderen uitstaken. Een geweldige experientie van volkeren in oorlog, in Engeland, aan de IJzer, in Frankrijk, Duitsland. Lichamelijke en zedelijke miserie in een fronthospitaal voor besmettelijke ziekten. Zeker zij waren bijna 30 jaar oud bij hun priesterwijding maar zij kenden de vier akten!

Wanneer in *Het Volk* ieder jaar Mgr. Calewaert verscheen met de witte voorschoot aan, de tafel dienend van de oudjes in het Maagdestraatje te Gent, dan was dat geen officiële pose, maar de herleving van die jaren ziekendienst, de knechtendienst van Onze Heer op Witte Donderdag bij de voetwassing, die hij ook zo graag herhaalde in de kathedraal.

Men kent de liefde van Mgr. Calewaert voor zieken en oudjes, uit de oorlogservaring gegroeid en ook wellicht uit eigen lichamelijke ervaring. Iedereen weet iets van de voorliefde die hij koesterde voor soldaten, al beseft niet iedereen wat hij daarvoor in stilte deed, zijn leven lang.

Na zijn studies te Gent en te Leuven, bracht zijn eerste benoeming, als leraar in de moraal-theologie, hem bij de geestelijke soldaten te Beverlo : de Cibisten. Maar men weet nog meer te vertellen van zijn omgang met de andere soldaten in het kamp : de legendarische grote pastoor met grote sigarenkisten in zijn dito zakken. Dat de Voorzienigheid van hem geen aalmoezenier of legerbisschop heeft gemaakt, neemt niets weg van het onverholen zwak dat hij voelde voor al wat leger en rijkswacht betekende. Een van zijn genoegens was het jaarlijks bezoek en vormsel aan onze garnizoenen in Duitsland. Het kruim van ons volk, voor maanden samen in bevolen dienst. Als die zielzorg niet de moeite waard is!

Zorg om de priesters.

Maar groter moeite nog achtte hij het priesterschap waard. Seminaristen in battle-dress, levieten in soutane: aan hen zijn de eerste 26 jaar van zijn priesterapostolaat gewijd. Toen hij als president van het seminarie, 18 maart 1948, tot bisschop werd uitverkoren, hield hij het zich voor gezegd: «Gij hebt uw last niet verlicht!».

Zou men vragen: «Welk was zijn meest markante trek?», dan kan men antwoorden: zijn zware bekommernis vooral om de priesters. Hoe dichter men hem benaderde, hoe «zwaarder» dit accent viel. «De zonen die ik gewonnen heb» zegt de vaderlijke Schriftuur. Sinds 41 jaar zijn al de seminaristen «door zijn handen gepasseerd». Sinds 15 jaar zijn ongeveer 600 priesters door hem de handen opgelegd.

Met welke overtuiging heeft hij altijd weer, gelijk de apostel Johannes, hetzelfde voorgehouden. Niet met schitterende welsprekendheid maar met rechtzinnigheid hield hij zijn priesters en ook zijn volk voor: «Levendig geloof! Waarachtige liefde! Geest van onthechting!» Zoals de leerlingen van Sint-Jan hebben ook zijn toehoorders gedacht en gezegd: «Vader waarom over niets anders?». Hij had kunnen antwoorden met de apostel: «Omdat het 's Heren wet is, en, als dat geschiedt, is alles goed!».

Of men zou het korter kunnen samenvatten in zijn bisschoppelijk devies: *Caritate Veritatis*, uit liefde voor de waarheid. De orthodoxie voor alles! Geen «onnozelheid», geen onbezonnen nieuwlichterij, die van het vroegere een karikatuur maakt, zonder juist begrip en inzicht. Geen sensatie of pretentie maar de deemoed van eenvoudig, verlicht geloof en daden van liefde. De grote waarheden «met staf en mijter»!

Voor de priesteropleiding was het hem ook een grote voldoening het Sint-Paulusseminarie te Drongen in 1950 in te wijden. Maar het is ook zo dat hij de laatste tijd zijn grote ongerustheid niet verborg over de roepingen.

Het hele Godsvolk voorgaan.

Soldatenvolk, priestervolk, en natuurlijk ook het hele volk voorgaan in gezagvolle en liefderijke waarheid. Zijn volk, van zijn geheel, groot, geindustrialiseerd bisdom. Misschien zuchtte hij ook wel eens gelijk Jahweh over het oude godsvolk: «Veertig jaar ben ik dicht geweest bij u en...». De rest moet ge lezen in heel de gewijde geschiedenis, en in die, gewijd of ongewijd, van ons bloedeigen volk. Dicht bij dat volk wou hij zijn. Ieder jaar deed hij de toer van zijn geestelijke gouw, tot in de kleinste uithoeken. We hoorden eens iemand, ongerust over zijn vermoeienis, zeggen: «Monseigneur, ge loopt u dood!» Maar hij wist dat de Schrift en het geloof leren dat de mens «in statu viae» is: onderweg. Deze pelgrimstocht was niet alleen bisschoppelijke zielzorg, maar ook gelegendheid voor de «menselijke betrekkingen», de collegialiteit, de hartelijke vriendschap die hij in eigen land en daarbuiten gulhartig onderhield.

Zou men om een ander trefwoord vragen voor deze dierbare dode, dan kon men hem noemen : Bisschop der « public relations ». Een van zijn sympathieke trekken was, zijn zorg om verjaardata en gebeurtenissen van zijn vrienden niet onopgemerkt te laten voorbijgaan. Men vermoedt dat hij er een speciaal geheugen of notaboekje op na hield!

De dode spreekt nog.

Het is ongedaan een opsomming te wagen van zijn «werken». De nieuwe parochies en annexen, de nieuwe colleges of studieafdelingen, de zorg om het onderwijs, die hij reeds als groot-vicaris en later als bisschop torste, in jaren van koude en bijwijlen hete schoolstrijd. Het was zijn onverholen fierheid dat « School en Gezin » van zijn bisdom vier jaar lang aan de spits marcheerde.

Toen hij een tijdje bisschop was, en reeds «alomtegenwoordig» was op kerkelijke feesten, jeugdcongressen, bedevaarten, inwijding van gebouwen en dies meer, zei een groot-vicaris: « Monseigneur zou zijn aanwezigheid moeten beperken en valoriseren!» Maar gaandeweg is het nog «erger» geworden! Omdat hij niet kon weerstaan aan de vriendelijke uitnodiging van zijn diocesane priesters, van de kloosterlingen, van de jeugd, van zijn volk.

In *Het Volk* werd zijn veertig jaar priesterschap herdacht (Pasen 1962). Daarin werd aan die apostolische reizen herinnerd : « Zalig de voeten van degenen die de Blijde Boodschap verkondigen!» In een vriendelijke brief dankte de bisschop voor die attentie, en schreef: «Intussen zullen wij ons maar voort dood lopen, om zoveel mogelijk contact te houden met onze mensen» (23-4-62). Anderhalf jaar later is dit helaas! (of past dit woord niet?) waarheid geworden.

God geve aan de rusteloze herder de eeuwige rust, die hij hier nooit kende, en beware in het hart van zijn gelovigen het aandenken van deze goede hogepriester, die deed wat de bisschop der liefde, François de Sales, bepaalde : « De levenskunst is de fijne bloem der naastenliefde ».

Aan zijn familie en medewerkers bieden wij onze christelijke deelneming aan, en bidden samen met alle diocesanen het schietgebed van Nehemias : «Gedenk mij mijn God ten goede, al wat ik voor het volk gedaan heb» [1].

D. De Swaef.

* * *

De 27e bisschop van Gent, Mgr. Calewaert, die gisteren in de Heer is ontslapen, werd te Deinze geboren de 17 oktober 1893. Zoon van welstellende ouders, deed hij zijn humaniorastudies aan het St.-Barbarakollege te Gent waar

[1] Cfr l'hommage rendu par D. De Swaef dans *Het Volk* du 23 avril 1962, à l'occasion du 40e anniversaire de l'ordination sacerdotale de l'évêque. Le texte de cet hommage fut largement repris dans l'*In Memoriam*.

hij, *summa cum laude*, zijn middelbare studies beëindigde. Hij studeerde wijsbegeerte te St.-Niklaas. Op het punt zijn teologische studies in het groot seminarie te Gent te beginnen brak de eerste wereldoorlog uit.

De jonge seminarist werd als brankardier opgeroepen. Overal maakte hij zich zeer verdienstelijk en knoopte hij vriendschappen aan, die nooit meer zouden wegvallen.

In 1922, 23 april, werd de oudstrijder priester gewijd. Hij werd door zijn overheid naar Leuven gestuurd om er godgeleerdheid te studeren. Hij behaalde er de graad van licentiaat in 1925.

Professor bij de C.I.B.I.

Hij werd voorbestemd voor het onderwijs in zijn bisdom, toen er plots door het vroegtijdig afsterven van E.H. Goffin, professor in de moraalteologie, in de C.I.B.I. te Leopoldsburg, een plaats moest ingenomen worden. Het was de beurt aan het bisdom Gent om in dit belangrijke ambt, bij de seminaristen - soldaten - brankardiers, te voorzien en zo werd de jonge priester Calewaert naar Leopoldsburg gezonden, waar nog een jaar voordien E.H. Edward Poppe, als geestelijk bestuurder, zulk vruchtbaar apostolaat had uitgeoefend.

Hij bleef er drie jaar, als een zeer degelijk professor in de moraal, en werd in 1927 door Mgr. Coppieters naar Gent geroepen om er bestuurder van het groot seminarie te worden. Na vijf jaar werd hij in dezelfde instelling tot praeses aangesteld, waar hij dan nog gedurende achttien jaar het beste van zichzelf gaf voor de zo belangrijke taak van de vorming van de jonge klerus van het bisdom.

Intussen werd kanunnik Calewaert tot vikaris-generaal van de bisschop aangesteld. Met grote wijsheid heeft hij het delikate departement van onderwijs op zich genomen. Vooral in de oorlogsjaren 1940-45 heeft de praeses van het bezette seminarie blijk gegeven van zijn hoog-menselijke kwaliteiten. Geen mens was verwonderd, en zeker niemand bij de klerus, toen op 28 januari 1948 Mgr. Calewaert benoemd werd tot bisschop van Gent. De nieuwe bisschop werd plechtig in de katedraal te Gent gezalfd, op 8 maart 1948.

De bisschop.

Het was een zeer zware taak een volksgeliefde bisschop, als een Mgr. Coppieters zaliger, op te volgen. Daarbij had het bisdom nog zoveel te herstellen inzake zedelijke en stoffelijke ellende van de oorlog. De nieuwe bisschop vatte zijn taak met moed aan. Hij omringde zich met bekwame medewerkers, die hij effektief een grote verantwoordelijkheid en persoonlijk initiatief toevertrouwde en waarborgde. Een van de eerste taken van de nieuwe herder was, ter nagedachtenis van Mgr. Coppieters († 10-12-47), een waardig tehuis voor de studies in de Wijsbegeerte te Drongen in te richten. Wij menen geen verdiensten van de betreurde kerkvorst in de schaduw te stellen, als we voorhouden, dat zijn hoofdbekommernis de intellektuele en vooral de zedelijke en geestelijke standing was van zijn priesters.

Gedurig kwam hij door woord en daad op dit onderwerp terug. Ook het schoolprobleem was voor hem een hoofdzorg. Voor alle takken van het onderwijs had hij een open oog, maar de godsdienstige vorming stond vooraan. Opgemerkt werd de korte maar betekenisvolle rede die hij uitsprak op het symposium te Leuven, in juni 1955, dat, onder zijn voorzitterschap, aan de onderwijskwestie in de schoolstrijd was gewijd. Hij verdedigde er het standpunt van het episkopaat in de schoolkwestie. Met veel ijver en overleg organizeerde de bisschop het werk voor *School en Gezin* in zijn bisdom en hij was gelukkig in de grote vergadering te Gent in juni 1956 hulde te mogen brengen aan de velen die «met der Vlamingen koppigheid» zich inzetten om het kristelijk onderwijs leefbaar te maken. Het is op dit symposium te Leuven, dat Mgr. Leroux, voorzitter van de Vereniging voor Oud-Studenten-Teologanten en Canonisten van de Alma Mater, de lof maakte van de bisschop van Gent.

Deze laatste was namelijk tot doctor h.c. in de teologie gepromoveerd. Met hem werd ook die eretitel aan Mgr. Cruysberghs verleend, terwijl de oud-vikaris-generaal van Gent, Kanunnik Claeys Bouuaert, eredoctor werd in de geschiedkundige wetenschappen. Mgr. Leroux typeerde o.m. de aktiviteit van de bisschop van Gent, toen hij verklaarde: «Uwe diocesanen, die weten welke teologische kennis en diepe wijsheid gij hun mededeelt in uw herderlijke brieven, in uw talrijke predikaties, in uw toespraken en richtlijnen die gij geeft aan hen die onder uw gezag werken: zij weten al het belang dat gij hecht aan al die nieuwe problemen die, sedert de oorlog, op zedelijk, sociaal en schoolgebied gesteld worden. Zij ook, die de getuigen zijn en de begunstigden van uwe ijverige en vruchtbare aktiviteit in de vervulling van uw zware taak, en die u voor dit alles een liefdevolle verering toedragen: zij allen zullen zich verheugen over de hulde die publiek aan hun bisschop werd gebracht».

De mens.

Mgr. Calewaert was zeer doordrongen van de verantwoordelijkheid voor zijn leidende rol in het bisdom. Gelijk wie met hem in aanraking kwam, was onder de indruk van de mannelijke houding en de beginselvastheid, die de bisschop karakterizeerden. Zijn uitwendige verschijning was reeds opvallend. Het was niet de *cyclothyme pycnicus* zoals zijn ronde gulle voorganger, maar meer het atletische type, indrukwekkend, statig, plechtig-voornaam. En dan was men toch weer verrast hoe eenvoudig en aangenaam hij in zijn omgang kon zijn. Was hij als seminarist reeds een levenslustige jongeman, die voor geen grap terugschrok, in latere jaren bleef hij in vriendenkring een fijn causeur, een scherpe opmerker, die de *virtus eutrapeliae*, of het geestige gezelschapsleven, in hoge mate bezat.

Men heeft soms van Mgr. Calewaert gezegd, dat hij sterk konservatief was. Men zou juister zeggen, dat hij zeer voorzichtig was waar het nieuwigheden betrof. Hij wilde klaar inzicht hebben om echte verbeteringen van louter mode te onderscheiden. Het zal hier volstaan, met erop te wijzen dat hij, als een zeer aktief lid van de kommissie voor de liturgie van het Oecumenisch Concilie, het meest vooruitstrevende schema heeft mee helpen voorbereiden, voorbrengen en met een absolute meerderheid heeft kunnen doen aanvaarden. Ja, voorzichtig en wijs, dat was hij beslist. Men was hem dankbaar in het bisdom voor die wijze voorzichtigheid in politiek, b.v. ten tijde van de verkiezingen. Een groot redenaar was hij niet, en zijn predikaties waren soms wat lang uitgesponnen, maar men voelde dat de bisschop sprak met diep geloof en met een totale overtuiging en rechtschapenheid. Dit klonk ook zo diep door in zijn herderlijke brieven. Zij waren niet goed leesbaar, — een eigenaardigheid die veel voorkomt in de missieven van de kerkelijke overheid, — maar zij steunden op een grondige leer en op een echte kennis van de bronnen. Zij waren ingegeven door en doorkneed met een apostolische bezorgdheid en vrijmoedige rechtzinnigheid, zodat de studie van die dokumenten, oneindig meer dan de oppervlakkige voorlezing, er de grote en rijke inhoud van aantonen. Ook hier zoals in gans zijn houding, was hij trouw aan zijn kenspreuk: *Caritate Veritatis*, «In de Liefde voor de Waarheid».

Reiziger voor God.

Bisschop Calewaert was een mens, die zich niet opsloot in de ivoren toren van zijn eigen werkzaamheid. Hij had een veelzijdige belangstelling en hij was tevens een onvermoeibaar «reiziger voor de Almachtige». Geen jaar zonder minstens een paar buitenlandse reizen. Hij bezocht Griekenland, Canada, de Verenigde Staten, het H. Land, Duitsland, Italië, Engeland, en er was zijn jaarlijkse bedetocht met zijn diocesane bedevaart naar Lourdes. Meer dan eens vertegenwoordigde hij het Belgische episkopaat op internationale vergaderingen. Iedereen wist, dat hij dit deed als een perfekt gentleman en als een toegewijd ijverig herder.

Een speciale trek van de aktiviteit van Mgr. Calewaert was zijn buitengewone voorliefde voor militairen. Hijzelf had in lastige omstandigheden zelf lange legerdienst gepresteerd. Ook in Leopoldsburg stond hij met al wat het leger aanbelangde in nauw kontakt. Het was echter niet *das Militär* dat hem zo aantrok, maar wel de zielzorg voor de soldaten. Hij zou een ideale legeraalmoezenier geweest zijn.

Iemand uit het volk drukte het zo uit «hij zou elke soldaat van de straat geroepen hebben». Men zou daaruit verkeerd besluiten dat hij populariteit zocht. Het tegendeel is waar. Er bleef hem altijd een zekere schuchterheid bij, die dikwijls en ten onrechte voor stugheid werd aangezien.

De priester.

Het voornaamste in deze schets van de overleden bisschop van Gent zou nog moeten geschreven worden: de figuur van de priester. Wij laten dit aan meer bevoegden over. Toch is het iedereen opgevallen met welke heilige ernst en stemmige wijding hij zijn liturgisch ambt vervulde. Hij was een toonbeeld voor al zijn priesters en gelovigen van een diepe, mannelijke godsvrucht. Hij was niet te vinden voor sentimentaliteit in de devotie.

Met welke moed heeft hij ook niet zijn lange slepende ziekte gedragen. Zijn priesterlijke en bisschoppelijke aktiviteit mocht daar niet onder lijden. Het zware conciliewerk, het gebrek aan de nodige zorgen heeft hem verder gesloopt. *Oportet stantem mori.* Bomen sterven staande.

Wij zijn God dankbaar voor deze wijze kerkvoogd, deze ruimdenkende mens, deze heilige priester. Zijn aandenken weze een voorbeeld voor zijn opvolger en een zegen voor gans zijn bisdom.

Kan. A. HULPIAU.

Pour une notice biographique plus complète du regretté évêque, nous nous permettons de renvoyer à la plaquette : J. COPPENS, *Monseigneur K.-J. Calewaert 1893-1963. In Memoriam*, dans *Analecta Lovaniensia*, n° 17, Louvain, 1972. In-8°, 38 p. et J. COPPENS, *In Memoriam Mgr Louis-Joseph Kerkhofs 1878-1962. Mgr Karel-Justin Calewaert 1893-1962*, dans *Annua Nuntia Lovaniensia*, n° 23, Louvain, 1979 (à paraître également dans *Annuaire Université Catholique de Louvain*, 1980, t. XCIX, vol. II, pp. XI-XVI, et dans *Biographie Nationale*).

HILDEBERT PHILIPPE

1903-1964

Hildebert Philippe naquit à Renaix, le 4 juin 1903. Après ses humanités au collège épiscopal de cette ville, il entra dans la carrière ecclésiastique, et fit sa philosophie à St-Nicolas et ses études théologiques au grand séminaire de Gand. En 1925 ses supérieurs l'envoyèrent à l'université de Louvain, pour y parfaire ses études de théologie. Il y conquit le grade de bachelier en 1927.

Rentré dans son diocèse, il fut d'abord nommé professeur au collège de Termonde, où il donna la classe de poésie de 1927 à 1933. Ensuite l'évêque de Gand, Mgr Coppieters, le nomma secrétaire de l'évêché. Il y fit preuve, dès le début, d'une grande activité et d'un zèle empressé à venir en aide aux membres du clergé avec qui ses fonctions le mettaient en contact.

En même temps il fut chargé de la direction spirituelle des sœurs et des élèves d'un couvent de la Visitation, sis rue Basse à Gand. Après quelques années de pleine activité, il fut frappé d'une crise de diabète qui ne pardonna pas. Néanmoins il continua jusqu'au bout, malgré ses souffrances, à faire preuve d'une grande activité. Sa première épreuve fut la perte d'un œil. Puis s'en suivit l'amputation d'une jambe, en 1961. La seconde jambe dut être amputée l'année suivante, pour éviter une contamination totale. Malgré son état délabré, il continua à abattre la plus grande partie de sa besogne de secrétaire de l'évêché, au moyen des documents qui lui étaient remis à domicile. Dans sa petite voiture de malade, il se faisait conduire au couvent voisin de sa maison, et continuait à y donner des instructions spirituelles aux jeunes élèves [1].

Il fit montre, jusqu'au bout, d'un magnifique exemple de stoïcisme chrétien. Jamais une plainte ne sortit de sa bouche, pas même une allusion à son état misérable. Qui plus est, il montrait à son entourage et à ses confrères un optimisme, mêlé de résignation confiante et de l'espoir de pouvoir un jour se servir de ses jambes artificielles. Il espérait pouvoir, l'été prochain, se rendre ainsi à l'évêché. Le ciel en décida autrement. Dans la nuit du 19 au 20 janvier, il fut frappé d'une crise cardiaque. Il reçut les derniers sacrements en pleine connaissance et aussitôt après l'administration de la sainte communion, il ferma les yeux et rendit l'âme.

Gand.

F. CLAEYS BOUÜAERT,
Vic. gén.

[1] Muni d'un indult apostolique, il célébrait la sainte messe, assis, dans son bureau.

EUGÈNE LEROUX
1880-1964

Natus in Bra-sur-Lienne, 7 apr. 1880, professor rhetoricae in minore seminario S. Roch (1907-1908), professor in maiore seminario leodiensi (1908-1927), praeses maioris seminarii (1927-1945), decanus capituli cathedralis leodiensis (1930-1962), obiit Leodii 28 febr. 1964.

Dans son numéro du samedi-dimanche 1er mars 1964, la *Gazette de Liège*, p. 2, annonça la nouvelle de la mort du prélat : *Mgr Leroux, doyen honoraire du chapitre et protonotaire apostolique, est décédé vendredi.*

«Monseigneur Leroux, doyen honoraire du Chapitre, ancien président du Grand Séminaire et protonotaire apostolique, est décédé à Liège ce vendredi 28 février.

Monseigneur Eugène Victor Joseph Leroux naquit à Bra-sur-Lienne le 7 avril 1880. Après de brillantes études au petit Séminaire de Saint-Roch, il fut envoyé, de 1898 à 1901, au Séminaire Léon XIII, à Louvain, pour conquérir à l'Institut Saint-Thomas, récemment fondé par le futur Cardinal Mercier, le grade de docteur en Philosophie.

De 1901 à 1903, il passa, tel un brillant météore au Grand Séminaire de Liège mais fut, dès 1903, renvoyé à Louvain pour y conquérir le grade de docteur en théologie.

C'est au cours de ses études à Louvain que le jeune lévite reçut les ordres majeurs et l'ordination sacerdotale, le 24 septembre 1904.

Comme docteur en théologie, il se vit confier la tâche importante de professeur de rhétorique à Saint-Roch. Il n'y demeura qu'un an, car, dès 1908, il se voyait confier une chaire au Grand Séminaire de Liège.

Professeur, le chanoine Leroux proposait à ses disciples un enseignement d'une solidité exemplaire, tout de précision et de clarté. Les thèses de cet érudit, bien au courant des progrès de la science, se caractérisaient par un traditionalisme de bon aloi et une saine prudence, alliée à une judicieuse hardiesse.

Il publia dans la *Revue Ecclésiastique de Liège* un nombre considérable d'études fort appréciées. Notons entre autres certains articles très remarqués sur le blasphème, les phénomènes paranormaux, l'Antoinisme, le clergé et la vie commune, etc.

Lorsque Mgr Kerkhofs prit possession du siège épiscopal de Liège, le chanoine Leroux lui succéda à la présidence du Grand Séminaire. Ses hautes qualités humaines et sacerdotales justifiaient amplement ce choix.

Doué du robuste bon sens qui caractérise souvent l'ardennais, avisé et réfléchi, le chanoine Leroux possédait la prudence que saint Thomas requiert chez ceux qui sont appelés à gouverner.

Par ailleurs, une piété profonde et éclairée, toujours axée sur les valeurs essentielles du catholicisme et n'accordant que la place qui leur revient à ses aspects secondaires, un sens intransigeant du devoir à accomplir dans une totale loyauté, un parfait oubli de soi, tout cela faisait du chanoine Leroux un modèle de vie sacerdotale que l'évêque de Liège voulut mettre en relief en l'appelant à la présidence du séminaire.

Ceux qui ont eu le privilège de recevoir leur formation sous sa présidence savent que la confiance de l'évêque avait été bien placée.

Ils se souviennent avec malice de la devise qui fut attribuée au chanoine Leroux : *Reges eos in virga ferrea* (Tu les gouverneras avec un sceptre de fer), par laquelle ils caractérisaient la fermeté présidentielle et l'attachement quasi farouche qu'il professait pour les stipulations du règlement.

Ils se rappellent plus encore l'extrême bonté et le caractère paternel de leur supérieur d'autrefois.

En 1945, Monseigneur Leroux abandonna l'enseignement qu'il avait cumulé depuis 1927 avec la présidence du séminaire. C'était pour devenir le promoteur de la prière publique dans le diocèse, en qualité de doyen du chapitre cathédral.

Faut-il dire qu'il s'acquitta de ces fonctions avec le même zèle et le même sens du devoir qu'on lui avait toujours connus. Aussi, sa promotion à la prélature de la Maison pontificale ne fut-elle pas seulement un hommage rendu à la dignité de l'antique chapitre de Saint-Lambert : elle fut aussi la consécration des mérites du chanoine Leroux, devant Dieu et devant l'Église.

En 1945, Monseigneur Leroux estima devoir abandonner la direction du séminaire pour se consacrer plus entièrement encore à la prière et à la méditation. Ce serait une erreur de croire que son activité s'en soit trouvée ralentie. Membre très écouté du conseil épiscopal, confesseur des communautés religieuses, Monseigneur Leroux, doyen du chapitre, continua de consacrer toutes ses forces au service de l'Église de Liège.

En 1961, sur sa demande, il fut déchargé du poste de doyen du chapitre. A la même époque, il fut nommé protonotaire apostolique, et le resta jusqu'à sa mort, survenue ce vendredi 28 février 1964, à l'âge de 84 ans.

Le Diocèse de Liège et l'Église perdent en lui un de leurs serviteurs des plus fidèles et des plus éclairés. »

— Aux funérailles du défunt célébrées dans la cathédrale de Liège, le 2 mars 1964, Mgr A. Dessart, doyen du chapitre, prononça l'éloge funèbre du défunt.

Justum deduxit Dominus per vias rectas.
Le Seigneur conduit le juste par des chemins tout droits.
(Office des Confesseurs).

Excellence, Messeigneurs, chers confrères, mes frères,

Non seulement la Cathédrale, mais le séminaire et l'évêché, tout le diocèse est en deuil. La mort, en effet, vient de nous ravir celui qui fut pendant 40 ans le bon professeur et le président du Séminaire, — pendant plus de 30 ans le doyen du chapitre, — et pendant près de 60 ans un modèle parfait de vie sacerdotale. Quelle belle vie, mes frères! Quelle unité et quelle plénitude de vie fut celle de Mgr Leroux, que le Seigneur a conduit par des chemins tout droits jusqu'à la perfection!

Né à Bra-sur-Lienne le 7 avril 1880, Eugène-Victor-Joseph Leroux reçut au sein de sa famille le premier fonds de vertus naturelles qui caractérisent les fils de l'Ardenne, et sa toute première formation chrétienne. Jusqu'à l'âge de 28 ans, il est providentiellement préparé aux hautes fonctions, qu'il devra remplir pendant plus d'un demi-siècle, au centre même du diocèse.

St Roch, Léon XIII, le grand Séminaire, la faculté de théologie de Louvain : quatre grandes écoles, quatre voies sans détour, quatre longues étapes, qui conduisent Eugène Leroux jusqu'au sacerdoce, et au doctorat en philosophie et en théologie.

Après avoir enseigné, pendant un an, la rhétorique à son cher petit séminaire de St-Roch, il est appelé, par feu Mgr Rutten, à la chaire de théologie morale, dans ce grand séminaire de Liège qu'il ne quittera plus. Désormais, sa vie est supérieurement régie par la loi de l'unité : unité de lieu, unité d'objet, unité d'action. Tout entier à sa tâche, il est voué jusqu'à sa mort, à la formation et à l'édification du clergé diocésain. Le Seigneur l'a conduit par des chemins droits, il lui a fait voir la splendeur de son royaume, il lui a donné la science qui fait les saints. Professeur de théologie morale, Mgr Leroux, par son enseignement solide, clair et précis, forme pour la vie, le jugement et la conscience des futurs prêtres. Traditionaliste par nature, il analyse néanmoins avec lucidité les théories modernes, dégage toujours l'essentiel de l'accessoire et ne confond jamais les systèmes éphémères avec les principes fondamentaux de la morale chrétienne. Sa pensée est vigoureuse comme les chênes de son pays natal, son langage rocailleux comme le sol d'Ardenne, sa doctrine limpide comme les eaux de la Lienne qui baignent son village. Aussi peut-on dire qu'il a marqué de son empeinte les 1200 séminaristes à qui il a inculqué son bon sens, sa droiture, sa prudence et son esprit de devoir. Ah! cher Mgr Leroux, nous tous, vos anciens élèves, nous vous devons une éternelle reconnaissance!

Mais « pour gagner les âmes, écrivait à ses prêtres de Paris feu le Cardinal Verdier, pour gagner surtout les âmes d'aujourd'hui, il faut unir à la doctrine immuable, la douceur qui assure toutes les conquêtes et la bonté qui, seule, reflète vraiment le Bon Dieu ».

Pour ses séminaristes, surtout pour les plus déshérités, pour ses anciens qui venaient le consulter ou solliciter sa charité, pour le personnel religieux et laïc du Séminaire et de la Cathédrale, pour les œuvres, les missions, les prêtres du Ruanda et l'Amérique latine, pour les pauvres qui venaient frapper à sa porte ou qu'il rencontrait en rue, Mgr Leroux a été, durant toute sa vie, inlassablement bon. Régulièrement, il vidait son compte-chèques postaux, en virant, toujours généreusement, aux demandes de fonds qu'on lui adressait de partout. Se contentant du minimum pour lui-même, il pouvait donner aux autres le maximum de ses revenus.

S'il incarnait le règlement et la ponctualité jusqu'au scrupule, n'allez pas croire qu'il fût sévère ou misanthrope. Loin de là! Mais sa douceur était maîtrise de soi ; sa patience : volonté de se taire et d'attendre ; sa bonté : charité surnaturelle et non sentimentale ; le tout, voilé sous les dehors d'une parfaite dignité et d'une extrême discrétion.

Aussi, feu Mgr Kerkhofs, qui s'y connaissait en hommes, lui confia-t-il en 1928 la présidence du grand séminaire et, quelques années plus tard, le chapitre de sa cathédrale. Cumulant les deux charges pendant 15 ans, Mgr Leroux édifiait, à la fois, les benjamins et les aînés de la grande famille sacerdotale du diocèse. Par ses exemples plus que par sa parole. Levé chaque matin avant 5 h., il puise dans sa méditation lumière et force pour sa journée. Sa messe, qui est le centre, l'axe et le grand bonheur de sa vie, il la dit, aussi bien à 80 ans, qu'aux premiers jours de son sacerdoce; il y met le temps, sans traîner toutefois, mais sans rien omettre ni changer; il observe minutieusement toutes les rubriques; pour lui, rien n'est petit, négligeable ou fastidieux; tout parle à son âme de prêtre. Car prêtre, il l'est jusque dans les plus humbles détails de sa journée. Aussi ne faut-il pas s'étonner de la régularité absolue, de l'austérité presque monacale et de l'extrême délicatesse qui caractérisent toute sa vie. Pour nous tous, chers confrères, quel exemple! Vraiment le Seigneur lui a donné la science qui fait les saints.

Identifié avec son grand séminaire pendant plus d'un demi siècle, il ne le fut pas moins avec la cathédrale pendant plus de trente ans. L'a-t-il aimée, mes frères, sa cathédrale! Et ses chanoines, aussi bien honoraires que titulaires, ses chapelains, son personnel, sa maîtrise et ses petits choristes! Et vous, Excellence, qu'il accueillit comme jeune professeur, et qui lui avez succédé comme président, vous qu'il a installé comme chanoine et dont il a si bien organisé le sacre épiscopal! Vous a-t-il aimé et vénéré, tout autant que vos deux prédécesseurs sur le siège de St Lambert!

Le jour de Noël 1944, Mgr Leroux vit, hélas! dévaster sa chère cathédrale par une bombe ennemie. Ce fut l'une de ses grandes peines. Aussi n'eut-il de cesse que l'église-mère du diocèse fût restaurée, rendue au culte et à sa beauté première. En attendant, l'office ne fut jamais interrompu, ne fut-ce qu'un jour. C'est que, pour Mgr Leroux, l'office canonical est l'œuvre de Dieu par excellence; le chapitre, l'institution de la prière officielle du diocèse; la fonction de chanoine, une fonction d'Église et une tâche éminemment sacerdotale. Pendant trente-trois ans, il s'en est acquitté à la perfection. Et Dieu seul sait la somme d'obscurs renoncements que représente une telle fidélité! A cette vie exemplaire, mes frères, manquait, semble-t-il, le sceau de la souffrance. Celle-ci, pourtant, n'a pas fait défaut à Mgr Leroux dans l'accomplissement de ses fonctions. Je ne veux évoquer ici que ses tourments d'âme, à chaque défection d'un de ses anciens élèves! Mais, pendant les deux dernières années de sa vie, la souffrance a progressivement embarrassé l'usage de sa mémoire et de sa parole, mais elle ne lui a pas ravi sa sérénité; pendant ces trois derniers mois, confiné dans sa chambre de malade, il s'est préparé, pieusement et saintement, à la rencontre du Seigneur.

Pour nous tous, mes frères, Mgr Leroux a tracé un lumineux sillon de vie sacerdotale. *Per vias rectas*! A l'heure du Concile, l'Église ressent plus vivement le besoin des valeurs essentielles, des vertus fondamentales, d'un enseignement solide et totalement chrétien, d'une forte discipline et de cette unité de vie et d'action, sans lesquelles on bâtit en vain la cité de Dieu et la cité des hommes.

Avec vous tous, je souhaite que, bientôt, du haut du ciel, l'âme de notre ancien maître et doyen nous obtienne la grâce de nous laisser conduire, comme lui, par le Seigneur et par son Église, dans les chemins sans détour de la vérité, de la charité sacerdotale et de la sainteté. Ainsi soit-il!

A. DESSART

*
* *

— Les années au cours desquelles j'appris à connaître Mgr Leroux et j'eus le privilège de le fréquenter de plus près en tant que deuxième président de l'Association, comptent parmi les plus heureuses de ma vie de secrétaire. C'était pour moi chaque fois une journée des plus agréables quand je me rendais à Liège pour rencontrer le cher président et examiner avec lui les décisions à prendre pour nos réunions plénières et pour la publication régulière des *Annua Nuntia*[1].

Monseigneur me recevait au palais épiscopal où il occupait deux chambres modestes, palais qu'il eut en quelque sorte le devoir de garder pendant l'absence de Mgr Kerkhofs que des motifs de santé avaient amené à se retirer dans une clinique de la ville épiscopale. Au terme de notre entretien, nous fûmes chaque fois invité à partager son repas, et puis nous prenions congé de lui non sans emporter quelques dons pour la publication des annales de la faculté ainsi que l'invitation pressante à faire appel à lui si nous avions besoin d'ultérieurs appuis pour l'aider à conduire la barque de l'Association.

Comme nous fûmes heureux de lui rendre à notre tour quelque service en accueillant comme interne au Collège du Pape un de ses neveux, étudiant en psychologie, qui lui ressemblait vivement et qui était doué comme lui d'une belle intelligence.

Au lendemain du décès de Monseigneur, nous demandions à feu Mgr Litt de nous faire le portrait de Mgr Leroux tel qu'il l'avait connu au séminaire de Liège. La mort subite et prématurée du regretté prorecteur ne lui permit pas de tenir sa promesse. Elle nous prive d'une image du défunt qui eût retracé vivement sa belle et originale personnalité, celle d'un théologien sûr, d'un clerc qui n'a pas trahi, d'un prêtre fidèle, d'un doyen de chapitre qui veilla avec un soin jaloux à la beauté de la maison de Dieu et des offices y célébrés à sa gloire.

Il n'est un secret pour personne que le défunt exerça une notable influence dans le choix de Mgr Kerkhofs comme évêque de Liège. Il garda pour ce prélat une estime qui ne faiblit pas, et il se félicita de la piété, de l'ardeur apostolique, de la clairvoyance, du patriotisme, avec lesquels l'évêque présida aux destinées de son vaste diocèse dans des circonstances souvent difficiles, voire dramatiques. De son côté l'évêque fit confiance à son doyen du chapitre. Il le chargea par exemple de présider la commission appelée à organiser une enquête sur les faits de Banneux. Que cette enquête publiât un rapport défavorable à ces faits et par conséquent contraire à la conviction de l'évêque, montre lumineusement la grande indépendance et l'honnêteté du défunt qui n'hésita pas à défendre ce qui lui était apparu comme plus proche de l'objectivité et à décevoir ainsi son ami qui lui n'aspirait qu'à voir proclamés « surnaturels » les événements dont Banneux avait été le théâtre.

Quand Mgr l'évêque se rangea en fin de compte plutôt à l'avis de ceux convaincus de l'authenticité des faits, — ils étaient conduits par les pères jésuites Rutten, Maurice Claeys Bouüaert, J. Beyer, R. Carpentier, P. Scheuer[2], — Mgr Leroux, en prêtre soumis à son évêque, se garda de prendre position contre

[1] Cfr *Le jubilé de Mgr Leroux* (avec portrait), dans *Annua Nuntia Lovaniensia*, 1955, *ANL*, t. X, pp. 139-150.

[2] *Pierre Scheuer, S.J.*, dans *Nationaal Biografisch Woordenboek*, t. II, p. 782.

le jugement épiscopal ou d'agir par personne interposée contre une décision qu'en âme et conscience il ne put approuver [3]. Il exigea toutefois que l'on rectifiât dans les *Études et Documents*, la relation y exprimée touchant son intervention sur les faits de Banneux. Mgr Kerkhofs, ce grand honnête homme, n'hésita pas à lui donner satisfaction [4]. Puis il se permit, — antérieurement il est vrai à la décision finale de l'évêque et sans donner de la publicité à son geste, — de rédiger un texte où il confirmait la réponse négative de la commission qu'il avait présidée et où il s'insurgeait contre certains procédés de diatribe auxquels Pierre Scheuer avait eu recours pour faire prévaloir ses vues. Enfin il s'indigna du fait que certains propagandistes de Banneux, faisant des flèches de tout bois. avaient scandaleusement interprété les infirmités survenues à tel membre de sa Commission comme preuve de la «colère de la Vierge des Pauvres» contre ceux qui s'opposaient à son culte, prêtant ainsi à la *Mater misericordiae* des sentiment inspirés d'une vindicte personnelle.

Mgr Leroux était attaché de toute son âme à la Faculté de théologie de Louvain. S'il a souffert de la défection d'un prêtre qu'il y avait envoyé, il a pu se réjouir de l'apport scientifique et apostolique des abbés Vieujean, Kuppens, Struman, Minon, dont il avait patronné la formation et la promotion.

En tant que président de l'Association, il sut gagner par sa présence régulière, sa générosité, sa délicatesse, sa bienveillance, l'affection et la reconnaissance de tous les anciens des deux Facultés.

J. Coppens.

ARTHUR GUNS

1886-1964

Le dimanche 8 mars 1964, le Père Arthur Guns s'est éteint paisiblement à la clinique universitaire de Herent.

Né à Pottes, dans le Tournaisis, le 14 novembre 1886, le P. Guns vécut son enfance dans un milieu profondément chrétien. Ses parents eurent quatre fils dont l'un mourut en bas-âge. Le jeune Arthur avait un frère jumeau qui devait, comme lui, entrer au Séminaire et qui mourut comme vicaire à Lessines. Son attachement à sa famille ne se démentit jamais et il était touchant de l'entendre parler, avec une admiration inconditionnée de «mon frère le professeur» et de «ma belle-sœur l'échevin».

[3] Il me communiqua sans commentaire le texte de la commission qu'il eut l'honneur et la tâche de présider.

[4] J. Coppens, *In Memoriam Mgr Louis-Joseph Kerkhofs 1878-1962. Mgr Karel-Justin Calewaert 1893-1963*, dans *Annua Nuntia Lovaniensia*, XXIII, Louvain, 1979, p. x, note 2. Cfr p. vi, note 3.

Après des Humanités au Collège Saint-Augustin à Enghien et deux ans de Philosophie au Petit Séminaire de Bonne-Espérance, Arthur Guns entre au Grand Séminaire de Tournai en 1907. Ordonné prêtre le 17 décembre 1910, il prend un grade de bachelier en Droit Canon à l'Université de Louvain.

Le jeune canoniste ne poursuivra pas sa carrière juridique, car on a besoin de prêtres dans les paroisses du diocèse et il est nommé vicaire à Péruwelz; durant cinq ans, il y exercera le ministère paroissial. Sa vie durant et spécialement au cours des dernières années, il resta fidèle aux amitiés nouées pendant sa formation sacerdotale, soucieux d'apporter sa sympathie et son réconfort cordial aux anciens de son cours qui, malades ou parvenus au terme de leur carrière active, avaient besoin d'une aide amicale. C'était lui qui veillait à ce que les anciens se retrouvent à intervalles réguliers en une réunion où la piété faisait bon ménage avec la simple joie d'un repas fraternel.

Mais le désir de la vie religieuse était né au cœur du vicaire de Péruwelz. Comme les jésuites français avaient une maison dans la localité, il alla trouver un jeune Père auquel il confia son désir. On lui conseilla de faire une retraite; l'élection fut claire et en 1917, il entrait au noviciat d'Alken. Dès l'année suivante, il fait un an de philosophie à Louvain, puis, de 1918 à 1920, deux ans de «recolit» théologique.

Durant deux années, il va goûter aux joies de l'enseignement: il fut professeur de quatrième au Collège Saint-Michel. Dans cette fonction comme dans les autres qu'il fut appelé à remplir, il fut très heureux, même si la légende raconte qu'il eut maille à partir avec les temps primitifs grecs.

En 1923, il accomplit son troisième an à Florennes et son zèle apostolique se manifeste par la fondation de la Croisade eucharistique dans la paroisse. «Cette année-là, il y eut dix mille communions de plus», note-t-il dans les pages biographiques qu'il confia à son chroniqueur.

En 1924, sa brève formation achevée, le P. Guns est envoyé à Mons. Durant quarante ans, le vieux Collège Saint-Stanislas fut, sinon sa demeure, du moins sa base d'action. Durant les premières années, de 1924 à 1940, il fut chargé de diriger la Croisade eucharistique. Il garda toujours un souvenir radieux de cette période où son enthousiasme put se communiquer à tant de jeunes âmes. Plein d'imagination, possédant le sens du concret, il savait organiser une campagne apostolique qui frappait les cœurs et mettait en mouvement les bonnes volontés; prières, sacrifices, beaux gestes, il invitait à les offrir pour obtenir «des convertis». Et ce furent les cortèges d'enfants en costumes de croisé, les mouvements rythmiques au cœur des célébrations liturgiques et ce Congrès au cours duquel de petits drapeaux furent jetés d'un avion! C'est la Croisade qui, selon le Père, fut à l'origine de ces quelque deux cents vocations religieuses féminines qu'il eut la grâce d'orienter.

Durant dix ans, le P. Guns eut en charge les Ligues du Sacré-Cœur. Dans cent deux paroisses de la région montoise, il eut la joie de fonder un groupe de ligueurs. Dans la suite, il fut affecté aux Congrégations mariales de jeunes filles, et c'est surtout dans l'enseignement technique qu'il s'efforça d'implanter des Équipes Notre-Dame.

Son activité d'opéraire eut plus d'une fois l'occasion de s'exercer au-delà des frontières du pays: au Danemark ou au Portugal, en Angleterre ou en Hongrie, en France surtout; durant ses dernières années, la ville de Strasbourg le voyait revenir trois ou quatre fois l'an pour des séries de retraites. A Strasbourg comme en Belgique, il avait formé un groupe d'âmes ferventes, les *Christillae*, sorte de Congrégation mariale qui, dans sa pensée, aurait pu être la base d'une Congrégation religieuse qu'il a certainement rêvé de fonder. Il dirigeait de très près les âmes à lui confiées, comme en témoigne la cinquantaine de lettres de direction qu'il recevait chaque semaine et auxquelles il répondait strictement de son écriture rapide et énigmatique.

L'opéraire se doublait non seulement d'un grand épistolier mais encore d'un journaliste et d'un auteur spirituel. Au temps héroïque de la Croisade eucharistique, il avait lancé un petit journal *L'Entraîneur* dont il assurait la rédaction générale. Plus tard, comme trait d'union entre les *Christillae*, il rédigea la *Flamme*, périodique très personnel dans lequel il proposait ses thèmes favoris de prédication et de direction. Parmi plusieurs livres de méditations qu'il avait composés, deux reçurent les honneurs de l'édition et de la réédition.

En 1959 et en 1961, le P. Guns fut nommé Instructeur des Frères du Troisième an. S'il fut un brin flatté de se voir conférer «un galon», il accepta avec une obéissance joyeuse de devoir renoncer à bien des ministères auxquels il était très attaché.

Le P. Guns n'a diminué son activité débordante que durant les tout derniers mois de sa vie. Quand il remarqua que sa santé ne lui permettrait plus de partir quotidiennement pour ses randonnées, il accepta avec sérénité cette diminution relative de ses ministères. Au début de 1964, se sentant affaibli, il souhaita aller en clinique pour se faire examiner. Aux premiers jours de février, il partit pour Herent. C'est là que la maladie évolua avec une extrême rapidité.

Doté d'une santé extrêmement robuste, le P. Guns possédait un psychisme d'une force peu banale. Non qu'il ne connût la souffrance durant sa vie: ce qu'il appelait sa «vocation de Jean-Baptiste», le rôle de précurseur qu'il joua dans certaines œuvres dont il fut chargé, puis déchargé plus vite qu'il ne l'escomptait, lui fut parfois extrêmement douloureux. Mais il avait une volonté lucide de ne jamais s'attarder sur les échecs, les rancueurs, les petitesses. Après une désillusion, et il en connut, il repartait sans hésitation, poussé par un désir ardent de se donner. Il avait un jour écrit ces lignes: «Le P. Teilhard de Chardin dit que le plus grand mal de l'homme ce n'est pas la peste ni la famine, mais d'avoir perdu le goût de vivre. Et je crois pouvoir dire que ce goût de vivre, je l'ai eu au maximum».

Cet optimisme fondamental fut la grande force de son apostolat. Plus que l'ampleur de sa doctrine ou l'originalité de ses vues, ce qui frappait chez lui, c'était une foi forte, ignorante du doute, la conviction sans faille qu'il parlait au nom du Seigneur. Peu de souci de «renouveler les questions», mais une puissance d'affirmation, une certitude inconfusible d'être dans la vérité, à laquelle on ne songeait pas à résister. Il aimait les slogans simples: *Vive la joie!*, *Tout faire en plénitude d'amour*, *Adhérer à notre route*, qu'il répétait sans cesse, qu'il développait et illustrait d'histoires concrètes.

Cette robustesse psychologique et spirituelle aurait pu engendrer chez le Père une attitude d'intransigeance. Si la tentation d'une certaine raideur le menaça durant sa jeunesse religieuse, elle fut rapidement vaincue par la charité fondamentale qui l'habitait. En écoutant ceux et celles qui, durant de longues années, suivirent sa direction, on est frappé d'entendre toujours mentionner un dévouement sans limite, une délicatesse insoupçonnée dans la charité, une fidélité jamais démentie.

Très vite, son expérience des retraites et de la direction lui avait appris que l'inquiétude spirituelle, les scrupules et les retours sur le passé étaient les ennemis les plus fréquents de l'épanouissement chrétien. Par des directives simples et parfois audacieuses, il rétablissait la paix et rendait la joie ; il possédait un don réellement exceptionnel pour apaiser et réconforter les âmes, sans recours subtils à la psychologie des profondeurs. Sa santé morale avait un rayonnement qui suffisait souvent à guérir les inquiets.

Aux yeux de ses confrères, le P. Guns apparaissait comme un bon vivant, aimant la vie de communauté, y apportant sa part d'histoires drôles et d'agréments sucrés, ne craignant pas de chanter sa bonne humeur ou d'esquisser un pas de danse, participant avec plaisir aux réjouissances communes et les provoquant : combien de jubilés n'avait-il pas prévus ! Mais s'il estimait qu'une vie de communauté devait être alimentée de joies partagées, s'il considérait que les bonnes choses sont faites pour les bonnes gens, il accordait peu d'importance, dans sa vie personnelle, aux facilités d'existence. Et l'on serait étonné de connaître les gestes d'ascèse qu'il accomplissait quotidiennement : chaque nuit, par exemple, il se levait pour réciter un chapelet et lire un chapitre de l'Imitation.

Durant toute sa vie, le P. Guns s'est fait le prédicateur de la joie, d'une joie fondée sur une foi profonde. C'est dans une attitude de foi totale qu'il apprit que sa vie terrestre touchait à sa fin, gardant une sérénité tranquille, tant il était sûr que bientôt il verrait son Seigneur dans la joie du ciel.

***

FRANÇOIS JEAN-MARIE MORELLE

1899-1964

Natus in Charleroi, 17 iun. 1899, philosophiae et S.T. doctor, professor philosophiae in seminario Bonne-Espérance (1931-1934), aegrotus et domicilium habens in Vieux-Leuze, obiit 29 nov. 1964.

Le défunt entreprit sa dissertation pour le doctorat en théologie avec Mgr Noël comme guide : *Recherches ultérieures sur l'ensemble de la philosophie religieuse de Kant*, Louvain, 1928. Un extrait parut dans la *Rev. Néoscol. de Philosophie*, 1928, t. XXX, pp. 275-315 ; 1929, t. XXXI, pp. 280-308.

La promotion de 1928 fut exceptionnellement nombreuse. Furent proclamés docteurs en théologie M. Cappuyns (†), A. Gathy, E. Goossens (†), W. Goossens (†), C. Lambot (†), J. Lommez, I. Onings, B. Rigaux, Cr. Smits, A. Vandenberghe, D. Van der Haar (†) et docteur en droit canonique A. Materne.

JOSEPH MUYLDERMANS
1891-1964

Natus Mechliniae, 12 aug. 1891, lector in Universitate catholica Lovaniensi et professor religionis in Schola normali officiali pro puellis, obiit in oppido antverpiensi, 30 nov. 1964.

Cfr *ETL*, 1965, t. XLI, p. 665.

JEAN SOILLE
8.4.1896 — 11.12.1964[1]

Le samedi 12 décembre 1964, le Cercle Historique et Archéologique de Wavre apprenait avec une douloureuse surprise le décès survenu la veille, de Monsieur le chanoine Jean Soille, membre actif de son comité. Une délégation du Cercle lui rendit un dernier hommage lors de ses funérailles, le mardi 15 décembre 1964.

Né à Jodoigne le 8 avril 1896, Monsieur le chanoine Soille fit ses humanités au Petit Séminaire de Basse-Wavre, puis il entra au Séminaire à Malines. Il fut ordonné prêtre le 22 décembre 1918 et nommé professeur au Petit Séminaire de Basse-Wavre le 15 septembre 1919. De 1927 à 1932, il fut chargé de la classe de rhétorique. Il passa ensuite à l'École Normale de Nivelles où il enseigna la religion pendant 8 ans. En septembre 1940, il assuma les importantes fonctions d'inspecteur diocésain de l'enseignement primaire dans le Brabant Wallon, ce qui lui permit de parcourir cette région dans tous les sens. En 1962, il prit sa retraite pour jouir d'un repos bien mérité.

Le chanoine Soille, membre de plusieurs sociétés culturelles, s'intéressa dès ses débuts aux activités du Cercle Historique et Archéologique de Wavre et de la région. Pendant de longues années il fut membre de son comité et de la commission de lecture des travaux proposés pour la revue. Toujours de bon conseil, il nous fit profiter, avec une bonhomie souriante, de son expérience et de sa sagesse. Passionné d'histoire régionale, grand ami des livres, il était aussi un numismate distingué. L'histoire du culte Marial de Basse-Wavre le tenta mais il s'attacha particulièrement à l'histoire complexe et tourmentée du Stévenisme en Belgique. Ses recherches patientes lui permirent de dégager la personnalité véritable du chanoine Corneille Stevens, wavrien de naissance, promoteur courageux de ce mouvement de «résistance» et aussi, malgré lui, du schisme religieux qui en résulta. Ces études révèlent aussi de multiples aspects de l'histoire de Wavre sous le Directoire et sous l'Empire.

[1] Nous reproduisons la notice parue dans *Wavriensia. Bulletin du Cercle historique et archéologique de Wavre et de sa région*, 1965, t. XV, pp. 45-48 et remercions le périodique de nous en avoir donné l'autorisation.

Le Cercle conservera pieusement le souvenir de Monsieur le chanoine Soille. La bibliographie ci-jointe est un hommage à sa mémoire et à son œuvre d'historien. Nous publions dans ce numéro le dernier article qu'il avait confié à *Wavriensia* et dont il n'a pas pu reviser les épreuves.

Bibliographie des œuvres du chanoine Soille

I. Articles sur l'histoire de Wavre

L'Hosté, Villa belgo-romaine, dans la « Revue de Basse-Wavre », n° 1, (1932), pp. 8 à 14. — *Les œuvres d'art de la région de Wavre saisies sous la Révolution Française*, dans « Wavriensia », t. II (1953), pp. 1 à 7.

Un « Hôtel de Wavre » à Bruxelles au XIIIe siècle, dans « Wavriensia », t. II (1953), p. 40.

Le « recouvrement » de la Châsse de N. D. en 1805, dans la « Revue de Basse-Wavre », t. XV (1954), pp. 3-23 (*Chronique Mariale*, VI).

Après le retour de la châsse en 1805, dans la « Revue de Basse-Wavre », t. XV (1954), pp. 53-60 (*Chronique Mariale*, VII).

Le prieuré de Basse-Wavre et la bulle « Unigenitus », dans la « Revue de Basse-Wavre », t. XVI (1955), p. 47.

Une tradition sur Basse-Wavre en 1790, dans la « Revue de Basse-Wavre », t. XVI (1955), p. 48.

La souscription patriotique pour des canons pendant la Révolution Brabançonne, dans « Wavriensia », t. X (1961), pp. 10-14.

Un jeu marial à Basse-Wavre en 1659, dans la « Revue de Basse-Wavre », t. XXII (1961), pp. 27-35 (*Chronique Mariale*, XXIII).

II. Articles et ouvrages sur le Stévenisme

L'abbé J.F. Delfosse, prêtre missionnaire en Brabant Wallon sous la Révolution Française, fondateur de la congrégation des Sœurs de l'Union au Sacré-Cœur 1769-1848, Gembloux, 1948, 176 p.

Corneille Stevens d'après sa correspondance, la première intervention du légat, dans les « Collectanea Mechliniensia », mars 1949, publié en tiré-à-part, 28 p.

Un ancêtre de la Résistance. Le Wavrien Corneille Stevens, dans « Wavriensia », t. IV (1955) n° 1, pp. 1-16, t. V (1956) n° 1, pp. 1-24 et n° 3, pp. 41-56, édité sous le titre :

Corneille Stevens, Vicaire général de Namur Sede vacante, 1747-1828, Gembloux, 1957, in-8°, 64 p.

Notes pour servir à l'histoire du Stévenisme, Première série, Gembloux, 1958, in-8°, 116 p.

Une manœuvre contre Stevens en 1802, dans « Revue diocésaine de Namur », t. XII, n° 5, 1958.

La fermeture de l'église des Récollets à Nivelles en 1804, dans les « Annales de la Société archéologique et folklorique de Nivelles et du Brabant Wallon », t. XVII (1958), pp. 234-244.

A propos du Stévenisme dans le Sud-ouest du Brabant, dans les « Annales du Cercle archéologique d'Enghien », t. XII (1960), publié en tiré-à-part, 19 p.

François Theys, curé de Jumet, « Biographie Nationale », t. XXX, fasc. 2.
Winnepenninckx, curé de Leerbeek, « Biographie Nationale », t. XXXI, fasc. 2.
Le « Stévenisme » dans la région de Wavre, dans « Wavriensia », t. XI (1962), pp. 17-56.
Notes pour servir à l'histoire du Stévenisme, deuxième série, Gembloux, 1963, in-8°, 171 p.
Prêtres insoumis en Brabant-Wallon, Antoine-Joseph Stevens; Jacques Gothot, dans « Wavriensia », t. XII (1963), pp. 17-36.
Prêtres insoumis en Brabant-Wallon, Les frères Henri et Jean-Baptiste Guillemaint, dans « Wavriensia », t. XIII (1964), pp. 1-17 et t. XIV (1965), pp. 49-63.

ÉTIENNE VAN CAUWENBERGH

1890-1964

Stephanus Van Cauwenbergh, natus in Lier 5 aug. 1890, professor et bibliothecarius Universitatis catholicae Lovaniensis, obiit Lovanii, 12 decembris 1964.

Cfr *ETL*, 1965, t. XLIV, pp. 667-668.

Le 12 décembre 1964 s'éteignit doucement dans la maison de retraite des Sœurs Noires, dans la chambre occupée avant lui par Mgr Lefort[1], Monseigneur Étienne Van Cauwenbergh. Quand il s'était senti vieillir et que sa gouvernante, devenue trop âgée, avait dû renoncer à le servir, il avait décidé d'abandonner la belle demeure qu'il s'était construite dans le parc de Lovenjoel. Distribuant son mobilier entre ses proches parents, se détachant de sa bibliothèque personnelle, n'emmenant avec lui que quelques livres choisis, il ne quitta plus guère l'asile de repos où il s'était retiré, se contentant d'y recevoir quelques amis de longue date, triés sur le volet. Ceux dont il acceptait la visite, rapportaient avec respect et admiration qu'on le trouvait détaché des biens de ce monde, gardant à côté de lui son bréviaire et son chapelet, et consacrant ce qui lui restait de loisirs et de force à corriger les épreuves des deux grandes œuvres littéraires auxquelles il s'était consacré, la *Revue d'Histoire eccléciastique* et le *Dictionnaire d'Histoire et de Géographie ecclésiastiques*, dont il publia plusieurs tomes, d'abord avec le chanoine De Meyer, puis avec le chanoine Aubert[2].

Étienne Van Cauwenbergh naquit à Lierre le 5 août 1890. Il était le frère de Monseigneur Jan Van Cauwenbergh dont le chanoine Ryckmans traça ici-même le portrait[3] et de l'abbé Paul Van Cauwenbergh qui fut promu docteur et maître en théologie en 1914 à la veille de la première guerre mondiale[4]. Ce dernier

[1] Voir *Annua Nuntia Lovaniensia*, 1963, t. XVI, pp. 244-268.
[2] On trouvera dans la *Bibliographia academica* la liste des publications du professeur.
[3] *Annua Nuntia Lovaniensia*, 1950, t. VII, pp. 154-164.
[4] *Étude sur les moines d'Égypte depuis le Concile de Chalcédoine (451) jusqu'à l'invasion arabe (640)*, Louvain, 1914.

mourut jeune à Louvain dans la maison que son frère, vice-recteur à l'époque, occupait rue Saint-Michel, à savoir dans un complexe de bâtiments ayant jadis fait partie du collège des Pères jésuites, puis du Collège des Vétérans y installé par Marie-Thérèse après la suppression de la Compagnie.

Appelé d'abord à enseigner l'histoire ecclésiastique à la *Schola brevior* de la Faculté, il reçut comme tâche principale celle de reconstituer la bibliothèque universitaire incendiée par l'armée allemande au cours de la première guerre mondiale. Il accepta cette mission au moment où l'abbé Léon Dieu [5], d'abord sollicité pour cette entreprise écrasante, avait donné sa démission pour se faire missionnaire dans la Congrégation de Scheut.

Étienne Van Cauwenbergh s'acquitta admirablement de cette tâche et il put se féliciter d'avoir doté l'université, et même peut-on dire le pays, d'une bibliothèque susceptible de rendre les plus éminents services. La deuxième guerre mondiale ruina en mai 1940 l'œuvre colossale qu'il avait entreprise et menée à bonne fin. Il fallut tout recommencer à partir des quelques livres échappés comme par miracle à l'incendie qui ravagea le bâtiment depuis les combles jusqu'aux caves dont l'approche rapide des armées allemandes ne lui avait pas permis de murer les entrées. Grâce au concours de Mgr van Waeyenbergh et à l'aide du professeur Jan Van der Heyden, le professeur Van Cauwenbergh réussit une deuxième fois à relever les ruines et à rendre à ses collègues ce qu'on a pu appeler à juste titre leur premier instrument de travail.

L'extrême modestie et la réserve de Monseigneur Van Cauwenbergh n'ont pas permis à un collègue de tracer le tableau de toutes les peines qu'il s'est données, de tous les concours qu'il s'est associés, de tous les obstacles dont il a su triompher. Si un certain souvenir en a été consigné, hélas! incomplet, nous le devons au talent de son grand ami, Mgr Ryckmans, auquel il permit de soulever un tant soit peu le voile recouvrant les nombreuses années d'un inlassable dévouement et d'une activité constante et régulière, jamais à bout de souffle: *Bis diruta. Bis restituta. Contribution à l'histoire de la Bibliothèque de Louvain*, dans *Scrinium Lovaniense. Mélanges historiques. Historische opstellen Étienne Van Cauwenbergh*, 18-60, Gembloux, Duculot, 1961.

Revêche à toute manifestation publique de reconnaissance, il ne put néanmoins se dérober aux témoignages de gratitude de l'épiscopat belge, des autorités académiques, de ses collègues. En 1952, le Cardinal lui fit savoir que Sa Sainteté l'avait nommé prélat domestique. En 1961, un comité de collègues lui offrit un volume de *Mélanges historiques*. Enfin, au lendemain de son décès, grâce à l'initiative de ses deux successeurs à la bibliothèque, Mgr Massaux et le professeur Ruwet, une plaque en bronze, reproduisant sa sévère physionomie, œuvre du professeur-sculpteur Harry Elström, perpétue le souvenir de sa présence et de son œuvre à l'Université.

La *Festschrift* lui dédiée, appelée si judicieusement *Scrinium Lovaniense* grâce à une suggestion du professeur Joseph De Smet, fut présentée au professeur le 26 avril 1961. Nous reproduisons le texte des lettres annonçant la publication du *Scrinium* et l'allocution que j'eus l'honneur de lui adresser au nom de mes collègues réunis le 26 avril 1961 à l'Hôtel Majestic, avenue des Alliés, ainsi

[5] Cfr *Annua Nuntia Lovaniensia*, 1950, t. VII, p. 143.

que les félicitations de Mgr Van Waeyenbergh, recteur magnifique. Hélas! je n'ai jamais pu obtenir de lui le texte de l'admirable réponse qu'en cette occasion il adressa aux collègues qui avaient prêté au *Scrinium* leur concours reconnaissant et généreux.

*
* *

Louvain, le 30 juin 1960.

Monsieur le Professeur et cher Collègue,

Au cours de l'année académique prochaine, Monseigneur Étienne Van Cauwenbergh atteindra sa 70e année et achèvera sa 40e année d'enseignement à l'Université. Le Conseil Rectoral de l'Université a estimé que ces deux anniversaires ne pouvaient passer inaperçus. Par deux fois, en effet, au cours de sa longue carrière, toute entière consacrée au service de l'Université, Monseigneur Van Cauwenbergh, bibliothécaire en chef de l'Université, s'est trouvé devant la tâche écrasante de devoir reconstruire la bibliothèque universitaire et d'en faire l'instrument de travail par excellence au service de toutes les Facultés, de toutes les Écoles, de tous les professeurs.

Il est superflu de vous dire quelle somme énorme de patience, de clairvoyance, d'habileté, de science et de courage il a fallu pour mener à bonne fin, par deux fois, une œuvre gigantesque, et dès lors de vous rappeler quels titres l'éminent bibliothécaire en chef peut faire valoir à la reconnaissance de tous ses collègues.

Monseigneur Van Cauwenbergh a vivement protesté contre toute tentative de lui témoigner publiquement notre gratitude. Finalement, il s'est résigné à ce qu'un volume de mélanges lui soit présenté. *Non inviti invitum honorabunt.*

Il nous a paru qu'il convenait de réserver la collaboration à ce recueil à ceux de nos collègues dont les travaux ressortissent le plus à l'enseignement et aux publications du maître que nous entendons honorer, c'est-à-dire, l'histoire prise au sens le plus large du terme. C'est à ce titre que nous nous permettons de vous envoyer la présente lettre et de vous prier de bien vouloir honorer de votre précieux concours le volume de mélanges qui sera offert au bibliothécaire en chef au cours de l'année académique prochaine. Nous vous serions reconnaissants de bien vouloir marquer votre accord et de faire connaître, si possible, le sujet que vous traiterez, à Monsieur le chanoine Éd. Massaux, 97, rue des Joyeuses Entrées, avant le 1er août prochain; nous serions également heureux de recevoir, avant le 30 novembre 1960, votre manuscrit, — ne dépassant pas 15 pages imprimées, — pour lequel vous voudrez bien vous conformer aux instructions ci-jointes afin de faciliter le travail du comité de rédaction et de l'imprimeur.

Nous vous prions, cher Collègue, d'agréer l'expression de nos sentiments distingués.

Le Comité exécutif,
Mgr J. Coppens, W. Peremans, R. Aubert,
L. Caes, Éd. Massaux, J. Ruwet.

Leuven, op 30 juni 1960.

Hooggeachte Heer Professor en Beste Collega,

Gedurende het volgende academiejaar zal Mgr. Etienne Van Cauwenbergh zijn 70e levensjaar voleindigen en sedert 40 jaar doceren aan de Katholieke Leuvense Universiteit. De leden van de Rektorale Raad waren eenparig van oordeel dat beide verjaringen niet mochten onopgemerkt voorbijgaan. Tijdens zijn lang professoraat, heel en al gewijd aan de dienst van de Universiteit, diende Mgr. Van Cauwenbergh, hoofdbibliothekaris, tweemaal de overweldige taak te torsen, de Universiteitsbibliotheek volledig herop te bouwen en ze opnieuw in te richten tot het wetenschappelijk instrument bij uitnemendheid ten gerieve van alle Fakulteiten, Scholen en Professoren.

Het is overbodig U uiteen te zetten, welke hoeveelheid wetenschap, inzicht, kracht, geduld en vaardigheid werd vereist om zulke zware onderneming tot tweemaal toe met sukses te bekronen, en derhalve welke dankbaarheid alle Fakulteiten en Professoren aan de hoofdbibliothekaris verschuldigd zijn.

Mgr. Van Cauwenbergh heeft zelve heftig protest aangetekend tegen elke poging om hem in het openbaar te huldigen. Ten slotte heeft hij er zich bij neergelegd dat hem een krans van historische studiën zou worden aangeboden. *Invitum non inviti honorabunt.*

Het kwam ons voor dat we de medewerking tot dit hulde-album dienden voor te behouden aan de collegas wier onderwijs en publikaties het dichtst de leeropdracht en de werken van de Meester dien we zoeken te huldigen en te danken, benaderen, d.i. de geschiedenis in de brede betekenis van het woord. Het is om die reden dat we ons veroorloven U dit schrijven te richten en U te verzoeken uwe kostbare medewerking te verlenen tot het samenstellen van een bundel die aan de hoofdbibliothekaris in de loop van volgend akademiejaar zal worden aangeboden.

Mogen we U vragen uwe toetreding te willen melden aan Z.E.H. Kanunnik Massaux, 97 Blijde Inkomststraat, Leuven, voor 1 augustus 1960. Gelieve tevens, zo mogelijk, voor dezelfde datum het onderwerp aan te geven van uwe bijdrage. We zijn zo vrij uw handschrift, — waarvan de omvang ten hoogste 15 gedrukte bladzijden zal zijn, — voor 30 november 1960 te verwachten. We verzoeken U tevens uw tekst bij voorkeur in machine-schrift aan te bieden en de notas samen te stellen overeenkomstig de hierbijgevoegde richtlijnen. U zal aldus het werk van de drukker en van het uitvoerend comité dat zich met het verbeteren van de drukproeven gelast, ten zeerste te gemoet komen.

Gelieve, Hooggeachte Heer Professor en Beste Collega, de verzekering te aanvaarden van onze dank en van onze beste collegiale gevoelens.

Het uitvoerend Comité,
Mgr. J. Coppens, W. Peremans, R. Aubert,
L. Caes, Éd. Massaux, J. Ruwet.

* * *

Monseigneur,

Het aantal jaren dat tot dusver de Voorzienigheid mij edelmoedig heeft toebedeeld, schenkt me heden het vóorrecht U enkele woorden toe te spreken.

Eervol doch niet in elk opzicht benijdenswaardig voorrecht. We dienen inderdaad op dit ogenblik U allereerst onze verontschuldiging aan te bieden. We hebben U enigermate geweld aangedaan. We hebben tegen wil en dank U een feestbundel opgedrongen. En, — bezwarende omstandigheid, *adiunctum aggravans*, — we belijden onze schuld doch voelen geen berouw. Hoe zouden de leden van het Comité er spijt over voelen, dat zij, in opdracht van Zijne Excellentie Monseigneur de Rector Magnificus en van de Rectorale Raad, beproefd hebben enigszins een ereschuld af te betalen om al de kommer, al de last, al het tijdverlies en offer van eigen werk, die ge U hebt getroost, om aan de Universiteit, aan haar professoren en studenten, het geestelijk arsenaal en werkinstrument te bezorgen zonder hetwelk wetenschappelijke arbeid en navorsing eenvoudigweg niet eens denkbaar en mogelijk zijn, vooral in deze tijd van intens geestelijk verkeer en uitwisseling van gedachten. Weigert ge ons de absolutie, Monseigneur, we zullen als gedweeë boetelingen ons onderwerpen. Doch zie, — en onze collega's moralisten staan hier tegenover een moeilijk op te lossen vraagstuk, — we krijgen heden vergiffenis zonder berouw, en de penitentie neemt gij zelve op door het aanvaarden en ondergaan van deze hulde die, — we weten het, — hoe beperkt en al te bescheiden ook, — tegen uwe wensen, uwe verlangens, uwe gewoonten indruist.

* * *

Monseigneur,

Je viens de vous dire que nous ne regrettons nullement de nous être inspirés de la parole de l'Évangile : *Violenti rapiunt illud*, pour vous imposer aujourd'hui la pénitence de cet hommage et de cette cérémonie à laquelle selon vos désirs nous avons donné le caractère d'une fête de famille.

Comment en effet pourrions-nous le regretter? La décision de publier un volume de *Mélanges Van Cauwenbergh* fut saluée par Monseigneur le Recteur magnifique comme l'occasion attendue depuis longtemps pour exprimer au Bibliothécaire en chef de l'Alma Mater au nom de tous les professeurs et des nombreux usagers de votre maison l'immense dette de gratitude qu'ils ont contractée envers Vous. Elle fut aussi saluée comme l'occasion, — elles ne sont pas trop nombreuses, — pour grouper en une équipe, que le Comité aurait voulu encore plus nombreuse s'il n'avait pas dû limiter ses invitations, un nombre imposant de collègues et d'amis pour publier un volume de travaux historiques qui attestera partout que les traditions littéraires et scientifiques ne se sont pas perdues à Louvain. Elle fut enfin saisie comme une occasion unique d'offrir aux lecteurs d'aujourd'hui et de demain un tableau de votre activité et un portrait de votre personne qui compteront parmi les mieux réussis de notre galerie universitaire. Le volume d'études historiques que Son Excellence Monseigneur le Recteur vous remettra dans quelques instants, sera lu, il sera même dévoré, ne fût-ce que pour la page d'histoire que votre grand ami, Monseigneur Ryckmans, y a brossée et où sa plume érudite et toujours pleine d'esprit a tracé deux portraits à la fois, le vôtre, Monseigneur, et, en filigrane, le sien propre.

Quand on vous annonça pour la première fois de manière ferme le noir dessein que vos amis avaient nourri, un journal qui nous entretient dans la connaissance du français, annonçait sous le titre : *Invita invitum eligit*, l'élection de M. Montherlant à l'Académie française. Vous aviez repéré tout de suite le titre et, plein de menaces, vous le brandissiez devant nous, cédant, je le crains, à un penchant un tant soit peu exagéré de scepticisme à l'endroit des sentiments qui nous animaient. *Invitus*, Monseigneur, vous l'étiez à coup sûr. *Inviti*, personne de ceux qui montaient à l'assaut de votre obstination, ne l'était.

Permettez-moi, maintenant que nous avons triomphé de tous les obstacles, de remercier tous ceux qui ont préparé et gagné une victoire où il n'y a pas de vaincus : Son Éminence le Cardinal van Roey, grand chancelier de l'Université, qui accorda de grand cœur son patronage à une initiative tendant à rendre hommage à un maître qui a si bien mérité de l'Alma Mater ; Nosseigneurs les Évêques de Belgique qui tous nous exprimèrent leur satisfaction de voir votre dévouement enfin publiquement reconnu ; Son Excellence Monseigneur le Recteur Magnifique qui fut le premier à encourager et à bénir nos efforts et qui consentit à couvrir le risque d'une dépense qui bientôt, nous nous en réjouissons, s'avérera un bon placement ; nos collègues du Conseil Rectoral ; les membres du Comité exécutif, en particulier Messieurs les Professeurs Peremans et Ruwet auxquels revient le mérite d'avoir pris l'initiative de cet hommage et d'avoir accompli les premières démarches pour lui assurer un plein succès ; enfin nos collègues, tous de Louvain, — *Scrinium Lovaniense*, — dont la prose et la science feront connaître partout l'efflorescence des études historiques au sein de l'Alma Mater.

Il Vous sera, je n'en doute pas, particulièrement agréable d'apprendre que votre adjoint, Monsieur le chanoine Massaux, s'est dépensé, en étroite collaboration avec M. le professeur Ruwet, pour organiser le programme que le Comité exécutif s'était tracé et pour le faire exécuter en un temps record, sans un jour de retard sur l'horaire prévu. Il vous aura donné ainsi un gage de fidélité et une nouvelle preuve de qualités que vous appréciez par dessus tout et qui vous permettent d'espérer que l'avenir de votre chère bibliothèque est en bonnes mains. Et je ne puis oublier les efforts et les talents de la Firme Duculot, de ses administrateurs et spécialement de M. Pierlot qui tous se sont dévoués pour donner satisfaction aux exigences parfois un tant soit peu draconiennes de notre secrétaire et pour réaliser sous ses yeux vigilants un chef-d'œuvre de typographie.

* * *

Monseigneur,

Vous avez choisi comme cadre à cette solennité celui d'un symposium, cadre et genre littéraires anciens, qui peuvent se réclamer d'augustes patronages : Platon dans ses immortels dialogues ; la Sagesse de l'Ancien Testament celle à laquelle rend hommage l'inscription qui figure au-dessus de la porte qui conduit les visiteurs de la Bibliothèque à la Salle de lecture ; le Christ lui-même qui à diverses reprises prit part à quelque symposium et qui choisit le cadre d'une cène pour nous léguer ses plus belles paroles et le don de lui-même. Puis, à des niveaux moins élevés, il y eut jadis la *chabourah* juive sur laquelle Monseigneur Ryckmans pourrait certes nous instruire, ou, plus près de nous, les repas ou la *Tischgemeinschaft* des humanistes où le sel ne manquait pas et la moutarde gardait son prix. J'ignore si, en marquant votre préférence pour le genre symposiaque, votre esprit s'est arrêté à l'un des quelques antécédents que je viens d'évoquer. Mais je suis sûr de ne pas me tromper en affirmant que sans nul doute vous vous êtes souvenu de la rencontre inoubliable que vous-même aviez organisée le dimanche 28 juillet 1946 en l'honneur de votre collaborateur et ami, le regretté chanoine Albert De Meyer. Souffrez Monseigneur que nous rappelons cette belle journée et qu'en toute simplicité nous vous donnons l'assurance qu'en notre souvenir celle d'aujourd'hui en sera l'admirable et inoubliable réplique.

* * *

Monseigneur en Goede Vriend,

Naar uw wens blijft deze diepgemeende en roerend aangevoelde stille hulde gedompeld in de vrienden-intimiteit die ons vrij stelt van alle uiterlijke plechtigheid en van stroef officieel karakter. Hier spreekt dankbare vriendschap... en des te beter, want zo sprak daareven Zijne Eminentie de Kardinaal-Aartsbisschop die me vererend verzocht hem op deze viering te vertegenwoordigen [1].

U hebt, Monseigneur, zijn woord aanhoord zo hartelijk, zo genegen, zo vriendschappelijk. En, wars van alle vormelijke plichtpleging, klinkt echt en gegrond die zo ruimschoots verdiende lof, uitgesproken met zoveel waardering door het hoogste kerkelijk gezag in ons Land. En wij allen zijn blij om dat schitterend getuigenis: U hebt aan de Universiteit, op zo kort een tijd, een prachtige, rijke bibliotheek terug geschonken met een nooit gekende keuze boeken en werken, waar Leuven fier mag op zijn. Het is uw levenswerk geweest waar uw bevoegdheid, uw wetenschap, uw ondervinding, uw speurzin en uw ontdekkingsgave het U mogelijk gemaakt hebben de schatten te ontdekken en binnen te brengen die aan onze Professoren en Studenten, aan geleerden en navorsers toelaten hun werk voort te zetten zonder er te lang te hebben moeten op wachten. Wat bezorgdheid, wat angst, wat zoeken en wroeten heeft het U gekost? Wat rusteloze toewijding schuilt achter uw soms streng voorkomen en uw helder doorpeilende blik! Wat al last en, menselijkerwijze ook, soms wat onbegrip... Een reuzenwerk dat uw afgematte gezondheid dreigde neer te vellen. Maar uw doortastende en volhardende wil en uw onwrikbaar betrouwen op God hebben U tot de voltooiing van uw werk gestaald en gesterkt. Deze morgen hebben we er allen met U God om bedankt en we verheugen er ons om dat U hebt toegestemd in deze eenvoudige en te arme hulde... Ik dank er U om en ik wens er U geluk mee.

* * *

Monseigneur votre éloge a été si éloquemment tracé par Son Éminence le Cardinal-Archevêque et Monseigneur Coppens a fait revivre brièvement de son burin, avec la virtuosité de son talent, parfois sarcastique mais toujours bienveillant, votre carrière et votre mission si pleinement remplie.

[1] Le texte de la lettre du Cardinal ne nous fut pas communiqué.

Je ne dois pas m'y attarder et j'aurais mauvaise grâce de vouloir essayer de dépeindre à mon tour vos mérites.

Je remercie Dieu avec vous et avec vos amis. Je vous félicite de tout cœur et nous prions Dieu de vous garder longtemps encore à notre affection intéressée. Car Louvain a encore longtemps besoin de vos conseils et de votre aide.

Ces vœux et ces sentiments sont ceux de vos collaborateurs les plus proches et les plus humbles, de tout votre personnel si dévoué et si capable, de vos amis, de vos élèves, et de tous ceux que vous avez aidés ou conseillés ou formés, des chefs de l'Université et de l'Université elle-même. Elle vous doit tant parce que vous lui avez tout donné et que, sans vous, elle n'aurait pas, à l'heure présente, cette bibliothèque qui représente toute votre vie de travail. Elle est votre gloire et son nom est votre titre de pure noblesse, comme votre nom est chanté non seulement par les pierres et les trésors du vénérable bâtiment mais même par l'hymne de ce carillon que vous avez fait taire pendant la guerre, mais dont vous avez providentiellement retrouvé la clef au jour de la libération, ce 4 septembre 1944 et qui a joué aujourd'hui en votre honneur. Vous savez que, quatre ans auparavant, nous avons pleuré en voyant se consumer vos livres et vos meubles en votre bureau, le dimanche 19 mai 1940...

Et vous voici devant vous, pour vous fêter, contrits et humiliés parce que nous ne pouvons rien vous offrir qui puisse vous compenser de vos peines et de vos labeurs...

Et cependant, le Comité, qui a si courageusement et cordialement conçu et organisé cette journée, me charge de vous offrir un gros volume où une cinquantaine de professeurs de Louvain, vos amis, vous rappellent votre passé et votre œuvre, évoquent les souvenirs ou apportent la solution de problèmes sur lesquels ardemment ils se sont penchés. Je sais, Monseigneur, combien leurs articles, si variés et si bien enlevés, vous plairont et combien, au prix peut-être d'une larme d'émotion ou d'un regard foudroyant, vous jouirez, dans la solitude de votre ermitage de Lovenjoul, des témoignages d'amitié, d'estime et de gratitude que veut être pour vous la surprise du *Scrinium Lovaniense Étienne Van Cauwenbergh* qu'aurait aimé vous remettre Son Éminence Elle-même, comme Elle me l'a confié hier, si Elle n'avait redouté l'ascension des marches de l'hôtel. C'est avec Son agrément qu'au nom des collaborateurs et des souscripteurs, de vos amis et de vos anciens élèves, de l'Université et de la Bibliothèque comme de son personnel, je vous prie, Monseigneur, d'accepter cet humble hommage reconnaissant d'une amitié profonde et sincère que longtemps encore daigne Dieu bénir abondamment.

Louvain, le 26 avril 1961.

†H. VAN WAEYENBERGH
Rect. Univ.[1].

[1] Le dîner fut servi à l'hôtel Majestic, avenue des alliés. Le menu portait les textes suivants : en première page, *Illustrissimo eximio Domino, domino Stephano Van Cauwenbergh, urbano antistiti de academia lovaniensi eiusque bis diruta atque bis restituenda bibliotheca optime merenti ut ei corona gratulationis superponatur rector universitatis magnificus collegae amici has dapes solemnes d.d.d. (Eccli., VI, 32). Lovanii, die 26ª mensis aprilis 1961*; en quatrième page, les armoiries du prélat avec sa devise : *Ne deleatur de libro viventium*; sur la carte de chaque convive, le chronogramme : B*is* d*irutam* b*is* ref*l*ores*c*ere fe*cisti* et *c*res*c*ere.

Le menu comportait les plats suivants :

La Crème volaille

—

Les Fonds d'Artichauts fin-bec

—

Le Baron d'Agneau Longueville
Pommes Lorette

—

Le Plateau de Fromages

—

La Bombe havanaise

—

Moka

—

Liebfraumilch — Château Ferrière, Margaux, 1943
Châteauneuf-du-Pape, Clos de l'Oratoire, 1952

—

FLORENT HOFMANS

1925-1965

Natus in Lebbeke, 12 mart. 1925, fuit successive professor religionis in Schola normali S[i] Nicolai Wasiae, philosophiae in Seminario gandavensi S[i] Pauli, theologiae in Universitate catholica (Santiago), ibique decanus Facultatis theologiae, obiit in Lebbeke, 3 ianuarii 1965.

Cfr *ETL*, 1965, t. XLI, p. 280.

Met verslagenheid vernamen wij op 6 januari 1965, bij onze terugkeer uit Londen, het afsterven van Z.E.H. Florent Hofmans, dekaan van de Faculteit der Godgeleerdheid aan de Universiteit van Santiago. Hij was met vrijaf een paar dagen te voren naar België teruggekeerd en schikte er te verblijven tot midden februari. Op 3 januari was hij op weg naar Antwerpen om er een lezing te houden, toen zijn wagen op de baan van Lebbeke naar Baasrode, iets voorbij het station Lebbeke, ter hoogte van het Bosveld, waarschijnlijk omstreeks 8.45 u., op wat ijs slipte, tegen een boom te pletter kwam en in een gracht kantelde. De professor, ogenschijnlijk slechts lichtjes aan het voorhoofd gekwetst en bloedend, was op de slag dood.

Na wijsbegeerte en theologie te hebben gestudeerd te St.-Niklaas-Waas en te Gent, werd de afgestorvene, die bij de president van het seminarie, kanunnik De Kesel, hoog aangeschreven stond, naar Leuven gestuurd om er de *post graduate*-theologische studiën aan te vangen. Hij promoveerde tot baccalaureüs in 1949 en tot licenciaat op 26 juni 1952. In 1953 slaagde hij in zijn doctoraal examen en, na gedeeltelijke publikatie van zijn proefschrift : *De profeet Mozes in de Apologie van sint Justinus martelaar* (cfr *Eph. Theol. Lov.*, 1954, t. XXX, pp. 416-439), werd hij in 1954 tot doctor in de theologie bevorderd.

Te Leuven ging de student in bewondering en genegenheid op voor Mgr. Cerfaux, onder wiens leiding hij zijn proefschrift ondernam. De professor hield wederkerig veel van zijn Vlaamse pupil. Hoewel hij de Nederlandse redactie niet al te nauwkeurig kon volgen, was Cerfaux over het werk zó opgetogen, dat hij zijn student bekwaam en geschikt achtte voor het *magisterium*. De meningen van de correctoren waren hierover verdeeld. Hoewel wijlen professor De Langhe eerst eerder skeptisch tegenover het voorstel gestemd was, aanvaardde hij, buiten elk contact met mezelf, de vraag bij de Gentse overheid te steunen. Uiteindelijk werd van het magisterium afgezien, doordat de Gentse kerkvoogd diende beroep te doen op de bevoegdheid van Dr. Hofmans, allereerst voor het godsdienstonderwijs in de Normaalschool te St.-Niklaas-Waas (29 augustus 1953), vervolgens voor het onderricht in de wijsbegeerte aan het St.-Paulusseminarie te Drongen (13 april 1956).

Wat Monseigneur Cerfaux in Hofmans' dissertatie vooral bekoorde was het feit dat het proefschrift sint Justinus voorstelde als de vertegenwoordiger van een vrijwel originele opvatting van de Schriftinspiratie. Hofmans zelf heeft zich evenwel dienaangaande nooit zeer helder in enige publicatie uitgesproken. Wel treffen wij hieromtrent in het geciteerde artikel enkele aanduidingen aan. Volgens Justinus blijft in het geval van Mozes de inspiratie beperkt tot het gesproken woord van de Wetgever. De geschreven tekst komt niet in aanmerking. Bovendien blijkt Justinus de inspiratie van het gesproken woord vooral als een profetisch charisma op te vatten.

Benoemd tot professor ging de apostolische priester voort zich vol ijver toe te wijden aan de katholieke actie, voor dewelke hij optrad als predikant van recollecties en retraites, en als schrijver van boekjes voor jeugdspiritualiteit. Zijn filosofisch onderwijs leverde geen stof tot schriften. Daarentegen publiceerde hij een handboek voor godsdienstonderwijs, — misschien geen meesterstuk, — en verscheidene bijbelse bijdragen van populariserende aard. Hij dierf het zelfs aan land en volk van Palestina te beschrijven, zonder ooit een voet te hebben gezet op het Heilig Land. Onder zijn vele vulgariserende met diep piëtistische inslag geschreven werkjes vermelden wij gaarne: *Om Christus te kennen* (Antwerpen, Patmos, 1961).

Op 15 october 1960 werd de ijverige priester ook belast met godsdienstonderwijs in de katholieke school voor verpleegsters te Gent. Het blijkt dat hij toen reeds zijn verlangen had bekend gemaakt om naar Zuid-Amerika te vertrekken. Wijlen Mgr. Calewaert was niet geneigd hierop in te gaan. Hij oordeelde dat hij zijn priester moeilijk kon missen. In 1961 deed zich onverwachts een nieuw feit voor. Vanuit Rome werd de Gentse kerkvoogd verzocht om een met naam genoemde priester voor Latijns Amerika af te staan. Hierop kon niet worden ingegaan, doch de bisschop was thans bereid aan Z.E.H. Hofmans verlof te geven om zijn roeping te volgen.

Met welk enthousiasme en met welk succes Z.E.H. Hofmans in 1961 zijn taak in Chili aanvaardde en volbracht, blijkt uit de opdrachten die hem daar werden toevertrouwd. Tot professor benoemd in de theologische faculteit van Santiago werd hij na korte tijd aangeduid als decaan en als leider van de instellingen voor de opleiding tot catechisatie. Bovendien luidde de mare dat hij één van de hoogst aangeschreven raadgevers geworden was van de Chileense Kardinaal.

De katholieke kerk in Chili en het Leuvens seminarie voor priesterhulp in Zuid-Amerika, samen met de talrijke vrienden die de overledene in Vlaanderen telde, treurden bitter om het vroegtijdig overlijden van deze vrome, ijvervolle priester, die het talent bezat de theologie en de Bijbelwetenschap op een hoog peil te populariseren, en die wellicht er zou in geslaagd zijn het theologisch onderricht in Chili, zijn nieuw vaderland, uit te breiden op een wijze waardig van de Leuvense tradities.

Vrome priester, strevende naar apostolische heiligheid, werd Z.E.H. Hofmans aangegrepen door de spiritualiteit van Charles de Foucauld. Hij sloot aan bij de priestervereniging die als seculier instituut, in het kader van de drie traditionele geloften, de liefdeboodschap van Christus, zoals ze door de woestijnprofeet werd ingezien en beleefd, tracht te verwoorden en te verwerkelijken. Regelmatig werkte hij mee aan het tijdschrift *Jesus Caritas*, waarin hij de rubriek *Al zoekende* heeft geredigeerd, vanaf het eerste nummer, december 1961, tot nummer 9, september 1964. En zijn confraters stelden hem als «verantwoordelijke» voor de Vlaamse priesterfraterniteiten aan. Bij het overlijden van onze oud-student hebben wij niet nagelaten zijn *Jesus-caritas*-overwegingen met aandacht te lezen. In die bladzijden ontmoeten wij aanhoudend het getuigenis van een heldhaftige liefde voor God, Christus, de evenmens. Tevens wordt aan de lezer onverpoosd, kwistig, edelmoedig, concreet, allerlei goede raad geschonken. Wie zich het beeld van de afgestorvene levendig vóór de geest wil roepen, moet ongetwijfeld naar deze bladzijden teruggrijpen, bladzijden waarin de naar een navolging Christi hunkerende apostel zijn rijk gemoed ten volle heeft prijsgegeven.

Laten wij hem in onze gebeden gedenken en troosten wij ons met de verzen van de Engelse dichter, Laurence Binyon, die men in Engeland zo menigmaal te lezen of te horen krijgt:

They shall not grow old
As we that are left grow old.
Age shall not weary them
Nor the years condemn.
At the going down of the sun
And in the morning
We will remember them.

J. Coppens.

*
* *

In *De Nieuwe Gids* van vrijdag 8 januari 1965, blz. 6, verscheen een *In Memoriam Z.E.H. prof. Hofmans*, dat wij, ter herinnering aan de betreurde overledene afdrukken.

«Gisteren werd te Lebbeke de 39-jarige priester Flor Hofmans ten grave gedragen.

Bij het begin van de Eucharistieviering stond er in de kerk, dicht op elkaar, een grote gemeenschap van familie, priesters en vele, vele vrienden. Deze honderden biddende mensen deden spontaan de vraag stellen, wie die priester dan geweest was.

E.H. Hofmans werd geboren op 12 maart 1925 als zoon van een nijveraar uit Lebbeke. Na zijn collegejaren, deed hij het eerste jaar technisch ingenieur en trad dan in het Seminarie.

Na drie jaar Groot Seminarie voltooide hij zijn theologie te Leuven, waar hij promoveerde tot doctor in de theologie en waarbij hij ook het licenciaat behaalde in de Bijbelse Filologie.

Hij werd priester gewijd op 16 april 1950. Daarna werd hij godsdienstleraar aan de Bisschoppelijke Normaalschool te St-Niklaas en enkele jaren later professor aan het Sint-Paulusseminarie te Drongen.

In deze periode verschenen met zeer korte tussenruimten steeds nieuwe werken van professor Hofmans. Sober, klaar doordacht, verrijkend nieuw, doch alle op hetzelfde thema : de Heer Jezus. Zijn grote bekommering in al zijn geschriften was van het begin af: hoe Christus doen kennen aan de mensen van deze tijd.

In december 1961 verscheen onder zijn leiding het eerste nummer van de Nederlandse uitgave van *Jesus-Caritas*, tijdschrift van de Fraterniteiten van Charles de Foucauld.

In januari 1962 vertrok E.H. Hofmans naar Santiago de Chili als professor in de theologie aan de Katholieke Universiteit.

Wat ginds door hem in drie jaar verwezenlijkt werd, grenst aan het ongelooflijke. Als jonge buitenlander werd hij (tegen zijn wil in) verkozen tot Decaan van de faculteit van de theologie. Hij werd directeur van de Icla (Instituut voor catechese) voor gans Latijns-Amerika, had een leidende functie in de Copal, was geestelijk directeur van het Groot Seminarie van Santiago en bekleedde dan nog zoveel kleinere functies, waaronder die van hulp-onderpastoor op een arbeidersparochie van 30.000 zielen.

En toch bleven de nieuwe publikaties van de pers komen, hier en in Chili.

Op 6 december was professor Hofmans naar huis gekomen voor de noodzakelijke contacten met het Latijns-Amerikaans College, voor conferenties, besprekingen, om hulp te geven en te vragen.

Door hem kreeg hier de Nederlandse tak van Ita-y-unitad vorm en gestalte. Deze gemeenschap, die openstaat voor alle leken, jong en oud, arm en rijk, wil het Evangelie doen beleven in haar eerste en enige opdracht: liefde voor alle mensen. Daarom beloven de leden hun overtollig bezit elk jaar af te staan, omdat ze het als een plicht van rechtvaardigheid beschouwen te delen met hun arme broeders, waar ook ter wereld.

En hier raken wij de zin en bron van deze grote biddende vriendengroep te Lebbeke: niet de hooggeleerde professor, niet de eminente schrijver, niet de graag beluisterde conferencier, werd hier begraven, maar een priester waarin de Heer gestalte had gekregen.

B.S. »

In zijn geboortedorp ter aarde besteld.

« Donderdagvoormiddag werd Z.E.H. Florent Hofmans, Decaan van de Faculteit van Godgeleerdheid aan de universiteit van Santiago de Chili, onder grote belangstelling ten grave gedragen.

Reeds heel vroeg schoof een massa mensen aan in de Stationstraat te Lebbeke, waar de ouders van E.H. Hofmans wonen en waar hij pas enkele dagen met vakantie is geweest.

In de rouwkapel lag over de kist de Chileense vlag.

Even vóór elf uur werd het stoffelijk overschot afgehaald door de geestelijkheid. De kist werd gedragen door een twaalftal priesters, die de overledene gekend hebben als studiemakker, als leraar en als missionaris.

Ze werden gevolgd door de grote familie van de verongelukte priester, de burgerlijke en geestelijke overheid, talrijke priesters, oud-studiemakkers, oud-leerlingen en zijn oud-clubmakkers van S.K. Lebbeke.

De grote O.-L.-Vrouwekerk was te klein om allen te plaatsen.

De plechtige rouwmis werd opgedragen door pastoor Van den Berghe, bijgestaan door E.H. Verberckmoes, E.H. Denissen uit Ossendrecht (Ned.) en E.H. Huyck. Laatste twee waren samen met de professor uit Chili met vakantie gekomen. De dienst werd opgedragen met assistentie van Mgr. De Kesel, hulpbisschop van Gent.

Tijdens de offergang, die meer dan een anderhalf uur duurde, werden herinneringen aan E.H. Flor. Hofmans uitgereikt.

De jonge priester was voor zijn medemensen en vrienden de goedheid in persoon.

De Heer was alles voor hem. Elke mens beminde hij zonder onderscheid. Jezus kreeg steeds duidelijker gestalte in hem.

Innig verlangde hij bij Jezus te zijn.

In 1963, op het feest van St-Stefaan, schreef prof. Hofmans :

« Heer Jezus, blijf niet dralen!
Niet genoeg is mij de voorsmaak,
de vertroosting lijk men zegt :
dat we toch uw woord bezitten,
U ontmoeten in de mensen
en U smaken in de maaltijd
als we samen, Vader dankend,
Uw waarachtig Lichaam nutten.
Voor hoelang nog, mijn beminde,
voor hoelang nog dat geschaduw?
O, hoelang nog gaat Gij zo maar
zonder glimlach, zonder afspraak,
zo onthutsend van mij weg
en hoelang nog moet ik zingen
in mijn diepe maar zo halve vrede;
waarheen, waarheen, waarheen
ga ik weldra?»

Nooit is het gebeurd, dat zo een grote massa de begrafenis bijwoonde op het kerkhof.

Daar zal hij rusten, de grote Lebbekenaar, die nog een grote toekomst voor zich had en die steeds in zijn brieven aan vrienden en kennissen schreef: «... blijf ik in het verre Santiago, over de eeuwig besneeuwde Andes, een Chileense Lebbekenaar».

Zijn vreugde is nu volkomen en, een genade blijft hij voor zijn ouders en familie, die hij zo innig en dankbaar beminde en voor allen die hem hebben gekend.

S.L. »[1].

FERNAND LITT

1905-1965

Natus in Verviers, 20 martii 1905, fuit successive professor in maiore seminario leodiensi, vice-rector in universitate catholica lovaniensi, prorector eiusdem universitatis, obiit Lovanii 29 ian. 1965.

Cfr *ETL*, 1966, t. XLII, pp. 695-696. — A. DESCAMPS, *Discours aux obsèques de Mgr Litt, prorecteur*, ap. *Lovaniensia*, mai - mei 1965, pp. 3-8.

ODON LOTTIN

1880-1965

Les études médiévales viennent de perdre un travailleur des plus méritants[2]. Joseph Lottin est né à Aubin-Neufchâteau, dans la province de Liège, le 2 juillet 1880. Après ses humanités au Petit-Séminaire de Saint-Roch à Ferrières, il se met, en 1898, à la disposition de son évêque, qui l'envoie au Séminaire Léon XIII, à Louvain, pour y étudier à l'*Institut supérieur de philosophie* de l'Université. Docteur en philosophie en juillet 1901, il passe deux années au Grand Séminaire de Liège, puis retourne à Louvain pour y poursuivre ses études à la Faculté de théologie (1903-1907) et y conquérir le grade de licencié en théologie[3]. Il est ordonné prêtre en 1904. De 1907 à 1910, l'abbé Lottin enseigne la philosophie

[1] Zie ook *Flor Hofmans. Leven en getuigenis.* Onder redactie van P. SCHREURS. Antwerpen, Patmos, 1967. In-8°, 216 p. — Vgl nog *De Voorpost. Het Weekblad voor Dendermonde en omliggende*: blz. 1 en 12: *In memoriam. Z.E.H. Florent Hofmans uit Lebbeke.* — Blz. 13: Raymond DE BATSELIER, *S.K. Lebbeke eert in memoriam E.H. Doctor Flor Hofmans.* — Onder de publikaties van de overledene citeerde *De Voorpost*, naast medewerking aan *Jesus-Caritas* (waarvan hij stichter was), *Ontmoeting*, *Zonnebloem*, *Kruis en Liefde*, *Vita-Documentatie*, *Collationes Brugenses et Gandavenses*, volgende werken: *Over het mooiste boek*, — *Om Christus te kennen*, — *De Wereld der armsten*, — *Dank U Heer*, — *St.-Lukas-evangelie*, — *Stille stonden*, — *Van Abraham tot Paulus*, — *Brieven over Biechten*, — *Inleiding tot de lezing van het Evangelie* (3 dln, laatste deel onder druk), — en twee handboeken uit de *Vita-Reeks*.

[2] Cette notice a paru dans la *Rev. Philos. de Louvain*, 1965.

[3] Depuis la réforme des programmes de la Faculté de théologie en exécution de la Constitution apostolique *Deus scientiarum Dominus* de 1931, les anciens licenciés sont devenus docteurs et l'ancien doctorat en théologie est devenu la maîtrise. Dom Lottin est donc devenu automatiquement docteur en théologie.

au Petit-Séminaire de Saint-Trond, dans son diocèse. De 1910 à 1914, il est chargé de cours, puis professeur extraordinaire (en 1912) à la Faculté de théologie de Louvain : il occupe, à la *Schola minor*, les deux chaires de morale fondamentale et de morale spéciale (cette dernière avait été occupée, de 1901 à 1907, par l'abbé Ernest Van Roey, le futur archevêque de Malines).

En juillet 1914, l'abbé Joseph Lottin entre au noviciat de l'abbaye du Mont-César à Louvain et il portera bientôt le prénom monastique sous lequel il est universellement connu. Un mois plus tard, l'armée allemande occupe la cité universitaire et, après le sac de la ville, la communauté du Mont-César est déportée en Allemagne, à l'abbaye de Maria Laach, où le P. Lottin passe les premiers mois de la guerre. Rentré à l'abbaye de Louvain, il y enseigne pendant de longues années la théologie morale et l'histoire doctrinale du moyen âge aux jeunes moines de la Congrégation bénédictine belge. Cet enseignement, marqué par les qualités éminentes de clarté, de méthode et de pénétration qu'il doit à ses dons naturels et à sa solide formation philosophique et théologique, donnera naissance à plusieurs ouvrages de valeur, dont il sera question plus loin.

En 1929, dom Lottin fonde les *Recherches de théologie ancienne et médiévale* avec le très précieux supplément : *Bulletin de théologie ancienne et médiévale*. Entouré d'une équipe de spécialistes qui s'étaient partagé les différentes périodes de l'histoire de la science sacrée, le Directeur des *Recherches* mettait à la disposition des historiens un instrument de travail de haute tenue scientifique, leur procurant chaque année le compte rendu analytique et critique de toutes les publications (livres et articles) intéressant l'histoire littéraire et doctrinale des sciences théologiques depuis les origines du christianisme jusqu'à la fin du moyen âge. Dans cet immense travail de dépouillement et de critique, dom Lottin s'est réservé surtout le XIIIe siècle; pendant trente-cinq ans, il a apporté au *Bulletin* une collaboration constante, abondante et universellement appréciée. Au nom des médiévistes qui bénéficient depuis si longtemps du labeur de l'équipe du Mont-César, je saisis l'occasion qui m'est offerte de rendre hommage à leur science et à leur dévoûment; et j'exprime le vœu le plus cher du regretté disparu en souhaitant que de jeunes moines, conscients de la valeur spirituelle d'une entreprise si conforme à l'idéal traditionnel de l'Ordre bénédictin, assurent la relève en venant renforcer et rajeunir la vaillante équipe créée par dom Lottin.

Parallèlement à son enseignement et à la direction des *Recherches*, dom Lottin n'a cessé de poursuivre la tâche scientifique personnelle qu'il s'était imposée dès les premières années de sa vie monastique : des travaux d'histoire littéraire et doctrinale sur les théologiens des XIIe et XIIIe siècles. L'objectif principal du savant historien semble avoir été l'étude des sources prochaines de la pensée théologique de saint Thomas d'Aquin. Initié aux études médiévales par Maurice De Wulf, guidé par l'exemple des grands pionniers — les Denifle, les Ehrle, les Mandonnet, les Grabmann, les Pelzer, sans oublier de grands historiens bénédictins, comme dom U. Berlière et dom D. De Bruyne —, il s'intéressa très tôt à la littérature théologique, en grande partie inédite il y a un demi-siècle, qui reste le témoin de l'évolution de la science sacrée dans les écoles du XIIe siècle, puis dans les facultés de théologie du XIIIe. Pour dominer ce vaste complexe littéraire, il s'attaqua résolument aux manuscrits scolastiques et ne tarda pas à exhumer d'intéressants spécimens de ces écrits, dont il publia de nombreux fragments ou même des pièces intégrales. Il étudia avec prédilection le progrès des doctrines à travers les générations successives de maîtres et il devint en quelque sorte le spécialiste de la méthode de comparaison textuelle, qui lui permit de faire bien des trouvailles relatives à la chronologie, à l'authenticité ou à la dépendance littéraire des documents.

Les *Recherches de théologie ancienne et médiévale* publieront, dans un de leurs prochains fascicules, la bibliographie complète du savant défunt. Je me bornerai donc ici à évoquer ses principales publications.

Avant son entrée au Mont-César, les travaux de l'abbé Lottin gravitent autour de son grand ouvrage : *Quetelet statisticien et sociologue* (Louvain-Paris, 1912, XXX-564 pp.); il s'agit d'une étude largement conçue de la méthode statistique du savant belge et des applications qu'il en a faites aux phénomènes sociaux; l'auteur s'intéresse surtout aux implications philosophiques des idées de Quetelet (logique de l'induction, liberté et déterminisme, responsabilité des individus etc.). Dans des articles de vulgarisation datant de la même époque, l'abbé Lottin traite aussi du problème moral en général et des rapports entre morale et religion.

Devenu moine et professeur de théologie morale à l'école monastique du Mont-César, dom Lottin continua à s'occuper activement des problèmes de théologie morale et son enseignement donna naissance à plusieurs publications remarquées : ses *Principes de morale* (Louvain, 1947), un traité en deux volumes (Tome I. *Exposé systématique*, 344 pp.; Tome II. *Compléments de doctrine et d'histoire*, 277 pp.); sa *Morale fondamentale* (Paris-Tournai, 1954, 546 pp.), publiée dans la *Bibliothèque de théologie*, aux éditions Desclée; enfin plusieurs excellents ouvrages de vulgarisation : *L'âme du culte. La vertu de religion d'après saint Thomas d'Aquin* (Louvain, 1920, 88 pp.); *Aux sources de notre grandeur morale* (Louvain, 1946, 160 pp.); *Considérations sur l'état religieux et la vie bénédictine* (Louvain, 1946, 105 pp.); *Le plus haut service* (Bruxelles, 1957, 107 pp.); *Au cœur de la morale chrétienne* (Paris-Tournai, 1957, 207 pp.).

Venons-en maintenant aux publications du médiéviste. Les premières en date sont deux séries d'articles réunis en volumes : *La théorie du libre arbitre depuis S. Anselme jusqu'à S. Thomas* (Saint-Maximin et Louvain, 1929, 164 pp.) et *Le droit naturel chez saint Thomas d'Aquin et ses prédécesseurs* (Bruges, 1931, 132 pp.). En 1937, dom Lottin édite dans *Les philosophes belges* un ensemble considérable de textes : *Le Quodlibet XV et trois Questions ordinaires de Godefroid de Fontaines* (Louvain, 1937, 141 pp. in-4°); ce fut sa contribution la plus importante à la publication des inédits scolastiques. Mais l'infatigable chercheur avait réservé pour la fin de sa carrière l'œuvre monumentale qu'il nous a laissée : *Psychologie et morale aux XIIe et XIIIe siècles*. Cet ouvrage ne compte pas moins de six tomes, répartis en huit volumes et publiés de 1942 à 1960. Le compte rendu en a été donné régulièrement à nos lecteurs[3] et, dès lors, il n'y a pas lieu d'y revenir ici. Je me borne à rappeler l'*Épilogue* qui clôt le tome IV

[3] On trouvera le compte rendu des différents volumes dans les livraisons suivantes de la *Revue philosophique de Louvain* : février 1948, p. 117 (tome I); novembre 1949, pp. 506-508 (tomes II et III); mai 1954, pp. 290-292 (tome IV); novembre 1962, pp. 681-684 (tomes V et VI).

(1954, pp. 817-828), épilogue dans lequel l'auteur livre en quelques pages les conclusions de ses longues recherches, et la *Conclusion générale* du tome VI (1960, pp. 493-498), qui complète, en somme, l'*Épilogue*. Ces pages constituent le testament scientifique de dom Lottin. Elles sont la confidence de ce que le savant historien pensait lui-même de sa méthode et des résultats de ses recherches.

Pendant les dernières années de sa longue et laborieuse vie (il allait avoir 85 ans le 2 juillet), dom Lottin a beaucoup souffert d'asthme; cette affection compromettait son sommeil, rendait tout déplacement pénible et diminuait forcément son efficience. Il travailla cependant aussi longtemps qu'il le put, c'est-à-dire jusque vers la fin de 1964: ses derniers comptes rendus datent d'octobre 1964. Il s'éteignit paisiblement aux Cliniques universitaires de Louvain, le 10 mars 1965.

Homme simple et droit, religieux exemplaire, ami fidèle, travailleur infatigable, chercheur diligent et consciencieux, dom Lottin fut un bon serviteur de l'Église et de la science. Il était demeuré très attaché à son terroir natal, à son diocèse et à l'Université de Louvain. Ses nombreux amis gardent pieusement le souvenir de sa personnalité attachante et de ses vertus.

Fernand VAN STEENBERGHEN.

JAN VERHOEVEN

1933-1965

Natus Uden (Nederland), 8 nov. 1933, obiit martyr cum 23 sociis in Buta (Zaïre) 30 maii 1965.

Jan Verhoeven a conquis la licence en théologie en 1963. Il partit pour la mission des Pères Croisiers au Zaïre. Il y périt massacré avec 23 autres missionnaires de son ordre.

Au lendemain de sa mort fut publié un journal qu'il avait rédigé durant les mois qui précédèrent le massacre: *Dagboek uit de Simba-tijd 1964-1965*, Diest, Lichtland, 1966.

HENRI VAN DEN BUSSCHE

1920-1965

Natus in Schendelbeke, 8 febr. 1920, sacerdotio auctus 2 mart. 1943, subregens in collegio Papae Hadriani VI 1943, S.T. Doctor 1947, professor in maiore seminario gandavensi 24 sept. 1947, professor in Instituto lovaniensi superiore Scientiarum religiosarum 1956, praeses Collegii Sancti Spiritus et professor in Universitate lovaniensi 1961, obiit durante nocte 1-2 iulii 1965.

Cfr *ETL*, 1965, t. XLI, p. 668. — J. COPPENS, *La carrière et l'œuvre de M. le chanoine Henri Van den Bussche*, *ibid.*, 1966, t. XLII, pp. 602-627. — A. DESCAMPS, *Rede bij de uitvaart van Kan. Dr. H. Van den Bussche, president van het H.-Geestcollege te Leuven, op 7 juli 1965*, ap. *Lovaniensia* (ned.) sept. 1965, pp. 14-18; (fr.), pp. 13-17. — A. VERHEUL, *In Memoriam Prof. Dr. Hendrik Van den Bussche, 8 febr. 1920 - 2 juli 1965*, ap. *Getuigenis*, 1965, t. IX, pp. 231-236.

Nous avons évoqué dans les *Eph. Theol. Lov.* la personnalité, l'œuvre et la fin tragique du chanoine Henri Van den Bussche : *La carrière et l'œuvre scientifique de M. le chanoine Van den Bussche*, dans les *Eph. Theol. Lov.*, 1966, t. XLII, pp. 602-627. Ici nous reproduisons l'éloge funèbre prononcé le 7 juillet 1965 dans l'église St-Michel par Mgr Descamps, recteur magnifique, et la notice que nous avons publiée dans le périodique *Spectator*.

* * *

Het heengaan, — *in dimidio dierum suorum*, — van een priester-professor betekent altijd voor vele personen en verscheidene instellingen een zware beproeving. Zelden echter gebeurt het in zo tragische omstandigheden als nu. Het is dan ook met verslagenheid en diepe droefheid dat studenten en oud-studenten, vrienden, collega's en oversten van Kanunnik Van den Bussche zijn plotse dood vernomen hebben. Onze eerste gedachte gaat naar zijn beminde vader, naar zijn broer en neven : aan de hele familie bieden wij hier de betuiging van onze innige deelneming.

Ook voor de Universiteit is de slag zeer zwaar : in het bijzonder voor de Faculteit der Godgeleerdheid, het Hoger Instituut voor Godsdienstwetenschappen, en dit college van de Heilige Geest waarvan de betreurde president de belangen zo zeer behartigd heeft. Het is dan ook voor mij een heilige plicht het levensbeeld van de afgestorvene op te roepen, in dankbare herinnering aan het vele en het schone dat hij ons gaf.

* * *

Hendrik Van den Bussche werd geboren te Schendelbeke op 8 februari 1920. Later woonde zijn familie te Denderbelle, waar zijn vader hoofdonderwijzer was. Na zijn studiën in het H.-Maagd-college te Dendermonde, werd hij op zestienjarige leeftijd door de diocesane overheid naar het Leo XIII-Seminarie gestuurd. Hij verbleef er drie jaar, en behaalde de candidatuur in Wijsbegeerte en Letteren, groep «Klassieke filologie», en het baccalaureaat in de Wijsbegeerte. Van 1939 tot 1942 studeerde hij op het Groot Seminarie te Gent, waar hij het vertrouwen won van President Calewaert. In 1942 werd hij naar onze Theologische Faculteit gezonden. Op 2 mei 1943 ontving hij de priesterwijding, en in oktober (1943) werd hij subregent op het Pauscollege, waar hij drie jaar zou blijven. Na zijn theologie behaalde hij een licentie in Oosterse Filologie. Wegens ziekte diende hij zijn doctoraat in de theologie uit te stellen, en verbleef hij één jaar als subregent in de Hogere Technische School te Aalst. In 1947 behaalde hij het doctoraat in de Godgeleerdheid. Onder leiding van Prof. Coppens had hij zijn proefschrift gewijd aan een kritische studie van de Boeken Samuël en Kronieken, waarvan de besluiten gedeeltelijk gepubliceerd werden. In hetzelfde jaar 1947 werd hij professor benoemd aan het Groot Seminarie te Gent. Hij doceerde er gedurende enkele maanden de dogmatica, vervolgens, twaalf jaar lang, de H. Schrift; — hij was tevens bibliothecaris van het Seminarie.

Het onderwijs van de seminarieprofessor stond in het teken van de wetenschappelijke nauwkeurigheid, en genoot als zodanig veel bijval; de professor doceerde met onbesproken gezag. Tegelijk begon hij een zeer vruchtbare loopbaan als schrijver en commentator. Vanaf 1948 verschenen van zijn hand vele bijdragen in menigvuldige tijdschriften: *'t Heilig Land*, *Bible et vie chrétienne*, *Getuigenis*, *Études religieuses*, *Bijbels Woordenboek*, en vooral in de *Collationes Gandavenses*, later *Brugenses et Gandavenses*.

In 1955 publiceerde Prof. Van den Bussche onder de titel *Jezus' woorden bij het afscheidsmaal (Jo., 13-17)* een deel van wat zijn hoofdwerk zou worden, een commentaar op het Vierde Evangelie, waarvan de andere drie delen achtereenvolgens in 1959 en 1960 van de pers kwamen onder de titels: *Het boek der tekens (Jo., 1-4)*, *Het boek der werken (Jo., 5-12)*, *Het boek der passie (Jo., 18-21)*. Dit groots opgevatte werk kende een reuzensucces. Het werd op meer dan 5000 exemplaren verspreid en gedeeltelijk in het Frans vertaald.

Intussen zag menig ander exegetisch werk over Oud of Nieuw Testament het licht. Een commentaar op het Onze Vader kende een Franse, Engelse en Duitse vertaling. Wie de 72 nummers van de academische bibliografie van de Professor overloopt staat verbaasd over de omvang en de verscheidenheid van zijn arbeid. Hard heeft hij gewerkt, en degelijk, — en ongemeen groot was zijn werkkracht.

Professor Van den Bussche was een scherpe geest en beschikte over een fijne pen. Zijn proza werd overal gewaardeerd. Het was keurig, kunstvol, sterk-persoonlijk gekleurd en op het hedendaags taalgevoel afgestemd. Ook daarom zal zijn Johannes-commentaar op Nederlands taalgebied een monument blijven. Algemeen werd betreurd dat Noord-Nederland op zijn medewerking geen beroep had gedaan, voor de recente Nederlandse vertaling van het Nieuwe Testament.

Henri Van den Bussche bleef niet bij persoonlijk publiceren. Hij was tevens een animator. Hij riep in het leven de collectie *Woord en Beleving*, schonk zijn steun aan het *Tijdschrift voor Theologie*, werkte regelmatig mee aan de *Journées bibliques*, presideerde een *Werkgenootschap van Vlaamse exegeten*.

In 1956 werd Henri Van den Bussche kanunnik van het St-Baafskapittel en professor aan het Hoger Instituut voor Godsdienstwetenschappen te Leuven; vier jaar lang zou hij tegelijk zijn leeropdracht te Gent behouden. In 1960 kwam hij zich voor goed te Leuven vestigen: hij werd dan immers president van het H. Geestcollege benoemd en tevens buitengewoon hoogleraar; in 1961 zou hij gewoon professor worden.

Professor Van den Bussche doceerde in de *Schola Maior*, Nederlandse taalrol, de Geschiedenis van het Nieuwtestamentisch Milieu, in de *Schola Minor* de Inleiding tot het Oud Testament. Bovendien had hij menigvuldige leeropdrachten aan het Hoger Instituut voor Godsdienstwetenschappen: Inleiding tot de H. Schrift, Boeken van het Oud Testament, en, inzake Nieuw Testament, Handelingen, Paulus, en Johannesevangelie.

Maar het past vooral dat wij het karakterbeeld van de afgestorvene naar best vermogen pogen te belichten.

Op de achtergrond van dit beeld staat een zwakke gezondheid : toestand welke kanunnik Van den Bussche gedurende lange tijd wist te beheersen, maar die sinds een paar jaar verontrustend geworden was, en in feite zijn werkkracht geleidelijk had aangetast. Hoe zeer hij zelf onder die evolutie geleden heeft, hoe hardnekkig hij inwendig gestreden heeft, zal wellicht niemand juist geweten hebben : wat wij echter kennen van zijn vroegere energie laat ons veronderstellen dat zijn weerstand edelmoedig geweest is, en dat hij zelfs misschien te veel van zijn lichaam geëist heeft.

Als kultuurmens trof Professor Van den Bussche vooreerst door een angstige bekommernis om intellectuele degelijkheid en om accurate geestesvorming van seminaristen en studenten. Op dit terrein stelde hij zijn eisen zeer hoog, en was hij moeilijk te bevredigen. Hij was hier als gedreven door een drang naar volmaaktheid. Waar het ging over studie, vorming en opvoeding, wist Henri Van den Bussche zijn standpunt steeds hard, soms zelfs met een tikje radicalisme te verdedigen. Maar, al was hij zeer kritisch aangelegd, toch had zijn intellectuele geaardheid niets gemeen met een droog rationalisme. Zijn exegetische arbeid heeft hij als een zending opgevat, en met entoesiasme doorgedreven. Hij had daarbij veel zin voor kunst en poëzie, en was uiterst gevoelig, tot zelfs in zijn kritisch optreden, tegen sentimentaliteit, waar hij wellicht onbewust zijn eigen fijngevoeligheid zocht te beschermen. Dit alles kwam tot uiting, niet alleen in zijn heerlijke stijl maar ook in zijn omgang met de medemensen : de genegenheid van studenten en vrienden had hij als het ware nodig, en stelde hij onder de hoogste waarden. Hij was ook gevoelig en dankbaar voor de grote invloed die hij door zijn woord en zijn schrijven op zovelen verworven had. Ook van zijn geschreven woord kan gezegd worden : *le style, c'est l'homme*. Zijn taal getuigde tegelijk voor zijn scherp inzicht en voor zijn schoonheidszin : zeldzame synthese, die teruggaat op een persoon, begaafd met een ongewoon rijke gamma van zielekwaliteiten.

Op moreel vlak werden wij allen vooreerst getroffen door de grote oprechtheid en de onberispelijke eerlijkheid van deze man. Van een priester die hij zeer bewonderd heeft, had hij zelf geschreven : « Hij was een eerlijk man. Het is moeilijker eerlijk te blijven dan diplomaat te worden ». Ongetwijfeld heeft de dierbare overledene op deze wijze het levensideaal willen verwoorden dat hij zichzelf vooropgesteld had. Stellig mogen wij hem nu met dezelfde woorden begroeten, wij die weten hoe zeer hij zich aan oneerlijkheid en onrechtvaardigheid kon ergeren.

In zake geestelijk leven, was President Van den Bussche bang voor alles wat sentimenteel of kleingeestig zou kunnen schijnen. Graag laakte hij ook sommige conventionele tema's van de predikatie. Typerend in dat opzicht is de volgende passus van zijn commentaar op de verschijning van Jezus aan Thomas — ook omdat hij tegelijk en naar zijn gewoonte in de persoon van de ongelovige Thomas een bedrukte ziet, die hij wil rehabiliteren : « De predikant op de kansel (schrijft hij) en de moderne evangelielezer vinden er meestal genoegen in, Thomas als ongelovig dood te verven. Het slotwoord van Jezus (beati qui non viderunt et crediderunt) wordt dan een pijnlijke afstraffing van Thomas, die zowel de predikant als de toehoorder of lezer niet deert, omdat zij wél geloven.

Het Thomas-verhaal is nochtans niet in het evangelie opgenomen om de latere gelovigen het tijdverdrijf te gunnen, andermans geweten te onderzoeken. Het verwijt van Jezus is ook niet zo scherp. Tenslotte hadden ook de andere apostelen moeten zien om te geloven».

Er valt niet te twijfelen aan de voorbeeldige getrouwheid van onze vriend aan de klassieke verplichtingen van de priesterlijke staat. Zijn persoonlijke beleving van het geloof stond wel in het teken van een grote bescheidenheid; maar zij was getoetst aan de proefsteen van de Bijbelse vroomheid. Zijn commentaar op het Onze Vader, en de prachtige tekst die hij opstelde voor het televisiespel «De man Job» getuigen, met bijzondere welsprekendheid, voor zijn intens geloof. Ongetwijfeld heeft hij angstig gepoogd de religieuze boodschap van de Gewijde Boeken te ontsluieren; ongetwijfeld had hij diep-religieus nagedacht over de hoogste geheimen van de Openbaring en onder meer over het mysterie van het Lijden. Wellicht heeft hij zich om zo te zeggen persoonlijk betrokken gevoeld in het levensdrama van de man Job. In zijn geloof moeten wij zonder aarzelen de diepste zin van zijn werk aanschouwen, en de hoogste uitdrukking van zijn edel streven naar het Schone en het Goede.

Comme président d'un collège bilingue, — ouvert en outre à des prêtres de tous pays, — M. le chanoine Van den Bussche fut au service de l'Église de Belgique, de plusieurs Congrégations religieuses, et de nombreux diocèses étrangers. Sa hauteur de vues lui permit d'assumer avec aisance en 1960 une tâche qui débordait ainsi le cadre de ses activités antérieures. Il fut très heureux d'accepter cette responsabilité, et il fut agréé d'emblée par la communauté du Collège; son prestige intellectuel et la noblesse de son caractère le mirent toujours à l'abri des contestations. Durant ces dernières années, ses nombreuses indispositions l'obligèrent souvent à faire appel au dévouement inlassable et aux conseils éclairés de ses adjoints; son autorité n'en souffrit guère, — tant elle était grande, — et il se montrait, quant à lui, très touché par l'empressement de ses collaborateurs.

L'exercice de ses fonctions de président mit en lumière, sans qu'il s'en doutât, ce qui était un trait essentiel de sa nature: son dévouement inconditionné à ses étudiants, surtout à ceux dont il avait découvert les besoins et dont il croyait devoir prendre en mains la défense. S'il y mettait parfois une pointe de passion, elle procédait d'un sens anxieux des responsabilités, et d'une droiture d'esprit qui le portait à rechercher le Vrai sans transiger; mais c'était là plus encore l'effet d'une grande sollicitude, un souci sincère de la promotion et du plein épanouissement des autres. C'était, comme il l'a écrit lui-même du prêtre qu'il admira le plus: «un devoir d'enthousiasme pour le travail des *autres*, des *autres* qu'il faut aider autant qu'on le peut»; c'était en définitive amour d'autrui et pure charité.

*
* *

Au soir du jeudi 1er juillet, le président Van den Bussche avait encore assisté, en son bureau, avec plusieurs collègues, à une réunion consacrée aux problèmes de la Faculté de Théologie. La séance se termina dans la meilleure ambiance, et il nous est agréable de penser que la dernière image qu'emporta de ce monde notre ami fut celle d'une sereine confraternité. Un drame atroce allait éclater quelques heures plus tard, dans le silence et l'isolement. Ayant pénétré dans sa chambre en fumant, le Président fut sans doute pris d'un malaise au moment de se coucher; le feu se communiqua au lit et dégagea une épaisse fumée; au moment où les flammes jaillirent et ravagèrent l'appartement, M. Van den Bussche avait déjà succombé par asphyxie. Réveillé par la fumée et le bruit, M. le Directeur donna l'alerte, et l'incendie fut bientôt maîtrisé, Mais, hélas, tout autre secours s'avérait inutile.

*
* *

Confrontés une nouvelle fois avec le mystère de la mort, et d'une manière qui nous remue et nous contraint pour ainsi dire à la réflexion, puissions-nous méditer ensemble en ce moment les paroles de saint Jean l'Apôtre, auquel le défunt consacra le meilleur de son cœur et de son esprit : *Ego sum resurrectio et vita; qui credit in me, etiam si mortuus fuerit vivet, et omnis qui vivit et credit in me, non morietur in aeternum.*

7 juli 1967. †A. DESCAMPS.

IN MEMORIAM[1]

Op donderdag 1 juli hadden wij ter bespreking van de colleges in de Heilige Schrift voor volgend academiejaar een samenkomst belegd ten gastvrije huize van kanunnik Van den Bussche in het bekende Heilige-Geest-College, dat, na de tweede wereldoorlog, als een patriciërswoning uit het puin herrezen is. Hij kwam ons tegemoet en leidde ons opgewekt naar zijn studeerkamer. Bij het oplopen van de eretrap werd luchtig gegekscheerd met het functioneel karakter van de machtige koperen armluchters, — liturgie buiten de Kerk, — die het mooie trappenhuis sieren. Nabij zijn appartement stonden wij een ogenblik stil vóór het doek van de Dendermondse kunstenaar dat elke morgen de professor opnieuw de Schelde vóór ogen riep, de «machtige, prachtige vloed», door Vlaamse barden bezongen, zoals hij zijn slijkerige wateren voortstuwt ergens in de buurt van het schilderachtige Vlassenbroek.

In het ruim bureau werd vooreerst over koetjes en kalfjes gepraat, en vervolgens, vreedzaam en gemoedelijk, beraadslaagd. Alles verliep in optimale stemming. De verbeelding van de hoogleraar zweefde naar de commentaar van Sint Jan en naar een schets van oudtestamentische theologie waarmee hij volgend jaar de studenten van de *Schola Minor* zou verrijken. Men voelde aan hoe een nieuw Bijbels werkje in wording was. Het plan ervan was reeds in de geest van de professor gerijpt. Toen wij de met boeken gevulde en met kunstwerken opgesmukte kamer rond tien uur verlieten, kon niemand van ons vermoeden dat zich in het stille huis en in de rustige atmosfeer van dit studeervertrek een drama zou afspelen, waarvoor een collega in eigen taal geen verwoording vond en het krachtig Latijnse *atrox* gebruikte.

[1] *De Spectator*, weekend 17-19 juli 1965, p. 2.

Geleerde en vulgarisator van Bijbelse wetenschap.

Henri Van den Bussche, die op zestienjarige leeftijd zijn humaniora beëindigde en te Leuven klassieke filologie en wijsbegeerte kwam studeren, ondernam in 1943, andermaal aan de Leuvense Alma Mater, na een driejarig verblijf op het Gents seminarie, hogere theologische studiën. Het volgende jaar vatte hij het opstellen aan van een proefschrift, dat zou gewijd zijn aan een kritisch-historisch, vergelijkend onderzoek van de boeken *Samuël* en *Kronieken*. Dit was een ingewikkeld en netelig onderwerp, maar het paste volmaakt bij de speurzin, de uitgebreide taalkennis, de feeling voor genuanceerde vaststellingen, het kritisch inzicht, die de begaafde student kenmerkten. Het verwonderde niemand dat hij tot persoonlijke besluiten kwam, die een reactie inluidden tegen de meest gangbare opinies. Twee artikelen verspreidden enkele conclusies van het proefschrift, en het is niet uitgesloten dat hij er nog aan dacht het niet voleindigd onderzoek opnieuw op te nemen en voort te zetten.

In 1947 werd H. Van den Bussche door wijlen Monseigneur Calewaert, toen president op het Gents seminarie, die hem bijzonder genegen was, benoemd tot professor in de dogmatica als plaatsvervanger van de betreurde kanunnik Werner Goossens. Kort daarna volgde hij, aan hetzelfde seminarie, kanunnik van Imschoot op als hoogleraar in de Heilige Schrift.

Van meet af aan verzorgde de jeugdige professor, — hij was toen 27 jaar, — zijn colleges. Hij stelde de tekst van zijn lessen keurig en volledig op, want hij hield niet van digressies, van babbelpraat. Aldus kwamen talrijke teksten klaar, die uitgroeiden tot artikels en later tot brochures. Laten wij vermelden: *De godsdienstige boodschap der oergeschiedenis* (1957, 1959, 1963), *De profetie in Israël* (1959), *Het Onze Vader* (1959, 1963), *Het Land der Vaderen* (1960). Inmiddels kwam bovendien langzamerhand zijn hoofdwerk tot stand, een commentaar in vier delen op het Johannesevangelie.

Grootmeester der johanneïsche literatuur.

Het doodsprentje bestempelde terecht de overledene als een grootmeester van de johanneïsche exegese. De commentaar startte in 1955 met *Jezus' woorden bij het afscheidsmaal.* Zeer vlug volgden in 1959 en 1960 de drie overige delen. Het academiejaar 1960, dat samenviel met zijn promotie tot buitengewoon hoogleraar te Leuven, was biezonder vruchtbaar. Delen II en IV zagen het licht en boek III, waarmee hij vijf jaren te voren van wal gestoken was, beleefde een sierlijke herdruk in een fraaier kleedje.

De professor bouwde zijn commentaar op, overeenkomstig enkele wel omschreven en stevig gefundeerde richtlijnen. Steeds beoogt hij vooreerst de struktuur van het evangelie te achterhalen en het doel van de evangelist in volle daglicht te stellen. Vervolgens houdt hij eraan de tekst van de evangelist met behulp van diens eigen parallelle uitspraken te verklaren. Verder peilt hij naar de psychologische achtergrond die de gewijde schrijver dreef tot het uitbeelden van zijn personages en het schetsen van de taferelen waarin zij optreden. Ten slotte weegt hij nauwkeurig de theologische leerstellingen van het geschrift af. Hierbij aarzelt hij niet pieuze bespiegeligen, hersenbeelden zonder wortel in de gedachte en de tekst van de evangelist, radicaal af te wijzen.

Het vierdelig werk oogstte een reusachtige bijval. Er kwam ook kritiek.

Sommigen verweten de auteur dat hij de meest ingewikkelde literair-kritische problemen die het vierde evangelie oproept, uit de weg was gegaan. Of dat hij die vraagstukken, zelfverzekerd, al te simplistisch poogde op te lossen. Zijn beroep bij voorbeeld op wat er in een stoere «visserskop» kan schuilgaan om de johanneïsche traditie, het «eigengoed» en de authenticiteit ervan te bepleiten, deed grappig aan. Doch dat men niet uit het oog verlieze het doel door de schrijver nagestreefd. Dat men ook niet vergete te lezen, te smaken en te waarderen de talrijke keurige bladzijden waar hij, tegelijk exegeet en theoloog, op meesterlijke wijze de moeilijkste bladzijden van het Johannes-evangelie commentarieert.

Wij denken terug aan zijn verklaring van Jezus' broodrede of aan de analyse van Jezus' woord aan Maria staande aan de voet van het kruis. En wie aandachtig in de vier boekdelen nagaat hoe onze exegeet het delicaat probleem van de historiciteit tracht op te lossen, zal hem oprecht dankbaar zijn voor de fijn afgewogen oordelen die hij velt. Terecht zei mij een collega dat menige consultor van de Bijbelcommissie aan die fijne en soms rake kanttekeningen een puntje zuigen kon. En hoe zouden wij niet gewagen van de rijke taal, de originele zegswijzen, de pittige opmerkingen, de scherpe aantekeningen, de religieus diep doordachte en aangevoelde bedenkingen, die wij overal in zijn geschreven werk ontmoeten!

Een portret.

Hendrik Van den Bussche wou een geleerde zijn, en hij is het geworden. Zijn proefschrift voor het doctoraat in de theologie maakte hem vertrouwd met de wereld van het oude Nabije Oosten. Buiten het Hebreeuws ving hij de studie van het Aramees en het Arabisch aan. Doch hij werd nooit een boek- of kamergeleerde, een soort droogstoppel van de Bijbelse wetenschap. Dat hij dit gevaar ontweek, mede elke vorm van pedanterie, dankte hij aan zijn uitgesproken zin voor het uitdiepen en verwoorden van religieuze waarheden, aan zijn fijngevoeligheid voor elke vorm van schoonheid, aan een teder gemoed dat voor een oppervlakkige beschouwer verborgen bleef, maar, bij nadere kennismaking, aan tal van kleine details te bespeuren viel. Hij kon zich dan ook niet in loutere concordans-eruditie verkneukelen.

Steeds drong hij tot het merg van de Bijbelse boeken door, tot het levendmakend kerugma van de gewijde schrijvers.

In zijn handel en wandel, in zijn omgang met overheden, collega's en onderhorigen, was hij vóór alles eerlijk. Zodra hij iemand op leugentaal of zelfs op diplomatie betrapte, was hij diep gegriefd en meende hij te moeten heftig reageren. Puntige pijlen werden toen uit een wel gevulde koker geschoten naar de vermeende snoodaard. Voorwaar, in hem was de johanneïsche *alètheia*, dit rijke begrip waardoor de hang naar enkelvoudigheid, trouw, oprechtheid, waarheid wordt uitgedrukt, als het ware vlees geworden. Wie daarentegen voor hem als eerlijk gold, kon op een onbegrensde toewijding rekenen, die bijwijlen zelfs tot overmaat werd opgedreven.

Standvastigheid was trouwens een ander facet van zijn sterke persoonlijkheid. Van den Bussche's heldere was tegelijk een trouw en volhoudende kop. In bepaalde gevallen was hij onverzettelijk, bijna tot op de rand van het grillige toe. Doch wat af en toe grilligheid in voorkeur bleek te zijn, was beredeneerde onbuigzaamheid. Aldus kunnen wij onder meer best verklaren hoe hij elk kritiek op zijn werk beslist afwees en met klank herhaalde wat vóór hem werd gezegd : *Sint ut sunt aut non sint!*

De arme man Job.

Niemand zal vertellen hoe in de tragische nacht van 1-2 juli de hoogleraar zijn hachelijk levenseinde tegemoet is gegaan. Niemand zal ons zeggen of hij nog enkele ogenblikken tot bewustzijn kwam, nadat hij in zijn kamer neerviel en de vlammen om hem heen sloegen. Mocht dit zijn geschied, wie twijfelt eraan dat hij in die ultieme ogenblikken van onmacht en verlatenheid, voordat zijn stoffelijk overschot als een wierookkorrel opbrandde, zich aan de Heer als een vol offer heeft geschonken?

Wij, die zijn achtergebleven, staan vóór dit dramatisch einde radeloos als de man Job, wiens gemoed de overledene treffend in een bekend televisiespel heeft uitgebeeld. Alleen het geloof kan enigszins de sluier oplichten van het geheim, waarmee ons leven omgeven is, het geloof dat Job nog stamelend uitspreekt maar dat het zo geliefd Johannesevangelie als een zegekreet uitgalmt over de dood : « Ik ben de verrijzenis en het leven ».

« Nu Jezus er is, verklaart de betreurde hoogleraar, stelt de dood geen problemen meer, noch voor Lazarus, noch voor iedereen die gelooft. Want wie gelooft, is overgegaan van de dood naar het leven (1 Joh., 3, 14) en wel naar een leven dat nooit afsterft De dood is niet « ten dode », omdat Jezus het leven is, de levensbron van eeuwig leven ».

Moge dit geloof allen die om het tragisch heengaan van een bloedverwant, een leermeester, een vriend, een collega treuren, een sterke en blijvende troost zijn.

J. COPPENS.

GOMMAIRE MICHIELS

1890-1965

Dans les *Eph. Theol. Lov.*, 1965, t. 41, pp. 666-667 (cfr *ETL*, 1970, t. XLVI, p. 551), Mgr W. Onclin consacra une notice au R.P. G. Michiels, Ord. Capuc., ancien professeur de l'université catholique de Lublin, docteur h.c. de notre Alma Mater. Il naquit à Booischot, le 15 mai 1890 et décéda à Herentals, le 27 juillet 1965.

Le 8 juin 1964, la presse lui consacra une notice à l'occasion de son jubilé de cinquante ans de sacerdoce, jubilé célébré le dimanche 7 juin à Herentals.

Op zondag 7 juni 1964 vierde te Herentals Z.E.P. Dr. Gommarus Michiels, minderbroeder-kapucijn, de vijftigste verjaring van zijn priesterwijding.

Het hoogtepunt van de feestviering was de H. Mis die door de jubilaris zondagmorgen te 9 uur in de stemmige en rijk versierde St-Antoniuskerk werd opgedragen, met assistentie van Z.E.P. Emiliaan, diaken, en direktor van de afdeling filosofie te Brugge, en Pater Raymond als subdiaken, direktor van de afdeling theologie te Izegem. Als presbyter assistens fungeerde Z.E.P. Matthias. Mgr. Catry, oud-bisschop van Lahore (West-Pakistan) en klasgenoot van de jubilaris, verleende de pontificale assistentie.

Op 15 mei 1890 te Booischot geboren, als achtste en jongste telg uit een diep-kristelijk kempens gezin, werd Michiels' rijkgevulde priesterlijke loopbaan gans doordrongen van een drang naar de Kempen, zo Antwerpen als Limburg. Vooral Herentals en Lommel lagen hem aan het hart.

Na zijn studies in België werd Gommarus door zijn oversten naar Rome gezonden om aan de Gregoriaanse Universiteit zijn studies te voltooien.

Na zijn doctoraat werd hij benoemd tot professor in kerkelijk recht aan de katolieke universiteit te Lublin in Polen, waar hij de poolse primaat Kardinaal Wyscinzki onder zijn leerlingen telde.

Nadat hij te Lublin de organizatie van de fakulteit voor Kerkelijk Recht op zich had genomen, kreeg hij van Pater Gemelli, rector van de katholieke universiteit te Milaan, de opdracht om aldaar een Fakulteit voor Kerkelijk Recht voor te bereiden. Het jaar nadien, n.l. in 1938, werd hij benoemd tot professor ordinarius aan het Pontificium Institutum Utriusque Juris (Pontificia Universitas Lateranensis).

In september 1939 werd hij naar Canada geroepen om er in de Universiteit Laval te Québec te doceren als professor ordinarius consociatus aan de nieuw opgerichte Fakulteit voor Kerkelijk Recht.

Teruggeroepen naar Rome en aangesteld tot minister-provinciaal der Minderbroeders Kapucijnen van de Belgische provincie deed ook de universiteit van Salamanca in Spanje een beroep op Pater Michiels om er te doceren aan de Fakulteit van Kerkelijk Recht. Ingevolge de oorlogsomstandigheden kon hij aan dit verzoek niet voldoen. Na de tweede wereldoorlog trok Z.E.P. Gommarus terug als universiteitsprofessor naar Québec. In 1949 keerde hij echter naar België terug om te Herentals in het kapucijnerklooster zijn wetenschappelijke werken te voltooien.

Gepromoveerd tot doctor honoris causa aan de Universiteit van Lublin, werd Pater Gommarus voor de tweede maal, thans als *professor consociatus ad vitam*, uitgenodigd om aan het Lateranum het kanonieke recht te onderwijzen.

Michiels' carrière werd ten slotte door een Leuvens eredoctoraat bekroond.

RENÉ STRUMAN

1912-1965

Natus in Ans 3 apr. 1912, sacerdotio auctus 28 apr. 1935, professor in minore seminario S[i] Rochi 1936, vicarius in ecclesia leodiensi S[i] Aegidii 1939, parochus Jemeppe-sur-Meuse 1946, parochus et decanus Spa 1951, obiit Leodii 27 iul. 1965.

M. l'abbé René Struman, qui conquit en 1941 le doctorat en théologie, laissa à ses professeurs de Louvain le souvenir d'un étudiant régulier, appliqué et distingué. Il ne lui fut pas donné d'enseigner la théologie au séminaire, mais il accomplit une belle carrière pastorale qui l'avait conduit au doyenné de Spa. Le 27 juillet 1965, la mort le surprit brusquement alors qu'il était en visite à Liège.

A défaut d'une notice nécrologique détaillée, nous reproduisons l'homélie de l'abbé André Prume, curé de Pépinster, et le discours du Président de la fabrique d'église, S. Exc. le prince de Croij, prononcés le jour des funérailles, le 30 juillet 1965.

*
* *

Devant la mort il faut parler en chrétien! Et il n'est pas de parole plus chrétienne que celle de Notre Seigneur lui-même. Cette parole, nous venons de l'entendre. Elle vient de retentir au sein de notre assemblée. Elle a proclamé la victoire sur la mort. «Je suis, a dit le Maître, la Résurrection et la Vie». A la sœur de Lazare, désemparée et inquiète, Il dira : «Ton frère ressuscitera». Et quand Paul interprète la pensée de son Maître, il écrit que ceux qui s'endorment dans le Seigneur, seront portés à sa rencontre et seront toujours avec Lui.

Nous tenons là des assurances, des certitudes sur lesquelles nous pouvons miser : nous avons pour nous l'Espérance! «Aussi, dit l'Apôtre, pleurez... mais pas comme ceux qui n'ont pas l'espérance». Pleurez, chère Maman, chers frères et sœur de notre défunt, mais que l'espérance ôte l'amertume de vos larmes et pénètre goutte à goutte dans votre cœur meurtri.

Je remplis en ce moment un devoir que l'amitié et l'obéissance m'imposent; la reconnaissance aussi, la mienne et la vôtre. Et je n'aurai, pour m'acquitter aisément de ma tâche, qu'à souligner les multiples aspects de la personnalité étonnamment riche de Monsieur l'abbé René Struman.

Son plus vif désir a été qu'aujourd'hui, en cette circonstance, je ne dise de lui qu'une chose : il fut prêtre! Vous avez, en effet, Seigneur, élevé votre serviteur René à la dignité du Sacerdoce.

Mes frères, il y a de par le monde des juristes; il le faut pour établir les normes de la justice et les faire respecter; il y a de par le monde des médecins et c'est nécessaire qu'il y en ait pour soulager les misères physiques, guérir les maladies, veiller à la santé des humains; il y a de par le monde des agriculteurs et le monde ne peut se passer d'eux : il faut que la terre soit labourée, ensemencée et que les moissons lèvent; il y a des ingénieurs, des techniciens, pour diriger toutes les formes de l'industrie; il y a des artisans, des ouvriers de tous métiers, car il faut bien, par le travail humain, achever la création. Le Seigneur a fait la toison du mouton, mais pas l'habit que nous portons; il a mis les minerais dans les entrailles de la terre, mais il n'a pas fait les objets dont nous usons; il a fait germer les blés dans les champs, mais il n'a pas fait le pain que nous mangeons.

Il y a aussi des prêtres de par le monde, et le monde ne peut se passer d'eux. Pourquoi? Pourquoi? A cause de Dieu. Ce n'est pas une mince raison que celle-là : à cause de Dieu! Dieu a tellement aimé le monde qu'Il lui a donné son Fils — le don de Dieu —, et le Fils est venu : le Verbe s'est fait chair. Il est venu porteur d'un message et offrant un salut. Pour réaliser son entreprise, qui, dès le départ, s'avérait gigantesque, il a sollicité des collaborateurs, il a demandé à certains hommes de s'associer à son affaire. Et son affaire est même devenue, pour tous les hommes, l'Unique Nécessaire. Alors, pour que les hommes sachent qu'il en est ainsi, il faut les enseigner : « Allez, enseignez toutes les nations... ». Mission primordiale dont il faut s'acquitter par la parole et par l'écrit.

Parce que Dieu, bon sans limite, miséricordieux, veut royalement pardonner les fautes humaines, il faut qu'à chaque homme qui témoigne d'un repentir sincère, soit dit, exprimé, le pardon divin. Aussi faut-il que des hommes dûment mandatés, revêtus des pouvoirs du Seigneur, lient et délient. Et quoi de plus bienfaisant, mes frères, pour nous tous pécheurs, que le pardon? Est-il un geste plus émouvant que le geste d'absoudre? Une main levée sur un front courbé : « je vous pardonne vos péchés au nom du Père et du Fils et du Saint Esprit ».

« Si vous ne mangez la chair du Fils de l'Homme, vous n'aurez pas la vie en vous »! Mais il faut des distributeurs du Pain de Vie; il faut donc des prêtres. Et je passe sous silence plus d'une de leurs interventions nécessaires pour vous rappeler celle qui constitue comme un sommet.

Le Seigneur a conclu une Alliance Nouvelle avec les hommes : une Alliance dans son sang. Il a rendu le paradis perdu grâce aux mérites du Christ qui s'est offert pour nos péchés. Et Jésus Notre-Seigneur a réalisé le sacrifice parfait et qui sera désormais l'unique, le seul valable : il a mis fin à ces sacrifices impuissants et décevants que depuis des siècles l'humanité entassait les uns sur les autres. Il a donc fait en sorte que Son sacrifice devienne le sacrifice de l'Église, le sacrifice de nous tous, par le ministère des prêtres : « Faites ceci en mémoire de moi ». La Messe, c'est la Rédemption qui nous est appliquée : nous y buvons la coupe du salut. Il faut donc des prêtres pour faire la Messe : ainsi l'a voulu Jésus-Christ.

Et comment se fait-il, mes frères bien-aimés, qu'en milieu chrétien il y ait si peu de jeunes hommes enthousiasmés par de si belles tâches?

Notre cher défunt les a, lui, accomplies trente ans durant : trente années de sacerdoce, trente années au cours desquelles il a prêché, écrit, diffusé le Message, trente années durant lesquelles il a absous bien des pénitents, éclairé bien des consciences, aidé bien des hésitants. Que de fois il est monté à l'autel, que de fois il a célébré la Messe! Quel bilan! Comme une vie, vécue en collaboration étroite avec Notre Seigneur, revêt de la grandeur et de la beauté!

Après trente ans, sa mission fut jugée accomplie.

Cher Monsieur le Doyen, vous avez exprimé, en votre testament, le désir que lors de vos funérailles j'exalte le sacerdoce, notre merveilleux sacerdoce.

Je l'ai fait avec tout mon cœur. Je l'ai fait pour que celle qui vous a donné au Seigneur, votre chère maman, ait plus que jamais aujourd'hui conscience de la grandeur de son geste et soit heureuse en Dieu de vous avoir aidé, soutenu, réconforté à travers toutes les inévitables difficultés et épreuves d'une vie sacerdotale; je l'ai fait pour que vos chers paroissiens conservent toujours, grâce à vous et à votre témoignage, une idée juste et haute du sacerdoce; je l'ai fait pour que nous, prêtres, en ce moment, tout près de vous et à cause de vous, nous ayons un sens plus aigu du sacrement que nous avons reçu.

Elle est précieuse pour nous la leçon de votre vie : nous vous remercions de nous l'avoir donnée. Nous sommes ici nombreux à la recevoir : nous sommes nombreux ici groupés autour de celui qui est le premier prêtre du diocèse, de celui qui nous a fait participer au sacerdoce qu'il détient en plénitude, notre Évêque vénéré.

Ah! Monseigneur, comme votre présence ici en ce moment nous est chère, présence d'un père qui pleure un de ses fils mais qui apporte à ceux qui restent la consigne du courage et de la persévérance. Nous sommes tous, auprès de vous, un peu comme les Apôtres au dernier souper, entourant Jésus, pour proclamer ensemble l'unité du sacerdoce et pour ensemble redire à Dieu et aux hommes combien nous l'aimons, notre sacerdoce : notre sacerdoce qui est un service et du Seigneur qui veut sauver le monde et de nos frères que nous voulons engager sur les voies du salut.

Prêtre, cher Monsieur le Doyen, vous le fûtes, mais vous l'êtes encore, car *Sacerdos in aeternum*, prêtre pour toujours! C'est en prêtre que vous avez franchi les portes de l'éternité. Votre corps est d'ailleurs paré des ornements sacerdotaux : c'est que vous allez maintenant célébrer une messe qui ne finira plus, une louange incessante... et, avec le Christ Seigneur, vous serez toujours l'intercesseur pour nous tous... pour vos chers paroissiens en particulier et pour le doyenné tout entier.

* * *

Et voici l'allocution de Son Exc. le prince de Croij, président du Conseil de fabrique pour l'église primaire de Spa :

Les mots sont insuffisants pour exprimer l'émotion de la paroisse devant cette mort inopinée qui vient de lui ravir son pasteur.

Depuis quatorze ans, Monsieur le Doyen Struman a dirigé le doyenné et en particulier la paroisse Saint-Remacle de Spa avec un zèle infatigable, malgré une santé souvent chancelante.

Ses brillantes études théologiques lui avaient valu le titre de docteur en théologie. Profond dans son savoir, sûr de sa doctrine, clair et précis dans ses explications, il était soucieux d'instruire les fidèles tant par sa parole que par ses écrits. Monsieur le Doyen aimait l'étude de la Bible et il a laissé plusieurs ouvrages bibliques à l'usage des écoles, ouvrages qui jouissent d'un grand succès.

Toujours plein d'esprit d'entreprise, il aimait à aller de l'avant sans crainte de l'effort. On le voyait préoccupé de la restauration de son église, de la création, puis de l'organisation d'une école libre moyenne pour filles, de l'organisation de rencontres œcuméniques dans l'esprit du Concile.

Mais on le voyait aussi au chevet des malades, faisant le bien sans ostentation, toujours prêt à apporter aide et conseils. Beaucoup de ses paroissiens connaissent de ces gestes secrets, émanant d'un cœur généreux, et les enfants qu'il aimait tant, se souviendront de sa bonté paternelle.

Monsieur le Doyen nous fut enlevé dans la force de l'âge en pleine activité, alors que sa santé s'était nettement améliorée et que son esprit constructif élaborait de nouveaux projets. «Nul ne connaît ni le jour ni l'heure» : tel le «fidèle serviteur», le Seigneur l'a rappelé pour lui donner la couronne de reconnaissance pour une vie de labeur et de dévouement.

C'est du plus profond de leur cœur que les membres du Conseil de

Fabrique, se faisant le porte-parole de la paroisse, s'unissent à ce deuil et expriment leurs condoléances les plus chrétiennes à Madame Struman et à toute sa famille.

Dans quelques instants, toute la grande famille paroissiale se trouvera réunie autour de la dépouille mortelle de M. le Doyen, au pied de cet autel où il célébrait si souvent le sacrifice de la Messe pour ses paroissiens. A notre tour d'offrir à Dieu, pour lui, notre communion et nos prières ferventes en reconnaissance du bien qu'il nous a fait. Monsieur le Doyen continuera, dans l'autre vie, à veiller sur sa chère paroisse, sur son cher doyenné. Son œuvre se poursuivra, car «la mort n'est pas une fin, mais un commencemeet».

MARCEL KUPPENS

1911-1965

Natus in Tilleur 14 iun. 1911, sacerdotio auctus 4 apr. 1937, vicarius in ecclesia leodiensi S[i] Iohannis 1940, professor theologiae pastoralis in maiore seminario leodiensi 1945, canonicus ad hon. 1953, obiit Athenis 27 iul. 1965.

Au cours de l'année 1965, l'Association des anciens fut particulièrement éprouvée. Nous eumes à déplorer les décès de l'abbé Hofmans (3-1-1965), de Dom Lottin (10-3-1965), du chanoine Van den Bussche (1-7-1965), de l'abbé Struman (17-7-1965), du chanoine Achiel Logghe (2-10-1965). Si Dom Lottin et Achiel Logghe furent appelés au Seigneur au bout d'une longue carrière couronnée de travaux et de succès, les autres confrères nous furent enlevés en pleine vigueur et activité, et dans des circonstances parfois tragiques.

En terminant sa rhétorique, Marcel Kuppens décida de s'engager dans la Compagnie de Jésus. Il fut reçu au noviciat mais une santé chancelante l'amena à renoncer à poursuivre cette vocation. Il s'adressa aux autorités diocésaines liégeoises et parcourut dès lors un cycle complet d'études philosophiques et théologiques à St-Trond et à Liège. Brillant étudiant, il fut tout naturellement désigné pour compléter à la faculté de Louvain sa formation liégeoise. Il arriva à l'Alma Mater dans les années qui précédèrent le deuxième conflit mondial. C'est en 1941 qu'il passa ses derniers examens pour le doctorat en théologie, mais il conquit seulement en 1948 le grade de docteur ayant différé jusqu'alors la publication d'un extrait de son mémoire. Durant toute la durée de ses études, il se signala à l'attention de ses maîtres et il en imposa à la plupart de ses condisciples, par sa voix tonitruante, — qui lui avait valu le surnom de Zeus, — par son intelligence exceptionnelle, sa faconde, ses réparties, et même l'attitude critique qu'il prit à l'endroit des cours les plus prisés d'un de ses plus brillants maîtres, le professeur René Draguet.

Par sa formation antérieure, par ses goûts littéraires, en particulier par sa facilité de s'assimiler les langues et les cultures anciennes, l'abbé Kuppens semblait tout préparé et destiné à se spécialiser en Écriture sainte. Plus tard il me répéta à plusieurs reprises que l'Ancien Testament l'avait tenté, mais que diverses raisons qu'il ne me fit pas connaître, l'amenèrent à opter pour la morale. Il fit d'ailleurs un choix heureux en retenant comme sujet de dissertation les premières spéculations théologiques sur la colonisation. Hélas! le fruit de ses recherches ne fut jamais publié in extenso. Durant plusieurs années il caressa l'espoir de développer son travail de doctorat en un mémoire pour la maîtrise, et d'aucuns entrevoyaient déjà en lui un futur professeur d'université. Il s'avéra que ces prévisions et ces espérances ne purent se réaliser à la suite d'une santé une fois de plus incertaine.

Diverses sources nous autorisent à affirmer que le défunt avait gagné la confiance entière du président du séminaire Mgr Leroux et même de Mgr Kerkhofs, au point qu'il passa aux yeux du clergé comme un des grands conseillers de son évêque[1]. D'autres sources nous apprennent qu'il avait espéré devenir un des *periti* appelés à examiner ou même à préparer les textes de Vatican II. Cet espoir ne se réalisa pas. D'où, selon d'aucuns, une pénible déception, voire une amertume d'autant plus vive qu'il voyait certains partisans de l'*aggiornamento* conciliaire et postconciliaire s'engager dans des voies et vers des positions que lui-même n'avait jamais envisagées comme valables, fructueuses, et qu'en âme et conscience il ne parvenait pas à exalter ni même à approuver sans réserves.

Au lendemain du décès du professeur, un groupe d'amis et de disciples fidèles : Nadine Collart, Alexis Curvers, Guillaume Curvers, Marcel De Corte, Jenny Delhez, Charles Dessart, André Doyen, André Fievet, Auguste Francotte, Marcel Grégoire, Marthe Kuppens, Victor Moremans, Abbé Jean Schoonbroodt, Abbé Paul Schoonbroodt, docteurs Pierre et Jeanne Streel-Henon, Élisabeth Streel, Alice van Elmbt, publia un ouvrage évoquant la riche personnalité du professeur qui se dépensa sans mesure à la formation des séminaristes liégeois et à l'éducation des jeunes filles des Dames de l'Instruction chrétienne : *In Memoriam. Le chanoine Marcel Kuppens. Témoignages et choix de textes.* Bruxelles, Charles Dessart; Paris, Éditions latines, 1965. In-8°, 203 p.

L'ouvrage ne permet pas de se faire une idée précise de l'enseignement du professeur au grand séminaire ni de la collaboration doctrinale qu'il fournit à son évêque, notamment sur l'enseignement social de Mgr Kerkhofs et sur ses vues touchant la colonisation. D'autres sources nous apprennent que certaines leçons du professeur furent magistrales mais qu'au cours des dernières années de son enseignement le professeur était devenu inégal dans ses exposés et que ses propos trahissaient souvent la dispersion, la fatigue, le découragement.

Toutefois grâce à la brochure nous apprenons à connaître divers aspects de la personnalité de Marcel Kuppens telle qu'elle s'était développée surtout au cours des dernières années de sa vie. Elle jette une vive lumière sur certaines activités du défunt qu'à Louvain il n'avait pas encore déployées, tel par exemple son talent de cinéaste, telle aussi son influence sur la formation intellectuelle et religieuse des jeunes filles, tel encore son rôle de théologien journaliste. Nous apprenons également des collaborateurs à l'*In Memoriam* que le professeur flairait dans les inclinations de certains prêtres, démunis d'une formation solide, des sympathies pour des vues qualifiées autrefois de modernistes. Ajoutons qu'il

[1] La brochure *Témoignages et Textes. Le chanoine Kuppens*, p. 140, lui attribue la rédaction de trois textes de Mgr Kerkhofs.

considérait comme frappés de cécité ceux qui exaltaient le désordre postconciliaire comme l'annonce d'un nouveau printemps, alors qu'il n'était qu'un aspect d'une *religio depopulata*. Qu'on abandonnât la soutane n'était pas forcément un mal à condition de revêtir davantage le Christ. Mais il était sévère pour ceux qui renonçaient à tout signe extérieur de leur sacerdoce, parfois hélas pour se permettre des distractions que le port d'un habit ou d'un insigne sacerdotal leur aurait interdites. Il était trop intelligent pour croire que certaines innovations liturgiques, parfois calquées sur le culte protestant, auraient contribué à remplir de fidèles nos sanctuaires, alors qu'elles n'avaient pas empêché les églises réformées de se vider. Enfin il s'indignait de ces faux esprits oecuménisants qui discernaient le souffle de l'Esprit dans les «frères séparés» mais doutaient de sa présence dans les frères à part entière, dans les traditions séculaires les plus vénérables de leur Église, dans les chefs de celle-ci, en particulier dans le successeur de Pierre.

Bref la brochure publiée par les amis des défunt a vivement mis en lumière les déceptions, les tristesses, les réactions parfois violentes, qui marquèrent la personnalité et l'activité de Marcel Kuppens durant la période de sa vie où il se crut oublié, abandonné, et même dénigré, L'image ainsi tracée a peut-être trop noirci les traits du professeur, au point que plusieurs de ses meilleurs amis ont regretté la publication d'un opuscule que le défunt lui-même n'aurait sans doute pas approuvé.

Brillant étudiant, Marcel Kuppens aurait pu sans difficultés briguer et obtenir la maîtrise. De fait, comme nous l'avons rappelé plus haut, il y songea, et ses supérieurs l'incitèrent à se préparer à cette épreuve. Il se remit donc à poursuivre ses recherches et à préparer une dissertation sur les premières vues des moralistes chrétiens touchant les droits et les devoirs des colonisateurs. Malgré des séjours prolongés à Louvain durant les vacances, la composition de la dissertation ne progressa guère. A un moment donné, ses supérieurs lui conseillèrent de renoncer définitivement à son projet. Fils obéissant, il s'y résigna, peut-être meurtri profondément mais ne le montrant pas à son entourage : «Mange ton foie et que personne ne le voie!»

Au cours des dernières années de sa vie l'amitié et la confiance que Mgr Leroux lui témoigna, furent à Marcel Kuppens un grand réconfort. Il y répondit d'ailleurs au centuple par sa fidélité, ses soins, ses attentions délicates, quand le vénéré vieillard, devenu infirme, trouva en Marcel Kuppens un ange gardien.

* * *

Nous reproduisons la notice nécrologique parue dans *La Libre Belgique* du jeudi 29 juillet 1965 et l'homélie prononcée aux funérailles par M. le chanoine Delvaux en la chapelle du séminaire le 2 août.

* * *

«M. le chanoine Marcel Kuppens du chapitre de la cathédrale de Liège, est décédé inopinément à Athènes, mardi matin, à l'âge de 54 ans. Il se trouvait en Grèce avec les élèves de l'École des Dames de l'instruction chrétienne de Liège et en compagnie de sa sœur Mlle Kuppens.

Né dans une modeste famille de Tilleur, le chanoine Kuppens, qui avait fait ses humanités au collège Saint-Servais, à Liège, fut ordonné prêtre le 1er juillet 1937. Docteur en théologie de l'université de Louvain, il fut successivement vicaire à Ouffet et à la paroisse Saint-Jean, à Liège en 1945. Il devint professeur au grand séminaire de Liège où il enseigna le droit canon et la théologie.

Il était, depuis 1953, chanoine honoraire de la cathédrale et directeur de l'école des Dames de l'instruction chrétienne. Très érudit, il parlait couramment plusieurs langues vivantes, tout en se spécialisant dans les langues mortes. Il avait publié de nombreux ouvrages de théologie, d'histoire ecclésiastique mais aussi d'histoire de la musique , de la littérature hébraïque, etc.

Excellant dans tous les domaines qu'il abordait, c'était aussi un brillant physicien et un grand orateur ».

* * *

Frères et Sœurs dans le Christ,

Nous sommes réunis ce matin, dans l'église du Grand-Séminaire de Liège, autour de l'autel, pour célébrer les funérailles du cher Chanoine Marcel Kuppens, professeur au Grand Séminaire, et notre ami. Par la liturgie eucharistique nous allons prier pour lui, et nous allons unir à la mort et à la résurrection du Seigneur, notre douleur, notre sacrifice et notre espérance.

Verleden dinsdag bereikte ons het ontstellende nieuws, Marcel was van ons heengegaan. Gestorven te Athene, in de vreemde, zoals hij het meermaals, zonder het zelf helemaal te geloven, had voorzegd. Onder de blauwe zuiderhemel, waarvan hij hield, en in een land, waarvan hij hield, maar plots en in de stilte van de nacht, was God hem komen halen.

Zijn leven kende een zeer simpel verloop : geboren te Tilleur de 14 juni 1911, priester gewijd de 4 april 1937 na het volbrengen van schitterende studies die hij naderhand nog zou verder zetten aan de Leuvense Universiteit, gedurende de sombere oorlogsjaren. Kapelaan in Sint-Jean parochie waarvan hij onvergetelijke herinneringen had meegedragen, onderwees kanunnik Kuppens sedert twintig jaren de moraal-theologie aan het Seminarie te Luik, en deelde, met de andere professoren, de verantwoordelijkheid voor de vorming der toekomstige priesters van het bisdom.

Marcel Kuppens était une personnalité exceptionnelle, une force de la nature, une sorte de géant débonnaire débordant de capacité et de possibilités, un caractère aux traits fortement marqués et parfois contrastés. Son intelligence était pénétrante, incisive, lucide. Sa mémoire était prodigieuse, sa puissance et sa rapidité de travail, surtout lorsque sa santé le lui permettait, extraordinaires. Son érudition étonnait. Sa curiosité était universelle. Musicien, il aimait les sciences positives. Humaniste, il était doué pour les langues. Sa culture était vaste, étendue, à facettes multiples. Sa bibliothèque traduisait d'ailleurs par son éclectisme et sa qualité sa préoccupation d'être à la page et de vouloir aider les autres à l'être. Ses études, et son enseignement, l'avaient naturellement surtout spécialisé en théologie et en morale. Il y mettait toute sa foi et sa fidélité à l'Église, mais aussi sa compétence et ce «sens de la rigueur et de la tradition»[2] que lui avaient appris ses chers maîtres de Louvain.

Une nature aussi riche ne pouvait d'ailleurs se cantonner dans le seul enseignement du séminaire. Non seulement pendant la guerre, dans la résistance, mais après, par ses conseils, par la lumière des principes qu'il projettait sur les événements, par ses contacts personnels, Monsieur le Chanoine Kuppens fut mêlé à bien des problèmes majeurs du diocèse ou du pays. Sa plume était vive et son éloquence, dans la plus humble des chaires de vérité, comme dans celle de la cathédrale, à la fois solide, documentée et animée.

Deux champs cependant se partagèrent surtout son activité: l'Institut des Religieuses de l'Instruction chrétienne et le Grand Séminaire.

Une des joies sacerdotales de Monsieur Kuppens fut certes sa présence chez les Religieuses de l'Instruction chrétienne. Dieu seul sait le bien qu'y fit «Monsieur le Directeur» Kuppens. Il y unissait, dans ses rapports avec les sœurs et les élèves, un climat de fermeté exigeante et un art d'être grand-père qui lui donnaient une grande influence. Et son apostolat au confessional aura orienté, dans la vie chrétienne profonde, ces jeunes âmes, dont plusieurs lui témoignent aujourd'hui une reconnaissance si émue et si affectueuse.

Het zou echter getuigen van een totaal onbegrip voor de persoonlijkheid van onze dierbare overledene, indien men in hem niet allereerst de priester en de vormer van priesters zag. Zijn priesterschap en de zending van opvoeder van seminaristen hebben heel zeker een stempel op zijn leven gedrukt. Ik zou u hier enkele passages willen lezen ontleend aan de bladen die als titel dragen «dit is mijn testament», en waarin hij ons over zichzelf spreekt: «Ik dank God dat Hij mij in België heeft laten geboren worden uit christelijke ouders, waaraan ik alles te danken heb, evenals aan mijn leermeesters, — dat Hij mij... geleid heeft in de rangen van de diocesane clerus, — dat Hij mij heeft deelachtig gemaakt aan het Priesterschap van onze Heer Jesus Christus, — dat Hij mij een taak heeft toevertrouwd in de vorming van de priesters, taak waarvan ik spijt heb ze niet beter te hebben volbracht. Ik vraag Hem vergiffenis voor al mijn fouten, voor de slechte voorbeelden die ik zou gegeven hebben, voor mijn lauwheden en mijn nalatigheden; ik vraag ook vergiffenis aan allen, die ik beledigd heb of jegens wie ik tekort geschoten ben in ijver en toewijding. Ik hoop in Gods genade te sterven en ik wil het; ik hernieuw mijn algeheel geloof, zonder voorbehoud, in de Boodschap door Christus gebracht, zoals de heilige, katholieke, Roomse Kerk ze voorhoudt en begrijpt. Aan allen die ik als leerling heb gehad, vraag ik de herinnering te bewaren aan enkele der hoofdgedachten, die ik zonder ophouden gepoogd heb in te prenten: godsvrucht tot de Allerheiligste Drievuldigheid, tot de heilige mensheid en de menselijke ziel van onze Heer Jesus Christus, tot de Geest van ons priester-zijn, de ziel van de Kerk en onze Heiligmaker, tot Maria, de algemene Middelares, in afhankelijkheid van Jesus en met Hem, tussen God en de mensen, universele liefde tot alle mensen, van iedere sociale rang, van ieder ras zonder onderscheid...».

[2] Lettre de M. le chanoine Houssiau.

Wanneer men, al is het maar gedeeltelijk, naar deze ontroerende gedachten luistert, dan geeft men er zich rekenschap van hoezeer Marcel Kuppens priester was, diep en intens, en ook hoezeer hij het katholiek priesterschap liefhad en in de Kerk van Jesus, de priesters, de seminaristen.

Oui, jeunes prêtres et séminaristes qui m'écoutez, Monsieur Kuppens vous aimait bien, et vous le saviez. Bien sûr, comme dans bien des amours, il y avait des temps d'orage et de tempête; bien sûr il lui arrivait de combattre certaines infidélités, ou certaines attitudes, ou certaines orientations. Mais j'ai toujours remarqué son affection tenace et réelle, et, par delà l'une ou l'autre fâcherie, l'intérêt paternel qu'il portait à la formation religieuse, morale et intellectuelle des prêtres du Seigneur. Il était fier d'être votre professeur. Et il aimait le Séminaire de Liège, ses confrères, et les chères Sœurs du Séminaire à qui il était si reconnaissant de leur perpétuel dévouement.

Ce qui explique la vie sacerdotale de Monsieur le Chanoine Kuppens, c'est, me semble-t-il, d'abord, comme il nous l'a dit tantôt, sa foi en la Ste Trinité, son amour du Christ, de Notre-Dame, de l'Église, des âmes. Son âme était religieuse, sa piété sérieuse, théologique et en même temps simple comme celle d'un enfant. Marcel avait gardé bien des traits de l'enfance. Il vouait une dévotion profonde à l'Église, à sa doctrine, à la vérité.

Ensuite, c'est son caractère. Sous des dehors bourrus, voire rudes, nerveux et légèrement aggressifs, Marcel Kuppens était extrêment sensible. C'était à la fois sa faiblesse et sa force. Sa sensibilité fut certainement pour notre cher disparu une faiblesse. Elle rendait son âme plus vulnérable, plus prédisposée à la souffrance. Son émotivité s'éveillait vite, s'apaisait plus lentement. Il souffrait plus qu'un autre lorsque les valeurs qu'il aimait lui paraissaient combattues ou mises en doute, au point même, surtout lorsque sa santé fut ébranlée, de le rendre parfois triste ou pessimiste. Mais cette même sensibilité fut aussi pour lui une force, car sans aucun doute, la principale source humaine de son influence fut sa bonté. Marcel avait un cœur d'or. Une fois passées les réactions instinctives de son émotivité, bref mouvement de colère ou d'impatience, on savait trouver chez lui compréhension, indulgence et affection. Il avait le cœur sur la main, et ses générosités secrètes auraient étonné. Il aimait la franchise et la droiture. Il était ami fidèle, gardant une reconnaissance enfantine envers ceux qui lui avaient été bons, comme le cher Mgr Leroux dont la présence au Séminaire lui fut si douce et dont la mort créa pour lui un si grand vide. Et les prêtres et les séminaristes connaissaient cette bonté, eux qui venaient le trouver, pas souvent peut-être, mais dans les moments plus tragiques, plus douloureux ou importants de leur vie, quand ils avaient particulièrement besoin d'une compétence pour les aider, mais surtout d'un cœur pour les comprendre.

Il me semble qu'au moment de continuer notre messe, dans notre deuil et notre souffrance, nous devons garder de M. le professeur Kuppens, un souvenir ensoleillé. Il fut un savant, une brillante intelligence, une nature riche, mais d'abord et avant tout, et ici je parle tout spécialement comme président du Séminaire et son ami, un bon et saint prêtre. C'est dans cette joie intérieure de son sacerdoce qu'il faut vous souvenir de lui. «Prêtre à jamais», n'était-ce pas là le seul texte inscrit sur son souvenir de première messe?

Notre messe va se poursuivre, et bien d'autres messes suivront pour le repos de son âme. Nous prierons pour ses chères sœurs qui doivent aujourd'hui et demain porter le poids si lourd de son absence. Mais que le sacrifice eucharistique ouvre nos cœurs à l'espérance et à la paix. Du haut du ciel, il bénira sa famille, ses amis, les maisons où il a travaillé. Qu'il repose dans la paix du ciel et dans la joie du Seigneur. Amen.

Chanoine DELVAUX,
Président du Séminaire de Liège.

JEAN LEVIE
1885-1965

Natus in Charleroi, 21 ian. 1885, professor in collegio Sancti Michaelis 1911-1914, professor exegeseos Novi Testamenti in studio theologico lovaniensi Societatis Iesu, obiit Lovanii 15 aug. 1965.

Cfr *ETL*, 1968, t. XLIV, p. 668. — Ch. MATAGNE, *In Memoriam. Le R.P. Jean Levie, S.J., directeur de la Nouvelle Revue Théologique (1926-1951)*, ap. *NRT*, 1966, t. LXXXVIII, pp. 897-905. — J. COPPENS, *Promotion du R.P. Levie, S.J., au doctorat h.c. en théologie le 2 février 1965*, ap. *Lovaniensia*, sept. 1965, pp. 21-22; *Promotie van Z.E. Pater Levie tot het eredoctoraat in de theologie*, ap. *Lovaniensia* (ned.), sept. 1965, p. 22.

La Faculté de théologie de Louvain fut heureuse de pouvoir conférer le 2 février 1965 le doctorat honoris causa au R.P. Jean Levie, S.J., qu'elle considéra à juste titre comme un des pionniers les plus méritants et les plus courageux dans le renouveau des études bibliques. Dans les *Eph. Theol. Lov.*, 1965, t. XLI, pp. 257-261, le Révérend Père Matagne, S.J., publia la bibliographie de l'exégète, et, dans la *Nouv. Rev. Théol.*, 1966, t. LXXXVIII, pp. 897-905, il évoqua l'œuvre de son confrère et collègue: *In Memoriam. Le Révérend Père Jean Levie, S.J. Directeur de la « Nouvelle Revue Théologique » (1926-1951)*.

Jean Levie naquit à Charleroi le 21 janvier 1885. Entré dans la Compagnie de Jésus, le 22 octobre 1902, il fit sa philosophie dans les collèges de Louvain et de Fauquemont, puis conquit à l'université de Louvain le grade de docteur en philologie classique. Après quoi, il enseigna de 1911 à 1914 au Collège Saint-Michel de Bruxelles, entreprit et acheva sa théologie à Bruxelles et Louvain, fut ordonné prêtre en 1917, et, après avoir terminé son troisième an, fut désigné par ses supérieurs pour occuper la chaire d'exégèse du Nouveau Testament au collège théologique de la Société de Jésus de Louvain, établi à cette époque rue des Récollets et dispensant son enseignement aux religieux de la Compagnie du pays tout entier, aussi bien flamands que wallons ou bruxellois.

A lire les notices consacrées au R.P. Levie, il y a lieu de distinguer dans ses travaux et sa vie religieuse en ordre principal une triple activité. Il y eut d'abord ses travaux d'apologiste et d'exégète parmi lesquels il convient sans doute de retenir avant tout son ouvrage: *Sous les yeux de l'incroyant*, 2e éd.,

1964 et ses apports divers à la solution du problème synoptique. Puis il y eut la part prépondérante qu'il ne cessa de prendre, de 1926 à 1951, à l'essor considérable de la *Nouvelle Revue Théologique* et aux articles plus d'une fois capitaux en diverses matières y livrés au public catholique à sa demande et à son impulsion. Nous-même y avons publié nos articles sur l'*Histoire critique de l'Ancien Testament* que des recenseurs bienveillants ont salués comme une des publications principales qui préparèrent la voie à l'encyclique *Divino afflante Spiritu* et à la nouvelle direction inaugurée sous le patronage du cardinal Tisserant par la Commission biblique, qui jusqu'alors, il faut en convenir, n'avait ni autorité ni salutaire réputation. Enfin il y eut une activité apostolique non moins débordante qui visa, par la prédication de retraites ou de recollections, ainsi que par des conférences de haute vulgarisation biblique, à rehausser et à stimuler la vie religieuse et intellectuelle des prêtres et des religieux. Ajoutons qu'en marge de cette triple activité inlassablement poursuivie, il fit encore œuvre d'historien, publiant en 1961 un ouvrage capital pour l'histoire sociale et religieuse de notre pays: *Michel Levie (1851-1939) et le mouvement chrétien social de son temps.*

L'histoire révélera peut-être un jour que la promotion du Père Levie au doctorat honoris causa ne se réalisa pas sans quelque difficulté. Des lecteurs de son œuvre, peu familiarisés avec la langue française et fermés aux nuances de sa pensée, flairèrent en ses écrits quelques passages à leurs yeux déconcertants. Ceux qui ont vécu cet interlude gardent toute leur reconnaissance à Son Éminence le cardinal Suenens et au recteur magnifique de l'époque, Mgr Descamps, qui généreusement intervinrent pour dissiper en cour de Rome tout malentendu[1].

ACHILLE LOGGHE

24.30.1878 - 2.10.1965

Dans *Ne Pereant. Necrologisch Jaarboek der geestelijkheid uit het Bisdom Brugge* (t. II, 1965, pp. 85-92), publié par les soins de M. l'abbé GELDHOF, une notice de huit pages fait revivre la personne et la carrière d'Achille LOGGHE (Torhout, 24 mars 1878 – Bruges, 2 octobre 1965). Le biographe rapporte qu'à Louvain Emiel VLIEBERGH et Frans VAN CAUWELAERT exercèrent sur le jeune étudiant une profonde influence. Parmi les prêtres de son diocèse, ce furent le doyen Edward DE GRIJSE, décédé à Courtrai (février 1909) et l'abbé Achiel LAUWERS qui l'orientèrent définitivement vers l'apostolat social.

Les débuts furent difficiles, voire pénibles. Il fallut triompher du conservatisme de Mgr Waffelaert, de l'indifférence de beaucoup de prêtres, de l'hostilité de la bourgeoisie catholique. La peur du socialisme et la crainte du daensisme, incarné à Bruges dans la personne de l'abbé FONTEYNE, amenèrent peu à peu les autorités à plus de compréhension. En ces années de dur labeur, Logghe se sentit appuyé par quelques confrères dévoués et par les encouragements de l'abbé J. MAHIEU, qui se fit en haut lieu, dans la mesure de ses moyens, un

[1] Voir *Eph. Theol. Lov.*, 1965, t. XLI, pp. 254-261; 1966, t. XLII, pp. 681-682.

intercesseur bienveillant et persévérant. Sous l'épiscopat de Mgr Lamiroy, qui dota son diocèse d'un magnifique réseau d'écoles techniques, de nouvelles difficultés surgirent d'un tout autre ordre, à savoir un conflit du point de vue apostolique entre les œuvres sociales et une notion nouvelle de l'action catholique, élaborée par le chanoine Dubois et patronnée par l'évêque. L'apostolique et autoritaire chanoine Dubois cherchait à accorder toute priorité à ce qu'il appelait le *Mannenverbond voor Katholieke Actie*. Il semble qu'à la fin de sa vie, Mgr Lamiroy n'était plus aussi fermement convaincu de la stratégie du son grand maître de l'action catholique. En tout cas, il n'hésita pas en décembre 1951 à décerner au chanoine Logghe, à défaut d'une prélature sollicitée pour lui par les laïques, un éloge qui dut le combler : « Monsieur le chanoine, vous avez su arrêter chez nous la marche triomphale du socialisme ».

Nombreuses sont les œuvres fondées par l'ardent apôtre social : une école technique (1919), une banque populaire (1920), une bourse de travail (1913, 1922), une école pour jeunes filles (1923), une centrale régionale des œuvres sociales (1928), une polyclinique (1928), une coopérative ouvrière (1933), etc.

Et voici parue dans le *Parochieblad* (Brugge), 17 octobre 1965, p. 12, une notice due sans doute à J. Geldhof.

« Toen op 2 februari 1911 de 46-jarige proost Achiel Lauwers, in een memorabele sneeuwstorm ten grave werd gedragen in de aanwezigheid van bisschop en gouverneur, dan sprak de Dominikaan Ceslas Rutten bij het graf volgende woorden uit : « Wanneer men later de geschiedenis zal opmaken der katholieke maatschappelijke beweging in Vlaanderen ; wanneer men ons vragen zal hoe 't komt dat het goddeloos socialisme er nooit in gelukte noch in Roeselare noch in Brugge vasten voet te krijgen, dan zal de naam van Lauwers met eerbied en dankbaarheid worden uitgesproken. »

Bij dit graf stond de bijna veertigjarige onderpastoor van de kathedraal Achiel Logghe die enkele dagen later het huis van Lauwers in de Kreupelenstraat zou gaan betrekken en meteen de opdracht zou krijgen het werk van zijn oud-leraar voort te zetten. Door deze benoeming van Logghe werd de derde schakel in de ketting geklonken van de Westvlaamse Sociale beweging. Twee jaar vroeger, nl. in februari 1909, was te Kortrijk de stichter van de Westvlaamse sociale school, deken Edward de Grijse, gestorven. Deze man van uitzonderlijk formaat die in 1895, omwille van zijn Vlaamsgezindheid en om zijn democratische gedachten, door onze conservatieve politieke hoofden geweerd werd van de bisschoppelijke troon na de dood van Mgr. De Brabandere, deze beslagen theoreticus die bij de samenstelling van de wereldbrief *Rerum Novarum* in 1891 een belangrijk aandeel had, deze reus staat feitelijk aan het begin van de sociale actie in het Bisdom Brugge. Leerling van De Gryse te Roeselare en daarna te Brugge was Achiel Lauwers, de notariszoon uit Ingelmunster, die in 't jaar 1883 laureaat was geweest te Roeselare en in dit instituut in 1890 terugkeerde als leraar in de natuurwetenschappen. Mgr. Faict heeft er korte tijd na de bekroning in de retorica aan gedacht de jonge Lauwers voor de duur van zes jaren naar Rome te sturen, zoals hij ook met De Gryse had gedaan. Misschien werd de brief, waarin Mgr. Faict aan de pastoor van Ingelmunster om inlichtingen vroeg betreffende de familie Lauwers, door pastoor Delcu ongunstig beantwoord geworden, zodat Achiel Lauwers er vrede moest mee nemen twee jaar te Leuven natuurkunde te studeren, en dit nog wel ná zijn priesterwijding.

In 't jaar van *Rerum Novarum* kwam er te Roeselare een Torhoutse knaap toe om er aan 't Klein Seminarie zijn humaniora te beginnen: een jongen uit een kroostrijk bakkersgezin, die echter spoedig in de eerste gelederen zou prijken bij de jaarlijkse prijsuitdeling: derde in uitmuntendheid in de zesde latijnse, veroverde hij de eerste plaats reeds in de vijfde en deze ereplaats behield hij tot en met de retorica, met uitzondering der vierde latijnse toen hij slechts tweede was. Als laureaat beëindigde Achiel Logghe in 1897 zijn humaniora.

Het kan niet anders of de jonge student Logghe moet in zijn humanioratijd over de beginnende sociale actie gehoord hebben. Te Roeselare immers werkte een sterke kern in de omgeving van onderpastoor Vanlerberghe en van priester Lauwers, sedert 1890 leraar in de natuurkunde te Roeselare. Het was Lauwers die in 1896 een nieuw sociaal tijdschrift had gesticht nl. *De Nieuwe Tijd*. In het schooljaar 1897-1898 studeerde Logghe te Roeselare nog wijsbegeerte, maar dat hij zich aan het sociaal probleem gelegen liet bewijst een brief die Logghe in 1899 uit het Groot Seminarie van Brugge naar Lauwers te Roeselare schreef en waarin hij om een leidraad vroeg bij de bestudering van de sociale kwestie. De beroemd geworden brief van Lauwers aan Logghe luidde in de slotzin aldus: «... Ik en heb niet veel tijd meer om te schrijven. Mag ik er nog eenen raad bijvoegen: ziet altijd geern de arme menschen, gelijk O.H.J.C.»

Waarschijnlijk zal Logghe in 1899 niet gedacht hebben dat hij zo vlug de medewerker zou worden van de hooggeprezen leraar Lauwers. Na de priesterwijding in 1901 werd Achiel Logghe nog naar Leuven gestuurd waar hij de graad behaalde van doctor in de godgeleerdheid. Het zou een normale priesterloopbaan geweest zijn, ware hij dan een tijdlang leraar geweest in een bisschoppelijk college, maar in 1906 werd Logghe onderpastoor op St.-Salvators, belast met de leiding over de Katholieke Burgersgilde, en was hij collega geworden van zijn oud-leraar die twee jaar vroeger, nl. in 1904, naar Brugge was gekomen als onderpastoor van O. L. Vrouw.

Het kan geen toeval geweest zijn dat twee flinke elementen als Lauwers en Logghe beiden te Brugge benoemd werden. Laten we niet vergeten dat alle conservatieve katholieken — en tot die groep behoorde zeker Mgr. Waffelaert — in die jaren met de schrik op het lijf zaten niet zozeer voor het socialisme als wel voor het bloeiend Daensisme en de democratische activiteiten van priester Fonteyne, die vanaf het jaar 1900 in opstand was gekomen met zijn bisschop en enkele tijd later te Brugge zijn democratische krant *De Volkseeuw* zou uitgeven. Men wist in het bisdom heel goed wat Lauwers te Roeselare in samenwerking met onderpastoor Vanlerberghe in de plaatselijke Gilde had verricht en men wist ook heel goed wat hij waard was met de pen uit de artikelen die hij in *De Nieuwe Tijd* tussen 1896 en 1901 gepubliceerd had. Lauwers heeft in 1904 zijn opdracht te Brugge krachtig aangepakt, maar Brugge was en is nog steeds Roeselare niet! Het socialisme zat er te Brugge reeds veel dieper in omdat er een grotere laag van eigenlijk arme bevolking was. Daarbij te Roeselare was er geen priester Fonteyne en was er geen verfranste hogere burgerij die wel te vinden was voor de verouderde paternalistische instellingen als het werk van St.-Franciscus Xaverius, maar geen recht aan de arbeiders wilde schenken. Ook te Brugge was met medewerking van deze — het moet toegegeven — meevoelende burgerij na 1891, in de geest van *Rerum Novarum*, de Gilde der Ambachten ontstaan, maar deze gilde deed niet aan syndicale actie: zij was een zuivere beroepsgroepering van patroons en arbeiders, waarin de eerstgenoemden meestal alles te zeggen hadden. Voor sterke en klare geesten als Lauwers en Logghe was het weldra duidelijk dat men met dergelijke instellingen nooit aan het arbeidersprobleem een gezonde oplossing zou kunnen geven en daarom werden vanaf 1906 op heel wat plaatsen syndicaten gesticht.

In die tijd ook moet de stichting gesitueerd worden van de Brugse vakschool die in 1908 als avondschool op Groeninge werd geopend door priester Lauwers onder impuls van Achiel Logghe. Toen Lauwers zei dat men voor een avondschool te Brugge geen plaats, geen tijd en geen geld had, antwoordde Logghe gevat: «Plaats is er overal, tijd hebt ge aan Uzelf en geld moet ge nemen waar het is!»

Het is hier niet de plaats om uitvoerig over de ontelbare verwezenlijkingen van kanunnik Logghe uit te weiden. Wij hopen binnenkort uitvoerig terug te keren op de geschiedenis van de Christelijke Sociale beweging te Brugge. Bij het afsterven van deze uitzonderlijke man uit de pionierstijd past het de trouw te onderstrepen en de toewijding waarmede Logghe de opdracht van Lauwers in zijn leven heeft uitgewerkt. Logghe werd wel als een prins begraven, omringd door alles wat aanzien en gezag heeft, maar vergeten we niet dat hij ook harde dagen en jaren gekend heeft als diocesaan proost sedert 1921. Keer op keer werd hij bij Mgr. Waffelaert geroepen. Deze bisschop wist wel dat een sociale actie nuttig, onontbeerlijk was voor de Kerk, maar hijzelf vatte eigenlijk het vraagstuk niet. Meer dan eens moest Logghe uitleg gaan verstrekken met betrekking tot klachten die bij het hoogste kerkelijk gezag waren neergelegd door mensen die het nog niet heel goed wisten dat de Middeleeuwen reeds lang achter de rug waren.

En het was geen leugen toen Mgr. Lamiroy, de man die in West-Vlaanderen het christelijk vakonderwijs samen met Henri D'Artois had opgericht, op het gouden priesterjubileum van Logghe in 1951, haast met de doodsreutel in de keel, uitriep naar de jubilaris: Menheer de kanunnik gij hebt Brugge gered van het socialisme.

Het meest tragische uit dit leven waren de laatste dagen toen men dit helder verstand en dat wonder geheugen stilaan zag wegkwijnen tot er nog slechts een vage schim overbleef van wat hij eens was geweest.

Nu ook dit laatste restje is uitgedoofd moet men met eerbied denken aan de machtige gloed waarvan de laatste jaren slechts de verre naglans waren. Van Logghe echter kan gezegd worden hetgeen men over Lauwers in 1911 kon schrijven: «West-Vlaanderen heeft een grote Westvlaming begraven en de Westvlaamse arbeidersbeweging heeft een van haar meest toegewijde proosten verloren. De grootheid van A. Logghe is des te sympathieker omdat zij hem zelf zo volkomen vreemd was. In een klein straatje te Brugge, naast de kapel van O.L.V. van Blindekens, te midden van arme mensen, sleet hij zijn jaren en bad hij om de moed niet te verliezen. Rijkdom en roem heeft hij niet geoogst en de waardering der kleine mensen hoog geacht, maar nooit gezocht. Wat hij zocht in alles en ondanks alles was de rechtvaardigheid en dit allereerst voor de zwaksten. Eerwaarde heer Achiel Logghe is een van de velen uit de geschiedenis, die het nageslacht met fierheid en blijheid als een kostbaar kleinood uit het verleden opraapt en niet meer wil verliezen.»

JOZEF DE CALUWE

1881-1965

Natus in Beveren-Waas, 2 iun. 1881, sacerdotio auctus 4 sept. 1904, vice-parochus in Maldegem 17 oct. 1908, professor philosophiae in seminario minore Sancti Nicolai 17 sept. 1910, director Sororum caritatis prope St.-Lievenspoort Gandae, 22 aug. 1933, obiit Gandae 23 nov. 1965.

Le 23 novembre 1965 succomba à une maladie qui ne pardonne pas l'abbé Joseph De Caluwe, directeur de la Maison des Sœurs de Charité, keizersvest, Gand. Il était né à Beveren-Waas, le 2 juin 1881.

Ayant perdu jeune son père, médecin à Beveren, il fut pris en charge avec ses frères et sœurs par Monseigneur Gabriel van den Gheyn le chanoine gantois bien connu (1862-1958) qui avait été établi son tuteur. C'est ainsi qu'il fut amené à entreprendre ses études d'humanités au Collège St-Liévin de Gand dont son tuteur assurait à cette époque la direction avec un prestige rarement égalé dans la suite [1]. C'est là que germa sa vocation sacerdotale librement entrevue et assumée, alors qu'un de ses frères choisit les études médicales et devint plus tard dans la métropole un des chirurgiens les plus réputés [2]. Aprés des études sans doute brillantes en philosophie à Saint-Nicolas et en théologie à Gand [3], il fut envoyé à l'université de Louvain, où il obtint le grade de

[1] L'abbé Herman Verheeke, supérieur du collège, me fit savoir le 12 juillet 1964, qu'en rhétorique Joseph De Caluwe obtint le 2e prix en excellence, la médaille pour la religion et la «médaille de sagesse sur la proposition des élèves avec l'approbation des maîtres». Il fut le premier de son année pour l'anglais, l'allemand, l'histoire, la chimie et la physique; le deuxième pour le flamand et le français. Parmi ses professeurs, De Caluwe aimait évoquer l'abbé A. Scheiris, l'auteur du chant bien connu *O Kruise de Vlaming*.

[2] Albert Jan Emiel De Caluwé (1893-1950), dans *Nationaal Biografisch Woordenboek*, t. II, p. 113.

[3] Au séminaire de Gand, le corps professoral comprenait, — à ce que le chanoine De Rop voulut bien me communiquer, — les personnes suivantes: Constant VERBRUGGEN, S.T.L. (1848-1906), président, nommé le 10 décembre 1897, connu dans le clergé pour ses quiproquos et pataques amusants, — Oscar LEJOUR (1871-1952), S.T.D., directeur, nommé le 10 septembre 1898 (*ANL*, VIII, 192), — Benoît HAELTERMAN (1864-1933), Ph. D., S.T.B., professeur de théologie dogmatique et de sociologie, nommé le 5 septembre 1890, — Camille VAN ONGEVAL (1865-1940), S.T.B., professeur d'Écriture sainte, nommé le 30 novembre 1890 (*ANL*, VII, 141), — Alphonse STANDAERT (1869-1945), J.C.L., professeur de théologie morale et de droit canonique, nommé le 3 octobre 1896 (*ANL*, VII, 111), — Pierre DE KEYSER (1864-1940), S.T.L.,

licencié en théologie, grade assimilé plus tard par la Faculté à celui de docteur. Conformément à une tradition bien implantée dans son diocèse, les autorités estimèrent qu'un stage dans le ministère s'imposait pour procurer au jeune prêtre, à côté de sa solide formation toute théorique, un apprentissage pastoral à leurs yeux souhaitable, voire impérieusement requis. Il fut nommé vicaire à Maldegem, poste qu'il occupa jusqu'au 17 septembre 1910, date à laquelle son évêque, Mgr Stillemans, fit appel au jeune docteur pour compléter le corps professoral du petit séminaire jugé trop peu nombreux pour répondre au développement pris par les études philosophiques et théologiques.

Nous avons évoqué ailleurs la physionomie de la section de philosophie telle que nous l'avons connue[4]. De l'équipe professorale, l'abbé De Caluwe était, du moins pour les bons étudiants, de loin non seulement le plus vif, le plus captivant, mais aussi celui qui parvenait à les intéresser aux études et à leur inculquer même le feu sacré pour la lecture et la recherche scientifiques. Il lui incombait d'enseigner aux élèves de deuxième année la philosophie morale fondamentale et l'apologétique chrétienne. Le premier de ces deux cours ne le passionnait guère. Il le donnait néanmoins d'une excellente façon, s'inspirant des leçons de son ancien professeur de Louvain, le chanoine Dignant, et s'attardant surtout aux controverses jadis brûlantes sur le probabilisme. En revanche, c'est au cours d'apologétique, en particulier à l'analyse des évangiles, qu'il s'appliquait avec passion et érudition. Il n'était pas difficile d'entendre, dans ses exposés maintes fois brillants, l'écho des leçons des maîtres de Louvain, dont il avait subi l'influence, Paulin Ladeuze et Alfred Cauchie. C'est d'ailleurs à l'école de ces professeurs qu'il avait appris à ne jamais se contenter d'une science toute faite, à tenir sans interruption ses connaissances à jour, à suivre, par la lecture des revues et des ouvrages les plus récents, le développement des controverses doctrinales. Cette tâche était particulièrement urgente à une époque où les milieux catholiques étaient secoués, voire quelque peu ébranlés, par la crise moderniste.

Toutefois n'imaginons pas l'abbé De Caluwé isolé de tout contact avec la réalité quotidienne, cantonné au milieu de ses livres dans son cabinet de lecture et de travail. Les professeurs de philosophie avaient à accomplir diverses tâches pastorales qu'ils partageaient avec ceux des humanités, celle par exemple d'assurer les dimanches et les mardis la prédication dans la chapelle du Collège dédiée à saint Antoine, celle aussi d'entendre les confessions dans les

professeur de théologie morale et de musique sacrée, nommé le 6 janvier 1898, — René De Ruyver (1863-1930), S.T.D., professeur de théologie morale et usages ecclésiastiques, nommé le 4 janvier 1898, — Charles Massez (1843-1919), professeur d'histore ecclésiastique et de méthodologie, inspecteur des collèges épiscopaux, nommé le 15 avril 1901.

L'équipe n'était pas brillante. Alphonse Standaert en était l'élément le plus valable. On comprend qu'en arrivant à Louvain où enseignaient les Cauchie, Ladeuze, Van Hoonacker, Joseph De Caluwe voyait s'ouvrir des horizons nouveaux. Ajoutons que trois excellents sujets : Fernand Claeys Bouüaert, Honoré Coppieters, Camille Van Crombrugghe y achevaient brillamment leurs études et leur accès à la maîtrise.

[4] Cfr J. Coppens, *Monseigneur K.-J. Calewaert 1893-1963. In Memoriam*, dans *Anal. Lovan.*, 17, Leuven, 1972.

M. le professeur J. De Caluwe
à 81 ans

divers instituts de la ville, tel l'Institut de St-Charles pour lequel l'abbé De Caluwe avait été particulièrement désigné. Puis il avait librement assumé en quelque sorte le rôle d'aumônier privé de la famille de Bergeyck à Beveren-Waas, famille dont il était le familier et le conseiller.

Pour ses confrères dans le sacerdoce et dans l'enseignement au Petit Séminaire, l'abbé De Caluwe était un compagnon idéal, contribuant sans relâche par la pratique de l'eutrapélie, d'une camaraderie joyeuse, franche et confiante, à assurer la concorde, la collaboration et la fidélité du corps professoral.

En 1933, le professorat qu'il avait exercé presque durant un quart de siècle et presque sans interruption[5], prit fin. Il le quitta non sans regret et même sans doute non sans quelque amertume, d'autant plus que le vicaire général Camille Van Crombrugghe était censé avoir insinué qu'il aurait parfois manqué de prudence dans ses exposés des hypothèses nouvelles. Il aurait, aux yeux du vicaire général, parfois quelque peu oublié que son auditoire de St-Nicolas-Waas n'était pas celui de la faculté de théologie de Louvain.

L'abbé De Caluwe fut donc nommé le 20 août 1933 directeur de la Maison des Sœurs de Charité, Keizersvest à Gand. Il s'installa dans une demeure de style néogothique réservée au directeur, où il put accueillir sa sœur pour veiller au bien-être de sa nouvelle résidence. Nous avons eu l'impression qu'il ne tarda pas à s'y sentir parfaitement heureux. Il réussit à se faire dans la ville épiscopale de nombreuses et en partie de nouvelles relations qui comblèrent à la fois son besoin de vivre en société et son désir de suivre, en matière de conversations, le précepte de Pascal, c'est-à-dire d'en rechercher qui forment le sentiment et l'esprit. Durant la deuxième guerre mondiale (1940-1945), il avait constitué, avec le chanoine Frans De Hovre (1884-1956) et l'abbé Joseph De Brandt (1889-1967), un trio auquel s'adjoignit par intermittence l'abbé Achille Stubbe (1896-1963). Tous aimaient suivre et discuter en stratèges de chambre les événements du conflit international. Puis et surtout il y avait le grand séminaire de Gand où, sous les présidences des chanoines Charles Calewaert (1940-1948), Léon De Kesel (1948-1961), Joseph Delmotte (1961-1971), il était chaleureusement accueilli chaque fois qu'il s'y présentait, et où il était devenu presque un commensal dominical régulier. De sa belle et forte voix il aimait y évoquer les souvenirs de sa vie sacerdotale, peindre des portraits hauts en couleur des personnages typiques qu'il avait eu l'occasion de rencontrer et parfois, pour clore la réunion, d'entonner quelque chant, tel *Ich hatte zwei Kameraden*, remontant jusqu'à son séjour estudiantin à Louvain. On avait fini par accorder le *Nihil obstat* à son espièglerie et à sa franchise, ce qui lui permit, peut-être quelque peu à son insu, de jouer le rôle du bouffon auquel revenait, sous la sauvegarde de l'impunité, de rappeler à l'autorité ses devoirs et ses manquements. Bien d'autres milieux se disputaient sa présence et sa joyeuse compagnie. Il était l'invité régulier du chanoine Pierre Loontjens quand celui-ci réunissait à sa fête patronale un choix d'amis. Il participait aussi aux agapes qu'aimait organiser dans sa résidence au littoral l'abbé Frans Bosteels (1884-1965). Il y rencontrait entre autres son évêque, Mgr Charles Calewaert (1893-1963), et son ancien collègue du Petit Séminaire de St-Nicolas, le chanoine Joseph De Cock

[5] Durant la première guerre mondiale son état de santé fut ébranlé. L'abbé Albert De Meyer le suppléa durant son absence.

(1879-1966). Enfin les parents d'un de ses meilleurs étudiants, le chanoine Werner Goossens, de même que la sœur et le beau-frère de celui-ci, De Moor-Goossens, de Louvain, ne laissèrent passer aucune occasion opportune pour l'inviter à passer quelques heures agréables dans leurs maisons de St-Nicolas-Waas et de Louvain[6].

A celui qui ne connaissait pas de près le défunt, ce plaisir à assumer le rôle de boute-en-train, ce besoin de se déboutonner en quelque sorte, risquait de faire perdre de vue les traits les plus profonds de cette riche, belle, enthousiaste personnalité. S'il ne dédaignait ni la joyeuse compagnie ni la bonne chère, il était avant tout pris par le désir de savoir, de s'instruire, de se mettre au courant des dernières opinions et hypothèses de travail. Ses maigres revenus et les royales intentions de messe que son frère-chirurgien lui passait, il les dépensait sans compter dans les librairies, à Anvers, puis à Gand, où il partait à la recherche du dernier ouvrage bien fait, susceptible d'élargir et d'enrichir ses connaissances.

Le chanoine Claeys Bouüaert avait conservé le souvenir d'un apologue qui faisait appel à l'araignée, la fourmi et l'abeille pour caractériser le philosophe, l'érudit et l'humaniste. L'araignée y figurait comme symbole du philosophe capable de tirer de son propre fonds la substance de son enseignement. La fourmi renvoyait à l'érudit engrangeant sans répit dans des recoins peu abordables des matériaux, souvent pour l'usage d'autrui. L'abeille représentait l'humaniste butinant toutes les fleurs pour en sucer le miel, nourriture des dieux. C'est l'abeille que Joseph De Caluwe évoquait le plus dans la pratique de ses lectures. Le miel, il le distribuait généreusement dans ses leçons et conversations, La seule réserve qu'il s'imposa, et que plus d'une fois nous lui avons reprochée, c'est de ne pas confier à l'écriture le fruit de ses lectures, de ses réflexions philosophiques, de ses conclusions historiques[7]. Souffrait-il d'un défaut pas mal répandu, le «perfectionisme», ou se laissa-t-il trop impressionner par la réflexion critique et sceptique de son ancien professeur de Louvain, l'ineffable Léon Becker : «Comme ils éprouvent le besoin de noircir le papier!»

Et voici pour achever le portrait de cette personnalité inoubliable à laquelle nous sommes en partie redevable de notre vocation d'exégète quelques traits anecdotiques qui le dépeignent admirablement.

Boute-en-train de la *koinônia* sacerdotale du Petit Seminaire il imagina un jour de contester le supérieur, le chanoine Beeckman, fils d'un fermier de Denderbelle, qui se vantait un peu follement du soin qu'il mettait à veiller aux cultures de son potager, au point de défier ses professeurs de découvrir dans le jardin du séminaire la moindre trace de «prèle», vulgo queue de chat. L'abbé De Caluwe invita ses confrères à relever le défi, et tous se mirent en son absence, — car il devait partir l'après-midi pour Anvers, — à explorer le terrain. L'objet litigieux fut trouvé et un télégramme, annonçant la découverte:

[6] Sur Werner Goossens (1899-1949) cfr *ANL*, VII, p. 149 et *Nationaal Biografisch Woordenboek*, IV, 168.

[7] A son décès, son exécuteur testamentaire fut obligé de détruire tous ses papiers. Ainsi disparut également un exposé de la philosophie kantienne qu'étudiant en philosophie j'avais rédigé à sa demande et sous son inspiration. Plus d'une fois il avait voulu me rendre le texte. Je regrette aujourd'hui avoir refusé de l'accepter.

« Kattesteert gevonden », fut expédié à Anvers. De Caluwe n'hésita pas un instant à répondre par la même voie : « Vinders Kattesteert proficiat ». La missive fut remise au Petit Séminaire le soir, quand la porte était déjà close. Ce fut le supérieur lui-même, — la victime de toute l'entreprise, — qui dut se déranger pour recevoir la nouvelle et encaisser, — beau joueur, — sa défaite.

Féru de promenades et d'excursions à bicyclette, l'abbé De Caluwe continuait à s'en servir même établi dans la ville épiscopale, et, à un âge fort avancé, à parcourir imprudemment des parcours aussi notables que celui de Gand à Ostende. Désireux d'honorer son ami, et d'améliorer sa situation financière, Mgr Calewaert avait obtenu du chapitre une nomination comme chanoine titulaire, mais ses futurs confrères posaient comme condition que dans la ville épiscopale il renonçât au vélo. L'abbé De Caluwe y discernait une atteinte à sa liberté, et il préféra à l'honneur et à la prébende une plus grande indépendance.

Lorsque nos évêques décidèrent d'autoriser le costume clergyman, l'abbé De Caluwe n'y voyait pas d'objection, bien que la soutane ne l'eût jamais gêné ou qu'il n'eût jamais perçu que le port d'un habit clérical rendait le contact avec les fidèles plus difficile. S'il avait appris qu'un prélat avait éprouvé le besoin de s'exhiber dans la tenue nouvelle le jour même où la licence épiscopale était promulguée, il ne se serait pas privé de s'en moquer éperdûment. Il n'aurait pas non plus, croyons-nous, manqué de discerner dans l'abandon hâtif de la soutane, pour le port de laquelle les clercs français avaient milité au XIXe siècle, le signe avant-coureur de plus graves évolutions.

Joseph De Caluwe fut des plus fidèles aux réunions des anciens de la Faculté. Ceux qui furent présents au dîner qui suivit dans le Restaurant Georges la dernière de ces convocations, n'oublieront jamais son intervention au moment des toasts. Après que les « autorités » eurent pris la parole, l'assistance réclama unanimement une allocution du « plus fidèle » des membres de l'association. L'interpelé hésita quelques instants. Les yeux, étincelants d'intelligence et d'un grain de malice, pétillèrent, ses lèvres tremblèrent, ses mains s'agitèrent. Il finit par se lever, et ce fut, une fois de plus, une coulée de paroles chaudes et éloquentes en l'honneur de la faculté. « Notre promotion, concluait-il, a dès les débuts été présente toute entière à ces agapes fraternelles où se retrouvent les anciens de la Faculté, et grâces à Dieu elle l'est encore aujourd'hui... ». La salle écoutait ébahie cette déclaration et s'apprêtait à applaudir l'orateur, quand celui-ci, après un instant de pause, ajouta : « Nous n'étions qu'un ».

Et voici un dernier trait digne de figurer dans les Fioretti. Au lendemain de la libération du territoire de Gand, quand pour la première fois les boulangers commençaient à cuire du pain blanc et à offrir à leurs clients des brioches, le professeur, désireux d'en acheter, et d'en régaler sa sœur, entra dans un magasin dont les vitrines en exposaient. Une pauvre vieille femme qui vit le curé entrer et l'entendit formuler sa demande, ne put s'empêcher de faire à son sujet une remarque déplaisante qui ne lui échappa pas. « Ah! les curés, ils sont tous les mêmes, toujours les premiers à profiter des bonnes choses. » Il se tut, sortit mais ne s'éloigna guère. Aussitôt que la vieille eut quitté le magasin, il y retourna, s'informa si elle était une cliente régulière, et, ayant appris qu'elle y venait tous les jours, il déclara au patron : « A partir de demain vous allez tous les jours offrir à la vieille ce qu'aujourd'hui je me suis procuré. C'est moi qui paye. Voici mon adresse, mais défense formelle de trahir le secret.»

La dernière fois que nous avons visité le professeur dans sa résidence gantoise, ce fut à l'occasion d'un convivium auquel il avait invité Mgr l'évêque et quelques amis pour fêter ses soixante ans de vie sacerdotale. Peu de temps après nous apprenions que sa santé que l'on tendait à croire à l'abri de toute maladie, était gravement compromise. Une opération s'imposait. Lui-même, avec sa lucidité et sa pénétration d'esprit habituelles, établit le diagnostic du mal qui venait de le frapper, inexorablement. Il se résigna à mourir remerciant la Providence pour les longues et heureuses années lui octroyées et se confiant à la miséricorde du Seigneur qu'il avait, serviteur bon et fidèle, loyalement servi.

ALBERTO VACCARI

Professor in Instituto biblico romano, doctor hon. causa Sacrae Theologiae in Universitate catholica lovaniensi 1958, obiit 6 decembris 1965.

J. Coppens, *Allocution à l'occasion de la promotion au doctorat en théologie h.c. du R.P. Alberto Vaccari*, ap. *ETL*, 1958, t. XXXIV, pp. 727-728.

JULES-ÉMÉRIC-AUGUSTIN DE KEULENAER

1904-1966

Le mercredi 26 janvier 1966, vers 8 heures et demie, l'abbé Jules De Keulenaer, curé de la paroisse anversoise de Saint-Jacques, décéda subitement à Anvers. Aux dires d'un de ses anciens vicaires, le curé, qui, il y avait belle lurette, avait perdu son enthousiasme juvénile, avait vu sa santé s'amenuiser, au point qu'il était sous traitement médical. Les proches collaborateurs le voyaient décliner physiquement. Ils n'en furent pas moins surpris de la célérité avec laquelle une dernière infirmité l'emporta [1].

Jules De Keulenaer naquit à Anvers, le 16 juin 1904. Nous n'avons guère pu recueillir des renseignements précis sur son milieu familial ni sur ses études moyennes. Pour la première fois il frappa l'attention en 1923, quand, à la section de philosophie du Petit Séminaire de Malines, il fut proclamé premier de sa promotion. Il arriva ainsi à figurer dans une liste d'honneurs où interviennent également Ernest van Roey (1894), Henri De Jongh (1895), Karel Cruysberghs (1911), Leopold Bellon (1912), Victor Sempels (1915), Étienne Carton de Wiart (1918), Gustave Thils (1928), Frans De Pauw (1929), Louis Janssens (1930) [2].

[1] Voir la notice parue dans la *Gazet van Antwerpen* du 27 janvier 1966 sous le titre : *Z.E.H. Jules De Keulenaer pastoor van St.-Jacobsparochie overleden.*

[2] J. Laenen, *Geschiedenis van het Seminarie van Mechelen*, Malines, 1930, pp. 374-377.

Nous sommes en droit de supposer qu'au grand séminaire de Malines ses succès aux examens ne fléchirent pas. En tout cas il y fut remarqué par les professeurs d'exégèse Édouard Tobac et Gonzague Ryckmans[3]. C'est sans doute à ce dernier maître, appelé le 29 juillet 1930 à enseigner full time à Louvain, qu'il fut redevable d'être envoyé le 18 septembre 1926 à l'Alma Mater de Louvain afin de s'y spécialiser en théologie. Peu après, le 26 décembre, il fut ordonné prêtre par le cardinal van Roey.

A Louvain De Keulenaer se confia pour la direction de sa dissertation à la science et la bienveillance du chanoine Édouard Tobac qui avait repris en 1920 au chanoine Lebon les cours d'exégèse du Nouveau Testament à la Faculté de théologie[4]. S'étant enthousiasmé à la fois pour l'exégèse et l'histoire des religions qu'enseignait à cette époque, avec un brio quelque peu mystificateur, le chanoine Van Crombrugghe[5], Tobac donna à son élève un sujet de travail difficile, à savoir l'étude critique des récits néotestamentaires de l'ascension. Le décès du professeur Tobac, survenu inopinément à Op-Heylissem, le priva de son promoteur. Il nous incomba de reprendre la tâche de mon collègue défunt et de mener à bon terme la thèse de doctorat de son élève. La Faculté lui réserva un accueil si favorable qu'elle pria le cardinal van Roey d'inviter son prêtre à entreprendre la maîtrise en théologie. Hélas! ce dessein ne se réalisa pas. S'y opposa en premier lieu la nomination, le 16 août 1930, de l'abbé De Keulenaer comme professeur d'exégèse au séminaire de Malines, où il recueillit la succession du chanoine Ryckmans pour les cours aussi bien d'Ancien que du Nouveau Testament. S'y ajoutèrent bientôt la difficulté d'avoir à portée de main la documentation que réclamait un sujet de dissertation aux ramifications nombreuses et peut-être aussi une tendance à ne pas employer pleinement pour ses recherches le temps libre que sa charge de professeur lui laissait. Passionné de sport, il fut auprès des séminaristes un supporter des clubs de football, rivalisant avec un des secrétaires de l'évêché de cette époque, le chanoine Francis Dessain[6].

L'enseignement de l'abbé De Keulenaer ne fut pas un succès. Il avait une manière plutôt gauche et negligée de se comporter qui prêtait à rire déjà durant son séjour au Collège du Saint-Esprit. Puis le speech inaugural qu'il estima devoir faire en abordant ses leçons, provoqua un beau tapage, le professeur ayant évoqué la mémoire d'un de ses prédécesseurs, le chanoine Fr. C. Ceulemans (1887-1900)[7], dont un homonyme se trouva parmi ses auditeurs[8]. Puis il eut la

[3] Voir J. Coppens, *In Memoriam Mgr. Gonzague Ryckmans (10 december 1887 - 3 september 1969)*, dans *Jaarboek 1969 Kon. Vl. Academie van België*, 1969, pp. 323-364 et *Bibliographia Academica*, t. XII, Louvain, 1972, pp. 76-78.

[4] J. Coppens, *Éloge académique de Monsieur le professeur Édouard Tobac*, Louvain, 1930 et *Ann. Un. Louvain*, 1930-1933, pp. LXXVIII-XCV.

[5] Cfr J. Coppens, *Le chanoine Camille Van Crombrugghe. In Memoriam*, dans *Ann. Univ. Louvain*, 1940-1941, t. 85, pp. LXXXI-CII.

[6] Né à Malines le 25 juillet 1875, ancien élève de la Maison S. Rombaut (vocations tardives), ordonné prêtre le 2 janvier 1921. — Cfr L.-J. Suenens, *Notes in times de Francis Dessain*, Malines, 1952.

[7] J. Laenen, *op. cit.*, p. 334.

[8] Il s'agit sans doute de l'abbé Robert Ceulemans, né à Lierre, le 17 janvier 1910 et ordonné prêtre le 15 juin 1935.

manie de publier ses notes en leur donnant des couvertures rouges que les élèves s'amusaient à comparer aux brochures de l'abbé Loisy. Ce fut toutefois le manque d'autorité dans ses leçons[9] qui amena le cardinal van Roey en juillet 1939 à le décharger de la fonction de professeur et à le nommer curé de la paroisse St-Jacques. Il y fut installé le 30 juillet 1939 comme successeur du chanoine Verpoorten. Cette nomination, survenant après neuf ans d'enseignement qu'une promotion au canonicat, traditionnelle en la matière, n'était pas venu couronner, fut pour l'abbé De Keulenaer une déception et un traumatisme, dont il ne se releva jamais. Elle l'amena à se distancer totalement des milieux qui l'avaient formé. Aux dires d'un de ses anciens vicaires, il s'appliqua néanmoins à s'acquitter dignement et fidèlement de son rôle de pasteur. Moins d'un an après son installation, la deuxième guerre mondiale s'abattit sur le pays. Il n'eut pas besoin de *bibbergeld* pour rester courageusement à son poste, en particulier quand les armées allemandes entreprirent leur offensive meurtrière de V I et V II contre notre métropole. Le 27 novembre 1944 une bombe V II s'abattit sur sa magnifique église, et ce ne fut pas le seul désastre qui vint gravement endommager l'édifice. Il lui fut donné d'achever l'œuvre de la restauration. Les piliers furent dégagés des plâtras, et de nouvelles verrières assurèrent à l'intérieur du sanctuaire la lumière tamisée dont il a besoin pour révéler toute sa beauté et créer une douce atmosphère de recueillement. Ajoutons que le curé s'occupa activement de gérer les biens paroissiaux dans l'Association Notre-Dame, de doter ses paroissiens d'une œuvre dite *Ars organi* pour l'organisation de concerts religieux et qu'à l'Institut des Dames de l'Instruction chrétienne de la Lange Nieuwstraat, il assuma un cours d'instruction religieuse.

Les funérailles furent célébrées dans son église le samedi 11 janvier 1966 à 11 heures. Un malheureux concours de circonstances ne nous permit pas d'y assister. Le portrait reproduit dans *De Gazet* nous le représente en clergyman authentique, coiffé d'un chapeau mou et tout souriant, ayant sans doute, au soir de sa vie, retrouvé la paix et la bonne humeur, et n'ayant pas conservé de rancune pour n'avoir pas été jadis gratifié d'un titre honoraire, que d'ailleurs nos évêques, cédant à la tendance à niveler, allaient au lendemain du concile supprimer.

J. COPPENS.

Et voici, sous le titre : *Z.E.H. Jules De Keulenaer pastoor van St.-Jacobsparochie overleden*, la notice publiée par la *Gazet van Antwerpen* (29 janvier 1966).

Woensdag, omstreeks halfnegen 's morgens, overleed schielijk Z.E.H. J. De Keulenaer, pastoor van de St.-Jacobsparochie, te Antwerpen. De aflijvige was reeds enkele tijd in doktersbehandeling, doch niemand kon zulk onverwacht heengaan vermoeden.

Hij werd geboren te Antwerpen, op 16 juni 1904. Zijn middelbare studies deed hij aan het St.-Jan Berchmans- en het St.-Stanislaskollege. Na schitterende uitslagen op het seminarie te Mechelen werd hij priester gewijd op 26 december 1926, daarop werd hij naar de universiteit van Leuven gestuurd waar hij

[9] On rapporte qu'à son cours sur l'*Apocalypse* un farceur avait retrouvé le chiffre de la bête, 666, dans le nom de son professeur : *L*eeraar *Juul D*e K*eul*enaer.

promoveerde tot doctor in de teologie. Na zijn promotie werd hij door Z. Em. Kardinaal van Roey benoemd tot leraar in de H. Schrift in 't Groot-Seminarie te Mechelen. Aldaar doceerde hij de gewijde wetenschappen volgens een gans persoonlijke metode en reeds in de dertiger jaren was hij een vurig promotor van de sport onder de seminaristen. Trouwens, zijn heel leven lang zou hij veel van de sport blijven houden.

Op 30 juli 1939 werd Z.E.H. J. De Keulenaer aangesteld tot pastoor van de St.-Jacobsparochie als opvolger van Kanunnik Verpoorten. Zijn pastoraat werd gekenmerkt door zware zorgen voor zijn kerk. Tijdens de mobilizatie zorgde hij er voor dat de talrijke kunstwerken van onschatbare waarde, die zich in de kerk bevonden, veilig werden opgeborgen. Deze zorg is niet vruchteloos geweest, want in de periode van de vliegende bommen werd de kerk een eerste keer zeer erg gehavend door het inslaan van een V 2 op 27 november 1944. Na die eerste teistering volgden er andere, zodat men zich de vraag stelde wat er van het beroemde gebouw nog zou overblijven.

Na de oorlog zette Pastoor De Keulenaar zich onmiddellijk aan het werk en hij is er in geslaagd de kerk zo te restaureren, dat ze fraaier is dan voorheen; het terugbrengen van de zuilen in hun oorspronkelijke staat, het aanbrengen van sobere glasramen in de stijl van de kerkversiering, zijn daar voorbeelden van. Ondertussen nam hij in de Onze-Lieve-Vrouwvereniging aktief deel aan het beheer van de parochiale goederen en organizeerde hij onder de naam *Ars Organi* orgelkoncerten in zijn kerk. Benevens dit alles was hij een goed parochieherder en gaf hij ook godsdienstonderricht in de hogere cyclus van het gesticht van de Religieuzen van het Kristelijk Onderwijs in de Lange Nieuwstraat.

MARCEL GHESQUIERE

1905-1966

Natus Geluwe, 30 ian. 1905, S.T. Baccalaureus 1931, professor in collegio Iprensi 1931-1941, vicepastor in ecclesia Iprensi Sancti Martini 1941-1954, cura pastorali insignitus in Pollinkhove et Roeselare, demissionarius 1964, obiit in Roeselare 8 martii 1966.

Cfr Jozef GELDHOF, *Ne pereant III*, Brugge, 1967, pp. 15-20.

ALPHONSE COOREMAN

1898-1966

Natus Teneremundae 1898, C.I.C.M., I.C.B. 1924, obiit Kessel-Lo 7 aprilis 1966.

Alphonse Cooreman naquit dans une famille notable de Termonde où les vocations religieuses n'ont pas manqué. Il se sentit appelé aux missions et fit son entrée dans la Congrégation des Pères Scheutistes à l'époque où celle-ci passait à juste titre comme la principale société missionnaire de notre pays.

Revenu dans le pays, il enseigna le droit canonique au Scolasticat de Louvain et eut même à assumer la charge de recteur de cette maison. Il mourut à Kessel-Lo, frappé d'une maladie inexorable mais entouré des soins des membres de sa famille.

JOZEF BRYS

1894-1966

Natus Bavikhove, 9 mart. 1894, fuit successive professor in maiore seminario brugensi, pastor-decanus in Gistel 1945, pastor-decanus in Tielt 1952, director Sororum Mariae (Apostolinen, 1962), obiit in Tielt 15 iul. 1966.

Cfr J. GELDHOF, *Ne pereant III*, Brugge, 1967, pp. 62-70.

Op woensdag 20 juni 1966 werd onder toeloop van vele priesters, oud-parochianen, vrienden, Z.E. Heer Jozef Brys ten grave gedragen. De zielemis greep plaats in de Tieltse dekanale kerk, en Mgr. Van den Bunder was celebrant. Epistel, evangelie, oraties en voorbeden geschiedden in het Nederlands, doch het Gregoriaans, de aan het volk moeizaam aangeleerde en thans nog bekende melodieën van het *Kyrie*, het *Graduale*, het *Dies Irae*, de praefatie en het *Pater noster*, werden traditiegetrouw door priesters en kerkevolk samen gezongen. De Brugse bisschop was aanwezig en zong de absoute. Het Groot Seminarie waar de afgestorvene vele jaren het kerkelijk recht doceerde, was door de gewezen oud-collega's ruim vertegenwoordigd. Wij noteerden de kanunniken Legrand, Beel, Hodüm, Willems. Uit Leuven waren voor de lijkdienst overgekomen Mgr. Coppens, die samen met wijlen Kanunnik Brys in 1925 tot magister promoveerde, en Mgr. Dondeyne die op 't Brugse seminarie zijn medeleraar werd. Er werd noch homelie noch toespraak gehouden, doch een Tielts muziekkorps vergezelde de afgestorvene van de kliniek naar de kerk en van de kerk naar de « tuin van verrijzenis », zoals het gewijde kerkhof op de vrome doodsbrief heette.

Gedurende de laatste jaren van zijn uiterst vroom en apostolisch leven was kanunnik Brys de toegewijde directeur van een vrouwelijke Tieltse kloostergemeenschap. Toen hij er aankwam was zijn gezondheid onrustwekkend. Hij moest aan de ogen een operatie ondergaan, en zijn zieke longen waren een bestendige bedreiging. Toch bleef hij zoals altijd enthoesiast en interesseerde hij zich van nabij aan al wat er zich in zijn diocees, en zelfs in de wereldkerk, roerde. Lokale geschiedenis, zo burgerlijke als kerkelijke, werd zijn hobby. Zijn interesse ging naar het proefschrift van de heer Cloet, aan wien hij edelmoedig raad en bijstand verleende. Hij droomde van nieuwe initiatieven, en hoopte nog zelfs bergen werk te kunnen verzetten, toen vrij plotseling zijn oude kwalen toenamen en hij zijn vrome ziel en zijn rijk levenswerk aan de Heer terugschonk op 15 juli 1966.

Joseph Brys naquit à Bavikhove le 9 mars 1894. Ordonné prêtre pour le diocèse de Bruges le 15 juin 1919, il vint à Louvain, en même temps que nous, pour y entreprendre des études de droit canonique. Il arrivait à l'université avec quelque retard à la suite des années de la première guerre mondiale qui avaient amené les autorités belges à fermer les universités face au pouvoir occupant. Quelques-uns de ses compagnons furent dans le même cas, tel l'abbé Odile Spruytte [1].

Le Collège du Saint Esprit venait de vivre sa première année d'après-guerre dans une athmosphère qu'il n'avait jamais connue [2]. Le président, le chanoine Lebon [3], n'avait dû paître qu'un tout petit troupeau de brebis toutes bien sages, auxquelles il n'avait pas hésité à se mêler de très près. Combien de fois dans la suite n'évoqua-t-il par cette année exceptionnelle qu'il aimait colorer des traits d'une paix et d'un bonheur presque édéniques? L'année académique 1919-1920 vint bouleverser cette situation. Le nombre d'élèves inscrits au collège grossit considérablement, et, à partir de ce moment, le président prit des distances. Il s'installa au réfectoire à une table distincte, — la table dite abbatiale, — en compagnie du sous-régent. En même temps déferlèrent sur la ville universitaire les premières vagues d'un mouvement flamand plus âprement revendicateur, se réclamant de l'agitation flamingante qui avait surgi au front parmi les soldats durant les dernières années de la guerre, mouvement auquel le président ne comprenait rien.

Le régime du Collège du Saint-Esprit était ce qu'aujourd'hui on appellerait non seulement sévère mais quelque peu draconien. On se levait tôt, à 5,30 heures, pour se réunir à la chapelle, y dire la prière du matin et faire ensemble la méditation avant de se disperser à travers la ville pour célébrer, dans les diverses églises et chapelles, la sainte messe. Le soir on ne sortait plus après la prière sauf permission spéciale, et, en tout cas, à 10 heures la porte était fermée, — les clefs étant rapportées au président, — et le portier coupait la lumière. Les quelques oiseaux nocturnes, désireux de poursuivre l'étude, la lecture ou quelque jeu de carte, eurent à recourir à des chandelles et à veiller à ce que la faible lumière échappât aux regards du président habitué lui-même à travailler tard la nuit pour dégager des textes grecs ou syriaques la pensée authentique de saint Athanase. Pas question en ces temp-là de gémir sous le poids d'une discipline et d'une surveillance réputées tracassières, ou de chercher une compensation à des prétendus complexes refoulés dans de morbides analyses psychanalytiques ou des amitiés équivoques ou douteuses. La seule exutoire à une discipline ressentie trop lourde consista en l'explosion spontanée ou l'organisation de quelque chahut. Les compagnies de Malines et de Bruges étaient les plus bruyantes. Qui ne se rappelle les ébats auxquels se livraient de temps à autre les Malinois? Le «senior», celui qu'on appelait le «père», à cette époque le futur chanoine Vanderghinst les tolérait, assistant passivement aux initiatives des spécialistes du tumulte que furent les abbés Jan De Wit, Albert Cardyn et l'ineffable Desiré Van Regemoortel, brillant étudiant du chanoine Victor Grégoire, jadis à Malines primus de philosophie.

[1] Cfr *ANL*, t. VII, p. 78.

[2] Nous avons évoqué le Collège dans l'album dédié à R. Stock: cfr *supra*, p. 57.

[3] Cfr *ANL*, t. XIV, p. 180.

La compagnie de Bruges possédait sa chambre commune au bout du deuxième étage, au-dessus de la chapelle du Collège. A côte de ceux qu'on appelait parfois les «barbari», titre dont à l'occasion ils se glorifiaient, elle comprenait quelques représentants de la bourgeoisie francophone, tel l'abbé Étienne Willems de facture toute délicate, qui n'en acceptait pas moins de prendre part aux réunions communes. Joseph Brys se situait entre les extrêmes. Il n'était nullement un fervent partisan des séances tapageuses, et il se gardait également de ce flamingantisme extrémiste qu'incarnait l'abbé Odile Spruytte dont la carrière aboutit à un destin plutôt tragique. Non pas qu'il n'eut pas de fortes convictions flamandes. Les dimanches où il n'y avait pas au Collège de récollection, — ne perdons pas de vue qu'au lendemain de la première guerre mondiale, les étudiants ne retournaient pas régulièrement chaque semaine en famille et qu'en particulier les prêtres n'avaient qu'une ou deux sorties par trimestre pour rentrer chez eux, — pas mal de leaders flamands se réunissaient en son «kot» pour y discuter les directives et même parfois préparer en partie les numéros du périodique *Ons Leven*.

Au moment où l'abbé Brys aborda les études du droit canon, le chanoine Van Hove venait de se libérer de l'emprise exercée jusqu'alors sur lui par le chanoine Cauchie et, en droit canonique, par Mgr De Becker[4]. Il pouvait enfin faire valoir, d'une manière personnelle et indépendante, ses talents. Il ne tarderait pas à devenir le personnage de proue laissant loin derrière lui non seulement l'abbé Koerperich[5], qui ne sut jamais se libérer d'un certain complexe d'infériorité, mais même le chanoine Monin[6], qui, ayant trop peu d'ambition scientifique, laissa se rouiller sa plume pourtant bien taillée.

Van Hove lança son élève sur un terrain jusqu'alors guère fréquenté par les canonistes de Louvain, à savoir l'étude des notions fondamentales du droit de l'Église à la lumière des réflexions des canonistes médiévaux, des représentants de l'âge d'or de la systématisation canonique. Le résultat des recherches de son étudiant rendit le maître enthousiaste. Il poussa son élève à se présenter au concours des bourses de voyage que jadis le baron Descamps avait créées en partie pour les porteurs de diplômes scientifiques de l'université de Louvain. Au moment où il fallut examiner le travail qui avait été présenté en même temps que les mémoires déjà imprimés des professeurs R.Koerperich et É. Van Cauwenbergh[7], le maître, craignant que la thèse simplement dactylographiée de son élève ne fût pas retenue, la vanta avec tant d'éloquence qu'elle finit par être classée la première. Van Hove en fut étonné et bouleversé. Il s'ensuivit un froid entre lui et son futur collègue Koerperich que rien ne réussit à dégeler.

Ayant obtenu la bourse de l'état, Joseph Brys partit pour la Ville éternelle où, devenu le commensal du célèbre trio de prélats belges, la gloire de Saint-Julien[8], il put, guidé par Mgr Pelzer, se documenter largement à la Bibliothèque Vaticane. Il y devint la victime de son acharnement au travail. C'est à Paris où j'étais à

[4] *ANL*, t. II, p. 36.
[5] *ANL*, t. XIV, p. 194.
[6] *ANL*, t. X, p. 179.
[7] Cfr notre notice sur R. Koerperich : *ANL*, t. XIV, p. 194.
[8] Les prélats Hebbelynck, Vaes et Pelzer : cfr *ANL*, t. IV, p. 61 ; t. XVI, p. 293 ; t. XVI, p. 293 et *supra*, pp. 65-69.

cette époque aumônier des Bénédictines de la rue Monsieur, que j'appris la nouvelle. A un certain moment on craignit vivement que la pneumonie n'emportât le futur maître, mais, contre tout espoir, le malade se rétablit. On le ramena encore bien malade, et le couvent parisien des bénédictines fut un relais tout indiqué pour permettre à l'infirme de respirer un tant soit peu au cours d'un voyage à cette époque encore bien fatigant avant d'aborder l'ultime étape vers Bavikhove.

En 1925, ce fut pour Joseph Brys la promotion solennelle à la maîtrise en droit canonique. Nous fûmes en cette année quatre : le Père Maximien Piette, Rudolph Bandas, Joseph Brys et moi-même, à être promus au grade de maître dans le cadre de cérémonies que le premier recteur magnifique de Louvain, Mgr de Ram, avait rétablies mais que la vague d'anti-triomphalisme et peut-être la jalousie mesquine de certains milieux ont estimé devoir abroger. Au dîner qui suivit la promotion et la visite à la *Sedes Sapientiae* en l'église St-Pierre, le chanoine Bittremieux, doyen de la faculté, s'inspirant de la fête du jour, fit l'éloge des *quatuor coronati*.

Le nouveau maître en droit canonique eut à assumer sa tâche d'enseignant dans un séminaire qui avait compté des professeurs si instruits, si zélés, si travailleurs, qu'il avait acquis la rénommée d'une petite faculté. Le président C. Callewaert était un historien et un liturgiste de réputation internationale; le dogmaticien Van der Meersch et le moraliste De Smet, le premier de formation romaine, le deuxième de culture louvaniste, rivalisaient en produisant l'un et l'autre une œuvre de grande portée. A un niveau moins élevé il y eut l'exégète Van der Heeren et deux maîtres en spiritualité, Mahieu et Legrand, qui aimaient s'inspirer de la tradition patristique et de l'admiration que leur évêque ne cessait de témoigner aux écrits de Ruusbroeck l'admirable. Et puis les professeurs du séminaire brugeois avaient été les premiers à être chargés de publier une revue diocésaine, les *Collationes*, appelée à promouvoir le recyclage théologique du clergé. Nous doutons que cet organe ait été avantageusement remplacé par des cours de formation complémentaire parfois confiés à des prêtres en état de pré-crise et trop souvent donnés sans contact suffisant avec ceux auxquels revient en tout premier lieu l'annonce de la foi.

Le jeune professeur ne tarda pas à gagner la confiance du président Callewaert et d'un grand nombre de séminaristes. A se fier à la rumeur populaire, ce succès ne plut guère au professeur de dogme, Henri Lamiroy[9], dont le caractère moins souple, plus autoritaire, n'était pas aussi apprécié. Il se degagea de cette rivalité un froid qui ne fut plus jamais complètement résorbé.

L'avènement d'un nouvel évêque, le départ du président Callewaert[10] et la venue d'un nouveau chef au séminaire changèrent notablement le climat. Faut-il attribuer à ces facteurs que le chanoine Brys ne resta pas professeur et qu'on ne lui offrit pas à la curie épiscopale les fonctions auxquelles sa formation le destinait et qui auraient mieux cadré avec une santé qui n'était guère robuste?

Quoi qu'il en soit, au lieu d'être appelé à une fonction dans la ville episcopale, le chanoine Brys fut nommé à deux lourdes charges pastorales, le 8 août 1945 au poste de curé-doyen de Gistel, et, le 21 janvier 1952, à celui de curé

[9] Cfr J. COPPENS, *Zijne Excellentie Mgr. Lamiroy*, Louvain, 1959.
[10] Cfr *ANL*, t. VII, p. 88.

doyen de Tielt. D'un avis unanime il accepta avec courage et dévouement ces promotions qui l'éloignèrent définitivement d'un milieu où il avait connu de beaux succès et gagné une audience de plus en plus large. C'est en effet à Bruges qu'il devint aumônier de l'Association diocésaine des infirmières et sages-femmes ainsi que conseiller spirituel de l'École brugeoise d'infirmières. C'est là aussi qu'en collaboration avec un médecin, il jeta les fondements du *Wit-gele Kruis*, œuvre appelée à assurer le soin des malades à leur domicile.

Quand en 1952 Mgr Lamiroy décéda et que Rome fit appel à l'évêque auxiliaire de Malines, Mgr De Smedt, pour lui succéder, il ne fut plus question de rappeler le chanoine Brys à Bruges et de lui confier un poste-clé dans l'administration du diocèse. Le doyen de Tielt n'était guère connu du nouvel évêque et d'autres candidats pour une promotion éventuelle avaient dans l'entretemps surgi à l'horizon. Le chanoine Brys resta donc doyen à Tielt offrant généreusement, comme dans le passé, tout son concours au nouveau pasteur. Toutefois il n'oublia pas qu'il était maître en droit canonique et qu'à ce titre il avait le devoir de rappeler à l'occasion à l'autorité diocésaine que les saints canons prévoyaient des droits non seulement pour l'évêque mais également pour ses subordonnés. Il aimait raconter non sans un grain de fierté comment il s'était opposé avec succès, au nom du droit à la fois ecclésial et civil, contre telle mesure que la curie épiscopale avait cru pouvoir prendre.

Quand les infirmités de l'âge, en particulier celle de ses yeux, l'invitèrent à offrir sa démission, il se retira à Tielt même comme directeur d'une communauté locale de religieuses. Il achevait la série d'abandons qui avaient jalonné sa carrière : ceux de professeur au Grand Séminaire, de directeur de la publication *Geloofsonderricht*, d'animateur du *Wit-Gele-Kruis* dont il passe, à juste titre, comme co-fondateur, de curé-doyen de deux paroisses qu'il avait animées de son zèle sacerdotal. Désireux de concrétiser la distance qu'il importait de prendre à l'égard de son successeur, il consacra désormais ses loisirs à l'étude de l'histoire locale. Il entreprit notamment d'écrire l'histoire de l'harmonie catholique de Tielt : *Honderdzeventig jaar muziekleven te Tielt*. Cette œuvre lui valut d'être escorté vers sa dernière demeure par l'harmonie locale. Ce fut un tribut de reconnaissance de la part d'un corps musical dont il avait réussi à évoquer l'histoire dans le cadre plus large des luttes religieuses parfois très âpres qui jadis avaient déchiré les habitants de la ville dont il avait assumé durant une décennie la direction et l'animation pastorales.

* * *

Et voici, reproduites en leur couleur locale, les notices consacrées au doyen par l'hebdomadaire *De Zondag. Weekblad voor arrondissement Tielt en omliggende*, 30 juillet 1966, t. 23, n° 31, p. 1.

Kanunnik Jozef Brys werd geboren te Bavikhove op 9 maart 1894. Hij studeerde aan het Klein-Seminarie te Roeselare, aan het Groot-Seminarie te Brugge en aan de Universiteit te Leuven. Hij werd priester gewijd op 15 juni 1919 en tot Professor benoemd aan het Groot-Seminarie te Brugge op 15 september 1923. In december 1923 behaalde Z.E.H. Brys de eerste prijs met reisbeurs in de wedstrijd tussen de vier universiteiten van België, voor de tak «Recht en geschiedenis». In juli 1925 promoveerde hij tot Magister in het Kerkelijk

Recht aan de Universiteit te Leuven. Zijn promotor was Z.E.H. Kan. A. Van Hove, Tieltenaar; de rector was Mgr. Ladeuze. Hij werd benoemd tot erekanunnik van de Katedraal te Brugge op 21 november 1933 en tot titulair kanunnik op 16 september 1939.

Benevens zijn professoraat werd Kan. Brys in 1932 benoemd tot diocesaan proost voor de katolieke verpleegsters en vroedvrouwen en tot geestelijk adviseur aan de school voor verpleegsters te Brugge. Hij is aldus de medestichter geweest van het Wit-Gele Kruis in West-Vlaanderen, waarvan hij trouwens diocesaan proost werd in 1938. Zelf richtte hij 74 afdelingen in, ondermeer deze van Tielt.

Hij was eerst pastoor-deken van Gistel vanaf 8 augustus 1945, en op 21 januari 1952 volgde zijn benoeming als pastoor-deken van Tielt. Tien jaar later nam hij om gezondheidsredenen eervol ontslag en verbleef als direkteur bij de Eerw. Zusters van Maria (Apostolinen) sinds 10 juli 1962. Hij overleed te Tielt op 15 juli 1966.

Zijn strict-wetenschappelijk werk bestaat uit : de doctorstesis over de dispensatie in het kerkelijk recht; verder drie delen van de moraalteologie. Hij schreef tevens in twee delen een volledig kommentaar over heel het kerkelijk recht. Hij verzorgde allerlei artikelen in het tijdschrift voor de priesters en in verschillende vreemde tijdschriften. Als pastoor-deken gaf hij zijn predikaties uit als *Graankorrels voor de kudde* en publiceerde een brochure over de H. Mis.

Als rustend priester besteedde Hij zijn vrije tijd aan zijn hobby de lokale geschiedenis; zo gaf hij een brochure uit over de geschiedenis van de O.-L-Vrouwparochie van Tielt, en zo pas een uiterst nauwkeurig en uitgebreid overzicht van *Honderdzeventig jaar muziekleven te Tielt.*

* * *

Z.E.H. Kan. J. Brys is niet meer... Eenvoudige en tegelijk veelbetekenende woorden!

Weer heeft een mens afscheid genomen van zijn aards-tijdelijk bestaan. Wie staat niet huiverig-ontroerd tegenover dit groot en diep mysterie? Wie is die mens? Wat heeft hij voor zijn medemensen betekend?

Gesproten uit een diep-christelijke familie, begaafd met veel talenten, heeft hij als jonge man de roepstem van de Heer met geestdrift beantwoord : in zijn priesterschap werden hem zware taken opgedragen in evenredigheid met zijn schrandere geest en zijn wijze autoriteit.

Na schitterende studies aan college, seminarie, en universiteit, vormde en leidde hij de jonge seminaristen. Zelf eerder zwak van gezondheid was hij steeds begaan met de zieken en de bejaarden.

Gerijpt door studie en ervaring, aanvaardde hij ook dankbaar zijn nieuwe taak als pastoor-deken, eerst te Gistel, later hier te Tielt.

Het is als pastoor-deken van Tielt dat Z.E.H. Brys in de herinnering van de Tieltenaars zal geprent blijven.

Ruim tien jaar lang heeft Z.E.H. Brys zich als priester-herder ingezet met de volle rijkdom van zijn talenten! Daarna heeft hij nog 4 jaar in het klooster der Zusters van Maria, van een welverdiende rust mogen genieten, hoewel hij als direkteur en leraar aktief bleef. Hij onderhield contact met zijn ruime vriendenkring en vond er de tijd voor zijn hobby, de lokale geschiedschrijving.

Na de joviale en innemende persoonlijkheid van Z.E.H. Destrooper, werd Z.E.H. Brys begroet en verwelkomd als de priester-gezagdrager, de denker, de leraar en opvoeder met een gouden hart, zich diep bewust van zijn plichten en van zijn verantwoordelijkheid.

Op de grootse installatie 17 februari 1952 stelde zijn kozijn, Mgr. Brys, zijn parochianen gerust: «Hij heeft nu zijn boeken geschreven. Hij zal vooral pastoor-deken zijn». En dat is hij geweest; zijn wetenschappelijk-georiënteerde geest heeft hij al die jaren ondergeschikt gemaakt aan zijn taak van herder van de kudde.

Hoeveel mensen in de biechtstoel van hem een vaste leiding hebben bekomen, hoeveel zoekenden blij waren dat ze hem thuis konden vinden, hoevelen getroffen werden door zijn sermoenen en zijn artikelen in het parochieblad, kunnen we slechts vaag vermoeden. Zeker is dat zeer velen tegenover Z.E.H. Deken Brys met dankbaarheid werden vervuld.

Benevens dit intiem priesterwerk zonder ruime weerklank, kunnen we talrijke zichtbare realisaties citeren die onder impuls van Z.E.H. Brys tot stand zijn gekomen:

— Een belangrijk deel van de parochie werd aan Schuiferskapelle afgestaan.

— Hij beëindigde het volledig herstel van de door oorlogsomstandigheden geteisterde St.-Pieterskerk, die hij tevens liet herschilderen en van moderne glasramen voorzien; de predikstoel werd deskundig gerestaureerd. Geluidsversterking, kerkverlichting en klokelectrificatie werden aangebracht.

— De St. Jozefsparochie werd een feit en een zegen voor de Tieltse bevolking.

— In oktober 1954 greep een schitterende en grandioze Mariahulde plaats met een onvergetelijke stoet en een wijdvermaarde tentoonstelling van Mariabeelden.

— Het spel- en sportstadion «Watewy» werd in samenwerking en onder impuls ook van direkteur J. Verstraete uit de grond gestampt.

— De St.-Pieters-missiebond groeide onder bezieling van Z.E.H. Brys uit tot een hechte band tussen missieveld en thuisparochie.

— Wekelijks schreef Z.E.H. Brys zijn bijdrage in het parochieblad *Om over na te denken*, als aanvulling van zijn flinke sermoenen, later gepubliceerd als *Graankorrels voor de kudde* in de vorm van gebedsbrochuurtjes.

— Gezinsspiritualiteit en jeugdopvoeding mochten putten uit de wijsheid en de ervaring van de leraar-opvoeder.

Tielt en speciaal dan de St.-Pietersparochie is Z.E.H. Deken Brys diepe erkentelijkheid verschuldigd. De priester-pastoor heeft zijn woord gehouden toen hij bij zijn installatie 14 jaar geleden zegde: «Ik zal mijn best doen om de zielen van mijn parochianen dichter te brengen bij O.L.-Heer door mijn voorbeeld en mijn betrachting als priester en goed mens».

Zonder morren, maar in volkomen berusting en zelfverloochening heeft Z.E.H. Brys ook zijn ouden dag aanvaard; fysisch gehandicapt bleef hij optimist en helder van geest. Toen wij hem onlangs bij het verschijnen van zijn muziekstudie, een bezoek brachten, is het ons eens te meer opgevallen hoe deze bejaarde priester blijk gaf van levenslust en nimmer tanende belangstelling voor ontzaglijk veel zaken. Hij bezat waarlijk de kunst om ook de moeilijkste dingen op een rake, juiste en bevattelijke wijze mede te delen en te bespreken.

Tielt heeft ook van zijn rustend-pastoor-deken nog raad en sympatie ontvangen; Tielt heeft de priester-auteur leren ontdekken en waarderen; Tielt mocht van Z.E.H. Brys op dit gebied nog veel verwachten, want Hij stak boordevol plannen en vooruitzichten van publikaties...

De Heer heeft zijn trouwe dienaar evenwel tot Zich geroepen; in de gezegende ouderdom van 72 jaar is hij rustig gestorven, na door Z.E.H. Deken Duforret de laatste sacramenten ontvangen te hebben.

In serene aanvaarding bij dit afsterven, en met gevoelens van dank en vertrouwen in de liefde van de Heer, heeft Tielt in massale vertegenwoordiging vorige woensdag zijn ere-pastoor-deken als een prins van kerk en volk plechtig ten grave gedragen; onze Tieltse muzikanten begeleidden hun priester-auteur naar zijn laatste rustplaats, na het H. Misoffer opgedragen door Monseigneur Van den Bunder, groot-vicaris van het bisdom, bijgestaan aan 't altaar door de titulaire kanunniken Ghesquière en François. Monseigneur De Smedt had plaatsgenomen in het koor en zong de absouten.

De tekst van het rouwprentje.

«Heiligt in uw hart Christus als de Heer. Weest altijd bereid om iedereen te woord te staan, die u rekenschap vraagt over de hoop die in u leeft»! I Petrus 3, 15.

Met geheel zijn leven: zijn schrandere geest, zijn besliste wil, zijn goed hart heeft kanunnik Brys Christus geheiligd, geëerd en gediend als zijn Heer. Christus was voor hem alles: leven, verrijzenis en weg tot de Vader. In de verborgenheid en de onthechting van het geloof voltrok zich een hechte vriendschap, beleefd in zijn diep gebedsleven en in zijn oprechte bekommernis om al wie aan zijn zorgen werden toevertrouwd nader te brengen tot Christus. In hen diende hij zijn Heer. Zo zal zijn nagedachtenis blijven voortleven in de christelijke thuisverpleging van zieken en bejaarden: het Wit-Gele Kruis, waarvan hij medestichter is.

Gedurende 22 jaar stond hij de Brugse seminaristen te woord en gaf in woord en daad rekenschap over de hoop die in hem leefde. Hij leerde hen Gods wil uitgedrukt in de wet liefhebben als een stichtend richtsnoer voor hun priesterleven. Twijfelenden en zoekenden stond hij te woord en liefdevol geleidde hij hen in hun hoop naar een rustige verantwoording.

Te Gistel en te Tielt stond hij de hem toevertrouwden gedienstig te woord. Zijn parochianen beluisterden zijn eenvoudige en klare taal over diezelfde hoop, die ook in hen leefde: hun vertrouwen in God en de mensen. Hun heilsverwachtingen voor tijd en eeuwigheid wist hij te verwoorden en hun hoop op geluk en vreugde te richten naar een beleefd christendom.

Reeds op verdiende rust bleef hij bereid de jeugd te woord te staan, opdat zij Christus moge heiligen in haar hart als de Heer, en de hoop op een hoger levensgetuigenis van een kloostercommuniteit bleef hij moedig bezielen.

Voor de gave van dit uitmuntend priesterleven danken wij de Heer biddend: «Aanvaard, Heer, de gaven die wij U aanbieden voor de zielerust van Uw dienaar priester en verleen hem, die Gij de genade van het priesterschap hebt geschonken, ook de bekroning ervan door Christus onze Heer».

RAFAËL TAMBUYSER

1905-1966

Rafaël Tambuyser, natus Mechliniae 20 maii 1905, secretarius et archivista dioeceseos mechliniensis, obiit in Bonheiden, 30 sept. 1966.

Cfr *ETL*, 1967, t. XLIII, p. 324.

«Onze duurbare overledenen zijn niet geheel dood voor ons. Want ze blijven voortleven in onze dankbare herinneringen; ze overleven hun tijdgenoten door al hun werken, de vruchten van hun veelzijdige bedrijvigheid, het zaad waaruit voor de toekomst een nieuwe oogst overvloedig rijpen zal».

Met deze diep doordachte woorden bracht E.H. R. Tambuyser, op 29 september 1940, hulde tot de nagedachtenis van Kan. Dr. J. Laenen en H. Coninckx, respectievelijk voorzitter en secretaris van de Kon. Kring voor Oudheidkunde, Letteren en Kunst van Mechelen[1]. Zesentwintig jaar later, de 30^{e} september 1966, na een wekenlange pijnlijke doodstrijd, wisselde Kan. R. Tambuyser het tijdelijke voor het eeuwige leven. Op het gevaar af aan plagiaat te doen, hernemen wij zijn eigen woorden om kernachtig en zo passend mogelijk onze welgemeende erkentelijkheid te betuigen tegenover onze zeer betreurde voorzitter: onze dierbare overledene is niet geheel dood voor ons; hij zal blijven voortleven in onze dankbare herinneringen; hij zal zijn tijdgenoten overleven door al zijn werken, de vruchten van zijn veelzijdige bedrijvigheid, het zaad waaruit voor de toekomst een nieuwe oogst overvloedig rijpen zal.

Aanvankelijk vermoedde wellicht niemand dat wij hem zoveel zouden verschuldigd zijn.

Het was in de dertiger jaren van deze eeuw. Wie dagelijks langs de Leuvense vaart in de richting van Battel of over de toen nog lommerrijke vesten ging, ontmoette er regelmatig een jonge, tedere, zacht wandelende, vaak brevierende priester. Niets verraadde dat deze geestelijke een voorname rol ging spelen in de historische en archeologische milieus. Zij die E.H. R. Tambuyser van dichtbij kenden, wisten wel dat zijn nederig gemoed hem niet aanspoorde om ereplaatsen en titels na te jagen. In deze aanvangsperiode van zijn priestersloopbaan verwachtte hij er zich niet aan in deze middens te worden opgenomen. Maar de omstandigheden brachten een beslissende wending: E.H. Tambuyser werd in het spoor van Kan. Laenen geleid en van dit moment af werd hij zich bewust van de nieuwe taak die hem wachtte ten gunste van de gemeenschap.

Niets scheen hem in deze richting te hebben gevoerd. Te Mechelen geboren op 20 mei 1905, genoot Rafaël Antoon Tambuyser, oudste zoon van Dokter C. Tambuyser en Charlotte Verbist, de traditionele opvoeding, die versterkt

[1] Wij bedanken het bestuur van de Koninkl. Kring voor Oudheidkunde, Letteren en Kunst van Mechelen die ons toeliet deze notitie die in de *Handelingen*, 1966, t. LXX, pp. 21-30, verscheen, over te nemen.

werd door de humaniorastudies aan het St.-Romboutscollege. Hij groeide er op als een voorbeeldige en ijvervolle leerling, die aanhoudend thuis en op school uiting gaf aan zijn ingeboren godsdienstzin. Met diepe ingetogenheid vervulde hij sedert 1919 de kosterstaak in de kapel van het College. Zo benaderde hij rechtstreeks de directeur, Kan. Steenackers, en zelfs de toenmalige jonge vicaris-generaal, Mgr. Van Roey, die er de H. Mis opdroeg bij de jaarlijkse afsluiting van de retraite. Geen wonder dan dat de priesterroeping in het jeugdige hart van R. Tambuyser volledig openbloide en hem de drempel van het seminarie deed overschrijden. Hij verliet deze instelling om op 26 december 1927 de priesterwijding uit de handen van Kardinaal Van Roey te ontvangen.

Toen volgde een korte overgangsperiode. E.H. R. Tambuyser keerde terug naar het St.-Romboutscollege als studiemeester. Na een zestal maanden trad hij uit het onderwijs om aan de Universiteit te Leuven tot licentiaat in het kerkelijk recht te promoveren in juli 1931. Een maand later, op 26 augustus, werd hij tot secretaris van het Aartsbisdom benoemd.

Hier begon zijn eigenlijke loopbaan in een vaste richting te gaan. Als hulparchivaris stond hij aan de zijde van Kan. Laenen, wiens gezondheidstoestand te wensen overliet. Stilaan werkte E.H. Tambuyser zich op in zijn nieuwe functie en na het overlijden van Kan. Laenen werd hij tot archivaris van het Aartsbisdom bevorderd op 3 augustus 1940. Tevens vervulde hij de taak van conservator van het Diocesaan Museum. Onmiddellijk spande hij zich ernstig in om het depot volledig te leren kennen en te ordenen. Maar in mei 1941 moest hij het goed ondernomen werk reeds stilleggen : een zware ziekte hield hem meer dan een jaar uit zijn werkkring. Achteraf voelde hij zich genoodzaakt zijn krachten te meten en te sparen om zo regelmatig mogelijk zijn toenemende opdrachten tot het uiterste te blijven vervullen.

Ondertussen werd hij naar waarde geschat en tot erekanunnik van het St.-Romboutskapittel verheven in december 1941. Hij zetelde niet alleen in de kerkelijke rechtbank, maar ook in de diocesane commissie voor monumenten. Daarbuiten ging zijn hoofdbekommernis naar de Kon. Kring voor Oudheidkunde, Letteren en Kunst van Mechelen, waarvan hij sedert 27 oktober 1939 ondervoorzitter was, om juist een jaar later tot voorzitter te worden verkozen. Al deze functies verklaren enigermate zijn lidmaatschap van de Vereniging van Archivarissen en bibliothecarissen, waarvan hij ondervoorzitter werd voor 1950 en 1961, en van de Kon. Academie voor Oudheidkunde van België sedert 1948, en tenslotte van de Provinciale Commissie voor Geschiedenis en Volkskunde vanaf 1952. Wanneer men hieraan toevoegt dat Kan. Tambuyser deel uitmaakte van de Comiteiten van de grote Mechelse historische tentoonstellingen en vooral van de tentoonstelling «Mechelen 4 eeuwen Aartsbisschoppelijke stad» in 1961 en daarna een hoofdrol speelde bij de inrichting van de Hanswijkcavalcade in 1963, dan kan men zich theoretisch een beeld vormen van de omvang van zijn aktiviteiten.

In de werkelijkheid omvatte zij heel wat meer. Op alle momenten, zowel op het Aartsbisdom als in Commissievergaderingen en niet het minst in de schoot van de Kon. Kring voor Oudheidkunde, streefde Kan. Tambuyser ernaar — zonder de minste pretentie op persoonlijke roem — opperbest te presteren. De bezoekers van het diocesaan archief zullen ervaren hebben hoe aangenaam het hem was lezers te mogen ontvangen en vooral behulpzaam te zijn : de gezochte documenten werden steeds tijdig uit de stofferige rekken gehaald en geen enkele vraag om inlichtingen bleef onbeantwoord.

Pas tot hulparchivaris van het Aartsbisdom benoemd, zag hij onmiddellijk het nut in van zijn toetreding tot de Kring voor Oudheidkunde, in 1931. Hij woonde de vergaderingen regelmatig bij en trad voor de eerste maal aktief op in 1939 om de leden rond te leiden in het Diocesaan Museum. Kort daarna werd hem het ondervoorzitterschap toevertrouwd en een jaar later, op 27 oktober 1940, het voorzitterschap. De omstandigheden waren niet gunstig: de voornaamste bestuursleden hadden in de laatste jaren, om gezondheidsredenen, niet rechtstreeks deelgenomen aan de werkzaamheden van de vereniging; de Kring telde 120 leden, waarvan er een tiental de zittingen bijwoonde; de oorlogsjaren vingen aan. Kan. Tambuyser liet de moed niet zinken en leidde het schip doorheen kalme wateren. De Kring ontsnapte aan de greep van de bezettende overheid, maar werd door het toenmalig oorlogsstadsbestuur uit zijn lokaal op het Stadsarchief gedreven. Kan. Tambuyser verkreeg een veilig onderdak in de lokalen van de Congregatie De Decker, waar de bibliotheek kon opgestapeld worden en waar de vergaderingen normaal doorgingen en meer en meer belangstelling opwekten bij de leden.

Zijn verkleefdheid aan de Kring kende geen grenzen. In elke vergadering was het hem een echt genoegen de voordrachtgever te presenteren, te beluisteren en vooral te danken voor zijn uiteenzetting. Meermaals nam hij zelf het woord om bij gelegenheid van een herdenking een historische belichting te geven, die achteraf werd gepubliceerd, o.a. over *Jacobus Boonen, edel gegradueerd kanunnik, geestelijk raadsheer bij de Grote Raad*, in 1949 verschenen ten tijde van de tentoonstelling van de Grote Raad; over *Granvelle*, ter voorbereiding tot en gedurende de tentoonstelling « Mechelen vier eeuwen Aartsbisschoppelijke stad », in 1961; over de *Hanswijk-jubelfeesten*, in 1963. Hij bewees ook dat hij zich niet uitsluitend interesseerde aan de kerkelijke geschiedenis, wanneer hij onderwerpen behandelde als *Het oxaal in de kerk te Tervuren, werk van Keldermans; Mechelen 1860-1870, ten tijde van de studiejaren van Kard. Mercier; Margareta van York; Sociale troebelen te Mechelen in 1718*. Soms gaf hij rake vingerwijzingen ter bevordering van de studie van bepaalde onderwerpen, o.m. voor de XIXe eeuw.

Tot synthese-werk bracht hij het ook met zijn opstel *Kerkelijke en godsdienstige toestanden* (in *Synthese van de provincie Antwerpen*), met zijn artikels *De herinrichting van de katholieke hiërarchie in de Nederlanden in 1559*, *Mechelen 4 eeuwen Aartsbisschoppelijke stad* en *Kerkelijke inrichting in de provincie Antwerpen*.

Daarbuiten bezorgde hij zeer nuttige en handige gidsen voor *St.-Rombouts-metropool* en *O.-L.-Vr. van Hanswijk*, die kunnen beschouwd worden als de inzet van een, ongelukkig, onvoltooid gebleven reeks.

Gelijklopend met de aangroei van zijn publikaties verhoogde de bezorgdheid van Kan. Tambuyser voor het Mechels historisch en archeologisch patrimonium. In de jubelzitting in 1946, bij de viering van het zestigjarig bestaan van de Kring, stelde hij de vraag: « Blijft het oude stadsbeeld niet bedreigd na de verwoestingen van de oorlog? » En hij vervolgde: « Mechelen heeft haar schoonheid nog niet helemaal verloren. Zij mag nog worden genoemd een museum van voorgevels uit alle tijdperken. Wandelt eens door de Ste.-Katelijnestraat.

Maar de veelvoudige eisen van de moderne tijd blijven een bedreiging voor deze schoonheid». Zijn vrees was niet ongegrond en samen met de leden van de Kring voerde hij een aktie voor het behoud van eerbiedwaardige Mechelse monumenten, waaronder de Brusselpoort, die in zijn laatste levensmaanden nog kon gered worden.

De gevoelens die Kan. Tambuyser verder uitdrukte in zijn toespraak in genoemde jubelzitting weerspiegelen het diepste van zijn natuur: «Gevoelens van oprechte erkentelijkheid moeten U meer dan ooit bezielen, nu wij vandaag het zestigjarig bestaan herdenken van de Kring. Dankbare gevoelens van kinderen jegens hun ouders, omdat zij van hen ontvangen hebben niet alleen het leven, maar ook een zekere welstand en opleiding voor de toekomst. En deze dubbele plicht van dankbaarheid en van rechtvaardigheid vervullen wij heel graag, nu vooral de vereniging een nieuwe bloeiperiode kent en zij in haar midden leden telt die wetenschappelijk beter opgewassen zijn tegen hun taak. De eerste leden waren maar liefhebbers, vol begeestering en goede wil, maar liefhebbers met veel toewijding en die gans hun vrije tijd er aan konden besteden, liefhebbers die moeilijkheden onderschatten en durfden trotseren, tegenkantingen waarbij andere meer onderlegde krachten wel eens het bijltje neerleggen».

Wie met Kan. Tambuyser mocht omgaan — en ze waren talrijk die hij als echte vrienden eerst aan de Adegemstraat, later aan 't Vlietje in zijn stemmige werkkamer midden de geordende boekenkasten ontving — ontwaarden in hem de rijke gave van de onbegrensde dankbaarheid die hij onophoudend betuigde, zelfs voor de kleinste dienst welke men hem bewees of voor het kortste bezoek dat men hem bracht. Tot op zijn sterfbed in de Imelda-kliniek te Bonheiden, kwam het «dank U» nog menigmaal over zijn lippen.

Maar wij zijn Kan. Tambuyser ook een diepe dank verschuldigd. Is hij niet gedurende bijna zesentwintig jaar de aktieve voorzitter van de Kring geweest, die onverpoosd al zijn krachten inzette om de bloei van de vereniging te verzekeren, om de bestuursleden — vooral de secretaris — bij te staan in het vervullen van hun taak en om de leden aan te sporen tot een vruchtbare medewerking? Zo kwam hij ertoe iedereen te mobiliseren voor de ledenslag. In 1946 merkte hij het volgende op: «De belangstelling ontbreekt niet, doch zij zou moeten verhogen. 175 leden op een bevolkingscijfer van meer dan 60.000 inwoners! De vereniging zou wel 500 leden mogen bezitten!» Twintig jaar later was het getal meer dan verdubbeld: Kan. Tambuyser liet 375 leden na, die hij voor een groot deel persoonlijk had aangeworven.

Hij was zo innig met de Kring vergroeid en zozeer aan het Diocesaan Archief verkleefd, dat men gerust mag zeggen dat het Archief en de Kring twee voorname stukken van zijn ziel waren. Zijn bekommernis voor de werkzaamheden van de vereniging en voor het behoud van het Diocesaan Archief liet onuitwisbare sporen na op zijn gevoelige natuur.

Kan. Tambuyser is heengegaan. Zijn eenvoudige, dienstvaardige, tactvolle, rechtschapen en dankbare figuur heeft een diepe indruk nagelaten op zijn ruime vriendenkring, die met oprechte erkentelijkheid de nagedachtenis van deze goede herder piëteitsvol zal bewaren.

Dr. H. Joosen.

BIBLIOGRAFIE

Afkortingen :

C.M. : *Collectanea Mechliniensia.*
H.K.O.M. : *Handelingen van de Kon. Kring voor Oudheidkunde van Mechelen.*

A. *Gepubliceerde studies* :

1. *Het Sint-Franciscus-Regis-Werk*, *C.M.*, X, 1936, blz. 419-421.
2. *In Memoriam Kanunnik Steenackers*, *H.K.O.M.*, XLIV, 1939, blz. 173-181, portret.
3. *In Memoriam Kanunnik Laenen*, *H.K.O.M.*, XLV, 1940, blz. 25-41, portret.
4. *Het Archief van het Aartsbisdom*, *H.K.O.M.*, XLVII, 1942, blz. 134.
5. *In Memoriam August Joosen (1882-1944)*, *H.K.O.M.*, XLVIII, 1943-44, blz. 29-30, portret.
6. *In Memoriam August De Rees (1871-1946)*, *H.K.O.M.*, 1946, blz. 24-28, portret.
7. *Kardinaal de Granvelle en de Oprichting van een Seminarie te Mechelen in 1573*, *H.K.O.M.*, LII, 1948, blz. 206-210.
8. *In Memoriam Dr. R. Andries (1862-1949)*, *H.K.O.M.*, LIII, 1949, blz. 16-21, portret.
9. *Jacobus Boonen, edel gegradueerd kanunnik, geestelijk raadsheer bij de Grote Raad*, *H.K.O.M.*, LIII, 1949, blz. 150-158, pl.
10. *In Memoriam Monseigneur Victor Sempels*, *Jaarboek van de Oudleerlingenbond van het S.-Romboutscollege*, Mechelen, 1951, blz. 13-18.
11. *Bij de benoeming van Aartsbisschop van Franckenberg*, *H.K.O.M.*, LIV, 1950, blz. 177-188.
12. *Kardinaal Mercier herdacht. Mechelen tussen de jaren 1860-1870*, *H.K.O.M.*, LV, 1951, blz. 157-166, pl.
13. *Le procès de nomination de Jean Dave, évêque de Namur*, *Études d'histoire et d'archéologie namuroises dédiées à Ferdinand Courtoy*, Namur, 1952, blz. 673-679.
14. *Margareta van York en Mechelen*, *H.K.O.M.*, LVI, 1952, blz. 212-219.
15. *In Memoriam Majoor J. Goossens (1881-1953)*, *H.K.O.M.*, LVII, 1953, blz. 18-20, portret.
16. *Sociale Troebelen te Mechelen in 1718*, *H.K.O.M.*, LVII, 1953, blz. 188-203.
17. *Kardinaal van Granvelle*, *CM.*, XXIV, 1954, blz. 277-288.
18. *Corneille-François de Nelis, dernier évêque d'Anvers (1736-1798)*, *C.M.*, XXV, 1955, blz. 41-51.
19. *De Belgische bisdommen. Historische nota. Les évêchés de Belgique. Note historique*, *Katholiek Jaarboek voor België. Annuaire catholique de Belgique*, 1955, blz. 35-38.
20. *In Memoriam Filip Van Boxmeer (1863-1955)*, *H.K.O.M.*, LIX, 1955, blz. 16-24, portret.
21. *Het oud Archief van het Groot Begijnhof van Mechelen*, *H.K.O.M.*, LIX, 1955, blz. 25-50.
22. *Het archief van het begijnenwezen te Mechelen*, *H.K.O.M.*, LX, 1956, blz. 44-49.

23. *Father Nerinckx (1761-1824)*, *C.M.*, XXVII, 1957, blz. 52-56.
24. *Affaire Léon Becker*, *Annua nuntia Lovaniensia*, XIV, 1958, blz. 138-140.
25. *L'érection de la chaire de philosophie thomiste à l'Université de Louvain (1880-1882)*, *Revue philosophique de Louvain*, LVI, 1958, blz. 479-509.
26. *In Memoriam Maurice Vansintejan (1908-1958)*, *H.K.O.M.*, LXII, 1958, blz. 18-19, portret.
27. *De Herinrichting der Katolieke Hiërarchie in de Nederlanden in 1559*, *C.M.*, XXIX, 1959, blz. 125-143.
28. *Création de nouveaux diocèses au XVIe siècle*, *La Revue Nouvelle*, XXIX, 1959, blz. 539-542.
29. *Laenen, Charles-Marie-Joseph*, *Biographie nationale*, XXX, 1959, kol. 496-497.
30. *Notaris Hubert Fris*, *Jaarboek van de Kon. Oudleerlingenbond van het S.-Romboutscollege*, Mechelen, 1961, blz. 12-14, portret.
31. *Antoine Perrenot de Granvelle, premier archevêque de Malines*, *C.M.*, XXXI, 1961, blz. 243-263.
32. *Mechelen jubileert*, *De Toerist*, juli, 1961, blz. 654-656, pl.
33. *L'église métropolitaine de Saint-Rombaut à Malines*. Mechelen, 1961, 16 blz., in-8°, pl.; 1965, 2e éd.
34. *Sint-Romboutsmetropool Mechelen*. Mechelen, 1961, 16 blz., in-8°, platen; 1965, 2e uitg.
35. *Kardinaal van Roey, vijfendertig jaar aartsbisschop*, *C.M.*, XXXI, 1961, blz. 575-583.
36. *Kerkelijke en godsdienstige toestanden*, *Synthese van de Provincie Antwerpen*, Antwerpen, 1961, blz. 123-135, pl.
37. *Kardinaal van Roey en het katholiek onderwijs*, *Nova et Vetera*, XXXIX, 1961-1962, blz. 235-243.
38. *Zijne Eminentie Kardinaal van Roey, 1874-1961*, *H.K.O.M.*, LXV, 1961, blz. 23-28, portret.
39. *Mechelen 4 eeuwen aartsbisschoppelijke stad*, *Noordgouw. Cultureel Tijdschrift van de Provincie Antwerpen*, II, 1962, blz. 1-12, platen.
40. *Het diocesaan archief*, *H.K.O.M.*, LXVI, 1962, blz. 251-252.
41. *Mechelen*, *Lexicon für Theologie und Kirche*, VII, 1962, kol. 221-222.
42. *Het diocesaan archief*, *H.K.O.M.*, LXVII, 1963, blz. 220.
43. *O.-L.-Vrouw van Hanswijk Mechelen*. Mechelen, 1963, 16 blz., in-8°, pl.
44. *Notre-Dame d'Hanswijk à Malines*. Mechelen, 1963, 16 blz., in-8°, pl.
45. *Kerkelijke inrichting in de provincie Antwerpen*, *Tentoonstelling Oude Kerkelijke Kunst in de provincie Antwerpen. Catalogus*, Het Sterckshof, 1963, blz. XI-XIX, kaarten.
46. *In Memoriam François Locus (1880-1963)*, *H.K.O.M.*, LXVII, 1963, blz. 23-25, portret.
47. *De Hanswijk-Jubelfeesten*, *H.K.O.M.*, LXVII, 1963, blz. 134-143, pl.
48. *De Hanswijk-jubelfeesten te Mechelen*, *De Autotoerist*, XVI, 1963, nr 16, blz. 807, pl.
49. *Het diocesaan archief*, *H.K.O.M.*, LXVII, 1963, blz. 220.
50. *In Memoriam Dr. Isidoor Leyssens (1896-1964)*, *H.K.O.M.*, LXVIII, 1964, blz. 19-22, portret.
51. *Het diocesaan archief*, *H.K.O.M.*, LXVIII, 1964, blz. 239.
52. *Het diocesaan archief*, *H.K.O.M.*, LXIX, 1965, blz. 224.

B. *Voordrachten*[2] :

Werk van de Keldermansen in de kerk van Tervuren (30-5-1943).
Het klooster van Groenendaal en Mechelen's geschiedenis (30-1-1944).
Mechelse biografieën (30-11-1947).
De benoeming van de aartsbisschoppen van Mechelen in de XVIIIe eeuw (31-3-1950).
St.-Romboutstoren 500 jaar oud (25-1-1952).
Kardinaal Dechamps, aartsbisschop van Mechelen (28-6-1957).
Mechelen, centrum van het kerkelijk leven (26-2-1960).
Kardinaal Granvelle, eerste aartsbisschop van Mechelen (28-4-1961).
Mechelen, zetel van de aartsbisschop (21-12-1962).

ROBERT BLOMME
1927-1966

Robertus Blomme, natus in Uccle, 10 iul. 1927, S.T. Doctor (1956) et magister (1958), professor theologiae sacramentorum in seminario Mechliniensi 1958, obiit in Uccle 5 nov. 1966.

Cfr *ETL*, 1967, t. XLIII, p. 324. — *ANL*, t. XVI, pp. 174-188.

Robert Blomme naquit à Uccle le 10 juillet 1927. Il acheva les humanités gréco-latines au collège Saint-Pierre d'Uccle et conquit la candidature en philosophie et lettres à l'Institut Saint-Louis de Bruxelles. Envoyé au Séminaire Léon XIII, il y fut promu bachelier en philosophie thomiste. Après avoir accompli trois ans d'études théologiques à Malines, il vint à Louvain parfaire sa formation. En 1956 il fut promu docteur en théologie et en 1958 il accéda à la maîtrise après la pubication et la défense d'un mémoire intitulé : *La doctrine du péché dans les écoles théologiques de la première moitié du XIIe siècle*, Louvain, 1958, mémoire rédigé sous l'égide de Mgr Arthur Janssen.

Les autorités de Malines firent tout de suite appel au nouveau maître pour lui confier dans le grand séminaire de la rue de Mérode la chaire de théologie sacramentaire. Il se consacra de toute son énergie à sa mission et trouva le temps de publier dans les *Collectanea Mechliniensia*, *Lumen Vitae*, *Feuilles familiales*, divers articles relatifs à la pratique sacramentaire et la pastorale. Surtout la pénitence sacramentelle paraît avoir retenu son attention. D'où ses opuscules : *Rencontrer Dieu dans la confession* (1963) et *De zondige mens* (1964), prolégomènes à un ouvrage important touchant un sacrement en pleine évolution au lendemain de Vatican II.

Robert Blomme ne se contenta pas d'enseigner, de publier, de nouer de nombreux contacts de pastorale. Il avait conscience d'une réforme profonde à opérer dans l'enseignement de la théologie et dans la formation des futurs

[2] Tekst bewaard in het archief van de Kon. Kring v. Oudheidk. van Mechelen.

Promotion A. Vaccari – R. Blomme – Da Veiga Coutinho
Mgr Leclercq – A. Vaccari – Évêque indien – Card. van Roey – Mgr van Waeyenbergh
Mgr Litt – L. van der Essen – Mgr Philips – da Veiga Coutinho

prêtres. En cette matière, il s'accordait pleinement avec les vues de son évêque, le cardinal Suenens. C'est sous l'inspiration du cardinal et en étroite collaboration avec lui qu'il travailla à jeter les bases d'un nouveau séminaire pour le clergé de Malines, séminaire qui porterait le nom de Jean XXIII et se serait établi à Louvain à la lisière de la cité universitaire.

Le défunt ne vit pas son rêve se réaliser pleinement. Un mal inexorable s'attaqua à sa constitution. Il décéda à Uccle le 5 novembre 1966 alors que le séminaire entrait dans sa troisième année d'existence et qu'il était sur le point de rencontrer d'énormes difficultés.

L'abbé Blomme était une nature généreuse, un idéaliste, un prêtre dévot, soucieux d'apostolat, même auprès des incroyants. Dans son homélie lors des funérailles le 9 novembre 1966 dans l'église de Notre-Dame-du-Rosaire, le cardinal Suenens traça de son prêtre et collaborateur un portrait prisant les talents, les vertus, la piété du défunt [1]. Nous n'y contredirons pas. Toutefois dans son enthousiasme juvénile pour des réformes trop hâtivement conçues, a-t-il toujours tenu suffisamment compte des traditions et des pratiques qui ont formé des générations de prêtres restés fermes dans la foi et la fidélité à leurs solennels engagements? La Providence lui a épargné la vision de bien des ruines. A ceux qui ont dû les déplorer, elles offrent de la matière à réflexion pour mieux préparer l'avenir.

FERNAND CLAEYS BOUÜAERT

1876-1967

Natus Gandavi 21 aug. 1876, sacerdotio auctus 23 sept. 1899, professor in maiore seminario 9 sept. 1904, canonicus ad honorem 16 nov. 1911, canonicus titularis 30 oct. 1927, vicarius generalis 30 sept. 1931, director Congregationis Sororum a Sancto Joseph 8 febr. 1940, vicarius generalis emeritus 30 iul. 1951, obiit Gandavi 20 ian. 1967.

La Providence accorda au chanoine Fernand Claeys Bouüaert jusqu'en ses dernières années une santé presque parfaite qui lui permit de se tenir au courant du mouvement des études théologiques et canoniques, et même de nous livrer encore quelques contributions historiques au passé de sa chère université. Il décéda le 20 janvier 1967 dans la clinique des Sœurs de charité, entouré de l'affection et des soins de ses parents, de ses familiers, de ses anciens collaborateurs.

Fernand Claeys Bouüaert naquit à Gand le 21 août 1876. Son père notaire occupait une maison de maître dans la rue d'Orange au centre de la ville [1]. La mère

[1] *In Memoriam Robert Blomme 1927-1966*, Uccle, 1966. Plaquette in-8° de 8 pages.

[1] Le professeur publia en 1950 une plaquette intitulée *Notes historiques et généalogiques sur la famille Bouüaert*, Gand, 1950.

termondoise était la sœur du ministre De Bruyn. Excellent étudiant du collège Ste-Barbe, il opta pour le sacerdoce dans le clergé de son diocèse et accomplit à St-Nicolas et à Gand un cycle régulier d'études philosophiques et théologiques. Après son ordination sacerdotale le 23 septembre 1899, il fut envoyé à l'université de Louvain pour s'y spécialiser en droit canonique. Ce domaine d'études cadrait à la fois avec ses goûts et avec les traditions juridiques en honneur dans sa famille.

Le jeune prêtre trouvait à Louvain, au Collège du Saint-Esprit dont il devint sous-régent sous la présidence de Paulin Ladeuze, ou allait bientôt y rencontrer d'autres élèves d'élite de son diocèse, tels Honoré Coppieters et Camille Van Crombrugghe. Le droit canonique était enseigné en ordre principal par Mgr de Becker, mais les élèves devaient suivre un éventail de cours auxiliaires dont les titulaires étaient les chanoines J. Reusens et P. Ladeuze. Plus tard J. Moulart et A. Bondroit vinrent renforcer l'enseignement du droit. Les aspirants aux grades en droit canonique étaient peu nombreux[2]. A consulter les Annuaires de l'Université, Fernand Claeys Bouüaert était à peu près le seul étudiant régulier. Ses camarades étaient presque tous des théologiens, et c'est au séminaire d'Alfred Cauchie pour les théologiens qu'il présenta, au cours de l'année académique 1901-1902, un *Rapport sur les Exercices pratiques sur les sources*[3]. Parmi ses condisciples plusieurs furent appelés à jouer un rôle important, tels H. De Jongh, H. Coppieters, G. Rasneur, C. Van Crombrugghe, J. Mahieu, L. Colens, M. Vaes. Avant d'accéder en 1904 lui-même à la maîtrise en droit canonique, il avait pu assister à la promotion de G. Voisin (1901), d'H. Coppieters (15 juillet 1902) et d'E. Van Roey (20 juillet 1903). La dissertation qu'il eut l'honneur et la charge de soutenir le 11 juillet 1904, s'intitulait : *De canonica cleri saecularis obedientia*, Louvain, Van Linthout, 1904. In-8°, 359 p. Pour le choix de la matière, il s'était inspiré des conseils de Cauchie : « Prenez un sujet neuf ou à renover, abordable, susceptible d'intéresser le public auquel vous comptez vous adresser »; pour la manière de l'aborder, il se tint rigoureusement aux considérations juridiques, écartant toute spéculation de spiritualité sacerdotale.

Les autorités diocésaines firent tout de suite appel au nouveau maître en droit canonique pour venir renforcer le corps professoral du séminaire. Ce fut à bien des égards un milieu différent de celui de Louvain. Il se plut, au début du séjour dans sa nouvelle résidence, à noter les *lepida dicta* que certains de ses collègues et des hôtes reçus à la table hospitalière du séminaire aimèrent y débiter.

Grand travailleur, le défunt déploya en ordre principal trois activités : celle de professeur, celle d'historien, celle d'administrateur diocésain. Au grand séminaire, Fernand Claeys Bouüaert fut chargé d'enseigner la morale et la théologie sacramentaire fondamentales ainsi que le droit canonique. C'est, faut-il le dire, à cette dernière discipline qu'il consacra le plus d'attention. Ses leçons aboutirent d'ailleurs à un manuel de droit canonique qui visait non à supplanter les ouvrages fondamentaux mais à fournir aux prêtres les données

[2] A la promotion du 19 juillet 1900, F. Claeys Bouüaert figure comme seul bachelier.

[3] *Annuaire Univ. Louvain*, 1902, t. 66, pp. 302-307.

principales dont ils avaient à tenir compte. L'esprit canonique du professeur déborda sur les autres matières qu'il eut à enseigner. Je me rappelle par exemple comment il se défiait des spéculations originales du président du séminaire, Maurice De Baets, sur la causalité des sacrements. Il préférait élaborer lui-même une explication se situant en quelque sorte dans l'ordre moral et presque juridique. Les exposés du professeur étaient clairs et méthodiques, mais la diction n'était pas emballante. Il n'était pas question d'être éloquent. Sans doute estimait-il avec bien d'autres que les professeurs obligeant leurs auditeurs à reconstituer leurs notes à la sortie des cours, contribuaient le plus à bien former leurs élèves.

Ayant à Louvain fortement subi l'emprise d'Alfred Cauchie, Fernand Claeys Bouüaert garda toute sa vie comme son hobby préféré la pratique de l'histoire. C'est lui d'ailleurs que les autorités diocésaines invitèrent à écrire l'histoire de la déportation des séminaristes gantois et brugeois à la forteresse de Wesel. C'est aussi lui qui, après la première guerre mondiale, exposa l'état du diocèse au cours des quatre années du conflit. C'est encore lui qui dressa l'inventaire des archives de l'ancienne université de Louvain conservées au séminaire et qui fut le premier à les utiliser. C'est toujours lui qui, se basant sur ces archives, publia un grand nombre d'articles relatifs à l'histoire de l'Université antérieure à sa suppression par l'occupation française de notre pays[4]. Les mérites de l'historien furent reconnus par notre Alma Mater qui lui décerna le doctorat honoris causa en sciences historiques. Léon van der Essen accepta en cette occasion de faire dans la *laudatio* le bilan de l'œuvre historique du professeur gantois.

Appelé le 30 septembre 1931 par Monseigneur Coppieters à le seconder comme vicaire général, Fernand Claeys Bouüaert assuma durant vingt ans jusqu'au 30 juillet 1951, de lourdes charges administratives, aidé en la matière surtout par le secrétaire Hildebert Philippe. De ces charges, l'histoire n'est pas écrite et elle ne saurait l'être, faite qu'elle est de tâches silencieusement accomplies tous les jours. Il se voulait partout et toujours le défenseur du «droit», s'opposant même aux avis et décisions de son évêque quand il estimait que celui-ci risquait de n'en pas tenir compte suffisamment. On l'a qualifié de supérieur exigeant. En réalité, il était toujours prêt à rendre service, mais il refusait de faire lui-même la besogne qu'un subordonné aurait pu et dû accomplir avant de lui remettre un dossier. Quand en 1951 il prit sa retraite à l'âge de 75 ans, il estima avoir le droit de consacrer les années que la Providence lui accorderait encore, à ses recherches historiques et à ce qu'il appelait lui-même un aggiornamento théologique en raison d'une évolution doctrinale dont il se rendait compte et qu'absorbé par ses devoirs d'état, il n'avait pu suivre comme il l'aurait souhaité.

Et voici quelques aspects moins connus de la personnalité du regretté vicaire général. Fernand Claeys Bouüaert fut un grand voyageur. Il fut par exemple un des rares à avoir eu le privilège de visiter la Terre sainte alors qu'elle était encore soumise à la domination ottomane. Au cours de ses nombreuses pérégrinations à l'étranger, il notait soigneusement les sites et monuments qui

[4] Cfr aussi *Historique de l'œuvre des Flamands à Paris 1862-1940*, Gand, 1950. In-4°, 11 p.

avaient retenu son attention. Il marquait également, jusque dans le détail, ses dépenses, relevant en particulier le prix des transports, des services, des hôtels. Quand il fut appelé à présider la commission diocésaine pour la construction des églises, il s'intéressa tout spécialement aux monuments religieux pour parfaire son goût et ses connaissances en matière d'art religieux.

Le regretté vicaire général fut également un grand ami de son Alma Mater. J'ignore s'il a jamais regretté ne pas avoir été appelé à la servir directement. En tout cas, il ne cessa de s'intéresser à son développement, en particulier à sa bibliothèque, et il tint à garder le contact avec ses maîtres. Les professeurs Van Hove, De Meyer, Van Cauwenbergh et nous-même recevions régulièrement sa visite. Il s'arrêtait à la Bibliothèque et au Collège du Saint-Esprit, puis aimait flâner à travers les rues, surtout celles qui avaient échappé aux dévastations des deux guerres mondiales.

Enfin jusqu'en ces dernières années le regretté vicaire général aimait revenir à Termonde, la ville dont sa mère était originaire et où ses parents avaient participé à diverses industries locales. Il rendait visite à quelques familles qui ne lui étaient pas étrangères, se promenait volontiers dans les environs de la ville aux endroits fréquentés durant sa jeunesse et allait prier au cimetière sur les tombes des membres de sa famille.

J. COPPENS.

J. COPPENS, *La promotion solennelle de M. le chanoine Claeys Bouüaert*, ap. *Annua Nuntia Lovaniensia*, 1955, t. X, pp. 197-215 (cfr *ETL*, 1954, t. XXX, pp. 286-288). — J. COPPENS, *Une promotion à Louvain. M. le chanoine Claeys Bouüaert docteur h.c. en sciences historiques*, ap. *La Métropole* (Anvers. Édition gantoise), mercredi 3 févr. 1954. — J. COPPENS, *Groot vicaris Claeys Bouüaert, canonist en historicus*, ap. *De Spectator*, weekend 11-12 maart 1967, p. 3. — *Kanunnik Claeys Bouüaert te Leuven herdacht als canonist en historicus*, ap. *Het Volk*, mardi 23 février 1967, p. 10. — *M. le vicaire général Claeys Bouüaert*, ap. *La Libre Belgique*, 1967, 18-19 février, p. 8. — *ETL*, 1972, t. XLVIII, pp. 640-642.

LÉON BORLÉE

1903-1967

Natus Namurci 21 oct. 1903, sacerdotio auctus in Bonne-Espérance 25 mart. 1926, professor in collegio B. Mariae « Notre-Dame de la Tombe » in Kain (1929-1932), socius Instituti saecularis « Sacerdotes Cordis Jesu », professor in maiore seminario tornacensi (1932-1946), pastor decanus in Boussu (1946-1965), rector Domus Sacri Cordis in Ciply (1965-1967), obiit in Boussu 10 febr. 1967.

« Il aimait la vie d'équipe : « J'ai des responsabilités pastorales, écrivait-il ; je dois faire équipe, mettre cet esprit d'équipe très profondément dans une fusion des volontés, dans l'amour de ce que les autres veulent, le respect de ces volontés, l'utilisation de ces volontés. Avec les vicaires, avec les curés, susciter un même esprit d'équipe. J'ai aussi des responsabilités de supérieur I.C.J. : faire équipe pour promouvoir une vie spirituelle apostolique qui soit évangélique».

Il prônait le dialogue. Son esprit vigoureux et géométrique, passionné d'idées claires, avide de synthèses bien construites, prenait plaisir à faire partager — même en les ressassant — ses découvertes intellectuelles, pastorales, spirituelles. Mais, en réunion, il avait parfois de la difficulté à écouter les autres, à épouser leur pensée, donnant aux «petits modules» effarouchés l'impression d'une personnalité souvent «écrasante».

Son équilibre, son «bon sens belge», lui faisait aimer la spiritualité incarnée des «anciens». Jusqu'au bout, il fut fidèle aux annotations, à la remise des feuilles de pauvreté, aux réunions de l'Institut.

Jeune, il fit en famille, à l'école de son père, l'apprentissage de l'abandon complet à la Providence. Son vœu de pauvreté était vécu de façon radicale. Il appliquait sans sourciller la finale de l'article 36e des Constitutions : chaque fin d'année, il bouclait son budget par zéro, consacrant en bonnes œuvres tout ce qui restait en caisse. Quand l'infarctus du myocarde et le diabète l'obligèrent à démissionner de son poste de doyen, il renonça à l'auto, distribua tous ses meubles, n'emportant à la Maison du Sacré-Cœur de Mesvin, dont il devenait le directeur, que les livres et le strict minimum.

C'était un caractère viril. Tous ont admiré sa grande indépendance de pensée vis-à-vis des confrères, paroissiens, élèves, vis-à-vis de son évêque lui-même. Il avait son franc-parler, affirmait son point de vue avec vigueur, utilisant à fond la possibilité et le devoir de l'«avant-dernier mot». Sa grande foi lui faisait aimer l'obéissance. Mais, chez lui, obéir n'était pas passivité et l'obéissance loyale ne ralentissait nullement l'élan de son esprit d'initiative. Il savait assumer les responsabilités.

Le 28 juin 1962, il écrivait au Provincial de Belgique : «Je me demande si certains membres n'attendent pas trop exclusivement de la Société un soutien à leur faiblesse et une suppléance à leur manque de volonté. N'y aurait-il pas intérêt à mettre en relief le rôle apostolique d'une Société comme la nôtre, tant envers ses membres qu'envers le clergé diocésain, pour promouvoir une spiritualité du sacerdoce diocésain? L'effort communautaire actuel au sein des paroisses et du diocèse trouverait un tel appoint si la spiritualité de l'I.C.J. était vécue intensément en chacun de ses membres. Pour établir la cohésion interne de l'action au sein du clergé diocésain, il y a un tel particularisme à vaincre! La spiritualité d'action hiérarchisée que prône l'I.C.J. ne serait-elle pas ici d'un secours remarquable?».

De robuste santé et de grande résistance nerveuse, notre frère Léon fut toute sa vie un travailleur acharné. Le surmenage prolongé le mit, en fin de carrière, fort mal en point. Dans les derniers mois, le docteur lui permettait tout au plus, aux bons jours, dix minutes de promenade quotidienne en terrain plat. Presque toujours allongé, accueillant aimablement les retraitants de la Maison du Sacré-Cœur et les personnes qui venaient le visiter, il se livrait aux lectures sérieuses, se préparant pour donner plus tard, disait-il, des cours et conférences, et écrire des articles de revues.

Il se plaignait parfois de ce que *Cor Unum* ne semblait destiné qu'aux prêtres en activité; les malades et retraités lui paraissaient délaissés par notre trait d'union. Comme un prêtre ami lui suggérait, compte tenu de sa facilité de rédaction, de combler cette lacune, il répondit : « Mon rythme de vie est trop ralenti ! ». Et, de fait, ce vaillant, usé, paraissant beaucoup plus que son âge, à l'écriture devenue indécise, était au bout de son rouleau. Le Seigneur vint le chercher en la clinique de Warquignies, le 10 février 1967.

Ses funérailles furent émouvantes en son ancienne église décanale de Boussu, au milieu d'un grand concours de prêtres et d'anciens paroissiens. Il n'eut pas d'éloge funèbre ; c'était son désir ».

Cl. DUQUESNE.

(*Cor Unum*, Paris, déc. 1967).

L'abbé Léon Borlée présenta pour le doctorat en théologie un mémoire élaboré sous la direction du professeur J. Coppens et intitulé : *Ḥakam et Ḥokema dans la littérature hébraïque jusqu'à Esdras*. Louvain, 1929. In-4°, VII-96 p. Malheureusement il n'en publia jamais un extrait et n'eut plus l'occasion de poursuivre l'exploration d'un domaine hautement intéressant.

FORTUNATO DA VEIGA COUTINHO

1920-1967

Mgr Fortunato da Veiga Coutinho, né le 13 octobre 1920, professeur de théologie morale et de droit canonique à l'Institut *Mater Dei* de Goa, décédé tragiquement à Ponda (Goa), le 17 février 1967.

Cfr *ETL*, 1967, XLIII, p. 624 et Diocèse de Belgaum (Inde), *Circular*, n° 3/67, du 14 février 1967.

Le défunt accéda au doctorat en droit canonique en soutenant sous la direction du professeur Henri Wagnon le mémoire intitulé : *De vicissitudinibus Ecclesiae Indiae deque eius Dioecesium ritus latini constitutione paroeciali*, 1954. In-4°, XVIII-183 p. — Cfr *La dotation des paroisses de Goa au XVIe siècle*, ap. *RHE*, 1957, t. LII, pp. 842-864 et *Sylloge excerpt.*, t. XXVIII, 1956. Il fut promu maître en droit canonique après avoir soutenu et publié l'ouvrage : *Le régime paroissial des diocèses de rite latin de l'Inde, des origines (XVIe siècle) à nos jours*, Paris, 1958.

JOSEPH-GHISLAIN SQUIFFLET

1910-1967

Natus in Gilly, 20 nov. 1910, sacerdotio auctus 25 mart. 1935, S.T.B. 1935, vice-parochus in Châtelet, in ecclesia SS. Petri et Pauli, professor religionis in Schola media officiali et posthac in Athenaeo Châtelet, parochus in Marcinelle-Villette (N.-D. des VII Douleurs), obiit in Gilly, 25 maii 1967.

Dans *L'Église de Tournai*, juin 1967, t. I, n° 4, p. 7, A. MOREAU le présente comme un prêtre, éducateur et pasteur, animé d'une foi profonde, éclairée. Optimiste, par tempérament, il était gai, spirituel. Excellent confrère, écouté et aimé, il eut le souci de s'adapter aux courants de la pensée moderne. Frappé d'une longue et pénible maladie, il offrit au Seigneur son acceptation pénible, — surtout pour lui qui aimait la vie, — acceptation avec des hauts et des bas comme ce serait pour chacun de nous.

CLEMENS EPPING

Gouda, 4 iul. 1915 — Venray, 20 iun. 1967

Pater Clemens (Joseph Antonius) Epping, geboren te Gouda 4 juli 1915, werd in Bleijerheide ingekleed in de eerste orde en wel de eerste keer 7 september 1934 en vervolgens in 1937. De plechtige geloften legde hij af te Alverna 8 september 1941; te Weert werd hij priester gewijd 19 maart 1944.

Bestemd om verder te studeren ging hij vanwege de oorlogssituatie in augustus 1944 voorlopig naar Sittard H. Franciscus Solanus. Begin januari 1945 vertrok hij naar Leuven als student aan de theologische faculteit en volgde later ook de studie van de oosterse talen. In 1948 (24 juni) promoveerde hij te Leuven tot doctor in de theologie op een proefschrift over: *De brieven van Lakisj. Oorspronkelijke teksten uit de tijd van Jeremias naar vorm en inhoud kritisch onderzocht*.Deze studie werd kort daarna bekroond door de Koninklijke Vlaamse Academie, afdeling Letteren. In oktober 1948 vertrok hij naar Rome voor voortzetting van zijn studie aan het Pauselijk Bijbelinstituut.

In augustus 1949 werd hij benoemd tot schriftuurlektor te Alverna en vanaf 12 augustus 1961 te Venray. In augustus 1964 werd hij tevens studie-prefect en doceerde ook in Münchengladbach. Zijn benoeming als docent aan de Katholieke Theologische Hogeschool te Utrecht was aanstaande (*Variant 67*, blz. 131).

Voorzien van het sakrament der zieken (18 juni) overleed hij in het St.-Elisabethziekenhuis te Venray 20 juni 1967. De plechtige uitvaart had plaats in de kloosterkerk te Venray en de begrafenis op het kerkhof van de parochie Sint Petrus Banden te Venray op 23 juni (zie *Variant 67*, blz. 157).

Op het bidprentje staat o.a. deze typering van zijn persoon: Pater Clemens was in een zeer bijzondere zin: man van het Boek. Achttien jaar lang doceerde hij Schriftuurwetenschappen: aan zijn jonge medebroeders, aan de studenten van de Combinatie Priesteropleiding Nijmegen, aan vrouwelijke religieuzen en aan allen in den lande die Gods woord beter willen verstaan. Zijn kennis van de Bijbel maakte hem ook tot een zeer gewaardeerde leider voor de pelgrims naar het Heilig Land. Bij zijn vele werkzaamheden als lector, studie-prefect en bijbeladviseur werkte hij vele jaren aan een exacte en wetenschappelijke verklaring van het boek Job. Het is daarom zeker in de geest van pater Clemens bij zijn dood de wijze man Job te laten spreken: «Werden mijn woorden toch opgeschreven, in een geschrift vastgelegd; werden ze maar met ijzeren stift en lood voor eeuwig in de rots gehouwen. Maar ik weet zeker: mijn Losser leeft en als laatste zal Hij op aarde opstaan; en nadat mijn huid zo geschonden is, zal ik vanuit mijn vlees God aanschouwen» (Job 19, 23-26).

Broers en zussen, medebroeders en allen die mij lief en dierbaar waren (en blijven), weest niet bedroefd. Wij geloven immers dat Jesus ons Leven en onze Verrijzenis is. Daarom, tot in Jerusalem!

Bibliografie: zie *Neerl. Ser.* 25 (1955) Bijlage blz. 27-28; 26 (1956) 62; 27 (1957) 72; 28 (1958) 176; 29 (1959) 153; 30 (1960) 86; 32 (1962) 75; 33 (1963) 48; 34 (1964) 100; 35 (1965) 57; 36 (1966) 125; 37 (1967) 37. — *Biografica*: zie *Rivo Torto* 23 (1962) n° 2, blz. 3-7.

Ajoutons que le défunt soutint pour l'obtention du doctorat en théologie à Louvain un mémoire intitulé: *De Brieven van Lakisj. Oorspronkelijke teksten uit de tijd van Jeremias naar vorm en inhoud kritisch onderzocht*, Leuven, 1948. In-4°, 185 p., mémoire élaboré sous la direction de J. Coppens.

URBAIN SCHEIRE

1938-1967

Urbain Scheire, nat. Gandae, 9 sept. 1938, S.T. licenciatus, subregens Collegii Hadriani VI 1965, obiit in Udovo-Djevdjilja (Yougoslavia), 9 sept. 1967.

Cfr *ETL*, 1968, t. XLIV, pp. 281-282.

Le 19 septembre 1967, revenant d'un voyage en Grèce en compagnie de deux étudiants, dont Frank Surmont de Courtrai qu'il avait appris à connaître au Collège du Pape durant l'année académique 1966-1967, l'abbé Urbain Scheire fut tué sur le coup dans un grave accident d'auto à Djevdjilja, Yougoslavie. La voiture heurta dans la nuit un camion chargé d'arbres. Le conducteur échappa comme par miracle à la collusion mais les deux autres occupants de la voiture ne survécurent pas à leurs graves blessures.

Né à Wachtebeke, le 9 septembre 1938, d'une famille profondément chrétienne, Urbain Scheire fit de brillantes études au Collège épiscopal de Termonde. Répondant à l'appel du Seigneur, il décida de s'engager dans le clergé diocésain de Gand, où il allait rejoindre plusieurs membres de sa famille dont l'abbé Léon Baes (Moerbeke-W., 11-10-1889 — St-Nicolas-W., 11-12-1974), frère de sa mère. Les autorités diocésaines l'envoyèrent tout de suite à Louvain où il résida au séminaire Léon XIII présidé à cette époque par le chanoine Gérard Verbeke, et où, se distinguant par sa piété et son intelligence, il conquit la licence en philosophie.

Le séminaire Léon XIII était devenu bien différent de celui que le professeur Mercier avait conçu et animé. Tout d'abord il n'était plus réservé aux seuls séminaristes appelés à entreprendre des études de philosophie. Ceux-ci ne formaient qu'un noyau restreint au milieu de camarades envoyés par leurs évêques pour conquérir une candidature en d'autres disciplines. Puis même les «philosophes» se mêlaient désormais de plus en plus au gros des étudiants. Sous la présidence de Mgr Noël, l'Institut décida en effet d'insérer les deux années du baccalauréat dans le programme de la faculté de philosophie et lettres. Les «philosophes» étaient ainsi amenés à quitter le séminaire pour fréquenter de près la masse des étudiants laïques. La spiritualité du séminaire, telle que Mercier l'avait prêchée et consignée dans son ouvrage *A mes séminaristes*, avait également évolué, surtout depuis le départ du chanoine Brohée, formé jadis à l'école du futur archevêque de Malines, et depuis l'accession du chanoine De Raeymaeker à la présidence. Les feuilles de Mercier, prônant et détaillant la pratique de la mortification et l'éducation de la volonté, cessèrent de circuler. Une plus grande ouverture humaniste s'implanta, et la conscience de former une élite à laquelle il devait revenir d'insuffler un esprit nouveau aux séminaires et au clergé s'amenuisit notablement. Nous ne disposons pas de la liste des prêtres ou religieux invités à venir au séminaire prêcher les recollections et les retraites. Les échos qui nous en sont parvenus, nous apprennent toutefois qu'également en ce domaine la variété et peut-être même une certaine fantaisie s'étaient introduites.

La plus grande ouverture du séminaire au monde extérieur contribua à en faire un vivier où les promoteurs d'œuvres nouvelles venaient pêcher des vocations. Ce fut par exemple le cas quand le Père Beauduin inaugura le monastère d'Amay, puis quand l'abbé Boland lança la SAM, la Société d'auxiliaires pour les missions. Autre fait nouveau : alors qu'autrefois il était rare qu'un séminariste renonçait à sa vocation, les départs se multiplièrent. Ils devinrent au cours d'une année si nombreux que les évêques s'en affolèrent. Ajoutons que durant les années où Urbain Scheire séjourna au séminaire, l'avènement de Jean XXIII et l'annonce d'un concile oecuménique éveillèrent une flambée d'espérances folles en la venue d'un renouveau ecclésial dont le gouvernement autoritaire de Pie XII et son encyclique *Humani generis* paraissaient avoir stoppé l'avènement.

Urbain Scheire n'a pas été insensible aux nouveaux courants qui agitèrent les esprits. Il fut par exemple fasciné par le non-conformisme du chanoine Jacques Leclercq qui venait d'être admis à l'éméritat, mais qui, de son ermitage liégeois du Caillou Blanc, continuait à exercer une emprise sur des jeunes ne discernant pas toujours le caractère dilettantiste de certaines vues et aspirations. Il fut en outre peiné, et peut-être même quelque peu bouleversé, par le départ d'un de ses meilleurs amis qui se crut appelé à se sanctifier comme laïque plutôt que de se consacrer totalement au Seigneur. A certains moments, il se demanda non sans anxiété s'il était lui-même de taille à pouvoir réaliser plus tard, dans des circonstances difficiles et dans un isolement relativement grand, l'idéal sacerdotal qu'il se fixait. L'idée de s'affilier à la SAM et de partir pour les missions, de préférence pour la Corée, effleura son esprit. Mais après avoir réfléchi et prié beaucoup, il lui apparut que l'apostolat diocésain restait un domaine auquel il pouvait consacrer toute son énergie et toute sa générosité.

Quand il eut achevé sa troisième année d'études théologiques au séminaire de Gand, Mgr Calewaert l'envoya en 1964 aborder à Louvain un cycle d'études théologiques supérieures. Il y réusit admirablement. Fervent de la réflexion philosophique, il s'était confié à la direction du chanoine Van Riet pour entreprendre un exposé critique de la philosophie religieuse d'Henri Duméry. Il se situait ainsi au milieu des controverses les plus ardues de notre époque. En 1967, il offrit à la faculté son mémoire de licence. A la défense de ses *theses quas*, il se signala par une vivante et brillante joute théologique, où il eut à répondre aux assauts répétés du professeur Frans Neirynck. L'année académique 1966-1967 se termina ainsi à la plus grande satisfaction de ses maîtres ainsi que du président du Collège du Pape, dont il était devenu en 1965 le dévoué sous-régent.

Urbain Scheire était remarquablement doué pour le travail intellectuel. Mais tout en se livrant à ses études et aux recherches que la rédaction d'une dissertation lui imposait, il ne ménagea pas ses heures et ses services à l'apostolat. Il se dévoua aux organisations estudiantines, ne refusa pas à Louvain son concours à la paroisse universitaire, s'acquitta de 1965 à 1967, avec une serviabilité totale, des fonctions de sous-régent, aima apporter à Rieme son concours pour y assurer les dimanches le service pastoral. Tout d'une pièce, d'un esprit quelque peu géométrique, il ne cacha pas sa sympathie pour les revendications flamandes. Nature enthousiaste, il essaya de répondre de toute son âme aux aspirations de Vatican II dont en 1963 il était aller contempler les assises. Rien d'étonnant que plus d'un de ses maîtres espérait le voir un jour associé au corps professoral de l'université.

Le défunt aimait se recréer chaque année au cours des vacances par quelque voyage à l'étranger. C'est ainsi qu'il avait entrepris, en compagnie de son ami, l'abbé De Beer, un pèlerinage en Palestine. Pour la fin de l'année académique 1966-1967 il avait prévu et organisé un départ pour la Grèce, pays qu'il n'avait pu aborder au cours de son expédition palestinienne, quand son ami avait été retenu par une indisposition à Istambul. Tout se passa dans les meilleures conditions en Grèce, et les trois voyageurs revenaient, fatigués mais joyeux, vers leur pays quand le brutal accident du 19 septembre ravit deux d'entre eux à l'affection et aux espoirs de leurs parents, de leurs maîtres, de leurs amis.

* * *

Voici l'homélie prononcée par Mgr J. Coppens le 29 septembre 1967 lors des funérailles dans l'église de Wachtebeke, après que le corps du défunt eut été ramené de Yougoslavie.

Op 30 augustus laatstleden vertrokken fris en jeugdig, blijmoedig en opgetogen na een jaar van hard labeur en keurig geslaagde examens drie jonge mensen naar een ver en schoon land, het land van hun dromen, om er zon en schoonheid op te vangen en om vervolgens een nieuw jaar van intense studie met herwonnen krachten aan te pakken. Ongeveer een maand later, toen hun ogen verzadigd waren van schoonheid en idealen uit de Grieks-klassieke oudheid, toen hun geest en hun blikken zich naar huis richtten met het vurig verlangen om aan verwanten en vrienden de indrukken van hun mooie leerrijke reis en de verworven kulturele rijkdom mee te delen, werd de tocht naar huis, voor twee onder hen, een laatste tocht, de grote tocht die wij allen zonder onderscheid eenmaal zullen moeten ondernemen, de tocht uit dit dal van tranen naar een ander zaliger leven, naar de eeuwigheid.

Vraag ons niet de verslagenheid, de smartelijke rouw en de droefheid, te beschrijven van allen die het ontstellende nieuws op donderdag 21 september laatstleden vernamen. Hoe, was het mogelijk dat een jong priester, buitengewoon begaafd, vol beloften voor zijn familie, voor de Leuvense Alma Mater, voor zijn bisdom, voor de Kerk, plotseling in den vreemde door een brutaal ongeluk uit ons midden werd weggerukt? Vragen die ons en hem bestormden toen vóór twee jaar een andere priester, Zeereerwaarde Heer Flor Hofmans, eveneens talentvol en edelmoedig, in bijna gelijkaardige omstandigheden om het leven kwam, dringen zich andermaal aan onze geest op. Waarom die hachelijke, voorbarige dood? Waarom die nieuwe beproeving voor een gezin dat reeds een zwaar kruis diende te torsen? Steeds en overal roept de dood problemen op. De dood evenwel, tragisch en voorbarig, van iemand die voor Gods rijk zo vol beloften was, is meer dan welk andere een niet te achterhalen mysterie.

Hoe groot ook onze droefheid weze, het past, nu wij voor een laatste maal rond het schamel stoffelijk overschot van de overledene vergaderd zijn, zijn beeld vóór onze ogen levendig op te roepen en hem te tekenen zoals wij hem hebben gekend, gewaardeerd en liefgehad.

Wij zien hem aantreden, vlug trappelend, levendig-nerveus, met kijkers die blaken van helderheid, levenslust, weetgierigheid, en zelfs enigermate van agressiviteit. Wij horen hem nog spreken en debatteren met logische scherpzinnigheid, volle eerlijkheid, heilige passie voor wat hem dierbaar is geworden of gebleken. Wij gaan even zijn kamer binnen en staan stil voor een rijk gevulde bibliotheek, zorgvuldig geklasseerde en ingestudeerde cursussen, ordelijk gerangschikte steekkaarten, talrijke fardes waarin van dag tot dag kostbare gegevens werden verzameld en geborgen. Wij kijken naar de wanden en de prenten waaruit zijn idealen ons opnieuw toespreken: het wapenschild van zijn bisschop, een pentekening van zijn dorpskerk en een foto van de machtige Sint-Baafs, de moederkerk van zijn bisdom, het beeld van Adam uit Michel Angelo's Vatikaanse fresco dat aansluit bij de actuele roep om medemenselijkheid, Picasso's klein meisje met de duif dat hem verzoekt zijn vinnigheid met zachtmoedigheid te temperen, enkele foto's die hem zijn thuis vóór ogen roepen en de gezinnen van zijn broeders. En elders, op de schappen, ontdekken wij ook keurige uitgaven die ons een openheid voor literaire schoonheid openbaren terwijl radiotoestel, bandopnemer en een reeks welgekozen platen ons leren hoe hij tevens heerlijke muziek smaken kon.

Doch bovenal, wanneer wij zijn slaapkamer binnentreden trof ons een plastische afbeelding van twee offerende priesterhanden. Dit getuigenis van zijn verheven priesterlijk ideaal ontmoetten wij eveneens op zijn schrijftafel. Hier lag, voor zijn mediterende ogen het sterke voornemen van de Jonghernieuwer. Hier ook had hij steeds bij zich Flor Hofmans' aangrijpend gebed, afgedrukt op een carton dat hij uit het tijdschrift van zijn college, *Schakels*, 1965, n^r 4, had meegenoemen :

> Geef mij, o Heer, een hart
> dat niet bang is voor een offer,
> een hart dapper als een held,
> en zuiver als een monstrans,
> vroom als de kaarsen
> en jong als een spelend kind,
> mild als de avond
> en blij als de dageraad,

een hart dat woont in de vrede van het gebed,
de toppen zoekt in zijn streving,
slechts liefheeft wat schoon en edel is,
en alles wil delen
met allen op straat.
Heer, geef mij een hart
dat gelijkt op het Uwe!

Nu wij dit schoonmenselijk en edelchristelijk priesterbeeld al te vluchtig vóór U hebben opgeroepen, kunnen wij niet nalaten, hoe groot onze smart ook moge zijn, de Heer te danken om al wat hij ons in en door de dierbare overledene geschonken heeft.

Dank om het voortreffelijk voorbeeld van de schitterende student op het college te Dendermonde, op 't Gentse seminarie, aan de Leuvense universiteit, eerst aan het Hoger Instituut voor Wijsbegeerte, later aan de Fakulteit der theologie. Wie mocht aanwezig zijn op de verdediging van zijn licenciaatsverhandeling zal nooit vergeten de vinnige en briljante wijze waarop hij zijn stellingen verdedigde. Na lezing van het proefschrift en na afloop van het debat was het voor zijn professoren duidelijk dat hier een toekomstige hoogleraar in wording was.

Dank vervolgens om het nog kostelijker beeld van de apostolische priester die naar de leuze van sint Paulus alles voor allen wou zijn. Laat de studenten van Wachtebeke vertellen hoe hij gedurende vele jaren de Katholieke Studentenactie met zijn toewijding en idealisme bezielde. Laat ook de Leuvense hoogstudenten spreken die hem als pastoor van het vijfde jaar geneeskunde tijdens het academiejaar 1965-1966 leerden waarderen en beminnen. Vraag vervolgens aan de parochianen van Rieme welke getrouwe, wijze zondagsonderpastoor hij was, hoe hij preek en liturgie verzorgde, hoe hij zich inzette om de liturgische hernieuwing innig vroom te bewerken. En ten slotte hoor het personeel, studenten, collega's subregenten en de president van het Pauscollege getuigen hoe deze eenvoudige medestudent, steeds dienstvaardige priester, er van droomde de college-gemeenschap alshetware in een familie om te zetten en aldus elk zielig individualisme te verwinnen. Dank ook om wat hij was in de kleinere kring van zijn familie : een geliefde zoon en broeder die zijn ouders honderdvoudig wou vergelden de offers die zij voor hem hadden gebracht en die verlangde broers en zuster met zijn sympathie, door raad en daad, bij te staan. Bij het pijnlijk overlijden van zijn schoonzuster was zijn vroegtijdige wijsheid en zijn edelmoedigheid op onvergetelijke wijze tot uiting gekomen.

Dank vooral vandaag om zijn geloof dat hij getrouw, onwankelbaar, getuigend beleed. Aan zijn scherp verstand ontgingen niet de problemen van deze benarde tijden. Bij hem echter geen kapituleren voor de moeilijkheden maar strijden als Jakob met Gods engel om tot de volle waarheid door te dringen.

Werd het hem geschonken op dit ogenblik onder ons te verschijnen zou hij met de bode van de verrijzenis ons toespreken : *Quid quaeritis viventem inter mortuos? Wat zoekt gij onder de doden hij die thans voor eeuwig leeft? Non omnis moriar!* De hartgrondige wens van de heidense dichter is toch voor de christen een realiteit. Niets meer ter wereld, zelfs niet de dood, kan ons scheiden van de liefde die Christus met ons en ons met Hem verbonden heeft. Wie in Christus op aarde leefde en stierf, wordt met Hem deelachtig van een nieuw en eeuwig leven.

Achtbare en diep beproefde familie Scheire,

De Leuvense Alma Mater en het Bisdom Gent, hoe diep zij ook thans reeds het verlies aanvoelen dat zij hebben ondergaan, zullen eerst geleidelijk ten volle merken en beseffen wat zij bij de vroege dood van hun student en priester verloren hebben. U echter in wiens midden hij was opgegroeid en met wie hij dagelijks in wel en wee samenleefde, U voor wie hij niet enkel een geliefde zoon en broeder was, maar stilaan een raadgever was geworden en in tijden van beproeving een troostengel, U voelt in niet te verwoorden mate deze zware slag aan. Geen betuiging van deelneming in uw rouw, hoe oprecht ook aangevoeld en uitgedrukt, kan U troosten. Alleen de Heer kan U kracht geven om dit nieuwe kruis moedig te dragen. Kruisdragers zijn wij allen in dit leven. Het kruis kan niemand ontgaan en het richt ons op ten hemel. Dat uw dierbare Urbain niet volledig gestorven is, dat hij thans met Christus verenigd is en in het licht van de eeuwigheid de oplossing schouwt van de problemen met welke hij gedurende zijn wijsgerige en theologische studiën geworsteld heeft, dat hij thans geestelijk onder ons aanwezig is, weze U een sterke en blijvende troostgedachte. Misschien mogen wij bovendien bedenken, in het licht van wat sint Paulus schreef, nl. dat alles ten goede komt aan hen die God beminnen, dat de dierbare overledene ons werd ontstolen omdat hij tot die geestelijke rijpheid gekomen was die hem bestemde voor de eeuwige zaligheid.

Dierbare Urbain,

Blijf uwe ouders, uwe familie, uwe vrienden en ons allen bij door uw geestelijke en priesterlijke voorspraak bij de Heer, nu gij voor het hemels altaar zijt aangetreden. Blijf ons bij door een geestelijke aanwezigheid, de aanwezigheid van uw lichtend voorbeeld, de aanwezigheid ook van een voortaan hemelse activiteit. Essenties veranderen niet, zo leerden ons de wijsgeren. Hoe zou dan uw edelmoedigheid, uw dynamisme, uw zin voor apostolaat niet voortgaan in het andere leven, of beter niet aldaar tot hun volle ontplooiing komen. En vraag voor ons de genade om eenmaal, en dan voor altijd, in Christus met U opnieuw verenigd te zijn.

JOSEPH DE BRANDT

1889-1967

Joseph De Brandt, natus Teneraemundae, 14 aug. 1889, sacerdotio auctus 11 oct. 1914, sacerdotibus dioecesis gandavensis adgregatus 5 dec. 1938, professor religionis in Oostakker 20 aug. 1937, obiit 28 oct. 1967.

Le 23 octobre 1967 est décédé dans une clinique gantoise l'abbé Joseph De Brandt. Souffrant du diabète depuis de nombreuses années, une crise aigue provoqua le coma, et le malade, âgé de 78 ans, ne tarda pas à succomber sans avoir repris connaissance.

Joseph De Brandt naquit à Termonde le 14 août 1889. Son père était juge de paix; sa mère, une De Bruyn, était la sœur du chanoine De Bruyn, curé-doyen de Renaix, un grand ami de Mgr Stillemans et un promoteur des œuvres sociales entreprises dans l'esprit et avec les encouragements de l'évêque gantois. La famille De Brandt occupait une maison cossue dans la Beurzestraat, et elle voisinait avec la famille Van Winckel, avec laquelle elle entretenait les meilleurs rapports. Le ménage fut béni de la venue de cinq enfants, une fille qui devint religieuse chez les Sœurs de Charité de Gand et décéda en 1967, et quatre garçons Louis, Léon, Joseph et Hubert. Hubert, le plus jeune, devint le directeur d'une laiterie à Grembergen-lez-Termonde mais mourut relativement jeune et célibataire. Léon qui étudia à Louvain, devint avocat. Il quitta sa ville natale et s'établit à Gand. Louis et Joseph répondirent à l'appel du Seigneur. Louis se fit scheutiste mais revint fatigué et brisé du Congo où il avait pourtant déployé, au début de sa carrière, une belle activité. Joseph se fit rédemptoriste. Ces deux vocations firent à l'époque quelque sensation au Collège de Termonde où les Scheutistes n'étaient guère connus et où les Rédemptoristes n'avaient, de mémoire d'homme, pas obtenu de recrues. Ajoutons que dans ce climat de nouveauté se situa aussi l'entrée de Werner Van Winckel, fils du docteur et ami de la famille, chez les Dominicains.

En 1919, nous retrouvions le Père De Brandt comme condisciple à la Faculté de théologie. Il y suivit les cours de 1919 à 1923, obtint la licence, se lia d'amitié avec Franz Grégoire et René Draguet, puis quitta l'Université pour aller enseigner au Scolasticat de Beauplateau (Libramont) la théologie dogmatique spéciale. Encouragé par le Père Aloïs Janssens, C.I.C.M., il entreprit la rédaction en néerlandais d'un traité sur les fins dernières, où il s'efforça d'introduire et de justifier prudemment quelques vues nouvelles. Il faut croire que sa prudence ne fut pas suffisante aux yeux de ses supérieurs. Des objections furent soulevées contre son enseignement et les autorités estimèrent devoir lui donner un successeur.

Le Père De Brandt souffrit beaucoup de cette amotion. Elle coïncidait avec les premiers indices de la maladie qui devait plus tard l'emporter, et elle le priva presque de toute activité. Il ne disposait pas en effet de tout ce qui était à cette époque requis pour faire de lui un prédicateur idéal suivant le patron classique des fils de saint Alphonse. Sa voix n'était guère tonitruante; sa parution reflétait l'hésitation et l'indécision; son esprit cultivé et son souci de l'exactitude ne pouvaient se plier à l'annonce d'un kérygme ramenant à une simplification trop populaire le message de l'Évangile. Il n'est pas douteux que des amis, préoccupés de son sort peu heureux, l'aient de plus en plus encouragé à envisager une demande d'exclaustration et d'incardination dans un diocèse belge.

Joseph De Brandt sollicita l'intervention du chanoine Albert De Meyer, son ancien professeur, qui se déclara prêt à appuyer sa demande auprès de Mgr Coppieters, évêque de Gand. La situation se compliqua du fait qu'un autre rédemptoriste, le Père Stubbe, désirait introduire la même demande et frappait, par l'intermédiaire du même chanoine, à la porte du même prélat. Le 5 décembre 1938, Joseph De Brandt fut définitivement incardiné, après qu'il eut donné satisfaction à l'évêque comme professeur de religion à l'École normale des Frères d'Oostacker, poste qui lui avait été confié le 20 août 1937.

En 1936, lors du départ de l'abbé Boone, Joseph De Brandt, désireux de se fixer dans la ville universitaire, était venu me voir pour solliciter la place d'économe du Collège du Pape. Il n'avait pas tardé à comprendre que ce poste n'était guère à sa mesure. Comment aurait il pu se livrer à des préoccupations presque toutes d'ordre matériel, lui qui continuait à rêver de philosophie et de théologie?

Mgr Coppieters n'eut pas à se repentir d'avoir accueilli dans sa famille spirituelle l'ancien rédemptoriste. L'abbé De Brandt conserva d'ailleurs de bonnes relations avec la Congrégation du St-Rédempteur; il mena une vie droite et exemplaire; il remplit avec régularité et sagesse ses fonctions de professeur de religion du 20 août 1937 au 23 octobre 1967, c'est-à-dire durant une trentaine d'années. S'il ne continua pas à publier, il conserva jusqu'à la fin de sa vie le goût des lectures théologiques. D'où sa volonté d'entretenir ses relations avec les professeurs Draguet et Grégoire; d'où également ses visites fréquentes au séminaire de Gand; d'où enfin le besoin de se grouper en un «kranske», un groupe d'amis, avec les regrettés Frans De Hovre et Joseph De Caluwe. A un certain moment, le groupuscule acquit même quelque notoréité. Il prit parfois l'allure d'un cénacle théologique, bien modeste sans doute et parfaitement inoffensif. Ajoutons qu'on y spéculait également volontiers sur le déroulement de la deuxième guerre mondiale, avec moins de prudence et certes avec moins d'acribie, quant à l'issue du conflit.

La dernière fois que nous avons eu l'occasion de le rencontrer, ce fut à Louvain lors de l'enterrement du regretté Henri Van den Bussche. Il s'était rendu à la ville universitaire en compagnie de Mgr Van Peteghem, son évêque, et de Mgr van Imschoot, ancien professeur du Grand Séminaire. Ils restèrent dîner au Collège du Pape. En nous quittant, descendant non sans quelque peine le grand escalier, il ne nous cacha pas le sentiment de vieillir rapidement et de s'approcher de sa fin.

Ceux qui ont connu l'abbé De Brandt conserveront de lui l'image d'un prêtre pieux, intelligent, courageux, acceptant avec une résignation qui l'a ennobli, une vie dure où les épreuves n'ont pas manqué. Sa sœur religieuse qui avait passé le plus clair de sa vie à Bruges dans l'enseignement et qui, après la fermeture de son école, était venue soigner les malades à Lovenjoel, s'éteignit peu de temps après lui.

J. COPPENS.

FRANCIS SPELLMANN

1889-1967

Natus in Whitman 4 maii 1889, sacerdotio auctus 14 maii 1916, episcopatu auctus 8 sept. 1932, episcopus in civitate New York 15 apr. 1939, cardinalis 18 febr. 1946, vicarius castrensis, doctor S.T. honoris causa, obiit New York, 2 dec. 1967.

Cfr *Promotion solennelle des Docteurs h.c. en théologie et en droit. Plechtige promotie tot Doctors h.c. in de Godgeleerdheid en in het Recht*, ap. *ANL*, 1948, t. VI, pp. 46-49.

Cfr *ETL*, 1968, t. XLIV, p. 286.

MILO JAN VAN LEE

1907-1968

Natus in Nuland (Nederland), 12 maii 1907, sacerdocio auctus 28 aug. 1932, canonicus regularis Ord. Praem. in abbatia parcensi, S.T. Dr et professor Sacrae Scripturae et Patrologiae in conventu parcensi 1937, magister noviciorum 1945, vice-parochus in Korbeek-Lo, professor religionis in Instituto Sacri Cordis (Heverlee), eleemosynarius in Instituto psychiatrico in Bierbeek, obiit 15 febr. 1968.

Le défunt entreprit sa dissertation doctorale sous la direction du prof. René Draguet: *Les idées d'Anselme de Havelberg sur le développement du dogme*. I. *Texte*. II. *Notes*. Louvain, 1937, x-89 et 37 p. Cfr Jan Van Lee, *Les idées d'Anselme de Havelberg sur le développement du dogme*, ap. *Anal. Praemonstr.*, 1938, t. XIV, pp. 5-35 et *Sylloge Excerptorum*, 1938, t. V, fasc. 3.

GUILLAUME MOLLAT

1877-1968

Guillaume Mollat, né à Nantes, le 1er février 1877, ordonné prêtre 1900, professeur à l'université de Strasbourg 1919, docteur h.c. 1919, décédé à Erbalunga (Corse), le 4 mai 1968.

Cfr *ETL*, 1969, t. XLV, p. 278.

ROGER-FRANÇOIS-JOSÉPHINE (DOM PETRUS) SYMONS

1906-1968

Dom Petrus Symons, natus in oppido lovaniensi 24 oct. 1906, monachus abbatiae Keizersberg, sacerdotio auctus 25 iul. 1932, S.T.B. 1933, obiit in Evere 20 maii 1968.

Le défunt fut attaché aux Éditions du Mont César (bureau liturgique). Il se consacra plus tard à l'apostolat du Mouvement jociste et finit par être nommé aumônier militaire à la base d'aviation d'Evere.

ÉMILE BERGH

1898-1968

Émile Bergh, S.J., doctor Iuris canonici, natus in Gembloux, 25 ian. 1898, professor in Schola maiore S.J. lovaniensi, obiit Lovanii, 22 iul. 1968.

Cfr *ETL*, 1969, t. XLV, p. 260.

JOSEPH-MARIE-LOUIS CAPPUYNS (DOM MAÏEUL)

1901-1968

Dom Cappuyns natus in Lier, 7 dec. 1901, monachus abbatiae Keizersberg, auctus sacerdotio 12 iul. 1925, S.T.D. 1928 et S.T.M. 1933, professor theologiae dogmaticae in abbatia Keizersberg, lector et posthac professor extraordinarius in Facultate theologica lovaniensi, dein professor ordinarius Facultatis philosophiae et litterarum Almae Matris lovaniensis, obiit in Pellenberg (Clinique Sainte Barbe), 31 iul. 1968.

En 1928, Dom Cappuyns fur promu docteur en théologie après la rédaction et la soutenance d'un mémoire élaboré sous la direction de Mgr J. Lebon : *Jean Scot Érigène théologien. Contribution à l'histoire doctrinale du IXe siècle*, Louvain, 1928. In-4°, XIV-254 p. Il développa ce mémoire et présenta en 1933 une dissertation qui fut agréée pour la maîtrise en théologie : *Jean Scot Érigène. Sa vie, son œuvre et sa pensée*, Louvain, 1933.

Chargé d'enseigner la théologie dogmatique au scolasticat du Mont César, ses leçons ne plurent pas à tous les supérieurs de la congrégation bénédictine belge. Il fut quelque temps au service de la Bibliothèque royale, puis fut appelé à Louvain pour seconder Mgr Van Cauwenbergh et donner à la Faculté de théologie un cours sur la théologie médiévale. Il le conçut non comme un ensemble d'enquêtes spécialisées mais comme une introduction à l'ensemble de cette discipline. — Cfr *ETL*, 1969, t. XLV, pp. 260-261.

PONTIANUS POLMAN

1897-1968

Natus Amstelodami 20 aug. 1897, religiosus Ordinis Fratrum Minorum 1915, sacerdotio auctus 1922, obiit Utrecht, 25 aug. 1968.

Cfr *ETL*, 1968, t. XLIV, p. 700; 1969, t. XLV, pp. 291-292.

Avec le Père Polman disparut un des plus brillants élèves du chanoine Albert De Meyer, un de ceux qui par ses nombreuses publications fit le plus d'honneur aux maîtres louvanistes qui l'avaient formé. Nous eûmes l'occasion de le rencontrer une dernière fois en 1967, quand il vivait, retiré et affaibli par la maladie, hospitalisé par des religieuses, à Utrecht. Son esprit était resté intact, mais les forces, avouait-il, lui faisaient défaut pour entreprendre de nouvelles œuvres. En 1967, lors de son 70e anniversaire, ses amis et confrères lui présentèrent une *Festschrift: Up Ponciaens Outaer. Kerkhistorische opstellen* (Utrecht, 1968), où est reproduite aux pages 14-17 la liste de ses principales publications.

Les obsèques du Père Polman furent célébrées à Utrecht le 28 août 1968 dans l'église de St-Antoine, et sa dépouille mortelle fut confiée au cimetière du couvent d'Alverna, où il débuta comme professeur d'histoire ecclésiastique pour les aspirants au sacerdoce de la province néerlandaise des Frères Mineurs. Dans son n° du 26 août 1968, p. 5, *De Tijd* évoqua la carrière et l'œuvre du défunt sous le titre: *Geleerde van wereldfaam. Kerkhistoricus P. Polman in Utrecht overleden.*

«Ten huize van de Zusters Franciscanessen aan de Kanaalstraat waar hij de laatste zes jaar woonde is in de nacht van zaterdag op zondag op 71-jarige leeftijd onverwacht overleden pater magister dr. Pontianus Polman ofm, een groot autoriteit op het terrein van de kerkgeschiedenis.

Lang heeft de gezondheid van pater Polman te wensen overgelaten doch de laatste tijd was hij aardig opgeknapt. Toen hij 19 juni in tegenwoordigheid van kardinaal Alfrink gehuldigd werd bij zijn zeventigste verjaardag, bij welke gelegenheid vrienden hem een bundel kerkelijk-historische studies aanboden, uitte hij daarover zijn vreugde omdat hij daardoor in staat gesteld werd zijn levenswerk te voltooien. Gelijk werd het tweede deel van zijn belangrijke studie *Katholiek Nederland in de achttiende eeuw* ten doop gehouden. En het was pater Polman nog gegeven het derde en laatste deel te voltooien dat in het najaar zal verschijnen.

Het werk is het resultaat van een onderzoek dat hij in opdracht van de regering heeft gedaan naar de bronnen van onze kerkgeschiedenis over de laatste eeuwen, waarover hij van 1950 tot 1962 heeft gewerkt op het Nederlands Historisch Instituut te Rome. Het verzamelde documentatiemateriaal, reikend van 1686 tot 1795, is in vier delen gepubliceerd.

Pater Polman werd 20 augustus 1897 in Amsterdam geboren. Hij trad in 1915 in de orde der Franciscanen en deed in 1919 zijn plechtige professie. Na zijn priesterwijding in 1922 studeerde hij kerkgeschiedenis in Leuven. Hij heeft daar zijn examens zo voortreffelijk gedaan dat hij in 1932 door deze universiteit werd uitgenodigd een these in te dienen voor de titel van magister. Inmiddels was pater Polman lector in de kerkgeschiedenis in het Theologicum Alverna van zijn orde in Wychen, welk vak hij daar tot zijn vertrek naar Rome heeft gedoceerd.

Met het door hem ingezonden werk *L'élément historique dans la controverse religieuse du seizième siècle* was zijn wetenschappelijke belangstelling gewekt voor de polemiek in deze eeuw tussen het Lutheranisme en het katholicisme. Steeds zocht hij daarbij naar de geestelijke achtergrond en vooral boeide hem de spiritualiteit zoals die werkelijk werd beleefd. Daaruit sproten voort het boek

Godsdienst in de Gouden Eeuw en verschillende artikelen over hervorming van het katholieke leven. Zijn grote verdiensten zijn onder andere erkend door zijn benoeming als lid van de Koninklijke Academie van Wetenschappen en tot officier in de Orde van Oranje Nassau.

Wereldnaam.

Vorig jaar, bij de viering van zijn zevenstigste verjaardag, is Polman in ons blad door prof. dr. Rogier geschetst als een geschiedschrijver die wereldnaam heeft gemaakt met het doorvorsen van de religieuze polemiek uit de dagen van reformatie en contrareformatie.

Deze geschiedschrijver van het Noordnederlandse katholicisme — aldus prof. Rogier — is zich doorlopend bewust gebleven, dat ons volk zijn eigen geestesmerk goeddeels verkregen heeft door een gestadig zich toeeigenen van wat elders was voortgebracht. Hij werd geboeid door de zelden heftig bewogen geschiedenis van een kleine natie in een uithoek van West-Europa waar beroeringen, in de grote centra verwekt, dikwijls maar burenruzies gelijken. Ze te doen zien als emanaties van mondiale problemen werd de taak, waarnaar pater Polman toegroeide, toen hij geboeid werd door wat hij de «controverse religieuse» in het Europa van de zestiende eeuw ging noemen.

Groot en beslissend heeft prof. Rogier pater Polmans aandeel genoemd in de totstandkoming van het repertorium der zestiende- en zeventiende-eeuwse «stichtelijke lectuur» dat in 1954 het licht zag als Bibliotheca Catholica Neerlandica Impressa.

Over de mens Polman heeft prof. Rogier geschreven: «Alle Franciscanen van zo tussen de vijfendertig en de zestig denken dankbaar terug aan de lector die voor hen het model van een boeiende docent was, een animator en inspirator, een specialist in zijn vak, maar niet van het slag dat naar de collegezaal komt om er stokpaarden te berijden. Zij kennen hem als een stil en wijs man die spreekt met een zachte stem zonder veel verheffing en nooit pathetisch. Wie verklaart het geheim dat deze man hen zó boeien kon, tenzij uit de helderheid van zijn ordelijk betoog en de overtuiging die zijn trefzekere woorden zo tastbaar bezielde? Deze docent vervulde een taak, waartoe hij zich door God geroepen geloofde. Hetzelfde geldt van de schrijver en zo iemand te lezen is meer dan alleen een intellectueel genoegen».

Pater Polman heeft vele bijdragen in ons blad gepubliceerd. Zijn laatste — op 20 augustus j.l. — behandelt een boek van H. Wamper over het leven van de Rotterdamse broers Adriaan en Pieter van Walenburch».

LUCIEN CERFAUX

1883-1968

Lucien Cerfaux, natus in Presles, 14 iun. 1883, professor S. Scripturae in seminario Tornacensi 1911, professor lovaniensis 1930, emeritus 1953, obiit Lourdes 11 augusti 1968.

Cfr *ETL*, 1968, t. XLIV, p. 646. — G. THILS, *Hommage de la Faculté à Mgr Cerfaux*, ap. *ETL*, 1969, t. XLV, pp. 5-7. — J. COPPENS, *La carrière et l'œuvre scientifique de Mgr Cerfaux*, *ibid.*, pp. 8-44. — A. DESCAMPS, *Mgr Lucien Cerfaux. Ébauche d'un portrait*, *ibid.*, pp. 45-57. — *Bibliographia L. Cerfaux*, pp. 58-73. — A. DESCAMPS, *Monseigneur Lucien Cerfaux : Ébauche d'un portrait*, ap. *Lovaniensia*, 1968, IV, 3, pp. 20-31. — F. NEIRYNCK (éd.), *L'Évangile de Luc. Problèmes littéraires et théologiques. Mémorial Lucien Cerfaux*, ap. *BETL*, t. XXXII, Gembloux, 1973, où la bibliographie du défunt est reproduite aux pp. 71-90.

CYRILLE LAMBOT, O.S.B.

31 mart. 1900 – 28 aug. 1968

Cfr *ETL*, 1971, t. XLVII, pp. 283-284.

Le 28 août 1968 est décédé, à l'abbaye bénédictine de Maredsous, dom Cyrille Lambot. Né à Florennes le 31 mars 1900, Émile Lambot fit ses premières études au Petit Séminaire de Floreffe. Il bénéficia dès son adolescence de l'amitié influente de deux historiens de renom, le chanoine F. Baix et dom U. Berlière. Entré à Maredsous en 1919, il fut envoyé à l'Université de Louvain, où, patronné par Mgr J. Lebon, il obtint le grade de Docteur en Théologie en 1928, en défendant une thèse sur la théologie trinitaire en Occident depuis le concile de Rimini jusqu'à saint Augustin. Il compléta ensuite sa formation auprès de Mgr M. Andrieu, à Strasbourg. De retour à Maredsous, il professa l'histoire de l'Église ancienne, seconda dom R. Thibaut dans l'animation de la collection *Pax* et dirigea la *Revue liturgique et monastique* jusqu'à la disparition de celle-ci à la veille de la guerre. La rédaction du *Bulletin d'ancienne littérature chrétienne latine*, en collaboration avec dom D. De Bruyne et dom B. Capelle, l'amena à se frayer une voie personnelle : encouragé par dom G. Morin et dom A. Wilmart, il se consacra principalement, surtout depuis 1939, à l'étude critique des sermons de saint Augustin. En 1958, il succéda à dom Ph. Schmitz comme directeur de la *Revue Bénédictine*. Dom Lambot mourut en la fête même de saint Augustin. Il laisse le souvenir d'un érudit à l'intelligence rigoureuse mais doublée d'une extrême affabilité. Il avait le souci de la continuité dans le travail : il nourrissait à l'égard de ses devanciers une réelle vénération, et lui-même se plaisait à initier de plus jeunes confrères à la recherche scientifique. Sa bibliographie compte 130 publications, relevant de trois chapitres : la patrologie latine, en premier lieu saint Augustin, mais aussi Fulgence de Ruspe, Césaire d'Arles, Godescalc d'Orbais, Ratramne de Corbie; l'histoire de la liturgie, en particulier les origines de la Fête-Dieu; l'histoire ecclésiastique locale, concernant notamment Fosses, Liège, Floreffe et Florennes. Dom Lambot était membre de la Commission épiscopale d'enquête sur les apparitions de Beauraing.

La *Revue Bénédictine* a publié en 1969 un *Mémorial dom Cyrille Lambot*, où sont recueillis sa bio-bibliographie et le texte de ses 21 études scientifiques ayant paru précédemment en dehors de la Revue.

Maredsous. Dom P. VERBRAKEN.

GUILLAUME VOISIN

1874-1968

Le mercredi 17 novembre 1968 les obsèques de M. l'abbé Guillaume Voisin, curé-doyen émérite de Herve, se sont déroulées dans l'église de la ville. Elles furent marquées d'un profond recueillement et d'une intense gratitude envers le prêtre savant et pieux qui présida durant trente ans à la vie religieuse de la cité.

M. le doyen Francotte, assisté de M. le vicaire Rouschop, offrit le saint sacrifice de la Messe. Dans le chœur avaient pris place M. le chanoine Boulangé, ancien doyen de Herve, représentant Mgr l'évêque de Liège, le révérendissime abbé de Val-Dieu (Aubel), l'abbé Dewaide, ancien vicaire, l'abbé Chapelier, professeur au Collège et collaborateur intime du défunt. Dans l'assistance, on remarquait les autorités civiles, les membres du Conseil de fabrique, les prêtres du doyenné de Herve, des délégations des écoles catholiques conduites par leurs directeurs et directrices, de nombreuses religieuses, les membres de la famille et Mademoiselle Maria Levieux, qui, lors de la retraite de M. Voisin, avait accueilli dans sa maison, 14, rue Neuve, le vieux prêtre et sa gouvernante.

Après l'évangile, M. le vicaire Rouschop rappela aux fidèles de Herve les vertus dont leur pasteur avait donné l'exemple durant son long ministère. A l'issue du service religieux, la dépouille mortelle fut conduite à Grand-Rechain où le défunt désira être inhumé auprès de ses parents. La famille, de nombreux prêtres, les membres du Conseil de fabrique, le Dr Malvaux, médecin dévoué du défunt, accompagnèrent le convoi funèbre. A Grand-Rechain, M. le curé Jeghers les accueillit au cimetière, bénit la tombe et récita les dernières prières pour le repos de l'âme de ce grand et éminent travailleur.

Guillaume Voisin naquit à Dison le 20 mars 1874. Après avoir accompli de brillantes études au collège des Jésuites de Verviers, il se destina au sacerdoce. Il fut ordonné prêtre à 22 ans. Ses parents s'étaient installés dans l'entretemps à Grand-Rechain, où lui-même se lia d'amitié avec les frères Cormeau.

Le 1er septembre 1896, il fut envoyé à l'Université de Louvain pour y poursuivre ses études de théologie. Ses succès furent si remarqués qu'il put terminer le cycle complet et se préparer au doctorat, c'est-à-dire à l'actuelle maîtrise. Au mois de juillet 1901, après avoir achevé la rédaction et l'impression d'un mémoire sur *L'Apollinarisme*, il fut proclamé docteur (maître) en théologie. Le candidat eut à se soumettre aux prescriptions rigoureuses qui restèrent en vigueur à la Faculté jusqu'à la fin de l'année académique 1966-1967. Il dut par conséquent non seulement défendre son mémoire mais encore répondre aux objections qu'on pouvait éventuellement soulever contre les 72 thèses de théologie destinées à montrer que le futur maître avait parcouru et dominait le domaine théologique tout entier. Le slogan : *C'est un spécialiste*, qui, d'après Balzac, semble avoir été créé pour des espèces d'acéphales, n'avait pas exercé son emprise sur les maîtres de Louvain. Ils n'avaient pas oublié qu'à s'isoler dans un domaine trop étroit, sans ouvertures sur ses confins, on rétrécit son univers et on se vide l'esprit.

Le début de ce siècle fut pour la Faculté une période brillante. A la soutenance de Voisin succédèrent celles de H. Coppieters (1902), E. Van Roey (1903),

F. Claeys Bouüaert (1904), C. Van Crombrugghe (1905), É. Tobac (1908) et J. Lebon (1909). Mais, à la grande surprise des contemporains et de l'historien, alors que tous ceux que nous venons d'énumérer accédèrent à l'enseignement supérieur, Guillaume Voisin fut nommé vicaire à Liège, à la paroisse de St-Jean.

Arrêtons-nous, avant de continuer notre notice, à l'œuvre dont l'abbé Voisin a enrichi notre collection de dissertations doctorales A. Frutsaert la fit connaître en 1903 aux abonnés de la *Revue d'Histoire Ecclésiastique*. L'ouvrage comprend trois parties. La première retrace ce que l'on peut appeler l'histoire externe de l'hérésie qui remonte à Apollinaire, évêque de Laodicée de 361 à 380 (?). Une deuxième, la plus importante, reconstitue le dossier littéraire de l'hérésiarque. La troisième présente d'une façon systématique la christologie. Le recenseur ne ménagea pas ses louanges à l'adresse du jeune docteur. S'il lui reproche de ne pas avoir débuté par la discussion des œuvres apollinaristes, s'il estime que Voisin est peut-être à reprendre en ce qui concerne son appréciation du vocabulaire de S. Basile, il le félicite chaleureusement d'avoir entrepris avec succès le dépistage des œuvres authentiques d'Apollinaire. Il faut en effet savoir que les partisans de celui qui inaugura les grandes controverses christologiques, se sont évertués à créer un vrai labyrinthe de pseudépigraphes. Ils ont inondé le marché littéraire de faux qu'ils attribuèrent tantôt à saint Grégoire le Thaumaturge, tantôt à saint Athanase, tantôt au pape Jules ou au prétendu pape Felix.

Discutant les problèmes ardus soulevés par les fraudes apollinaristes en dialogue avec Lequien, Caspari, Bethune Baker, Draeseke, Guillaume Voisin retient comme authentiques la *Lettre à Prosdocius* attribuée au pape Jules, le *Peri tès sarkoseos* et le *Hoti eis ho Christos* attribués l'un et l'autre à saint Athanase. En revanche, taillant en pièces pas mal d'affirmations de Draeseke, il établit que la Correspondance avec saint Basile, les deux derniers livres de saint Basile contre Eunome, la recension la plus courte de l'*Ecthesis pisteos* du Pseudo-Justin, les trois premiers dialogues sur la Trinité dits de saint Athanase n'avaient nullement Apollinaire comme auteur.

Dans l'exposé critique de la christologie apollinariste, Voisin montrait qu'en refusant au Christ une âme humaine, l'évêque de Laodicée avait élaboré une théorie qui était tributaire à la fois d'Alexandrie et d'Antioche. Suite à un syncrétisme à première vue bien étonnant, Apollinaire participait en même temps à la foi intense des Alexandrins en la divinité du Christ et aux exigences rationnelles des Antiochiens. La philosophie l'écartait de Platon et faisait de lui un disciple convaincu d'Aristote. Penseur difficile et fort personnel, il convient d'admettre qu'il ne réussit pas à créer un mouvement fort et uni, bien qu'Harnack ait cru pouvoir soutenir le contraire.

Les archives Cauchie nous ont conservé le texte des félicitations adressées par le promoteur à son disciple, ainsi que pas mal de notes critiques que le professeur d'histoire prodigua à son élève au cours de l'élaboration du mémoire. Cauchie salua un évêque américain, ancien élève de Louvain, qui rehaussait de sa présence la cérémonie, ainsi que le dignitaire liégeois qui représentait Mgr Doutreloux, l'évêque retenu dans sa ville épiscopale. Il loua la ville et le diocèse de Liège qui furent, avant la fondation de l'université de Paris, le premier centre intellectuel de l'Église d'Occident. Il souligna dans l'œuvre de Voisin une fidélité à la méthode de Newman, un sens historique affiné et même un souci d'apostolat. Il le félicita d'autant plus qu'à Louvain, l'Université, vivant de la charité des fidèles, était une mère parcimonieuse pour ses enfants. Il l'encouragea à poursuivre ses études et à ne pas imiter ceux trop nombreux qui, ayant conquis leurs lauriers, s'empressent de dormir sur eux, les uns par excès de sécurité dans les positions catholiques, les autres par un sentiment inavoué de timidité scientifique.

Dans la *Revue d'Histoire Ecclésiastique* de 1905, G. Voisin eut l'occasion de revenir à l'objet de sa dissertation, à savoir en recensant pour le périodique l'ouvrage de H. Lietzmann consacré lui aussi à Apollinaire. Il se réjouit de ce qu'un jeune représentant de l'érudition d'Outre-Rhin aboutissait en gros, dans l'analyse littéraire du dossier apollinariste, aux résultats que lui-même avait entrevus et exposés dès 1901. L'année 1905 est la dernière qui voit le nom de Voisin et sa collaboration figurer régulièrement dans le périodique de Cauchie et Ladeuze.

Vingt-trois lettres adressées au chanoine Cauchie du 10 août 1900 au 28 février 1910 nous permettent de suivre l'évolution du jeune docteur[1]. Dans la plupart d'elles il s'agit de livres à obtenir en lecture ou de comptes rendus à écrire pour la *Revue d'Histoire Ecclésiastique*. La collaboration se poursuit jusqu'en 1905 pour reprendre une dernière fois à propos d'une recension de l'ouvrage de Tixerant.

Voisin nous livre quelques confidences sur son état d'âme et ses aspirations durant les premières années de son ministère sacerdotal. Le 4 octobre 1901, il annonce à son promoteur qu'il vient d'être nommé vicaire à la paroisse de St-Jean, «au centre de Liège et dans une des meilleures paroisses du diocèse». Dès son installation, Voisin cherche des contacts avec la bibliothèquaire universitaire où il fait la connaissance d'un «excellent chrétien», M. Delmer, beau-frère de Godefroid Kurth (4-10-1901). Il fait part de son désir de contacter Kurth lui-même et de suivre son séminaire. Le 7 décembre, il se déclare déçu et renonce à s'intéresser aux problèmes d'histoire locale qui à cette époque retenaient l'attention de l'historien Kurth. Bientôt Mgr Monchamp, — pour lequel il n'éprouvait guère de sympathie: «J'aime 100 fois mieux Mgr Rutten que Mgr Monchamp» (4 octobre 1901), — l'invita à s'associer aux travaux de son propre cercle d'études: invitation qu'il finit par accepter bien qu'elle le mette dans des situations plutôt délicates, Mgr Monchamp engageant des polémiques avec des adversaires redoutables. Le 11 décembre de la même année, il annonce au chanoine Cauchie une autre sollicitation émanant cette fois d'un nommé De Brabandère, directeur de *L'Écho religieux*. Voisin accepta dans l'espoir de faire de la propagande pour l'école de Louvain dans un périodique peu éclairé et «de faire en même temps, toujours avec discrétion, le procès des séminaires, ces maisons fermées à toute culture scientifique comme disait Paul Lejay». Ce fut une aventure lamentable. Il se heurta

[1] Voici le relevé des lettres de Voisin: I. Archives Cauchie. Bibl. Univ. Louvain: 10 août 1900. — 24 août 1900. — 19 août 1901. — 4 octobre 1901. — 17 octobre 1901. — 7 décembre 1901. — 11 décembre 1911. — 7 janvier 1902. — 13 février 1902. — 6 mars 1902. — 19 mars 1902. — 3 avril 1902. — 4 mai 1902. — 4 juin 1902. — 14 juillet 1902. — 22 mai 1903. — 4 novembre 1904. — 22 novembre 1904. — 7 juin 1905. — 14 août 1905. — 23 avril 1907. — 5 mai 1909. — 28 février 1910.

au conservatisme du directeur et refusa de mêler sa prose à celle de faux savants, tel l'abbé Nimal, qui comptaient parmi les piliers du follicule. Et voici une initiative à laquelle les lettres reviennent deux fois (17 oct. 1901 et 7 janvier 1902). La jeune docteur y envisage la formation d'un groupe d'amis, anciens condisciples, qui se réuniraient pour de fraternelles agapes à tour de rôle chez chacun d'eux et que Cauchie présiderait. Parmi les participants Voisin prévoit Maurice Zech, Jef Laenen, Albert De Bruyne, Flamion et le chanoine Paul. Le 17 octobre 1901, tous ceux dont il a sollicité l'adhésion ont accepté à l'exception d'A. De Bruyne qu'il reste à contacter. Détail curieux: Honoré Coppieters que Voisin appela un de ses meilleurs amis, ne figure pas dans la liste. En tout cas, de rapports étroits entre Guillaume Voisin et Honoré Coppieters la correspondance ne conserve pas de traces.

Le 22 mai 1903, Voisin annonce à son ancien maître un quatrième essai de collaboration, survenant après ceux tentés auprès de Kurth, de Monchamp et de De Brabandère. Cette fois il s'agit de prêter son concours à la *Revue des Aumôniers du Travail* qui comptait quelque 1100 abonnés. Il accepta à peu près pour les mêmes motifs qui l'avaient poussé auparavant à prêter sa plume à *L'Écho religieux*. Je n'ai pu obtenir de plus amples détails sur cette collaboration. Répondant à une lettre leur adressée le 6 juillet 1968, les Aumôniers du Travail me firent savoir qu'ils ne pouvaient m'éclairer sur les textes confiés par Voisin à leur périodique. A Louvain la tradition orale rapporte que le doctor lovaniensis y publia un papier sur le *Pater*, où il insista sur les différences textuelles entre la relation de Luc et celle de Matthieu. Cet article aurait suscité un certain trouble à rapprocher de l'émotion suscitée vers la même époque dans les milieux brugeois par l'étude de Paulin Ladeuze sur le *Magnificat*.

La correspondance Voisin-Cauchie jette également quelque lumière sur le fait à coup sûr surprenant que l'abbé Voisin, docteur et maître en théologie, n'accéda jamais à un poste dans l'enseignement supérieur au Séminaire de Liège ou à l'Université de Louvain. Certes une nomination provisoire dans le ministère n'était pas exceptionnelle pour un docteur ou un maître en théologie, surtout si l'on prévoyait devoir lui confier l'enseignement de la morale ou de la pastorale. On estimait à juste titre que pour ces disciplines il convenait de faire appel non à des professeurs férus de directives et de réformes élaborées en chambre, loin des réalités quotidiennes, mais à des prêtres qui ne s'étaient pas dérobés au plus modeste des ministères, le partageant avec les plus humbles de leurs confrères. Mais rien n'indique que l'on ait songé pour Voisin à une chaire de morale.

D'après les dires de l'abbé Chapelier, son ami et confident, et celui de Mademoiselle Levieux qui fut le témoin de ses dernières années, l'abbé Voisin aimait répéter qu'il n'avait jamais désiré ou a fortiori brigué une place d'enseignant[2]. De fait, par deux fois la correspondance Voisin-Cauchie confirme cet état d'esprit. Le 19 août 1901, au lendemain de sa promotion au grade de docteur, il écrit: «Je serai heureux de vivre dans le ministère ; je le préfère au

[2] L'abbé Chapelier me raconta qu'à la soutenance de son mémoire et à la défense de ses thèses, l'abbé Voisin aurait répondu de façon plutôt cavalière au chanoine Rutten, son futur évêque. Cet incident aurait-il exercé quelque influence sur l'attitude des autorités ecclésiastiques à l'égard du jeune théologien?

professorat et ne désire rien tant que d'y terminer ma carrière». Même son de cloche trois ans plus tard à propos d'un conseil lui prodigué par Mgr Monchamp en vue d'une éventuelle nomination au séminaire de Liège : «Je n'ai aucun goût pour l'enseignement. Le ministère me plaît beaucoup, et je compte bien y finir mes jours. Cela ne m'empêchera pas, du reste, d'étudier et d'écrire».

Acceptons ces déclarations mais ajoutons tout de suite que le problème est plus complexe. Si Voisin n'envisage pas avec enthousiasme une carrière de professeur, c'est que le séminaire de Liège lui apparaît comme une maison où règne un esprit d'obscurantisme et d'hostilité à Louvain. Il signale à Cauchie que le professeur d'Écriture sainte, l'abbé Herman, est un fieffé ignorant (19 août 1901). Il rapporte que certains ecclésiastiques susurrent qu'à Louvain «les professeurs n'ont plus du prêtre que l'habit», et que plus d'un n'a plus dans ses appartements que des livres, excluant toute image religieuse, même toute statue de la Vierge (11 décembre 1901), allégation mensongère que Voisin réfute en renvoyant au comportement du canoniste Bondroit. Enfin il estime que le président du séminaire est en principe opposé à la formation louvaniste et refuse d'envoyer de jeunes théologiens se former à l'Alma Mater. Toutefois le 19 mars 1902, il avoue honnêtement qu'il s'est trompé sur les sentiments du président. Il l'avait en effet provoqué en lui jetant à la figure : «Vous vous défiez de l'enseignement qu'on donne à Louvain». Il n'en reste pas moins que le 11 décembre 1901, Voisin appliquait aux séminaires la définition qu'en donnait Paul Lejay : «des maisons fermées à toute culture scientifique». Si donc l'enseignement ne le tente pas, c'est qu'il n'aime pas le milieu du séminaire et qu'à Louvain aucune chaire n'était disponible en ce moment.

Par ailleurs, il nous paraît probable que les autorités liégeoises ne furent guère portées à introduire Voisin dans le corps professoral de leur séminaire. L'esprit caustique de Voisin, son souci d'indépendance, ses paroles incisives, ses réflexions à l'emporte-pièce, sa propension à des opinions jugées trop neuves, apparemment trop voisines de la tendance moderniste qui commençait à se manifester, amenèrent ses supérieurs à ne pas hâter une nomination mais à mettre en quelque sorte le jeune docteur à un banc d'épreuve, le ministère pastoral, en un endroit où il était facile de contrôler son évolution. Toutefois une décision de l'écarter à tout jamais de l'enseignement ne semble pas avoir été prise. Une lettre du 4 novembre 1904 en fournit la preuve. Voisin y rapporte que Mgr Monchamp l'avait invité à écrire quelques articles «dans le sens traditionnel», afin de préparer la voie à une nomination éventuelle dans l'enseignement.

L'abbé Voisin n'écrivit jamais les articles que sollicitait de sa plume la bienveillance diplomatique de Mgr Monchamp. Comment l'aurait-il voulu ou même pu y répondre vu le point de vue qu'il exprimait le 28 février 1910 à Cauchie : «Écrire comme Mgr Ladeuze et d'autres des articles ou des brochures qui témoignent de plus de diplomatie que de probité scientifique, je pourrais le faire assurément mais je n'en ai nulle envie. Le P. Tyrrell avait bien raison d'écrire que les catholiques manquaient souvent de sincérité. Quant à produire des travaux d'érudition, il faudrait pour ce faire avoir des loisirs et certaines facilités de travail, que les hasards de la vie — le souffle du Saint Esprit diraient d'autres — me refusent pour le moment».

À la lumière de toutes ces données on comprend que les autorités diocésaines furent de moins en moins portées à faire appel à Guillaume Voisin pour lui confier un enseignement. Il s'y ajouta qu'au moment où la crise moderniste s'affirma vraiment, certains esprits de plus en plus alarmés par ce péril, souvent, il est vrai, les moins bien informés de l'état des controverses, ou les plus attachés à une théologie *ne varietur*, se hasardèrent à jeter la suspicion sur l'orthodoxie de quelques maîtres ou élèves de Louvain. Des soupçons se portèrent sur l'enseignement et les écrits de Paulin Ladeuze et de trois de ses meilleurs étudiants, Coppieters, Camerlynck et Rasneur. Même le cardinal Mercier fut obligé de s'expliquer sur les relations qu'il avait jadis nouées avec Tyrrell. Dans un tel contexte, la réputation de Voisin déjà compromise n'avait rien à gagner. Parions qu'en outre d'aucuns se seront plus à rappeler que son mémoire pour la maîtrise avait été dirigée par le chanoine Cauchie qui n'était pas précisément un théologien, dès lors sans contacts étroits avec les professeurs des disciplines théologiques ou orientalistes, et notamment avec le professeur Forget, le zélé gardien de l'orthodoxie.

Le 7 mars 1909 les autorités diocésaines nommèrent l'abbé Voisin, âgé de 36 ans, curé de Battice, importante agglomération située à la croisée des routes qui vont de Liège à Aix-la-Chapelle et de Dalhem à Verviers. Il devint ainsi le pasteur d'une commune avant tout rurale mais en partie industrialisée, commune située au cœur d'une région pas trop éloignée de son lieu de naissance.

La même année Paulin Ladeuze fut appelé à succéder à Monseigneur Hebbelynck comme recteur de Louvain. Un prêtre de Namur, Joseph Lebon, venait de soutenir son mémoire sur *Le monophysisme sévérien*. Il était dès lors tout préparé à recueillir la succession de Ladeuze comme professeur de patrologie et à occuper une chaire qui, dans des circonstances plus favorables, aurait pu revenir à Guillaume Voisin.

Le ministère paroissial de l'abbé Voisin à Battice se termina par une tragédie. En août 1914, les armées allemandes saccagèrent le village. L'église et le presbytère furent incendiés. La soldatesque réclamait le curé qui eut l'impression qu'on allait le fusiller. La prudence lui conseilla de se déguiser, puis de prendre la fuite, de gagner la Hollande, où il séjourna durant les quatre années de guerre, notamment à Fauquemont, s'y intéressant au sort et au bien-être religieux, moral et matériel des réfugiés belges.

Revenu dans le pays au lendemain de l'armistice, il devint d'abord administrateur apostolique de la paroisse de Beaufays, puis, le 10 juin 1919, il fut nommé curé-doyen de Herve, ministère qu'il occupa durant trente ans jusqu'au 30 juin 1950. En 1919, il succéda au chanoine Ernest Goffin et en 1950 quand il prit sa retraite, il eut comme successeur feu l'abbé Godfrin.

Accueilli avec sa gouvernante par Mademoiselle Maria Levieux dans sa maison de la Rue neuve, le doyen Voisin y continua un apostolat discret autant qu'efficace par ses conseils et par ses encouragements aux œuvres paroissiales. Au cours des dernières années, il fut affligé de surdité, sa vue baissa considérablement et un mal qui ne pardonne pas le fit beaucoup souffrir ; courageusement il continua jusqu'à la fin de sa vie à dire la sainte messe quotidienne. Conservant jusqu'à sa mort une pleine lucidité, il garda une bonne humeur inaltérable. Pour épargner à lui-même et à ses visiteurs les inconvénients de sa surdité, il aima bavarder et raconter, évoquant ses plus beaux souvenirs et déclarant qu'en supportant les épreuves d'une longue vieillesse et de la maladie, il valait mieux faire ici-bas, sur terre, son purgatoire. Le dimanche 14 novembre 1974, il s'éteignit doucement rendant son âme purifiée par la souffrance à son Créateur.

Au lendemain de sa mort, grâce à l'entregent de M. Doutrepont et à l'amabilité de Mlle Levieux qui était parvenue à obtenir de M. le doyen le texte de ses sermons, la feuille locale : *Le Courrier de Herve* commença la publication des prônes du curé-doyen. Une première série de cinquante sermons vit ainsi le jour. Les textes furent conservés, réunis en volume et vendus au profit des œuvres paroissiales. Nous les avons lus, et c'est grâce à leur précieux contenu que nous pouvons reconstituer la physionomie d'un pasteur dont l'éloquence très personnelle, très originale, très incisive, amena à l'église de Herve de nombreux et fidèles auditeurs.

Ce qui frappe peut-être le plus le lecteur c'est la fidélité absolue du doyen à l'enseignement traditionnel de l'Église ainsi qu'aux organisations les plus classiques pour entretenir la foi et la piété de ses paroissiens. Il y a là un contraste frappant avec la mentalité et les propos du Voisin étudiant à Louvain sous la conduite de Cauchie et du jeune prêtre cherchant sa voie au cours des années qui précédèrent la crise moderniste. De l'évolution parcourue et de l'attitude finalement adoptée surtout durant les trente années de ministère paroissial à Herve et les dix-huit années de retraite dans cette ville, lui-même ne s'est pas expliqué. Peut-être que le drame du premier conflit mondial, la perte de ses livres, de ses papiers, bref de tout son passé louvaniste, dans l'incendie du presbytère de Battice y ont contribué.

J. COPPENS.

KAREL WIJNANTS

1901-1968

Natus in Geel 1 apr. 1901, sacerdotio auctus 6 iun. 1925, S.T.B. 1926, professor in collegio Beatae Mariae Virginis in Tienen, 31 aug. 1926, professor in Collegio Sancti Aloysii in Geel 15 mart. 1927, parochus in Sancti Bavonis in Oud-Turnhout 1 oct. 1950 – 12 sept. 1965, obiit in Westerlo 30 dec. 1968.

ANDREAS-ARNOLD VAN LANTSCHOOT

1889-1969

Natus in Ursel, 24 apr. 1889, iniit abbatiam Parcensem 9 oct. 1907, sacerdotio auctus 4 aug. 1913, obiit Romae 23 febr. 1969.

Le chanoine Van Lantschoot fut promu docteur en théologie après la rédaction et la soutenance d'une dissertation : *La notion de l'immortalité dans l'Ancien Testament*, 1922, élaborée sous la conduite du Prof. Van Hoonacker.

R. DRAGUET, *In memoriam A. Van Lantschoot*, ap. *Anal. Praem.*, 1969, t. 45, 109-116; — *Nécrologie. Arnold Van Lantschoot (1889-1969)*, ap. *Le Muséon*, 1969, t. 82, 249-258; — *In Memoriam A.-A. Van Lantschoot*, ap. *Byzantion*, 1968, t. 38, 630. — G. RYCKMANS, *Arnold Van Lantschoot*, ap. *Jaarboek Kon. Vl. Academie 1969*, Bruxelles, 1970, 386-395.

ÉTIENNE WILLEMS

1894-1969

Natus in Roeselare 28 iulii 1894, sacerdocio auctus, 14 iunii 1919, fuit successive professor in maiore seminario brugensi, canonicus honorarius brugensis, pastor ecclesiae brugensis Sanctae Walburgae, director «Legionis Mariae», obiit 2 martii 1969 in nosocomio brugensi Sancti Francisci Xaverii.

L'abbé Geldhof publia une excellente notice nécrologique sur le chanoine Willems dans le *Parochieblad Brugge*, du jeudi 7 août 1969. Nous tenons à la reproduire.

«Met maanden vertraging komt vandaag het In Memoriam van Z.E.H. Kanunnik Étienne Willems, in het voorjaar gestorven als pastoor van de St.-Walburgaparochie. Over zijn heengaan werd in de kranten nauwelijks gewag gemaakt en ook de Brugse pers vond dit vijftig jaar apostolaat in onze stad bijna onvoldoende om een behoorlijke bijdrage te schrijven over iemand die ambitieloos leefde en in alle eenvoud stierf op het feest van onze Karel de Goede.

Étienne Willems werd te Roeselare geboren op 28 juli 1894 als zoon van de bankier Victor Willems en Marie Kervyn die uit een Brugse adelijke familie was ontsproten. De Willems' waren uit Elsene afkomstig waar grootvader Willems bedrijvig was in de kartografische dienst van het Ter Kamerenbos.

In het voornaam patriciërshuis van de Roeselaarse Kunststraat n^r 11 genoot de jonge Willems een verzorgde, aristocratische opvoeding. Tenger van gezondheid was hij al van in zijn prilste jeugd, en, in de groep eerder ruwe buitenjongens van het Klein Seminarie, moet de bankierszoon eerder een uitzonderlijke verschijning geweest zijn. Dit betekent echter hoegenaamd niet dat hij in zijn studententijd als een geïsoleerde en fransssprekende jonge aristocraat leefde. Voor mij ligt een foto van de Raad der Roeselaarse studentengilde. Etienne Willems, Jozef Dusautoir en Arseen Cornillie houden op die foto trouw de wacht rond hun dan nog jeugdige en dynamische proost Jules Flipts die de leeuwenvlag als tafelnap heeft gespreid. Willems was daarbij een uitzonderlijk begaafd student. Reeds in 1905 behaalt hij de eerste prijs in de wedstrijd onder de Roeselaarse Plechtige communicanten en in de humaniora bezet hij ieder jaar prompt de eerste plaats. In 1912 werd hij dan ook laureaat, aldus de reeks aanvullend van eminente figuren die hem als primus in het eerste bisschoppelijk college van het bisdom waren voorgegaan, nl. Leo Dumoulin (1909), Odiel Spruytte (1910) en Karel Van der Espt (1911), stuk voor stuk Westvlamingen van betekenis die echter in de naoorlogse tijd om hun vlaamsgezinde activiteiten door de overheid 'onder de korenmaat' zouden terechtkomen en sterven.

Twee jaar Wijsbegeerte had Étienne Willems achter de rug toen in augustus 1914 de oorlog losbrak. Van 1914 tot 1916 verbleef hij in zijn geboortestad waar hij bij de Duitse overheid bekend stond als 'bankleerling' en 'student'. In werkelijkheid hield hij zich onledig met een cursus in de wijsbegeerte aan het Klein Seminarie.

In 1916 trok hij dan — zonder paspoort — naar Brugge voor zijn verdere theologische studies. De laatste twee oorlogsjaren waren echter een harde proef voor zijn zwak gestel midden de beroerde dagen van verplichte evacuatie uit het seminarie, ravitaillering en knevelarijen allerhande. Na de bevrijding van Brugge op St.-Donaatsdag 1918 deed seminarist Willems een tijdlang dienst als ziekenverzorger in St.-Marie te St.-Michiels dat van krankzinnigengesticht tot militair hospitaal was omvormd. Dit als intermezzo, want zijn oversten hadden hogere plannen voor met de Roeselaarse primus: hij zou naar Rome gestuurd worden. Vader Willems opperde echter bezwaren uit hoofd van Étienne's tengere gezondheid, en dan werd het Leuven. Geen ersatz-oplossing in de ogen van Mgr. Waffelaert die van oordeel was dat de Leuvense theologie die van Rome ver overtrof.

Aan de universiteit ontmoette Étienne Willems de Westvlaamse geestelijken Antoon Brys, Odiel Spruytte, Jozef Brys, Arseen Vandevelde, Maurits Dejonghe, André Van Lersberghe, Frans Van Ryckeghem, Karel Dubois en Juliaan Veys. De tegenstelling was schril tussen de onstuimige Odiel Spruytte, een voorloper van de hedendaagse contestataires, en de stille, fijne, aristocratische Étienne Willems. Een keurig knijpbrilletje schonk aan zijn tenger voorkomen nog een voornamer uitzicht. Daar reeds viel hij op door zijn vroomheid, vredelievendheid en trouw aan zijn meesters van Brugge en Leuven, en men waardeerde, ja bewonderde in hem de wilskracht en de caritas die het hem mogelijk maakte, hij die van huize uit delicaat was opgevoed, zich in de alsdan soms rumoerige en plattelandse compagnie rustig thuis te voelen. Hij mediteerde allicht in zijn moeilijkste momenten de woorden van St.-Jan: 'In mijn huis zijn vele woningen' en hij zei zijn streekgenoten na: 'Ieder vogel zingt zoals hij gebekt is'.

In 1921, baccalaureüs geworden in de godgeleerdheid, werd het Leuvens verblijf plots beëindigd en dit door een gril van Mgr. Waffelaert, die op het gouden priesterjubileum van zijn coursgenoot Ivo De Brabandere, pastoor van St.-Gillis, in een vlaag van vriendschap zei: 'Ivo, gij moogt op deze dag van uw jubilé vragen wat ge wilt, ik zal het u geven'. De jubilaris vroeg Étienne Willems als onderpastoor daar hij de vriendelijke abbé onder de vakantiedagen reeds naar waarde had weten te schatten.

Zo kwam de Leuvense baccalaureüs op de volkse St.-Gillisparochie terecht als onderpastoor met als speciale apostolaatsopdrachten de zorg over een oude pastoor, het patronaat der jongens en de één-uur kapel van 's zondags, een aftandse instelling die pastoor De Brabandere niet wilde zien verdwijnen. In het patronaat van St.-Gillis heeft onderpastoor Willems zich met hart en ziel ingezet. Hij die van huis uit zozeer opging in studie, verfijnde omgangsvormen, klassieke muziek en artistieke reizen bracht nu als onderpastoor de turnkring van zijn patronaat tot hoge bloei. Hij voelde zich immers vóór alles priester die de weg van de gehoorzaamheid wilde gaan en in nederigheid en goedheid het geheim had ontdekt om zielen te raken.

In december 1926 werd Étienne Willems leraar in de Zedenleer benoemd aan het Grootseminarie. Van de praktijk op de parochie kwam hij aldus opnieuw in de studie terecht. Meestal geschiedt het andersom, maar het valt nog te bezien welke van die twee de beste weg is.

Baanbrekend werk heeft professor Willems in zijn branche zeker niet verricht : vernieuwing en aanpassing werd in die dagen immers op het streng bewaakte theologische veld met een kwaad oog bekeken. Men beschikte immers over de *Theologia Brugensis* die haar beslag had gekregen in kloeke, indigeste volumes die de eeuwen, zo dacht men, konden trotseren. Willems bleef met de «pro manuscripto»-editie van zijn tractaat over de rechtvaardigheid eerbiedig in de schaduw wandelen van zijn voorgangers. Ook in de artikels voor *Collationes Brugenses*, een tijdschrift voor geestelijken, volgde hij dezelfde weg, maar het valt de aandachtige lezer toch op dat Willems met méér dan gewone scherpzinnigheid de nieuwste publikaties over zedenleer onderzocht, zodat hij met kennis van zaken kon meepraten in de discussies van de Brugse St.-Lucasbond voor geneesheren waarvan hij proost was. Zo verscheen er in *Saint Luc Médical* (1933, n^{r} 3) een uitvoerige en flink gedocumenteerde bijdrage over de dan veel besproken kwestie van Konnersreuth in Duitsland waar de gestigmatiseerde Thérèse Neumann verbleef.

Naast de meer raadgevende functie in de Brugse St.-Lucasgilde hielp Étienne Willems bepaalde praktische initiatieven van deze bond op gang komen, zoals het Wit-Gele Kruis van West-Vlaanderen dat in 1937 ten huize van dokter Frans Warmoes werd opgericht en waarvoor professor Willems in de stichtingstijd veel belangstelling had betoond.

Als seminarieleraar heeft Étienne Willems daarbij een uiterst bedrijvig apostolaat ontplooid in de rangen van de Eucharistische Kruistocht voor kinderen. Hij is de grote pionier geworden in het Vlaamse land van het Werk der Kinderretraites. In *Sacerdos* en *Canisiusblad* kon men in die jaren geregeld bijdragen lezen over dit werk waar hij zich zo nauw mee verbonden voelde. De wereld van het kind en de eenvoudigen heeft altijd op Z.E.H. Willems een grote aantrekking uitgeoefend. Het was een soort zielsverwantschap met de wereld van de eenvoud, de blijheid en de rechtschapenheid.

Ook als pastoor op St.-Walburga is hij in eenvoud des harten de goede herder geweest. Hoogmoed en leugenachtige pose heeft hij altijd bestreden. Wanneer hij in zijn apostolaat, schier tot de laatste dag, de oude en beproefde apostolaatsvormen van ziekenbezoek en geestelijke leiding in de biechtstoel heeft gehuldigd, dan was dat, mijns inziens, uit een diepe geest van nederigheid, overtuigd als hij was dat dialoog en andere experimenten al te veel hun kracht putten in mooie woorden van de gespreksleider, méér dan in stille daden van een parochiegeestelijke. Hij heeft niet moeten wachten op een vernieuwde doopselcatechese om het huisbezoek te revaloriseren. Hij wist waar de zieken woonden op zijn parochie, de ouden van dagen, de vereenzaamden en de ongelukkigen. Bij hen was hij een trouw bezoeker, een vriend en raadgever die veel schoenen versleet om daar waar het nodig was 'l'aumône d'un sourire' te brengen.

Op het bolwerk van het oude geloof heeft hij de invasie der Verlichting beslist afgeweerd, niet omdat hem de lust of de moed ontbrak de oude vertrouwde tactiek te veranderen, maar omdat hij de invasie der Verlichting beschouwde als de kermis van de hoogmoed. Op een bijeenkomst van klasgenoten bij de bisschop, kort vóór zijn dood, had Willems het over de huidige 'Umwertung aller Werte' en daar vroeg hij zich af: 'Hoe groot is dan wel de hoogmoed dat men negentien eeuwen kerkgeschiedenis nu gaat beschrijven als een tasten in het donker of halfduister! Hoe groot de eigendunk dat men de klassieke, minder spectaculaire apostolaatsvormen als minderwaardig, ouderwets, naief en op vijf jaar gedepasseerd gaat beschouwen! Hoe klein de geest van geloof dat men de dageraad van het volle licht over de wereld, eerst in de tweede helft plaatst van de twingtigste eeuw'.

Over een dode wenst men gewoonlijk 'hij ruste in vrede!', maar over de nederige, blijde en godsverbonden pastoor Willems kan men méér dan een wens, want de stellige zekerheid uitspreken: zijn voorbeeld zal onopvallend maar krachtig als de gist in de deeg ter verheffing blijven werken bij honderden die hem op hun levensweg hebben ontmoet».

J. GELDHOF.

* * *

En dehors des articles parus dans les *Collationes Brugenses*, Étienne Willems publia : *Zondagsmis – Zondagsrust*, ap. *Ora et Labora-serie*, n° 18, Bruges, 1931. — *Is alle gebruik van bedwelmende dranken om het genot uiteraard zondig?*, ap. *Sobrietas*, 1931, t. VIII, pp. 17-22. — *Over eigendomsrecht naar de leer van Rerum Novarum en Quadragesimo Anno*, ap. *Geloofsonderricht-Canisiusblad. Brochurenreeks*, nouv. sér., t. V, n° 3, Bruges, 1932. — *Over vasten en vleeschderven*, ap. *Caniusiusblad*, 1932, t. XXVI, pp. 75-92. — *Goedheid*, ap. *Saint Luc Médical*, 1933, t. XI, pp. 180-189. — *Supercherie et Mystification. Quelques réflexions au sujet de l'étude du Dr P. Masoin intitulée : « Thérèse Neumann et autres stigmatisées »*, *ibid.*, 1934, t. XII, pp. 3-21. — *Gesloten retraites voor kinderen. Een vruchtbaar initiatief van den eucharistischen kruistocht*, ap. *Canisiusblad*, 1934, t. XXVIII, pp. 113-123. — *Het Werk der geslotene E.K.-Retraites in 't Bisdom Brugge in 1934*, *ibid.*, 1935, t. XXIX, pp. 20-32. — *Het Werk der E.K.-Kinderretraites in 't Bisdom Brugge tijdens het jaar 1935*, ap. *Sacerdos*, 1936, t. III, pp. 449-462.

ANDRÉ MINON

1911-1969

Natus Leodii 6 apr. 1911, sacerdotio auctus 28 apr. 1935, professor in collegio Seraing 1938, in minore seminario Sancti Trudonis 1942, in maiore seminario leodiensi 1953, parochus ecclesiae leodiensis

S[i] Iohannis 1957, parochus ecclesiae leodiensis S[ae] Veronicae 1963, vicarius generalis 1967, obiit in Banneux-Notre-Dame 5 apr. 1969.

« René Struman, Marcel Kuppens, André Minon. Les anciens Louvanistes sont décimés. Quelle perte pour le diocèse en ces temps d'agitation et de contestation où tant de problèmes se posent et sollicitent une solution ! ». Telles furent à peu près les réflexions et les paroles de Mgr van Zuylen, évêque de Liège, quand il prit congé de nous au grand séminaire lors des funérailles de son vicaire général André Minon.

Né à Liège, le 6 avril 1911, ordonné prêtre le 28 avril 1938, André Minon conquit le doctorat en théologie en 1939 après avoir défendu une dissertation élaborée sous la conduite du chanoine Draguet : *Jean-Adam Möhler (1796-1838) et la vie du dogme*. Louvain, 1938. In-4°, XVII-143 p., et publiée en partie dans les *Ephemerides Theologicae Lovanienses* (1939, t. XVI, pp. 328-382) : *L'attitude de Jean-Adam Moehler (1796-1838) dans la question du développement du dogme*.

Au départ de Louvain, Minon débuta, ainsi que pas mal de ses confrères avant lui, dans l'enseignement secondaire comme professeur de rhétorique au collège épiscopal de Seraing. Moins directement préparé que d'autres à cette tâche, il ne fut pas le premier à mieux y réussir, conscient de sa mission d'éducateur chrétien et nullement soucieux de vendre à des jeunes intelligences dont la culture générale doit encore être assurée et dont il importe de former l'esprit bien plus que de le meubler, une matière indigeste reprise à des cours universitaires qui ne leur étaient pas destinés.

De Seraing, André Minon passa comme professeur de philosophie au Petit Seminaire de St-Trond. Une fois de plus il eut à s'instruire, à compléter ses lectures, à préparer des leçons toutes nouvelles. Une fois de plus ceux qui furent ses élèves lui restent reconnaissants de leur avoir fourni des « éléments », bien expliqués et présentés, de philosophie et non pas un déballage de théories que, faute de notions claires préalablement acquises, les élèves ne savent pas juger à leur valeur. Mais de nouveau un *raptim transit* se vérifia. Quand Mgr Philips fut appelé à occuper à Louvain la chaire de théologie dogmatique, ce fut à André Minon que Mgr Kerkhofs fit appel pour la succession. Il aboutit ainsi au terme d'une attente relativement longue à pouvoir enseigner la discipline dans laquelle il s'était spécialisé.

Le professorat de Mgr Philips qui quitta le séminaire après l'avoir enrichi de nombreux articles et de cours parfaitement mis au point et polycopiés, facilita sans aucun doute l'accession de l'abbé Minon à sa nouvelle fonction. Toutefois il ne tarda pas à imprimer à ses cours et à ses articles un style nouveau qui révéla à ceux qui ne l'avaient pas déjà aperçu, sa forte personnalité. Il eut d'autant plus de mérite à l'affirmer que le séminaire comptait à cette époque Marcel Kuppens, qui, par sa taille, sa voix, son enseignement aux arêtes trop vives, son allure de Zeus olympien, — ainsi que ses condisciples l'avaient baptisé, — tendait à dominer le corps professoral.

Après quatre années d'enseignement, l'abbé Minon sollicita de son évêque un poste dans le ministère pastoral. Il cédait ainsi à un désir intense de se vouer directement à l'apostolat et se conformait au surplus à une vieille tradition aux termes de laquelle les professeurs de séminaire ne répugnaient pas de couronner leur carrière de professeur par l'acceptation généreuse de charges pastorales. André Minon fut successivement pendant six ans curé à St-Jean, puis quatre ans curé à Ste-Véronique, deux paroisses de la ville épiscopale. Dans l'émouvante homélie dont il gratifia le défunt, Monseigneur Meunier rappela comment le chanoine Minon s'était efforcé de faire de l'Église St-Jean, située au cœur de la cité, tout près de la place St-Lambert et de la gare des autobus, un sanctuaire accueillant pour les paroissiens et pour les nombreux étrangers de passage dans la Cité ardente. La promotion à Ste-Véronique plaça le curé devant de nouveaux problèmes qu'il eut à résoudre désormais à la lumière et dans le cadre des directives promulguées par Vatican II en fonction des mouvements réformistes postconciliaires. S'il faut en croire le témoignage de l'orateur sacré, le chanoine Minon réussit à frayer la route aux adaptations nouvelles, parfois quelque peu bouleversantes, tout doucement, sans faire de la casse, voire maintes fois avec un grain d'humour qui ne gâte rien.

C'est de la même manière qu'il s'efforça aussi de populariser un mouvement qui lui tint à cœur, celui de l'entente œcuménique, bien que peut-être il en ait exagéré l'importance et la valeur apostolique dans un pays où les églises dissidentes ne représentent qu'une minorité, avide toutefois de se faire voir et de majorer son importance.

Toutes ces qualités, tous ces efforts apostoliques, tout ce dévouement inlassable valurent au chanoine Minon d'être appelé par son évêque au poste de vicaire général et de recueillir le nombre le plus élevé de voix lors du vote pour le conseil presbytéral. Nanti d'une confiance si spectaculaire, le chanoine Minon voyait s'offrir devant lui une apostolat de nouveau style, particulièrement important en cette période de doutes, de fluctuations, de contestations, sinon de rebellion presque ouverte. Désireux de marquer l'aube d'un temps nouveau, il renonça à une tradition dont l'église de Liège, avec celle de Malines, s'était longtemps particularisée, celle d'obtenir pour ses vicaires généraux la dignité de prélat. Non pas qu'il estima pouvoir s'en passer pour se faire valoir. Non pas davantage qu'il tint à se distancer d'une fidélité au souverain pontife. Tout simplement parce qu'il n'aimait pas personnellement tout ce qui, de près ou de loin, était susceptible d'évoquer pour l'Église l'idée d'une cité terrestre et d'une cour impériale.

Mgr l'évêque ne put longtemps jouir du concours de son généreux vicaire général. Deux ans après sa nomination, le chanoine Minon s'éteignit à Banneux où il avait été hospitalisé.

J. COPPENS.

VALENTIN MOREL

1909-1969

Natus in Westende, 14 oct. 1909, socius O.F.M. Capuc., S.T.D. 1939, professor theologiae in collegio theologico Patrum Capuc. in Izegem, obiit Lovanii, 8 maii 1969.

Le Père Morel fit partie en 1938 d'un groupe nombreux de doctorandi, où nous rencontrons C. Berti, M. Cabral, M. De Graeve (†), R. De Langhe (†),

A. Gits, J. Havet, J.A. Laubacher, E. Lubik, A. Minon (†), A. Sanders, A. Van de Walle, V. Van Gheluwe.

Avec M. Cabral, M. De Graeve, A. Gits, J.A. Laubacher, E. Lubik, A. Minon, il choisit R. Draguet comme directeur de sa thèse : *De ontwikkeling der goddelijke openbaring volgens Tertullianus*, Louvain, 1938. In-4°, VIII-151 p., thèse dont un extrait parut dans la *RHE*, 1939, t. XXXV, pp. 243-265 sous le titre : *Le développement de la* disciplina *sous l'action du Saint-Esprit chez Tertullien*.

Le Père Morel fut avec le chanoine W. Goossens un de ceux qui se montrèrent les plus enthousiastes des vues du chanoine Draguet sur le développement dogmatique.

C'est en gare de Louvain que nous avons rencontré le Père Morel pour la dernière fois. Il était encore tout porté à s'intéresser aux *quaestiones disputatae* de théologie. Peu après, nous apprenions qu'une maladie implacable s'était abattue sur lui. Souffrant beaucoup, il décéda dans les cliniques de la ville universitaire où il avait passé quatre années de vie heureuse et laborieuse. — Cfr *ETL*, 1969, t. XLV, p. 541, et *Vox Minorum*, 1969, t. XXIII, n° 5, pp. 197-209.

RUDOLPH BANDAS

1896-1969

Rudolph Bandas accéda à la maîtrise en théologie en même temps que le Rév. Père Piette et le professeur J. Coppens. La dissertation intitulée *The Master-Idea of Saint Paul's Epistles or the Redemption*, Bruges, 1925, fut élaborée sous la direction du professeur Édouard Tobac.

Rudolph Bandas naquit le 18 avril 1896 à Biscay (Minnesota). Il acheva ses études classiques à Glencoe Public Schools, University of Minnesota, College of Saint Paul, étudia la philosophie et la théologie au Saint Paul Seminary et fut ordonné prêtre le 19 juin 1921 par Mgr Austin Dowling à St-Paul, Minnesota. Envoyé à Louvain, il y conquit la licence (1922), le doctorat (1924) et la maîtrise (1925). Revenu en son pays, il fut nommé professeur au séminaire de Saint Paul (sept. 1925 – mai 1945), directeur diocésain de la Confraternity of Christian Doctrine (juillet 1934 – février 1958) et recteur du séminaire jusqu'au 11 février 1958. Le 15 janvier 1955, Rome le promut prélat domestique. Le 11 février 1958, il devint curé de la paroisse Sainte Agnès à Saint Paul et il conserva ce poste jusqu'à son décès survenu le 26 juin 1969 à l'hôpital Saint Joseph.

Ceux qui ont connu au Collège du Saint-Esprit le défunt, se souviennent de sa belle prestance, de sa régularité exemplaire dans les études et les exercices de piété et de sa bonne collégialité. Beaucoup de ses camarades pronostiquèrent pour son avenir une élévation à l'épiscopat. Cette prévision ne se réalisa pas.

Bandas ne revint pas à Louvain, mais paraît avoir noué des contacts avec certains organes de la Curie romaine au cours de la période où il présida la Confraternity of Christian Doctrine.

Cfr *ETL*, 1971, t. XLVIII, pp. 240-241.

ARMAND DE SMET

1902-1969

Armand-Joseph De Smet naquit à Wingene le 17 novembre 1902. Au terme de ses études de philosophie et de théologie, il fut ordonné prêtre pour le diocèse de Bruges le 21 août 1927 à Scheut-lez-Bruxelles. Après s'être spécialisé dans le droit canonique à Louvain, il fut nommé successivement directeur des œuvres sociales à Izegem (1930), directeur de l'école technique à Roulers (11 avril 1934), vicaire à Roulers et directeur des œuvres sociales (30 août 1941), directeur des œuvres sociales à Courtrai (18 décembre 1948) et aumônier des Frères Van Dale, aumônier général de l'A.C.V. (13 décembre 1952). Il succéda au chanoine Ketels prématurément décédé. Le 8 septembre 1953 il fut nommé chanoine. A ce que d'aucuns rapportent il refusa la promotion à une dignité pontificale que ses amis entendaient lui obtenir. Il décéda inopinément à Dilbeek le 31 août 1969.

Dans *De Volksmacht* du 6 septembre 1969, J. Houthuys, président de l'*Algemeen Christelijk Vakverbond*, le chanoine S. Gryspeerdt, directeur diocésain des œuvres sociales dans le diocèse de Bruges; le chanoine Fraeyman qui lui succéda comme aumônier, ont rendu hommage au défunt. De ces notices nécrologiques il ressort que le chanoine De Smet fut préoccupé de conserver aux syndicats chrétiens leur caractère spécifique et de contribuer par ses *Proostenwoordjes* à la formation chrétienne continue des lecteurs du *Volksmacht*, l'hebdomadaire de l'A.C.V.

Aux funérailles célébrées à Dilbeek par le doyen De Rons assistèrent entre autres Mgr Fraeyman, aumônier général de l'*A.C.W.*, Mgr Dujardin, aumônier général du *M.O.C.*, le chanoine Gryspeerdt, directeur diocésain des œuvres sociales à Bruges, le chanoine Van Roey, aumônier des Œuvres sociales féminines, le chanoine Van Craenenbroeck, aumônier général des Mutualités chrétiennes, l'abbé Ceurvelt, aumônier national des Katholieke Werklieden-Bonden, l'abbé Vanderhaegen, aumônier de la Vrouwelijke Katholieke Arbeidersjeugd, l'abbé Bonte, aumônier de la Katholieke Arbeidersjeugd, l'abbé Winckel, aumônier national de la Jeunesse ouvrière chrétienne féminine et l'abbé Noël, aumônier national de la Jeunesse ouvrière chrétienne.

GONZAGUE RYCKMANS

1887-1969

Gonzague Ryckmans, Antverpiensis, nat. 10 dec. 1887, sacerdotio auctus 1911, professor in seminario mechliniensi 1920, lector in universitate lovaniensi 1926, professor ibidem 1930, obiit Kessel-Lo, 3 sept. 1969.

Hommage de S. Exc. Mgr van Waeyenbergh à Mgr G. Ryckmans, ap. *ETL*, 1963, t. XXXIX, pp. 416-417. — *Hommage à Mgr Gonzague Ryckmans, lauréat du prix décennal de philologie orientale et classique 1950-1960, ibid.*, pp. 413-415. — R. DE LANGHE, *Les études bibliques de Mgr Ryckmans, ibid.*, pp. 418-431. — J. PIRENNE, *L'œuvre d'épigraphiste de Mgr Ryckmans, ibid.*, pp. 432-446. — A. DESCAMPS, *Discours prononcé lors du service funèbre de Mgr Gonzague Ryckmans, en l'église St-Michel, à Louvain, le 13 septembre 1969*, ap. *Lovaniensia. Nouvelles académiques*, 1968-1969, pp. 17-21. — *Lovaniensia. Academisch Nieuws*, 1968-1969, pp. 5-9. — J. COPPENS, *In Memoriam G. Ryckmans*, ap. *Jaarboek 1969 Kon. Acad. Wet., Lett. Sch. Kunsten van België*, Bruxelles, 1970. — J. COPPENS, *G. Ryckmans*, ap. *Biographie Nationale*.

De nombreuses notices furent consacrées à la mémoire de Mgr Ryckmans qui fut un des collaborateurs les plus fidèles et les plus appréciés des *Annua Nuntia*. Nous y renvoyons dans la *Bibliographie Académique de Louvain*, t. X, p. 49 et t. XII, p. 76. Nous reproduisons ici l'homélie prononcée lors des funérailles de notre collègue dans l'église Saint-Michel de Louvain par Mgr Descamps, recteur magnifique de l'université, le 13 septembre 1969.

*
* *

« Zachtjes in de Heer ontslapen » : zelden werd deze geijkte formule van onze overlijdensberichten zo treffend bewaarheid als in de dood van Mgr. Ryckmans. Gedurende deze laatste maanden kwam slechts het woord vermoeienis op zijn lippen, wanneer hij zijn toestand wilde beschrijven. En men had inderdaad de indruk van een verkwijnend lichaam, waarin de levensadem traag zou gaan uitdoven, zoals de vlam van een verteerde kaars. Van andere symptomen was niets te bespeuren, en terwijl de laatste ziekte van de mens zijn gelaat zo dikwijls akelig boetseert, was bij hem alles ongemeen rustig. Tegelijk bleef de helderheid van zijn geest tot zeer kort vóór zijn heengaan onaangetast. Aldus gaf hij ons tot op zijn sterfbed een treffend beeld van heel zijn leven, dat steeds in het teken van de grootste sereniteit verliep, een sereniteit die van hem een der minzaamste figuren maakte uit ons professorenkorps.

In een biografische nota over A. van Lantschoot, die zijn literair testament is, heeft Professor Ryckmans de dood van zijn vriend beschreven in termen die wij op zijn eigen afscheid mogen toepassen[1]. Zoals — naar een Koptische legende — de monnik Felix driehonderd jaar lang de zang van een vogel in ekstase beluisterd had, zo hebben ook van Lantschoot en Ryckmans jaren lang naar de stem van oude wijzen uit het Oosten geluisterd; toen de stemmen zwegen was het voor hen — zoals voor Felix — alsof slechts één uur vervlogen was. Zoals hij, dankten ook zij de Heer en bereidden zich op de dood : « Hij naderde tot de heilige mysteriën — zo lezen wij van de oude monnik — strekte zich uit op zijn rustbed en zei : Laat nu, Heer, uw dienaar in vrede gaan, naar het bevel dat door U werd gegeven. En zo stierf hij en ging heen naar de euwige vrede ».

*
* *

[1] *Arnold van Lantschoot*, dans *Jaarb. Kon. Vl. Academie België 1969*, Bruxelles, 1970, pp. 386-395.

Gonzague Ryckmans werd geboren op 10 december 1887 te Antwerpen, in een vooraanstaande familie, die in bijzonder hoog aanzien staat wegens de voorname en soms heldhaftige rol welke verscheidene leden van de familie in dienst van ons land of van de Kerk gespeeld hebben.

In 1905 werd hij naar het Leo XIII-seminarie gestuurd, en begon hij op het Hoger Instituut voor Wijsbegeerte een studiecurriculum dat hem in 1908 tot het doctoraat zou leiden. Bij zijn aankomst te Leuven was Désiré Mercier, — maar nog slechts voor enkele maanden, — professor en president van het Seminarie. Aldus was onze overledene tot gisteren een van de laatste getuigen van een periode van onze academische geschiedenis, welke in 1889 met de oprichting van het Instituut voor Wijsbegeerte begon, en in 1906 eindigde met de promotie van professor Mercier tot aartsbisschop van Mechelen.

Na zijn priesterwijding in 1911 werd Gonzague Ryckmans naar Jeruzalem gestuurd om zich in de Bijbelwetenschap te bekwamen. Onder de leiding van de befaamde Pater Lagrange, en van andere eminente meesters, was zijn studieverblijf in de *École biblique* bijzonder verrijkend. Daar verwierf hij voorgoed de liefde, niet alleen voor de Schriftuur, maar ook voor de bijbelse landschappen, voor de Arabische epigrafie en voor de wijde Oosterse wereld.

Zijn terugreis naar België viel ongeveer samen met het uitbreken van de eerste wereldoorlog, en zonder overgang werd de student in de Bijbelwetenschappen vrijwilliger en legeraalmoezenier. Over zijn vier jaren dienst en over zijn fysisch lijden aan het front sprak Professor Ryckmans praktisch nooit; maar door zeldzame confidenties weten zijn naastbestaanden dat geen enkele van de onderscheidingen die hij in de loop van een schitterende loopbaan zou behalen, hem zo nauw aan het hart lag als de titel van ere-aalmoezenier van het leger. Door andere getuigenissen vernamen wij dat deze vier jaar aan de IJzer de jonge priester ontpopten tot een schitterende weldoener van zijn soldaten; daar vindt men reeds in alle klaarheid de mooie waaier van kwaliteiten die later ook de professor zouden kenmerken, vooral een grenzeloze toewijding en vrijgevigheid, en een onkreukbare trouw aan zijn priesterideaal. Na de oorlog bleef Mgr. Ryckmans zijn vroegere soldaten door het leven volgen : naast zijn welbekende kaartenkasten met Zuidarabische teksten, stond een kleinere fichendoos, met namen en adressen van « zijn » mannen, en dit natuurlijk om hem toe te laten op tijd en stond de gewenste hulp te bieden. Geen wonder dus dat, kort na de dood van Mgr., zijn familie een brief mocht ontvangen, met een uitvoerig en ontroerend relaas van prachtige fioretti uit het leven van de onvergetelijke aalmoezenier — dit alles van de hand van een gewezen officier, die een van zijn oorlogsmakkers was.

In augustus 1919 behaalde Gonzague Ryckmans te Leuven een doctoraat in Semitische talen ; zijn proefschrift, *Les formes nominales en babylonien*, te Parijs uitgegeven onder de auspiciën van de *Académie des Inscriptions et Belles Lettres*, leverde een markant bewijs van zijn filologische kunde.

Het daaropvolgend academiejaar (1919-20) bracht Gonzague Ryckmans door te Parijs, waar hij door Chabot ontboden was, om er te werken als epigrafist aan het *Corpus* van de christelijke Oosterse schrijvers. Voor de latere carrière van Ryckmans was dit studieverblijf van grote betekenis : dan immers was het, dat zijn roeping zich preciseerde, en dat de jonge doctor de grondslag legde van wat zijn levenswerk zou worden op het gebied van de epigrafie.

In 1920 werd Gonzague Ryckmans professor van exegese aan het Groot Seminarie te Mechelen, om Kanunnik Tobac op te volgen, die dan te Leuven benoemd werd. In het perspectief van de verdere loopbaan van de Professor, komen die Mechelse jaren ons nu voor als een soort parenthese. In feite waren ze door een zeer degelijk onderwijs getekend, alsook door een aantal publicaties : een Nederlandse commentaar op het *Boek Genesis*, en een reeks bijdragen tot de kennis van zijn geliefd werkterrein, de inschriften van het pre-islamitisch Arabië.

In 1926 wordt hij lector te Leuven, om er de Semitische epigrafie te doceren ; van 1927 af geeft hij ook Akkadisch ; later zal hij trouwens een Akkadische spraakkunst uitgeven. In 1930 krijgt hij, met de titel van gewoon hoogleraar, een aantal nieuwe colleges : Hebreeuws, Aramees, vergelijkende spraakkunst der Semitische talen. Ondertussen had hij zich voor goed te Leuven gevestigd, in een lief en ouderwets huis dat, hoewel in volle centrum van de stad gelegen, steeds zo mirakuleus stil gebleven is, naar het evenbeeld van de meester, wiens trage en wijze woorden meer een fluisteren waren dan een spreken.

Aldus begon een levensperiode van veertig jaren, die ongemeen vruchtbaar zou worden. Uiterst gewaardeerd was zijn Leuvens onderwijs, dat op soliede grondslag berustte en ook pedagogisch uitstekend was. De professor speelde daarbij een voortreffelijke rol in de leiding van het Instituut voor Oriëntalistiek, van het tijdschrift *Le Muséon*, en van de reeks *Bibliothèque du Muséon*. Maar het is vooral door zijn navorsingen op het gebied van de Zuidarabische epigrafie dat de professor het prestige van een groot meester zou verwerven.

Zijn gepubliceerd œuvre vertoonde twee hoofdtrekken van de echt-wetenschappelijke onderneming. Vooreerst : het betreft de bronnen zelf van zijn specialiteit en bestaat dus uit repertoria, concordantiae, woordenboeken. Van meet af aan had de jonge geleerde juist gemikt : hij wilde systematisch te werk gaan, zijn eigen werkinstrumenten zelf opbouwen om ze later methodisch aan te vullen, dit alles met het oog op de publicatie van de bronnen zelf. Terecht heeft Juffrouw Pirenne aangestipt dat Professor Ryckmans zodoende het grondbeginsel van Descartes had toegepast : « Faire en tout des dénombrements si entiers et des revues si générales que je sois assuré de ne rien omettre ». Als men hierbij bedenkt dat de professor volhardend en met voorbeeldige nauwgezetheid gewerkt heeft, kan men de waarde van het resultaat reeds vermoeden : geleidelijk gegroeid in het teken van de continuïteit en van een onberispelijke kritiek, zijn de repertoria van Professor Ryckmans dan ook echte standaardwerken geworden.

Tweede kenteken van dit *opus magnum* : van deze navorsingen heeft de meester zelf de besluiten kunnen bundelen, en dit onder de vorm van allerlei monografieën maar ook van synthetische overzichten, namelijk over de voor-islamitische godsdiensten van Zuid-Arabië en over de verhoudingen tussen de Bijbel en het Oude Arabië.

Geen wonder dus dat de bevoegdheid van de filoloog door zijn vakgenoten erkend werd, wat ook in verscheidene wetenschappelijke onderscheidingen tot uiting kwam. Mgr. Ryckmans was lid van de *Académie des Inscriptions et Belles-Lettres* te Parijs, alsook van de *Koninklijke Vlaamse Academie voor Wetenschappen, Letteren en Schone Kunsten van België*. In 1962 werd hem de Tienjaarlijkse prijs voor Oosterse en Klassieke Filologie toegekend, en bij deze gelegenheid werd hij door de *Ephemerides Theologicae Lovanienses* gevierd, wat ook aanleiding gaf tot het publiceren van het *Huldealbum Gonzague Ryckmans*.

En marge de son infatigable travail de cabinet, nous devons encore mentionner la remarquable expédition archéologique qu'il entreprit en Arabie à un âge relativement avancé, — il avait 64 ans, — en compagnie de son neveu le Professeur Jacques Ryckmans, de M. Philby et du lieutenant Lippens. L'entreprise atteste que Mgr Ryckmans sut être un savant complet, également soucieux de rigueur philologique et de connaissance du concret; elle rend aussi témoignage au courage de l'homme, qui sut s'imposer pendant des mois l'ascèse d'un séjour sous la tente et d'une dure exploration du terrain. L'expédition fut féconde, car le savant en ramena un butin abondant.

Je ne puis achever cette esquisse de la personnalité de Mgr Ryckmans comme universitaire, sans ajouter qu'il fut un véritable humaniste, dont les horizons ne se limitaient pas au champ de sa spécialité. Et en prononçant le mot d'humaniste nous lui donnerons ici la nuance d'homme de la Renaissance. Déjà par un certain style de vie un peu feutré, le Prof. Ryckmans semblait nous reporter à une époque moins trépidante que la nôtre, le temps des travaux de bénédictins, des grandes tapisseries, des longues et patientes entreprises; par son application silencieuse au travail le plus rigoureux, il s'est conformé à l'image que nous nous formons de ces princes de la philologie, vivant sans hâte, mais s'attachant à un véritable ressourcement de nos connaissances. Et d'autres similitudes apparaissent, dans le souci qu'il eut de défendre la culture latine, dans l'art avec lequel il savait émailler ses écrits de réminiscences littéraires, dans la finesse et l'humour avec lesquels il rédigea certaines notices d'histoire contemporaine. Ce n'est pas sans raison que l'on a parfois comparé son profil de médaille à celui du portrait d'Érasme par Holbein. Au plan spirituel, je ne voudrais pas pousser la comparaison jusqu'au bout; certains défauts d'Érasme étaient tout à fait étrangers à Mgr Ryckmans; mais il lui ressemblait par un même amour d'une science puisée aux sources, un même sens de l'authenticité, la même sûreté du goût, le même penchant pour une certaine ironie, et sans doute — nous pouvons l'imaginer — un même regard malicieux.

Après avoir évoqué le philologue et l'humaniste, nous voudrions dire un mot de l'homme et du prêtre. Admiré comme savant, Mgr Ryckmans fut aussi très estimé pour ses qualités de cœur, et les mots se pressent ici sur nos lèvres. Douceur et patience, amabilité sans feinte, exquise courtoisie, bienveillance sans bornes, bonté inépuisable: telles sont quelques-unes des qualités qui faisaient le charme de son commerce, et dont bénéficiaient sa famille, ses étudiants, et un cercle d'amis choisis[2]. Mais seuls ses proches seraient capables d'attester jusqu'où pouvaient aller sa prévenance et sa gentillesse, même envers les membres les plus jeunes de sa famille. Et il nous faut souligner par-dessus tout sa discrétion, son extraordinaire modestie, qui était presque une farouche volonté d'effacement. Le maître connut aussi, hélas, l'épreuve et la contradiction; dans des circonstances douloureuses il ne prit pour guides que le sens de l'honneur et l'amour de la vérité.

[2] Signalons parmi eux Mgr van Waeyenbergh et surtout Mgr van Cauwenbergh. Le bruit circulait à Louvain qu'après avoir célébré la messe ils se téléphonaient chaque matin pour mettre à jour leur chronique universitaire.

Bien que son extrême pudeur eût répugné à entendre le présent éloge, nous ne pouvons taire que ce professeur fut un prêtre d'une piété exemplaire, et toujours profondément édifiant. Un trait caché, mais combien significatif de son admirable vie, fut cette sorte de prédilection qu'il voua à la communauté de Maredret. Voici maintenant quarante-six ans qu'il donnait une part de son temps et de son cœur à cette Maison de moniales; il leur fit de nombreuses conférences, et poussa la sollicitude jusqu'à les aider à aménager pour elles un musée biblique. On comprend qu'il ait demandé par testament à être inhumé dans l'enclos du monastère. Et notre université se joint à la famille Ryckmans pour remercier les Bénédictines de Maredret d'avoir témoigné au défunt une fidélité plus forte que la mort, en lui faisant de ferventes funérailles, et en accueillant pour toujours, comme un ami, celui qui avait été leur conseiller.

A la famille même du défunt, et surtout à sa sœur, Madame Mativa, qui partagea longtemps son existence et qui fut son ange gardien, je redis, avec notre vive sympathie, l'hommage de notre profonde gratitude.

Je sais gré à l'Académie des Inscriptions et Belles Lettres de Paris d'avoir voulu désigner Mgr Lamotte pour la représenter à cette cérémonie[3].

AUGUSTE-JOSEPH-MARIE BOGAERT

1884-1969

Natus Gandae 8 dec. 1884, sacerdotio auctus 14 apr. 1907, S.T.B., vice-parochus in Zomergem 5 aug. 1907, vice-parochus in Lochristi 7 febr. 1911, vice-parochus in Sancto Michaele gandensi 30 iun. 1919, director conventus O.-L.-Vrouw-ten-Doorn 25 iul. 1920, parochus in Waarschoot 4 sept. 1933, parochus Sancti Pauli gandensi 16 febr. 1942, emeritus 21 nov. 1953, obiit Gandae 17 sept. 1969.

JULIEN LONGTON

1896-1969

Natus in St-Jean-Sart, 29 ian. 1896, sacerdotio auctus 5 apr. 1920, S.T.B., professor in collegio de Stavelot 1920, in collegio leodiensi S[i] Bartholomaei, canon. ad honorem 1936, canon. titularis 1953, obiit in Heusy 17 oct. 1969.

[3] Pour les publications de l'auteur voir la *Bibliographie Académique*, t. VII, 1, pp. 333-339; t. VIII, pp. 19-20; t. X, pp. 48-53; t. XII, pp. 76-78 et la liste minutieusement mise à jour par son neveu, le professeur Jacques Ryckmans, dans *Le Muséon*, 1970, t. LXXXIII, pp. 13-40.

MARCEL COURTOY

1897-1969

Marcel-Léon-Théodore-Joseph Courtoy, natus in Biesme, 26 febr. 1897, sacerdotio auctus Namurci 15 aug. 1920, alumnus in universitate lovaniensi 1920-1923, S.T.L., eleemosynarius adiunctus Instituti S. Berthuin in Malonne 20 iun. 1923 – 20 sept. 1930, parochus in Hemptinne-Philippeville 20 sept. 1930 – 20 iun. 1932, eleemosynarius Instituti Fratrum Scholarum Christianarum in Carlsbourg 20 iun. 1932 – 20 sept. 1936, parochus decanus in Bertrix 20 sept. 1936 – 20 aug. 1966, canonicus ad hon. 28 mart. 1961, demiss. in Sart-Eustache 20 aug. 1966, obiit Lovanii 22 nov. 1969.

Sous le titre : *Trente années en proue d'une paroisse : feu le chanoine Marcel Courtoy, ancien doyen de Bertrix*, *L'Avenir du Luxembourg*, du 20-21 déc. 1969 rendit hommage au défunt.

« Il a laissé le vide dans le cœur de ceux qui l'avaient bien connu. Un vide brutal, que rien ne laissait prévoir…

Entré en clinique à Louvain pour y subir une intervention sans gravité spéciale, le chanoine Courtoy devait mourir d'une embolie dans le courant de la deuxième nuit qui suivit l'opération. Mais quoique rien n'y parût, l'homme était prêt pour le grand départ. Il terminait sa vie comme il l'avait toujours menée : sans rien laisser au hasard.

Marcel Courtoy était né à Biesme, le 26 février 1897. Après des humanités solides au collège de Bellevue à Dinant, il entrait à Floreffe avant de passer au Grand Séminaire à Namur. Il était ordonné prêtre le 15 août 1920. Licencié en théologie de Louvain, il commençait sa carrière sacerdotale comme aumônier adjoint à Malonne de 1923 à 1930. Puis on le retrouvait curé de Hemptinne (Philippeville) de 1930 à 1932, aumônier à Carlsbourg de 1932 à 1936 et enfin curé-doyen à Bertrix, où il allait passer une longue carrière de 30 années. Depuis 1966, le chanoine Courtoy était retraité à la cure de Sart-Eustache, où il poursuivait son ministère pastoral.

Aussi loin que l'on remonte, l'abbé Courtoy a toujours laissé dans la mémoire de ceux qui le connurent comme étudiant le souvenir d'un élément brillant, d'un homme à la grande force de caractère, d'une intelligence aiguisée. Mgr Charue reprenant le jugement d'un de ses anciens maîtres, devait rappeler au cours de son homélie, qu'il était un des meilleurs étudiants sortis du grand Séminaire.

Très cultivé en tous domaines, l'homme restait en contact avec les professeurs d'université et s'astreignait à la lecture et à l'étude des revues d'actualité dans les sciences les plus diverses.

On ne compte plus les voyages d'études qu'il fit, toujours minutieusement préparés. Par contre, il serait sans doute facile de compter les journées de détente qu'il s'accorda. Sur les doigts d'une main peut-être…

Peut-être pourrait-on dire que le travail était son délassement le plus cher… Étude, méditation, réflexion : les trois voies de l'enrichissement. Il les a toutes suivies, afin de pouvoir se tourner vers les autres avec toujours plus de sûreté.

Partout, le ministère du chanoine Courtoy fut fécond. On ne comptait plus ceux qui venaient le consulter, lui demander aide et appui. Mais il ne bornait pas ses activités à l'enceinte du presbytère ou de l'église. Bertrix lui doit une salle paroissiale, actuellement cinéma Patria, un soutien énorme aux écoles libres, le Centre de santé 'Les trois Bertrix' et aussi ces quatre très belles chapelles qui bornent la Cité aux points cardinaux.

Sans doute est-il impossible d'énumérer toute l'œuvre de l'homme et du prêtre… Nous dirons qu'elle est grande, très grande…

Toujours le chanoine Courtoy plaça bien loin en avant de toute chose le contact avec Dieu. Toutes les occasions constituaient pour lui une sorte de rencontre avec le Seigneur : que ce soit la prière, la méditation, la réflexion, les causeries spirituelles, les conférences ou les sermons. Jusqu'au dernier jour de sa vie, il conserva l'amour du vrai travail, approfondi, véritable. Nous disions plus haut que rien n'était laissé au hasard : pas un dimanche il ne manqua d'écrire complètement et d'étudier à fond son sermon du jour… Il considérait les choses dont il parlait avec trop de respect que pour se laisser aller à l'improvisation.

Le culte qu'il vouait à la Vierge était émouvant : c'est à Lourdes qu'il devait se rendre pour son dernier voyage, quelques jours seulement avant de quitter cette terre.

Marcel Courtoy avait aussi le culte du beau. Est-ce l'amour du Seigneur qui fit toute chose qui devait l'amener là ?

Toujours est-il que jamais il n'accepta une réalisation qui ne touchait pas à la perfection. Toutes les choses qui l'entouraient étaient ordonnées, sagement choisies.

Ces dernières années encore, il allait passer des journées entières au musée du Louvre pour réétudier des œuvres célèbres.

De Sart-Eustache, où il s'était retiré tout en travaillant encore comme un jeune curé, il rayonnait, seul ou avec des groupes, pour mieux connaître la région, les églises, les œuvres d'art.

Ces derniers temps, craignant de ne plus pouvoir lire, étant donné l'affaiblissement de sa vue, il s'était mis à apprendre la musique : il consacrait son temps, disait-il, à écouter les grandes œuvres musicales : une des seules choses qu'il n'avait jamais eu le temps d'étudier durant sa vie active !

Une semaine avant de se rendre à Louvain, afin de subir une intervention, pourtant sans gravité, il fut fidèle une fois de plus à sa ligne de conduite : tout faire à fond, sans rien négliger.

Cette semaine-là fut pour lui une véritable préparation à la mort : ses dernières méditations il les passa avec les Saintes Écritures, en s'arrêtant aux passages où il est question de l'éternité…

A ses amis, il ne cachait pas que leur visite serait peut-être la dernière. Pressentiment ? Alors que rien ne laissait supposer à personne que l'instant de rentrer chez le Père était arrivé, le chanoine Courtoy, lui, s'était mis en ordre. Comme il avait vécu, avec une grande rigueur. »

Marcel Courtoy n'eut pas le privilège de poursuivre ses études jusqu'au doctorat mais il resta suffisamment longtemps au Collège du Saint-Esprit pour se lier d'amitié avec le futur évêque de Gand, Charles Calewaert. Celui-ci éprouvait déjà à cette époque le besoin de se recréer régulièrement et de nouer à cet effet des relations avec des amis qui savaient comme lui oublier leurs préoccupations.

Nommé professeur Marcel Courtoy ne mit pas de côté les livres auxquels il avait dû recourir à Louvain. Il avait par exemple conservé le commentaire de Loisy sur les synoptiques, une des meilleures œuvres de l'exégète français. Il continuait à s'en servir quitte à y séparer du bon grain l'ivraie. Lors des visites que Charles Calewaert continuait à lui rendre, il aimait évoquer les souvenirs de Louvain, notamment les disputes sabbatines où il s'amenait avec sous le bras une liasse de feuilles où, de sa grande écriture, il avait rédigé la thèse à soutenir, les objections prévues et la documentation dont il estimait avoir besoin, pour confondre ses adversaires.

Le canonicat ad honorem vint récompenser une vie laborieuse qui avait été consacrée d'abord à l'enseignement, puis au ministère paroissial.

DAMIAAN VAN DEN EYNDE

1902-1969

Damiaan Van den Eynde, O.F.M., nat. Bruxellis, 19 sept. 1902, S.T. magister 1933, professor in Pontificio Athenaeo Antoniano, professor in KUL, obiit in Lier, 30 nov. 1969.

Cfr *ETL*, 1970, t. XLVI, p. 208. — H. L. VAN BREDA, *In Memoriam pater mag. D. Van den Eynde*, ap. *Academische Tijdingen*, jan. 1970, IV/4, p. 28.

Le Rév. Père Van den Eynde fut promu docteur en théologie après avoir présenté en 1931 sous la direction du professeur Albert De Meyer un mémoire sur *Bible et Règle de foi dans les écrits de Clément d'Alexandrie*. In-4°, XVI-101 + 53 p. En 1933 il fut promu maître après avoir soutenu une dissertation élaborée sous la direction du professeur René Draguet : *Les normes de l'enseignement chrétien dans la littérature patristique des trois premiers siècles*, Gembloux, 1933. — Cfr *supra*, pp. 54-55.

GABRIEL LE BRAS

Gabriel Le Bras, dr. h.c. Universitatis lovaniensis, obiit Lutetiae Paris., 18 febr. 1970.

Cfr *ETL*, 1970, t. XLVI, p. 547.

LOUIS DE RAEYMAEKER
1895-1970

Louis De Raeymaeker, nat. 18 nov. 1895, St.-Pieters-Rode, prope Aarschot, doctor S.T. 1927, fuit successive professor in Seminario mechliniensi in sectione philosophica 1927, professor lovaniensis et praeses Seminarii Leonis XIII 1935, praeses Instituti superioris philosophiae 1948, prorector universitatis 1962, obiit 25 februarii 1970.

Cfr *ETL*, 1970, t. XLVI, p. 525.

Dans la nuit du 24 au 25 février 1970 la mort surprit Mgr Louis De Raeymaeker alors qu'il venait de se mettre au lit et qu'il avait achevé son bréviaire.

Né à St-Pieters-Rode, le 18 novembre 1895, fils du médecin local, le défunt acheva *primus perpetuus* ses humanités au Collège de la Ste-Trinité de Louvain. S'étant décidé pour le sacerdoce, il fut envoyé en 1913 à l'Institut supérieur de philosophie, mais en août 1914 la première guerre mondiale vint brutalement interrompre ses études. Mobilisé comme brancardier, il servit de 1914 à 1918 dans les tranchées et accompagna même l'armée belge en Allemagne. Libéré du service militaire, il rentra au séminaire Léon XIII où il retrouva le président, le chanoine Brohée, et la plupart des maîtres qu'il avait appris à connaître en 1913-1914. En 1920, il conquit le doctorat en philosophie, puis, après trois ans de grand séminaire à Malines et quatre ans d'études supérieures à Louvain, il obtint en 1927 le doctorat en théologie.

De 1927 à 1935, Louis De Raeymaeker enseigna, comme collègue du futur cardinal Suenens, la philosophie au Petit Séminaire de Malines. La flamandisation de l'université mena le professeur malinois, qui s'était déjà fait remarquer par diverses publications, à Louvain, d'abord comme maître de conférences (1934), puis comme chargé de cours (1935), enfin comme professeur ordinaire (1936). Dans l'entretemps, il succéda en 1935 comme président du séminaire Léon XIII au chanoine Brohée, poste qu'il conserva jusqu'en 1948, année au cours de laquelle il fut élu, avec le soutien de ses collègues francophones, président de l'Institut supérieur de philosophie, fonction qu'il exerça jusqu'en 1965. Cette mission administrative ne le combla pas : en 1957, il devint conseiller scientifique du recteur Van Waeyenbergh et, de 1962 à 1966, il assuma la tâche de prorecteur.

La recherche théologique proprement dite ne l'intéressa guère. Dans le domaine philosophique qui devint sa specialité, les années 1934-1948 furent les plus fructueuses. Le chanoine Verbeke qui lui succéda comme président du séminaire Léon XIII, nous en donne une image nuancée mais au total favorable [1].

Mais, à considérer cette vie vouée à tant de besognes administratives, on a l'impression que la passion de la recherche et de l'étude ne fut pas chez lui

[1] *In Memoriam Monseigneur L. De Raeymaeker*, dans *Jaarboek Kon. Academie Wetenschappen*, t. XXXII, Bruxelles, 1970, pp. 338-344.

la note dominante. Ce qu'il me paraît avoir recherché davantage, ou, à tout le moins, tout autant, ce fut l'exercice du pouvoir. De l'avis de pas mal de collègues, il n'aurait même pas réussi à assouvir en la matière toutes ses ambitions. Le processus de flamandisation concourut d'ailleurs puissamment à l'aider dans sa poursuite patiente et obstinée de l'autorité.

On n'ignorait pas dans certains milieux louvanistes que durant son séjour au front de l'Yser le brancardier De Raeymaeker fut de ceux qui encoururent une certaine sanction pour avoir trop vivement manifesté leur sympathie aux revendications flamandes. Durant les premières années de sa présidence de l'Institut Supérieur, quand il fut amené à écrire l'histoire du Séminaire et de l'Institut et prépara la célébration de la mémoire de Mercier, il mit ses sentiments flamands plutôt en veilleuse. En revanche, au cours de son prorectorat, il courut au secours de ceux dont il prévoyait la victoire.

Trop d'éléments restent inconnus et sans doute le resteront à jamais pour que l'on puisse faire toute la lumière sur une époque troublée et à beaucoup d'égards peu brillante. Pour ma part, je puis témoigner que lors d'un effort entrepris avec quelques collègues pour imaginer et trouver peut-être une solution au conflit entre les deux communautés linguistiques, il s'en désintéressa ou peut-être même torpilla l'initiative, soucieux sans doute de ne pas perdre la sympathie et l'appui des plus passionnés [2].

Et voici un dernier trait : pour ne pas paraître en retard dans l'évolution sécularisante du sacerdoce, il abandonna au cours des derniers mois de son existence le col romain. Certes, *de minimis non curat praetor*, mais d'aucuns s'étonnaient de ce besoin de mimétisme. Ils étaient au surplus tentés de lui rappeler le *Beware of enterprises that require new clothes*!

***

EVRARD JANSSENS

1913-1970

Evrard Janssen, nat. Rillaar, 9 nov. 1913, successive professor in Seminario mechliniensi S[i] Iosephi, praeses Seminarii mechliniensis, vicarius generalis dioecesis, eleemosynarius generalis Boerenbond, obiit Lovanii, 26 martii 1970.

Cfr *ETL*, 1970, t. XLVI, p. 524.

Le jeudi saint, 26 mart. 1970, décéda inopinément à Louvain Mgr Évrard Janssens, aumônier général du Boerenbond. Né à Rillaar où ses parents exploitaient une ferme, il fit ses études moyennes au collège d'Aarschot et il y confirma sa réputation d'élève bien doué. Ses parents rêvaient pour lui l'avenir

[2] Pour compléter le portrait du défunt on consultera aussi le reportage du prof. Florquin dans la collection *Ten huize van* (Louvain, Davidsfonds). Pour l'énumération des travaux du défunt voir *Bibl. Acad.*, 1957-1963, pp. 390-394; 1963-1968, p. 262.

de vétérinaire, mais Évrard leur manifesta son désir de devenir prêtre diocésain. Le curé, l'abbé De Lescure, et la mère intervinrent auprès du père pour que celui-ci consentît au départ de son fils pour le petit séminaire de Malines. Évrard qui durant dix ans fut le compagnon fidèle d'un grand-père aveugle, avait lui-même la vue mauvaise. Cette infirmité l'obligea d'interrompre durant deux ans ses études, période au cours de laquelle il voyagea pour le compte d'une brasserie d'Aarschot. Ayant pu reprendre ses études, il fut ordonné prêtre le 16 février 1941 par le cardinal van Roey et envoyé à Louvain pour y aborder le cycle d'études théologiques supérieures. Sans doute convient-il d'attribuer à la faiblesse de ses yeux qu'à la faculté de théologie il ne se signala guère et qu'il n'y conquit pas le doctorat. La confiance dont ses supérieurs l'avaient honoré, lui valut une série de promotions qui ne manquèrent pas d'étonner quelque peu ses confrères : professeur au séminaire St-Joseph, président du séminaire de Malines, vicaire général du cardinal van Roey.

A cette carrière sacerdotale exceptionnelle l'avènement de Mgr Suenens au siège épiscopal de Malines mit brusquement fin. Le nouvel évêque ne conserva des vicaires généraux nommés par son prédécesseur que le canoniste Mgr Paul Theeuws. Il inaugura son épiscopat avec une équipe nouvelle dont firent partie Mgr Lagasse, Mgr Goossens et Mgr Ceuppens. Le clergé interpréta le départ du vicaire général Janssens comme une défénestration, et lui-même semble l'avoir compris ainsi. Mais ce sage et ce chrétien se garda de manifester sa déception ou de formuler des critiques à l'adresse de ses supérieurs.

Mgr Cruysberghs raconte dans ses *Mémoires* comment il fut amené à démissionner pour céder sa place à l'ancien vicaire général, qui devint ainsi, dans des circonstances dramatiques, le successeur de celui qui avait sauvé le Boerenbond dans la tempête qui avait failli le déraciner.

On trouvera la relation des funérailles de Mgr E. Janssens dans *De Boer*, du 4 avril 1970, t. 76, n° 14.

JEAN VIEUJEAN

1897-1970

Natus in Awan-Aywaille 23 mart. 1897, sacerdotio auctus 28 mart. 1921, professor in collegio leodiensi St Bartholomei 1924, professor in majore seminario 1927, eleemosynarius ACJB (Act. Cath. Iuventutis Belgicae) 1936, professor in universitate lovaniensi 1942, rector « Domus caritatis » 1967, obiit Leodii 22 apr. 1970.

Cfr *ETL*, 1971, t. XLVI, pp. 524-525. — *Le chanoine Jean Vieujean* (Jean le Presbytre), ap. *La Libre Belgique*, jeudi 23 avril 1970, p. 7.

Hospitalisé depuis le 9 avril à la clinique Saint-Joseph de Liège, le chanoine Vieujean y décéda le matin du mercredi 22 avril 1970.

Jean Vieujean naquit à Awans (Aywaille) le 23 mars 1897. Après ses humanités au petit séminaire de Saint-Roch (Ferrières), il étudia au petit séminaire de St-Trond et au grand séminaire de Liège où il fut ordonné prêtre en 1921. Il vint à l'université de Louvain parfaire sa formation théologique. C'est là que nous avons appris à le connaître d'assez près. Il suivait d'un an les abbés Paul Deleval et Julien Longton [1], et il eut comme compagnon d'études l'abbé André Regnier [2]. Il y subit, charitablement, l'emprise de ce dernier qui, très autoritaire, le sommait de l'accompagner dans la promenade quotidienne qu'à cette époque maîtres et étudiants dînant au Collège du Saint-Esprit avaient coutume de faire avant de se remettre au travail. L'abbé Vieujean subissait sans rouspéter les réflexions philosophiques et théologiques de son condisciple qu'il reconnaissait volontiers comme plus intelligent. Elles prolongeaient le plus souvent d'une façon critique les leçons qu'ils avaient reçues le matin de leurs professeurs, en particulier les spéculations dogmatiques des professeurs Bittremieux [3] et Becker [4]. Après un an de séjour dans le vieux collège de la rue de Namur, il put se libérer de cette sujétion intellectuelle. Le chanoine Lebon [5] le recommanda au chanoine de Strycker [6] pour un poste de sous-régent au Collège du Pape. Il y fut, comme bien d'autres après lui, instruit et édifié par la culture, la finesse d'esprit, la piété de l'économe de la maison, l'abbé Joseph Boone du diocèse de Bruges [7].

Jean Vieujean acheva fort dignement ses études universitaires, bien qu'il portât de plus en plus son attention à l'apostolat religieux auprès des jeunes, apostolat animé à cette époque par les chanoines Brohée [8] et Picard [9]. Tout semblait l'orienter vers le poste d'adjoint de ce dernier lorsqu'un incident vint mettre fin à cette perspective d'avenir. Collaborateur du journal estudiantin d'action catholique *L'Effort*, voire en 1923 durant quelques semaines son directeur [10], il y publia, à l'occasion de la fête de saint Thomas, un article

[1] Cfr *Univ. Cath. Louvain. Bibliographie académique*, t. VI : 1914-1934, Louvain, 1937, p. (34).

[2] Cfr *ibid.*, p. (34) et (35). — *Annua Nuntia Lovaniensia*, t. VII, p. 75. — G. Ryckmans, *André Regnier (1898-1940)*, dans *Le Muséon*, 1942, t. LV, pp. 195-196. — Le Même, *L'abbé André Regnier, maître de conférences à la Faculté de théologie*, dans *Ann. Univ. Louvain 1940-1941*, t. 85, pp. ccix-ccxiv. Louvain, 1943.

[3] Cfr J. Coppens, *L'enseignement et l'œuvre théologique de M. le chanoine J. Bittremieux. Kanunnik Bittremieux. Een portret*, dans *Eph. Theol. Lov.*, 1947, t. XXXIII, pp. 329-357, 358-366. Cfr *Ann. Univ. Louvain, 1949-1950*, Louvain, 1956, pp. xcvii-cxxviii.

[4] N. Balthasar, *Éloge funèbre de M. le chanoine Becker*, dans *Ann. Univ. Louvain, 1920-1926*, Louvain, 1926, pp. cclxx-cclxxxix.

[5] J. Coppens, *In Memoriam Mgr Lebon*, dans *Eph. Theol. Lov.*, 1957, t. XXXIII, pp. 672-675.

[6] A. De Meyer, *Mgr Pierre de Strycker, professeur émérite de la Faculté de Philosophie et Lettres* (17 mai 1880 – 7 juillet 1949), dans *Ann. Univ. Louvain*, t. LXXXVIII, pp. xxviii-l.

[7] J. Coppens, *L'abbé Joseph Boone, ancien économe du Collège du Pape* (19 déc. 1882 – 23 janv. 1952), t. LXXXIX, pp. clxxx-clxxxii.

[8] L. Picard, *Un pionnier : le chanoine Brohée*, dans *Chrétienté nouvelle*, n° 18, Bruxelles, 1950.

[9] G. Hoyois, *Aux origines de l'Action catholique. Monseigneur Picard*, Bruxelles, 1960.

[10] *Le chanoine Jean Vieujean*, dans *La Libre Belgique*, 1970, 23 avril 1970, p. 7.

sur le Docteur angélique qui souleva l'indignation, voire la colère des dominicains belges[11]. A les entendre parler, l'abbé liégeois avait ridiculisé aux yeux de la jeunesse le prestige du saint docteur et, méfait non moins grave, il avait insinué que les frères prêcheurs de Louvain ne transmettaient plus dans sa pureté originale l'enseignement de leur Maître par excellence. Alerté par le provincial, l'évêque de Liège, Mgr Rutten convoqua le «délinquant», le sermonna sévèrement, et lui laissa un choix bien difficile. «En l'occurrence, Monsieurr l'abbé, vous avez fait preuve d'orgueil et d'insolence ou d'inconscience et de légèreté». Notre condisciple opta pour la dernière hypothèse, et cette confession, toute d'humilité, calma l'ire de l'évêque. Toutefois elle n'empêcha pas qu'il dut renoncer à sa promotion dans les cadres de l'action catholique. Monseigneur le nomma professeur de poésie, puis de rhétorique, au Collège St-Barthélemy de Liège. En 1927, l'autorité épiscopale, convaincue de la vie sacerdotale exemplaire de son prêtre et édifiée par la façon dont il avait réagi à la sanction que la colère dominicaine lui avait valu, le nomma professeur d'histoire ecclésiastique au grand séminaire. Il garda cette nouvelle fonction de 1927 à 1936, marquant son passage dans la maison de la rue des Prémontrés par une série d'articles énumérés dans le tome VII de la *Bibliographie académique*[12].

En 1936, quand Mgr Picard fut appelé à promouvoir l'action des adultes, l'abbé Vieujean le remplaça auprès des jeunes. Il assuma le rôle d'aumônier général de la Jeunesse étudiante chrétienne (J.E.C.), de la Jeunesse indépendante chrétienne (J.I.C.) et de la Jeunesse universitaire chrétienne (J.U.C.). Il vint s'installer dans la centrale de ces mouvements que Mgr Picard avait établie à Louvain dans un immeuble plutôt baroque de la rue Vital de Coster, immeuble livré au cours de 1974 à la pioche des démolisseurs, immeuble qui abrita également durant quelque temps les activités et les ambitions de Léon Degrelle avant que *Rex vaincra* n'eût détrôné le Christ-roi.

On eût pu croire que notre condisciple avait trouvé définitivement sa voie. Mais à la surprise de mon collègue, Albert De Meyer[13], on le vit fréquenter de plus en plus la bibliothèque universitaire, se plonger dans les livres et les revues, comme si la nostalgie du professorat l'éloignait peu à peu de l'apostolat direct auprès des jeunes. De fait, en 1943 il demanda à être déchargé de l'aumônerie des mouvements de jeunesse. Quand, à la demande de Mgr van Waeyenbergh, les chanoines Cerfaux et Dondeyne improvisèrent en 1942 un Institut des Sciences Religieuses, l'autorité académique fit appel à l'ancien professeur du séminaire de Liège pour l'enseignement de l'histoire de l'Église, lui conférant le titre de «maître de conférence». Puis en 1946, quand l'Université ouvrit son

[11] Le défunt ne mentionna pas l'article dans sa bibliographie.

[12] Louvain, 1954, pp. 383-386.

[13] Cfr J. Coppens, *La carrière et l'œuvre scientifique du professeur Albert De Meyer. Professor Albert De Meyer. Een karakterbeeld*, ap. *Miscellanea Historica in honorem Alberti De Meyer*, Louvain, 1946, t. I, pp. 1-29, 31-42. — *In Memoriam Kanunnik Professor A. De Meyer*, ap. *De Nieuwe Gids*, vrijdag 14 november 1952, 1-2. — *In Memoriam Professor kanunnik Albert De Meyer (1887-1952)*, ap. *Jaarboek Kon. Vl. Academie Wet., Lett. en Sch. Kunsten van België*, Brussel, 1952, pp. 249-267, 122-125.

institut de journalisme, de nouveaux cours lui furent attribués. En 1950, il fut définitivement associé à l'Alma Mater avec le titre de professeur. Désormais l'enseignement universitaire devint sa tâche principale. Il n'en continua pas moins d'assumer des fonctions marginales, celle de professeur à l'École d'infirmières Ste-Élisabeth, celle d'aumônier d'*Auxilia*, c'est-à-dire des équipes sociales de malades (depuis 1935 date de sa fondation), celle d'aumônier des femmes écrivains catholiques de Belgique[14].

La bibliographie de l'auteur, reproduite hélas! de façon incomplète dans la *Bibliographie académique* de Louvain[15], reflète la carrière du défunt, ses activités nombreuses et variées, sa grande facilité à manier d'une manière élégante la plume sur des sujets qui vont de la théologie et de l'histoire à l'action catholique, à l'éducation des jeunes, au journalisme. On y découvre même au n° 202 la mention d'un roman: *Si le grain meurt...* Roman par Jean le Presbytre. Bruxelles, Éditions de l'Amitié étudiante, 61, rue Joseph II, 1955. In-8°, 270 p.

Nombreux sont les périodiques ou les collections auxquels il collabora: *Les Cahiers de la jeunesse catholique*, la *Vie Liturgique*, la *Revue Ecclésiastique de Liège*, *Idéal et action*, *La Pensée catholique* (Liège), *Orientations*, *La Cité chrétienne* (Bruxelles), *Le vrai visage de la liturgie*, *Apologétique* (Paris), *Grands Lacs*, *Présence de l'Église* (Liège), *Vivre* (Bruxelles), *L'enseignement secondaire au Canada*, la *Revue Nouvelle*, *Vie et spiritualité* (Tournai), *Bâtir* (Tournai), *L'Escholier de Louvain*, *La femme, la vie et le monde*, *Le message franciscain*, *Jeunesse et vie*, *L'armée et la nation*, *Petite revue de l'enfant Jésus*, la *Gazette de Liège*, *Droit et liberté*, *Psychologie et pastorale* (Louvain), *Notre Cordée*, *Revue Saint Boniface*, *Orientamenti pedagogici*, *Criterio*, *Évangéliser*, *Comment ils sont devenus prêtres* (Montréal), *Opus Christi*, *Appels* (Liège), *La Nouvelle Revue pédagogique*, *Bulletin Mensuel Union Ingénieurs de Louvain*, *Hospitalia*, *Santé mentale*, *Saint Luc médical*.

Une si nombreuse et multiple collaboration ne permit pas à Jean Vieujean de mettre sur le chantier de grandes œuvres de recherche spécialisée. Elle ne l'empêcha pas de produire divers ouvrages de spiritualité et de haute vulgarisation théologique dont quelques-uns connurent un franc succès. Citons *Nos grands garçons* (1937), *La Personne de Jésus*, 4ᵉ éd. (1943), *Vivre selon l'esprit*, 2ᵉ éd. (1944), *Et toi quelle âme as-tu?*, 2ᵉ éd. (1946), *Méditations jécistes*, 6ᵉ éd. (1946), *Toi qui deviens homme*, 3ᵉ éd. (1946), *Religion et personne* (1946), *Paradoxes de la vie chrétienne* (1947), *La religion reine des activités humaines* (1949), *L'essence du christianisme et de l'esprit chrétien* (1949), *Les défigurations de la religion chrétienne* (1949), *L'autre toi-même* (1952), *La religion vivante* (1952), *A la croisée des chemins*, 3ᵉ éd. (1953), *L'acte de foi et son mystère* (1956), *Jeunesse aux millions de visages* (1961), *Amour souffrance et providence* (1963).

Signalons enfin que de 1939 à 1946 il dirigea chez Casterman la collection *Vie et spiritualité*, qu'en 1947 il lança la série *Religion et Vie* et qu'au lendemain de la deuxième guerre mondiale, pour prendre la relève de la très apostolique

[14] *La Libre Belgique*, *loc. cit.*, p. 7.

[15] T. VII: 1934-1954, Louvain, 1954, pp. 383-386; — t. VIII: 1954-1955, pp. 28-29; — t. IX: 1956, p. 21; — t. X: 1957-1963, pp. 72-73; — t. XII: 1963-1968, pp. 88-89. Au total, la bibliographie signale 246 numéros mais elle s'arrête à l'année 1965. L'abbé Vieujean obtint l'éméritat en 1967.

Cité chrétienne, il contribua à fonder et à diriger *La Revue Nouvelle*. Au cours de ses dernières années, il nous paraît s'être distancé de ce périodique dont les tendances progressistes n'ont sans doute plus receuilli son adhésion et dont certains collaborateurs, renonçant à des engagements sacrés, se situaient aux antipodes de toute sa vie d'apôtre consacré au Christ et à son Église.

Regrettons qu'il n'ait pas lui-même rassemblé ses souvenirs et qu'il ne nous ait pas livré les matériaux d'une biographie. On pourra toutefois, ce nous semble, surprendre quelques-uns de ses sentiments ou convictions les plus intimes dans sa contribution au portrait d'un ami, Mgr Jacques Leclercq, et dans une biographie : *L'abbé Henri Delsante. Prêtre de Jésus* qu'il publia en 1965 deux ans avant son admission à l'éméritat.

Durant son professorat louvaniste, le chanoine Vieujean s'était fixé dans la ville universitaire, résidant en dernier lieu au n° 93 de la rue Marie-Thérèse. Préconisant dans ses écrits pour le prêtre désireux de suivre Jésus l'esprit de pauvreté, il ne se déplaçait pas en auto mais circulait, non sans courir quelque danger, en vélomoteur pour se rendre aux divers auditoires où il donnait ses cours. Il nous paraissait avoir conservé une santé florissante. Sa physionomie, son langage, et ce que nous sommes tentés d'appeler quelques tics bien particuliers, n'avaient guère changé depuis les années 1920-1923 où nous le fréquentions aux cours de théologie et où nous écoutions ensemble, à la salle de Spoelberch, les leçons de théologie dont l'évocation malicieuse de S. Thomas dans l'article déjà cité lui avait valu la levée de boucliers des Pères dominicains. Quand en 1967 il obtint l'éméritat, il estima que plus rien ne le retenait dans une ville universitaire où la présence des wallons parut de moins en moins appréciée. Il accepta de grand cœur l'offre que Mgr van Zuylen lui présenta, à savoir la direction de la Maison de la charité, home pour vieux prêtres, à Dalhem (Visé). Il fut heureux d'y vivre durant trois années dans la compagnie de prêtres, et il ne manqua aucune occasion de leur communiquer les bienfaits de son intelligence et de son grand cœur. Son décès fut ressenti avec douleur par de nombreux prêtres et fidèles qui avaient reconnu en lui un représentant de ce sacerdoce exemplaire qui, sous les épiscopats des cardinaux Mercier et van Roey et, à Liège, sous ceux de Nosseigneurs Rutten et Kerkhofs, contribua à assurer à l'Église en Belgique une des plus belles périodes de son développement et de sa vitalité religieuse.

J. Coppens.

HENRI NULENS

1895-1970

Henri Nulens, I.C.B., nat. Grote Spouwen, 18 iun. 1895, canonicus titularis leodiensis, obiit Hasselt, 2 maii 1970.

Cfr *ETL*, 1971, t. XLVII, p. 578.

J.G. STOKMAN

1903-1970

J.G. (Siegfried) Stokman, O.F.M., nat. Sloten, 20 mart. 1903, Iuris Canonici magister, professor in Scholasticatu Venraai 1933-1937, deputatus ad Staten Generaal 1946, obiit Vleuten, 10 maii 1970.

Cfr *ETL*, 1971, t. XLVII, p. 311.

Le 11 mai 1970, le journal néerlandais *De Tijd* consacra au R.P. Stokman, O.F.M., un des étudiants en droit canonique promus sous la direction de Mgr Van Hove, la notice suivante.

«Zondagmiddag is op 67-jarige leeftijd mag. dr. J.G. Stokman in zijn woonplaats Vleuten na een langdurige ziekte overleden.

Jacobus Gerardus Stokman werd 20 maart 1903 in Sloten geboren en studeerde na zijn gymnasiumtijd filosofie en theologie aan het theologicum in Wijchen. Hij werd opgenomen in de orde van de Franciscanen en nam de naam aan van pater Siegfried.

Van 1933 tot 1937 was pater Stokman hoogleraar in de rechts- en maatschappijleer aan het studiehuis van de Franciscanen in Venraij. Hierna werd hij benoemd tot directeur van het (r.-k.) werkliedenverbond. Tevens had hij zitting in het college van vertrouwensmannen van de Nederlandse regering en de nationale adviescommissie.

In 1946 was hij voorzitter van de Nederlandse delegatie bij de 31e internationale arbeidsconferentie in San Francisco. In datzelfde jaar werd pater Stokman tot lid van de Tweede Kamer gekozen. Hij is ook curator geweest van de rijksuniversiteit in Groningen.

Pater Stokman, die ook enkele jaren zitting had in het KVP-partijbestuur, heeft een belangrijke rol gespeeld bij de heroprichting van die partij na de tweede wereldoorlog.

Van zijn hand verschenen talrijke werken, waaronder *Het verzet van de Nederlandse bisschoppen tegen nationaal-socialisme en Duitse tirannie* en *De katholieke arbeidersbeweging in oorlogstijd.* Hij was tevens redacteur van het *Katholieke Staatkundige Maandschrift.*

Pater Stokman was ridder in de orde van de Nederlandse Leeuw en ontving in 1966 het commandeurskruis in de orde van Oranje-Nassau». —

RICHARD JAMES CUSHING

1895-1970

Natus Boston, 24 aug. 1895, sacerdotio auctus 26 maii 1921, consecr. 29 iunii 1939, episcopus Boston 25 sept. 1944, cardinalis 15 dec. 1958, obiit Boston 5 dec. 1970.

Sur les instances d'anciens de Louvain qui n'hésitèrent pas de qualifier de positives les nombreuses œuvres dont le cardinal Cushing avait pris l'initiative, l'Université de Louvain décida en 1963 de lui conférer le doctorat honoris causa. — Cfr *ETL*, 1971, t. XLVII, p. 290.

LOUIS DE ROOVER

1889-1971

Natus in Meerle, 2 febr. 1889, sacerdotio auctus 20 sept. 1913, S.T.B., professor in collegio S. Johannis Berchmans in Diest 10 ian. 1919, professor religionis in Schola normali pro puellis et simul director Sororum Providentiae a Champion in Diest, 20 febr. 1940, obiit in Turnhout 24 ian. 1971.

HONORÉ VAN WAEYENBERGH

1891-1971

Honoratus van Waeyenbergh, nat. Bruxellis, 28 nov. 1891, vice-rector 1936-1940, rector universitatis lovaniensis 1940-1962, rector magnificus 1962-1964, obiit Korbeek-Lo, 19 iul. 1971.

Cfr *ETL*, 1971, t. XLVII, pp. 553-560 : J. Coppens - A. Descamps, *Son Excellence Mgr van Waeyenbergh. In Memoriam.*

Bien qu'il apparût de plus en plus, surtout à ceux qui le fréquentèrent régulièrement, que l'état de santé de l'ancien recteur magnifique de Louvain déclinait rapidement, son décès survint, à tout considérer, presque à l'improviste et dans des circonstances qui ne lui permirent guère de prendre en pleine conscience beaucoup de dispositions. C'est ainsi qu'il ne songea plus à légaliser le projet de testament qu'il avait composé mais négligé de rédiger conformément aux conditions requises par la loi.

La mémoire du défunt fut évoquée par Mgr Descamps dans l'éloge funèbre qu'il prononça à Louvain dans la collégiale Saint-Pierre devant une foule nombreuse de personnalités et d'amis venus rendre un dernier hommage au grand disparu.

Nous-même ont consacré à celui que nous avons servi durant vingt-six ans, d'abord quand il était vice-recteur (1936-1940), puis quand il fut devenu recteur magnifique (1940-1962), deux In Memoriam que les professeurs Aubert et Van Werveke ont bien voulu appeler une « vraie page d'histoire ». Nos lecteurs voudront bien s'y rapporter ainsi qu'à pas mal de notices énumérées dans la *Bibliographie académique*, où ils trouveront d'ailleurs la liste des publications du défunt.

Ici-même nous reproduisons *ne pereat* la notice que nous avons publiée dans le *Spectator* du 31 juillet - 1er août, p. 2, à l'occasion du décès du vénéré recteur, ensuite, dans la dernière partie de ce volume, un discours qu'il prononça le 30 juillet 1939 pour évoquer la mémoire de J.-B. van Helmont, enfin son allocution du 6 juillet 1958 lors de la Journée flamande organisée à Bruxelles dans le cadre de l'Exposition universelle. Surtout le dernier document me paraît important. Il jette une lumière toute éclairante sur les sentiments profondément flamands de ce bruxellois parfaitement bilingue et constitue un excellent specimen du genre d'éloquence qu'il aima pratiquer, s'étant mis à l'école d'un genre littéraire volontiers cultivé dans des milieux qui lui furent chers [1].

* * *

Op maandag 19 juli laatstleden ontsliep zachtjes in de Heer te Korbeek-Lo ten Huize Emmaüs, een rustoord voor priesters, Monseigneur Honoré van Waeyenbergh, achste en voorlaatste rector magnificus van de nog niet gesplitste Leuvense Alma Mater. Na zijn reis naar Kinshasa (december 1970), waar hij de bisschopswijding van Mgr. Tchibangu bijwoonde, kwam hij afgemat, ziek, afgetakeld, naar huis. Sindsdien slaagde zijn levenslustig hart er niet meer in aan zijn gestel de vroegere veer- en werkkracht terug te schenken. Dat begin 1970 de geneesheren hem het sturen van zijn wagen ontnamen, de ruime Buyck die zovele lifters heeft opgepikt, viel hem biezonder zwaar. Hem werd aldus het steeds dienstwillige voertuig ontzegd waarmee hij tientallen jaren over heel het land, en ook daarbuiten, zich pijlsnel en veilig heeft verplaatst en een ubiquiteit heeft gerealiseerd die hem toeliet een drang om overal zijn diensten en zijn opwekkende presentie aan te bieden, ten volle te voldoen.

Op 10 februari 1940 werd de universiteitsstad opgeschrikt door het plotseling overlijden van Monseigneur Ladeuze, de zevende rector magnificus van de Leuvense Alma Mater. Voor wie kardinaal van Roey van nabij kende, voor wie vernomen had hoe hij de gewezen directeur van Lier en Antwerpen onverholen als één van de meest wijze, vrome, actieve priesters van zijn bisdom loofde, leed het geen twijfel of de Mechelse kerkvoogd zou vice-rector Van Waeyenbergh als kandidaat voor het rectoraat aan zijn collega's voordragen. De wijze waarop de onderrector Ladeuze's uitvaart prinselijk organiseerde en het talent waarmee hij gevoelsvol in de Sint-Pieterskerk de lijkrede hield, droegen er ongetwijfeld toe bij om voor de kandidaat die aan de kardinaal zo dierbaar was, ook de overige leden van de episcopale raad te winnen, ook hen die wellicht reeds een andere kandidaat op het oog hadden.

Dat Monseigneur bij het aanvaarden van zijn nieuw ambt, zinspelend op zijn naam, zich als een *oneratus* — een zwaar belaste, — bestempelde, was voor elkeen vanzelfsprekend. Er was moed nodig om de last van het rectoraat op te nemen aangezien een nieuwe aanval van de Duitse legers het land en de bevolking met verwoesting en ellende dreigde te overspoelen. «L'homme de

[1] Quelques lettres du recteur ont été déposées au Musée des Lettres flamandes à Anvers. Elles donnent l'avis du recteur touchant la non-opportunité de continuer à Anvers les activités de la *Katholieke Vlaamsche Hogeschooluitbreiding*. L'homme de lettres De Wachter de Puurs posséda et publia quelques lettres autographes qui jettent une vive lumière sur la traumatisme dont le recteur souffrit au moment de sa mise à la retraite.

dévouement aux heures difficiles » (de man van heldhaftige toewijding in tragische omstandigheden), zoals Mgr Ladeuze hem in 1936 had afgeschilderd, bleek inderdaad gedurende de bittere meidagen van 1940 ten volle opgewassen om de oorlogsramp die voor de tweede maal het universitaire Leuven teisterde, het hoofd te bieden. Het bleef niet bij wenen over de verstrooiing van professoren en studenten, over het puin van een moeizaam heringerichte en thans totaal uitgebrande bibliotheek. Pal en onverschrokken zou de nieuw-benoemde rector kampen met de storm. Geen duimbreed zou hij afwijken van de rechten van zijn volk tot spijt van alle lokkende stemmen : « Ja, das weiss bei uns jedermann. Wo es um das Vaterland geht ist mit diesem Mann nicht zu reden ».

Monseigneur zag helder in dat men zijn houding niet slaafs naar de toestanden van 1914-1918 diende te kopiëren. Aangezien allerlei gegevens er op wezen dat de strijd lang kon duren, aarzelde hij niet tot het heropenen van de universiteit te besluiten.

Geholpen door een bevoegd en krachtig tweemanschap, Monseigneur Van Cauwenbergh en professor Jan Van der Heyden, doorkruiste hij het land om boeken en geld te verzamelen voor de heropbouw en herinrichting van de bibliotheek. Tevens spande hij zich in om opnieuw al zijn professoren te verzamelen en ze moedig te beschermen toen de bezettende overheid of collaboratiegezinde landgenoten sommigen meenden te moeten bestraffen. Geen moeite ontzag hij zich om de studenten te beschermen en zelfs om ze in de mate van het mogelijke ook materieel te helpen. Toen in 1943 de bezettende macht de hand wou leggen op zijn studenten, nam de rector de fiere, edelmoedige houding aan, die destijds kardinaal Mercier gekenmerkt had. Leuven leerde bidden in die tragische dagen. De rector zelf meende niet te mogen terugschrikken voor de plicht en de roeping die hij meermaals aan anderen had gepredikt : « Niemand geeft blijk van grotere liefde dan wie zijn leven prijsgeeft voor zijn vrienden ». Wie toezag op de gebeurtenissen vroeg zich af, of wellicht niet anderen vóór de rector dienden in de bres te springen. Hoe dan ook, Monseigneur aarzelde niet het kruis te dragen dat hem op de schouders werd gelegd. Hij werd aldus één van de edelste vertegenwoordigers van het groeiende verzet, een waardige tegenhanger van zijn leermeester kardinaal Mercier.

Magnificus.

Dat de Heer het offer van zijn lijdende dienaar indachtig bleef en het overvloedig beloonde, blijkt uit het gezegende rectoraat dat hij na de bevrijding mocht beleven en waardoor hij onder al de rectoren als de *magnificus* bij uitstek mag gelden.

Leuven bereikte een uitstraling die Ladeuze's glorieus rectoraat ver overtrof. De rector werd in binnen- en buitenland gehuldigd en met eredoctoraten overladen. Vertrouwd met de hang naar staatsie, die Brusselaars en nog meer Antwerpenaars eigen is, schonk hij aan de academische plechtigheden een luister die naburige universiteiten haast jaloers zou maken. Het was hem een buitengewoon genoegen op zijn beurt geleerden en staatslui uit binnen- en buitenland te vieren. De welsprekendheid borrelde op uit een poëtisch aangelegd, fantasierijk, fijngeaard, licht ontvlambaar gemoed. Wij beleefden onvergetelijke momenten toen bij voorbeeld Montgomery en Adenauer in de Aula tot eredoctors werden gepromoveerd. Zijn welsprekend woord schonk ons teksten die wij zelfs heden nog graag, en niet zonder Monseigneurs ontroering enigszins te delen, herlezen. Denken wij aan de toespraak die hij te Charleroi hield bij de uitvaart van zijn gewezen professor, priester-martelaar Harmignie. En laat ons ook de rede vermelden waarin hij afscheid nam van één van zijn medestudenten te Hoogstraten, één van zijn edelmoedige medewerkers, één van de edelste figuren van ons koloniaal bewind in Kongo, gouverneur Pierre Ryckmans.

Het is een onbegonnen werk alles op te sommen wat door Monseigneur als rector werd verwezenlijkt, en het is moeilijk te bepalen welke de hoogtepunten zijn van zijn glorievol rectoraat. Het weze ons toegelaten een keuze te doen, en ons te beperken tot drie grote realisaties: de volledige vervlaamsing van het Leuvens universitair onderwijs, de heropbouw en de herinrichting van de universiteitsbibliotheek, het stichten van de universiteit Lovanium in Zaïre's hoofdstad, Kinshasa.

Crux et Martyrium.

Monseigneur heeft zich nooit vóór mij uitgelaten over de omstandigheden waarin zijn opvolging werd geregeld. Hijzelf had in zijn laatste verslag de bisschoppen erop attent gemaakt dat hij zelfs met één jaar de ouderdom van het emeritaat dat voor de hoogleraren werd bepaald, had overschreden. Hijzelf blijkt meermaals te hebben gezegd dat hij als zeventigjarige best zou aftreden. Was het honderd percent gemeend? Was het geen uitlating om van de geïnterpelleerde iets als een protest tegen dat voornemen uit te lokken? Was hij niet zo innig met de universiteit vergroeid dat een vivisectie onmogelijk bleek? Had hij niet zo vele miljoenen gebedeld dat hem een eeuwige erkentelijkheid geboden bleef?

Zijn beste vrienden, als een Frans Van Cauwelaert, hadden destijds voor hem gedroomd van een promotie tot kardinaal en Mechelse kerkvoogd, maar Zijn Eminentie Kardinaal Van Roey had te lang gewacht om zijn ziel aan God te geven. Anderen hadden hem graag gezien als eerste bisschop van het heringerichte diocees Antwerpen waar hij zo vele vrienden en bekenden telde, maar hier bleken onder meer zijn hoge jaren in een tijd van *Place aux jeunes* een bezwaar te zijn.

Hoe goed bedoeld ook, de oplossing die in 1962 werd getroffen, schiep een onmogelijke situatie die de rector als een vernedering beschouwde en die hij niet slikken kon.

Hij meende op weinig passende wijze de bons te hebben gekregen. Hij leed aan wat ik zou noemen een Jonas-complex. Hij kon de indruk niet verzetten dat hij als de profeet over boord werd geworpen om een door woelige zee bijna lekgeslagen schip voor ondergang te redden. En waren enkelen niet op het punt hem te verwijten het dolle Ninive niet bijtijds te hebben bekeerd? Hoe dan ook, hoe kon men de gewezen leider van de universiteit te Leuven als *magnificus* achterlaten en hem tevens alle invloed op het universitair beleid en gebeuren ontzeggen?

Daar kwam later bij dat Monseigneur een evolutie diende te aanschouwen die zijn innigste en dierbaarste droombeelden verstoorde. Hij die steeds gedroomd had van verstandhouding tussen frans- en vlaamssprekenden, van de wederzijdse verrijking die twee autonome culturen elkaar konden schenken, stelde ontgoocheld en verbijsterd vast dat centrifugale tendensen de overmacht wonnen, dat menigmaal aan beide kanten verkeerd werd gemaneuvreerd, dat zelfs hoogstaande Vlamingen verklaringen aflegden waarover zij later dienden te blozen. Dat hijzelf niet verantwoordelijk was voor de toenemende ontreddering, dat hij zich niet het verwekken en het volgen van de nieuwe koers diende te verwijten, kon hem niet troosten. Had men een beroep gedaan, zo meende hij, op zijn lange ervaring, op zijn precieze kennis van mensen en toestanden, op zijn feeling voor nuances in het redigeren van delicate verklaringen, nooit zou de tekst het licht hebben gezien die in het Vlaamse land de furie van een tot dan toe ongekend anti-klerikalisme ontketende.

Gedurende zijn laatste levensjaar zou hij «de bittere kelk des lijdens» tot de droesem toe ledigen. Was er te Leuven niemand meer om een Salomonsoordeel uit te spreken toen het probleem van de universiteitsbibliotheek werd opgeworpen? Zijn kind, zijn lievelingskind, de derde universitaire bibliotheek die hij in de weeën van de Duitse bezetting het leven had geschonken, werd in stukken gesneden, alsof er geèn moederhart meer was om voor haar ongedeeld voortbestaan te pleiten. En dan kwam kort voor zijn laatste ziekte het nieuws uit Kongo dat er besloten werd de naam *Lovanium* te negeren en op te doeken.

Religio depopulata.

En toen bij stonden de tijd de Leuvense wonde hielp vergeten, kwam een ander onheil hem diep bedroeven. Hij leed onder de aftakeling van de Kerk over de gehele wereld. Hij liet niet af als een oudtestamentisch profeet zijn stem te verheffen, doch merkte op dat ze weinig weerklank vond bij hen die vóór alles op kortzichtige en verraderlijke populariteit waren belust. Hij treurde over een wilde zogenoemde liturgische hernieuwing; hij weeklaagde over babbel- en knabbelmissen; hij weende over het afbrokkelen van het authentieke kloosterleven, over de verregaande secularisatie van priesters die wars waren geworden van Christus' evangelische wekroepen. Hij zag kostbare stichtingen van wijlen kardinaal Van Roey wegbrokkelen en ineenstorten onder de onverschilligheid van jonge lui, die noch op wetenschap noch op heiligheid konden bogen. Hij was erover verontwaardigd dat delicate problemen van kerkelijke structuren op het forum van onbevoegden te grabbel werden geworpen, tot grote vreugde van hen die nooit hadden verwacht zo goed te worden geholpen in hun afbraak van het geloof en van de Kerk.

Hogepriesterlijke getuige.

Vandaar Monseigneurs onwrikbaar besluit: hij zou, wat het hem ook mocht kosten aan tijdelijk verlies van populariteit, de onwankelbare getuige blijven van de waarden die de grootheid van Christus' kerk en haar zegenvolle verspreiding hadden verzekerd. Daartoe, in een tijd die meer dan ooit waarde hecht aan symbolen, besloot hij zijn priesterkleed te blijven dragen, eveneens getrouw te blijven aan de mooie Latijnse teksten die hem toelieten tot in de letter te communiceren met zeventien eeuwen onafgebroken gelovige traditie, aan de heerlijke melodieën van de gregoriaanse zang die van Gods huis toch geen «oosterhuis» maakten. Dat het christen volk, het zogenoemde godsvolk, hiermee nog kon instemmen, bewees eens te meer de vrijwel algemene deelneming in de klassieke Latijnse gezangen die in de Schaarbeekse Suzannakerk tot uiting kwamen op zondag 28 december 1969, bij de plechtige herdenking van Monseigneurs priesterwijding, en op zaterdag 24 juli jl. bij de stille, sobere uitvaart waar allerlei wereldse pralerij achterwege bleef en slechts ingetogenheid en gebed aan bod kwamen.

Monseigneurs persoonlijkheid.

Monseigneurs rijke persoonlijkheid was als een waaier met ontelbare, variërende facetten. Er was de temperamentvolle voortrekker, de gloedvolle redenaar, de onvermoeibare bouwmeester, de prinselijke leider aan wie naar Thomas' woord het toekwam alles te ordenen en te beheersen, de trouwe, nooit versagende vriend, de lijdende godsknecht die in de gevangenis boette voor zijn volk, de barmhartige samaritaan die steeds bereid was olie op toegebrachte wonden te gieten, de goede herder, steeds er op uit zijn schapen naar *green pastures* te leiden. Maar daar was ook, vooral in de laatste jaren, de priester, de hogepriester, die ontelbaren in hun geloof heeft gesterkt, en die velen, als rector Duesberg, tot de Heer heeft teruggebracht, de hogepriester, die geen groter, geen inniger vreugde kende dan iedere dag in het heilig misoffer de Heer te ontmoeten en uit die ontmoeting kracht te putten voor nieuwe persoonlijke offers. Wie in priesterraden op zoek gaat naar een priesterbeeld en niet blindgeboren is, ontdekke hier een voorbeeld dat het beleven van het priesterschap en van het apostolaat ook heden kan helpen hernieuwen. Toen in de Suzannakerk het *Paradisum* weerklonk, pinkelde in menig aanwezige een traan. Er werd inderdaad een ingoed mens, een nobel karakter, een edelmoedige apostel, een vrome, heilige priester, bemind door God en de mensen, ten grave gedragen. Moge de katholieke gemeenschap in dit land de lessen van zijn leven niet vergeten. Graag citeren wij bij het afscheid van hem die wij zesendertig jaar hebben gediend, enkele verzen van één dichter die hij gaarne als leraar placht te lezen en enthousiast aan te halen :

Lifes of great men
all remind us
we can make our life sublime,
and departing leave behind us
footpaths on the sand of time.

God geve hem de rust en de vrede die hij op aarde zo weinig heeft gekend.

J. COPPENS.

RUSSELL McVINNEY

1898-1971

Thomas McVinney, nat. 25 nov. 1898 in Warren (R.I.), sacerdotio auctus 1924, episcopus Providence 1948, S.T. doctor h.c. 1957, obiit 10 aug. 1971.

Cfr *ETL*, 1972, t. XLVIII, pp. 248-250. — J. Coppens, *Address to His Excellency Mgr Russell McVinney at his Promotion to Doctor h.c. Sacrae Theologiae*, ap. *Annua Nuntia Lovaniensia*, 1958, t. XIV, pp. 49-52.

ROLAND DE VAUX

1903-1971

Roland de Vaux, O.P., doctor h.c. S.T. 1964, nat. Parisiis 1903, professor in Schola Biblica et Archaeologica gallica in Jerusalem, director huius scholae 1945-1965, obiit in Jerusalem 10 sept. 1971.

Cfr *ETL*, 1971, t. XLVII, pp. 602-603.

EDGARD-OMER-GHISLAIN BUCHET

1877-1971

Natus in Yves-Gomezée (Namur), 30 oct. 1877, sacerdotio auctus 30 dec. 1900, S.T.B., vice-parochus in ecclesia Sainte-Waudru (Mons), parochus in Ghlin, professor religionis in Schola media officiali (Mons), parochus-decanus Lessines, eleemosynarius Sororum ab Assumptione in Mons et posthac Carmeli in Mont-sur-Marchienne, canonicus ad honorem, demiss., obiit in Corbion-sur-Semois, 23 oct. 1971.

Évoquant brièvement la vie du défunt, A. Lehoucq signale dans *Église de Tournai*, décembre 1971, t. V, nº 7, p. 5, que le chanoine Buchet put exercer son ministère sacerdotal à une époque exempte de l'évolution d'aujourd'hui. La pastorale était «plutôt piétiste», orientée avant tout vers Dieu et concentrée autour de la messe, mémorial journalier de la passion du Sauveur pour le salut du monde et pain de vie non moins journalier pour la sanctification sacerdotale. Aujourd'hui où a surgi le désir mais aussi le danger de se pencher davantage vers le monde, la vie d'un prêtre, telle celle du chanoine Buchet, nous rappelle que le sacerdoce doit avant tout se ressourcer et s'approfondir par une union avec Jésus d'où dériveront une vie de prière, le don de soi, et le message inaltéré de l'évangile.

EUGÈNE TISSERANT

1872-1972

Cardinalis Eugenius Tisserant, nat. Nancy, 21 febr. 1872, cardinalis 1936, S.T. doctor h.c. 1937, obiit Romae 21 febr. 1972.

Cfr *ETL*, 1972, t. XLVIII, p. 650.

LOUIS JADIN

1903-1972

Louis Jadin, namurcensis, nat. 11 ian. 1903, professor universitatis catholicae 1961, obiit Herent, 30 mart. 1972.

Cfr *ETL*, 1972, t. XLVIII, p. 643.

GABRIEL-LUCIEN-DÉSIRÉ-GHISLAIN ROLLAND

1899-1972

Natus Petit-Enghien, 12 febr. 1899, auctus sacerdotio 23 apr. 1922, S.T.D. 1925, professor in Collegio Sancti Vincentii in Soignies, parochus in Bois-de-Lessines, parochus decanus in Templeuve, canonicus ad hon. cathedralis tornacensis, demiss, obiit Tornaci 20 apr. 1972.

L'abbé Rolland fut promu docteur en théologie après avoir composé et défendu un mémoire sur *L'apollinarisme*. In-4°, 89 p., élaboré sous la direction du chanoine Lebon.

A la même promotion appartinrent en théologie O. Sagaert et A. Van Hove, en droit canonique P. Gillet, R. Michel et É. Voosen.

ROBERT WILLEMS

1911-1972

Natus in Zelzate, 22 ian. 1911, sacerdotio auctus, 28 apr. 1935, professor in collegio S^{ae} Catharinae Gerardimontano 12 sept. 1935, superior collegii S^{i} Vincentii in Eeklo 28 iul. 1944, parochus-decanus aldenardensis 24 mart. 1958, obiit in Oudenaarde, 2 maii 1972.

Le 2 mai 1972 décéda à Oudenaarde l'abbé Robert Willems. Un mal implacable l'avait abattu. Quand au début de l'année nous le visitions à l'hôpital, il nous confiait qu'on expérimentait sur son pauvre corps, rongé par la maladie, un dernier et nouveau médicament. Il se sentait un tantinet mieux mais restait pleinement conscient de la gravité de son état. Il se résignait au dessein de la Providence et ne caressait guère d'illusions sur l'espoir de retrouver sa santé.

Robert Willems naquit à Selzate le 22 janvier 1911. Il appartenait à une famille où les vocations sacerdotales se sont succédées presque sans interruption. Excellent étudiant dans les humanités, il se sentit à son tour appelé à servir le Seigneur dans le clergé de son diocèse. Son évêque, Mgr Coppieters, l'envoya à Louvain pour y conquérir la candidature en philologie classique et se procurer l'initiation philosophique requise pour aborder au séminaire de Gand l'étude de la théologie. Au terme de trois ans, il retourna à Louvain pour s'y spécialiser dans les études théologiques. Ordonné prêtre le 28 avril 1935, il fut dans la ville universitaire le compagnon et l'émule de Robert De Langhe, mais, à l'encontre de celui-ci, il ne se sentit pas une vocation de chercheur scientifique. Dès lors, au lendemain de son baccalauréat, il exprima le désir d'être affecté sans autre retard au service du diocèse. Il devint successivement professeur au collège de Grammont (12 septembre 1935), supérieur du collège d'Eeklo (28 juillet 1944), curé-doyen d'Oudenaarde (24 mars 1958). Dans cette ville, il succéda à l'abbé Joseph Stockman dans la cure de Ste-Walburge. Il accéda à cette charge au moment où la paroisse venait d'être largement démembrée par son prédécesseur qui avait cru devoir créer une paroisse nouvelle, celle de St-Joseph, ramenant ainsi les ouailles à un troupeau plutôt réduit, à quelque trois mille âmes. Rien d'étonnant que son évêque lui confia aussi le poste d'aumônier des Femmes chrétiennes des Classes moyennes et la direction de la communauté religieuse dite du « Béguinage ». Durant l'exercice de son ministère, des travaux routiers amenèrent le dégagement de sa splendide église et la démolition de son presbytère. La ville se chargea de lui construire un nouveau domicile bien plus confortable et mieux équipé.

Nulle part le défunt n'attira l'attention par des initiatives nouvelles ou spectaculaires. A Oudenaarde où il occupa quatorze ans le poste de doyen, il s'efforça d'organiser avec sagesse et prudence l'aggiornamento pastoral et liturgique préconisé par Vatican II, veillant à ce qu'il ne dégénérât pas en un sauvage iconoclasme ou en une farandole paraliturgique.

Robert Willems possédait un tempérament joyeux mais, caractère sanguin, il s'emportait facilement. Des anciens du collège d'Eeklo se souviennent de certaines colères restées légendaires, réactions peu contrôlées à des incidents dont il n'avait pas mesuré les données et les proportions exactes. Mais les accès d'ire ne duraient guère et jamais il ne gardait rancune. Au contraire, il était prêt à reconnaître ses torts.

Ceux qui ont pu apprécier sa belle intelligence regrettent qu'il ait péché par excès de modestie et qu'il n'ait pas tenu au cours de sa carrière à suivre de plus près le mouvement théologique. En sa qualité de *parochi consultor*, poste de confiance dont son évêque l'avait honoré, il eût pu sans doute apporter une contribution plus efficace au développement des idées et des institutions auquel la période postconciliaire nous a fait assister, et cela bien rarement au profit spirituel des prêtres et des fidèles [1].

J. COPPENS.

GERARD PHILIPS

1899-1972

Gerardus Philips, nat. Sint-Truiden, 29 apr. 1899, professor in seminario leodiensi 1927-1944, in universitate catholica 1942-1969, obiit Kessel-Lo, 14 iul. 1972.

[1] Cfr *Oudenaardse Biografieën*, Oudenaarde, 1976, pp. 60-62.

Cfr J. COPPENS, *Monseigneur Gérard Philips. In Memoriam*, ap. *ETL*, 1972, t. XLVIII, pp. 321-332. — J.M. HEUSCHEN, *Homilie uitgesproken op de begrafenisplechtigheid van Mgr. Philips*, *ibid.*, pp. 333-337. — F. NEIRYNCK, *Lijkrede door Decaan Theol. Faculteit*, pp. 338-342. — *Id.*, *Gerard Philips*, ap. *Twintig eeuwen Vlaanderen*, t. XIV, pp. 399-402.

Le décès prématuré de Mgr Philips, succombant le 14 juillet 1972 à une troisième grave crise d'infarctus, alors qu'il venait de quitter la clinique universitaire de Pellenberg, affligea non seulement l'évêque, les prêtres et les fidèles du diocèse de Hasselt, mais la Belgique toute entière, et, au-delà de nos frontières, le monde catholique, en particulier les théologiens avec lesquels il avait collaboré à Vatican II. Pour un aperçu de la vie, de l'œuvre et de l'activité apostolique du défunt on se reportera aux articles parus dans la *Festschrift* qui lui fut offerte en 1970: *Ecclesia a Spiritu sancto edocta. Lumen Gentium, 53. Mélanges théologiques* (*Bibl. Eph. Theol. Lov.*, t. XXVII, Gembloux, 1970, pp. XI-XXXVII et 343-380), ainsi qu'aux notices parues dans les *Eph. Theol. Lov.*, 1972, t. XLVIII, pp. 321-342, au lendemain du décès du professeur.

Ici-même nous reproduisons l'esquisse biographique parue dans *Spectator*, 22 juillet 1972, n° 30, pp. 22-23.

Bij het begin van de vierde en laatste sessie van Vaticanum II (14 september - 8 december 1965) werd collega Philips bruusk door een hartinfarct op het conciliaire slagveld neergeveld. Op 25 oktober moest hij definitief het concilie verlaten. Op 7 november zei hij vaarwel aan Rome en werd hij per vliegtuig naar Leuven overgebracht. Van verre, als vanop een tweede Nebo, moest hij het verdere verloop en de geslaagde sluiting van het Concilie volgen zonder zelf te Rome het beloofde land in te gaan en aldaar de Jericho-muren van de laatste tegenstand te zien ineenstorten. Sindsdien streed hij onverpoosd verder voor de conciliaire hernieuwing, doch steeds het oog gericht op een eventuele overval van de dood die voortaan als een sluikse scherpschutter zich op zijn levensweg had opgesteld. Drie nieuwe aanvallen zou hij nog trotseren. Met een welbekende spreuk ontleend aan één van Luiks grootste bisschoppen herhaalde hij graag: «Heer, indien ik uw volk nog dienstbaar kan zijn, weiger ik mijn arbeid niet», *non recuso laborem*, doch, con sordino, gedempt voegde hij er aan toe: «Wij weten dat niemand onontbeerlijk is voor de Heer». De hevige crisis die onze collega op Pinksteren, 21 mei laatstleden, overviel, kondigde, naar het oordeel van velen, het nakende einde aan. Er werden door de Heer aan de zieke nog enkele weken van opbeurende rust te Pellenberg-bij-Leuven geschonken. Op zaterdag 8 juli kwam zelfs de terugreis naar Leuven, naar het huis van de Tiensevest, naar de ruime studiekamer en de hem vertrouwde, met boeken gevulde schappen, naar de schrijftafel waar inmiddels brieven, tijdschriften, nieuwe boeken zich hadden opgestapeld, naar de stemmige huiskapel waar hij iedere morgen in aanwezigheid van zijn zuster, zijn trouwe medewerkster, het heilig misoffer placht op te dragen.

Heeft de vreugde van de onverwachte blijde terugkeer of het perspectief van het vele werk dat was blijven liggen en spoedig diende te worden voltooid, de hartlijder al te zeer ontroerd, al te zeer bewogen? Hoe dan ook, op donderdagavond, 13 juli, meldde zich zijn hartkwaal opnieuw aan. In de vroege uren van vrijdag 14 juli overleed Monseigneur op 73-jarige leeftijd zachtjes in de Heer. De dode leek rustig ingeslapen, wachtend op een nieuwe dageraad om zijn taak van leraar en zijn voorbeeldig priesterleven te hervatten.

Monseigneurs rijke persoonlijkheid en zijn veelzijdige activiteit zijn moeilijk samen te vatten. Wij moeten ons beperken tot de hoofdtrekken van dit bewogen, dit rijke, dit door God gezegende leven. Achtereenvolgens willen wij de voorman van de katholieke actie ontmoeten, de theologieprofessor te Luik (1927-1944) en te Leuven (1942-1969), de «peritus» (1959) en adjunct-secretaris van de theologische commissie (2 december 1963 - 25 oktober 1965) op Vaticanum II, de senator die van 1953 tot 1968 de traditie van Mgr. Deploige, Pater Rutten en Mgr. Broeckx diende voort te zetten.

De leider van de katholieke actie.

Priester gewijd in 1922 ijverde Gerard Philips samen met Karel Dubois in West-Vlaanderen en Felix Vercruyssen in Oost-Vlaanderen voor een grondige hernieuwing van de katholieke studentenbeweging in het kader van de zogenaamde katholieke actie waartoe Pius XI de jeugd had opgeroepen. Dit leidde tot wat men heeft genoemd een ideologische ommekeer in de bisschoppelijke colleges, een ommekeer die zich in Limburg vooral tijdens de periode 1927-1933 doorzette. De kronijk van deze bewogen tijd kon Mgr. Philips, en hij alleen, schrijven. Dat hij daartoe de tijd niet heeft gevonden, laat een leemte na, die nooit meer zal worden gevuld. Van de drie leiders en bezielers uit het eerste uur bleef Monseigneur het langst aan het roer. In 1952 aanvaardde hij zelfs te worden gepromoveerd tot algemene proost van het *Jeugdverbond voor katholieke actie*, en hij behield deze functie bijna tot zijn dood. Vóór alles zorgde hij voor doctrinele leiding, voor religieuze bezieling, voor trouw aan de beginselen die Pius XI had geformuleerd, en dit niettegenstaande de beproeving die over hem en zijn medewerkers tijdens de bekende Rome-bedevaart was neergekomen.

De theologie-professor.

Monseigneur werd te Rome in de theologie opgeleid (1919-1925) tijdens een periode waarin de Gregoriaanse Universiteit geleidelijk overging tot het invoeren van nieuwe leermethodes. Hij was een van de weinigen die aldaar de titel van magister verwierf en die, naar Leuvens model, een proefschrift publiceerde: *La raison d'être du mal d'après saint Augustin*, Leuven, 1927. Na een kort verblijf te St.-Truiden als professor in de wijsbegeerte (1925-1927) volgde hij Monseigneur Kerkhofs op als professor in de dogmatica aan het Luikse Groot Seminarie. Zeventien jaar zou hij de toekomstige priesters, zo Walen als Vlamingen, van het toenmalige uitgestrekte bisdom Luik onderwijzen. Aan dit keurig verzorgde professoraat dat uitmuntte door vele publikaties, dankte Monseigneur de uitzonderlijk-uitgebreide kennis van de theologie die hem zo dienstig was toen hij de theologische spil werd van Vaticanum II. Geen probleem was hem vreemd gebleven; geen belangrijk boek of artikel was hem ontsnapt; geen theoloog van uitzonderlijk gezag was hem onbekend. Aldus was hij in staat de stromingen die zich op Vaticanum II aanmeldden, te beoordelen, te controleren, af te wegen, en rustig, stevig onderlegd, de baan vrij te maken voor wat hij heette, de gulden weg van een wel gefundeerde evenwichtige theologische positie. In 1942 kwam onverwachts de promotie naar Leuven. Dat de benoeming samenviel met de tijdelijke schorsing van een collega werd door sommigen uitgelegd als een tendens om in de Leuvense faculteit «l'œil de Rome» te introduceren. Niets is minder waar. Niets zou trouwens minder hebben gepast bij Philips' steeds eerlijke en onafhankelijke houding. De waarheid is dat Monseigneur die als de meest glanzende seminarieprofessor bekend stond, door Kardinaal van Roey werd uitgekozen om te Leuven de strikt theologische vakken te versterken. De kardinaal had voorzeker de hoogste waardering voor wat Leuven presteerde op positief, bijbels, patristisch, kerkelijk-historisch gebied. Doch in zijn ogen dreigde het succes van deze richting de faculteit te eenzijdig te oriënteren.

Philips vatte zijn onderwijs voor een ruim deel ook positief op, maar de basis ervan werd sterk uitgebreid. Zijn voorliefde ging niet naar de scholastiek, die, naar hij oordeelde, de bovennatuurlijke realiteiten te «dinglich» opvatte en door een moderne denkwijze te zeer in diskrediet was geraakt. Bij voorkeur ging hij te leer bij de kerkvaders, onder meer de Griekse, ja zelfs bij de latere theologen van de Griekse Kerk als een Palamos, die hij te Leuven aan het woord liet komen. Tevens was er bij hem steeds een pastorale interesse en nooit verloor hij uit het oog de weerslag op de spiritualiteit. Men kreeg zelfs de indruk dat de studie van de geestelijke, laten wij zeggen de mystieke schrijvers meer en meer zijn hobby zou geworden zijn. Dit hing trouwens samen met zijn vaste overtuiging aangaande de rol die aan het intuïtieve denken naast het rationele diende te worden toegekend.

Drie domeinen heeft onze collega bij voorkeur beoefend: vooreerst de *Ekklesiologie*, de leer over de Kerk, vooral in verband met de roeping van het laïkaat tot een volwassen christenzijn en tot een specifiek apostolaat, vervolgens de *Mariologie* met het oog op een uitzuivering van de mariale devotie en haar christologische verruiming, en tenslotte de *Genadeleer* met het uitgesproken verlangen om terug te keren tot een grondiger, vóór-scholastisch begrip waarin de rol van de Heilige Geest tot zijn volle recht zou komen. Op het stuk van de genadeleer was hij onlangs gestart met een reeks artikelen in de *Ephemerides Theologicae Lovanienses* die zijn uitgegroeid tot een lijvig boek en, — naar hijzelf getuigde, — zijn beste, meest technisch uitgewerkte boek.

De concilie-theoloog.

De geschiedenis van het theologisch denken zal onze betreurde collega vooral ingaan als de adjunct-secretaris van de theologische commissie op Vaticanum II, feitelijk de werkelijke secretaris, de spil van de commissie en de bewerker van twee belangrijke concilieteksten: *Lumen Gentium* en *Dei Verbum*.

Zijn aandeel in *Gaudium et Spes*, d.i. het conciliedocument dat handelt over de houding van de Kerk tegenover de Wereld was ook belangrijk, ja overwegend bij een eerste aanloop, toen hij het zogezegd Mechels doctrineel schema opstelde (september 1963). Later, slaagde hij erin de discussie over het thans genoemde Schema XIII te doen vlotten. Toen echter de laatste discussies en reacties aan bod kwamen, had de Leuvense hoogleraar de Eeuwige Stad verlaten. Trouwens de franssprekende delegaties stonden erop dat de definitieve tekst niet meer aan een Leuvense deskundige zou worden toevertrouwd maar thans aan een Franse theoloog, nl. Dr. Haubtmann, zou worden opgedragen. Philips stemde er in toe. Hij wou de indruk vermijden dat alles uit een Leuvense hoek kwam, en hij oordeelde dat de mare van een Leuvens imperialisme de kop moest worden ingedrukt.

Belangrijk was Philips' tussenkomst bij de geboorte van *Dei Verbum*, het document waarin over de Heilige Schrift en haar verhouding tot de Traditie werd gehandeld. Hier was hij de theoloog die voor gewiekste formules zocht, en ze ook vond, om uit de impasse van enkele knelpunten te geraken.

Philips' aanzienlijkste bijdrage tot het concilie moeten wij evenwel zoeken en ontdekken in de wording van het belangrijkste conciliestuk, nl. *Lumen Gentium*, het document waarin de Kerkvergadering over het wezen van de Kerk, haar roeping, haar essentiële opdrachten, over haar aggiornamento en haar nieuw uitzicht in het licht van een bijbelse herbronning en een oecumenische confrontatie, heeft nagedacht. Hier had Philips het leeuwenaandeel in de redactie.

Hierbij ontmoette hij theologen als Congar en Rahner met wie hij onverpoosd dialogeerde, om het beste van hun denken kritisch te assimileren en bruikbaar te maken. Hier was hij in de gelegenheid de collegialiteitstheologie te doen aanvaarden en ze zodanig te formuleren dat ze de goedkeuring bekwam van een overweldigende meerderheid. De geschiedenis van Philips' inspanningen werd door J. Grootaers verhaald in het Festschrift dat in 1970 aan de Leuvense hoogleraar op de vooravond van zijn emeritaat werd aangeboden.

De Limburgse senator.

Hoe onze collega erin slaagde naast al de reeds vermelde activiteiten nog het mandaat te aanvaarden van gecoöpteerd senator, grenst aan het ongelooflijke. Dat hij bovendien niet louter een zittend, luisterend of slapend senator was, maar in de bres sprong voor belangrijke vraagstukken, — dat hij op de koop toe van lieverlede de zielzorger werd van zijn katholieke collega's, hun raadgever en zelfs de predikant van voor hen ontworpen en op hen afgestemde retraites, genaakt bijna het wonderbare. Onder zijn tussenkomsten vergeten wij niet zijn bemoeiingen voor het vrije katholieke onderwijs, zijn belangstelling voor de emancipatie van onze vroegere kolonie, zijn interesse voor de universitaire uitbreiding en de culturele promotie van het Vlaamse volk. Dat de universiteit *Lovanium* en in het bijzonder haar faculteit der theologie tot stand kwamen, geschiedde niet zonder zijn actieve tussenkomst. Dat zijn dierbaar Limburg met een bisdom werd verrijkt en dat als eerste bisschop één van zijn naaste medewerkers in de Katholieke Actie, bovendien een bekwame exegeet en een gewaardeerde leider op Vaticanum II, werd benoemd, is niet te verklaren zonder de inspanningen, onbaatzuchtig gepresteerd, door de Limburgse senator.

Verontrust doch niet versagend.

Hoe zouden wij het beeld van de afgestorvene vertekenen indien wij verzwegen dat de postconciliaire tijd hem niet de vreugde en de vruchten schonk die hij had verhoopt en verwacht. Men leest de concilieteksten niet, zo zei hij ons, of men pikt er uit wat bij eerste lezing schijnt te kloppen met bepaalde stromingen die de Kerkvaders zoniet hebben veroordeeld, dan toch duidelijk hebben verworpen. Hem pijnigde de verwarring onder de priesters en de kloosterlingen. Hij leed diep onder de contestatie van het «celibaat om Godsrijk» en hij betreurde de lichtzinnige schrijftrant van nieuwsoortige schriftgeleerden. Hij was erover onthutst hoe zelfs pasgewijde priesters en religieuzen hun solemnele beloften verguisden, alsof ze die onwetend of onvolwassen hadden afgelegd. Hij begreep niet hoe velen zich afkeerden van de gevestigde Kerk om, onder het voorwendsel van vrijheid, op te gaan in sectaire doodgeboren «groupuscules». Hij kloeg erover dat het verheven en zo broodnodig-actuele priesterideaal van Edward Poppe — een ideaal dat de eucharistische cultus, de mariale vroomheid, een blijde vrije gehoorzaamheid aan de hiërarchie op hoog geestelijk peil, innig verbond — door de jongeren niet of weinig werd begrepen, niet werd nagevolgd of zelfs werd tegengesproken. Hij had harde woorden voor bepaalde personen die deuren en vensters hadden opengegooid voor allerlei onbezonnen nieuwigheden of zelfs voor dwaalleren. Doch eenmaal die bedenkingen vrijmoedig geformuleerd, zei hij beslist: *Nicht lamentieren, Kamarad*! «Volhouden» werd zijn parool. Volhouden in geloof en vooral in gebed! Volhouden ook zonder al te veel te lijden onder de verwijten van inauthenticiteit, superficialisme en zelfs van succesjagerij bij de geestelijke overheid, verwijten die foorkramers van een bepaald progressisme ons zouden toeslingeren. Volhouden ook in openheid voor een gefundeerde aanpassing en een rechtmatig pluralisme. Volhouden tenslotte in een rustig, kalm, degelijk, apostolisch gesprek met hen die in een gevaarlijk of verkeerd vaarwater blijken te verzeilen. In ons laatste onderhoud te Pellenberg met de dierbare afgestorvene, sprak hij ons over zijn correspondentie met de jezuïet Schoonenberg. Hij was verheugd dat deze laatste met hem een vredige pennestrijd wou aangaan. De dood heeft die dialoog afgebroken. Hopen wij, en laten wij ervoor bidden, dat de afgestorvene vanuit de transcendente, eeuwige en actieve wereld waarin hij rotsvast geloofde, zijn gesprekpartners niet zal vergeten. Moge hij voortgaan ons te inspireren en aan te moedigen in deze tijd waarin, zoals men het dierf te schrijven, zelfs peilers van de Kerk althans ogenschijnlijk soms aan het wankelen gaan.

J. COPPENS.

GEORGES KETTEL

1897-1972

Natus 1897 in Graide, C.I.C.M., sacerdotio auctus 18 dec. 1921, I.C.B. 1923, missionibus addictus in Zaïre anno 1926, episcopus ibidem, 4 iul. 1951, promotus ad Kabinda, c.a.q.s. 9 dec. 1968, obiit in Messancy 16 iulii 1972.

BASIEL DE PAUW
1892-1972

Natus in Waarschoot, 12 nov. 1892, fuit successive vicarius in Gijzegem et in Dendermonde, director operum socialium in Dendermonde, pastor decanus in Nevele, obiit in Nevele die 16 iul. 1972.

Le 16 juillet 1972 est décédé inopinément à Nevele où il avait résolu de passer son éméritat Monsieur l'abbé Basile De Pauw. Né à Waarschoot, le 12 novembre 1892, il fit au collège d'Eeklo de brillantes études à une époque où cette maison fut une pépinière de vocations sacerdotales et religieuses[1]. Nous fîmes sa connaissance en 1915 quand il accomplissait sa deuxième année d'études philosophiques au Petit Séminaire de St-Nicolas[2]. Ainsi qu'un de ses camarades de cours, l'abbé Godfried De Meulder, me le fit remarquer, Basile De Pauw constituait avec Eugène Heyrman[3] et Arthur Druez[4] un trio qui dominait son année et lui imprimait sà marque : celle d'une piété apostolique solide et d'une application exemplaire à l'étude. Aussi avait-il capté la bienveillance du directeur de la section de philosophie, l'abbé Joliet, qui avait discerné en lui un futur prêtre dont le clergé et les fidèles du diocèse auraient à se louer.

Au terme de sa troisième année d'études au grand séminaire de Gand, il fut envoyé à l'Université de Louvain en compagnie de son camarade E. Heyrman pour entreprendre des études de théologie. Il y rencontra les abbés L. Bellon[5], A. Collart, P. Deleval, R. Draguet, J. Longton, E. Nicolas[6], H. Nulens, V. Sempels[7], A. Van Lantschoot, G. Van der Elst[8], M. Piette[9], dont seul aujourd'hui R. Draguet reste en vie. Un état de santé chancelant et en particulier l'appréhension de voir ses yeux compromis par trop de lectures, le décidèrent, sur l'avis de ses médecins, à demander de ne pas devoir continuer ses études. Il quitta donc le Collège du St-Esprit en 1919, après y avoir vécu une année de vie studieuse et pieuse dans une atmosphère que feu Mgr Lebon aimait qualifier la meilleure de toutes celles qu'il avait connues durant sa présidence.

Le 24 septembre 1919, l'abbé De Pauw débuta dans le ministère paroissial comme vicaire à Gijsegem-lez-Termonde où il logeait à la cure. Gijsegem était à l'époque un village avant tout rural qui pouvait néanmoins se glorifier

[1] Le chanoine De Beer évoqua les fastes du Collège d'Eeklo.

[2] Sur la section de philosophie du petit séminaire de St-Nicolas-Waas lire J. COPPENS, dans *Monseigneur K.J. Calewaert. In Memoriam* (*Analecta Lovaniensia*, 17), Louvain, 1972.

[3] Sur l'abbé E. Heyrman cfr *ANL*, t. XVI, pp. 196 ss.

[4] Arthur Druez, né à Viane, le 14 mai 1893, curé émérite de Mont St-Amand (lez-Gand), décéda à Gand le 31 juillet 1961.

[5] *ANL*, t. XIV, p. 189.

[6] *ANL*, t. X, p. 179.

[7] *ANL*, t. VII, p. 165.

[8] *ANL*, t. VII, p. 98.

[9] *ANL*, t. VII, p. 139.

de posséder un pensionnat de haute classe dirigé par les Sœurs de St-Vincent de Paul. Le jeune vicaire y passa trois années heureuses où sa réputation d'élève intelligent et d'ancien de Louvain lui valut une grande autorité auprès du clergé local. Ses confrères faisaient volontiers appel à lui pour préparer les réponses aux conférences et aux concours qui, à cette époque, valaient aux prêtres un recyclage pas tellement inférieur à celui d'un certain bavardage censément progressiste inauguré au lendemain de Vatican II.

Le 14 février 1922 vint une promotion toute naturelle à un poste plus important, celui de vicaire à l'église décanale de Termonde. En 1922, la ville ne s'était pas encore relevée de ses ruines. La restauration tardait. Les familles les plus aisées avaient quitté la cité, la plupart des usines avaient fermé leurs portes et les citoyens revenus s'établir au milieu de la dévastation ne pouvaient guère se flatter d'avoir à la tête de leur commune des magistrats clairvoyants et entreprenants.

L'autorité spirituelle n'était pas davantage pleine d'initiative. Le doyen Van den Fonteyne ne s'était jamais remis des suites d'une fièvre typhoïde et son successeur, l'abbé Denys De Mulder, — ami de Mgr Coppieters, qui le promut chanoine, — fréquentait peu ses paroissiens et tenait à se cantonner dans l'exercice de ses fonctions et devoirs liturgiques[10]. Rien d'étonnant que le jeune et brillant vicaire fut très vite reconnu comme une personnalité de premier plan dont l'influence ne cessa de croître. C'est lui qui organisa les fêtes et l'exposition missionnaire en souvenir au Père De Smedt. C'est lui aussi qui devint le prédicateur de carême le plus apprécié et l'orateur sacré auquel on fit volontiers appel pour les sermons de circonstance.

Le 16 mai 1934 l'abbé De Pauw fut nommé directeur des œuvres sociales, une charge qu'il allait assumer durant douze ans. Bien que sous sa direction et son impulsion ces œuvres aient connu dans l'arrondissement de Termonde une belle efflorescence, il ne nous a pas paru avoir joui d'une affection spéciale auprès des dirigeants syndicaux. Il faut sans doute l'attribuer à sa forte personnalité qui n'hésitait pas à l'occasion de marquer son désaccord avec le futur cardinal Cardijn, ainsi qu'à son allure distinguée qui le rapprochait plus des classes bourgeoises.

Le 6 septembre 1946 il fut promu doyen de Nevele, poste qu'il occupa jusqu'à sa retraite le 10 septembre 1970. Cette promotion fut à coup sûr honorable, mais elle ne répondit pas entièrement aux talents de l'abbé De Pauw, au point qu'un jour je me permis de le faire remarquer au vicaire général de l'époque Mgr Calewaert. Sur le ministère du doyen de Nevele et son rayonnement dans les paroisses qui en relevaient : Aalter, Hansbeke, Landegem, Lotenhulle, Meigem, Poeke, Poesele, Vosselare (en 1967), je ne possède pas de renseignements directs.

Depuis son départ de Termonde en 1946, ville où je le contactais régulièrement, je n'eus plus de rapports suivis avec lui. Il se confinait très étroitement dans le territoire que la Providence et son évêque lui avaient réservé. En 1972, profitant de la présence d'un de mes neveux dans son doyenné, j'avais résolu de lui rendre visite. Le décès inopiné du doyen émérite m'empêcha de réaliser ce désir. Au lendemain de sa mort, nous avons appris qu'au cours d'une des

[10] Steenhuize, 10-4-1872, † Oudenaarde, 1-12-1958.

dernières semaines de sa vie, il avait tenu à inviter dîner chez lui les curés dont il avait été doyen de 1946 à 1970. Avait-il en ce moment le pressentiment de sa mort et tenait-il à les réunir en des agapes d'adieu? *Chi lo sa*? Pour ma part, je regrette vivement ne pas avoir revu un confrère dont nous avons suivi la carrière depuis le petit séminaire de St-Nicolas jusqu'à son départ de Termonde et dont nous n'avions cessé de reconnaître, voire d'admirer les nombreux talents qui, si la Providence lui avait dispensé une santé plus robuste, lui auraient valu dans le diocèse des ministères plus importants.

Le 19 août 1972. J. COPPENS.

AIMÉ LEGRAND
1884-1972

Natus in Ieper 1884, director spiritualis in seminario brugensi 1912, eleemosynarius militum durante primo bello mundiali 1914-1919, director spiritualis in seminario brugensi, director sororum 1937, obiit Brugis dec. 1972.

Dans le *Parochieblad Brugge* du 21 et du 28 décembre 1972, l'abbé Geldhof retraça la carrière du défunt. Nous reproduisons les deux articles qui jettent une vive et belle lumière sur la personnalité du chanoine Legrand.

« Brugge 2 december : feest van de gelukzalige Jan Ruusbroec, geestelijk schrijver en grootmeester van de Vlaamse mystiek. De klokken van St.-Salvators verkondigen rouw over een herfstelijk Brugge dat op deze zaterdag vol marktgangers loopt die slechts vluchtige aandacht opbrengen voor de lijkstoet die daar aantreedt in de Zilverstraat voorbij het St.-Lodewijkscollege in afbraak, voorbij het gloednieuwe paleis van de arbeid en voorbij het Middeleeuwse huis waar kanunnik Aimé Legrand jarenlang woonde, het huis nl. van Jan Vasquez met de gevelspreuk 'A bon compte avenir'. De zegen van de ouderdom (de aflijvige kanunnik telde 88 lentes!) brengt ook de smart der vereenzaming mee. Het Brugge waar hij zestig jaar verbleef, kende de goede kanunnik nog nauwelijks. De jeugd die de scholen der Zilverstraat bevolkte moet wellicht nog een vage herinnering hebben gehad aan de oude priester in toog die zich — hardnekkig bellend met de fietsbel — een weg poogde te banen door de stoeiende bende die op het middaguur het verkeer aldaar onveilig maakte.

Op die grauwe decemberdag van Aimé Legrands uitvaart moest ik er aan denken hoe hij in november 1918 in militair uniform naar Brugge van het IJzerfront terugkwam na vier harde jaren. In april 1912 was hij als afgestudeerd theologant op het Groot Seminarie Jerôme Mahieu als geestelijk directeur komen opvolgen. Het toeval had hem in 1914 in contact gebracht met het leger : toen nl. het soldatenlazareth uit het Groot Seminarie naar Duinkerke vertrok, vergezelde hij, als Benjamin der seminarieleraars, aalmoezenier Julien Vermaut om voor de zieken te zorgen. Hij had in verschijning noch in karakter de vereiste aanleg voor het martiaal bedrijf dat hij van 1914 tot 1918 van zo dichtbij zou meemaken. Hij was altijd de eerder tengere en zachtaardige jongeman geweest die, in het ouderlijk gezin (dat met zijn acht telgen ook kinderrijk en met zijn drie priesters ook roepingsrijk was) van de Kortrijkse statieoverste en aan het plaatselijk St.-Amandscollege, zijn leven met het boek en in vroomheid had doorgebracht. Steeds had hij eerste plaatsen bekleed in goed gedrag en in uitmuntendheid en in 1903 plaatste hij zijn naam op de palmares van het St.-Amandscollege waar de priesters Alfons Dassonville, Camiel Callewaert, Joris Busschaert en Paul Liebaert vóór hem de lauwerkrans hadden ontvangen en waar in 1904 Henri Lamiroy en later Achiel Verhamme zouden volgen. Theologische studies te Leuven na zijn priesterwijding (1908) brachten hem in contact met de intellectuele en geestelijke elite van het land, die hij — zo onverwacht — bijna voltallig aan het front zou terugvinden.

Professor Legrand vertrok in oktober 1914 vanuit Duinkerke samen met zijn zieken naar Southampton. Daar werden de gekwetsten verdeeld over de hospitalen van Netley, Corham, Weymouth, Oxford en Cardiff. Regelmatig ging aalmoezenier Legrand zijn zieken op deze plaatsen bezoeken.

Midden de honderden Belgische vluchtelingen trof hij in Engeland ook Brugse seminaristen aan zoals Jules Roose, Paul Sobry en Karel Dubois. Hij heeft ze in 1915 alle naar Auvours in Frankrijk gebracht, waar Z.E.H. Clemens Scherpereel het geestelijk vaderschap had waargenomen over de seminaristen die in het kamp van Auvours tot brancardier werden opgeleid. Vanaf april 1915 verscheen directeur Legrand regelmatig midden zijn seminaristen-brancardiers. Hij was de stem die herinnerde aan trouw aan de hogere roeping, aan edelmoedigheid, aan dagelijks regelmatig gebed en studie.

Vanaf 22 februari 1916 vestigde Aimé Legrand zich definitief in de Belgische sector van het IJzerfront als aalmoezenier van het 2 S.H. 5 D.H. Te Veurne, De Panne, Adinkerke, Wulpen, Alveringem en in tal van dorpjes uit het Veurne-ambacht trachtte hij een zolderkamertje te bemachtigen waar hij een spreekkamer of vergaderplaats kon inrichten. Hij organiseerde de zogeheten 'Brugse dagen' ten gerieve van zijn seminaristen. Het waren dagen van geestelijke bezinning, van vriendschappelijke ontmoeting en van steeds herhaalde opbeuring midden het harde frontleven. Ik heb meerdere dagboeken van gewezen priesters-brancardiers gelezen en overal duikt de naam Legrand op als de begrijpende maar ook kordate geestelijke leider. Wijlen Karel Dubois heeft namens zijn frontmakkers in 1919 de rol van directeur Legrand als volgt geschetst: 'Echter wou ik U vragen Monseigneur (op deze bijeenkomst was Mgr. Waffelaert aanwezig) mij toe te laten eerst nog te vernoemen hem die, heel de oorlog door, U bij ons heeft vertegenwoordigd. Ik vraag het U omdat ik voel dat deze terugblik op ons oorlogsbestaan diep-onvolledig zou blijven, zo ik niet eerst, in naam van alle oud-brancardiers, met een blijvende en diepgemeende dankbaarheid, hoog boven dat bange leven opstak de onvergetelijke figuur van de bezorgde vader en de dierbare bestuurder van ons oorlogsseminarie, E.H. Legrand. Waar wij terugdenken aan die geweldige oorlogsdagen en aan den doorslaanden invloed, die zij op ons inwendig leven hebben gehad, dan botsen wij steeds op zijn teder en tevens sterk ingrijpen in onze diepste zielebetrachtingen. In de ballingschap, te Auvours en vooral aan de IJzer, stond hij steeds midden onder ons en wijl hij met vaderlijke bezorgdheid voorzag in onze stoffelijke noodwendigheid, wijl hij ons zegenend en onder Gods hoede, naar de voorlijnen zond, wijl hij klaar voor ons openlegde onze meest ingewikkelde zielstoestanden, bleef hij vooral, midden het nauw rond hem geschaarde Brugse huisgezin, de priester en de leider, die, met zo'n aangrijpende goedheid, onophoudend en onveranderd, wijzen bleef naar Brugge en onze hoofden en harten gericht hield naar het Heilig Altaar. En juist daarom juichen wij ook hem vandaag, zo vreugdig en zo dankbaar, toe, omdat bij ons, door de oorlogsdoolhof heeft teruggebracht naar het Seminarie, en bij U, Monseigneur en omdat wij allen weten dat wij naast God aan hem te danken hebben, weer terug te staan op de heerlijke roepingsbaan die wij in 1914 verlaten moesten en die recht doorloopt naar de gedroomde vereniging met God in het H. Priesterschap'.

Als band tussen de Brugse seminaristen aan het front had E.H. Legrand, samen met enkele Brugse seminaristen een frontblaadje gesticht onder de titel 'Duynenblad'. In titel en inhoud hield dit blad duidelijk de herinnering levendig aan het Seminarie 'Den Duyne'. En, wat minder gekend is, hij heeft op bescheiden maar doelmatige wijze meegewerkt met de vlaamsgezinde actie van de studenten aan het front. Hij heeft het doodsprentje opgesteld van Firmin Deprez, zijn studiemakker uit de Leuvense tijd, en hij leidde de rouwplechtigheid van deze gesneuvelde te Oostvleteren. In dit verband moet ook de activiteit van Legrand gezien worden toen hij na de oorlog meedeed met 'De IJzerstichting' van wijlen pater Robrecht Mortier».

* * *

«Vandaag een paar bijzonderheden over Kanunnik Aimé Legrand als geestelijk schrijver en leidsman, want vanaf zijn benoeming tot geestelijk directeur aan het Brugs Groot Seminarie op 4 april 1912 tot aan zijn dood, d.i. ruim zestig jaar, heeft hij ononderbroken in de stille en verborgen tak der spiritualiteit gewerkt.

Ik weet niet in hoeverre Legrand te Leuven als theologant indruk heeft gemaakt. Hij behaalde op 14 juli 1909 het baccalaureaat en op 10 juli 1911 het licentiaat in de godgeleerdheid. Doctorale aspiraties heeft Legrand waarschijnlijk nooit gekoesterd. De titel van doctor in de godgeleerdheid werd hem in 1920 automatisch toegekend toen men de graad van Magister in de Godgeleerdheid invoerde en men alle licentiaten de waarde toekende van een doctoraat dit mede om de gelijkstelling met de Romeinse theologanten te verkrijgen die allen na vier jaar studie te Rome, als doctor naar België terugkeerden.

Blijkens de jaarboeken der universiteit schijnt Legrand te Leuven ook geen bijzonder actief deel te hebben genomen aan de werkzaamheden der talrijke studiekringen. Wel was hij lid van het *Historisch Seminarie* en van *Met Tijd en Vlijt* waar hij tweemaal optrad met een spreekbeurt: in 1910 over Gezelles, *De ring van het kerkelijk jaar* en in 1911 met een opgemerkte uiteenzetting over het Jansenisme in België tot 1654. Feitelijk was dit laatste onderwerp geput uit de voorbereidende opzoekingen voor zijn licentieverhandeling. Dat zijn licentiethesis goed was blijkt uit het feit dat de Jansenisme-specialist, pater L. Ceyssens, de gegevens van Legrand opnam in het werk dat in 1957 verscheen, nl. *Correspondance antijanséniste de Fabio Chigi*[1]. Pater Ceyssens is trouwens

[1] Legrand had van sept. 1911 tot Pasen 1912 te Rome geweest om deze briefwisseling te kopiëren. Het was dus méér dan zijn licentie verhandeling!

altijd een intiem vriend gebleven van de nederige Brugse kanunnik die verstandig genoeg was steeds een paar historici aan tafel mede uit te nodigen wanneer pater Ceyssens op bezoek kwam. En terloops: nooit heeft Legrand met zijn hoge relaties gestoeft. Zijn studievriend uit de Leuvense tijd, Mgr. Willem Lemmens, bracht het tot bisschop van Roermond (1932-1958) en weinigen wisten dat Legrand in zo'n intieme betrekkingen was met deze kerkvorst.

Hoe het ook zij, Mgr. Waffelaert die zo'n belang hechtte aan de theologische en ascetische vorming van zijn priesters (hij had tot dit doel in 1895 de *Collationes Brugenses* gesticht en hijzelf bleef op de gebieden van de moraal, de ascetica en de mystiek vruchtbaar publiceren) moet uitgezien hebben naar een element uit zijn clerus die het getrokken spoor van de theologia Brugensis eer zou aandoen.

Legrands voorgangers waren immers stuk voor stuk figuren geweest. Arthur De Schrevel had zijn naam weliswaar vooral aan de godsdienstige geschiedschrijving verbonden, maar van hem zijn toch ook enkele devotiewerken ten behoeve van de priesters bekend o.m. het *Florilegium* (1884 en 1892), een verzameling van gebedsteksten. Camiel Callewaert (directeur van 1894 tot 1903) presteerde vruchtbaar werk op het gebied der liturgie terwijl Legrands onmiddellijke voorganger Jerôme Mahieu (1903-1912) in de lijvige *Probatio Charitatis* (1e editie 1910, 2e editie 1914) aan de clerus een rijke summa van het geestelijk leven had bezorgd.

Feitelijk heeft directeur Legrand geen merkwaardige publikaties aan deze reeks toegevoegd. De reden daarvoor is mijns inziens vooral te zoeken in het feit dat de leermeesters van de clerus in de bischoppelijke curia zelf zetelden, nl. de bisschop, Mgr. Waffelaert en diens secretaris Mahieu, naar wie Legrand in geest van nederigheid en gehoorzaamheid ambitieloos opkeek. Sprekend is in dit verband zijn grote bewondering voor de stoere, komplexloze en vruchtbaar publicerende Poperingenaar Mahieu, die Legrand 'De leermeester van heiligheid' noemde (o.m. in een artikel verschenen in het tijdschrift *Heiliging*, 4e jg. 1955-56, nr 1-3). Legrand vond ongetwijfeld dat de talrijke publikaties van Mahieu zo goed zijn eigen inzichten vertolkten, dat hij het onnodig oordeelde — en zichzelf ook onbekwaam — varianten te publiceren op meesterlijk behandelde hoofdthema's van het geestelijk leven. Ook in de schaduw en onder de invloed van Mgr. Callewaert heeft hij gewerkt. Wij weten hoe deze waarlijk hoogstaande man diepgang heeft bewerkt en brede liturgische belangstelling in het leven heeft geroepen. Dat was wel niet het domein van Legrand (die de moraal, de ascetica en de welsprekendheid — een tijdlang ook de kerkmuziek — onderwees), maar hij was nederig genoeg om in te gaan op een wenk van zijn seminariepresident. In 1939 (dan was Legrand reeds een tijdje weg uit het Seminarie) heeft hij immers *Mijn vastenboekje* uitgegeven. In de inleiding verklapt de schrijver het volgende: 'de gedachte, dit boekje samen te stellen, werd ingegeven door Monseigneur Callewaert en daarbij maakten wij gebruik van zijn geschreven nota's...'. Dus geen persoonlijk werk. Trouwens in West-Vlaanderen had de geestelijke literatuur op het vastenthema sedert meer dan een eeuw stevige wortel geschoten. Verwijzen we terloops naar *Dagelijkse oefeningen ende godvruchtige bemerkingen door den geheelen vasten* te Ieper in 1752 met goedkeuring van Mgr. Willem Delvaulx verschenen en daarna ontelbare keren herdrukt o.m. in 1821 bij Walwein te Ieper, in 1838 bij

Stock te Diksmuide, in 1848 bij Du Floer-Vandenboogaerde te Poperinge en tot in onze 20^{e} eeuw toe, nl. in 1900 bij Callewaert-De Meulenaere te Ieper waar de titel *Vastenboeksken* voor 't eerst verschijnt, en nog in 1925 bij Sansen-Vanneste te Poperinge eveneens onder de titel *Vastenboeksken*, om dan nog te zwijgen over talloze andere Vasten- en Passieboekjes, zoals dat van de Jezuïet Victor De Buck die in 1875 bij Beyaert-Defoort te Brugge zijn *Passieboeksken* uitgaf. Nieuw in Legrands *Vastenboekje* was het opnemen van gegevens over de Romeinse Statiekerken en -heiligen en het aanknopen met de liturgie van de mis, maar daar hebben de historische en archeologische nota's van Callewaert hem zeker toe geïnspireerd.

Dit *Vastenboekje* beleefde, voor zover ik weet, tussen 1939 en 1951 vijf uitgaven, telkens verzorgd door het Liturgisch Volksapostolaat van de Steenbrugse St.-Pietersabdij waar deze publicaties, onder het initiatief van Dom Modest Van Assche in samenwerking met Mgr. Callewaert, op 't getouw werden gezet.

Aansluitend bij deze Vasten- en Passiedevotie dient het in 1943 gepubliceerde werkje vermeld : *Kruiswegmeditaties voor priesters.*

Tenslotte ook de heruitgave van het reeds genoemde *Florilegium* van De Schrevel die de edities van 1884 en 1892 had verzorgd. In 1933 paste Legrand deze Latijnse gebedenverzameling voor priesters aan op het onder de eerste wereldoorlog verschenen nieuw kerkelijk wetboek. Drie edities bracht hij op de markt nl. in 1933, in 1941 (met een supplement) en in 1951 (met Nieuw Supplement).

In de overdaad van onze huidige indigeste, als 'nieuw' en 'origineel' opgediste geestelijke lectuur, kan het bescheiden werk van Legrand onbeduidend voorkomen en hopeloos voorbijgestreefd, zoals ook zijn belangstelling voor het werk van de Eucharistische Kruistocht van priester Poppe waar hij zich, samen met Mgr. Mahieu, met hart en ziel voor inzette (zie zijn *De Eucharistische kruistocht der kinderen*, in 1922 als n^{r} 4-5 verschenen in de Brugse reeks *Geloofsverdediging*), maar we mogen niet vergeten dat hij als haast enige levensgids het zeer oude boek gebruikte nl. het Evangelie. Tweemaal heeft hij daarbij in zijn leven het failliet horen promulgeren over vroegere vaste waarden. Een eerste keer toen na de eerste wereldoorlog zijn geestelijk kind uit de IJzertijd, nl. Karel Dubois, op aansporing van Mgr. Lamiroy, verkondigde dat wij in Vlaanderen stonden 'op het keerpunt der wentelende tijden' en dat men derhalve de jeugd moest leren vechten voor de Kerk op de woelige fronten der grootmachten, pers, film en radio. Toen hij in 1937 directeur werd van de Zusters der Retraite in het Brugs Prinsenhof, dan had Legrand reeds Abraham gezien, geen leeftijd dus om nog van betekenis te zijn in de orchestratie van zoveel denderende actie. Trouwens de 'leermeester van de heiligheid', grootvicaris Mahieu, viel in die jaren in de bisschoppelijke curia ook zonder werk, 'radend' zoals hij als lid van de bisschoppelijke raad schertsend verwoordde, wat de bisschop had beslist en de Centrale te Roeselare zou uitvoeren.

Een tweede keer, recenter, toen de postconciliaire geest, in humanistische hoogmoed, verkondigde dat God dood was en de mensheid God was geworden. Veel heeft hij geleden om de teleurgang van de religieuze roepingen en de godsdienstige onverschilligheid. Meer nog heeft hij in die dagen van ouderdom en vereenzaming gebeden. Zonder grote woorden, in eenvoud, in zijn onverwoestbaar optimisme, in zijn franciscaanse argeloze nederigheid, bleef hij offeren op het altaar van de voor hem levende God die hij kende en dagelijks ontmoette in H. Schrift en gebed. Uit die stille en warme rijkdom deelde hij kwistig uit aan de ontelbaren die over zijn drempel kwamen om geestelijke opbeuring. Godsdompelaars en stoere proosten van sociale actie vonden de weg naar dit gotieke huis van wijlen Mgr. de Bethune. Het opschrift van dit huis uit het jaar 1477 luidt: *a bon compte avenir*; voorwaar een treffend uitsteekberd voor het huis waar zovelen hun biecht gingen spreken! Midden het gewoel van syndicale fietsers en verkiezingstoespraken was zijn huis een mystieke oase waar men weer leerde knielen en bidden in eenvoud des harten. In die nederige, biddende eenvoud is hij gestorven: goed, echt. Tot illustratie van al die nu zo deerlijk gedevalueerde geestelijke waarden — en tot slot — het briefje dat aalmoezenier Legrand in maart 1919 aan de oorlogsverminkte Karel Dubois schreef:

«Mijn beste Kareltje,

Het deed mij genoegen over weinige dagen uwen brief en dezen morgen 't bezoek van Mr. Patfoort te ontvangen waar ik vernam dat het doek dat zoo pijnlijk 't zicht op de toekomst afsneed, eindelijk doorscheurd is, dat O. L. Heer U uw been terugschenkt opdat gij het Hem zoudt kunnen weergeven en toewijden *et non tantum pedes sed et caput et totum cor et totam animam.* Was het niet noodig dat gij dit alles leedt om zoo de heerlijkheid van een heilig priesterschap in te treden? Kareltje, gij zult geheel de eeuwigheid O. L. Heer loven en danken om dien kogel die uw been en uw herte brak en bijna uw priesterlijke loopbaan, en velen zullen met U denzelfden lofzang zingen. Meent gij het niet? Wij bidden voort vurig voor U en verwachten U met october te Brugge.

'k Zegen U Kareltje *ex imo corde.*

Aimé Legrand».

FRANS LENS

1890-1974

Natus in Lier, 27 apr. 1890, sacerdotio auctus 21 sept. 1912, S.T.B., professor in Instituto B.M. Virginis in Cureghem 19 sept. 1913, vice-parochus in ecclesia B. Mariae Virginis in Cureghem, 18 mart. 1915, parochus in ecclesia S. Pauli in Stalle (Uccle), 27 aug. 1925, eleemosynarius Hospitii civilis in Zoutleeuw 20 febr. 1957, obiit in Sint-Truiden 18 febr. 1974.

ÉMILE-PIERRE-JOSEPH LECHAT

1903-1974

Natus in Morlanwelz, 11 iul. 1903, sacerdotio auctus 25 mart. 1926, I.C.L. 1928, vice-parochus in Gilly (Saint-Remy), in Mons (Saint-

Nicolas-en-Havré), capellanus et posthac parochus in Jumet (Try-Charly), professor in Schola media in Jumet, demiss., eleemosynarius in hospitio (clinique) Notre-Dame de la Consolation, in Braine-le-Comte, obiit in Braine-le-Comte, 18 apr. 1974.

L'abbé Lechat eut à Louvain le privilège de devenir sous-régent au Collège du Pape dont le chanoine Pierre de Strycker était à cette époque président alors que l'économat était assuré par M. l'abbé Joseph Boone: cfr J. COPPENS, *M. l'abbé Joseph-Antoine Boone, ancien économe du Collège du Pape* (19 déc. 1882 – 23 janv. 1952), dans *Annuaire Univ. Louvain 1951-1952*, t. LXXXIX, pp. CLXXX-CLXXXII. — A. DE MEYER, *Mgr Pierre de Strycker, professeur émérite de la Faculté de Philosophie et Lettres* (17 mai 1880 – 7 juillet 1949), dans *Ann. Univ. Louvain 1949-1950*, t. LXXXVIII, pp. XXXVIII-L.

PIERRE-ADOLPHE-MARIE-JOSEPH-ANTOINE-GHISLAIN GRÉGOIRE

1903-1974

Natus in Sombreffe, 31 ian. 1903, sacerdotio auctus 1 aug. 1926, vice-parochus in Mons, in ecclesia Sainte-Waudru, professor in Collegio S. Augustini in Enghien et in Instituto Sancti Iosephi in La Louvière, parochus in Athis, eleemosynarius Sororum Franciscanarum in Soignies, parochus in Ham-sur-Heure (Beignée) et Spiennes, demiss., obiit in Tournai, 27 iun. 1974.

Pierre Grégoire, bien doué comme la plupart des Grégoire, fut envoyé, comme son frère Franz, à la Faculté de théologie mais sa santé l'obligea à interrompre ses études.

ARTHUR-GABRIEL-LODEWIJK HODÜM

1902-1974

Natus Brugis 9 febr. 1902, sacerdotio auctus 18 dec. 1926, doct. philosophiae et litterarum lovaniensis 4 oct. 1928, professor in seminario brugensi 18 sept. 1928, parochus ecclesiae Sancti Jacobi in civitate brugensi 12 dec. 1945, decanus brugensis extra muros 5 nov. 1953, decanus brugensis intra muros 8 iun. 1957, praeses Commissionis dioecesanae pro liturgia fovenda 1953, obiit in civitate brugensi 4 sept. 1974.

Si nous évoquons le souvenir du chanoine Hodüm, c'est qu'il fut nommé professeur d'histoire ecclésiastique à l'Institut supérieur des Sciences religieuses, charge à laquelle il dut renoncer quand il fut nommé curé de St-Jacques à Bruges. Nous reproduisons les notices lui consacrées dans la *Tijdschrift voor liturgie*, 1974, t. LVIII, pp. 345-346 et dans *Handelingen van het Genootschap voor Geschiedenis. Société d'Émulation te Brugge*, 1974, t. CXI, pp. 259-267, par le chanoine B. Janssens de Bisthoven.

* * *

Een bescheiden, maar zeer onderlegde en wijze promotor van de liturgische vernieuwing, Arthur Gabriel Lodewijk Hodüm, is op 4 september 1974 in zijn geboortestad Brugge overleden. Hij was sedert 24 december 1942 ere-kanunnik van de Sint-Salvatorskathedraal, sedert 12 januari 1970 pastoor-deken emeritus van St.-Jacobs en van het dekanaat Brugge-Stad, en sedert 1972, met enkele andere prelaten en priesters, buitengewoon bedienaar van het h. Vormsel in de parochiekerken van het bisdom.

Ingetreden in het groot seminarie te Brugge, op 25 september 1922, was hij er leerling geweest van Camiel Callewaert (Monseigneur, sinds 6 augustus 1929), president van het Seminarie en professor in de liturgie. Wanneer deze het Seminarie verliet, wegens zijn benoeming tot aartspriester van de stad Brugge, op 5 juli 1934, volgde Arthur Hodüm hem op voor het onderricht in de liturgie. Intussen was A. Hodüm priester gewijd in de kathedraal te Brugge op kwatertemperzaterdag 18 december 1926, had hij in Leuven het doctoraat in de wijsbegeerte en letteren behaald op 4 oktober 1928, en was hij in het Seminarie benoemd op 18 september 1928 tot professor in de kerkgeschiedenis, opvoedkunde en methodenleer, bibliothecaris, archivaris (*Jaarboek van het Bisdom*, 1929, XCIV, 24). Hij behield deze vakken en functies wanneer hij, vanaf het schooljaar 1934-1935, professor was in de liturgie. Zijn liturgische bijdragen in de *Collationes Brugenses* en zijn cursussen waren duidelijk de voortzetting van het onderricht van zijn beroemde voorganger. Merkwaardig is o.a. zijn ontleding van het eucharistisch hooggebed I (*Analysis canonis missae romanae*, in *Collationes Brugenses*, 38 (1938) 196-203), alsook zijn bijdragen over het ontstaan van het feest van het H. Sakrament (*Ibid.*, 45 (1945) 127-133) en over de auteur van het officie voor dit feest (*Ibid.*, 293-295). In het Seminarie was hij een bezielende professor en wijze raadsman, bij wie een ieder welkom was die nood had aan richtlijnen of geestelijke vorming. Men trof hem steeds aan, lezend of schrijvend, in zijn studiekamer, als hij niet op ziekenbezoek was in het nabijgelegen militair hospitaal, waar hij aalmoezenier was. De zusters-verpleegsters van dit hospitaal vergezelde hij naar Frankrijk in mei 1940, met de ontredderde gezondheidsdienst van het Belgisch leger.

Kort na de wereldoorlog, op 12 december 1945, werd kan. Hodüm benoemd tot pastoor van St.-Jacobs. Gedurende 24 jaar heeft hij zijn herdersambt met grote toewijding vervuld. Op 5 november 1953 werd hij benoemd tot deken van Brugge *extra muros* en op 8 juni 1957 tot deken van Brugge-Stad.

Toen Mgr. E. J. De Smedt in 1953 overging tot de stichting van de diocesane commissie voor liturgische zielszorg, leidde hij op 10 maart 1953 prsoonlijk in het bisdom de eerste zitting en benoemde kanunnik Hodüm tot voorzitter. De wijze waarop de pastoor van St.-Jacobs de vergaderingen van deze commissie, telkens in het Begijnhof, heeft geleid bewijst dat de keuze uitstekend was. In mei 1956 werd kanunnik Hodüm aangeduid als mederedacteur van het *Tijdschrift voor liturgie*, en in juni aanvaardde hij het voorzitterschap van het liturgische congres, dat in november 1956 in de abdij van Tongerlo zou plaatsgrijpen. Gedurende negen jaar, van 1956 tot 1964, heeft hij dit voorzitterschap waargenomen; alleen het voorlaatste van deze reeks congressen, op 9-12 juni 1963 in Tongerlo, kon hij door een onvoorzien gebeuren niet persoonlijk leiden.

De openingstoespraak van de voorzitter, kanunnik A. Hodüm, op het eerste congres, over de *Actieve deelneming van de gelovigen in de H. Mis*, Tongerlo, 19-21 november 1956, is opgenomen in het *T.v.L.* 41 (1957), 10-12, alsook de tekst van zijn merkwaardige conferentie: *De h. Communie als bekroning van de actieve deelneming*, *ibid.*, 76-82. Het tweede congres werd opnieuw gehouden in Tongerlo, 7-9 oktober 1957, met als tema: *Het doopsel in liturgie en zielzorg*. Het derde congres, te Antwerpen, 21-24 juli 1958, behandelde het tema: *De liturgie en de hedendaagse mens*. Het vierde, te Tongerlo, over *De dienst van het woord in eucharistieviering, prediking en catechese*, 4-6 juli 1960, stond opnieuw onder het traditioneel presidium van de pastoor-deken van St.-Jacobs, zoals blijkt uit zijn inleidingswoord, gedeeltelijk opgenomen in *T.v.L.* 44 (1969), 42-43. Men vindt ook de tekst van zijn inleidingswoord op het volgende congres, gehouden in de Sint-Andries-abdij, Brugge, 4-6 juli 1960, over *Eucharistia, dankende lofprijzing*, *T.v.L.* 45 (1961), 36-38. Het negende congres was het laatste waarvan kanunnik Hodüm het voorzitterschap heeft waargenomen; het werd gehouden te Gent, 7-10 september 1964, en had als onderwerp: *Liturgie na het concilie*. Telkens kwam zijn bekommernis voor een historische en dogmatische grondslag van elke liturgische activiteit tot uiting en bewonderde men de serene en irenische houding, waarmee hij de vergaderingen wist te leiden.

Op 7 september 1974 werd de geconcelebreerde eucharistieviering en uitvaart van kan. Hodüm in de parochiekerk van St.-Jacobs voorgezeten door de aartspriester van het kapittel, Mgr. A. Vandenbunder, die in zijn homilie als volgt getuigde: «Wij hebben hem gekend, zowel gedurende vele jaren als professor op het seminarie, als hier in de parochie en in de stad, als een hoogstaand priester, een man Gods, geheel gewijd aan de eredienst, met een ijver voor de luister van het huis van God, met een hem eigen zorg voor een stijlvol beleven van de liturgische plechtigheden, in een bezield ritueel, waar houding en gebaar, woord en zang, stilte en bezinning, de aanwezigen als vanzelf uitnodigden tot inkeer en gebed... Hij sprak niet anders over geloof en vertrouwen, over liefde en geduld, over armoede en rechtvaardigheid, over onthechting en maagdelijkheid, over gehoorzaamheid en gezag, over lijden en offer, over dood en verrijzenis, als Christus zelf. Hij was steeds begaan, met evenveel begrip als durf, om deze evangelische waarden te vertalen en te vertolken in het dagelijks leven». — *Tijdschr. v. Lit.*, 1974, t. 58, pp. 345-346.

B. JANSSENS DE BISTHOVEN.

Personalia.

In de reeks *Bio-bibliografische aantekeningen over Westvlaamse historici* (*Honderd jaar geschiedenis in West-Vlaanderen, 1839-1939*, Brugge, 1950, blz. 83-104) is Arthur Hodüm niet vermeld. Deze leemte wordt hier aangevuld, bij gelegenheid van het overlijden van deze trouwe medewerker van ons «Genootschap voor Geschiedenis», als lid (24 januari 1930), penningmeester

(18 juli 1933) en ondervoorzitter (16 december 1969). Arthur Gabriël Lodewijk Hodüm is te Brugge geboren, op 9 februari 1902, als zoon van Gustave en Juliette De Jode. Gustave Hodüm was toen referendaris van de handelsrechtbank te Brugge en werd op 27 juni 1914 tot raadslid bij het Beroepshof van Gent benoemd. De verhuizing van raadsheer Hodüm naar Gent bracht mee, dat zijn zoon Arthur, die in 1914-1915 student was in de 5^e Latijnse aan het Sint-Lodewijkskollege, vanaf het volgend schooljaar, 1915-1916, bij de Jezuïeten in het Sint-Barbarakollege te Gent zijn humaniora voltooide. Zijn aanleg en belangstelling voor de geschiedenis was reeds te Brugge in de 5^e Latijnse gebleken, toen hij de 19 boekdelen van L. A. Thiers' *Histoire du Consulat et de l'Empire* in lezing had. Na de humaniora bleef hij nog te Gent aan de Rijksuniversiteit studeren. Daarna deed hij de filosofie in het Kleinseminarie te Roeselare en trad hij, op 25 september 1922, in het Grootseminarie te Brugge, waar president Camiel Callewaert professor was in de liturgie en Renier De Schepper in de kerkgeschiedenis.

Priester gewijd in de katedraal te Brugge op 18 december 1926, werd Arthur Hodüm naar Leuven gestuurd, waar hij op 4 oktober 1928 de doktorstitel in wijsbegeerte en letteren behaalde (Cfr Bibliografie van A. Hodüm, nl. 1, hieronder). Twee weken voordien, op 18 september 1928, had hij de benoeming ontvangen van professor in de kerkgeschiedenis aan het Brugse Seminarie, als opvolger van Albert Dondeyne, die sedert september van het vorige jaar deze leergang had overgenomen, omdat R. De Schepper tot pastoor van O.-L.-Vrouw te Brugge was benoemd. Toen Mgr. Callewaert het Seminarie verliet om reden van zijn aanstelling tot aartspriester op 5 juli 1934, werd Arthur Hodüm zijn opvolger als professor in de liturgie, en bleef zoals voorheen hoogleraar in de kerkgeschiedenis, opvoedkunde en metodenleer, bibliotekaris en archivaris. Daarenboven verzekerde hij, na het overlijden van aalmoezenier Jérôme Priem († 30 augustus 1932), dienst in het krijgsgasthuis van de Peterseliestraat. Op 24 december 1942 werd hij erekanunnik van de katedraal.

In 1945 volgde zijn benoeming tot lektor aan het Hoger Instituut voor Godsdienstwetenschappen te Leuven. Hij gaf er de lessen in de kerkgeschiedenis (donderdag, 17 h), ascetisme en mystiek (donderdag, 18 h), en had de leiding van het seminarie kerkgeschiedenis. In feite duurde dit Leuvense professoraat slechts de laatste drie maanden van 1945, omdat kanunnik Hodüm, op 12 december, tot pastoor van Sint-Jakobs te Brugge benoemd werd. Intussen had hij, op uitnodiging van « Universitas », een voordrachtenreeks over *Kerk en beschaving in oudheid en middeleeuwen* aanvaard. De reeks werd ingezet op donderdag 22 november in het Spoelbergh-Instituut, maar moest onderbroken worden, bij hoger bevel, zodat de vierde en laatste konferentie op donderdag 13 december werd gehouden.

Kanunnik Hodüm wijdde zich voortaan totaal aan zijn nieuwe pastorale taak op de Sint-Jakobsparochie te Brugge. Hem werd ook door Mgr. De Smedt, sinds 30 juli 1952 bisschop van Brugge, het voorzitterschap toevertrouwd van de diocesane commissie voor liturgische zielzorg, tijdens de stichtingszitting in het bisdom op 10 maart 1953. Pastoor Hodüm was daarenboven, van 5 november 1953 tot 8 juni 1957, deken van het dekanaat Brugge-Rand, en daarna tot 12 januari 1970, deken van Brugge-Stad. In mei 1956 werd hij door de bisschop aangeduid als mederedakteur van het *Tijdschrift voor Liturgie*, en in juni aanvaardde hij het voorzitterschap van het liturgisch kongres te Tongerlo voor november 1956 (cfr n^r 126). Gedurende negen jaar, van 1956 tot 1964 (echter niet in 1963) was pastoor-deken Hodüm de voorzitter van deze liturgische studiedagen, elk jaar ingericht door het *Tijdschrift voor Liturgie* en het *Apostolaat voor kerkelijk leven* van Tongerlo.

Op 12 januari 1970 bekwam hij eervol ontslag als pastoor-deken, bleef echter de Sint-Jakobsparochie bewonen, leidde nog talrijke studiekringen en gaf konferenties over H. Schrift en kerkgeschiedenis. Vanaf 1972 was hij buitengewoon bedienaar van het H. Vormsel. Hij stierf heel onverwacht, in zijn woning, op 4 september 1974, en werd in het familiegraf op het stedelijk kerkhof van Brugge bijgezet.

Zoals begrijpelijk is, was A. Hodüm vooral tijdens de 16 jaren van zijn professoraat werkzaam als historicus, maar ook nadien heeft hij nog merkwaardige historische studies gepubliceerd, namelijk over de *Pastoors van het Brugse Vrije in de XVIe eeuw* (n^r 124) en over de *Oorsprong van de broederschap van O.-L.-Vrouw Presentatie in de Sint-Jakobskerk te Brugge* (n^r 125). De meest belangwekkende bijdragen van professor Hodüm zijn o.a. : *De origine ac sensu missae in nocte Natalis Domini* (n^r 42), *Het Groot Seminarie van Brugge van 1833 tot 1933* (n^r 46), *De kloosterhervorming van Arnulf de Grote in Vlaanderen* (n^rs 120, 128). Goed doordacht zijn ook zijn boekbesprekingen, o.a. over de handboeken en algemene werken van geschiedenis (n^rs 10, 12, 24, 25, 41, 75, 79, 87, 122).

In zijn kolleges over kerkgeschiedenis wist hij op meesterlijke wijze het leven van de christenheid te koncentreren rond enkele vooraanstaanden, zoals Ignatius van Antiochië, Ambrosius, Augustinus, Bonifatius, Karel de Grote, Gregorius VII, Bernardus, Vincentius a Paulo, Franciscus van Sales, Leo XIII. Voor hem waren de heiligen de leidende figuren van de kerkgeschiedenis. Hij kon hun rol boeiend en syntetisch uiteenzetten, als vrucht van zijn onvermoeibare opzoekingen in de beste informatiebronnen. Als bibliotekaris heeft hij de talrijke boekenreeksen boven het noordelijke kloosterpand opnieuw gerangschikt, toen de grote biblioteekzaal boven de refter wegens een dreigende instorting moest ontruimd worden. Het Seminarie dankt hem zijn persoonlijke biblioteek, die zeer goed voorzien was in werken over geschiedenis, religieuze kunst, liturgie, teologie en exegese, tot een week vóór zijn dood bijgehouden. Een deel van die boeken heeft hij vóór zijn verhuizing naar Sint-Jakobs geschonken, en al de overige nadien aan het Seminarie gelegateerd.

Met echte bezieling kon hij, in de lessen over liturgie (cfr b.v. n^rs 22, 73, 96, 117, 127), de schoonheid van de eredienst laten smaken, eerbied inboezemen voor het heilige en voorbereiden op de priesterwijding, waarbij hij steeds aktief betrokken was.

Over zijn sermoenen in de Sint-Jacobskerk heeft een toehoorder onlangs getuigd : « Er ging een diepe, simpele wijsheid van hem uit » (*Ministrando*, 1974, X, 359). Hij kon zijn mensen goede raad geven, tot hoop stemmen en aanmoedigen met een « Gij doet daar schoon werk ». Hij had vooral een grote liefde voor de kerk, mystiek lichaam van Christus. Hij betreurde dat het zo voortreffelijk *Handboek der Kerkgeschiedenis*, door Dr J. De Jong, in zijn eerste uitgaven, al te beknopt over de persoon van Jezus handelde. Met vreugde stelde hij later vast, dat de schrijver, voor de derde uitgave, « de medewerking had verkregen van Prof. Dr B. Alfrink, die een substantieel hoofdstuk schreef over het leven en de leer van O.H. Jezus Christus, stichter van de kerk» (nr 12).

Bibliografie van A. Hodüm.

1. *La conception politico-religieuse des Fata dans l'Énéïde de Virgile*, Leuven, 1928 (niet uitgegeven).
2. *De oostersche scheuring*, in *Collationes Brugenses* (voortaan afgekort : *C.B.*), 1929, XXIX, 186-191.
3. *De kruistochten*, in *C.B.*, 1929, XXIX, 274-278, 299-303, 452-456.
4. *Adrianus VI en de kerkelijke hervorming*, in *C.B.*, 1930, XXX, 65-70.
5. *De katholieke hervorming*, in *C.B.*, 1930, XXX, 138-142.
6. *Beschrijving van de getijden- en gebedenboeken van het kabinet Houtart*, door R.A. Parmentier, in *C.B.*, 1930, XXX, 166.
7. *Indeling van het moderne tijdvak der kerkgeschiedenis*, in *C.B.*, 1930, XXX, 209-215.
8. *Katechetik*, door H. Mayer, in *C.B.*, 1930, XXX, 248.
9. *Terug naar de godsdienstige actieve opvoedingsschool*, door A. Vandervelde & H. Defoort, in *C.B.*, 1930, XXX, 248.
10. *Histoire de l'Église contemporaine (1900-1925)*, par H. Premoli, in *C.B.*, 1930, XXX, 248.
11. *Het gallicanisme*, in *C.B.*, 1930, XXX, 299-303, 345-350; 1931, XXXI, 64-72, 155-160, 241-247, 279-284.
12. *Handboek der Kerkgeschiedenis*, door J. De Jong, in *C.B.*, 1930, XXX, 407-408; 1932, XXXII, 419; 1939, XXXIX, 270.
13. *Anselm Dessing, Abt von Ensdorf, 1699-1772*, door I. Stegman O.S.B., in *Revue d'Histoire Ecclésiastique*, 1931, XXVII, 148-149.
14. *Lexikon der Pädagogik der Gegenwart*, door J. Spieler, in *C.B.*, 1931, XXXI, 343; 1933, XXXIII, 391.
15. *Précis de patrologie*, door F. Cayré, in *C.B.*, 1931, XXXI, 343-344.
16. *Lexikon für Theologie und Kirche*, door M. Buchberger, I-IV, in *C.B.*, 1931, XXXI, 344; 1932, XXXII, 421.
17. *De godsdienstige toestand der katholieke Nederlanden in de XVIIIe eeuw*, in *C.B.*, 1931, XXXI, 379-385.
18. *Jozef II en het algemeen seminarie*, in *C.B.*, 1932, XXXII, 46-53.
19. *De Brabantsche omwenteling en de godsdienstige grieven*, in *C.B.*, 1932, XXXII, 110-114.
20. *De Fransche omwenteling en de godsdienst in België*, in *C.B.*, 1932, XXXII, 213-219, 286-289.
21. *De oorsprong van het symbolum der apostelen*, in *C.B.*, 1932, XXXII, 358-362.
22. *O admirabile commercium*, in *C.B.*, 1932, XXXII, 394-409.
23. *Patrologie*, door G. Rauschen & P. Altaner, in *C.B.*, 1932, XXXII, 419.
24. *Histoire du christianisme*, door C. Poulet, in *C.B.*, 1932, XXXII, 420.
25. *Algemeene schets der Kerkgeschiedenis*, door D. Lescouhier & J. Vervenne, in *C.B.*, 1932, XXXII, 420.
26. *L'éducation chrétienne de la personnalité*, door J. Dermine, in *C.B.*, 1932, XXXII, 420-421.

27. *Het symbolum in het geloofsleven der eerste eeuwen*, in *C.B.*, 1932, XXXII, 446-450.
28. *Het symbolum van Nicea*, in *C.B.*, 1933, XXXIII, 51-57.
29. *Het symbolum van Nicea-Constantinopel*, in *C.B.*, 1933, XXXIII, 128-132.
30. *Het symbolum van den h. Athanasius*, in *C.B.*, 1933, XXXIII, 201-206.
31. *Karel de Grote en de Kerk*, in *C.B.*, 1933, XXXIII, 278-281.
32. *De Kerk tijdens de ontbinding van het Karolingische rijk*, in *C.B.*, 1933, XXXIII, 362-367.
33. *Un animateur de la jeunesse au XIII*[e] *siècle*, door M. Aron – *Saint Albert le Grand*, door A. Garreau, in *C.B.*, 1933, XXXIII, 388.
34. *Épanouissement social du Credo*, door G. Goyau, in *C.B.*, 1933, XXXIII, 388.
35. *F. Costerus, Vlaamsche apostel en redenaar*, door R. Hardeman, in *C.B.*, 1933, XXXIII, 388-389.
36. *Moderne jeugdopleiding* , door J. Joos, in *C.B.*, 1933, XXXIII, 389.
37. *Les filles de la charité*, door P. Costé, C. Baussan & G. Goyau, in *C.B.*, 1933, XXXIII, 389.
38. *Actes de la captivité et de la mort des RR. PP. P. Olivaint, L. Ducoudray, J. Caubert, A. Clerc & A. De Bengy, S.J.*, in *C.B.*, 1933, XXXIII, 389-390.
39. *Sint Gilles*, door F. Boulard, in *C.B.*, 1933, XXXIII, 390.
40. *Dupanloup*, door H.J. Dutoit. — *J. De Maistre*, door A. Crosnier, in *C.B.*, 1933, XXXIII, 390-391.
41. *Handboeken der Kerkgeschiedenis*, in *C.B.*, 1933, XXXIII, 234-238.
42. *De origine ac sensu missae in nocte Natalis Domini*, in *C.B.*, 1933, XXXIII, 430-444.
43. *De kloosterhervorming in de X*[e]*-XI*[e] *eeuw*, in *C.B.*, 1934, XXXIV, 12-16.
44. *De hervorming der wereldlijke geestelijkheid in de X*[e]*-XI*[e] *eeuw*, in *C.B.*, 1934, XXXIV, 99-103.
45. *Gregorius VII*, in *C.B.*, 1934, XXXIV, 192-199.
46. *Het Groot Seminarie van Brugge van 1833 tot 1933*, in *C.B.*, 1934, XXXIV, 310-331.
47. *De letterkundige bedrijvigheid van den h. Bernardus*, in *C.B.*, 1934, XXXIV, 362-365.
48. *De godsdienstige toestand der Nederlanden in de XVI*[e] *eeuw*, in *C.B.*, 1934, XXXIV, 432-440.
49. *Het protestantisme in de Nederlanden onder Keizer Karel*, in *C.B.*, 1935, XXXV, 20-25.
50. *Levenswijding door liturgie*, door J. Poels, in *C.B.*, 1935, XXXV, 77.
51. *Genade en sacramenten*, door C. De Clercq, in *C.B.*, 1935, XXXV, 77.
52. *Kerkelijke bepaling en kerkelijke bouwkunst*, door P. Constantinus, O.M.C., in *C.B.*, 1935, XXXV, 77.
53. *Over het apostolaat van elke gedoopte*, door J. Sobry, in *C.B.*, 1935, XXXV, 77-78.
54. *Het oproer der Nederlanden tegen Philips II*, in *C.B.*, 1935, XXXV, 130-136.
55. *Breviarium sanctificatio hebdomadae*, in *C.B.*, 1955, XXXV, 136-139.
56. *Algemeene lijst der EE. HH. pastoors van al de parochieën van West-Vlaanderen van 1802 tot 1930 met de lijst der priesters-inboorlingen van elke gemeente*, door D. Lescouhier, in *C.B.*, 1935, XXXV, 180.

57. *Willem van Oranje*, in *C.B.*, 1935, XXXV, 218-224.
58. *De historia hymnorum*, in *C.B.*, 1955, XXXV, 224-228.
59. *Alexander Farnese*, in *C.B.*, 1935, XXXV, 303-307.
60. *De speciali indole hymnorum*, in *C.B.*, 1935, XXXV, 307-310.
61. *De grondslagen der katholieke hervorming in de Nederlanden*, in *C.B.*, 1935, XXXV, 382-387.
62. *Hymni feriales ad vesperas*, in *C.B.*, 1935, XXXV, 387-392; 1936, XXXVI, 48-51, 131-134.
63. *De R.K. catechisatie in Vlaams-België vanaf het concilie van Trente. I: Het leerboek of de catechismus*, door E. Frutsaert, in *C.B.*, 1935, XXXV, 459-460.
64. *De aartshertogen Albrecht en Isabella en de katholieke hervorming in België*, in *C.B.*, 1936, XXXVI, 43-48.
65. *Het Bisdom Brugge in het begin van de XVIIe eeuw*, in *C.B.*, 1936, XXXVI, 126-131.
66. *De oratione imperata post orationem A cunctis*, in *C.B.*, 1936, XXXVI, 172-173.
67. *De Exsequiis. Quaestiones Liturgicae*, door C. Callewaert, in *C.B.*, 1936, XXXVI, 179.
68. *De kloosters in het bisdom Brugge in de XVIIe eeuw*, in *C.B.*, 1936, XXXVI, 205-212.
69. *Hymnus Aeterne rerum Conditor*, in *C.B.*, 1936, XXXVI, 212-217.
70. *Het verval van het protestantisme in België in de XVIIe eeuw*, in *C.B.*, 1936, XXXVI, 290-295.
71. *Hymnus Splendor paternae gloriae*, in *C.B.*, 1936, XXXVI, 295-299.
72. *De Kerk vanaf de vrede van Munster tot de Fransche omwenteling*, in *C.B.*, 1936, XXXVI, 384-387.
73. *(Hymnus) Caelestis urbs Ierusalem*, in *C.B.*, 1936, XXXVI, 387-393.
74. *De godsdienstige gevolgen der Fransche omwenteling*, in *C.B.*, 1936, XXXVI, 489-492.
75. *Histoire de l'Église depuis les origines jusqu'à nos jours. I: L'Église primitive. II: De la fin du 2e siècle à la paix constantinienne*, door J. Lebreton & J. Zeiller, in *C.B.*, 1936, XXXVI, 267-268; 1937, XXXVII, 453-454.
76. *Historia missalis romani*, in *C.B.*, 1936, XXXVI, 492-495.
77. *De godsdienstige toestand van België vóór de Belgische omwenteling*, in *C.B.*, 1937, XXXVII, 50-56.
78. *Introitus missae*, in *C.B.*, 1937, XXXVII, 56-59.
79. *Een «Geschiedenis van Vlaanderen»*, in *C.B.*, 1937, XXXVII, 78-85.
80. *De Kerk in België sedert 1830*, in *C.B.*, 1937, XXXVII, 143-148.
81. *Preces ad pedes altaris*, in *C.B.*, 1937, XXXVII, 148-151.
82. *De liberalen en de godsdienstige vrijheden in België*, in *C.B.*, 1937, XXXVII, 260-265, 333-337.
83. *Collectae missalis romani*, in *C.B.*, 1937, XXXVII, 265-268.
84. *Missae coram ss. Sacramento exposito*, in *C.B.*, 1937, XXXVII, 337-339.
85. *De liberalen en de schoolstrijd van 1879*, in *C.B.*, 1937, XXXVII, 439-444.
86. *Hymni angelici origo et usus*, in *C.B.*, 1937, XXXVII, 445-447.
87. *Beschavingsgeschiedenis van de moderne tijden*, door E. Lousse, in *C.B.*, 1937, XXXVII, 454-456.

88. *De katholieken en de schoolstrijd van 1879 in België*, in *C.B.*, 1938, XXXVIII, 22-26.
89. *Hymnus angelicus in missa*, in *C.B.*, 1938, XXXVIII, 26-28.
90. *Kerkelijke en profane geschiedenis*, in *C.B.*, 1938, XXXVIII, 74-81.
91. *De Missalis Romani Liturgia. Sectio prior : De Rebus Cultus materialibus*, door C. Callewaert, in *C.B.*, 1938, XXXVIII, 84.
92. *Onze Lieve Vrouw der Potterie*, door A. Maertens, in *C.B.*, 1938, XXXVIII, 85.
93. *Gregorius XVI en de Italiaansche eenheid*, in *C.B.*, 1938, XXXVIII, 111-115.
94. *Lectiones in missa*, in *C.B.*, 1938, XXXVIII, 116-119.
95. *Pius IX en de Italiaansche eenheid*, in *C.B.*, 1938, XXXVIII, 191-196.
96. *Analysis canonis missae romanae*, in *C.B.*, 1938, XXXVIII, 196-203.
97. *Het pontificaat van Leo XIII*, in *C.B.*, 1938, XXXVIII, 289-293.
98. *Introductio elevationis in missa*, in *C.B.*, 1938, XXXVIII, 294-298.
99. *De Romeinsche kwestie sedert 1870*, in *C.B.*, 1938, XXXVIII, 370-374.
100. *Introductio orationis dominicae in missa*, in *C.B.*, 1938, XXXVIII, 375-378.
101. *De brief van de h. Clemens van Rome*, in *C.B.*, 1938, XXXVIII, 454-460.
102. *Inclinationes faciendae in missa lecta*, in *C.B.*, 1938, XXXVIII, 461-464.
103. *De h. Ignatius van Antiochië*, in *C.B.*, 1939, XXXIX, 46-49.
104. *De brief van de h. Ignatius van Antiochië aan de Romeinen, ontleding en vertaling*, in *C.B.*, 1939, XXXIX, 54-58.
105. *De h. Ignatius van Antiochië, leeraar der eenheid*, in *C.B.*, 1939, XXXIX, 137-145.
106. *Genuflexiones in missa a celebrante faciendae*, in *C.B.*, 1939, XXXIX, 50-53.
107. *De oculorum elevatione et demissione in missa*, in *C.B.*, 1939, XXXIX, 146-148.
108. *De cantu litaniarum*, in *C.B.*, 1939, XXXIX, 163-164.
109. *De calice purificando a sacerdote binante*, in *C.B.*, 1939, XXXIX, 164-165.
110. *De Didachè*, in *C.B.*, 1939, XXXIX, 226-231.
111. *Genuflexiones in missa solemni*, in *C.B.*, 1939, XXXIX, 232-235.
112. *De missa cum assistentia pontificali*, in *C.B.*, 1939, XXXIX, 265-267.
113. *De h. Ambrosius*, in *C.B.*, 1939, XXXIX, 320-324.
114. *De h. Ambrosius en de Romeinsche keizers*, in *C.B.*, 1939, XXXIX, 403-406.
115. *De h. Ambrosius en de betrekkingen tusschen Kerk en Staat*, in *C.B.*, 1939, XXXIX, 407-409.
116. *De manuum positionibus infra missam*, in *C.B.*, 1939, XXXIX, 324-326.
117. *De Ritualis Romani liturgia*, Brugge (1940?), 76 blz.
118. *Bernard Overberg, sein Leben und sein Wirken in Zeit und Ueberzeit*, door H. Hoffmann, in *Revue d'Histoire Ecclésiastique*, 1943. XXXIX, 512-513.
119. *De origine festi Corporis Christi*, in *C.B.*, 1945, XLI, 127-133.
120. *De kloosterhervorming van Arnulf de Grote in Vlaanderen*, in *C.B.*, 1945, XLI, 134-147, 341-357.
121. *De auctore officii festi Corporis Christi*, in *C.B.*, 1945, XLI, 293-295.
122. *Histoire de l'Église en Belgique des origines aux débuts du XIIe siècle*, door E. de Moreau, S.J., in *C.B.*, 1945, XLI, 400-402.
123. *Geschiedenis van Pittem*, door V. Arickx, in *Handelingen van het Genootschap voor Geschiedenis « Société d'Émulation »*, Brugge, 1952, LXXXIX, 95.

124. *Pastoors van het Brugse Vrije in de XVIe eeuw*, in *Album English*, Brugge, 1952, 177-198.
125. *Oorsprong van de broederschap van O.-L.-Vrouw Presentatie in de S. Jacobskerk te Brugge*, in *Handelingen v.h. Genootschap voor Geschiedenis « Société d'Émulation »*, Brugge, 1954, XCI, 97-116.
126. *Openingstoespraak van het liturgisch congres te Tongerlo*, op 19 november 1956, in *Tijdschrift voor Liturgie*, 1957, XLI, 10-12.
127. *De h. Communie als bekroning van de actieve deelname*, in *Tijdschrift voor Liturgie*, 1957, XLI, 76-82.
128. *La réforme monastique d'Arnoul le Grand comte de Flandre*, in *Bulletin de la Société académique des Antiquaires de la Morinie*, 1957, XVIII, 577-603; vertaling uit *C.B.*, 1945, XLI, 134-147; 341-357.
129. *Uit het inleidingswoord op de studiedagen* (Tongerlo, 27-29 september 1959) *door de voorzitter, kan. A. Hodüm, Pastoor-deken*, in *Tijdschrift voor Liturgie*, 1960, XLIV, 42-43.
130. *Uit het inleidingswoord op de studiedagen* (Brugge, Sint-Andriesabdij, 4-6 juli 1960) *door de voorzitter, kan. A. Hodüm, Pastoor-deken*, in *Tijdschrift voor Liturgie*, 1961, XLV, 36-38.

B. JANSSENS DE BISTHOVEN, *Handelingen van het Genootschap voor Geschiedenis « Société d'Émulation » te Brugge*, 1974, t. CXI, pp. 259-267.

ALFRED FAUX

1899-1974

Natus in Gilly (S. Remi), 3 maii 1899, sacerdotio auctus in cathedrali tornacensi 28 ian. 1923, S.T. Doctor 1926 simul cum F. Blaton et A. Charue, professor syntaxeos in Instituto S. Josephi in La Louvière 1926, professor et economus in maiore seminario tornacensi 1926, canonicus honorarius cathedralis tornacensis 15 apr. 1935, parochus decanus ecclesiae tornacensis S. Brice 20 sept. 1939, canonicus titularis et decanus capituli oct. 1959, rector domus pro Sacerdotibus senioribus 28 oct. 1970, obiit Tornaci 23 dec. 1974.

Cfr *Jubilé sacerdotal des 25 années de prêtrise de Monsieur le chanoine Faux, doyen de Tournai, curé de Saint Brice. Tournai le 28 janvier 1948.* Tournai, Casterman, 25 nov. 1950. Une plaquette de 48 p.

Le défunt fut promu docteur en théologie après avoir présenté et soutenu sous la direction d'É. Tobac un mémoire sur *Les rites et les mythes de rédemption dans les mystères helléniques contemporains de saint Paul*. Louvain, 1926. Cfr *L'orphisme et saint Paul*, ap. *Rev. Hist. Eccl.*, 1931, t. XXVII, pp. 245-292, 751-791.

Nommé professeur au grand séminaire de Tournai il publia dans les *Collationes dioecesis Tornacensis* divers articles : *Une page de l'histoire comparée des religions : l'Orphisme a-t-il influencé saint Paul*, *ibid.*, 1929-1930, t. XXV, pp. 445-461. — *La mère de Dieu : Éphèse (431)*, *ibid.*, 1930-1931, t. XXVI, pp. 521-527. — *La Prière d'un prêtre exilé* (*Psaumes 41-42*), *ibid.*, 1934-1935, t. XXX, pp. 23-31. — *Le Mouvement baptiste en Palestine et Syrie*, 1935-1936, t. XXXI, pp. 96-103. — *Comment Dieu parlait à Israël*, 1936-1937, t. XXXII, pp. 1-9, 77-91, 393-400.

Et voici le texte de l'homélie prononcée le jeudi 26 décembre 1974, à la messe des funérailles en l'Église cathédrale de Tournai par le chanoine A. Millet doyen du chapitre.

* * *

« Nous voudrions voir Jésus »[1] demandaient à l'apôtre Philippe ces Grecs dont vient de nous parler l'Évangile.

« Nous voudrions voir Jésus », c'est aussi notre souhait, notre désir. Mais comment faire? L'Écriture nous l'apprend. Voir Jésus, c'est finalement voir le Père, et voir le Père, c'est être en communion intime et constante avec lui; c'est faire, à l'exemple de Jésus, sa volonté. Or la volonté du Père, telle qu'elle s'est parfaitement accomplie en la personne de son Fils, est bien nette. Le Christianisme ne vise pas à la glorification de notre moi; il ne consiste pas en un simple prolongement d'une ligne tout humaine; il implique une démarche absolument nouvelle, une sorte de rupture paradoxale, ou, du moins, un retournement radical, une conversion. Pour voir Jésus, pour voir Dieu, pour vivre de la vie divine, il faut accepter de mourir à soi-même.

C'est ce que le défunt dont nous évoquons aujourd'hui la mémoire est parvenu à réaliser tout au long de ses 75 années d'existence.

Né à Gilly, le 3 mai 1899, Alfred Faux, tout jeune encore, entend l'appel du Seigneur. Il voudrait, lui aussi voir Jésus, lui parler, aller plus directement à lui. Il n'hésite guère. La vocation sacerdotale est lourde de renoncements, mais peu importe, puisqu'elle débouche sur la joie d'une rencontre, sur la joie d'un cœur à cœur avec Quelqu'un qui nous attend et qui nous aime. Et ce sera l'entrée à Bonne-Espérance d'abord, après les grandes vacances de 1917, puis au grand séminaire de Tournai, en octobre 1919.

Les Saintes Écritures sont le miroir par excellence où se reflète le visage du Christ, et les Évangiles nous font entendre ses propres paroles. Si l'on veut voir le Christ, si l'on veut recueillir son enseignement, c'est là qu'il faut le chercher. Alfred Faux le sait d'instinct. Il veut boire à même la source, et non à une coupe empruntée. Il ira droit aux textes sacrés. Déjà sa vocation d'exégète se dessine. Ses maîtres s'en rendent bien compte, qui l'envoient, en octobre 1922, à l'Université de Louvain, pour qu'il puisse s'initier à la recherche scientifique. Quatre ans plus tard, il est proclamé docteur en théologie sur présentation d'une thèse traitant de *L'Influence de l'Orphisme sur saint Paul.*

Ordonné prêtre par Mgr Crooij, le 28 janvier 1923, Monsieur Faux est presque immédiatement orienté vers l'enseignement des sciences théologiques. Nommé en 1926 au séminaire de Tournai, la tâche d'économe qu'il assumera

[1] Premiers mots du texte (*Jean*, XII, 20-28) choisi comme seconde lecture. La lecture de l'Ancien Testament était tirée de *Job* (XIX, 22-27).

plusieurs années durant avec sa serviabilité coutumière, ne l'empêchera pas de faire une carrière professorale de 13 ans, qui le conduira à la sociologie, la théologie fondamentale, l'introduction à l'Écriture Sainte.

Lors du départ du chanoine Louis Delmotte, Alfred Faux lui succède, en 1932, dans la chaire d'exégèse.

Ayant bénéficié de ses leçons, je puis ici porter témoignage de l'immense respect dont notre professeur entourait la Parole Sacrée. Malgré l'irrévérence des grands adolescents que nous étions alors, en dépit aussi de certains lapsus demeurés célèbres et qui suscitaient l'hilarité d'un auditoire toujours prêt à profiter des moindres occasions, nous étions sensibles à une certaine qualité de ton, laissant transparaître la conviction profonde et vécue, qui animait l'enseignement de notre maître, et nous lui en étions reconnaissants. Monsieur Faux savait parler du Christ. Il avait écouté sa parole. Il l'avait suivi, accompagné; il l'avait vu à travers les Écritures.

Le 20 septembre 1939, le chanoine Misonne ayant pris sa retraite, Monsieur Faux est désigné comme curé-doyen de Saint-Brice. Il est à peine installé que la guerre éclate, et le nouveau doyen connaît de près les bombardements iniques de Tournai les 16 et 17 mai 1940. Il assiste impuissant à l'incendie de son église. Sans se laisser abattre, il se remet, dès que possible, à la tâche, se dépensant sans compter, créant des œuvres de secours, ouvrant un chauffoir public, aidant les pauvres honteux, veillant à la restauration des écoles paroissiales, en attendant de pouvoir rendre au culte une église à laquelle il s'était entièrement donné. Le bien que Monsieur Faux a accompli — discrètement comme toujours! — à cette époque, les paroissiens de Saint-Brice pourraient le dire beaucoup mieux que moi. Ils n'y ont pas manqué d'ailleurs lors du jubilé des 25 ans de prêtrise de leur doyen, qu'ils ont magnifiquement célébré en 1948 [2]. La reconnaissance qu'ils ont manifestée en cette occasion est le plus beau des témoignages. Peut-être, eux aussi, avaient-ils vu le Christ en la personne de celui qui leur avait livré le meilleur de lui-même.

L'après-guerre fut consacrée à la reconstruction matérielle et spirituelle. Il fallait, de la mort, faire rejaillir la vie. Du grain enfoui sous la terre, devaient germer de nouveaux épis. Le doyen de Saint-Brice connaissait bien son Évangile. Il croyait à la Résurrection. Il avait le sens du service, service de Dieu, service des hommes.

En décembre 1959, après 20 années de pastorat, Monsieur Faux était nommé chanoine titulaire et doyen du chapitre. Quinze années durant, il présidera aux destinées de cette cathédrale où il avait été ordonné prêtre et où il devait fêter, le 28 janvier 1973, ses noces d'or socerdotales. La cathédrale! Comme elle lui tenait à cœur, et que n'a-t-il fait pour elle! Comme il aimait cette appellation de Notre-Dame qui est la sienne! Comme lui était cher son titre d'église-mère du diocèse! Lui qui avait écrit dans une petite brochure mariale: «un homme n'est pas vraiment et pleinement chrétien s'il n'a envers Notre-Dame une

[2] *Jubilé sacerdotal de 25 années de prêtrise de Monsieur le chanoine Faux, doyen de Tournai, curé de Saint-Brice. Tournai, le 28 janvier 1948.* Une brochure illustrée, Tournai, Casterman, 1950, 48 p.

sincère et profonde dévotion»[3], ce lui était une joie de pouvoir unir dans une même pensée la Mère du Sauveur et le Temple fait de mains d'hommes, image de ce Royaume de Dieu que nous avons à édifier au milieu de nous!

Survinrent alors la maladie et le long apprentissage de la souffrance. Survint l'heure de ressentir dans la chair et dans l'esprit le lent pourrissement du grain qui semble progressivement s'anéantir. Moments difficiles, s'il en est, où l'homme se trouve affronté à une mort insidieuse gagnant sans cesse du terrain et acculant, en fin de compte, celui qui lutte à l'option décisive: se détacher de soi-même en ce monde et se garder pour la vie éternelle.

Ces moments pénibles, Monseigneur Faux les a connus durant les dernières années passées à la «Maison des Anciens Prêtres» dont il avait assumé la direction. Peut-être même a-t-il pu dire parfois: «Père, délivre-moi de cette heure!»; un Autre l'avait bien dit avant lui, mais cet Autre, qu'il avait voulu voir, cet Autre qu'il avait voulu suivre, s'était ressaisi et avait tout accepté pour la gloire de son Père. Ainsi fera Monseigneur Faux. Discrétement il s'effacera; humblement il consentira à la mort; il fermera les yeux à cette vie pour mieux les ouvrir à la vie éternelle.

Dans l'éloge funèbre de Monsieur Van Haudenard, curé-doyen de Notre-Dame qu'il prononcera en septembre 1946, Monsieur Faux avait insisté sur «le soin que nous devons prendre de ne laisser improductives aucune des richesses que Dieu nous a confiées». Ces richesses, chez lui, étaient grandes: jugement droit, sens du devoir, ténacité, esprit de décision, tout cela joint à une bonté, à une humble charité poussée souvent jusqu'à la délicatesse. Le grain mis en terre était riche de promesses, des promesses qui ont été tenues.

«Si quelqu'un me sert, nous dit le Christ, mon Père le récompensera». La récompense, nous la connaissons: voir Dieu. Elle sera, nous n'en doutons pas, celle de notre défunt. Avec Job, lui aussi, il pourra dire: «Je le verrai, et quand mes yeux le regarderont, il ne se détournera pas!» Amen!

GERVASIUS BRANS

1895-1975

Natus Maastricht, 21 dec. 1895, O.F.M. 1913, sacerdotio auctus 12 mart. 1921, S.T.D. 1924, obiit in Koersel 15 ian. 1975.

Le défunt entreprit sous la direction du chanoine É. Tobac une dissertation sur *Les Pharisiens et Jésus*, Louvain, 1924. Cfr *Eph. Theol. Lov.*, 1929, t. VI, pp. 463-469: *Christus' leer over de hoeveelheid der aalmoesen.* Le Père Brans fut à la Faculté le condisciple de Maurice De Jonghe, qui lui aussi fut l'élève du chanoine Tobac.

[3] *Dévotions tournaisiennes à Notre-Dame. Notes sur les confréries mariales des paroisses de Tournai*, par le chan. VAN HAUDENARD, *précédées d'un aperçu sur La Vie de la Très Sainte Vierge*, par le Chan. FAUX, Tournai, Casterman, p. 5.

JOSEPH-JEAN-BAPTISTE LARUELLE

1903-1975

Natus Nollevaux, 9 sept. 1903, S.T.D., lic. Scientiarum semiticarum, subregens collegii Papae Hadriani VI lovaniensis 1929, vicarius in S° Martino (Arlon) 20 aug. 1932 – 20 apr. 1939, parochus Ste-Marie 20 apr. – 20 oct. 1939 et 20 iun. 1940 – 20 ian. 1945, addictus exercitui belgico durante secundo bello mundiali 20 oct. 1939 – 20 iun. 1940, pastor decanus Neufchâteau 20 ian. 1945 – 15 aug. 1973, decanus principalis districtus Neufchâteau 28 oct. 1960 – 15 aug. 1973, canonicus ad honores 28 oct. 1960, demiss. in Rossart, 21 Grand'rue, obiit in Rossart, 5 febr. 1975.

L'abbé Laruelle vint en 1928 à l'Université de Louvain, où il fut nommé par le chanoine de Strycker sous-régent au Collège du Pape 1929. Il redigea pour le doctorat en théologie une thèse sous la direction du professeur J. Coppens : *Les artisans d'iniquité dans les Psaumes de lamentation individuelle*, Louvain, 1932. In-4°, x-132 p. Il eut comme compagnons de promotion l'abbé L. de Witte et le Père Fr. Laureys.

LÉONCE LENAIN

1923-1975

Natus in Manage, 6 ian. 1923, sacerdotio auctus 25 iul. 1946, I.C.L. 1949, professor in minore seminario Bonne Espérance, professor et economus in maiore seminario tornacensi, examinator prosynodalis, canonicus ad hon., obiit in oppido Tornacensi 6 iun. 1975.

Dans *L'Église de Tournai*, juillet-août 1975, p. 2, le chanoine L. Luypaert rappelle que le défunt sortit en 1940 médaille d'or de l'Institut de la Louvière, que des circonstances imprévues l'empêchèrent de terminer à Louvain sa thèse pour le doctoiat en droit canonique, qu'au séminaire, et bien au-delà, il sut rendre des services innombrables malgré les limites imposées par sa santé. Au séminaire, il enseigna le droit canonique et l'histoire ecclésiastique. Il avait également été chargé, sans doute à Bonne Espérance, de la théologie des religions non chrétiennes et de la sociologie.

ILLUMINATUS (REMI) LANNOO

1898-1975

Natus in Meulebeke 14 nov. 1898, O.F.M. 12 sept. 1915, sacerdotio auctus 19 aug. 1923, S.T.D. 1930, obiit Mechliniae, 6 aug. 1975.

Le défunt fur promu docteur en théologie après la soutenance d'une dissertation élaborée sous la direction de Mgr J. Lebon et intitulée *Les luttes origénistes de la fin du IVe et du début du Ve siècle*. Louvain, 1930. In-4°, x-141 p. La même année furent promus J. De Keulenaer, J. Finnegan, U. Peters et R. Stock.

ELIGIUS BUYTAERT

1913-1975

Eligius Buytaert, O.F.M., nat. in Haasdonk-Waas, 6 maii 1913, S.T. doctor 1948, professor in St.-Bonaventure-University, in Pontificio Athenaeo Antoniano 1962-1969, in universitate Lovaniensi KUL 1969-1975, obiit 27 aug. 1975.

Cfr *ETL*, 1976, t. LII, p. 424; *ETL*, 1977, t. LIII, p. 263. — C. Brekelmans, *In Memoriam Professor Eligius Buytaert*, ap. *Academische Tijdingen*, oct. 1975, t. X, 1-2, pp. 19-20. *Bibliographia Academica* XIIIbis, *Faculteit der Godgeleerdheid*, ap. *Annua Nuntia Lovaniensia*, 1971, XVIII, pp. 76-80; XIV/A, 1969-1975, p. 26.

V. M. BUFFON

1914-1975

Vincenzo Maria Buffon, Serv. Mariae, nat. in Cison di Valmarino (Treviso), 19 aug. 1914, S.T. doctor 1937, professor et praeses Collegii internationalis S. Alexii Falconieri, consultor generalis, procurator (1964-1975) et vicarius generalis Ordinis Servorum Mariae (1971-1975), obiit Romae, 5 nov. 1975.

Cfr *ETL*, 1976, t. LII, pp. 292-293.

ALOWISIUS VAN IN

1910-1976

Natus in Lier, 2 oct. 1910, sacerdotio auctus 13 apr. 1936, S.T.B. 1936, professor in seminario mechliniensi Sancti Iosephi 18 aug. 1936-1969, in maiore seminario antverpiensi 1969-1976, insuper canonicus ad honor. ecclesiae cathedralis mechliniensis 13 nov. 1951-1976 et director Sororum a Sancto Norberto in Duffel 1965-1976, obiit in Bonheiden 8 apr. 1976.

KAREL CRUYSBERGHS

1891-1976

Karel Cruysberghs, nat. Meerhout, 28 martii 1891, eleemosynarius militum 1915-1918, doctor h.c. S.T., professor in seminario mechliniensi 1920-1928, eleemosynarius Actionis catholicae in parte neerlandophonica Regni belgici 1928-1931, 1936-1951, vice-rector Universitatis Lovaniensis 1931-1936, eleemosynarius generalis Boerenbond 1936-1962, obiit in Korbeek-Lo, 6 maii 1976.

In de voormiddag van donderdag 6 mei 1976 ging te Korbeek-Lo in huize Emmaüs geruisloos van ons heen Mgr. Karel Cruysberghs, erekanunnik van het voormalige aartsbisdom Groot-Mechelen, huisprelaat van Zijne Heiligheid, ere-hoofdaalmoesenier van de Belgische Boerenbond [1]. Toen hij op 14 april 1962 zijn taak heeft neergelegd, daartoe aangezocht, zoals hijzelf bitter en ontgoocheld schreef, om een afgedankte vikaris generaal deftig te «kaseren» [2], trok hij zich terug in een stil emeritaat, eerst bij de Zusters Franciskanessen, later bij de Zwarte Zusters, achtereenvolgens te Leuven en te Korbeek-Lo. Sindsdien verzaakte hij eraan in 't openbaar op te treden. Zijn mals welsprekend woord weerklonk niet meer. Ook zijn pen rustte voortaan. Nog eenmaal heeft hij ze gehanteerd toen hij zijn *Mémoires* redigeerde en in 1964 voor de eerste maal liet drukken.

Memorialist

Velen hebben Cruysberghs *Mémoires* gelezen en zelfs verslonden. Velen hebben erin menig facet van de overledene teruggevonden. Velen hebben er veel genot en ook verrijking aan beleefd. Men zoeke er geen sensationele mededelingen over de groei van de Katholieke Actie in onze gewesten of over de geschiedenis van de Boerenbond. Men zoeke er evenmin een diagnose van het kerkelijk leven in de jaren die Vatikaan II zijn voorafgegaan of van de geestelijke desintegratie die op het koncilie volgde. Met een scherp kritische kijk ontleedt onze kroniekschrijver doorgaans niet de feiten en tekent hij niet zwart-wit de personen. Op zijn best is Cruysberghs wanneer hij de hem zo dierbare vier jaren op het IJzerfront doorgebracht met al hun wee en ellende, maar ook met al hun edelmoedige, heldhaftige, heerlijke kanten en mensen, typeert. Op zijn best is hij ook telkens hij een pittige anecdote vertelt die meermaals schril licht werpt op geestelijke voormannen die hij van dichtbij leerde kennen en afwegen.

[1] Cfr *Bibliographia Academica 1914-1934*, Leuven, 1937, pp. (77)-(79). — *Bibl. Acad. 1934-1954*, Leuven, 1954, p. 283. — K. Cruysberghs, *Mémoires*, Mechelen, 1964; 2e druk, Mechelen, 1971. — *Mgr. K. Cruysberghs te Korbeek-Lo overleden*, ap. *De Boer*, 14 mei 1976, 82e jaargang, nr 20, p. 22.

[2] *Mémoires*, p. 146. — De vrijgekomen plaats was bestemd voor Mgr. Evrard Janssens, die door Kardinaal Suenens als vicaris generaal werd vervangen en naar Leuven werd gestuurd.

Driemaal zegevierend.

In zijn lange, vruchtbare, bewogen carrière kon Cruysberghs tot driemaal toe triomf kraaien. Een eerste zegepraal behaalde hij toen hij erin slaagde voor het Vlaamse Jeugdverbond van Katholieke Actie de zelfstandigheid te veroveren[3]. Toen hij naar Leuven werd gezonden als onder-rector en door Mgr. Ladeuze werd aanvaard won hij voor de tweede maal een veldslag. Het gelukte hem, althans voorlopig, een godsvrede tot stand te brengen tussen de woelige studenten en de academische overheid. Tevens spande hij zich in om Vlaamse dynamische krachten, als Sobry in 1931 en Dondeyne in 1932, naar Leuven te roepen en er hun ruime armslag te bezorgen[4]. En dan kwam in 1936 zijn imposantste victorie. Toen het vertrouwen in de geknakte Boerenbond moest worden hersteld, heeft Cruysberghs' welsprekendheid, die als een nieuwe Pieter de Kluizenaar een kruistocht preekte, de toestand gered. Was er een tak gebroken, de boom stond als een eik stevig vast. Ontworteld was hij niet, en Cruysberghs klaroende het onafgebroken over het gehele Vlaamse land[5].

Een nieuw model van proost.

Karel Cruysberghs volgde bij de Boerenbond verdienstelijke priesters op, rusteloze zwoegers als een Mgr. Luytgaerens en een Kanunnik Colpaert, die evenwel voor de financiële ramp van hun organisatie ter verantwoordiging werden geroepen. Harteloze shylocks eisten hun vel en een pond vlees. Monseigneur trok een les uit hun tragisch lot. Persoonlijk was hij geen zakenman, en in hem schuilde geen sociaal hervormer als zijn confrater kanunnik Cardijn. Hij wou en zou slechts geestelijke begeleider zijn; hij wou en zou slechts arbeiden voor de «ziel» van de Boerenbond. Zijn volle aandacht ging naar het aanwerven en vormen van apostolische provinciale proosten, naar het organiseren van preken en retraites, naar het bezielen van de talrijke bondspublikaties door godsdienstige bijdragen waarin trouwens reeds vóór hem de bekende Door Van Tichelen[6] zich verdienstelijk had gemaakt. Gedurende zijn lange ambtsperiode tekende zich nog niet de trend af die in naburige landen

[3] *Mémoires*, pp. 109-116.

[4] *Mémoires*, pp. 116-123. — Over zijn taak als vice-rector laat hij zich evenwel niet zeer enthoesiast uit. Hij voelde zich in die functie als «de grootste subregent van 't land» (p. 116). Feit is dat hij op 't einde van zijn Leuvens mandaat niet enkel de post van onderrector beu was (p. 124: «ik was het vice-rectoraat — oprecht gesproken — beu»), maar tevens niet kon verwerken dat er te Leuven onder studenten woeling was ontstaan ten gevolge van een door hem genomen maatregel en er zelfs een anti-vice-manifestatie doorging. Hij kon niet meer rustig slapen. Tot onze grote verbazing kwam hij op zekere morgen langs de koer van het Maria-Teresia-college naar het Pauscollege gevlucht om er zich veilig en kalm te voelen.

[5] *Mémoires*, pp. 123-144. — Ik heb nooit een «priester-professor» de «geestigheid» horen uitkramen die een of andere prietpraat-tong hem blijkbaar heeft meegedeeld. Wel heb ik een collega horen zeggen dat «hij erover verwonderd was dat Cruysberghs als hoofdaalmoezenier gedurende de oorlog aanbleef terwijl menig gouwaalmoezenier naar huis werd gestuurd».

[6] J. Lauwerijs, *Tichelen, Theodoor van*, ap. *Encyclopedie van de Vlaamse Beweging*, Tielt, 1975, t. II, p. 1664.

zou leiden tot de onttakeling van vele christelijke organisaties: ontzuiling! om in nieuwe zuilen, zonder spiritualistische inbreng en zonder eigen gelaat, op- en dood te gaan! Monseigneur heeft wellicht die ontwikkeling niet voorzien, maar zijn invloed en zijn opvatting van het proost-zijn in de schoot van onze organisaties heeft er toe bijgedragen om tot nu toe bij ons die hachelijke grondverschuiving althans gedeeltelijk te voorkomen.

Gevierde geestelijke schrijver.

Vroeg en jong hoogleraar benoemd aan het weleer bloeiende Mechelse seminarie besteedde hij zijn lessen aan de uitbouw van een biezonder ingewikkeld traktaat, nl. van het geweten. Het werd zijn eerste en het bleef zijn enigste streng theologisch werk. Voortaan werd zijn attentie verdeeld tussen bijdragen van min of meer historische aard en vooral talrijke publikaties gewijd aan de ascese, de priesteropleiding en de pastoraal. In dit opzicht geldt hij terecht bij ons als een voorloper van wat men thans graag de pastorale theologie heet. De ideeën erin verwerkt drongen in alle pastorijen van het Vlaamse land binnen, en zij droegen ongetwijfeld meer tot de vorming van de clerus bij dan menig geleerde of halfgeleerde les op een of andere seminariekatheder gedebiteerd. Dat de theologische faculteit in 1955 de verdiensten van Cruysberghs' hoog vulgariserend werk, over bijna honderd boekdelen verspreid, erkende door hem van baccalaureüs tot ere-doctor te promoveren, verwonderde niemand en werd door velen met applaus begroet.

Zwijgzaam en enigszins vergeten.

Het overlijden van Kardinaal van Roey in 1961, de conciliaire en vooral naconciliaire publikaties, het verdwijnen van leiders van buitenmatig gezag als een Monseigneur Poels, sneden een diepe cesuur in Cruysberghs' leven en invloed. Hij voelde zich plotseling vervreemd van het tijdsgebeuren. Wellicht had hij verwaarloosd zijn theologische en humanistische kennis genoegzaam bij te werken en had hij het contact met universitaire milieus niet voldoende bewaard. Wellicht heeft hij ook te veel de omgang met wat hij schriftgeleerden noemde gevreesd en vermeden. Hij was niet meer opgewassen om zijn werk te herlezen en in het licht van nieuwe gegevens te herbronnen. Aan een johanneïsch aggiornamento had hij geen behoefte gevoeld en hij stelde verbaasd en onthust vast hoe velen het opzet van de «goeie» Johannes XXIII verdraaiden, misbruikten, om de waardevolste tradities, en zelfs geloofspunten te betwisten en te verkrachten. Wij weten niet of hij persoonlijk diep heeft geleden onder de nieuwe, thans vrijzinnige Contrareformatie. In de kleine wereld waar hij zich had teruggetrokken voelde hij zich veilig te midden van vrome priesters die zoals hij aan brevier en dagelijks celebreren trouw waren gebleven. Voor de veiligheid van anderen daarbuiten rekende hij voortaan meer op de kracht van het gebed dan van welk geschreven of gesproken woord. En hij geloofde vast dat Maria en al de apostelen die hem reeds bij Onze Lieve Heer waren voorafgegaan, de Kerk zouden blijven beschermen en haar helpen om ook dit nieuwe tijdsgewricht zegevierend te doorstaan.

Tot veler spijt!

Wellicht zal Monseigneur onder ons het langst voortleven door zijn *Mémoires* die op 1 juni 1971 een tweede, onveranderde druk vierden. Doch hoe betreuren velen dat hijzelf er nooit aan dacht een bloemlezing samen te stellen uit zijn talrijke geschriften. Menige bladzijde erin doet thans verouderd aan, maar velen zijn fris, opwekkend, literair boeiend gebleven[7]. Velen gelden ook thans nog voor priesters en leken als een volwaardig commentaar op het eeuwige evangelie, op een evangelie dat niet veroudert en nooit vergaat.

J. COPPENS.

VICTOR JACQUES

1911-1976

Victor Jacques, nat. 1911 in Awagne (Lisogne), sacerdotio auctus 1934, lic. S.T. 1937, successive professor in collegio episcopali in Dinant, in seminario namurcensi 1941, praeses minoris seminarii in Floreffe 1955, maioris seminarii namurcensis 1967-1974, obiit 23 maii 1976.

Cfr *ETL*, 1977, t. LIII, pp. 260-261.

ALBERT PAILLOT

1914-1976

Albert Paillot, nat. 15 sept. 1914 in Mouscron, sacerdotio auctus 30 iul. 1939, doctor I.C. 1943, vice-parochus in ecclesia tornacensi S. Iacobi, secretarius curiae episcopalis, canonicus ad hon., obiit 27 maii 1976.

Cfr *ETL*, 1974, t. LIII, p. 261.

Compagnon de Gérard Fransen, l'abbé Albert Paillot entreprit en 1943, sous la direction du professeur Arthur Monin, une dissertation sur *Le précepte pénal dans la discipline canonique actuelle*, Louvain, 1943. In-4°, VIII-111 p.

[7] Misschien stond voor dit opzet Karel Cruysberghs te weinig kritisch tegenover zijn eigen werk. Hij kon geen kritiek verduren. Hij nam het me kwalijk bij de bespreking van één van zijn talrijke werken te hebben betreurd dat de auteur ook minder waardevolle stukken erin opnam. Ik vroeg hem of hij, vooral met het oog op anderen, het *Bonum quia humiliasti me* had gepredikt.

Épris de perfectionisme, il n'en publia un extrait qu'en 1952-1953, dans la *Revue de Droit canonique*, 1952, t. II, pp. 407-432; 1953, t. III, pp. 33-49, sous le titre: *L'infliction de peines sous forme de précepte*. Dans *Église de Tournai*, juillet-août 1976, n°s 7-8, pp. 164-166, J. Cassart évoqua la personalité du défunt.

« Excellent élève du Collège Saint-Stanislas à Mons, il se présenta à Tournai pour le clergé diocésain et fut envoyé tout de suite à Louvain où il conquit la licence en philosophie thomiste. Il revint à Louvain après avoir terminé sa théologie au séminaire de Tournai pour entreprendre des études de droit canonique.

Nommé vicaire à la paroisse Saint-Jacques de Tournai il s'y fit remarquer tout de suite par son zèle apostolique. Sa direction éclairée, ferme et souple à la fois, lui attacha beaucoup de pénitents et de pénitentes, tandis que sa charité lui valut surtout la gratitude des malades. Hélas, malgré l'entregent qu'il affichait extérieurement, les cas de conscience qu'il devait résoudre chez les autres et pour lui-même, lui devinrent très lourds, très pénibles. Il manifesta un tempérament inquiet, voire scrupuleux, que ses études de Droit Canon n'avaient pas contribué à corriger. Son Code de Droit canonique l'accompagnait régulièrement dans ses tournées pour le cas où il aurait à résoudre un problème juridique.

Aussi en 1952 ses supérieurs crurent sage de le détacher du ministère et de l'affecter définitivement aux tâches de secrétariat dont d'ailleurs depuis 1945 il avait été partiellement chargé. Il s'en acquitta avec un soin un peu minutieux que tempérait l'ascendant de Mgr Lecouvet pour qui il avait une profonde vénération. Après la mort de l'évêque auxiliaire, le 31 mai 1959 (cfr *ANL*, 1962, t. XVI, p. 218), il fallut le décharger de ses fonctions juridiques et lui confier des tâches qui n'engageaient pas autant sa responsabilité, tels le classement des archives et le rangement de la bibliothèque de l'évêché.

En 1966, une thrombose le frappa alors qu'il chantait l'office à la cathédrale. A partir de ce moment, sa vie fut un long et terrible calvaire. Le chanoine Paillot assista à sa lente déchéance physique et à celle de ses facultés les plus hautes. Il en souffrait d'autant plus qu'il se prétendait incapable d'y consentir, de les assumer et de les offrir à Dieu, unies à la passion du Christ. »

ANATOLE COLLART

1892-1976

Anatole-Remy Collart, nat. 6 maii 1892, S.T.L. 1921, subregens Collegii Papae Hadriani VI, professor in seminario namurcensi, pastor-decanus in Dinant, obiit in Dinant, 2 aug. 1976.

Cfr *ETL*, 1976, t. LII, p. 426.

MAURICE NÉDONCELLE

1905-1976

Maurice Nédoncelle, nat. Roubaix, 30 oct. 1905, prof. et decanus emeritus Facultatis theologiae catholicae in Universitate Strasbourg, doctor h.c. S.Th. (1963), obiit 27 nov. 1976.

Cfr *ETL*, 1977, t. LIII, pp. 277-278.

ALBERT CHARLIER

1936-1977

Albert Charlier, O.I.M., natus 1936, doctor S.T. (1963), professor in Scholasticatu O.I.M. et posthac in Institut d'Études théologiques (Bruxellis), obiit ian. 1977, nat. 41 ann.

Le Père Charlier présenta son mémoire pour le doctorat la même année (1963), que les abbés Maurice Chéza, Robrecht Michiels, Antoon Schoors, Marcel Tshiamalenga, et les Pères Gerard Dreesen, Augustin Patrick, Thomas Stank, Basilius van Leeuwen. Sous la direction du professeur Van Roey, il avait étudié *L'Église, corps du Christ, chez saint Hilaire de Poitiers*. Louvain, 1963. In-4°, XXV-182 p. Un extrait en parut dans les *ETL*, 1965, t. XLI, pp. 451-477 sous le titre *L'Église corps du Christ chez saint Hilaire de Poitiers*.

Physiquement handicapé, il surmonta ses déficiences grâce à une force de volonté remarquable. Quand le scolasticat de son Ordre à Velaines fut supprimé, il n'hésita pas à se déplacer pour continuer son enseignement.

ARTHUR CAMBIER

1932-1977

Arthur Cambier, C.I.C.M., nat. in Moerbeke, lic. Iuris Canon. 1960, obiit in Madeira, 13 febr. 1977, nat. 45 ann.

Cfr *ETL*, 1977, t. LIII, p. 547.

CAROLUS BALIĆ

1899-1977

Carolus Balić, O.F.M., natus in Katuni, 6 dec. 1899, sacerdotio auctus 1923, S.T. doctor 1927, professor theologiae in Makarska

1927-1933, professor in Pontificio Athenaeo Antoniano 1933-1971, obiit Romae, 15 apr. 1977.

Cfr *ETL*, 1977, t. LIII, pp. 569-571. — P. MELADA – D. ARACIĆ, *P. Carlo Balić. Profilo, impressioni, ricordi*, Roma, 1978. In-8°, 312 p.

FRANCESCO ROBERTI

1889-1977

Cardinalis Francesco Roberti, nat. Pergola, 7 iul. 1889, sacerdotio auctus 1913, cardinalis 15 dec. 1958, doctor h.c. lovaniensis 1961, obiit Romae, 16 iul. 1977.

Cfr *ETL*, 1977, t. LIII, p. 555.

FRANZ GRÉGOIRE

1898-1977

Franz Grégoire, nat. Sombreffe, 16 aug. 1898, sacerdotio auctus 1921, S.T. doctor 1924, professor philosophiae in Bonne-Espérance 1927, professor in universitate lovaniensi 1932-1962, obiit in Erps-Kwerps (Kortenberg), 10 oct. 1977.

Cfr J. COPPENS, *Le chanoine Franz Grégoire. Sa formation. Son enseignement. Son œuvre*, ap. *ETL*, 1961, t. XXVII, pp. 390-402. — J. COPPENS, *In Memoriam Fr. Grégoire*, ap. *ETL*, 1977, t. LIII, pp. 549-552.

Aux funérailles du regretté professeur, M. le chanoine Ponthot, doyen de la Faculté de théologie de Louvain-la-Neuve, prononça l'éloge funèbre dans l'église paroissiale de Erps-Kwerps. Le texte en fut publiée dans la *RTL*.

Des anciens élèves et des amis assistèrent au service funèbre célébré par Mgr Descamps. Mgr Samain représenta l'évêché de Tournai.

GÉRARD VANDEWYNCKEL

1908-1977

Natus in Lo, 25 oct. 1908, sacerdotio auctus 23 april. 1933, professor in Instituto brugensi S^{i} Leonis 20 aug. 1935, professor religionis apud Lycaeum brugense 30 aug. 1950, demiss. 31 dec. 1968, obiit Brugis 11 oct. 1977.

Le défunt vint à Louvain parfaire ses études théologiques. Dès le séminaire épris de l'amour des Saintes Écritures, ayant au surplus été plein d'admiration pour l'œuvre d'Albin Van Hoonacker qui s'était retiré dans la ville de Bruges après son éméritat et qui y décéda l'année où le défunt fut ordonné prêtre, il s'adressa à nous pour un mémoire de licence. Nous l'orientions vers les Poèmes du Serviteur de Yahvé. Les autorités diocésaines, qui n'ignoraient pas ses dispositions pour l'enseignement des mathématiques, ne lui permirent pas d'achever ses études supérieures de théologie. Nous-mêmes n'avons plus eu de contacts avec ce prêtre brugeois modeste, qui suivait le conseil du fabuliste «Pour vivre heureux, vivons caché». Le professeur M. Sabbe me signala que la dernière demeure qu'il occupa fut la maison où le «Saint Sang» de Bruges fut caché à l'époque de la Révolution française.

JOSEPH SOBRY

1886-1977

Natus in Veurne, 5 aug. 1886, sacerdotio auctus 28 mart. 1910, doctor S.T. 1912, professor in collegio de Veurne 27 dec. 1912, vice-pastor in ecclesia brugensi S. Salvatoris 28 iul. 1926, parochus in Nieuwkerke 18 iun. 1937, parochus in Moorslede 23 iun. 1941, parochus in ecclesia S. Hilonii in Izegem 20 iul. 1948, decanus districtus 5 nov. 1953, canon. ad honorem 24 apr. 1960, dem. 8 iul. 1963, obiit in Veurne, 28 oct. 1977.

Le défunt publia dans les *Mélanges Moeller*, Louvain, 1914, t. II, pp. 368-381, un article fort estimé sur *L'Université de Louvain et la controverse sur le laxisme en morale (Cfr Annuaire Univ. Louvain*, 1913, pp. 391-394). Parmi les autres publications du defunt relevons *De Kerk mystiek lichaam van Christus*, ap. *Ora et Labora-Serie*, n° 34, Bruges (Steenbrugge), 1933; 2e éd. 1944. — *Over Verschijningen. Wezen, kenbaarheid en vaststelling van haar bovennatuurlijken aard*, ap. *Brochurenreeks. Geloofsonderricht-Canisiusblad*, nouv. sér., t. VII, n° 1, Bruges, 1934. — *Het christelijk huwelijk*, ap. *Ora et Labora-Serie*, n° 58, Bruges, 1937. — *Onze heerlijke rol in het heilig Misoffer*, 3e éd., ap. *Ora et Labora-serie*, n° 20, Bruges, 1944. — *Onze heilige communie*, 3e éd., ap. *ibid.*, n° 33, Bruges, 1944 (1re éd. 1939).

Joseph-Jules Sobry werd geboren te Veurne op 5 augustus 1886 en overleed aldaar op 28 oktober 1977. Zijn ouders waren Caesar Jules Sobry en Sidonie De Busschere. Hij studeerde aan het College der Onbevlekte Ontvangenis te Veurne waar hij in 1904 laureaat was in de retoricaklas. In ditzelfde jaar was hij derde (Henri Lamiroy was primus) in de bisschoppelijke wedstrijd onder de colleges van het bisdom Brugge voor Latijnse redevoering. Sobry heeft wel geen klassieke filologie gevolgd, maar hij is een flink latinist gebleven. Na zijn heengaan als leraar der retorica te Veurne (aug. 1926) bleef hij nog meerdere jaren deze bisschoppelijke wedstrijd verbeteren. Hetgeen uiteraard alleen aan de beste elementen uit de clerus gevraagd werd.

In 1912 promoveerde hij aan de universiteit tot licentiaat in de godgeleerdheid. Later heeft hij achter zijn naam steeds S.T.D. gevoegd (ofschoon Sobry eigenlijk niet van titels hield). Na de eerste oorlog heeft hij genoten van de gelijkschakeling van alle vóór de oorlog gepromoveerde licentiaten in de godgeleerdheid tot doctor.

Op 27 december 1912 werd Sobry leraar der retoricaklas in zijn geboortestad. Altijd heeft hij erg meegeleefd met zijn stad Veurne. Hij is er ook, na zijn ontslag als deken van Izegem, opnieuw gaan wonen.

De oorlog heeft Sobry op de vlucht gedreven. Hij verbleef geruime tijd te Montluçon waar hij gevluchte studenten uit de Westhoek groepeerde en er les gaf. Bijzonderheden over dit optreden kan men vinden bij Dr. Felix VAN DEN BERGHE, *Geschiedenis van de Latijnsche Schoole en van het Bisschoppelijk College te Veurne*, Veurne, 1952, blz. 237 e.v.

Persoonlijk heb ik Sobry van zeer dichtbij gekend toen hij te Izegem, mijn geboortestad, pastoor was. Ik heb steeds zijn heldere, vlugge geest bewonderd, maar eigenlijk kwam hij mij voor als een actiemens. Een boekenworm is hij nooit geweest, ofschoon hij over een interessante bibliotheek beschikte. Het verwondert mij dan ook niet dat hij zo weinig voorkomt in de studies die in de *Revue Pratique de l'Enseignement* gepubliceerd werden. En wat hij later uitgaf in de Brugse reeks voor Geloofsverdediging, is duidelijk de vrucht van zijn lessen en voordrachten in de parochiale bonden te Brugge.

Te Brugge kwam hij in augustus 1926 aan. Een eer, destijds toch, in de parochiekerk van de bisschop benoemd te zijn. Daar was zijn collega Gustaaf Lambrecht (Dr. filosophiae; zie *Ne Pereant V*, blz. 76-85). Drie jaar later werd zijn cursusgenoot Henri Lamiroy hulpbisschop van Brugge.

Als onderpastoor te Brugge stond hij bekend als een temperantvol predikant en als een hard werker in de sociale organisaties en in de jeugdwerken. Verantwoordelijk voor een bloeiende patronage voor jongens heeft hij in de tijd van de opkomende Katholieke Actie het werk der parochiale patronaten verdedigd.

Uit deze Brugse tijd dateren zijn enkele publikaties, zoals gezegd de neerslag van studiekringen in parochiaal verband. Aldus verschenen in de reeks *Ora et Labora* (Steenbrugge, Liturgisch Volksapostolaat) volgende brochures die wij hier met het reeksnummer weergeven : 17. *De grondslagen der zondagsheiliging*; 20. *Onze heerlijke rol in het H. Misoffer* (3[e] druk 1944); 33. *Onze H. Communie* (1939; 3[e] druk 1944); 34. *Het mystieke lichaam van Christus* (1937); 47. *Over het apostolaat van elken gedoopte*; 58. *Het Christelijk huwelijk* (1937). — In de brochurenreeks : *Geloofsonderricht-Canisiusblad* (verscheen 8 maal per jaar; red. Groot Seminarie Brugge), verscheen Nieuwe reeks, 7e jaar 1934, n[r] 1, *Over verschijningen. Wezen, kenbaarheid en vaststelling van haar bovennatuurlijken aard.*

Op 18 juni 1937 werd Sobry pastoor van Nieuwkerke (Neuve Église) bij de Franse grens. Hij verbleef er slechts vier jaar, maar volgens het *Memoriaal* van pastoor Passchier was deze tijd eivol van grote stichtingsactiviteiten. Ik citeer hier bondig de gegevens uit dit *Memoriaal* (blz. 262 e.v.) : 1937 : Schoolactie, stichting K.A.V.; stichting B.J.B. (mislukt); stichting patronaat (niet gelukt); stichting

K.A.J.; viering H. Kristoffel met zegening van auto's, velo's en moto's; — 1938: Missieactie; stichting H. Hartbond voor mannen (moeilijk); stichting M.V.K.A.; stichting B.J.B.-meisjes; stichting broederschap St.-Kristoffel; herinrichting studiekring; Paasactie; — 1939: Stichting Vrouwenbond H. Hart; missieactie: misactie: terug naar de zondagsmis; hernieuwing H. zending; — oorlog.

In de korte tijd van zijn verblijf te Nieuwkerke heeft Sobry ontzettend veel kerkgerief en gewaden gekocht. Dat was zijn zwak. Ook te Izegem kocht hij voortdurend. Hij bracht de prachtige barokke zilveren godslamp uit het klooster terug in de kerk.

Van 23 juni 1941 tot 20 juli 1948 was Sobry pastoor van de St.-Martinusparochie te Moorslede, een parochie van bij de 6000 inwoners, met twee onderpastoors. Daar heeft hij deze lijn van intense activiteit verder doorgezet. Ik heb hem echter van dichtbij aan het werk gezien als pastoor van de St.-Tillokerk te Izegem, waar hij op 20 juli 1948 Emiel Van Cappel (historicus, Lovaniensis, oudleerling van Cauchie, flamingant) opvolgde. Zijn voorganger was vele jaren ziekelijk geweest en alles had een beetje de krachtige hand van een energiek parochieherder nodig. Van Cappel was de man geweest van de Eucharistie, de pastoor met drukke biechtstoel, die veel belang hechtte aan de Congregatie der Jonge dochters en verder achter de schermen de politieke touwtjes van Izegem in handen hield. De verschijning van Sobry met zijn nerveuze stap. met zijn besliste gebaren, bracht een ganse omwenteling in de kerk en de parochie. Hij heeft werkelijk van top tot teen de kerk grondig opgefleurd, gekocht en hersteld, beelden van Maria Goretti en Dominiek Savio in de kerk en in verering gebracht (hij had zeer veel oog voor de jeugd), was aanwezig op bijeenkomsten van parochiale verenigingen waar hij kon aanmoedigen, waarderen, stimuleren. Met zijn vier onderpastoors vlotte het niet altijd te best, maar hij had een karakter dat inkankering van conflicten onmogelijk maakte. Sobry was veel op de been in zijn parochie voor huisbezoek. Het heeft mij steeds getroffen hoe deze man na zijn korte siesta rond twee uur al met de fiets op weg was doorheen zijn uitgestrekte parochie (van 10.000 inwoners!) om bezoeken af te leggen. En dit ook op gevorderde leeftijd en nadat hij op 68 jarige leeftijd daarbij deken was geworden van het dekanaat Izegem. Deze dekenij moest hij volkomen inrichten. Maar hij bezweek niet. Tegen zes uur was hij gewoonlijk thuis voor zijn avondmaal en iedere dag was hij aanwezig in het lof waar hij zijn brevier bad en de rozenkrans.

De 24 april 1960 vierde hij te Izegem zijn gouden priesterjubileum. Mgr. De Smedt hield de kanselrede en in die rede werd de jubilerende pastoor-deken benoemd tot ere-kanunnik. Op al deze plechtigheden: installatie (1948), inrichting der nieuwe dekenij (1953), zagen wij de rijzige gestalte van zijn Ieperse kozijn Prof. Dr. Paul Sobry samen met de neven van pastoor Sobry, de kineren nl. van zijn zuster uit Veurne, de priesters Trypsteen.

Toen hij kanunnik werd heeft hij mij — getuigend van zijn zin voor humor — (deken Sobry had een schetterende lach!) een *Catéchisme des Chanoines* opgestuurd. Daar is sprake over rusten, nietsdoen, teren op zijn vet, etc. Maar dat heeft Sobry nooit gedaan. De inwoners van Veurne hebben wel de naam « slapers » te zijn, maar Sobry stond al in zijn jaren in het college te Veurne bekend als een wakkerschudder van slapers, en ikzelf heb het persoonlijk meegemaakt dat hij een ietwat te trage non bij de offergang een onheuse draai onder het zitvlak gaf omdat zij in haar pieus gedraal de offergang afremde. «Ik ben liever een beetje minder heilig dan mijn voorganger, maar méér overal aanwezig», placht hij te zeggen [1].

J. GELDOF.

LOUIS DE WITTE

1904-1977

Natus in Ixelles, 14 sept. 1904, Cand. Phil. Class., sacerdotio auctus 20 dec. 1928, S.T.D. 1932, professor in Instituto S. Bonifacii 19 aug. 1932, professor in Seminario S. Josephi 9 sept. 1935 – 16 febr. 1947, canonicus ad hon. capit. cathedr. mechliniensis 9 dec. 1941, parochus in ecclesia B. Mariae de Finibus terrae in civitate bruxellensi 16 febr. 1947 – 29 dec. 1956, consultor spiritualis apud Commisiariatum S. Sedis prope Exhibitionem internationalem bruxellensem 29 dec. 1956 – 20 nov. 1958, vice-officialis tribunalis ecclesiastici mechliniensis 29 dec. 1958, obiit Bruxellis, 3 dec. 1977.

C'est sous la direction du professeur R. Draguet qu'en 1932 Louis de Witte acheva sa dissertation pour le doctorat en théologie : *Le* Tu es Petrus *dans l'Église des premiers siècles*, Louvain, 1932. In-4°, VIII-119 p. L'abbé J. Laruelle, du diocèse de Namur, et le Rév. Père François Laureys, de l'abbaye de Tongerlo, furent ses compagnons de promotion.

Après plusieurs années passées dans l'enseignement et dans le ministère pastoral, il se rendit très méritoire dans sa fonction de vice-official au tribunal ecclésiastique de Malines. Il nous envoya à toute fin utile un rapport bien composé sur l'évolution de la jurisprudence dont il fut le témoin dans l'examen des causes matrimoniales : *Six ans d'officialité : Causes matrimoniales 1958-1969*, ap. *ETL*, 1980, t. LVI, pp. 147-157

[1] Et voici deux données pour étoffer la petite histoire. — A l'occasion de l'érection du doyenné d'Izegem le 6 novembre 1953, le doyen offrit le 29 novembre un lunch : Aspergeroomsoep, — rode zalm, chambordsaus, — wildbraad omkranst met kastanjebrij, knapballetjes, — feestgebak, — vruchtenkorf, — koffie. — Le 24 avril 1960, il offrit un dîner à l'occasion de son jubilé de cinquante ans de vie sacerdotale (28 mars 1910 – 24 avril 1960) : *Benedic, Domine, nos et haec tua dona* : Lentesoep, — Jubel-hapjes (Vray Canon Boyer '49), — Tongreepjes met garnalen op zijn Normandisch (Haut-Barsac '47), — Kippen met sla en fruit, knapballetjes (Château du Fouleur, Pommard '47), — Feestgebak (Riesling Perlux), — Fruitsalade, — Mokka. Iedere tafelrede is geregeld.

ANDRÉ-MARIE CHARUE

1898-1977

Natus Jemeppe 1 jul. 1898, sacerdotio auctus 15 aug. 1922, S.T.D. 1926, S.T.M. 1929, professor in seminario namurcensi 3 febr. 1928, administrator apostolicus dioeceseos namurcensis oct. 1941, episcopus 2 dec. 1941, sacratus 11 febr. 1942, emeritus 1974, obiit Namurci 20 dec. 1977.

Une notice a paru dans les *Eph. Theol. Lov.*, 1978, t. LIV, pp. 231-235. Elle est reproduite dans *Annua Nuntia Lovaniensia*, fasc. 21, Louvain, Éditions Peeters, 1978.

PLACIDE LEFÈVRE

1892-1978

Natus Lovanii, 14 ian. 1892, canonicus abbatiae de Averbode 11 oct. 1911, sacerdotio auctus 22 aug. 1915, doctor scientiarum historicarum Lovanii 1924, archivista in Archivio Nationali Bruxellensi, professor extraordinarius in Universitate catholica, obiit Lovanii 11 ian. 1978.

Nous avons consacrè à notre collègue une notice dans les *Eph. Theol. Lov.*, 1978, t. LIV, pp. 235-240, notice reproduite dans *Annua Nuntia Lovaniensia*, 1978, fasc. XXI, Louvain, Peeters, 1978.

La bibliographie du défunt a paru dans la *Bibliographia academica Universitatis catholicae Lovaniensis*, et, de façon plus complète, dans *Anal. Praem.*, 1978, t. LIV, pp. 8-30.

FELICISSIMUS RAEYMAEKERS

1915-1978

Le 24 juin 1978 est décédé à Westmeerbeek-Herentals Mgr Alphonse-Felicissimus Raeymaekers, évêque émérite de Lahore (Pakistan). Né le 12 mars 1915 à Westmeerbeek, il entra chez les Capucins en 1932 et fut ordonné prêtre en 1939. Envoyé à l'université de Louvain, il y composa pour le doctorat en théologie, sous la direction de Mgr Lebon, une dissertation ayant pour objet : *Het Gebed bij den Heiligen Bonaventura. Leer* en *Praktijk*, 1943. In-4°, 204 p., dont aucun extrait ne fut publié.

Il partit pour les missions des Pères Capucins au Pakistan, et, le 20 octobre 1963, Paul VI le consacra évêque de Lahore. Il assuma cette charge durant 12 ans et revint dans le pays en 1975 après avoir transmis sa charge au premier évêque d'origine pakistanaise.

GEORGES BRUYNINCKX

1903-1978

Natus Teneraemundae, 16 sept. 1903, sacerdotio auctus 1928, professor in seminario minore S. Nicolai Wasiae 1928, director Instituti S. Iosephi 1936, superior minoris seminarii 1950, parochus ecclesiae B.M. Virginis Gandae 1952, director Sororum caritatis Salvatoris resuscitati 1955, obiit St-Nicolai (Waas), 14 iulii 1978.

Le 14 juillet 1978 est décédé à St-Nicolas-Waas l'abbé Georges Bruynincx. Né à Termonde, le 16 septembre 1903, fils de l'ancien bourgmestre de cette ville qui assista en 1914 à l'incendie criminel de sa cité par la soldatesque allemande, Georges Bruyninckx se décida, au terme de ses humanités au Collège de la Sainte Vierge de Termonde, à se faire prêtre dans le clergé du diocèse de Gand.

Après avoir achevé ses études de philosophie et de théologie au petit séminaire de St-Nicolas-Waas et au grand séminaire de Gand, il fut envoyé en 1927 à l'Université de Louvain pour s'y inscrire à la faculté de droit canonique. Nonobstant le fait qu'il appartenait à une famille où le goût des études juridiques s'était manifesté, — son père était avocat et deux de ses frères entreprirent à Louvain les études de droit, — il ne semble pas avoir éprouvé un désir particulier à devoir se consacrer au droit canonique tel que les maîtres de Louvain, notamment celui qui le conduisait en ce moment, Monseigneur Alphonse Van Hove, entendait l'enseigner et le promouvoir [1].

Il quitta la ville universitaire à la fin de sa première année académique et fut nommé professeur de poésie au petit séminaire de Saint-Nicolas-Waas, au cœur d'une ville où, par sa mère, il possédait pas mal de relations familiales et où il allait passer presque sa carrière toute entière.

Après huit ans d'enseignement il fut promu en 1936 directeur de l'Institut Saint-Joseph, situé dans l'Ankerstraat, un établissement diocésain pour les études primaires et secondaires que l'abbé Verstraeten avait longtemps dirigé et auquel il s'était efforcé de donner un standing et un rayonnement dignes des traditions wasiennes, nonobstant l'attention qu'il ne cessa de consacrer à l'Institut dit du Berkenboom dont il assumait en même temps la direction [2].

Chargé de la maison de l'Ankerstraat, l'abbé Bruyninckx put s'y dévouer durant quatorze ans pour la renouveler et lui assurer une nouvelle floraison. Aux yeux de l'autorité épiscopale, notamment de Mgr Joliet, le vicaire général chargé du département de l'enseignement, le directeur de l'Institut St-Joseph avait si bien mérité de son directorat qu'il était tout désigné pour succéder au chanoine Jules Daem, supérieur du petit séminaire de 1944 à 1950, qui venait

[1] Cfr J. COPPENS, *Monseigneur Van Hove. In Memoriam*, ap. *Kon. Vl. Acad. Wetensch. Lett. Sch. Kunsten van België. Jaarboek 1947*, t. IX, pp. 226-244.

[2] Arthur Verstraeten, né à Waasmunster, le 25 septembre 1872, décédé à St-Nicolas-Waas, le 19 mai 1936, après avoir démissionné le 16 avril de la même année.

d'être nommé secrétaire-général de l'Enseignement secondaire catholique à Bruxelles[3].

Au nouveau supérieur incomba une difficile et importante tâche : le transfert de l'Institut Saint-Joseph au petit séminaire dans les locaux devenus disponibles par le départ de la section de philosophie pour Tronchienne, où, exécutant une décision de Mgr Coppieters[4], Mgr Calewaert[5] avait construit un important complexe pour l'y recevoir. L'abbé Bruyninckx semble avoir réussi à opérer le déménagement de l'Institut qu'il avait dirigé durant quatorze ans (1936-1950) et sa fusion avec le petit séminaire d'une façon qui apparut donner satisfaction à toutes les parties intéressées. On est d'autant plus surpris que le 28 avril 1953, à peine deux ans et demi après son entrée én fonction au petit séminaire, il ait été nommé curé de Notre-Dame St-Pierre dans la ville épiscopale, et cela sans qu'une promotion au canonicat eût récompensée ses efforts.

Bien qu'il pût se rappeler que deux autres de ses prédécesseurs : le chanoine Camille Beeckman[6], nommé curé de la paroisse Ste-Anne en 1926, et l'abbé Hubert Van Goethem, nommé curé à la même paroisse le 24 juin 1944, où il fut appelé à succéder au chanoine Joseph Van de Velde[7], l'avaient précédé dans un exode vers la cité des Artevelde, nous avons le droit de penser qu'il considérait sa promotion gantoise comme un exil. Sans doute n'a-t-il pas manqué de le manifester plus ou moins discrètement. En tout cas, le 3 juin 1955 il accueillit sans doute avec joie sa nomination de directeur des Sœurs de Charité du Sauveur ressuscité dont la maison-mère était établie à St-Nicolas-Waas[8]. Il put ainsi revenir au terroir où il avait laissé son cœur et y assumer un nouvel apostolat, celui de diriger une communauté religieuse, de veiller au standing de l'enseignement qu'elle dispensait et surtout d'exercer auprès des malades, confiés à leurs soins dans la principale clinique de la ville, un apostolat sacerdotal d'assistance spirituelle et, au besoin, même discrètement matérielle.

Ce n'est pourtant à aucune des charges jusqu'ici mentionnées que dans la ville de Saint-Nicolas le nom de l'abbé Bruyninckx restera le plus attaché. On s'y souviendra surtout de lui comme fondateur du mouvement scout et comme

[3] Jules Daem, né à St.-Antelinks, le 11 mai 1902, successivement sous-régent au Collège du Pape à Louvain, professeur de rhétorique au Collège d'Oudenaarde, supérieur du Collège d'Eeklo, supérieur du Petit Séminaire de St-Nicolas-Waas, secrétaire général de l'Enseignement catholique secondaire, évêque d'Anvers 1962-1978, évêque émérite 1978.

[4] Cfr J. Coppens, *Son Excellence – Zijne Excellentie Mgr Coppieters*, ap. *Folia Lovaniensia*, 2, Louvain, 1950 et *Ann. Jaarboek Un. Cath. Louvain 1944-1948*, LXXXVII, t. III, pp. 5-50.

[5] Cfr J. Coppens, *Monseigneur K.-J. Calewaert 1893-1963. In Memoriam*, ap. *Analecta Lovaniensia*, nº 17, Louvain, 1971.

[6] Cfr G. Bruyninckx, *Honderdvijftig jaar! St-Jozef-Klein-Seminarie te St.-Niklaas 1808-1958. Geschiedkundige Schets*, St-Nicolas-Waas, 1958, pp. 56-59. — J. Coppens, *C. Beeckman*, ap. *Annua Nuntia Lovaniensia*, 1937, t. II, pp. 31-33.

[7] Cfr J. Coppens, ap. *Annua Nuntia Lovaniensia*, 1941-1950, t. VII, Louvain, 1950, pp. 99-100.

[8] Un de ses prédécesseurs les plus connus et estimés dans le directorat des Sœurs fut le chanoine Alfons De Schrijver, 12 oct. 1851 – 6 mai 1925 : *Ter Nagedachtenis van den zeereerweerden heer Alfons De Schrijver*, St-Nicolas, J. Edom, 1923.

premier aumônier provincial du scoutisme catholique en Flandre orientale. Le lancement de cette organisation ne se fit pas sans difficultés et, du moins au début, sans quelques frictions avec le chanoine Felix Vercruyssen, qui avait été désigné par les autorités diocésaines comme l'aumônier provincial de l'Action catholique[9]. Le chanoine Vercruyssen, et sans doute d'autres avec lui, estimaient que le mouvement scout risquait de ne pas accorder à la formation et à l'action catholiques la primauté qui leur revenait et de perdre de vue la lutte pour la pleine émancipation de ce qu'on appelait de plus en plus le peuple flamand. Nous avons jadis noté que le chanoine Vercruyssen finit par «capituler»[10]: ce qui me valut la fureur des parents du regretté vicaire général, incapables de comprendre qu'un homme intelligent n'a jamais tort de s'avouer vaincu quand il reconnaît s'être trompé[11]. Depuis lors des témoins de cette époque n'ont pas manqué de confirmer mon jugement. Certains, — tel l'abbé Godfried De Meulder[12], — ajoutent qu'une entente cordiale s'établit plus tard entre les deux leaders de mouvements à la fois parallèles et divergents.

L'abbé Bruyninckx avait entrevu l'année 1979 pour célébrer avec ferveur le cinquantenaire du mouvement scoutiste. Une maladie qui l'avait de plus en plus dépouillé de ses moyens d'action et finalement son décès ne lui auront pas permis d'assister à cet anniversaire, où d'ailleurs on risquera de devoir établir un bilan qui n'est pas uniquement positif[13].

Ajoutons que le défunt nous laisse quelques publications. Il mit la dernière main à une histoire populaire de sa ville natale à laquelle son père s'était consacré. En 1958, se reportant à son supériorat du petit séminaire de St-Nicolas, il composa un opuscule pour compléter l'œuvre de Gaston FAELENS, *Histoire du Petit Séminaire de St-Nicolas 1808-1908*, St-Nicolas, 1908 : *Honderd-vijftig jaar! St-Jozef-Klein-Seminarie te St.-Niklaas 1808-1958. Geschiedkundige schets*, St.-Niklaas, Scheerders van Kerchove, 1958. Enfin, devenu directeur des Religieuses de la charité du Sauveur ressuscité, il leur présenta un opuscule pour retracer leur histoire et leur rappeler leurs saints patrons: *Vincentius achterna. Het avontuur van de Liefdezusters van de Verrezen Zaligmaker 1810-1960*, St-Nicolas-Waas, 10 Hospitaalstraat, 1959. In-8°, 136 p. (vente *Pro infirmis*).

L'image mortuaire, distribuée au cours du service funèbre le samedi 22 juillet dans la chapelle de la clinique, reproduisit un extrait du testament spirituel du défunt, dont nos lecteurs aimeront prendre connaissance: «Op het beeldeken van mijn priesterwijding stond gedrukt: 'Ik heb mijn dienaar gevonden en hem gezalfd. Mijn hand zal zijn steun zijn en mijn arm zijn kracht' uit *Psalm* 88. De goddelijke steun heeft mij nooit ontbroken. Ik dank God voor zijn trouwe Aanwezigheid. Wat mijn dienst betreft, daarover laat ik het oordeel aan de grenzeloze barmhartigheid van de Vader en Heer».

22 juli 1978. J. COPPENS.

[9] Cfr J. COPPENS. *In Memoriam Felix Vercruyssen*, ap. *Annua Nuntia Lovaniensia*, 1953, t. VIII, pp. 167-180; t. X, p. 194.

[10] *Art. cit.*

[11] *Errare humanum est, perseverare diabolicum.*

[12] Godfried De Meulder, né à Zele, le 29 août 1893, ordonné prêtre à Gand (1919), directeur émérite depuis le 8 mai 1961, résidant à St-Nicolas-Waas.

[13] Ceci concerne entre autres l'évolution de certains personnages qui ont joué un rôle dans le mouvement.

MICHEL VAN DER PLAETSEN

1904-1978

Natus in Lovendegem, 16 oct. 1904, sacerdotio auctus 12 apr. 1931, S.T.B., professor in minore seminario S. Nicolai Wasiae 1 sept. 1932, viceparochus in Zele 23 iul. 1936, parochus in Vosselare 12 iul. 1950, parochus in Denderleeuw 11 oct. 1954, parochus decanus in Nederbrakel 6 ian. 1965, parochus emeritus in Vinderhoute 17 aug. 1972, obiit Gandavi 28 aug. 1978.

ANDRÉ-LOUIS VANDOOREN

1914-1978

Natus Poperinge 14 ian. 1914, sacerdotio auctus Brugis 23 dec. 1939, lic. philos. thom. iun. 1936, doctorandus S.T. ian. 1945, professor in Semin. Rollar. 19 dec. 1944, ibid. in sectione philosophiae 24 aug. 1945, director Vrij Technisch Onderwijs 6 iul. 1951, inspector dioecesanus Scholarum gradus secundarii 20 iul. 1957, canon. honor. 13 sept. 1958, obiit in H.-Hartkliniek in Roeselare, 20 iul. 1978.

Le défunt étudia à Louvain durant la deuxième guerre mondiale (1940-1944). Il y eut comme camarades d'études entre autres A. Depoorter, A. Descamps, M. Fraeyman, B. Luyckx, Th. Steltenpool, A. Kerkvoorde, M. Standaert, I. Verheecke : cfr *Bibliographie académique*, t. VII, 1934-1954, Louvain, 1954, vol. I, p. 66. Il fut un des rares étudiants du diocèse de Bruges à faire appel au professeur Joseph Lebon comme directeur de thèse et promoteur. Son mémoire s'intitula : *Ons Kindschap Gods in de vergoddelijkingsleer van den H. Athanasius den Groote*, 1944. In-4°, 161 p. Il portait sur une matière chère au professeur Lebon, matière vers laquelle il avait déjà orienté un autre de ses étudiants, l'abbé Louis Janssens, qui toutefois rédigea sa dissertation en français : *La filiation divine par grâce d'après saint Cyrille d'Alexandrie*, 1937. In-4°, VI-168 p.

Nous ignorons les causes qui ont amené le défunt à ne jamais publier un extrait de son mémoire.

PETRUS GILLET

1900-1979

Natus in On (provincia Luxemb.), 15 mart. 1900, sacerdotio auctus 23 sept. 1929, doctor 1925 et magister Iuris canonici 1927, professor in maiore seminario mechliniensi 29 dec. 1925, canonicus ad hon. ecclesiae cathedralis mechliniensis 27 iul. 1935, parochus in ecclesia

B. Mariae Virginis «de la Cambre» 2 mart. 1944, eleemosynarius Sororum B. Mariae Virginis de Coenaculo in La Hulpe 31 ian. 1967 – 28 febr. 1976, obiit in Erps-Kwerps 3 ian. 1979.

Le chanoine Gillet fut promu docteur en droit canonique après avoir soutenu en 1925 un mémoire sur *La personne morale en droit canonique*, patronné par le professeur Van Hove. Deux ans plus tard il publia sous la direction du même professeur une dissertation pour l'obtention de la maîtrise : *La personnalité juridique en droit ecclésiastique, spécialement chez les Décrétistes et les Décrétalistes et dans le Code de Droit canonique*. La même année son condisciple Aloïs Van Hove fut promu maître en théologie. Le cardinal van Roey inaugura à Louvain son épiscopat en venant présider ces deux promotions.

Le chanoine Pierre Gillet semble avoir eu plus de goût pour le ministère pastoral que pour le travail scientifique. En tout cas, il n'entreprit plus de recherches ou de publications importantes depuis son départ de Louvain.

REMI BEEL

1896-1979

Remigius Beel, natus 15 sept. 1896, — obiit 13 februarii 1979.

L'abbé Remi Beel naquit à Meulebeke le 15 septembre 1896. Après son ordination à la prêtrise (le 22 décembre 1923), il continua ses études théologiques à Louvain. Il y fut promu docteur à la fin de l'année académique 1926-1927 au cours d'une promotion nombreuse. Elle comprenait un licencié en droit canonique : A. Materne, — douze licenciés en théologie : M. Cappuyns (†), A. Gathy, E. Goossens (†), W. Goossens (†), C. Lambot (†), J. Lommez, F. Morelle (†), I. Onings, B. Rigaux, C. Smits, A. Vandenberghe, D. Van der Haar (†), — quatre docteurs en théologie : C. Balić (†), R. Beel (†), L. De Raeymaeker (†), P. Polman (†), — deux maîtres en droit canonique : P. Gillet (†) et E. Voosen, — et un maître en théologie : A. Van Hove.

Revenu dans son diocèse il occupa les postes de vicaire à la paroisse St-Michel de Roulers (1er déc. 1927), — de directeur des Sœurs de O.-L.-Vrouw van Bijstand à Courtrai (19 mai 1941), — de curé à Pittem (le 17 juillet 1949). Après son départ de Pittem le 2 mars 1957, il accepta de diriger le noviciat des Congrégations religieuses unies établi à Heule. En 1966, il termina son long et fructueux ministère sacerdotal également à Heule comme aumônier des *Dienstmaagden van den Zaligmaker*.

Le défunt fut un des rares étudiants de la faculté à faire appel au professeur Van Crombrugghe pour le patronage d'une dissertation. Il aborda un sujet qui ne manquait pas d'intérêt : *Gods aangezicht schouwen in het Nieuwe Testament* (1927). De ce travail aucun extrait, du moins à ma connaissance, n'a été publié.

ARTHUR JANSSEN
1886-1979

Natus Antverpiae, 11 febr. 1886, S.T.D. 1913, docens in Universitate catholica 1913, praeses Collegii Iusti Lipsii 1913, professor theologiae moralis specialis 1919-1959, obiit Lovanii 4 mart. 1979.

Cfr J. COPPENS – M. CAUDRON, *In Memoriam Mgr A. Janssen*, ap. *ETL*, 1979, t. LV, pp. I-VI.

Op zondag 4 maart 1979 overleed zachtjes te Leuven Mgr. Arthur Janssen. Hij was professor emeritus van de Leuvense Fakulteit der Theologie en gedurende zijn lange loopbaan nam hij verscheiden leidende posities waar op Vlaams kultureel gebied: lid van het beheer van de «Vlaamse Leergangen», voorzitter van de Katholieke Vlaamsche Radio-Omroep (1937-1946), voorzitter van het Davidsfonds (1938-1966), voorzitter van de Vliebergh-leergangen (1941-1972), lid van de naoorlogse Vlaamse Cultuurraad (1959), voorzitter van de Vereniging Vlaamse Professoren te Leuven (1963-1965). Tot de meeste van deze posten klom hij in den beginne op onder de beschermende vleugelen van wijlen Mgr. Senice en diens destijds invloedrijke vriendenkring.

Geboren te Antwerpen op 11 februari 1886 studeerde hij in 't klein seminarie te Hoogstraten en, zoals vele anderen, deed hij er een Vlaamse overtuiging op waaraan hij trouw is gebleven. Na filosofische en theologische studiën te Mechelen behaalde hij te Leuven in 1913 het doctoraat in de godgeleerdheid. Hij behoorde tot hetzelfde studiejaar als wijlen Mgr. Lamiroy en hoogleraar Albert De Meyer. Naar een puntig gezegde van een tijdgenoot was De Meyer de knapste, meende Lamiroy hem te overtreffen en ijverde Janssen om beiden te evenaren. In 1913 werd de jeugdige geleerde aangesteld tot praeses van het Justus-Lipsius-college. Naar mij werd verteld zou Mgr. Ladeuze eerst aan Albert De Meyer gedacht hebben, maar professor Alfred Cauchie, die reeds De Meyer tot zijn opvolger had verkozen, verzette zich tegen een benoeming die z.i. het wetenschappelijk werk van zijn uitstekende leerling zou hebben gehinderd. Tevens kreeg Janssen als opdracht zich in het Armenisch te specialiseren. Ten gevolge van het onverwachte plotselinge overlijden van professor Henri De Jongh (1875-1915) kwam de leerstoel van moraaltheologie beschikbaar, en na de eerste wereldoorlog, bij de heropening van de Universiteit, werd deze aan Arthur Janssen toegewezen, die trouwens zijn proefschrift aan moraal-historische problemen had gewijd. Later drong Janssen nog bij de rector magnificus aan om ook Van Hoonackers moraal-filosofische leeropdracht te bekomen. Een laatste benoeming viel hem ten deel toen hij in 1944, na het heengaan van Mgr. J. Lebon, de priesters-studenten van het door bombardement vernielde Heilige-Geest-College in zijn pedagogie opnam en van 1945 tot 1956 als hun president fungeerde.

Toen Arthur Janssen in 1919 met zijn onderwijs in de moraaltheologie startte, vatte hij zijn colleges vooral historisch op onder invloed van de bekende historicus Cauchie, invloed dien hij, zoals velen, diep had ondergaan.

Vandaar zijn «voorlezingen» gewijd aan de ontwikkeling van de kruisweg, het bidden van de Wees-gegroet, het ontstaan en de verspreiding van de aflaten. Hierin kwam een grondige verandering toen, — althans zo ging de mare, — Kardinaal van Roey aan de Leuvense hoogleraar verweet niet genoegzaam de fundamentele moraaltheologische problemen te behandelen. Voortaan zou de aandacht van Arthur Janssen hoofdzakelijk gaan naar wat men in de wandeling actuele problemen noemde, en dit vooral op vulgariserend vlak. Het Davidsfonds bood hem daartoe een enige, schitterende kans. Meer dan één werk werd in de publikaties van het gezelschap opgenomen. Onder de meest verspreide en bekende werken vermelden wij: *Het geneeskundig onderzoek vóór het huwelijk* (1932), *Mode en dans* (1933), *Ras, natie, vaderland* (1945), *Zaken en moraal* (1947), *Schaamtegevoel en zedelijkheid* (1948), *Gij zult niet doden* (1950), *De mens en zijn lichaam* (1960), *Het staatsgezag: gehoorzaamheid, verzet, revolutie* (1963).

Naast die reeks populariserende schriften en een paar klassieke handboeken voor zijn studenten ging Janssens aandacht vooral naar de *Ephemerides Theologicae Lovanienses* waarvan hij, met Alfons Van Hove en Jozef Bittremieux, stichter was en er gaarne de spil van bleef. Hier maakte hij zich verdienstelijk met een overvloed van meestal lovende recensies en vooral door het opstellen van een uitstekend verzorgde bibliografie voor de moraaltheologie. Wij denken onder meer terug aan de moeite die hij zich getroostte om over de encykliek *Humanae vitae* een informatie te bezorgen die men nergens anders zo overvloedig kan aantreffen.

De overledene werd bij beurten gevierd en geschilderd, maar, enigszins vreesachtig voor andermans kritisch oordeel, was hij er niet op uit om met de pen te worden uitgetekend. Wie een literair portret zou willen schetsen, zou, mij dunkt, vooral de nadruk moeten leggen op de werk- en wilskracht van de overleden collega. Zij liet hem toe vele hinderpalen voor een publiek optreden te overwinnen en in het openbaar een rol te spelen waartoe doorgaans meer persoonlijkheid en briljant talent worden gewenst, zo niet vereist. Of hij die rol op Vlaams-universitair terrein, in een periode waarin passie gemoederen en gezichtsveld benevelden, steeds in de goede richting heeft gespeeld, kan men thans nog niet met volle klaarheid en zekerheid uitmaken. Wie het zou durven te betwijfelen, zal toch graag toegeven dat de toegewijde hoogleraar steeds bedoelde naar zijn best vermogen de Kerk, de Universiteit en zijn ontwakend volk te dienen[1].

Leuven. J. COPPENS.

— Et voici la notice consacrée à Mgr Janssen dans la *RTL* par le chanoine A. Houssiau qui fut au Collège Juste Lipse de Louvain un de ses derniers sous-régents.

«Né à Anvers, le 11 février 1886, Arthur Janssen entra dans la carrière académique en 1913 comme chargé de cours et président du collège Juste-Lipse; nommé professeur en 1918, il assuma jusqu'en 1956 la chaire de théologie

[1] Cfr J. COPPENS, *Monseigneur Arthur Janssen*, in *ETL*, 1979, fasc. 2-3, pp. I-III. — M. CAUDRON, *Lijkrede*, *ibid.*, pp. III-VI.

morale à la Schola maior de théologie et l'enseignement de la philosophie morale en candidature en philosophie et lettres. Il s'éteignit, au terme d'une vie de constant labeur, à Louvain le 4 mars 1979.

Mgr Janssen a donné le meilleur de lui-même aux *Ephemerides theologicae lovanienses*. Cette revue fut créée en 1924 par une équipe de six professeurs de la Faculté de théologie (qui comprenait alors les canonistes). Comme ils l'exprimaient en tête du premier numéro, il manquait jusqu'alors un périodique qui, sans engager l'autorité de la Faculté comme telle, puisse devenir l'organe de ceux de ses membres qui désirent traiter pour le public des théologiens ou des canonistes une question qui relève de leur spécialité : la dogmatique générale et l'apologétique, la dogmatique spéciale, la théologie morale et le droit canon. Au vu de la cinquantaine de tomes parus, nous ajouterions : l'exégèse de l'Ancien et du Nouveau Testament. En outre la revue a largement accueilli les travaux de doctorat des étudiants de la Faculté. Les *Ephemerides* restent, au-delà du dédoublement de l'Université, l'œuvre commune de professeurs des deux Facultés. Le nom d'A. Janssen figure sur la couverture de chaque fascicule, du premier au dernier parus. Ceci témoigne, en son cas, de bien plus que d'une simple collaboration. Il fut, en effet, la cheville ouvrière de la revue ; dès les premiers jours et durant plus de trente années, il assura le secrétariat, avec toutes les tâches ardues, voire obscures qu'il impose. Sa contribution scientifique consista non seulement dans des articles sur des questions actuelles de morale, mais surtout dans l'énorme masse des recensions d'ouvrages de morale et dans l'inlassable et minutieuse composition de la bibliographie courante concernant la morale, y compris la sacramentaire ; celle-ci fournit aux chercheurs un instrument inégalé pour établir l'état des questions. Mgr Janssen a poursuivi ces deux dernières activités jusqu'aux derniers jours de sa vie.

En parcourant la bibliographie d'Arthur Janssen[2], on découvre son souci de répondre scientifiquement aux questions d'éthique qui se posent à la conscience contemporaine dans le domaine médical (l'hystérectomie en cas de grossesse, les drogues préventives à la conception, l'eugénétique, l'euthanasie ...) et dans le domaine politique (le sérum de vérité, la violence et la dictature, la peine de mort, les armes atomiques ...). D'esprit peu créatif et se méfiant de toute aventure, il abordait néanmoins les questions avec une connaissance sérieuse du dossier, examinant honnêtement les argumentations, restant attentif à une question neuve et prêt à rejoindre une position nouvelle après l'avoir éprouvée. Il avait gardé de sa formation historienne — il était originellement destiné à l'étude de la littérature arménienne — ce goût de l'information complète et sûre. Néanmoins, il tenait à s'appuyer sur une argumentation rationnelle en faisant appel à un cadre conceptuel éprouvé ; il s'inscrivait ainsi dans la tradition néoscolastique des maîtres auxquels il succédait.

Comme professeur, il dirigea de nombreux travaux de doctorat et de maîtrise en théologie. Une part à peu près équivalente revient à l'histoire de

[2] Notices bibliographiques dans : *Miscellanea moralia in honorem eximii domini Arthur Janssen*, Louvain-Gembloux, pp. 1-15 (1914-1948) ; UNIVERSITÉ CATHOLIQUE DE LOUVAIN, *Bibliographie académique*, t. 6, pp. 20-23 (1914-1934) ; t. 7, pp. 308-315 (1934-1954) ; t. 8, p. 15 (1954-1955) ; t. 9, pp. 12-13 (1956) ; t. 10, pp. 35-36 (1957-1963) ; *Bibliographia academica, Faculteit der Godgeleerdheid*, pp. 13-14 (1964-1971).

la théologie morale (avec une attention particulière à la scolastique du XIIe et du début du XIIIe siècle) et au traitement systématique d'un problème actuel d'éthique.

Mgr Janssen était un *timoratus vir*. Il était peut-être timoré au sens ordinaire du mot : il craignait les conflits violents et le déchaînement des passions. Mais ce trait de caractère devait bien le servir, non seulement dans la sereine continuation de son labeur mais aussi dans son rôle de conseiller moral. D'ailleurs, cela ne l'empêchait pas de prendre fermement ses responsabilités, quand il l'estimait nécessaire, comme le manifeste un épisode du début de sa carrière. La masse des étudiants s'en était prise à la personne du vice-recteur en des manifestations extrêmement violentes. Avant de prendre une décision, le chancelier de l'Université, le cardinal Mercier, consulta le Sénat académique spécialement assemblé à cet effet ; le jeune chargé de cours qu'était l'abbé Janssen eut l'honnêteté et le courage d'émettre son avis sur la portée relative de ces manifestations et sur le vrai fondement de cette hostilité.

Mgr Janssen était un homme fidèle et il était d'autant plus sensible aux marques de sympathie et d'affection de ses anciens étudiants, des laïcs de son cher collège Juste-Lipse et des théologiens qui s'étaient mis sous sa direction. Cette fidélité explique aussi son dévouement à la cause de la culture flamande dans l'enseignement universitaire et dans la formation populaire. Même s'il appuyait de la sorte une politique qui nous était cruellement et injustement dommageable, il nous faut reconnaître qu'il ne s'est jamais départi d'une parfaite courtoise envers chacun de ses collègues et de ses anciens étudiants. »

LEO DE VOS

1899-1979

Leo Polydoor De Vos, natus Alosti 1 nov. 1899, I.C.B. 1924, fuit successive vice-parochus in ecclesia B. Mariae in civitate St Nicolai Wasiae 1924, parochus ecclesiae Christi regis 1934, parochus decanus Kaprijke 1948, director generalis Sororum caritatis Salvatoris ressuscitati in urbe S[i] Nicolai 1951, visitator comnunitatum religiosarum et canonicus titularis 1955, director Sororum Visitationis (Coupure, Gandae, 1956), iudex tribunalis ecclesiastici 1963, director Sororum Visitationis in Mariakerke 1973, obiit Gandae 15 mart. 1979

Le chanoine De Vos naquit le 1er nov. 1899 à Alost où ses parents exploitaient une boulangerie située au cœur de la cité. Envoyé à l'université de Louvain après avoir terminé ses études théologiques au séminaire de Gand, il y fut promu bachelier en droit canonique en 1924. Après avoir occupé divers postes dans le ministère paroissial il fut nommé chanoine titulaire et visiteur des congrégations religieuses.

Dès le séminaire le défunt s'était fait remarquer par sa piété, sa serviabilité, sa modestie. Les communautés religieuses conservent de lui le souvenir d'un directeur remarquablement doué de prudence et de bonté.

MAURICE GEERARDYN

1896-1979

Natus 7 febr. 1896, obiit Brugis 15 martii 1979.

Cfr *ETL*, 1979, t. LV, p. 440. — J. DELEU, *Geerardyn, Maurits*, dans *Encyclopedie van de Vlaamse Beweging*, 1973, t. I, pp. 565-566.

Le 15 mars 1979 est décédé à Bruges l'abbé Maurice Geerardijn. Il naquit le 7 février 1896, participa à la première guerre mondiale, fut ordonné prêtre le 22 décembre 1923. Au lendemain de son ordination il fut envoyé à l'Université de Louvain pour s'y spécialiser en droit canonique. Il fut nommé successivement vicaire à la paroisse de St-Bavon à Bruges-St-André (1925) et à Rollegem (1928). Ses opinions flamingantes qui lui avaient déjà valu des sanctions durant le conflit mondial, provoquèrent l'intervention des autorités ecclésiastiques brugeoises. Il fut amené à quitter le pays et à accepter divers postes aux Pays-Bas (1930-1941), dans la province d'Anvers (1941-1945), aux États-Unis (New Mexico 1946-1957). Rentré dans le pays en 1957, il fut réintégré dans son diocèse. D'abord attaché à la clinique de Knokke, il fut nommé le 9 décembre 1958 curé de Mannekensvere. Démissionnant le 5 mars 1962, il s'établit successivement à Rumbeke, Marke et Bruges (St.-Michiels).

L'abbé Geerardijn resta toute sa vie obstinément fidèle à ses convictions politiques.

— Dans l'hebdomadaire Pallieterke du 27 mai 1976, E. DE V. publia sous le titre *Maurits Geerardyn 80 jaar*. II. *Langs Benelux tot Europa*, un aperçu de la vie du défunt depuis son entrée au séminaire de Bruges. A nous reporter à nos souvenirs, nous nous demandons si la relation des rapports de Geerardijn avec les abbés Sobry et Dubois est en tous les détails exacte.

OMER DE ROP

1923-1979

Natus in Beveren-Waas, 11 octobris 1923, sacerdotio auctus 1947, S.T.B., I.C. doctorandus, secretarius dioecesis gandavensis 1951, director Sororum de infantia Iesu in Oostakker 1953, canonicus ad honorem 1959, vicarius generalis 1978, obiit Oostakker, 24 maii 1979.

Cfr *ETL*, 1979, p. 441.

Le 24 mai 1979 est décédé inopinément, succombant à une crise cardiaque, le chanoine Omer De Rop, vicaire général de Mgr Van Peteghem. Né le 11 octobre 1923 à Beveren-Waas, ordonné prêtre à Gand en 1947, il fut promu bachelier en théologie et licencié en droit canonique. Il ne publia pas un extrait de sa dissertation pour le doctorat et manqua ainsi d'être promu docteur.

En 1951, il fut nommé secrétaire de l'évêché, poste qu'il remplit durant 28 ans. En 1953, il devint directeur des Sœurs de l'Enfance de Jésus à Oostakker. Promu chanoine honoraire en 1959, il succéda le 9 août 1978 à Mgr De Keersmaeker comme vicaire général.

Grand travailleur, il se dévoua également à la feuille diocésaine *De Godsdienstige Week van het Bisdom Gent* et accepta, de 1964 à 1978, le secrétariat des *Vlaamse Leergangen* pour la Flandre Orientale.

Omer De Rop acheva sous la conduite de W. Onclin une dissertation sur *De morte praesumpta absentis in iure matrimoniali*, Louvain, 1951. In-4°, XIII-214 p. Les doctorandi en droit canonique furent en 1951 particulièrement nombreux : ils comprenaient, outre O. De Rop, Jacques Absil, Alexandre Dordett, Karel Lauwers, Nikolaas Plasschaert, Th. Richardson, V. Walckiers.

FULTON JOHN SHEEN

1895-1979

Fulton John Sheen naquit à El Paso (Ill.), le 8 mai 1895. Il conquit successivement le B.A. au St. Viator College, Bourbonnais (Ill. 1917) et le M.A. en 1919, — le baccalauréat en théologie au séminaire de saint Paul et le baccalauréat en droit canonique à l'université catholique de Washington (1920), le doctorat en théologie à Rome (1924), le doctorat (1923) et l'agrégation en philosophie à Louvain (1925). Il fut ordonné prêtre le 20 septembre 1919.

Sheen débuta dans l'enseignement en 1925 à St. Edmund's College, Ware (Grande Bretagne), puis devint professeur de philosophie à l'Université catholique de Washington (1927-1950). En 1950, il fut nommé secrétaire national de la Société pour la Propagation de la Foi, poste qu'il conserva jusqu'en 1966. En 1951 il fut nommé évêque auxiliaire de New York et en 1966 il devint évêque résidentiel de Rochester. Quand il offrit sa démission le 15 octobre 1969, il fut promu évêque titulaire de Newport (Grande Bretagne). Retiré à New York, il y succomba à une crise cardiaque le 12 septembre 1979. En 1957, l'Université catholique de Louvain lui avait conféré le doctorat h.c. en théologie.

Deux événements marquèrent surtout depuis 1950 la vie du défunt : le premier, son inlassable activité au service de la Propagation de la foi, le second, son labeur non moins prodigieux à la télévision. «Penetrating blue eyes, a vibrantly expressive voice and an ability to place warmth and wit at the disposal of his years of scholarship made Bishop Sheen one of the foremost figures on American television in the 1950 when millions watched him weekly on *Life is worth living*.

Acclaimed by people of all faiths almost immediately after it went on the air in february 1952, the 80 minute show in which Bishop Sheen spoke uninterrupted and without notes, soared in the ratings and won an *Emmy*» (*International Herald Tribune*, 11 déc. 1979).

«The Bishop's persuative powers depended a good deal on deep-set, piercing blue eyes that seemed to transfix his viewers, and a burnished voice that would soar, pause theatrically or plunge to a hushed whisper. Wearing a cape and large pectoral cross, and with a blackboard as his only prop, he performed flawlessly without script or cue cards. He put something like 30 hours' preparation into each show, memorizing key points and the eloquent windup that would precede his famous *God love you* sign-off» (*Time*, december 24, 1979, p. 45).

«He once parodied the prayer of a modern Pharisee: I thank thee, o Lord, that my Freudian adviser has told me that there is not such thing as guilt... I may have an Oedipus complex but I have no sin» (*Ibid.*).

La nomination à Rochester révéla un nouveau Sheen. Alors qu'il avait paru un redoutable conservateur, pourfendant non seulement Darwin, Marx, Freud, mais également ceux de ses concitoyens parangons de la tolérance: «America is suffering from tolerance», il devint à Rochester ce que *Time* appela «a controversial innovator». «He put a civil rights activist on his staff, let parish priests elect his top aide and 'taxed' church construction to help the poor. In 1967 he called on President Johnson to withdraw all troops from Viet Nam» (*ibid.*). «Efforts made in behalf of blacks and the poor embroiled him in controversy» (*Int. Herald Tribune*, 11 dec. 1979). Quand la presse annonça sa démission «for reasons of health», Bishop Sheen répliqua en observant que sa santé était «marvelous».

Ajoutons que le défunt s'était également acquis une notable réputation pour avoir converti à l'Église pas mal de personnalités en vue, tels Louis Budenz, éditeur du *Daily Worker* communiste, Heywood Broun et Clare Booth Luce.

Les publications de Fulton Sheen sont nombreuses. Jasper Green PENNINGTON en a dressé un relevé sous le titre: *Fulton John Sheen: A Chronology and Bibliography*, dans *Essays in Honor of Joseph P. Brennan by Members of the Faculty, Sint Bernard's Seminary, Rochester*. Ed. by Robert F. McNAMARA, Rochester, St. Bernard's Seminary, 1976, pp. 108-125. C'est au séminaire St. Bernard de Rochester que les archives Sheen ont été réunies et déposées.

LEO VAN HULLE

1904-1979

Natus in Waarschoot, 3 sept. 1904, sacerdotio auctus 7 apr. 1929, S.T.B. 1930, fuit successive vicarius in Kruibeke et Dendermonde, parochus in begginatio teneremundano, director Sororum Bernadinarum in civitate aldenardensi, parochus decanus in Ledeberg, rector Domus Mariahove in Bellem 1969, dem. 1972, obiit in De Panne 5 nov. 1979.

Le 5 novembre 1979 est décédé à De Panne le chanoine Leo Van Hulle. Né à Waarschoot le 3 septembre 1904, il fut ordonné prêtre à Gand le 7 avril 1929. Envoyé à Louvain pour parfaire sa formation théologique, il y fut affecté comme sous-régent à l'École sociale située à cette époque à l'entrée de l'avenue Cardinal Mercier et animée par le Père Perquy, O.P. Il fut nommé successivement vicaire à Kruibeke (30 mars 1931), vicaire à la collégiale de

Termonde (30 mai 1934), aumônier de la prison de Termonde et curé du béguinage de cette ville (19 août 1943), directeur des Sœurs Bernardines et curé de l'hôpital à Oudenaarde (24 décembre 1955), curé-doyen de Ledeberg (3 août 1959), chanoine honoraire (29 septembre 1961), parochus consultor prosynodalis (25 août 1964), recteur de la maison de retraite Mariahove à Bellem (7 août 1969). Gravement handicapé, il offrit sa démission le 11 août 1972 et se retira à De Panne où il décéda.

Partout où il exerça son ministère, le défunt se signala par son zèle apostolique et son esprit d'initiative. Il fit partie, avec les abbés Georges De Keersmaeker, vicaire à Bazel, Armand Notenbaut, vicaire à Zwijndrecht, de ce que le clergé gantois appela le «trio sacerdotal des bords de l'Escaut», trio qui se signala par sa volonté de donner au ministère sacerdotal paroissial une vitalité nouvelle. C'est à ce titre que plus tard il fut appelé à faire partie du Comité Poppe, soucieux de prolonger parmi les prêtres la spiritualité de l'apôtre de la croisade eucharistique. Le défunt traduisit en néerlandais quelques ouvrages, tel *L'Hymne de la vie* de Mgr De Baets, et il fut un collaborateur régulier et assidu de *Boekengids*.

PAUL ANCIAUX

1921-1979

Natus Lovanii 17 iun. 1921, sacerdotio auctus 10 apr. 1944, S.T.D. 1948, S.T.M. 1949, professor in collegio lovaniensi S. Petri et in Schola theologica C.I.B.I. in Beverlo 1949-1950, professor theologiae sacramentorum in seminario mechliniensi 1950-1957, praeses seminarii 1953-1963, praeses formationis «recyclantis» sacerdotum dioecesis mechliniensis 1963-1969, professor extraordinarius lovaniensis 1963-1969, professor ibidem adsociatus 1969-1974, ordinarius 1974-1979, obiit Kessel-Lo 13 dec. 1979.

Cfr M. CAUDRON, *Academische rouwrede*, ap. *ETL*, 1980, t. LVI, pp. 197-200. — *Bibliographia P. Anciaux*, *ibid.*, pp. 200-205.

JAAK VAN CRAENENBROECK

1927-1980

Natus in Schaarbeek, 8 febr. 1927, sacerdotio auctus 27 ian. 1952, S.T.D. 1964, professor in Seminario mechliniensi, eleemosynarius nationalis Mutualitatum Christianarum, periit in via mortaliter vulneratus in Aalter, die 17 febr. 1980.

Plus nombreux que de coutume furent ceux qui présentèrent en même temps que Jacques Van Craenenbroeck leur mémoire pour l'obtention du doctorat en théologie, à savoir les abbés H. Cloes (Liège), W. De Smet (Gand), R. Thysman (Malines), X. de Meeûs d'Argenteuil (Malines), M. Simon (Tournai), et les Rév. Pères J. Rézette, O.F.M., et G. Istace, assomptioniste. Le défunt fut attiré par les questions actuelles de morale auxquelles son promoteur, Mgr Arthur Janssen, avait fini par consacrer ses principales leçons et publications. En 1955, il soutint un mémoire intitulé : *Psychische integriteit en geneeskunde. Algemene zedelijke beginselen betreffende overplanting van organen, vaccinatiedwang en verplicht bloedonderzoek bij verkeersongevallen*, Louvain, 1955. In-4°, 218 p., et, en 1964, il publia un article : *Médecine sociale et honoraires médicaux*, ap. *Orientation mutualiste*, 1964, t. XVII, pp. 5-19, pour sa promotion au doctorat.

Jacques Van Craenenbroeck, qui de 1953 à 1955 avait exercé au Collège du Pape la fonction de sous-régent, mettant sa générosité au service des étudiants et du président, fut appelé au terme de ses études à enseigner la théologie morale au Séminaire de Malines. Nous n'avons jamais eu l'occasion de nous entretenir avec lui sur les années de son professorat. Peut-être aurait-il pu jeter quelque lumière sur l'évolution qui a conduit certaines autorités religieuses à se désintéresser de l'avenir de ce séminaire.

Quand Mgr Heylen fut admis à la pension, le chanoine Van Craenenbroeck fut appelé à lui succéder comme aumônier général des Mutualités chrétiennes. Il était également l'aumonier des *Katholieke Vlaamse Verpleegkundigen* et enseignait à l'*Instituut voor maatschappelijk en cultureel Werk* à Bruxelles.

BERNARD BOTTE

1893-1980

Le 4 mars 1980 est décédé à l'abbaye du Mont-César à Louvain Dom Bernard Botte. Né à Charleroi le 22 octobre 1893, il fit profession monastique le 20 août 1913 et fut ordonné prêtre le 21 décembre 1919. Envoyé à l'université de Louvain, il y conquit en 1924 la licence en théologie.

Le défunt déploya une remarquable activité scientifique. Il fut professeur d'abord au Mont-César, puis à l'Université catholique de Louvain (1960-1963), enfin et surtout à l'Institut catholique de Paris, où il contribua beaucoup à fonder et organiser la section liturgique. Mais c'est surtout par ses nombreuses et importantes publications que Dom Botte s'est fait connaître et apprécier. Elles lui valurent d'être nommé *peritus* de Vatican II et elles lui permirent d'exercer une notable influence sur la réforme des livres liturgiques souhaitée et décidée par le Concile.

Dom Botte continua à travailler jusqu'à la fin de sa vie, aidé par Mademoiselle Françoise Petit, sa collaboratrice, quand sa vue s'était notablement affaiblie. Un de ses derniers écrits, peut-être le tout dernier, est l'intéressant avant-propos dont il honora les *Mélanges Hildebrand Bascour*, Louvain, 1980, pp. IX-XI.

Le défunt était un homme d'esprit. Il ne manqua jamais de décocher ses traits contre tout ce qui lui parut manquer d'authenticité. Cette combativité ne lui valut pas que des amis.

Rappelons qu'on lui offrit des Mélanges et que lui-même publia des souvenirs autobiographiques.

MAXIME DESSOY

1898-1980

Le 9 mars 1980 est décédé à la clinique Reine Élisabeth de Namur l'abbé Maxime Dessoy. Il naquit à Bras le 7 août 1898. Ordonné prêtre à Namur en 1925, il fut envoyé à Louvain pour y conquérir en 1928 le baccalauréat en théologie, après qu'il eut passé un an comme professeur au Petit Séminaire de Bastogne. Il fut nommé successivement vicaire à Bertrix (1928), curé à Neuvillers (1937) et à Halanzy (1938). En 1949, il fut promu curé-doyen de Saint-Hubert, poste qu'il occupa jusqu'en 1971.

Durant sa retraite, M. Dessoy s'intéressa spécialement aux recherches généalogiques relatives aux familles de l'ancienne terre abbatiale de Saint-Hubert.

Le service funèbre fut célébré dans la basilique Saint-Hubert en présence de Mgr Mathen, évêque de Namur, et d'une foule nombreuse. L'inhumation eut lieu à Bras, village natal du défunt.

RENÉ CEUPPENS

1911-1980

Le 22 avril 1980 est décédé à Port-au-Prince (Haïti) Mgr René Ceuppens. Né à Louvain, le 25 octobre 1911, prêtre du diocèse de Malines, il fut envoyé à l'Alma Mater pour se spécialiser en droit canonique. Il y acheva, sous la direction de Mgr Van Hove, une dissertation intitulée *De eenheidsschoolbeweging in Frankrijk*, 1939. In-4°, XVI-229 p., mais il omit d'en publier l'extrait requis par la Faculté pour la promotion au doctorat. Après ses études universitaires, René Ceuppens fut nommé par le cardinal van Roey secrétaire de l'évêché. Il s'y dépensa beaucoup pour réorganiser et moderniser les services diocésains.

Quand le cardinal Sueunens occupa le siège de Malines, il remercia les vicaires généraux qui avaient collaboré avec son prédécesseur, à l'exception de Mgr Paul Theeuws, le canoniste. Il fit appel, pour l'aider dans l'administration de son diocèse, à de nouveaux candidats, dont précisément, à côté de Mgr Lagasse et de Mgr Goossens, le secrétaire René Ceuppens.

Le cardinal confia spécialement à Mgr Ceuppens l'aggiornamento des congrégations religieuses féminines. Il appartiendra à quelque historien de retracer un jour les initiatives prises en ce domaine. Les avis au sujet de la «réformite» et de ses éventuels aboutissements furent très divergents. En tout cas, le vicaire général donna fort silencieusement sa démission. Il se retira, en compagnie de sa sœur, en Haïti où il offrit ses services à l'apostolat d'un de ses frères, missionaire scheutiste.

On n'a pas oublié que la rumeur publique rendit René Ceuppens responsable de la version néerlandaise du document épiscopal qui décida le maintien de l'unité de l'Alma Mater louvaniste. On lui attribua en particulier le choix d'un vocable, à coup sûr malheureux, pour qualifier cette décision. Le terme en question contribua à susciter à Louvain, et à travers tout le pays, de violentes réactions d'anti-épiscopalisme, qui surprirent par leur ampleur d'autant plus l'opinion qu'au cours de précédentes décennies, l'action catholique estudiantine avait appris, sous l'impulsion de Karel Dubois, à proclamer une fidélité et une adhésion presque inconditionnelles aux évêques.

MARCEL LAMOTE

1901-1979

Natus in Roeselare 16 ian. 1901, sacerdotio auctus 15 iul. 1928, S.T.B. 1929, professor in collegio cortr. 13 sept. 1929, vice-parochus Eernegem 10 apr. 1933, eleemosynarius militum in Oostende 15 mart. 1937, vice-parochus in S° Martino Cortrac. 21 aug. 1940, professor religionis in athenaeo Oostende 13 aug. 1943, eleemosynarius militum 15 febr. 1945, professor religionis 24 oct. 1945, parochus in Uitkerke 26 aug. 1953, in Desselgem 4 oct. 1958, in Middelkerke 8 apr. 1959, demiss. 30 oct. 1968, obiit in Middelkerke 27 apr. 1979.

FRANS REYNEN

1900-1980

Natus in Overbroek (Brecht), 20 iun. 1900, sacerdotio auctus 26 dec. 1928, missus ad Facultatem theologiae lovaniensem 15 iul. 1928, professor in schola normali oppidi Tienen 26 sept. 1929, director collegii S. Johannis Berchmans in Diest 20 aug. 1943, pastor decanus in Mol 5 aug. 1951, pastor decanus in ecclesia Sancti Petri in Turnhout 29 mart. 1953, demiss. 1979, rector Sororum a Sancto Sepulchro in eodem oppido 1979, obiit in Turnhout 6 sept. 1980.

TERTIA PARS

Chronica Facultatum
Varia

Promotions à l'épiscopat

Le 29 juin 1964 le chanoine L. VAN PETEGHEM fut sacré évêque dans la cathédrale Saint-Bavon. Il succéda à Mgr Calewaert dont il avait été le vicaire-général. Nous lui avons consacré dans *De Spectator* une notice dons nous reproduisons le texte en ce fascicule.

Mgr Van Peteghem ne fut pas le seul des alumni à accéder à l'épiscopat. Le 21 septembre 1962, le chanoine J-M. HEUSCHEN fut sacré évêque à Liège pour devenir l'auxiliaire de Mgr van Zuylen; le 8 juillet 1967, il fut promu évêque de Hasselt, inaugurant ainsi un nouveau diocèse. Le 25 juillet 1967, le chanoine P. SAMAIN fut sacré évêque à Tournai et il devint l'auxiliaire de Mgr Himmer avec résidence à Charleroi. En 1937, Pierre Samain soutint à Louvain sous la direction du professeur L. Cerfaux un mémoire pour le doctorat en théologie où il étudia *L'accusation de magie contre le Christ*. In-4, VII-141 p. Cfr *ETL*, 1938, t. XV, pp. 449-490. Il eut comme compagnons pour l'épreuve des doctorat G. Geenen, O.P., L. Janssens, J. Pacyna, J. Van Lee. Le 25 avril 1970, Mgr Heuschen obtint du Saint-Siège la nomination du chanoine P. SCHREURS comme évêque auxiliaire. Sacré le 31 mai 1970, il devint le 21 septembre 1971 coadjuteur avec droit de succession. Mgr Schruers soutint en 1929 pour l'obtention du doctorat en théologie une dissertation intitulée: *De situering van Gods Vaderschap ten opzichte van de mensen bij Mattheüs* (Louvain, 1959. In-8, 221 p.), dont un extrait parut dans les *Eph. Theol. Lov.*, 1960, t. XXXVI, pp. 593-624: *La paternité divine en Mt., V,45 et VI,26-32*. Le 20 mars 1974, Mgr Charue obtint comme évêque coadjuteur avec droit de succession le doyen d'Arlon, ROBERT-JOSEPH MATHEN, licencié en théologie, né le 30 décembre à Aubange. Sacré à Namur le 3 mai 1974, il succéda à Mgr Charue le 24 juin de la même année[1]. Le 2 juillet 1977, Paul VI nomma le chanoine JEAN HUARD évêque de Tournai. Né à Boussu, le 23 mars 1928, il consacra sa dissertation doctorale, élaborée sous la direction de Dom Bernard Capelle, à l'étude de *La liturgie nuptiale dans l'Église romaine. Les grandes étapes de son évolution*. Louvain, 1957. In-4°, XLIX-230 p. De sa promotion firent partie les professeurs Bulckens et Neirynck. Succédant à Mgr Himmer, il fut sacré à Tournai, le 25 septembre 1977.

Mgr GODFRIED DANNEELS ne fut pas élève de la Faculté de théologie mais il fut appelé à y enseigner la théologie sacramentaire. Paul VI lui confia la succession de Mgr Daem sur le siège épiscopal d'Anvers où il fut sacré le 18 décembre 1977. Le 21 décembre 1979, Jean-Paul II le promut archevêque de Malines-Bruxelles et le 4 janvier 1980 il fut solennellement intronisé. Les *Ephemerides Theologicae Lovanienses*, 1980, t. LVI, pp. 193-197, ont consacré au nouvel archevêque une notice bio-bibliographique.

Sur le plan missionnaire, le Père montfortain HENDRIK FREHEN, né à Waubach, le 24 janvier 1917, fut nommé le 18 octobre 1968 évêque de Reykjavik. Le sacre eut lieu le 8 décembre suivant. En 1949, il avait élaboré

[1] Cfr *Communications de l'Evêché de Namur*, n° 4, avril 1974 et n° 6, juin 1974.

sous la direction de Mgr Philips, et soutenu avec succès une dissertaion étudiant *De heilsfunctie van Christus' heilige mensheid volgens Kardinaal Pierre de Bérulle (1575-1629)*. In-4°, (43)-144-12 p. (cfr *Sylloge excerptorum*, t. XXVII, 1954). Le 6 mars 1980, Jean-Paul II nomma le missionnaire du Sacré Cœur, ALBERT-LEO BUNDERVOET archevêque de Rabaul, chef-lieu de la Nouvelle Bretagne en la Nouvelle Guinée. Mgr Bundervoet naquit à Evergem-Kerkbrugge le 7 septembre 1917. Il fut promu docteur en théologie en 1947 après avoir soutenu une dissertation consacrée à *De heiligmakende genade-inwoning van den H. Geest volgens sint Thomas van Aquino*. In-4°, XIII-217 p. Cfr *Sylloge Excerptorum*, t. XVIII, 1948; Mgr G. Philips fut son promoteur. Le sacre de Mgr Bundervoet eut lieu le 11 mai 1980. L'évêque de Gand, Mgr van Peteghem, officia, assisté de Mgr Cadoux et de Mgr Moors. Mgr Schoenmaecker et Mgr De Kesel furent présents à la cérémonie religieuse, qui se deroula dans l'église décanale d'Evergem [1].

Mgr. Van Peteghem XXVIIIe Gentse kerkvoogd *

Toen Mgr. Calewaert ten grave werd gedragen, fluisterde de clerus zo wat over het gehele bisdom dat zijn opvolger de kalme, vrome, toegewijde vicarisgeneraal Van Peteghem zou zijn, dien men stilaan begon te noemen de «wijze man van Gent». Een priester, bekend om zijn doorzicht en om zijn vertrouwdheid met Gentse toestanden, herinnerde aan een leuk gezegde: *Si Sanctus est, oret pro nobis! Si doctus, doceat nos! Si prudens, regat nos!* «Is hij een mystieker, hij weze onze voorspreker! Is hij een geleerde, hij ga voort ons te doceren! Is hij een wijze, hij worde onze leider!».

De benoeming bleef uit, bijna vijf lange maanden. Was er een kink in de kabel? Fantasie kreeg vrij spel. Allerlei namen deden de ronde, toen plotseling op 30 mei jl., — ik luisterde toevallig naar het radionieuws te 17 uur, — de blijde boodschap in de ether ging, dat het aan Zijne Heiligheid had behaagd de knoop door te hakken en de kandidaat van het eerste uur tot XXVIIIe kerkvoogd van de Arteveldestad te benoemen.

Op harde leerschool aan de Leuvense universiteit.

Voor het eerst leerden wij in de herfst van 1940, het eerste jaar van de tweede wereldoorlog, de toekomstige bisschop kennen, toen Mgr. Coppieters en de seminariepresident, Kanunnik Calewaert, hem naar Leuven stuurden, om aan de Faculteit der Godgeleerdheid zijn studiën voort te zetten. Op het einde van zijn eerste academiejaar kwam hij als subregent naar het Pauscollege, waar hij zich bij wijlen Mgr. Robert De Langhe en Kanunnik Gérard Fransen, thans Leuvens hoogleraar in het Kerkelijk Recht, voegde. Twee jaar kweet hij zich van die taak, nl. tot 11 september 1943, toen hij naar zijn bisdom

* *De Spectator*, 27-28 juni 1964.

[1] Le lundi 7 juillet 1980, la radio annonça la nomination du chanoine P. Van den Berghe comme évêque d'Anvers: cfr *infra*, pp. 382-383.

Mgr Van Peteghem accueilli à Louvain
8-12-1964

werd teruggeroepen, en er bevorderd werd tot «professor in de fundamentele theologie en opvoedkunde, en tot praefect van de regeltucht». Het overlijden van Mgr. Van Rechem en de benoeming van Kanunnik Blaton tot algemeen bestuurder van de Zusters van Liefde te Gent hadden op het Seminarie een vacatuur doen ontstaan. Een eervolle benoeming was oorzaak, dat het aan de subregent van het Pauscollege niet werd gegund het doctoraat in de theologie te behalen.

Dat de drie jaren verblijf en intense studie te Leuven op de jonge priester, zoals op de meesten die dit voorrecht mochten genieten, een beslissende stempel drukten, kunnen wij niet betwijfelen. Niet alleen leerde hij te Leuven hoe men theologie doceerde, maar tevens, — en dat was hoofdzaak, — hoe zij wordt gemaakt. Voor de keuze van een proefschrift wendde Leonce Van Peteghem zich tot wijlen Professor Albert De Meyer, een schrandere meester en mensenkenner die velen in het beoefenen van de geschiedschrijving heeft ingewijd.

Door dagelijks contact in wel en wee met de hoogstudenten van het Pauscollege trof hij bovendien te Leuven een prima oefenschool aan, die hem vormde voor zijn later apostolaat onder ontwikkelde leken. Verder woonde hij in eerste loge, gedurende het academiejaar 1942-1943, het tragische gebeuren bij, dat leidde tot het in hechtenis nemen van de rector magnificus, Monseigneur van Waeyenbergh, die, moedig en offervaardig, zijn vrijheid en zijn leven veil had voor zijn trouw aan de Bisschoppen, voor het behoud van de Universiteit, voor de bescherming van zijn dierbare studenten. Wie dit drama heeft beleefd, kan het nooit vergeten. Hoe zou hij niet dikwijls terugdenken aan de moed van de enen en de schrik van de anderen, aan de onrust van ouders en meesters, aan de gekweldheid van jonge lui die plotseling beslissingen en risico's dienden te nemen die de kracht van hun jaren haast te boven gingen, aan de angst en de kommer om zovele kostbare goederen en belangen, die op het spel stonden en dreigden ten onder te gaan? In die sombere dagen was de subregent, samen met zijn collega's De Langhe en Fransen, voor de president een trouwe stut en staf, en voor de studenten een vriend, een troost, een toeverlaat.

Professor en directeur op het Groot Seminarie.

Om even uit te blazen in die bange tijd lazen wij af en toe onder meer de sappige en bombastische verzen waarmee, in het begin van deze eeuw, Lodewijk De Koninck de letterlievende Gentse kerkvoogd, glorie van het land van Waas, bisschop Antonius Stillemans, hoopte te vereeuwigen :

Eerst leraren, dan besturen
In 't gewichtig seminaar,
Wispelturige naturen
Houden in den evenaar.

Op 11 september 1943, ongetwijfeld heel onverwacht, kreeg Eerwaarde Heer Van Peteghem, — hij had middelerwijl het licentiaatsexamen afgelegd, doch zou, wegens de hechtenis van Mgr. van Waeyenbergh eerst op 17 februari 1945 tot licentiaat in de theologie worden gepromoveerd, — de kans het programma, door de Kempische bard hoogdravend bezongen, te verwezenlijken. Hoe hij erin slaagde zijn toehoorders in te wijden in de abstracte begrippen van de fundamentele godgeleerdheid, of hen de bespiegelingen van de leer over de sacramenten leerde eigen maken, kunnen slechts zij ons vertellen die zijn colleges hebben gevolgd en die zich vlijtig hebben neergebogen over de gestencilde dictaten die op het Gents seminarie in zwang waren gekomen. En wat de prefect van de regeltucht en later — vanaf 9 april 1956 — de geestelijke leider voor de levieten heeft betekend, die, van 1943 tot 11 februari 1961, in het statige huis van de Gentse Reep hun opleiding ontvingen, zal wellicht een latere kroniekschrijver vertellen. Doch er zijn gelukkig twee domeinen buiten de omheinde seminarietuin waarop de professor zich heeft gewaagd en waar hij aan een ruim publiek zijn pastorele aanleg en ijver openbaarde.

Daar is vooreerst de *Lekenorde van Sint-Paulus*. Gesticht te Gent op 1 december 1954, enigermate in verre navolging van het Marialegioen, doch met een uitgesproken verlangen zich in de kennis van de godsdienst te bekwamen en bij voorkeur niet-gelovigen aan te spreken, beoogde deze groep in de bisschoppelijke stad en over het geheel diocees model-kernen van goed-onderlegde en apostolisch-bezielde leken te vormen. De stichting hield rekening met wat in ons land door bepaalde sekten, als *De Getuigen van Jehovah*, werd aangewend, om niet meer kerkgaande landgenoten te bereiken en door aanhoudende propaganda voor hun leer te winnen. Huisbezoek, brochuren-colportage, zelfs straatpredikatie werden gepland en uitgevoerd. Welnu, van den beginne nam Zeereerwaarde Heer Van Peteghem actief deel aan de beweging en, van 1956 tot augustus 1963,was hij zelfs hoofdredacteur van *De Rots*, het propagandabulletijn van de lekenorde. Het gelukte hem een team samenwerkers, waaronder zijn collega's, de professoren Roets, Delmotte, Fraeyman en Hofmans, samen te stellen en voor het opstellen van het maandbladje te winnen. *De Rots* wijdde tal van kleine bijdragen aan de thans zo lichtzinnig versmade en toch zo onontbeerlijke apologetica. Zij schonk voorlichting en leiding in de vele netelige discussies die onze tijd aan de orde heeft gesteld. Terwijl op sensatie beluste bijdragen van onbesuisde bazuinblazers meer problemen opwierpen dan zij vermochten op te lossen, was het Gentse blad er steeds om bekommerd een veilige vaargeul aan te wijzen of, zo nodig, er zelf een uit te graven.

Daar geschiedde ook het stichten en organiseren van een cyclus leergangen en van een instituut voor de opleiding van leken-catechisten, voor wie zo juist, onder de titel: *Het Woord van God*, een eerste reeks van godsdienstlessen werd gedrukt. De vicaris-generaal begreep dat die vorming, althans waar het om leerkrachten gaat bestemd voor lager en zelfs middelbaar onderwijs, best geschiedt binnen het kader van een diocesane scholing. Hier leert men de kandidaten beter kennen, hier kan men ze van dichterbij volgen, hier ook vermag men, zonder overdreven vrees voor vergissing, beter hun religieuze aanleg en apostolische edelmoedigheid te schatten. Dat de uit te reiken diploma's best dienden opgevat als aanvulling op reeds in profane vakken verworven titels van bekwaamheid, zodat de diocesane overheid steeds waar het nood doet of gewenst schijnt, de leerkracht naar een profaan leervak kan overschakelen, werd middelerwijl hier niet uit het oog verloren.

Beide initiatieven werden op bescheiden wijzen ingezet, indachtig Tollens' gouden raad: «Men prijst een stoer begin». En toch, zonder trompetgeschal gestart, zonder fanfare begeleid, mocht de Paulusorde reeds zo veel vruchten afwerpen, dat zij in een naburig bisdom, waar het aan dynamische leiding niet ontbreekt, wortel schieten kon.

Een zelfportret.

Wie de afleveringen van *De Rots* doorbladert en grasduint in de bijdragen van de Gentse kerkvoogd, ontdekt velerlei trekken die ons zijn persoonlijkheid als in een zelfportret doen kennen.

De priester van vandaag, en a fortiori de bisschop, — zo luidt het aldaar, — moet voor zijn tijd openstaan. Hij moet van de eigentijdse nieuwe stromingen en gedachten kennis nemen. Voorzeker hij lope deze niet na als een teenager de Beatles, doch hij zal ze nooit bij voorbaat verketteren. Hij zoeke zijn ingeving bij Sint-Paulus: *Omnia probate, quod bonum est retinete*, «test alles en behoudt wat goed is». Hij lette erop dat de Heer van hem niet zeggen moet: «Het uitzicht van de hemel weet gij te onderscheiden, maar de tekenen des tijds verstaat gij niet» (*Mt.*, XVI, 3). Hij make zich vertrouwd met de hedendaagse theologie. Hij lere van haar een kerygma voor te dragen dat niet louter en eenzijdig negatief is. Hij stelle de heilsvisie op positieve wijze voor. «Geneesmiddelen en juridische formaliteiten begeesteren niemand» (*De Rots*, 25-X-1955), en men «doet geen nieuwe wijn in oude zakken» (*Mt*, IX, 7). Op het wezenlijke en het originele van het Christendom moet heden de predikatie worden afgestemd.

Verder verwaarloze hij niet het geweten te eerbiedigen, en hij zorge ervoor het steeds aan te spreken. Hij weze ook niet bevreesd actieve en apostolische leken tot volwassen, evenwichtige mondigheid op te voeden. Ernstige studie is meer dan ooit gewenst, doch hoofdzaak blijven gebed en een beleefd geloof. Apostolaat is immers getuigenis, niet schreeuwerig geroep. Ware apostelen zijn rustig, inwendig, bescheiden, evenwichtig, bovennatuurlijk. Zij vertrouwen op God en leven van de Eucharistie. Voor hen is de boodschap van de Heilige Pius X en van de vrome priester Poppe geen dode letter. Durven zij het aan hun schip in diep water te sturen, dan is het slechts omdat zij vertrouwen op God, die hen geroepen heeft en die het van hen vraagt. Verwachten zij veel van nieuwe kerken en scholen, meer nog zien zij uit naar een wedergeboren, diep-gelovige lekenstand, die steeds aan de Kerk de bloem van maagdelijke priester- en kloosterroepingen schenkt, dat heerlijk kerkelijk sieraad en dat glorieus teken van de eeuwige bestemming waartoe alle christenen geroepen zijn.

Wij zouden deze gedachtengang nog overvloediger kunnen stofferen, doch men neme zelf *De Rots* ter hand en vorme zich bloemlezend het ideaal dat aldaar aan priesters en leken werd voorgehouden.

Oremus pro pontifice nostro!

Wij leven in een beroerde tijd. Om het wijlen Monseigneur Mahieu pittig na te zeggen: «Staat heden de Kerk in de branding, de branding is ook in de Kerk». Pessimisten beweren dat het Christendom met reuzenschreden achteruit gaat. In vanouds christelijke landen dreigen humanisme en marxisme het geloof weg te spoelen. Op het missiefront stapelen zich de nederlagen op. Azië, Noord-Afrika, het Nabije Oosten blijken hopeloos verloren. Over het zwarte, meer belovende Afrika pakken zware onweerswolken samen. Ontmoedigd beroepen sommigen zich op de oudtestamentische idee van een kleine rest, of anderen halen de apostrophe : *Kleine kudde*, aan, waarmee Jezus zijn leerlingen placht aan te spreken. Velen verwachten de redding van wat zij zich voorspiegelen als herbronning, hernieuwing, aanpassing, herstructurering, of *whatever it may be*.

In naburige landen werd in de laatste jaren door klaroenende herriemakkers meermaals lichtvaardig en waaghalzig tegen wat professor Rogier vóór enkele weken «ons heilig erfdeel» noemde, van leer getrokken. Met het voorgeslacht dient afgebroken, zo luidt het ongeveer, om ruimte te scheppen voor een omwenteling. Er wordt gewezen naar echte of vermeende roetvlekken die de Kerk ontsieren. Van fluisteren kwam het tot wild geschreeuw, van omzichtig sappeurenwerk tot frontale aanvallen. Nieuwlichters zitten boordevol verlangens en stippelen velerlei plannen uit, bij voorkeur door anderen uit te voeren. Blijkbaar zoeken en hopen zij Multatuli's te worden op religieus en kerkelijk gebied. Afbreken lijkt hun het best wat er vooralsnog te doen valt, zodat zij niet langer meer in vermuffing dienen te verstikken en eindelijk vrije lucht kunnen inademen.

Zij hebben last met een onfeilbaar gezag, doch dringen zichzelf gaarne als alwetend en als zich nooit vergissend op. Zij roepen om een dialoog, maar weigeren die beslist aan te gaan met hen die hun niet van vooraf honderd procent in het gelijk stellen. Telkens iemand, — hij weze ook beslagen, — hen tegenspreekt, verven zij zijn woord dood als met purperen inkt geschreven. Doch vloeit diezelfde inkt uit de pen van wie bij toeval hun zienswijze deelt, — hij moge Mathusalems jaren hebben bereikt, — zijn wauwelende raad wordt als godsspraak gehuldigd.

Dat een geleerde als Rogier onlangs niet aarzelde tegen zoveel overmoed zijn stem te verheffen, en dat hij terstond hierom, precies door hen die hem jaren lang onvoorwaardelijk als een voortrekker hadden gehuldigd, van de Tarpejische rots werd gestort, moge thans de ogen van velen doen opengaan.

Wie in zulk tijdsgewricht, midden zoveel verwarring, zoveel onrust, zoveel onzekerheid, zoveel zucht naar nieuwigheden, «*qui vivent ce que vivent les roses, l'espace d'un matin*», nieuwigheden die men heden naloopt en morgen reeds verguist, de leiding van een diocees moet opnemen, — al weze het dan nog «het schone bisdom», om wijlen Mgr. Coppieters te citeren, — hij kan slechts met de middeleeuwse dichter herhalen : «Tremens factus sum ego, et timeo dum discussio venerit» :

Waar moet ik dan van gewagen?
Welke helper moet ik vragen?
Niemand kan nog 't oordeel dragen.

J. COPPENS.

Réception de Mgr Van Peteghem, par l'Association des Professeurs et étudiants en théologie et en droit canonique le 8 décembre 1964

Mgr Descamps, recteur magnifique, salua en ces termes la bienvenue à l'évêque de Gand :

Éminence, Excellence, Messeigneurs, Messieurs,

Je suis très sensible à l'honneur, qui m'échoit en ce moment, de vous accueillir au nom de l'Université pour cette X^{e} réunion de l'Association des Professeurs, Anciens Étudiants et Étudiants de nos Facultés de Théologie et de Droit Canon.

La présence de Votre Éminence est, pour notre Université, une nouvelle marque d'encouragement que nous apprécions vivement; mais je suis aussi, à coup sûr, l'interprète de cette assemblée pour exprimer à l'illustre conférencier de ce jour des sentiments de gratitude et de déférent attachement.

Mes souhaits de cordiale bienvenue s'adressent aussi, Messieurs, à chacun de vous. Au-delà de votre présence ici, qui nous est déjà précieuse, nous devinons une fidélité continue à l'Alma Mater, fidélité se manifestant au cœur même de vos tâches quotidiennes, par une certaine manière de les accomplir.

Je vous invite à vous recueillir pendant quelques instants en souvenir des membres de l'Association qui sont décédés depuis la réunion précédente. Ce sont : Son Exc. Monseigneur Calewaert, évêque de Gand, 1963; Monseigneur Leroux, président de notre Association, 1964; Monseigneur De Langhe, 1963; MM. les Chanoines De Mesmaecker, De Schepper, Philippe, 1964, Van Lersberghe, 1963, Beka, 1963; MM. les abbés Bergen, 1963, Hoorens, 1963, Ots, 1963; le Rév. Père Sanders, 1962.

Excellentie [1],

Ik weet dat een jonge bisschop veel huldeadressen te horen krijgt, en dat U persoonlijk daar niet bijzonder veel van houdt. Maar ik lees in een *Memoriale vitae et sanctimoniae episcopalis*, waar deze huldebetuigingen expliciet voorzien worden, dat de bisschop deze moet beluisteren «con umile serenità e con pace inalterata»; de vrome auteur voegt erbij : «è occasione di merito». Ik durf dus een beroep doen op uw geduld, steunend trouwens op het positief antwoord dat Uzelf gegeven heeft, op de dag van uw wijding, aan de vraag van de consecrator : *vis patientiam in teipso custodire?*

Zoals de Universiteit zelf, voelt onze Vereniging zich steeds vereerd telkens een van haar leden geroepen wordt om aan het hoofd van een diocees te staan. Onze bisdommen zijn trouwens zo weinig talrijk dat de gebeurtenis eerder zeldzaam is; ik geloof dat uw onmiddellijke voorganger Monseigneur Charue is, wat ons in het jaar 1941 terugbrengt. Ik weet zelfs niet of onze Vereniging toen

[1] Z.E. Mgr. Van Peteghem.

reeds bestond — zodat wij hier, voor het ogenblik, wellicht baanbrekend werk verrichten. Alles samengenomen zijn onze bisdommen zo groot, Monseigneur, dat de kansen van ieder van ons eerder klein zijn. Het is dus met een gave, en om zo te zeggen ongebruikte energie, dat wij U onze hartelijke gelukwensen aanbieden. En, om aan onze eerbiedige sympathie nog meer voedsel te geven, laat mij toe, gedurende enkele ogenblikken, Uw benoeming met de ogen van de gentse clerus te bekijken.

Indien uw priesters U zo spontaan als de gewenste herder onthaald hebben, is het, me dunkt, omdat zij in U het beste evenbeeld terugvinden van uw twee doorluchtige voorgangers. Zij waarderen op de eerste plaats uw soliede vroomheid en uw intellectuele vastheid. Zoals Monseigneur Coppieters en Monseigneur Calewaert hebt gij hier, in de Faculteit der Godgeleerdheid, uw verstandelijk doorzicht getoetst aan de stevige realiteiten van de historische kritiek en van de theologische problematiek. Vandaar deze geestelijke degelijkheid die U door zovelen heeft doen waarderen — én als director spiritus, én als theologieprofessor. Vandaar ook deze breedheid in de gedachten, die wij, hetzij dan ook onder verscheidene vormen, bij Monseigneur Coppieters en bij Monseigneur Calewaert aantroffen : bij de eerste, en meer bepaald bij *professor* Coppieters, in de beoefening van een grote wetenschappelijke vrijheid — bij de tweede in deze intellectuele plasticiteit die hem toeliet in zoveel heterogene middens vrienden te maken, en ook broederlijke betrekkingen aan te knopen met bisschoppen uit alle werelddelen.

Daarbij komt nog, Monseigneur, uw gulle hartelijkheid, waarin een van de hoofdtrekken van uw sympathieke voorgangers blijkbaar herleeft. Toen de consecrator U ook gevraagd heeft : *vis omnibus esse propter nomen Domini affabilis et misericors*, heeft U, Monseigneur, geen moeite moeten doen om te antwoorden : *volo*. Ook de *sinceritas pacis* van het Pontificale komt U toe, zoals trouwens deze woorden, waarmee de goede bisschop beschreven wordt : *judicium sine ira tenens; in fovendis virtutibus auditorum animos demulcens.*

In een oud boekske — 1788 — dat een biografie is van een bisschop van Amiens, vond ik als het ware een treffende parafrase van deze woorden. De auteur insisteert door heel het boek op de in-goede hartelijkheid van zijn held : *dilectus Deo et hominibus*. Deze vriendelijkheid beschrijft hij in bewoordingen die ik, Excellentie, op uw eigen persoon durf toepassen : « il possédait le talent de montrer la piété chrétienne aux autres sous les traits aimables qui lui sont naturels et qui la font goûter ». — « On n'est vertueux qu'à demi quand on ne l'est que pour soi; comme au contraire on ne l'est jamais plus avantageusement pour soi-même, que lorsqu'on l'est avec plus d'extension et d'utilité pour les autres : d'où l'on peut conclure que s'il est important pour l'Église de Jésus-Christ que ses enfants soient formés à la piété, il l'est beaucoup plus encore que leur piété, exempte des travers qui la dégradent, soit aussi sage dans sa ferveur qu'aimable dans son zèle ». Dit samengaan bij de bisschop van een diep-geestelijke ernst en een echte vriendelijkheid in de omgang met alle mensen, noemt dezelfde auteur : « un contraste frappant, chef-d'œuvre de la Religion ». Hij voegt er zelfs aan toe dat deze hartelijkheid een sterke dosis humor moet insluiten, welke een uitstekende waarborg is voor de juiste zin der proporties — la justesse d'esprit — die de bisschop nodig heeft om het strenge woord van het Pontificale te kunnen beleven : *numquam veritatem deserat, aut laudibus aut timore superatus.* Deze oprechte eenvoud heeft de gentse clerus zonder aarzelen in U, Monseigneur, teruggevonden.

Tot daar deze korte bijdrage tot de beschrijving van de goede herder *ad mentem piorum auctorum* — en meer bepaald *ad mentem cleri gandavensis.* Hoe kort zij ook weze, toch volstaat zij, meen ik, om als vertolking te dienen, Monseigneur, van de vurige wensen die wij U aanbieden voor een lang en schoon episcopaat.

Et voici la réponse de l'évêque de Gand :

Eminentie,
Excellentie,
Zeereerwaarde Heren en Vrienden,

Ik ben zeer gevoelig aan de vriendelijke woorden waarmede Monseigneur de Rector mij begroet ter gelegenheid van mijn aanwezigheid op deze eerste vergadering van de oud-studenten van de Faculteiten van Theologie en van Kerkelijk Recht na mijn benoeming tot bisschop van Gent.

Ik dank hem van harte om die blijk van vriendschap, een vriendschap die trouwens reeds dateert van in de oorlogsjaren toen wij samen studeerden aan de faculteit van theologie, en die gebleven is toen wij parallel werkzaam waren in het onderwijs van de theologie en in het bestuur van onze respectievelijke bisdommen.

In Monseigneur de Rector wil ik hulde en dank brengen aan onze dierbare Leuvense Alma Mater. De waardering voor Leuven is een traditie-erfstuk dat door de bisschoppen van Gent steeds in ere gehouden wordt. Als een klein teken daarvan kan ik wijzen op het feit dat een van de twee beelden die mijn bisschopskapel sieren een kopie is van de Sedes Sapientiae van Leuven.

Daarom is het ook mijn nadrukkelijke wens mijn dank aan onze Universiteit naar best vermogen uit te drukken in de vaste en blijvende steun die ik hoop haar te kunnen verlenen in de toekomst.

Heel in het bijzonder gaat mijn erkentelijkheid naar de faculteiten van theologie en kerkelijk recht.

Ieder oud-student is aan zijn faculteit veel verschuldigd : de zorg voor kritische verantwoording, de zin voor klaarheid en voor logisch denken en afleiden, de intellectuele eerlijkheid en degelijkheid, de objectieve ruimdenkendheid en de wetenschappelijk-theologische geesteshouding zijn kwaliteiten die in deze faculteiten zo niet gelegd dan toch zeker aangescherpt worden.

Ieder Belgische bisschop weet bovendien wat de Leuvense kerkelijke faculteiten bijdragen tot de vorming van het professorenkorps van zijn priesterseminarie, en langs dat korps tot de opleiding van zijn clerus.

De invloed van deze faculteiten op het geheel van het kerkelijk leven en op ieder oud-student in het bijzonder is niet in cijfers uit te drukken. Het is een onmeetbare maar daarom niet minder werkelijke invloed die osmotisch inwerkt op de geestescultuur en op het religieus leven van ons volk.

De waarde van een instelling wordt grotendeels bepaald door de personen die haar belichamen. Daarom gaan mijn piëteitsvolle gevoelens naar mijn oud-professoren, die mij op de banen van de wetenschappelijke theologie initieerden.

Vooreerst denk ik aan Professor A. De Meyer, de rijkbegaafde die ons al te vroeg ontviel. Samen met hem wil ik een ander priester van mijn bisdom vermelden : Professor De Langhe, geen oud-professor maar een vriend : ook hij is veel te vroegtijdig heengegaan. Ik denk aan de overleden professoren Bittremieux, Lebon, Noël. Verder gaan mijn gedachten naar de emeriti : Cerfaux, Draguet, Grégoire, Janssen, Ryckmans. Ik groet met vreugde verscheidene oud-professoren die nog steeds actief op de bres staan : Mgr. Coppens, mijn oud-president op het Pauscollege, Mgr. Philips, de gewaardeerde expert van het Concilie-schema over de Kerk, Professor Louis Janssens.

Zonder voor te lopen op de voordracht van Zijn Eminentie[1], meen ik toch de invloed van onze faculteiten op het gebied van het Concilie niet te mogen voorbijgaan. De bijdragen van de faculteiten in de preconciliaire studies en enkwesten, het werk van de commissieleden en experten als Mgr. Philips, Mgr. Onclin, Mgr. Wagnon, Kan. Thils, de exegetische en dogmatische uiteenzettingen van Mgr. Cerfaux en andere professoren te Rome, de onrechtstreekse invloed van de faculteiten langs hun oud-leerlingen bisschoppen in Noord-Amerika en over heel de wereld, zijn een niet te onderschatten bijdrage die de richting van de concilieactiviteiten voor een groot deel bepaalden. En langs het Concilie speelde de invloed van deze Alma Mater en van onze faculteiten op wereldplan.

Permettez-moi, Éminence, Excellence, Messieurs, pour terminer d'exprimer mes meilleurs vœux pour l'avenir de nos facultés. L'investigation du dépôt de la révélation est une tâche énorme. La théologie a défriché une partie considérable du terrain à explorer. Mais le chantier reste immense.

Une grande partie du travail est réservée à l'exégèse. Elle est appelée à découvrir le sens exact, le sens profond de l'Écriture, répartissant ce qui relève des genres littéraires ou du milieu historique de l'hagiographe et ce qui constitue les faits et les vérités révélées.

Consécutivement la théologie dogmatique aura à refaire constamment la synthèse théologique de la Bonne nouvelle du salut et à adapter cette synthèse à l'intelligence de chaque génération. Elle aura à intégrer et à expliciter plusieurs éléments conciliaires comme par exemple les données de l'ecclésiologie dans la ligne de la Constitutio dogmatica de Ecclesia.

La tâche et la responsabilité de la théologie morale sont peu enviables. Celle-ci se trouve posée devant les énormes problèmes de l'ethique chrétienne dans le monde actuel.

En ma qualité d'évêque vous comprendrez que j'attache une importance particulière à la pastorale. Celle-ci serait très reconnaissante aux théologiens si la direction pratique des âmes et des œuvres apostoliques pouvait bénéficier de plus en plus d'études pastorales et œcuméniques scientifiquement menées. Toutes deux, la morale et la pastorale, auront à contribuer à ce que Jean XXIII appela l'aggiornamento de l'Église aux besoins actuels. Finalement l'étude et la coordination de la nouvelle discipline ecclésiastique émanant du Concile seront la tâche du droit canonique.

Je souhaite que dans tous ces domaines les facultés de théologie et de droit

[1] De tekst ervan werd ons niet meegedeeld.

canonique puissent contribuer dans l'avenir comme dans le passé à éclairer la connaissance théorique et guider la vie chrétienne pratique dans les voies nouvelles mais en continuité vivante avec la tradition ancienne, «sicut qui profert de thesauro suo nova et vetera» (*Mt.* 8,52).

Louvain, 8 décembre 1964.

Zijne Eminentie Kardinaal Alfrink eredoctor in de Theologie van de Katholieke Universiteit te Leuven

Op 2 februari laatstleden ging te Leuven met de traditionele staatsie de promotie door van Zijne Eminentie Kardinaal Bernard Alfrink tot het eredoctoraat in de theologie. De Nederlandse kerkvoogd had de eer van de promotie samen met Z.K.H. Prins Albert van België en twee prinsen van de Kerk, Kardinaal Roberti, prefekt van de Apostolische Signatuur te Rome en Kardinaal Liénart, aartsbisschop van Rijsel[1].

Bij de toekenning van het eredoctoraat heeft de Leuvense Alma Mater op de allereerste plaats in Kardinaal Alfrink de gewezen hoogleraar in de H. Schrift willen eren. Zij weet voorzeker dat de Utrechtse aartsbisschop een waardige opvolger is van wijlen Kardinaal de Jong, en dat hij meer en meer de allure krijgt van een kerkvoogd die, samen met zijn broeders in het episcopaat van de Nederlandse kerkelijke provincie, aan geheel het katholieke Nederland leiding en stuwing geeft. Doch dit vruchtbaar episcopaat is nog in zijn aanvang, en het ontbreekt aan historisch perspectief om erover thans reeds een oordeel te vellen. De loopbaan van de hoogleraar daarentegen is afgesloten, helaas te vroegtijdig in de ogen van zijn collega's, beoefenaars van de Bijbelse wetenschap. Haar waarde, haar draagkracht, haar uitstraling kunnen we op dit ogenblik, zonder gevaar van faling, genoegzaam afwegen en schatten.

Leuven eerde in Zijne Eminentie vooreerst een pionier voor de gezonde verspreiding en lectuur van de H. Schrift onder priesters en leken. We hebben aan zijn vlijtige en vlugge pen een *Perikopenboek* en een vertaling met uitleg van de boetepsalmen te danken, en daarenboven een goed verantwoorde vertolking van de gewijde boeken *Jozuë*, *Tobias*, *Prediker*, *Ecclesiasticus* en *Wijsheid*.

Leuven eerde vervolgens in de Utrechtse kardinaal een wijze geleerde die aan zijn landgenoten leiding gaf op een brandend terrein, datgene van de Bijbelstudiën. Het was vóór een halve eeuw een gebied waar, ook in Nederland, land van polders en weiden, storm loeide. Ook heden, zelfs na de publikatie van de Bijbelencycliek *Divino afflante Spiritu*, steken nog orkanen op. Hij die als een veilige gids zoekt op te treden, dient wijsheid aan geleerdheid te paren, mag noch door conservatisme, noch door goedkoop progressisme worden gedreven, doch slechts door zin voor oprechtheid, voor hechte en betrouwbare wetenschap en door liefde voor wat waar en echt bewezen is.

Leuven eerde verder in de gewezen hoogleraar de fijne en keurige geleerde die zich in zijn werkkamer wist terug te trekken en op te sluiten, om zich in zijn vak in te diepen en artikels te schrijven die buiten de kring van zijn Nederlandse

[1] *Tijdingen over het Katholiek Hoger Onderwijs in Nederland*, 1961, t. II, n[r] 6, 2-3.

collega's en van zijn geloofsgenoten werden gewaardeerd. Slaagde Dr. Alfrink erin als behendige vulgarisator spijzen te bereiden en wijn te mengen voor wie op Bijbels gebied weinig ervaren was, vakgenoten leerden hem door menig artikel waarderen als een specialist die baanbrekend werk leveren kon. En ze deden voor de Rijsenburgse hoogleraar des te meer waardering en bewondering op, toen ze vernamen dat hij in de brandramp van het seminarie Rijsenburg zijn boekerij, zijn nota's, zijn moeizaam verzameld studiemateriaal verloren had, en opnieuw van meet af zich had moeten uitrusten, met een echt-Nederlandse *Je maintiendrai*.

Leuven eerde niet het minst de auteur van de commentaar op het boek *Jozuë* die in de bekende collectie van de Firma Romen het licht zag. Misschien kunnen enkele lezers die thans vooral gesteld zijn op wat een kittige schrijver *Pectoraltheologie* heeft genoemd, het degelijke werk wat moeilijk vinden, maar professoren, hoogleraren in de H. Schrift van het Oude Testament, lekkertanden. Dr. Alfrink schetste hier een redaktie-geschiedenis van dit oude, hoofdbrekende boek, waarin vaklui zich gaarne verdiepen en die ze wellicht moeilijk zullen kunnen aanvullen. Deed Jozuë de zon over de vallei van Ajjalon stilstaan, professor Alfrink bracht de studie van het boek Jozuë opnieuw in beweging.

En dan hebben we niet vergeten hoe na de eerste wereldoorlog de jonge Nijmeegse hoogleraar zich heeft ingespannen om Leuven en Nijmegen geestelijk te jumeleren.

Hij was het die, onder de indruk gekomen van twee imponerende Ras-Shamra-volumina, de pas afgestudeerde Dr. en Magister Robert de Langhe als extraordinarius naar Nijmegen hielp benoemen. Hijzelf kwam als gastprofessor naar de Brabantse stede over. Op zijn beurt ontving hij ons te Nijmegen met zijn welbekende hartelijkheid in de dagen toen men, in de stad van Karlemanje, zo wat overal fluisterde en, als een groot geheim aan niemand door te vertellen, u in de oren blies, dat de professor kandidaat nummer één was voor een promotie naar Utrecht als bisschop-coadjutor. Vooral zijn we te Leuven dankbaar voor wat Professor Alfrink presteerde bij het oprichten van het *Colloquium Biblicum Lovaniense*, de Leuvense Bijbelse Studiedagen. Er is ergens in *Onze Alma Mater* een suggestieve foto afgedrukt, — naar ik vermeen een snapshot van Dr. Eyckeler, — waarop de tegenwoordige kardinaal het Hogeschoolplein arpenteert, joviaal, opgeruimd, geestig koutend met collega's die de eerste sessie van deze studiedagen bezochten. Sindsdien heeft hij menigmaal het Benelux-colloquium met zijn woord verrijkt, met zijn aanwezigheid opgefrist en vereerd.

Toen Dr. Alfrink te Nijmegen de zware successie van Dr. Heinisch aanvaardde hebben ongetwijfeld weinigen voorzien dat zijn verblijf aldaar zo kortstondig zou zijn. Bij het vernemen van de benoeming tot aartsbisschop-coadjutor van Kardinaal de Jong hebben velen getreurd om het heengaan van een zo gedegen, gezaghebbende, meer en meer belovende oud-testamenticus. Misschien hebben zelfs enkelen gevreesd dat de geleerde Bijbelkenner en oriëntalist, die zich onder meer had ingewerkt in de geschiedenis van Juda ten tijde van de ondergang van het rijk, minder zou passen in wat men soms, al te weinig eerbiedig, het kraam noemt van administratief en bestuurlijk werk. Sommigen zijn misschien zelfs bevreesd geweest voor een specimen van *learned bishop*, een klasse van zieleherders waarnaar men in bepaalde kringen gaarne vraagt maar waarvoor men steeds enigszins angstig wordt wanneer een exemplaar ervan toevallig aantreedt. Wie zo vreesachtig is geweest, wist niet dat *Tobias* aan de professor allerlei vaderlijke deugden had aangeleerd, dat *Ecclesiasticus* hem de zin voor gewijde wijsheid had geschonken die het gewijde boek op zo meesterlijke, gevatte, zelfs onctueuze wijze verkondigt, dat *Prediker* hem een afkeer voor ijdelheid had ingeprent en een zin voor eenvoud die hem en zijn purper gewaad zo heerlijk siert, dat ten slotte het boek *Jozuë* hem voor de ogen had getoverd het beeld van de voortrekker, de aanvoerder, de bevelhebber die zijn volk naar zege en naar het Beloofde Land leidt.

Mocht ons een schilder aanspreken voor een portret van de Utrechtse Kardinaal en ons vragen naar enkele van zijn markante karaktertrekken, we zouden het aandurven vooreerst te wijzen naar zijn rijp en kalm overleg, naar zijn rustige moed. Vervolgens zouden we de aandacht trekken op zijn innemende gemoedelijkheid. In een recente biografie van Kardinaal Mercier citeert Kanunnik Simon een gevleugeld woord van een Belgisch katholiek staatsman, een woord dat niet overvloeit van honingzoete waardering voor het episcopaat van zijn tijd. *Les évêques*, zo zei de kittelorige minister die het wellicht aan de stok had gehad met een of andere kerkvoogd, *quand ils ont reçu le Saint-Esprit, ils ont le diable au corps*. Nederland kan er zich over verheugen dat geen woord minder past op zijn Kardinaal. Hij is even genaakbaar, eenvoudig, vriendelijk, open voor humor en dialoog gebleven als hij het was weleer in Maarssen, Rijsenburg en Nijmegen. Het schitterend ornaat waarmee hij thans vóór ons verschijnt, heeft in hem niet de Geest des Heren uitgedoofd, maar laat veeleer tot volle recht komen al de natuurlijke en bovennatuurlijke gaven, — het getal zeven is bijbels onzeker en althans hier niet toereikend, — waarmee de Heer hem overvloedig heeft bedeeld.

In het hart van het wapenschild van Zijne Eminentie prijken *Alpha* en *Omega*, symbool tegelijk van de Heilige Schriften en van Christus die er de hoofdinhoud van is. Van hieruit vloeien naar de vier windstreken stromen van levendmakend water die de gehele aarde bevruchten : prachtige en sprekende uitbeelding van een ideaal, dat reeds vóór de verheffing van Zijne Eminentie op de stoel van Sint Willibrordus, in zijn wetenschappelijk, professoraal werk ten volle werd gerealiseerd.

Monseigneur J. COPPENS,
Dekaan van de Fakulteit der Theologie Leuven

Bij een stille viering

Monseigneur G. Ryckmans gehuldigd*

Eerstdaags verschijnt te Gembloers, bij de firma Duculot, een hulde-album dat werd opgedragen aan Mgr. G. Ryckmans, de grootmeester van het Leuvens oriëntalisme. Het wordt hem aangeboden naar aanleiding van de tienjaarlijkse

* *De Spectator*, 21-22 december 1963.

staatsprijs voor oosterse en klassieke filologie die hij won voor de derde periode, 1950-1959. De gevierde hoogleraar had zich halsstarrig verzet tegen elk plechtig academisch huldebetoon. De viering ging diensvolgens door in kleine kring, onder collega's en oud-leerlingen die regelmatig de Leuvense Bijbelse studiedagen bijwonen. Toch was voor de gelegenheid niemand minder dan Kardinaal Alfrink per vliegtuig vanuit Fulda naar Leuven overgekomen. Hij wou en kon niet nalaten, vakman en gewezen ambtgenoot, uit naam van de velen die professor Ryckmans heeft opgeleid, of met zijn wetenschappelijk werk heeft verrijkt, of met zijn spreekwoordelijke dienstvaardigheid geholpen, dank en bewondering op de hartelijke, hem zó eigen wijze toe te spreken.

Een Leuvense hulde.

Om te beantwoorden aan het uitdrukkelijk verlangen van de gehuldigde werd voor het publiceren van het feestalbum slechts op Leuvense hoogleraren of oud-leerlingen een beroep gedaan. Had men van de meester vergunning bekomen om ook buitenlandse geleerden aan te spreken, het «Festschrift» zou geworden zijn tot een oecumenisch getuigenis van de diepgaande en universele invloed die van onze collega op alle specialisten in de semitische epigrafie, tot zelfs achter het ijzeren gordijn, bestendig is uitgegaan.

Mejuffer Jacqueline Pirenne, één van de meest schitterende oud-leerlingen, leverde een overvloedig gedocumenteerd overzicht van Monseigneurs pionierswerk op het gebied van de Zuid-Arabische epigrafie. Schonken ook bijdragen tot het huldealbum de Leuvense collega's : Ryckmans junior, Vergote, De Langhe, Neirynck, verder professor Luc Dequeker van het Mechels seminarie, Pater Luyten, professor aan het Theologicum van de Paters Salesianen te Oud-Heverlee en Father Raymond Collins, van Providence, Rhode Island. De publikatie imponeert. Zij bewijst, — en dat was een bron van vreugde voor de gevierde, — dat de Leuvense Alma Mater een prominent centrum gebleven is, waar landen en beschavingen van het Nabije Oosten grondig en vlijtig worden bestudeerd.

Professor aan het Mechels Groot Seminarie

Na zijn studies te hebben voltooid te Antwerpen, Mechelen, Jeruzalem en Leuven, begon Monseigneur zijn professorale loopbaan te Mechelen als hoogleraar aan het Groot Seminarie. Hij volgde er wijlen kanunnik Édouard Tobac op, dia aldaar het onderricht in de Heilige Schrift tot een hoog peil had opgevoerd. Getuige ervan een belangrijke inleiding tot de profetische literatuur die tot nu toe met belangstelling en vrucht wordt geraadpleegd.

Monseigneur Ryckmans was voor dat leraarschap uitstekend voorbereid. Hij had het voorrecht genoten door kardinaal Mercier naar Jeruzalem te worden gestuurd om zich aldaar in de Bijbelwetenschap te bekwamen. Hij ging naar het Heilig Land toen het nog niet omzeggens hopeloos was verdeeld tussen twee vijandige staten, en men aldaar nog meestal, zoals in de tijd van de aartsvaders, te voet of op de rug van een min of meer gewillig muildier diende te reizen. Hij zat als leerling aan de voeten van geleerde en toegewijde meesters waaronder de befaamde Dominikanen Lagrange en Vincent. Hij bleef hun dankbaar en onwankelbaar trouw, en op hun beurten bedachten zij steeds

Hulde — Hommage Mgr Ryckmans.

Mgr van Waeyenbergh — Card. Alfrink — Mgr Ryckmans — Mgr Descamps — Mgr Heuschen.

hun oud-leerling met grenzeloze hulpvaardigheid en een steeds stijgende waardering. Na zijn studies te Jeruzalem, keerde onze collega naar Leuven weer, waar hij als jong student zich reeds in de thomistische wijsbegeerte had bekwaamd, om er met een proefschrift over een ingewikkeld vraagstuk van de akkadische spraakleer tot doctor te worden gepromoveerd.

Monseigneur Ryckmans exegeet.

Na korte tijd stond het voor de jeugdige geleerde vast dat exegese niet zijn geliefkoosde specialiteit zou worden. Onder invloed van zijn gewezen meesters te Jeruzalem en vooral dank zij een providentieel, nauw en vruchtbaar contact met abbé Chabot, — een typische Franse academicus die te Parijs de publikatie van het *Corpus Inscriptionum Semiticarum* leidde, — besloot de Mechelse hoogleraar zich toe te leggen op het ontginnen van de oude zuidarabische opschriften.

Het strikt exegetisch œuvre vormt daarom slechts een klein onderdeel van professor Ryckmans' wetenschappelijke arbeid. Met de speurzin en de behoefte aan *acribeia* die hem kenmerkten, heeft wijlen professor Robert De Langhe het scripturair werk van zijn gewezen meester langs alle zijden onderzocht en ontleed. Terecht onderstreept hij dat evenwel Monseigneurs' onrechtstreekse bijdrage tot de oudtestamentische bijbelverklaring belangrijk is. Allen weten we dat Hebreeën en Arabieren verwante volken zijn. Velen herinneren zich wellicht dat de Heilige Schrift herhaalde malen zinspeelt op de aanwezigheid en het optreden van Arabische stammen in het Oude Nabije Oosten. Doch weinigen vermoeden, meen ik, dat af en toe erudiete semitisanten, — men denke aan Julius Wellhausen en Fritz Hommel, — de oude Arabische wereld beschouwen als het doek waartegen zich de Bijbelse geschiedenis heeft afgespeeld. En dan rijst de vraag wie van beide Arabische volksstammen, — de noordelijke of de zuidelijke, — het meest daartoe in aanmerking komen. Welnu, dank zij de talrijke publikaties van Monseigneur Ryckmans valt op deze problemen nieuw en overvloediger licht. Vele lichtzinnig opgebouwde hypothesen hebben sindsdien in het stof gebeten. Andere daarentegen kregen een onverwachte bevestiging.

Treffende linguistische contacten, — waarop het laatste nummer van de *Zeitschrift für Alttest. Wissenschaft*[1] de aandacht vestigt, — treden naar voor. Laten wij slechts één voorbeeld aanhalen, n.l. het feit dat soms onder de Hebreeuwse term *zhb*, doorgaans als «goud» te vertalen, ook een zuidarabisch, bijna homoniem, woord kan schuilgaan dat «reukwerk» betekent. Deze vondst werd voor wijlen professor De Langhe de aanleiding tot één van zijn beste artikelen waarin hij aantoonde dat men het zogenaamde «gouden altaar» uit Jeruzalems tempel diende te verwijderen of, beter gezegd, om te zetten in een naar Arabisch model op te vatten reukofferaltaar.

Grootmeester van de Zuidarabische Epigrafie.

Monseigneur Ryckmans zou evenwel, — we stipten het reeds aan, — zijn sporen, laten wij zeggen zijn gulden sporen, verdienen op het gebied van de

[1] W. W. MÜLLER, *Altsüdarabische Beiträge zum hebräischen Lexicon*, 1963, dl. 75, blz. 304-316.

zuidarabische opschriftenkunde. Toen hij de taak aanvaardde de opschriften afkomstig uit het oude zuidelijk Arabië te verzamelen, te vertalen, te catalogiseren, historisch te belichten en te situeren, lag het veld grotendeels braak. Er moest worden geijverd om vele tot dan toe onbekende inscripties op te sporen in musea, particuliere collecties en niet het minst in Zuid-Arabië zelf. Vervolgens diende men zich in te spannen om de ontdekte, zó dikwijls duistere teksten te vertalen, te rangschikken met behulp van een kritisch opgebouwde paleografische chronologie, en uiteindelijk in een historisch kader terug te plaatsen. Ten slotte moest men in het vooruitzicht stellen het redigeren van een woordenboek van de zuidarabische taal, woordenboek dat zou worden opgesteld op grond van de ontcijferde documenten.

Mejuffer Pirenne vertelt hoe Monseigneur Ryckmans die reuzentaak persoonlijk in ruime mate heeft volbracht. Zij citeert cijfers die de lezer duizelig maken: 5.380 safaïtische graffiti en 2.482 andere inscripties werden heruitgegeven en ingestudeerd; 850 werden voor de eerste maal door Monseigneur zelf bekend gemaakt. Het hoogtepunt van deze schitterende wetenschappelijke carrière vormde ontegensprekelijk de archeologische expeditie die professor Ryckmans in 1951 ondernam in samenwerking met H. St. J. B. Philby, de bekende explorator van Saoedisch Arabië, en verder met kapitein Philippe Lippens en met zijn neef, professor Jacques Ryckmans.

Dat Monseigneur die reusachtige taak kon voltrekken is te danken aan wat hijzelf meermaals bestempelde als een onmisbare voorwaarde voor het gunstig verloop van een wetenschappelijke roeping en loopbaan, n.l. een uitgesproken aanleg, krachtdadig ontwikkeld, voor een strenge en ascetische levenswijze. *Le génie est une longue patience*, doch dit geduld, dit uithoudingsvermogen, is slechts het loon van taaie, onafgebroken strijd om zichzelf te disciplineren en, wanneer het om een geleerde gaat, om zichzelf dagelijks aan zijn werktafel te kruisigen. Geen wonder dan ook dat te Leuven weinige professoren zo ruimschoots als collega Ryckmans met een keur en een krans van uitgelezen discipelen werd beloond en gezegend. Tijdens de intieme huldiging verwees de professor zelf naar een trio die hem boven alle andere oud-leerlingen dierbaar zijn. Vooreerst zijn neef die het werk van zijn oom en meester op historisch vlak hoopt te voltooien. Vervolgens dr. Drewes, van Leiden, die het reeds uitgebreide domein van onderzoek naar oud-Ethiopië verlengt. Ten slotte mejuffer Jacqueline Pirenne, van het Fonds voor Wetenschappelijk Onderzoek te Parijs, die zich voor de wellicht lastigste taak heeft ingespannen: het opmaken van een wetenschappelijk gefundeerde, chronologisch opgebouwde paleografie van de Zuid-Arabische teksten.

Ryckmans de biograaf.

In het huldealbum kon men niet genoegzaam een derde aspect van Ryckmans literaire arbeid in het licht stellen, een aspect dat, benevens de specialist in de kennis van de Oosterse talen, een humanist openbaart, die aan de Universiteit, dank zij een lange reeks van literaire portretten, de faam heeft verworven van biograaf op wiens fijne pen graag een beroep gedaan wordt, telkens het levenswerk van een afgestorven collega moet worden gepenseeld. Dat het Mechelse seminarie, zoals het bloeide onder Kardinalen Mercier en van Roey, en dat ook menig Leuvens hoogleraar in de gedachtenis van de jongere geslachten voortleeft, hebben wij aan zijn rijk en trouw geheugen, aan zijn rake opmerkingsgave, aan zijn veelkleurig palet, aan zijn vaardige en keurige pen te danken. Wie bewonderde bijvoorbeeld niet de critische nauwkeurigheid, de kunstvaardige soepelheid, de fijne humor, waarmee hij destijds, in de feestbundel *Scrinium Lovaniense*, het levenswerk van Mgr. Étienne Van Cauwenbergh deed kennen, en tevens van deze hoogleraar, zijn vriend, die tot tweemaal toe de universiteitsbibliotheek heroprichte, zijdelings en tactvol een onvergetelijk portret tekende?

Vir probus nemini nocens.

Eenparig betreuren wij het te Leuven dat Monseigneur tot nu toe halsstarrig geweigerd heeft zelf voor literair portret te poseren. Hij verkiest schuil te gaan «in een hoekje met een boekje». En toch voor hen die het voorrecht genoten hem enigzins van dichtbij te benaderen moest de professor willens of onwillens zijn schoon-menselijke en schoon-priesterlijke persoonlijkheid in ruime mate prijsgeven.

Monseigneur bewoont de vleugel van een vroeger college van de universiteit, en reeds dit feit spreekt boekdelen voor zijn levensstijl. Wie al te vlug de hobbelige Sint-Antoniusberg afdaalt, loopt ongetwijfeld gevaar het stille, enigszins weggedoken huis, n[r] 7, voorbij te gaan. Hij moge in het weggeborgen-zijn van Monseigneurs woning een teken ontdekken van de bescheidenheid waarin onze gevierde collega zich met voorliefde weet te hullen. Wanneer U bij de professor aanschelt en de zware, oude eiken deur voor U opengaat, treedt U een gesloten portaal binnen dat een stemming opwekt als van een klooster waar monniken stil en vroom werken en bidden in dienst van God en van de wetenschap. En vervolgens een stemmige binnenkoer. Links een hofje waar velerlei bloemen, rozen, anjelieren, begonia's, viooltjes, U toelachen; rechts tegen de oude bakstenen aan, verguld kunstig smeedwerk, dat uit het Antwerpse herenhuis van burgervader Ryckmans naar de stad der Petermannen is overgekomen. Gans achteraan het wijde raam van de professorale werkkamer waar het daglicht overvloedig binnenstroomt en de hoogleraar enigszins herinnert aan het koninklijke zonnelicht van het Nabije Oosten. Daar arbeidt de professor omgeven door documenten, boeken, registers, steekkaarten, onder het strenge oog van patriarch Chabot, die erover waakt dat zijn kwekeling en zijn opvolger dag-in dag-uit de nooit voltrokken taak zou voortzetten.

Wie nog tot grotere intimiteit wordt toegelaten ontdekt de rustige sfeer van een sierlijke huiskamer. Hier zien wijlen burgemeester en mevrouw Ryckmans, statige Sinjoren, toe hoe eerbiedwaardige familietradities in ere worden gehouden. Hier wekt een mooi geschilderd portret van Kardinaal Mercier de herinnering op aan een glorieuze periode van het Mechels diocees. Hier verwijzen enkele keurig uitgekozen souvenirs naar de expedities en de reizen van de professor in de landen van de Bijbel en van het Nabije Oosten. Hier ook rust 's avonds Monseigneur van zijn dagtaak uit in gezelschap van zijn zuster en zijn nicht die de passende atmosfeer scheppen om een geleerde toe te laten dagelijks zonder zorg en kommer aan het harde werk te gaan.

Kortom, in die oude, academische, stille en sierlijke woning ademt alles de vriendelijkheid uit, de hoffelijkheid, voornaamheid en dienstvaardigheid waarmee de heer des huizes zijn bezoekers weet te ontvangen: *Haec porta patens esto, nulli claudatur honesto!*

* * *

Monseigneur Ryckmans is lid van zo wat alle grote academiën van ons vasteland: het *Institut de France*, de *Academia dei Lincei*, de *Koninklijke Nederlandse Academie*. Dat hij samen met wijlen Jonkheer van der Essen, met de professoren Ganshof en Mansion, geleerden die onze franstalige academie niet zou geaarzeld hebben in haar schoot op te nemen, voor een lidmaatschap van de nog jonge *Koninklijke Vlaamsche Akademie voor Wetenschappen, Letteren en Schone Kunsten* bij haar ontstaan heeft geopteerd, mag niet onvermeld gelaten worden. Die keuze getuigt van Monseigneurs trouw aan zijn geboortestreek en aan zijn Vlaming-zijn. De Vlaamse gemeenschap en vooral de Vlaamse intellectuelen hebben zich door die voorkeur geëerd gevoeld. Zij zijn er de grootmeester van de zuidarabische wetenschap blijvend dankbaar voor. Zij begrijpen dat door zulk gezaghebbend getuigenis de cultuur in Vlaanderen beter wordt gediend dan door heethoofdige kwasten, aanhoudend gejoel en afbrekend krakeel.

De Kerk in de branding*
Een wijs en krachtdadig apostolisch woord van Mgr. Philips [1]

Dat er onrust, onzekerheid, malaise bij vele gelovigen, en zelfs onder priesters en religieuzen, heerst, moet niet meer van de daken als een groot nieuws worden afgekondigd. Het loopt de spuigaten uit. God zij dank, zijn onze gewesten wellicht minder besmet dan andere streken die wij liefst niet vernoemen. Hier en daar werd weliswaar een onbezonnen nieuwlichter en welweter uitgebroeid. Hier en daar ook moet men treuren over het schipbreuk lijden van enkelen, slachtoffers van een onvoorzichtig koerssturen. Van een lawine of van een aardverschuiving is er tot nu toe geen sprake. En er gaan moedige stemmen op die wijzen op de gevaren, en die het aandurven, succesjagers, wier enige bekommernis blijkt te zijn, met een of ander onbekookte, half verteerde nieuwigheid, in de kijker te lopen, te ontmaskeren en te ontkleden.

Heeft het Concilie fout?

Terecht stipt mijn collega aan dat men de malaise niet moet laten beginnen bij de weerslag van de Conciliedebatten. Vele problemen dagtekenen van de tijd van het modernisme. Zij werden toen reeds opgeworpen en niet, of slechts gedeeltelijk, beantwoord.

* *De Spectator*, 28-29 augustus 1965.

[1] *Eigentijdse theologische en pastorale problemen*, in *K.A.W.-Berichten* (Hasselt), 1965, nr 1, blz. 4-16.

Het doet meermaals potsierlijk aan, jongelui met een of andere moeilijkheid te horen aankomen, alsof zij door henzelf werd ontdekt of door een of andere eigentijdse Robinson voor het eerst werd geformuleerd, terwijl wij die reeds op 't seminarie te horen en te bespreken kregen. Andere problemen rezen op na en gedeeltelijk ten gevolge van de tweede wereldoorlog. De Krijgsgebeurtenissen hebben niet alleen steden stuk gebombardeerd. Zij hebben ook — wat erger is — heel wat ideeën en tal van breinen verbrijzeld. Ten slotte heeft de door velen gewenste grotere intellectuele vrijheid en mondigheid binnen de Kerk als nevengevolg gehad, dat enkelen, wien het zwijgen eerder paste, de gelegenheid te baat hebben genomen, om een soort neomodernisme in het leven te roepen. Een geleerde, die het destijds krachtig tegen een bepaalde werkwijze van het Heilig Officie heeft opgenomen, zei me onlangs, angstig en ontnuchterd: «Wordt het misschien tijd dat het opnieuw in ere worde hersteld?».

Drie algemene stoplichten.

Mgr. Philips vestigt vooreerst de aandacht op drie algemene verschijnselen die ik mij veroorloof in een enigszins gewijzigde rangorde op te sommen.

Op liturgisch gebied pleit hij niet voor immobilisme, maar hij waarschuwt, aansluitend bij de Nijmeegse hoogleraar, Professor Grossouw, tegen «beeldstormerij» en «persoonlijke fantasie». De wijze waarop sommige priesters de heiligenbeelden weren en anderen zich aan geen regels houden of storen, om zogezegd *in anima vili* te experimenteren, soms ten koste van hun persoonlijk geloof en dat van hun geloofsgenoten, roept wraak ten hemel. Hun mond druipt van communitaire eredienst, doch hun daden streven ernaar aan de zo beklemtoonde communiteit de allerindividueelste expressie van hun allerindividueelste en betwistbare emotie of lubie op te dissen.

Op scripturistisch gebied waarschuwt onze collega tegen het dwepen met het bultmannisme. Misschien moeten wij zijn oordeel enigszins nuanceren wanneer hij beweert dat Bultmann thans reeds voorbij is gestreefd. Zo veel echter staat vast, dat protestantse exegeten heel wat minder bereid zijn, wierook voor een Bultmann-idool te branden, dan sommigen het doen die Bultmann slechts van verre kennen en soms met hem uitpakken, vooral om een geloofsafval, waarvan de wortels elders op te sporen zijn, goed te praten. Ongetwijfeld heeft de *Formgeschichte* op nieuwtestamentisch gebied, vraagstukken opgeworpen die wellicht niet genoegzaam op te lossen zijn met de richtlijnen van de Bijbelcommissie, en die derhalve de Katholieke exegese nog dient te verwerken. Moge er iemand opstaan die bij voorbeeld de verrijzenisverhalen in het licht van de *Formgeschichte* deskundig analyseert en weet voor te stellen, zoals Paulin Ladeuze destijds in een beroemde rede ten overstaan van de *Literarkritik* met grote vaardigheid, althans gedeeltelijk, erin slaagde, Middelerwijl heeft geen *Formgeschichte* — zoals één van onze beste exegeten, de Freiburgse professor A. Vögtle, het onlangs vaststelde — de pijlers van het verrijzenisgebeuren aan het wankelen gebracht.

Op katechetisch-kerygmatisch gebied, dit is inzake inkleding en voorstelling van het geloof met behulp van notionele begrippen, steekt professor Philips de draak met het enthousiasme waarmee velen Robinsons *Honest to God* hebben verslonden en verspreid. Hij betitelt dit Anglicaanse boekje — al weze het een best seller — «een mager afkooksel van Bonhoeffer en Tillich» en hij moet erom treuren dat slechts grove onwetendheid verklaart dat velen menen dank zij de Anglicaanse bisschop voortaan de theologische stratosfeer te kunnen exploreren. Anderzijds wijst Monseigneur op het gevaar een al te «rationalistische», eenzijdige geesteshouding aan te kweken, die op het gebied van de geloofsleer het cartesiaans waarheidscriterium zonder beperking huldigt, en het «klaar en waar» als een *Entweder-Oder* zoekt te hanteren. De leerstellingen van het geloof kunnen niet worden teruggebracht tot louter verstaanbare categorieën. Er is geen geloof zonder verstandelijke deemoed. God en zijn openbaring worden in geen mensenwoorden volledig uitgedrukt. Onze begrippen, aan de natuurlijke orde ontleend, zijn slechts analogisch toepasselijk op de bovennatuurlijke waarden. En daar is verder een bijzonder lichtgevend beginsel reeds door Sint Thomas krachtig uitgedrukt: het geloof is uiteindelijk gericht naar de transcendente werkelijkheden in zichzelf, dus over de begrippen heen, die de goddelijke waarheden wel waarachtig aanduiden en er doelmatig naar verwijzen, maar ze nooit volledig adekwaat vermogen uit te drukken.

Bijzonder omstreden punten: Boeteviering en private biecht.

Mgr. Philips meent zich niet te kunnen onttrekken aan de verplichting een recent boekje van een Nederlandse seminarieprofessor streng te beoordelen[2]. Naar het oordeel van onze Leuvense collega kunnen wij in genoemd geschriftje lezen: 1) dat men van een verplichting onder doodzonde bij een positieve wet niet mag spreken (p. 53ss.); 2) dat men de verklaring van Trente omtrent de verplichting alle doodzonden in de biecht te belijden best niet urgeert (p. 84); 3) dat er geen sacrament meer is wanneer in het huwelijk man en vrouw van elkaar vervreemden (p. 81s.); 4) dat er daarentegen wel een sacrament zou ontstaan daar waar twee mensen in huwelijksgezindheid samenleven[3]; 5) dat het gebruik van een condoom kan ingegeven zijn door de bedoeling van een verantwoorde gezinsopbouw mogelijk te maken en dat dit gebruik — althans de context blijkt dit te suggereren — geen zonde zou zijn (p. 49); 6) dat wij de Vader in het gelaat van de andere mens ontdekken: vage, humanistische echo op Robinson met verwaarlozing van wat Sint Jan van de Zoon zegt: «Wie mij ziet, ziet ook de Vader».

Wij hebben gepoogd de uiteenzetting van Mgr. Philips getrouw weer te geven en zijn oordeel noch te milderen noch te verharden. Wie zal niet verbaasd uitroepen: Waar gaan wij naartoe? indien men aldus voortgaat niet alleen het kerkvolk te traumatiseren, maar over kerkelijke leer en praktijk, zonder speciale bevoegdheid en met een opvallend gebrek aan zin voor verantwoordelijkheid, de staf te breken?

Terecht tekent Mgr. Philips aan, dat niet alles in de nieuwe moraaltheologische strekkingen verkeerd is. Men doet goed meer dan weleer het accent te leggen op de persoonlijke zedelijke vorming. Eveneens handelt men niet ver-

[2] F. J. HEGGEN, *Boeteviering en private biecht*, Roermond, 1964.

[3] Volgens Mgr. Philips werd deze opvatting ook uitgedrukt in het *Tijdschrift voor Theologie*, 1964, t. 4, pp. 401-415. Wij hebben de verwijzing niet nagekeken. Onderschrijven allen die hun naam tot die publikatie verlenen, die onthutsende affirmatie?

keerd te aanvaarden dat, bij de beoordeling van het geweten, meer de algemene gesteldheid dan de losse daden doorwegen, om aldus uit te maken in welke mate iemand aan zware zonde, die hem van het ontvangen van de sacramenten uitsluit, schuldig is.

Persoonlijk zou ik er nog aan toevoegen dat de ontwikkeling van de privébiecht, een lange, ingewikkelde geschiedenis heeft doorgemaakt. Wellicht zijn niet al de facetten ervan, zoals wij die thans kennen, van goddelijke oorsprong. Wellicht zou de Kerk, nu zo wel als eertijds, de modaliteiten van de private biechtpraktijk in mindere of meerdere mate kunnen wijzigen. Uit de geschiedenis van de sacramenten blijkt dat de Kerk, inzake «stof» en «vorm», om met de scholastieken te spreken, over grote organisatorische macht heeft beschikt. Maar het komt aan geen gelovige, aan geen priester, zelfs niet aan een seminarie- of hogeschoolleraar, toe, eigenmachtig hieromtrent de kerkelijke praktijk omver te werpen.

Ten andere, waar blijft in zulk geval het geloof in de Kerk? Hoe kan men zelfs nog in een concilie geloven als men het geloof in de constante traditie van de Kerk omver gooit? Heel gevat tekent Mgr. Philips hierbij aan: «De uitspraak van Vaticanum II zou even tijdgebonden zijn als die van Trente of Vaticanum I». Men zou dus even rustig deze verklaring naast zich kunnen neerleggen als alle overige.

Een tweede omstreden probleem: de Eucharistie.

Wij vernemen, aldus Mgr. Philips, betreffende de werkelijke aanwezigheid van de Heer in de Eucharistie uit een land dat wij opnieuw niet met de vinger aanwijzen, «ontstellende dingen». Zij gaan de protestantse toeschouwers niet voorbij. Aan één onder hen wordt volgende pikante opmerking toegeschreven: «Eertijds veranderde niets in de Katholieke Kerk buiten de eucharitische elementen. Thans is er alles aan 't veranderen behalve brood en wijn». Onze collega trekt vooral van leer tegen een recent boekje van een Nederlandse pater Capucijn[4]. Het zag het daglicht buiten alle medewerking of goedkeuring van de Leuvense Alma Mater. Het gaat integendeel tegen de beste Leuvense tradities in, die er steeds prijs op stelden alle nieuwe ideeën te wikken en te wegen, niets voorbarigs op de markt te brengen en voorzeker niet bij onmondigen en onbevoegden succes na te jagen.

Dat de auteur eenzijdig en uitsluitend de maaltijd-gedachte behandelt — een eenzijdigheid waartegen destijds Kardinaal Alfrink waarschuwde en waartegen heden zelfs protestantse theologen reageren, zoals Max Thurian en een recent artikel van de *Theologische Literaturzeitung*, het bekend protestants tijdschrift eertijds door Harnack geleid — is een eerste bezwaar door Mgr. Philips geopperd. Hier kan de auteur repliceren dat hij slechts één aspect van de Eucharistie wou bestuderen. Een tweede bezwaar is, dat hij beproeft een nieuwe verklaring voor te dragen die de oplossing geen duimbreed vooruithelpt. De Leuvense hoogleraar heeft persoonlijk geen vrede met de klassieke theorie die op het aristotelisch thomistisch substantie-begrip beroep doet. Hij kritikeert dan ook niet het feit dat men naar nieuwe voorstellingen zoekt in functie van

[4] *Vragen rondom de Eucharistie*, Roermond, 1965.

niet-thomistische denkkaders. Maar bedenkelijk is dat men theorieën opbouwt die weinig gefundeerd zijn en vooral dat men die voorschotelt in publikaties die gevaar lopen in de handen te vallen van onbevoegden. Het is alsof enkelen de zo gewraakte *culte de l'incompétence* op het gebied van de theologie willen inburgeren. Laten wij verhopen dat Pater Schillebeeckx die op zijn beurt in het krijt treedt voor een betere uiteenzetting van het eucharistisch dogma, erin slagen zal de atmosfeer van malaise op te klaren.

De Leuvense hoogleraar en concilie-deskundige neemt het vooral op tegen «enkele kinderachtigheden», enkele inderdaad «kinderachtige», vergelijkingen die onze Nederlandse Capucijn heeft aangewend om in catechese en in predikatie meer begrip voor het dogma op te wekken. Hij spreekt weliswaar bij wijze van vergelijking — wij verontschuldigen ons tegenover onze lezers voor deze citaties — van een «haastige pic-nic» (blz. 42), van de gave van de persoon» uitgedrukt door het aanbieden van thee en koekjes, van een toast aan tafel en van samen een glas klinken (blz. 46). Deze wijze van spreken die *De Bazuin* reeds had getrompet, heeft terecht menige reactie uitgelokt. Wijzelf hadden de auteur op het ontoereikende, onbehaaglijke en verkeerde van die zogezegde analogieën gewezen. Het mocht niet baten. De auteur deelde mij destijds mondeling mee dat «hoogstaande» geesten van deze smakeloze beelden lekker smulden.

Om te besluiten.

Evenmin als Mgr. Philips beleef ik er genoegen aan kritiek uit te oefenen op geloofsgenoten. Trouwens wij bewonen niet het kapitool. Ten hoogste kunnen wij, als weleer aldaar de ganzen, laten blijken dat er onrust is in de buurt. Inmiddels danken wij Mgr. Philips om zijn moedig woord. Hij moet weten dat hij gevaar loopt, zoals wijzelf, en vele anderen als Rogier, Daniélou en zelfs Schillebeeckx, door sommigen, die af en toe aan «maand»-stonden lijden, als «conservator» te worden uitgescholden. Laten wij echter hopen dat zij die thans een late puberteitscrisis doormaken, tot bezinning komen. Mogen wij allen leren in een tijd waar men van dialogen spreekt en van afgescheiden broeders houdt, ook met hen, die binnen de Kerk volle broeders zijn, een irenische samenspraak te houden.

J. COPPENS.

Bij het emeritaat van Mgr. A. Dondeyne*

In aansluiting bij de zeventigste verjaardag van Monseigneur Albert Dondeyne — die op 10 mei 1901 te Lo (W.-Vl.) geboren werd — organiseerde Oud-Universitas, op 28 mei ll. in de gebouwen van de Universitaire Woonwijk der K.U.L. te Heverlee, een *Ontmoetingsdag*. Het is de meeste Leuvense alumni wel bekend dat, omstreeks Kerstmis 1933, Professor Dondeyne samen met

* *Onze Alma Mater*, XXV (1971), n° 3, pp. 142-150.

enkele zijner Vlaamse collega's en met een paar afgestudeerden, in de schoot van het Hoogstudentenverbond voor Katholieke Actie, het genootschap *Universitas* oprichtte, waarvan hij ruim dertig jaar lang de eigenlijke «voorganger» alsmede de *spiritus rector* was.

Daar deze nog steeds jeugdige zeventigjarige in juli 1971 zijn emeritaat als hoogleraar zal aantreden en tevens zijn ambt als president van het Hoger Instituut voor Wijsbegeerte zal neerleggen, wilden de oud-leden van Universitas hem op deze Ontmoetingsdag op de eerste plaats nogmaals hun dank betuigen om de talloze initiatieven die hij te Leuven mede in gang zette en — soms jarenlang! — voortreffelijk heeft geleid: de zegenrijke werking van het Hoogstudentenverbond voor Katholieke Actie; de opening en de dagelijkse directie van Huize Universitas; de organisatie tijdens de bezetting van de tersluiks gegeven eerstejaars-colleges; de uitgave van het maandblad *Universitas*; en zo vele andere nog. Zo de talrijke deelnemers te Heverlee vervolgens in Dondeyne de terecht vermaarde wijsgeer en theoloog kwamen huldigen, dan hadden velen onder hen die zondag toch ook vrijgehouden om andermaal «de Prof» — zulks is zijn «eigennaam» voor alle «Universitassers»! — te komen beluisteren. Hij zou dan toch zelf de slotrede houden, en zulks nog wel over het spannende thema: *«Geloof en Wereld» herzien?»*

Zelfs diegenen, zoals ik bijvoorbeeld, die het voorrecht hadden tijdens de laatste vijfendertig jaar haast ononderbroken in Dondeyne's onmiddellijke omgeving te verwijlen, en die door hem bij herhaling betrokken werden bij zijn actie binnen en buiten Leuven en zelfs bij zijn wetenschappelijk onderzoek, konden bezwaarlijk hun verbaasde bewondering verhelen, wanneer zij op die Ontmoetingsdag de aldaar verzamelde «gemeente» overschouwden. Daar was inderdaad een keuze vergaderd uit de «keurlijke» bloem van wat Leuven-Nederlands sedert 1935 aan Katholiek Vlaanderen heeft aangeboden als afgewerkt produkt. Toen één van mijn disgenoten de ruim vierhonderd aanwezigen kritisch overkeek om ze naar hun kwaliteit te bekeuren, ontviel hem spontaan de aanmerking: «Die uitgelezen groep gelovige Vlamingen samenbrengen op een zondag en zulks alleen maar door de eerbied en aanhankelijkheid die allen aan zijn persoon verbinden, dat kan in dit land alleen maar de Prof!». Deze onbetwistbare uitspraak is gewoon een eerlijke erkenning van de uitstraling die sedert dertig jaar te Leuven uitgaat van wat we dan maar het «verschijnsel Dondeyne» zullen noemen.

De zeventigjarige Prof die op die dag door zijn Vlaamse oudstudenten en vrienden «op het schild werd gehoffen» was inderdaad — en blijft! — een uniek en wonderbaarlijk verschijnsel aan het nochtans rijk besterde Leuvense firmament. Deze innemende eenvoudige man vol speelse humor — «qui enlève toute pompe même aux cérémonies les plus pompeuses!», zó glosseerde voor kort de Franse wijsgeer Emmanuel Lévinas één van Dondeyne's toespraken — had en heeft een ongemeen diepe invloed en behoudt een vaste greep op zo velen der *aristoi*, die tussen 1933 en 1970 te Leuven college liepen.

Is zulks reeds duidelijk vaststelbaar bij de talrijke Waalse en buitenlandse oud-studenten die tijdens die jaren wijsbegeerte studeerden aan het *Institut Supérieur de Philosophie*, dan zijn over geheel Vlaanderen de begaafde alumni die aanwijsbaar en onuitwisbaar de sporen van dit Dondeyniaans «charisma» door het leven meedragen, gewoon *legio*. Stammen doen ze uit alle steden en uit de meest diverse gewesten van het Vlaamse land: de énen uit Noord-Limburg, uit Hasselt of uit Haspengouw; anderen uit de Antwerpse Kempen, uit het Mechelse of het Lierse, of uit de stad van Rubens zelf; weer anderen uit het Hagenland, uit de Pajottenstreek, uit het Halse, ja zelfs uit Brussel; nog anderen uit het Land van Waas, uit de Vlaamse Ardennen, of uit «de stad die koningen deed beven»; en «last but surely not least» de «meisjongens» of knapen — onbetwistbaar Dondeyne's «hartelapjes»! — die in één of ander Westvlaams gewest gewonnen, geboren en getogen werden, zeer zeker dan degene waarvan de wieg in 't Land van Lo zelf of in de Westhoek stond.

En voor één keer werd bedoelde «charismatische greep» niet alleen maar het merkteken van de «domini theologi» of van de wijsheid-begerende filosofen, voor wie de docerende Dondeyne te Leuven het geestelijke manna meestal brak. De tallozen die er door werden getekend en bezield, ontvingen hun lering en werden gevormd in de meest diverse Leuvense faculteiten, instituten en scholen. En zulks niettegenstaande het feit, dat buiten het Instituut voor Wijsbegeerte zelf, de *dispensator charismatis* slechts bij hoogste uitzondering college gaf voor een groter gehoor.

Hoe kan de omvangrijke en diep verankerde invloed begrijpelijk worden gemaakt, die Dondeyne blijkbaar heeft uitgeoefend op zeven of acht zó diverse studentengeneraties als diegene die elkaar sedert 1935 te Leuven hebben afgelost? Waar liggen bij deze niet bepaald systematische wijsgeer en bij deze erg liberale theoloog de wortels van de stevige greep die hij bijzonder nog op *begaafde* jongeren uitoefent, en waardoor hij ze kennelijk ook nog vast houdt tijdens hun rijpe mannenjaren? Waarom voelen velen onzer medestanders aan — vooral dan nog zij die lang *naast* en *met* deze franciskaans simpele priester leefden! — dat zijn aanwezigheid zelf iets onmiskenbaar inspirerends, ja haast iets «charismatisch» insluit? Hoe kwam het dat te Heverlee, op die bepaalde 28 mei, juist dit laatste woord bij herhaling viel, in de toespraken eerst, en nog meer in de privé-gesprekken onderling? Ieder die Dondeyne kent weet dan toch dat dit woord hem bepaald kopschuw maakt, en dat hij maar moeilijk verdraagt dat dit geladen adjectief aan zijn persoon of aan zijn werk gekoppeld wordt.

En toch, wanneer we ons op Dondeyne's leven bezinnen, dan kunnen wij die vragen eenvoudig niet ontgaan. Overigens, de kritische meditatie op zijn boek *Geloof en Wereld* (1961), die hijzelf op bedoelde *Ontmoetingsdag* als slotrede voordroeg, werpt eveneens diezelfde vragen op. Naar zijn oude geplogenheden had Dondeyne de tekst die hij voor zich had liggen zeker niet «tot het bittere einde toe» afgewerkt, alvast dan niet wat de litteraire vorm betrof. Enkele volzinnen wachtten tevergeefs op hun normale afsluiting, terwijl een paar andere erg onverwacht weer kwamen opduiken. Het oordeel van alle «aandachtige toehoorders» was echter eensluitend: zó indrukwekkend en tevens zó klaar, zó overtuigend en tegelijk zó aangrijpend, had «de Prof» nog zeggens nooit gesproken! Bracht die toespraak alvast niet — God zij dank! — zijn geestelijk testament, zij bood in elk geval een indrukwekkende verwoording van zijn «allerindividueelste boodschap» aan! De inhoud van die rede geeft ons meteen, zo dunkt ons, een stevige houvast om de boven opgeworpen vragen, zij het dan in een voorlopig ontwerp, te beantwoorden.

Tijdens de bedoelde toespraak werd het op de eerste plaats nogmaals voor ieder toehoorder duidelijk, hoe dwingend Dondeyne zich Terentius' oude leerspreuk als gedragsregel voorschrijft : *homo sum : humani nihil a me alienum puto.* Meer nog, niet alleen het waarachtig menselijke tracht deze man bij de andere te achterhalen en eerlijk te waarderen, maar zelfs voor het vele dat ons — ja ook hem zelf! — als bepaald «Allzumenschliches» verschijnt, weet hij begrip op te brengen. Daaruit volgt kennelijk dat hij zich tegenover derden steeds als wet oplegt : *ze nooit te oordelen — en ze zeker nooit te veroordelen! — zo lang hij de motieven die hen aandrijven niet heeft begrepen en ze eerlijk naar hun waarde heeft geschat.*

Om in de dagelijkse omgang makkelijk aan die gedragsregel vast te houden, wordt Dondeyne ten zeerste geholpen door zijn natuurlijke nieuwsgierigheid — erfstuk van zijn landelijke voorouders wellicht! — voor elke gedraging die hem «anders» lijkt dan het geplogene en die hem enigerwijze verrast. «In alles wat des mensen is» bekoort hem duidelijk het nieuwe, en zeker het eigenlijk vernieuwende. Gezelle's genot is kennelijk ook het zijne :

door ongebaan –
de sneeuw te gaan
hoe lustig is 't
hoe leutig.

Zo de mens Dondeyne natuurlijkerwijze reeds een uitzonderlijke openheid en begrip weet op te brengen voor al het menselijke en zelfs het al-te-menselijke, toch dunkt ons dat zijn ongemene ontvankelijkheid voor derden haar eigenlijke ruggesteun vindt in de kristelijke *caritas.* Daarom juist voelt ieder hem aan als «lankmoedig en goedertieren»; daarom «zoekt hij zichzelf niet, laat hij zich niet kwaad maken en rekent hij het kwade niet aan»; daarom uiteindelijk «verheugt hij zich niet over onrecht, maar vindt hij zijn vreugde in de waarheid». Ten volle aanvaardt Dondeyne inderdaad Johannes' uitspraak : «De mens zonder liefde kent God niet, want God is liefde».

Als vanzelf brengt deze laatste aanmerking ons tot een tweede trek van Dondeyne's persoonlijkheid; en ook deze werd bijna opzienbarenderwijze duidelijk voor wie zijn rede van 28 mei ll. met aandacht volgde. Zo hij daar blijk gaf van een verbazend omvangrijke theologische kennis en kundigheid, dan trof hij zijn gehoor nog meer door zijn eenvoudig en direct geloof. Geheel zijn zijn, al wat hij doet, al wat hij denkt of zegt, is kennelijk doortrokken door wat we «une foi de charbonnier» benoemen kunnen. Zijn begaafdheid om precies als wijsgeer leerstellingen van het geloof begrijpelijker uit te drukken en om hun intelligibiliteit beter toe te lichten, wordt *urbi ac orbi* erkend en geprezen. Op dit gebied heeft hij ook bij talloze niet-gelovigen naam gemaakt, zij het dan niet bepaald als apologeet. Daar waardeert men hem eerder als een gezellig en eerlijk «debater», die dan elke discussie bovendien nog met Breugheliaanse humour weet te kruiden. Dit theologisch weten en zijn omvangrijke belezenheid in het godsdienstige hebben echter in niets het *credere in Deum* geschokt, dat hem blijkbaar als kind werd bijgebracht. Nooit werd de wetenschap voor hem de aanleiding om dat geloof te besnoeien, en zeker niet om het hoe dan ook op te schorten. Hem op die zondag beluisterend, had ik als vanzelf de indruk : voor die man is geloven blijkbaar even natuurlijk als voor elk van ons het ademen!

Hier ligt onzes inziens de verklaring van Dondeyne's *aan-* en *in*-slag als zielzorger bij wat wij «andersdenkenden» plegen te noemen en bij gelovigen die in het religieuze het kompas lichtjes kwijt zijn geraakt. Zijn rijke ervaring heeft hem kennelijk geleerd dat — precies op de ongelovige en op de twijfelaar — een «belijdend» kristendom de sterkste indruk maakt; zeker dan wanneer de belijder zelf dat kristendom eerlijk en ook ten voeten uit blijkt te beleven. Apologetisch getinte betogen daarentegen en rationeel versneden geloofswaarheden kunnen wel briljant aandoen; maar zelfs zo ze echte overredingskracht bezitten, dan brengen ze slechts zelden de nodige stuwing teweeg om iemand er toe te bewegen «in geloof en zeden» enige fundamentele optie te nemen of, zoals de uitdrukking luidt: «de faire le pas».

Dit rustige, belijdende kristendom heeft Dondeyne er nooit toe verleid, hoe dan ook het belang van «de werken des geloofs» — van wat men nu de «horizontale beleving van het kristendom» pleegt te noemen — te onderschatten. *Geloof en Wereld*, zoals hij zijn bekende boek betiteld heeft, beoogt in feite de voorwaarden te bestuderen voor de voelbare aanwezigheid van een authentiek kristendom, precies *in* deze wereld. De eis om een horizontale uitstraling van de Boodschap in de hand te werken zaten steeds mede bij hem voor, zo wel in de talrijke gemeenschappelijke initiatieven die hij mede op het getouw heeft gezet, als in de persoonlijke contacten en gedachtenwisselingen waarvoor hij steeds tijd wist vrij te maken. Nooit echter bracht zulks bij hem de waardering voor de «vertikale geloofsbelijdenis» ernstig in het gedrang of zette ze hoe dan ook zijn gelovende eerbied voor de drieënige God, voor de Heer Jezus Kristus of voor de numineuze Heilsgeschiedenis op losse schroeven. Naar zijn diepste overtuiging moest het «horizontale» inderdaad vast in het «vertikale» wortelen, en kan alleen hij die gelovend aanbidt met vrucht het zaad van de Blijde Boodschap uitwerpen.

Steeds met de bedoeling om Dondeyne's eigensoortige greep op zo velen van zijn tijdgenoten begrijpelijker te maken, willen wij uiteindelijk zijn «image» nog afronden met een derde en laatste trek. Bij de meesten van ons, zo dunkt me, roept deze man haast dwangmatig — reeds door zijn gelaatstrekken en zijn bewegen, en zeker dan door zijn handelingen en door zijn spreken — van de éne kant de predikaten «slim» en «verstandig», ja zelfs «uitgeslapen» op; van de andere kant — en tegelijk! — komt men tot de attributen «eenvoudig» en «onschuldig», en ietwat «wereldvreemd»!

Dat Dondeyne eerder onwennig staat tegenover alles wat eigenlijke administratie betreft, is wel algemeen bekend. Al kan hij dan wel degelijk vergaderingen, verenigingen, ja zelfs instellingen leiden — en zulks met vaste hand! — toch schijnen de begrippen «beheren» en «beheer» voor hem ook iets vagelijk vreemds en mysterieus in te houden. Maar die alombekende onhandigheid — die hij zich overigens ook wel eens ten nutte weet te maken! — bedoelden wij wel niet, waar we van «wereldvreemd» gewaagden. Juist zoals wij er al evenmin aan denken door de woorden «slim» en «uitgeslapen» de speelse sluwheid te wraken die zijn humor steeds doortrekt en doorzindert.

Wat wij echter bij Dondeyne wel menen te onderkennen en wat we hier wensen te belichten, is dat wonderbaarlijke samengaan in zijn persoon van «de argeloosheid van de duif» en «de omzichtigheid van de slang», die Kristus zijn apostelen voorschreef. Velen zou zijn succes als hoogleraar, als wetenschappelijk auteur, als conferencier, en als gegeerd raadsman makkelijk naar het hoofd zijn gestegen. In zo vele omstandigheden vond, sprak of schreef hij inderdaad het «bevrijdende woord», en bracht daardoor zelf knellende en erg beangstigende vragen naar hun oplossing toe. Overtalrijk zijn de mannen en de vrouwen die juist op zijn raad beslissende nieuwe opties namen, en dat voor het leven. Zo dikwijls verscheen deze man inderdaad, en dat zo wel voor groepen als voor enkelingen, als de *homo sapiens*, en zulks in de volle betekenis van het woord.

Maar in ongeveer alle, ook in de meest verwarrende omstandigheden, bleef en blijft deze wijze man ook zichzelf, d.w.z. simpel en eenvoudig. Die eenvoud nu — de argeloosheid van de duif! — maakt het vooreerst al mogelijk hem op elk ogenblik te benaderen en met hem onmiddellijk het gesprek op te nemen. Vervolgens schenkt die eenvoud hem de gave om ook het ingewikkeldste vraagstuk als het ware op de slag te ontbolsteren, en het direct tot zijn simpelste uitdrukking te herleiden. Uiteindelijk drijft diezelfde verstandige eenvoud hem er meestal toe voor elk probleem de kortste uitweg als de beste aan te zien en te verkiezen.

In zijn lange priesterleven is ook Dondeyne bij herhaling op onbegrip en scherpe tegenstand gestoten. Zelfs roekeloze «tegenliggers» werden deze man op zijn levensweg niet bespaard. En vechten ligt hem nu eenmaal niet, en het kost hem kennelijk een zware inspanning om «de wapens op te nemen». Hoe diep hij echter door dit onbegrip werd geschokt, hoe zeer die tegenstand hem soms deed lijden, steeds was het toch zijn eerste zorg de tegenstander zo verregaand mogelijk te begrijpen, en hem alvast geen onrecht aan te doen. Ook als hij diep gegriefd was, bleef zijn antwoord rustig en beheerst, ja andermaal «eenvoudig».

Ter afsluiting van dit eresaluut aan mijn oud-hoogleraar, die ik nu sedert jaren — en met vreugde — ook mijn vriend mag noemen, draag ik hem volgend gebed op, dat Rainer Maria Rilke in 1899 neerschreef in het *Stunden-Buch*:

> Für dich nur schließen sich die Dichter ein
> und sammeln Bilder, rauschende und reiche,
> und gehn hinaus und reifen durch Vergleiche
> und sind ihr ganzes Leben so allein...
> Und Maler malen ihre Bilder nur,
> damit du unvergänglich die Natur,
> die du vergänglich schufst, zurückempfängst:
> alles wird ewig.
> ....
> Die, welche bilden, sind wie du.
> Sie wollen Ewigkeit. Sie sagen: Stein,
> sei ewig. Und das heißt: sei dein!

H. L. VAN BREDA, O.F.M.

Bij een Romeinse benoeming

Persoonlijke herinneringen aan Charles Moeller *

Door de recente benoeming van kanunnik Charles Moeller tot ondersecretaris van het nieuwe Heilige Officie, die de aandacht van de openbare mening op deze Belgische theoloog gevestigd heeft, werden bij mij enkele persoonlijke herinneringen opgeroepen, die de (medeplichtige) redactie van «De Spectator» mij aanspoort neer te schrijven.

Leuven 1943.

In de donkere bezettingsjaren van de laatste oorlog waren de theologische en juridische studenten nog broederlijk verenigd in het oude vrij rommelige gebouw van het Spoelberg-Instituut der Krakenstraat, opgetrokken in een quasi-neo-gotische stijl, die, naar ik vermoed, nog de stempel draagt van de klerikale bouwtrant der laatste jaren van de vorige eeuw. In een kleine collegezaal van de benedenverdieping werd toen door een jonge doctor in de theologie een reeks van zes voordrachten gegeven die aan grote literaire figuren was gewijd: Homeros, Vergilius, maar ook Cervantès, J.J. Rousseau, Goethe en Nietzsche. Daar hebben wij, anno 1943, voor het eerst kennis gemaakt met Charles Moeller. Deze reeks lessen wisten onmiddellijk de aandacht van het studentenpubliek te trekken; het zaaltje zat weldra tot de nok gevuld door een met hartstochtelijke aandacht luisterende jeugd [1].

In die tijd gebeurde het geregeld dat studenten van de Vlaamse afdeling op eigen initiatief en als «vrije studenten» franstalige colleges volgden, zoals bijv. de lessen van prof. de Trooz over Pascal of de moraalfilosofie van kanunnik J. Leclercq. Of dit verschijnsel ook heden nog bestaat, is mij niet bekend.

Het succes van prof. Moeller (destijds humaniora-leraar aan het Sint-Pieterscollege te Jette) was opvallend: het moet niet alleen toegeschreven worden aan het feit dat hij als theoloog over de wereldliteratuur sprak maar evenzeer of meer nog aan het buitengewone causeurs-talent waarmee hij zijn toehoorders wist te boeien.

Welbeschouwd lag de «charme» van de spreker aan het zeer persoonlijk accent dat hij, meer nog dan in zijn boeken, in zijn lessen wist te ontwikkelen. Ook in de klas voor zijn humaniora-studenten wist hij dat er ogenblikken waren waarop boeken en schriften gesloten moeten worden om op fundamentele levensvragen die gesteld werden, door de volle inzet van het eigen getuigenis in te gaan.

Het antwoord, zo heeft hij zelf verteld, moet dan onmiddellijk gegeven worden: het moet waarachtig zijn, uit de hele ziel ontspruiten, want jongeren laten zich niet om de tuin leiden: hierbij is het vooral nodig zichzelf te ondervragen!

* *De Spectator*, 5-6 maart 1966.

[1] De spreker heeft later zelf getuigd: «Je n'oublierai pas de longtemps l'attention frémissante et recueillie d'un auditoire nombreux et varié» (in het voorwoord van zijn eerste werk «Humanisme et Sainteté», blz. 19).

In latere jaren is de Leuvense voordrachten-cyclus van kanunnik Moeller uitgegroeid tot een der gebeurtenissen van het studentenleven: deze spreekbeurten zijn dan jarenlang doorgegaan in de grote rotonde van het Maria-Theresiacollege voor 500 of 600 aanwezigen.

In de eerste lessenreeks van 1943 kan reeds de hele Moeller van later teruggevonden worden: het probleem van de eigen, autonome waarde der menselijke cultuur, in haar ontmoeting met een bijbels verantwoord geloofsinzicht en een authentieke geloofsbeleving.

Het is niet minder opvallend dat toen reeds in een laatste conferentie de oecumenische problematiek behandeld werd waarbij de vraag van het humanisme bij protestantse en orthodoxe auteurs onderzocht werd.

Pionier in het oecumenisch gesprek.

Op het einde van de veertiger jaren hadden wij tijdens enkele reizen doorheen Skandinavië, maar ook onder invloed van de voordrachten van Pater Congar, de hele realiteit van het oecumenisch vraagstuk ontdekt. Uit Rome kwamen toen onderrichtingen die door sommigen positief, door anderen negatief, verstaan werden en ten slotte verscheen in de zomer van 1950 de fameuze encycliek «Humani Generis»[2].

In deze sfeer van latente crisis werd het mij in 1950 gegeven opnieuw contact te nemen met professor Moeller, destijds nog te Jette, waar ik hem een bezoek bracht op een kleine kamer, waarvan alle wanden door boeken bezet waren.

Ook in zijn contact met jongeren heeft Charles Moeller steeds de gave gehad op zeer directe en hartelijke wijze op te treden. Het is in die tijd geweest dat hij mij met grote bereidwilligheid de weg heeft gewezen naar een der levendigste centra der oecumenische hernieuwing van de jongste kwart-eeuw, de Priorij der Hereniging van en te Chevetogne. Sedert meer dan twintig jaar worden de jaarlijkse Theologische Studiedagen van Chevetogne door kanunnik Moeller niet alleen officieel «voorgezeten» maar ook, in nauwe samenwerking met de monniken van de abdij, bezield. Deze studiedagen die elk jaar in september rond één bepaald thema ingericht werden, waren gauw het verzamelpunt geworden van vooraanstaande theologen uit katholieke, protestantse, anglicaanse en orthodoxe kringen.

Op deze dagen kreeg ik toen reeds de gelegenheid een voor mij nieuw aspect van Charles Moeller te waarderen: namelijk de theoloog en de patroloog in gesprek met zijn mede-christenen.

Eenmaal zal de geschiedenis moeten geschreven worden van deze reeks oecumenische sessies: men zal er verbaasd over staan hoeveel thema's van het Concilie op die studiedagen voorbereid werden en wel bepaald die dynamische, oecumenische geest die op Vaticanum II op zulke verrassende wijze tot doorbraak is gekomen. In deze wonderbare geschiedenis zal het bijzonder

[2] Om dat tijdstip hadden wij te Parijs in het huis van «Les Études» twee uitvoerige gesprekken met P. Teilhard de Chardin, die zich door geen enkele gebeurtenis scheen te laten ontmoedigen. Verslag hierover in *De Spectator* van 2-12-1949 onder pseudoniem J. H. De Haes.

aandeel van Charles Moeller duidelijk tot zijn recht komen. Het is geen toeval dat hij er zo gaarne aan herinnert dat Dom Lambert Beauduin, de stichter van Chevetogne, een van zijn geestelijke meesters is geweest. Het is evenmin een toeval dat het Concilie door zovele discussies van deze studiedagen rechtstreeks voorbereid werd. Wanneer men nu de rapporten herleest uit die jaren kan men alleen van een profetische visie gewagen!

Enkele voorbeelden van de theologische studieweken voorgezeten door professor Charles Moeller, mogen hier aangehaald worden: het thema in 1949 luidde: *Bijbel en hereniging*; in 1950: *De Theologie van het Woord*; in 1951: *Traditie en Oecumenisme*; in 1952: *De betekenis van het Schisma*; in 1953: *De theologie over de Genade*; in 1958: *Lokale Kerk en Universele Kerk*; in 1960: *De praesentia in de Eucharistie*; in 1961: *Waarheid en onfeilbaarheid*, enz.

De rol van professor Moeller op deze bijeenkomsten bestond er ook in op de laatste dag een synthese van de hele studieweek te maken en, zo mogelijk, conclusies te trekken. Dit gebeurde telkens in de bijzondere sfeer van de sluitingsochtend, enkele uren voordat de plaatselijke bommel-bus het hele godgeleerd gezelschap op zeer interconfessionele wijze naar het station van Ciney zou voeren. Er werd telkens met hoge verwachtingen naar deze jaarlijkse zwanenzang uitgekeken. En elk jaar wist kanunnik Moeller deze prestatie met grote kunde tot stand te brengen, na het grootste deel van de vorige nacht aan dit synthesewerk te hebben opgeofferd. Hij deed dit dan met zoveel virtuositeit, dat de aanwezigen telkens weer dit slot-vuurwerk met bewondering bijwoonden, niet wetend wat zij daarin het meest moesten waarderen, de theologische kennis, de oecumenische feeling of de verbale brio.

Gelukkig hebben meerdere van deze eindrapporten in publikaties hun neerslag gevonden[3].

Deze jaarlijkse oefentochten in het broederlijk gesprek onder theologen van gescheiden tradities hebben kanunnik Moeller na twintig jaar een onvervangbare oecumenische ervaring bezorgd. Zij tonen ook aan dat het letterkundig werk van Charles Moeller, ofschoon het meest bekende, in feite niet het meest betekenisvolle is.

Theoloog.

Daarom ook moet Charles Moeller op de eerste plaats als een theoloog gezien worden. In 1942 had hij gedoctoreerd op een onderwerp dat reeds uitermate «conciliair» en «oecumenisch» was: «De Christologie op het Concilie van Chalcedon». Spijt zijn literaire werkzaamheden bleef hij zich ook op dit meer technisch gebied bewegen: toen het verzamelwerk «Chalkedon, Geschichte und Gegenwart» (Würzburg, 1951) verscheen, had professor Moeller daarin een belangrijk aandeel, nl. in het hoofdstuk «Le Chalcédonisme et le néochalcé-

[3] De artikels van Charles Moeller waarin rapporten van Chevetogne verwerkt zijn o.m. «Bible et Œcuménisme» (*Irenikon*, XXIII, 1950, 164-188); «Théologie de la Parole et Œcuménisme» (*Irenikon*, XXIV, 1951, 313-343); «Tradition et Œcuménisme» (*Irenikon*, XXV, 1952, 337-370); «Grâce et Œcuménisme» (Charles Moeller et J. Philips, Ed. Chevetogne, 1957); «Infaillibilité et Vérité» (Slothoofdstuk in «L'Infaillibilité de l'Église», Ed. Chevetogne, 1962).

donisme de 451 à la fin du VIe siècle»; ook later nog door zijn essay «Les Schismes à l'époque des premiers Conciles» in de bundel «1054-1954» (Chevetogne, 1954).

Maar zijn grote bekommernis om de theologische vernieuwing te bevorderen heeft hij niet tot de kringen der vaktheologen beperkt. Wij herinneren ons zijn optreden op het grote Liturgisch Congres te Antwerpen in juli 1958 waar hij het thema ontwikkelde «De hedendaagse mens tegenover de bijbelsliturgische vroomheid» (cfr *Tijdschrift voor Liturgie*, XLIII, 1959, 17-34).

Indien mij nu zou gevraagd worden welk werk van professor Moeller de meeste aandacht verdient vanwege lezers die geen specialisten zijn, zou ik zonder aarzelen noemen: «Mentalité moderne et évangélisation», in zijn tweede herziene uitgave van 1962 (Ed. Lumen Vitae, Brussel, 365 blz.), dat we hierna bespreken.

Concilie-expert.

In mijn persoonlijke herinneringen aan het conciliaire Rome tussen 1962 en 1965 nemen de talloze ontmoetingen en conciliabulen met de Leuvense «peritus» Moeller een heel bijzondere plaats in: prof. Moeller die altijd over een rijke beeldspraak heeft beschikt en daaraan een woordenschat weet te paren die steeds schilderachtig is en bij gelegenheid zelfs kwajongensachtig, kon in de wandelgangen van de Sint-Pieters-Basiliek tot merkwaardige uitspraken komen die men niet zo gauw vergat.

De tribune waar kan. Moeller in de concilie-zaal zijn vaste standplaats had, was, wanneer men langs de hoofdingang de Basiliek binnentrad, helemaal vooraan rechts in het kerkschip gelegen, op de tweede verdieping. Ofschoon geografisch «rechts» gezeten, zou Moeller door sommigen misschien als geestelijk «links» bestempeld worden: het ware nochtans rechtvaardiger hem in het conciliair landschap «centraal» te situeren; aan de «centralen» van zijn soort is het ten slotte te danken dat zovele concilieteksten uit de slop geraakten.

Wanneer na klokslag elf uur, in Sint-Pieters de vloed van Vaders zich in de richting der twee koffiekamers in beweging zette, kon men kan. Moeller meestal aantreffen in de dwarsbeuk onder de hoge koepel: het was de meetkundige plaats waar ook waarnemers, commissie-secretarissen en (indiscrete) leken een ontmoetingspunt vonden. Op die plaats ook werden dan de conciliaire «bons mots» van de dag *sub secreto* uitgewisseld.

Het aandeel dat prof. C. Moeller in het commissiewerk van het Concilie heeft gehad is weer een hoofdstuk op zich-zelf; hij is dit begonnen als persoonlijke peritus van kardinaal Léger uit Canada en heeft dit beëindigd als een der «werkpaarden» die het redactiecomité van meer dan een concilieschema moest voorttrekken.

Ofschoon het uiteraard uitgesloten is dat dit hoofdstuk hier zou worden aangesneden, wilde ik hieruit toch een paar momenten aanstippen.

Bij de aanvang van 1963, nadat het Concilie in zijn eerste zittijd, op radicale wijze de pre-conciliaire ontwerpen, o.m. «Over de Kerk», verworpen had, bevond het zich op een kritisch punt, namelijk in de overgangsfase tijdens welke een nieuwe tekst zou moeten uitgewerkt worden, en een tekst bovendien die representatief genoeg was van de globale opinie der Vaders, om een goede kans te maken op de volgende sessie door een behoorlijke meerderheid als basis van bespreking te worden aanvaard. De auteurs van het pre-conciliair ontwerp waren er toen heilig van overtuigd dat het Concilie onbekwaam zou blijken zich eensgezind rond een vervang-ontwerp te scharen; zij hoopten dat men zo wel verplicht zou zijn hun werk «in eer te herstellen». Inderdaad waren er toen reeds een zevental verschillende voor-ontwerpen in omloop.

In februari 1963 is de Theologische Commissie er dan toe gekomen een sub-commissie van zeven leden aan te duiden, met de redactie van een nieuw «De Ecclesia» belast; deze zeven bisschoppen waren afkomstig uit de kringen waar de zeven in omloop zijnde voorontwerpen hun oorsprong hadden gevonden; op hun beurt hebben zij als beperkt redactie-comité zeven theologen aangeduid. Prof. Moeller was één van deze zeven theologen; hij werkte daarin samen met K. Rahner, Y. Congar, G. Philips, H. Schauf, M. R. Gagnebet en G. Thils. Door het gezag van zijn adviezen en de «centrale» positie van zijn strekking werd prof. G. Philips, na korte tijd als morele leider van de groep beschouwd. Het voorontwerp waaraan kan. Moeller toen meegewerkt heeft, heeft later in de plenaire Theologische Commissie uiteindelijk het pleit gewonnen. Op dat ogenblik was Ch. Moeller tot deze belangrijke werkzaamheden uitgenodigd als concilie-expert van kardinaal Léger. In de loop van de tweede sessie (herfst 1963) wordt hij dan de vaste en naaste medewerker van prof. G. Philips, die op officiële wijze tot toegevoegd secretaris der Theologische Commissie verkozen werd.

Wat de ploeg G. Philips - C. Moeller voor de Constitutie over de Kerk en meer in het bijzonder in de strijd rond de collegialiteit gepresteerd heeft, zal pas de latere historicus kunnen uitmaken.

Intussen is het de moeite waard hier het feit te onderstrepen dat deze samenwerking tussen prof. Philips en prof. Moeller reeds tien jaar vroeger een prae-figuratie had gekend op de theologische week te Chevetogne in 1953: hieruit was zelfs een gemeenschappelijke publikatie ontstaan, die ook in andere talen werd overgezet en uitgegeven; de titel luidde: «Grâce et Œcuménisme» (Chevetogne, 1957).

Ook bij de revisie van het bekende Schema XIII over «Kerk en Wereld» heeft de Vaticaanse Kerkvergadering moeilijke fasen doorgemaakt: aldus in februari 1964 toen het werkcomité te Zürich samenkwam om een nieuw ontwerp op te stellen en zo ook in het voorjaar van 1965 toen, na de bijeenkomst van Ariccia, de nieuwe versie van Schema XIII, op een recordtijd van enkele weken, moest worden klaargestoomd. Bij deze gelegenheden wordt prof. Moeller telkens als lid van het beperkt redactie-comité aangetroffen. In de loop van de laatste zittijd behoort hij tot de centrale subcommissie van Schema XIII, alsmede tot de sub-commissie die speciaal met het hoofdstuk over de «bevordering der cultuur» is belast.

Wanneer later een inventaris opgemaakt zal worden van de concilie-werkzaamheden van kan. Moeller zal de ontstaansgeschiedenis onder meer der volgende concilieteksten nagegaan moeten worden: 1) De Ecclesia; 2) Schema XIII; 3) De Revelatione; 4) De Œcumenismo; 5) Over de hernieuwing van het leven der Religieuzen; 6) De verklaring over de niet-christelijke godsdiensten (hoofdstuk over de Joden). En deze opsomming beweert niet volledig te zijn.

Het geheel der conciliaire werkzaamheden van prof. Charles Moeller kan gemakkelijk tot een dubbele bekommernis teruggebracht worden: de lijn der kerkleer (de constitutie «Over de Kerk», het decreet «Over het Œcumenisme») en de lijn van het gesprek met de wereld (de constitutie «Kerk en Wereld», de verklaring over de niet-christelijke godsdiensten). Wie van Charles Moeller de publikaties der laatste twintig jaar opnieuw in ogenshouw neemt, ontdekt dat deze dubbele lijn in het verleden opklimt en als een dubbele gouden draad ook doorheen het vroegere werk loopt.

* * *

«De volmaakte liefde drijft de vrees uit». (1e Johannes brief, IV, 18)

Charles Moeller bezit de gave in alle kringen vrienden te maken; hij telt er in alle werelddelen, vooral na de talrijke zomer-cursussen die hij in de U.S.A., in Canada, en na de conferenties die hij in Spanje en Latijns-Amerika gegeven heeft. Hij is de erudiet die de kunst kent geen afstand te laten ontstaan tussen hem en zijn gesprekspartner. Hij is direct en openhartig in de omgang, houdt wel eens van taalkundige krachtpatserijen, heeft belangstelling en contact met de jongere generatie. Hij is bovendien open-minded en staat steeds bereid in het gesprek naar «de andere» te *luisteren*. Hij voelt de noden aan van de hedendaagse mens en bezit een gevoelige zenuw voor de uitdrukking die deze noden in de wereldletterkunde van vandaag gevonden hebben.

En dan komt plots in het begin van februari het vertrouwelijk telefoontje uit Rome via Parijs: prof. Moeller benoemd op het Heilig Officie. Er is een lange tijd nodig om dit nieuws te «realiseren». En als zijn vrienden zo ver zijn, is het eindelijk tot hen doorgedrongen *dat het zgn. H. Officie niet meer bestaat.* Het H. Officie waarvan een Patriarch, die beroemd is voor zijn vrijmoedige uitspraken, eens gezegd heeft dat het noch heilig, noch een officie was!

En dan herleest men het Motu Proprio «Integrae Servandae» over de hervorming van dit officie, verschenen op 6 december 1965. En men herleest het met andere ogen want «*met de benoeming van kan. Moeller krijgt de hervorming van het H. Officie een gezicht*» (zoals R. Laurentin het formuleerde)!

De naam is gewijzigd en luidt nu «Congregatie voor de Geloofsleer»; de methodes worden veranderd en ook de geest; maar bovendien worden inwendige structuren en personeel geleidelijk aan de postconciliaire stijl aangepast; en dit laatste is waarschijnlijk het belangrijkste van alles.

Onder artikel 4 van het motu proprio wordt uitdrukkelijk voorzien dat de congregatie voortaan het studiewerk zal bevorderen en wetenschappelijke congressen begunstigen. En wanneer zij stellingen veroordeelt die onverzoenbaar blijken te zijn met de beginselen van het geloof, dan doet zij dit pas na het advies te hebben ingewonnen van de plaatselijke bisschoppen die bij het geval betrokken zijn.

Niet minder belangrijk is de geest waarin zij moet werken: «Omdat de volmaakte liefde de vrees uitdrijft (*1e Johannesbrief*, IV, 18) zal de bescherming van het Geloof beter verzekerd worden door een dienst die ermee belast is de leer te bevorderen en de herauten van het Evangelie nieuwe krachten te geven, terwijl de dwalingen verbeterd worden, en zij die zich van de rechte weg verwijderd hebben, met zachte aandrang weer teruggebracht worden...». (Dit alles wordt in mineur-toon gezegd om niemand te krenken en de hervorming ook voor de «oude karabiniers» verteerbaar te maken!).

In een artikel dat Charles Moeller destijds in *De Maand* (juni-juli 1962) publiceerde, onder de sprekende titel: *Tussen Catacomben en Getto*, legt hij zelf een getuigenis af waarin zijn eigen levenstaak teruggevonden wordt; hij schreef toen: «Het ontbreekt ons aan werken, die de 'twee talen' spreken: de taal der gelovigen en de taal der ongelovigen, niet in een steriele nevenschikking of in een kortsluiting die de contactpunten van de ene of de andere taal verbrandt (de «religieuze» taal verkoolt al te dikwijls vroegtijdig de profane taal, maar ook het omgekeerde doet zich voor), maar in een vereniging die zo eng is als de vereniging van het goddelijke en het menselijke in Jezus Christus...». Na het motu proprio van 6 december jl. en de benoeming van 12 februari krijgt deze vroegere zin van kan. Moeller wel een heel bijzonder reliëf...!

Na Vaticanum II worden weer vele dingen mogelijk: ook dat de congregatie voor de geloofsleer de vrees wil uitdrijven; ook dat de oecumenist van het eerste uur, de theoloog in gesprek met de andersdenkenden, dat Charles Moeller onder-secretaris wordt van deze congregatie.

In deze nieuwe werkkring weze hem dan vele vruchtbare jaren toegewenst! Van deze eerstkomende jaren zal het afhangen of het Concilie tot dode letter vervalt of tot levende realiteit wordt.

Charles Moeller over moderne mentaliteit en evangelisatie.

Het komt mij voor dat dit boek van Charles Moeller totnogtoe bij de lezers in ons land niet de weerklank heeft gevonden die het verdient. De dubbele ontwikkelingslijn van prof. Moeller heeft in dit werk tot een meesterlijke synthese geleid.

Mentalité moderne et Évangélisation bestaat uit vier delen die de vier hoofdthema's aangeven: God, Jezus-Christus, Maria, de Kerk. In elk van deze onderdelen wordt door de schrijver nagegaan welke opvatting gehuldigd wordt achtereenvolgens door de niet-gelovigen, de niet-Christenen, verder door de niet-katholieke Christenen van Oost en West, ten slotte door de doorsnee-gelovigen van de Katholieke Kerk. Elk dezer vier delen wordt besloten door «doctrinele oriëntaties» die voor het geloofsonderwijs zowel theoretische als praktische suggesties bevatten.

Hierbij ontbreekt het nooit aan de actuele noot: het deel over «God» sluit op een uitvoerig naschrift: «Hoe kan de mens van 1962 over God worden toegesproken?»; het deel over «de Kerk» eindigt met een naschrift: «De mens van 1962 ten aanzien van Kerk en Concilie».

Hoe deze oorspronkelijke methode hier aangewend wordt, moge door enkele voorbeelden toegelicht worden. In het eerste deel wordt de «dood van God» ontleed maar tevens aan de hand van de hedendaagse romankunst duidelijk geïllustreerd; de huidige situatie van het atheïsme wordt ten slotte op genuanceerde wijze weergegeven. In het deel over Jezus-Christus worden de twee paragrafen over het Christusbeeld van de niet-Christenen gevolgd door een boeiende beschrijving van de Christus-leer in de Orthodoxie, in het Anglikanisme en in het

Protestantisme. Bij de beleving van de christologie door de Katholieken wordt gewezen zowel op het gevaar van « Nestoriaanse » als van « Monophysistische » afwijkingen in het milieu van het doorsnee-katholicisme, dat zich van deze strekkingen weinig of niet bewust is!

In het onderdeel over de Kerk komen op dezelfde wijze ter sprake : 1) de Kerk en de niet-gelovigen (negatieve en positieve elementen), 2) de Kerk ten aanzien van de religieuze secten van vandaag, 3) de Kerk ten aanzien van de verschillende niet-katholieke Christenen, 4) de Katholieken ten opzichte van de Kerk (negatieve en positieve elementen).

Deze methode die veel meer historisch en descriptief is dan zuiver abstract, laat de auteur toe te putten zowel uit zijn uitgestrekte kennis van de hedendaagse letteren (wanneer het over de niet-gelovigen gaat) als uit zijn oecumenische ervaringen van eerste hand (wanneer de afgescheiden Christenen ter sprake komen), en evenzeer uit de bekendheid met de bronnen van de theologie, Bijbel, Liturgie en traditie (wanneer de doctrinele interpretatie en oriëntaties aangegeven worden). Zoals elke systematische werkwijze zal ook deze methode soms nadelige kanten bieden : het onderzoek naar de houding der niet-gelovigen ten aanzien van het thema « God » is oneindig vruchtbaarder dan ten opzichte van het thema « Maria ». Zulke ongelijke behandeling kan in geen enkele methode vermeden worden. Bovendien bedenke men dat dit werk ook vanuit paedagogisch standpunt moest worden benaderd.

Deze verscheidenheid van standpunten op de vier centrale thema's geeft aan het werk van prof. Moeller een encyclopaedische vlucht waarvan ook de documentaire waarde van eerste gehalte is. Hoofdzaak is het voor de schrijver de geledingen van de verschillende geloofspunten in hun oorspronkelijk evenwicht te herstellen. De polemieken tussen kerken en de ongenuanceerde wijze waarop de doorsnee-katholieken hun geloof in het dagelijks bestaan beleven, zijn aanleiding geworden tot een zekere onevenwichtigheid, zelfs tot een vergroving in het geloofsbesef zelf.

Deze verarming van het geloof wordt hier dan duidelijk tegengegaan!

Vandaar de bekommernis van een fijnzinnig theoloog als Charles Moeller om terug te keren naar de bronnen van het geloof, naar de oorspronkelijke articulatie tussen primaire en secundaire geloofspunten, in één woord naar de volle katholiciteit.

De titel van het werk *Mentalité moderne et Évangélisation* laat nog een zekere apologetische bedoeling naklinken. Dit vindt waarschijnlijk zijn verklaring in de reeks waarvoor het boek ontworpen werd, maar het wordt door de openheid van geest, die de lezer uit dit boek toewaait, volkomen gelogenstraft. Wij betreuren deze titel wel die de rijkdom van het boek niet dient.

Naar ons gevoel is dit boek van prof. Moeller een der oorspronkelijkste syntheses die de ontwikkelde leek kan raadplegen om de huidige stand van de theologische bezinning en tevens om de geestelijke situatie van onze tijdgenoten te leren kennen en begrijpen. Dit werk behoort niet alleen tot het beste van wat Charles Moeller voor het ruimer publiek publiceerde, het verdient beschouwd te worden als een der belangrijkste religieuze werken van de laatste jaren.

J. GROOTAERS.

Mgr Hebbelynck à Paris

Dans *La Libre Belgique*, Firmin VAN DEN BOSCH publia jadis sous le titre : *Le Coin du Souvenir. Pol Demade*, un article où il évoque la rencontre de Pol Demade et de Mgr Hebbelynck à Paris [1].

La mort récente de Madame Pol Demade a rappelé l'attention sur le nom et l'œuvre d'un écrivain faisant partie — selon l'expression heureuse de l'abbé Camille Hanlet, dans son excellent livre *Les Écrivains belges contemporains* — de cette « Jeune Belgique catholique » qui aux environs de 1892 entreprit la croisade du renouveau des Lettres catholiques.

Quand l'organe de ce mouvement, *Le Drapeau*, fut fondé et dont j'assumai la direction, Pol Demade entra d'enthousiasme dans cette batailleuse équipe.

Nous nous connaissions déjà, et nous étions devenus des amis, pour avoir passé ensemble — 1890-1891 — une année universitaire à Paris.

Pol Demade, jeune docteur en médecine, y suivait les leçons de Charcot et de l'Institut Pasteur, tandis que je fréquentais l'École de Droit. Mais une fois par semaine, nous nous rencontrions, au Collège de France, dans l'auditoire où Ernest Renan distillait ses fallacieuses variations sur la Bible, et où nous retrouvions un jeune abbé, en costume civil, l'abbé Hebbelynck, qui devait devenir le recteur magnifique de l'Université de Louvain. Tandis que Demade et moi nous écoutions Renan en dilettantes ironiques, l'abbé Hebbelynck, penché sur ses carnets, prenait force notes et Demade prétendait qu'il était « l'observateur de la Congrégation de l'Index ». Le propos amusait beaucoup notre compagnon ecclésiastique.

Pour contrebalancer l'influence renanienne, l'abbé Hebbelynck nous conduisait hebdomadairement à la réception de Monseigneur d'Hulst, recteur de l'Institut catholique. C'était l'époque où le cardinal Lavigerie avait, dans un toast retentissant, prôné au nom de Léon XIII, le ralliement des catholiques français à la République. Cela avait fait scandale dans les salons de l'Institut catholique dont le chef — « dernier aumônier de la Monarchie française » — dissimulait mal ses désillusions, tandis que l'habitué familier de ces soirées, l'abbé Duchesne, plus tard Monseigneur Duchesne, donnait ouvertement cours à de franches et pittoresques récriminations. Celles-ci suscitaient l'admiration de Pol Demade, qui comme son interlocuteur, affectionnait les boutades colorées et les mots à l'emporte pièce. Ces « sorties », par ailleurs, scandalisaient un autre de nos amis — fréquentant chez Mgr d'Hulst — Arthur Goddyn, qu'attendait le haut destin de Premier président de la Cour de Cassation de Belgique et qui de ce temps-là était comme moi, étudiant libre à l'École de Droit.

Pol Demade était un passionné de littérature et dont les préférences s'orientaient déjà vers ce romantisme catholique du milieu du siècle dernier et qui, méconnu par les contemporains, eut une significative et glorieuse revanche grâce notamment à l'admiration agissante de la nouvelle génération

[1] Je n'ai pas marqué la date à laquelle parut l'article.

littéraire catholique de Belgique. Celle-ci devait, au Congrès de Malines de septembre 1891, revendiquer comme les parrains du renouveau qu'elle amorça, ces maîtres, victimes — selon le mot même de Demade — de «l'injustice des justes»: Barbey d'Aurevilly, Villiers de l'Isles-Adam, Ernest Hello, Paul Verlaine.

C'est l'influence de Barbey d'Aurevilly qui, d'abord, prédomina chez Pol Demade. Et le délicat problème de la passion et de la religion lui inspira son premier livre: *Une Ame-Princesse*. Cette œuvre valut à son auteur l'approbation flatteuse de Maurice Barrès.

M. l'abbé Camille Hanlet a écrit que la thèse soutenue par Demade — le droit et le devoir du romancier catholique d'aborder l'analyse de la passion à condition de la purifier par le surnaturel — est aujourd'hui généralement admise.

Par la suite, Pol Demade publia périodiquement des séries de contes — dont un grand nombre parurent dans *Le Patriote* — et qui portent tous la marque de son esprit original et de son style nourri d'animation et de verve. Si le roman de Pol Demade décèle l'emprise de Barbey d'Aurevilly, ses contes relèvent beaucoup de la modalité de pensée et de forme d'Ernest Hello.

Mais Pol Demade eut encore une autre corde à son arc, qui était l'arc du pamphlétaire.

Dans le combat mené pour que les «Lettres catholiques» s'évadent de la routine — et le champ clos fut *Le Drapeau* d'abord et *Durandal* ensuite — Pol Demade fit fonction d'exécuteur de hautes œuvres. Tandis que Maurice Dullaert était l'arbalétrier qui dirigeait allègrement ses fléchettes vers les baudruches gonflées de suffisance de ceux que, dans le langage du temps, on appelait les Philistins, Pol Demade était le lanceur de fronde frappant à la tête la Bêtise au front de taureau et faisant sauter le masque de l'hypocrisie et de la médiocrité. Quel abattage forcené et éblouissant! Et quelles trouvailles jusque dans le titre que Pol Demade donnait à ses agressions. Quand il s'en prit ainsi à Léo Taxil, qui se voulait un double et lucratif mouchard, au profit, tantôt de l'Église, tantôt de la Maçonnerie, n'intitula-t-il pas son geste justicier: «Le Banni de Sodome»?

Ainsi, après s'être mis, dans son roman, à l'école de Barbey d'Aurevilly et dans ses contes à l'école d'Ernest Hello, Pol Demade, dans sa critique, adopta la manière corrosive de Léon Bloy.

Pol Demade fut, dans les Lettres catholiques de Belgique, une figure d'un intéressant relief. Animé de la foi guerroyante du Croisé, jointe au culte intransigeant de la Beauté, il servit son idéal avec une ferveur totale et quand il le fallait, avec ce qu'il appellait «une sainte violence». Il ne transigea jamais avec la malveillance, la veulerie et la sottise, et les traqua impitoyablement de sa plume acérée et étincelante. Mais sous la cuirasse de ce lutteur né, battait un cœur sensible et affectueux et qui faisait toujours fête à l'amitié!

C'est pour avoir bénéficié de cette amitié depuis les heures de notre jeunesse que j'ai voulu évoquer ici, avec une fraternelle émotion, la chère ombre de ce compagnon d'armes dans de lointaines campagnes communes pour l'Art et les Lettres catholiques.

Firmin VAN DEN BOSCH.

Discours du professeur Dondeyne à la réception de M. l'abbé Gesché à la maison communale d'Ixelles (1962)

Monsieur le Bourgmestre,
Messieurs les échevins et membres du Conseil communal,
Mesdames, Messieurs,

À la page 56 du monumental ouvrage qui valut au jeune héros de cette journée le titre de Maître en théologie de l'Université de Louvain — ouvrage consacré comme vous le savez à l'étude d'un vieux Commentaire inédit des Psaumes, découvert à Toura en Égypte et dû vraisemblablement à un certain Didyme l'Aveugle du IVe siècle — nous lisons que ce Didyme était un homme sérieux et consciencieux, qu'il suivait en exégèse une voie équilibrée et traditionnelle, évitant tout «allégorisme de mauvais aloi», «sauf, est-il ajouté en note, dans le domaine du symbolisme des nombres».

Si je comprends bien, le symbolisme des nombres est donc un symbolisme de mauvais aloi.

Monsieur l'abbé,

Si j'avais été le promoteur de votre thèse, je vous aurais aimablement pris à partie et vous aurais objecté comme suit : Comment vous, Ixellois authentique, osez-vous manifester un tel mépris pour l'allégorisme des chiffres, vous qui avez grandi et vécu à l'ombre du symbolisme du nombre? Pensez donc au fameux nombre 40, écrit en chiffres romains (XL), entouré d'une couronne en couleur de laurier. N'est-il pas connu dans le monde entier comme le symbole chiffré des célèbres bières des Brasseries d'Ixelles? Mais il y a plus.

Je me figure que si votre auteur, Didyme, avait pu connaître d'avance et méditer à loisir ce mystérieux emblème (le chiffre XL, entouré d'une couronne, couleur de laurier), il y aurait reconnu, en pointillé, un heureux présage des événements de cette journée. En effet, il n'aurait pas manqué de remarquer que cet X de XL signifie l'X d'Ixelles et que cette L représente l'L de Louvain. Après quoi il aurait noté que lorsque l'L de Louvain vient se joindre à l'X d'Ixelles, cela fait encore une fois Ixelles (= XL). Ce qui manifestement ne peut signifier que ceci : qu'un jour Louvain se rendrait à Ixelles pour y fêter ensemble un jeune Ixellois, revenu fraîchement de Louvain, couronné de mérites et de lauriers.

Il y a plus encore, mais ceci Didyme n'aurait pas pu le prévoir, car ce serait le secret d'un vote du conseil communal : c'est que, lorsque Louvain et Ixelles se rencontreraient à Ixelles pour fêter ensemble, ce ne serait pas «de la petite bière», même pas la grande bière des Brasseries d'Ixelles, mais un vin d'honneur!

Certes, ce vin d'honneur honore tout d'abord ceux pour qui il est versé : le lauréat de ce jour, ses parents dont il est la joie et la fierté, et ses maîtres qui l'ont formé.

Mais ce vin d'honneur honore aussi ceux qui l'ont versé.

Monsieur le Bourgmestre, Messieurs les échevins et membres du Conseil,

Ce vin vous honore, car il prouve une nouvelle fois et avec un nouvel éclat que, pour les Autorités communales d'Ixelles, l'estime, le souci, la promotion des plus hautes valeurs de l'esprit font partie intégrante de la gestion de votre cité,

Je le sais, ce monde des valeurs de l'esprit, tout le monde n'est pas capable de bien le gérer. En effet n'est-il pas le monde de l'impondérable, du soi-disant inutile, de l'économiquement improductif? Seulement, il est aussi ce qui fait le prix de la vie humaine, car c'est lui qui nous libère de la pesanteur des choses et fait que l'univers de la nature brute et inculte se trouve transfiguré en un monde de civilisation et de culture, c'est-à-dire en un milieu humain, une demeure digne de l'homme, un espace où il fait bon pour l'homme de vivre sa vie en commun.

De toutes ces choses de l'esprit, M. le Bourgmestre et MM. les membres du Conseil, votre commune est remplie, grâce à vos soins. C'est comme si elles venaient à la rencontre du visiteur qui, venant de Bruxelles, met le pied sur le territoire d'Ixelles.

Ces valeurs de l'esprit : c'est d'abord le calme silencieux de vos étangs et de la délicate verdure qui les entoure, comme pour les protéger et nous protéger avec eux contre l'obsédante et trépidante rumeur de nos villes modernes.

C'est un peu plus loin cette admirable abbaye de la Cambre, la majesté simple de ses façades, l'élégance sévère de ses toits, tout cela baignant dans une atmosphère de recueillement et de paix, comme si en ce lieu béni un passé glorieux était retenu dans le présent et le ciel redescendu sur terre.

Les réalités de l'esprit, ce sont vos monuments, dédiés à des poètes et des artistes, vos musées, vos instituts de recherche et vos écoles. C'est enfin cet hôtel communal lui-même, encore tout plein du souvenir de quelqu'un, pour qui le chant et la musique étaient plus qu'un gagne-pain, mais le cri de l'âme, sa prière du soir.

Mais c'est encore ce même culte des valeurs de l'esprit qui est à l'origine de la présente cérémonie, puisqu'elle veut être un hommage rendu à la science et à la recherche scientifique.

Dans un discours resté célèbre, daté du 11 février 1895, Jean Jaurès proclamait devant la Chambre française : «Ce qu'il faut sauvegarder avant tout, ce qui est le bien inestimable, conquis par l'homme à travers tous les préjugés, les souffrances et les combats, c'est cette idée qu'il n'y a pas de vérité interdite à la pleine investigation de l'homme. C'est que ce qu'il y a de plus grand dans le monde, c'est la liberté de l'esprit, c'est qu'aucune puissance intérieure et extérieure, aucun dogme ne doit limiter le perpétuel effort et la perpétuelle recherche de la race humaine.» Vers la même époque — c'était en 1894 — le futur Cardinal Mercier, en ce temps professeur de philosophie à l'Université de Louvain, venait de fonder une nouvelle Revue de Philosophie. Dans l'article-programme, il définissait le but de la revue comme suit : «Ce qui importe, c'est de rechercher avec un désintéressement total la vérité, toute la vérité, sans se préoccuper des conséquences». Cette idée de la recherche sans arrière-pensée, sans autre but que le service de la vérité pure et simple, était une idée chère au grand cardinal. En 1909, aux fêtes jubilaires du 75e anniversaire de la restauration de l'Université de Louvain, il dira : «Le fait qu'une nation possède une élite de chercheurs qui, avec désintéressement, sans souci du résultat immédiat, économiquement, moralement et religieusement utile, poussent aussi loin qu'ils le peuvent la pénétration de leur vision intellectuelle et soumettent au contrôle de la documentation, de l'observation ou de l'expérimentation, les dernières conséquences des vérités nouvelles qu'ils ont cru apercevoir, ce simple fait élève le niveau de toutes les couches de la nation.»

Mesdames, Messieurs,

Si j'ai cru utile de citer ici deux penseurs appartenant à des mondes de pensées apparemment fort éloignés l'un de l'autre, Jean Jaurès et le Cardinal Mercier, c'est précisément pour dire que par delà la diversité des mondes de pensée, par delà l'opposition des convictions philosophiques et religieuses, des options sociales et politiques, des sensibilités esthétiques et littéraires, il y a aussi ce qui unit les hommes. Ce quelque chose qui unit est aussi important et précieux que ce qui les sépare, car c'est grâce à ce facteur d'unité que les oppositions elles-mêmes s'avèrent fécondes et deviennent pour les hommes une source d'enrichissement mutuel et de mutuel échange.

Quelle est donc cette chose qui unit sans supprimer la légitime diversité? C'est précisément la libre recherche de l'esprit dans tous les domaines. Recherche menée avec tout le sérieux et toute la rigueur que la science moderne exige.

En effet, la libre recherche scientifique, c'est la prise de conscience par l'homme que la vérité humaine est une conquête difficile et jamais achevée, c'est l'aveu que personne en ce monde ne peut prétendre posséder le monopole de la vérité et des valeurs, mais que, ce que nous avons appelé tout à l'heure le monde de l'esprit — ou, comme on disait autrefois, le monde du vrai, du beau et du bien — est une œuvre collective, qui ne s'élabore que grâce à la collaboration et le dialogue, c'est-à-dire grâce à la rencontre des hommes dans le respect mutuel et le désir d'apprendre les uns des autres pour mieux donner les uns aux autres.

Bref, la recherche scientifique moderne, c'est la proclamation et la mise en pratique de la solidarité universelle des hommes.

Promouvoir la libre recherche scientifique et entretenir l'esprit de recherche au sein de la nation, c'est le but même de l'université, que cette université soit université d'État ou université libre, qu'elle soit située à Bruxelles ou à Louvain.

Monsieur le Bourgemestre,

Messieurs les échevins et membres du Conseil,

Que cette cérémonie d'hommage est finalement un hommage à l'Université, cela nous réjouit et nous honore. Mais c'est aussi une raison de plus pour vous dire, au nom de tous mes collègues de l'Université, un profond et cordial merci.

Discours de Mgr Coppens, doyen de la Faculté de théologie, le jour de la promotion des abbés Tchibangu et Lipiński (1965)

Il revient au doyen de la Faculté de prendre le dernier la parole à la fin du banquet où les nouveaux maîtres sont fêtés et, — *in vino veritas*, — de leur adresser les derniers vœux et conseils de leurs professeurs et de l'Alma Mater Lovaniensis.

Depuis la dernière promotion à la maîtrise, celle de Rév. Père de Halleux en 1963, la Faculté a été durement éprouvée. En 1963, nous avons perdu un maître et jeune collègue, Monseigneur Robert De Langhe, et, au cours même de cette année, nous avons eu à déplorer le décès d'un jeune docteur, l'espoir de la faculté de théologie de Santiago, l'abbé Florent Hofmans, et celui d'un jeune licencié, le Révérend Père J. Verhoeven, mort martyr au Zaïre où il venait d'arriver pour s'y consacrer à l'évangélisation de ce vaste pays.

Mais voici qu'aujourd'hui en cette belle et chaude journée deux nouveaux maîtres prennent la relève. Cette promotion que nous pourrions appeler celle des *Gemini* remplit de joie notre Faculté. Elle n'est pas la première de ce type. Depuis 1914, nous en comptons sept autres : en 1914, celle de l'abbé Paul Van Cauwenbergh et du Rév. Père Ricard, O.S.B. ; en 1919, celle d'Henri Lamiroy et d'Albert De Meyer ; en 1933, celle des Pères Maïeul Cappuyns, O.S.B. et Damien Van den Eynde, O.F.M. ; en 1947, celle du Père Hermaniuk, O.SS.R. et de Robert Guelluy ; en 1949, celle de l'abbé Anciaux et du Père Jacques Dupont, O.S.B., et, plus récemment en 1950 celle d'Albert Descamps et d'Édouard Massaux. Bref, la promotion d'aujourd'hui pourrait s'appeler celle de Gemini XIV.

Nous avons voulu recenser les promotions à la maîtrise dont la Faculté a pu se réjouir depuis 1925, date à laquelle nous-même avons accédé à ce grade en compagnie du Père Maximien Piette, O.F.M., de l'abbé Rudolphe Bandas et de l'abbé Joseph Brys, maître en droit canon. Au cours de ces quatre dernières décennies nous relevons quatorze maîtrises de 1925 à 1935, sept de 1935 à 1945, douze de 1945 à 1955 et dix de 1955 à 1965, soit pour une période de quarante ans quarante-trois promotions à la maîtrise, en d'autres mots un peu plus qu'une heureuse naissance par année académique. Souhaitons que cette fécondité spirituelle se maintienne et qu'à l'avenir les diocèses et les congrégations et ordres religieux belges restent à même de confier à nos facultés de théologie et de droit canonique de nouvelles recrues capables de couronner leurs études à la *graduate school* que notre Faculté a ambitionné d'être depuis sa restauration en 1834 et d'enrichir de leurs travaux notre série de dissertations.

Mes chers Maîtres,

Nos facultés ont une longue et glorieuse tradition qui repose en tout premier lieu sur la solidité de leur programme d'études, sur l'initiation y tenacement poursuivie aux recherches personnelles, sur la valeur des dissertations y entreprises et achevées. La plupart des mémoires pour la maîtrise ont été des succès de librairie, et il ne vous a sans doute pas échappé que la dissertation de l'avant-dernier recteur magnifique, Mgr Ladeuze, vient d'être réédité plus de soixante ans après sa parution.

Ceux qui s'appliqueraient à faire le portrait de ceux qui vous ont précédé dans la maîtrise en théologie, trouveraient sans peine qu'ils ont été de grands travailleurs, fidèles à cette spiritualité de la *Devotio moderna*, chère à notre pays, qui prône avant tout la fidélité à l'*age quod agis*, en d'autres mots l'apostolat du devoir d'état fidèlement accompli. D'où leur préoccupation à ne pas perdre leur temps en des occupations que d'autres moins bien formés peuvent tout aussi bien, voire mieux accomplir, ou à ne pas préférer des publications de haute ou de basse vulgarisation à des travaux susceptibles de faire progresser la recherche et la synthèse théologiques. Ouverts au dialogue alors qu'il n'était pas encore devenu à la mode, et, s'inspirant du principe paulinien : *Omnia autem probate : quod bonum est tenete* (*I Thess.*, V, 22), prêts à accueillir toute nouveauté offrant de valables lettres de créance, ils ont mérité la confiance aussi bien de leurs chefs, la hiérarchie, que des fidèles soucieux de trouver et de suivre des guides sûrs. D'aucuns leur ont parfois reproché d'exagérer le rôle de la raison, comme si les «charismes» pouvaient suppléer à la science et comme s'ils avaient le droit d'ignorer ou d'oublier les impasses où un certain positivisme censément surnaturel et magistériel avait failli conduire la pensée catholique au début du siècle passé. Même quand les desseins de la Providence les amène à devoir abandonner leurs études, ils en gardent, — tels jadis Messeigneurs Ladeuze et Coppieters, ou le Cardinal van Roey, — la nostalgie, et ils ne cessent de témoigner l'intérêt qu'ils continuent de leur porter.

À leur exemple, Messieurs les nouveaux Maîtres, vous avez acquis au cours de votre séjour à Louvain, le même enthousiasme, je dirais presque la même passion pour la noble recherche scientifique. Gardez-la quel que soit le poste que vous occuperez. Ne vous laissez pas griser par le succès remporté aujourd'hui comme si votre œuvre était achevée. Et puis n'oubliez pas ce que j'appellerai, pour me servir d'une image empruntée aux événements de notre époque, les fusées porteuses qui vous ont posé sur l'orbite dans la stratosphère théologique ni le cap Kennedy qui fut le lieu de votre lancement.

Au nom de tous mes collègues de la Faculté, je vous souhaite donc, Messieurs les nouveaux Maîtres, une brillante continuation de vos recherches et travaux dans l'esprit de notre chère Université et pour le plus grand bien de l'Église et notamment de tous ceux, — je les espère nombreux, — qui s'instruiront de vos œuvres : *Edant pauperes opera vestra et saturabuntur et laudabunt Dominum qui nobis tribuit illa.* C'est avec ces souhaits, ces espoirs et les chaleureux sentiments dont ils émanent, que je vous invite, Monseigneur le Recteur, et tous les invités à cette promotion, à vider vos verres en l'honneur et au bonheur de Messieurs les abbés Tchibangu et Lipiński, de leurs parents et de leur patrie.

Toespraak van Mgr. Coppens bij de aanbieding van de Miscellanea Janssen*

Wie de geschiedenis van de theologische faculteit te Leuven gedurende de laatste vijftig jaar overschouwt zal vlug enkele markante data en feiten vaststellen. Er werd bij voorbeeld gewezen op de benoeming van Professor Albien Van Hoonacker tot de leerstoel van kritische inleiding tot de Boeken van het Oud Testament. Daar was vervolgens het optreden van kanunnik Cauchie en de invloed die van het tweespan Cauchie-Ladeuze op de fakulteit is uitgegaan. Daar was later het stichten van het *Sylloge Excerptorum* waardoor onze academische collecties reeds met 40 boekdelen werd verrijkt. En vergeten wij ten

* Cfr *ETL*, 1964, t. XL, pp. 225-494.

slotte vooral niet het initiatief waardoor in 1924 tot de publikatie van de *Ephemerides Theologicae Lovanienses* werd overgegaan. Wij hebben elders er reeds op gewezen hoe belangrijk en betekenisvol dit opzet is geweest. Twee oudere tijdschriften, *Le Muséon* en la *Revue d'Histoire Ecclésiastique*, deden naar buiten slechts enkele aspekten van de Leuvens theologische arbeid kennen. Weliswaar publiceerde de *Revue* ook recensies en zelfs artikels die op de nieuwtestamentische exegese betrekking hadden, doch zulks gebeurde slechts sporadisch, en bovendien in een kader waarin deze bijdragen niet tot hun volle recht kwamen, meermaals weinig werden opgemerkt door hen tot wie zij waren gericht.

Hoe gunstig de nieuwe stichting werd onthaald blijkt uit de krans van klinkende namen die zich als beschermheren of als medewerkers aanmeldden, zelfs uit het buitenland. Hier echter zoals elders gold het *multi vocati, pauci electi*. Slechts een minderheid loste haar beloften in, en het tijdschrift zou voorzeker een vroegtijdige, roemloze dood zijn gestorven, had het niet mogen en kunnen rekenen op de taaie wilskracht, op de nooit versagende werkkracht van drie stichtende leden: wijlen Kanunnik Bittremieux, wijlen Mgr. Van Hove, en degene aan wie vandaag het tijdschrift een welverdiende hulde wil brengen, Mgr. Arthur Janssen.

Wie, zoals wijzelf, van het eerste jaar af de eer genoot te mogen meewerken en vanaf het vijfde jaar mede aan de redactietafel mocht aanzitten, weet welke inspanningen de jeugdige hoogleraar die als secretaris fungeerde, zich heeft getroost om artikelen te verzamelen, drukproeven te herlezen, ruildienst te organiseren, bibliografie op te stellen, justifikatieven van recensies te verzenden, en, op het einde van elk jaar, de *indices* van het tijdschrift op te maken. Dit alles geschiedde zonder enige materiële hulp, zonder secretaris of secretaresse, dank zij de edelmoedige medewerking van enkele theologantensubregenten die het voorrecht genoten onder hetzelfde dak met Mgr. gehuisvest te zijn en in zijn werklust en energie te delen. Leerrijk is het ongetwijfeld de veertig jaargangen te doorlopen waarop zonder onderbreking uw naam figureert. Uit uw bijdragen en uit uw niet te overzien getal recensies zal het niet moeilijk zijn uw theologische ontwikkeling en, — om met Vaticaan II te spreken, — uw *aggiornamento* af te lezen. Vooreerst zal de nieuwsgierige lezer in U de leerling van Cauchie ontdekken die op het punt stond een dissertatie te schrijven over de morele controversen die de Leuvense Fakulteit en de theologische wereld in de XVIIe eeuw in beroering brachten. Zijn tocht voortzettend komt hij weldra op het spoor van de moraaltheoloog die zich bezint over enkele fundamentele moraaltheologische begrippen. En ten slotte landt hij aan bij de professor die, wedijverend met de beste buitenlandse geleerden als een Schöllgen, zich hoofdzakelijk gaat wijden aan de studie van actuele problemen en die nooit, overeenkomstig de beste Leuvense tradities, het *Dies diem docet* uit het oog verliest. Middelerwijl heeft hij hem leren kennen als een auteur die houdt van klare begrippen, van grondige eruditie, en, in het formuleren van zijn besluiten, van maat en evenwicht, indachtig het *cum pondere et mensura* ons reeds door de moralisten van de Gewijde Boeken ingescherpt.

Ce triple aspect de votre œuvre scientifique et cette triple qualité majeure de tous vos exposés, nous avons tenu à ce que le volume de mélanges que les *Ephemerides* vous offrent en témoignage de reconnaissance, vous l'exprime. Nous l'aurions souhaité encore plus volumineux, mais quelques-uns de vos meilleurs élèves, — qui pour cause d'hospitalisation, qui pour charges pastorales, qui préoccupés de devancer au Concile les inspirations du Saint-Esprit, — n'ont pu tenir leurs promesses. Tel que vos amis, vos anciens élèves, vos collaborateurs ont pu le réaliser, il reflète bien, je l'espère, les domaines de recherches auxquels vous vous êtes intéressé. MM. Wylleman, Delhaye, Heylen y traitent de problèmes de théologie morale fondamentale âprement controversés. Les questions actuelles, — votre grande spécialité, — sont abordées par MM. Van Craenenbroeck, Modde, Chéza. Les deux premiers explorent la morale sociale et le dernier nous initie à la problématique missionnaire. Même l'érudit article de M. le chanoine Fransen, par son allusion à la langue vulgaire, descend des hauteurs sereines du droit canonique dans les larges plaines où se livrent aujourd'hui les grandes batailles. Enfin, les études historiques qui furent votre premier grand amour scientifique, sont représentées par MM. Tschibangu, Blockx et Lefèvre. À M. le chanoine Lefèvre, fureteur infatigable d'archives, vous devez un article éclairant les origines de notre faculté, tandis que M. l'abbé Blockx, évoquant la figure du Pape Adrien VI, a mis le volume de mélanges au diapason de l'œcuménisme et de Vatican II. Enfin, les études de MM. Étienne, Patrick et de votre serviteur ont tenu à ce qu'un autre mouvement, une autre orientation théologique contemporaine, — pour me servir d'un terme cher à M. Thils, — ne fût pas absent, celui du renouveau biblique ainsi que s'exprime M. Étienne.

Puisse, Monseigneur, ce volume de *Mélanges* vous rappeler encore longtemps que vos collègues et vos anciens élèves se souviennent avec reconnaissance du rôle que vous avez tenu et que vous continuez à tenir dans notre Faculté.

Toespraak van de heer burgemeester Alfons Smets bij de ontvangst van de leden van het feestvierend Colloquium biblicum

Het is mij een uitzonderlijk genoegen U in naam van de Leuvense magistraat U in dit historisch Leuvens raadhuis welkom te heten.

In de loop van de geschiedenis heeft Leuven en haar universiteit meer dan eens een belangrijke rol gespeeld op het gebied van de Bijbelwetenschappen. Ik moge U eraan herinneren dat Erasmus de grootste, meest geleerde Bijbelkenner uit het begin van de zestiende eeuw, te Leuven arbeidde. De Erasmustentoonstelling die wij in onze stad organiseerden in 1969 trok de aandacht op de biezonderste aspecten van de arbeid die de humanist te Leuven ondernam. Hier ontdekte hij in de abdij van Park-Heverlee de bekende *Adnotationes* van de italiaanse humanist Lorenzo Valla (1405-1457) die hij het jaar erop in 1505 liet drukken te Parijs (Erasmus-catalogus, n^r^ 155). Hier bereidde hij samen met Martinus Lips de uitgave van de grote Bijbelkenner sint Hiëronymus (*ibid.*, n^r^ 333). Hier vatte hij ook zijn twee grote exegetische werken aan: enerzijds de eerste kritische uitgave van het Nieuwe Testament met aantekeningen (*ibid.*, n^r^ 295) en zijn bekende paraphrase van al de nieuwtestamentische boeken waarvan Dirk Martens rond 1516 de eerste delen, een commentaar op de twee brieven aan de Corinthiërs drukte (*ibid.*, n^r^ 296). Hier hielp hij het roemrijke *Collegium Trilingue* stichten dat zo veel heeft bijgedragen tot de wetenschappelijke studie van de Schrift door de studie van de drie voornaamste Bijbeltalen, Hebreeuws, Grieks en Latijn te bevorderen (*ibid.*, n^r^ 375). Hier schreef hij zijn allerbelangrijkste inleidingen tot de studie van de Heilige Schrift : de *Methodus*, de *Paraclesis*, de *Ratio Verae Theologiae* (*ibid.*, n^r^ 288). Later hebben de Leuvense geleerden het hoofdaandeel gehad in het realiseren van drie bekende Bijbels : de Latijnse Bijbel van Hentenius die een voorloper werd van de officiële Vulgata (*ibid.*, n^r^ 300), — de volledige nederlandse vertaling door Nicolaus van Winghe, supprior van Sint-Maartensdal in 1548 een jaar na Hentenius' bijbel (*ibid.*, n^r^ 302), — en de franse vertaling door Nicolas de Leuze en François van Larben die twee jaar daarop in 1550 het licht zag (*ibid.*, n^r^ 304).

De Jansenistische disputen leidden later de aandacht van grondige Bijbelstudie af en Leuven deelde in het verval van de kerkelijke wetenschap dat over heel ons continent vast te stellen was. Doch bij de heropening van de Leuvense universiteit bloeiden na de Franse revolutie de Bijbelstudiën op. Laten wij hier herinneren aan het werk van Beelen die in de XIXe eeuw de studie van het Hebreeuws in eer herstelde en de Heilige Schrift grotendeels commentarieerde in het nederlands. Doch vooral in deze eeuw leverde onze Leuvense Alma Mater uitstekende geleerden : de nog steeds veelvuldig geciteerde Albien Van Hoonacker die hier zijn reuzenwerk *Les Douze Petits Prophètes* voltooide, — Mgr. Paulin Ladeuze die later rector werd en onder wiens rectoraat een nieuw *Collegium trilingue*, het Instituut voor Oriëntalisme, ontstond en onze stad verrijkt werd door de prachtige universiteitsbibliotheek, — Honoré Coppieters, de latere Gentse bisschop, de bekende specialist van de handschriften der Handelingen van de Apostelen, — en last not least Mgr. Ryckmans, de uitgever en verklaarder van zuidarabische teksten die samen met de Engelsman Philby, graaf Lippens, en zijn neef Jacques Ryckmans, de zuidarabische woestijn exploreerde en met een schat van inschriften naar Leuven terugkeerde.

Mag ik ook vermelden dat in onze stad, indien ik me niet vergis in de Brusselse straat, een drukkerij zich vestigde, nl. Istas, die zich specialiseerde in het ter perse leggen van Oosterse teksten. Het huis ging in de brand van Leuven gedurende de eerste wereldoorlog in de vlammen op, doch heel wat lood overleefde de vernieling. Na de wereldramp startte de onderneming opnieuw, en zij is stilaan uitgegroeid tot de bekende Oriëntalistische Drukkerij, thans te Winksele-bij-Leuven gevestigd, die Bijbelse en Oosterse teksten drukt voor heel ons continent en zelfs daarbuiten.

U ziet dat U te Leuven waarlijk op Bijbels gebied zijt en dat ik als burgemeester van Leuven reden te over heb om U welkom in deze stede te heten. U is hier thuis.

L'œuvre et l'influence du Bienheureux Ruusbroec

A diverses reprises, les admirateurs de l'œuvre mystique de Ruusbroec ont entrepris d'alerter l'opinion théologique et religieuse en faveur d'une éventuelle canonisation du bienheureux et de sa proclamation comme docteur de l'Église.

Mgr Philips fut de ceux qui s'intéressèrent à la cause du Bienheureux et nous croyons que c'est lui qui rédigea pour la faculté de théologie de Louvain la note que nous reproduisons ici et dont nos lecteurs prendront volontiers connaissance.

*
* *

1. *Influence de Ruusbroec.*

Ruusbroec est incontestablement la figure prédominante et le docteur le plus en vue de l'École mystique qu'on a appelée l'école néerlandaise. Depuis Ruusbroec cette école s'est bifurquée en deux courants dont l'un met l'accent sur la pratique et l'autre sur la théorie des grâces de la plus haute contemplation. Ces courants, Ruusbroec les a influencés tous deux. Ils étaient contenus d'une manière harmonieuse dans les traités du grand mystique brabançon, la pratique étant pour lui une condition nécessaire pour recevoir les hautes grâces, qui, elles-mêmes, excitent le désir et provoquent l'acte.

Les Frères de la vie commune et la Congrégation Windeshémienne représentent surtout le courant pratique sans qu'on puisse dire qu'ils négligent l'aspect théorique. On sait ce que leurs fondateurs, Gérard Groot et Florent Radewijns, doivent à Ruusbroec et à Groenendaal. Gérard Groot, ami personnel de Ruusbroec, traduisit deux traités de celui-ci et divulgua sa doctrine. Le *Traktaat over de Geestelijke Oefeninen* de Florent Radewijns rend fidèlement les théories de Ruusbroec. À la suite de leurs fondateurs, les nombreux auteurs qui ont eu une influence énorme sur l'esprit religieux des Pays-Bas, ont cherché pour une grande partie leurs éléments doctrinaux, et même souvent leur inspiration chez Ruusbroec, comme en témoignent les ouvrages (traités) d'un Henri Mande, d'un Gerlach Peters († 1411), d'un Zerbolt van Zutphen († 1398), et beaucoup d'autres. Selon Spitzen[1], Auger[2] et Dom J. Huyben, O.S.B.[3], il y a un parallélisme tellement évident entre l'*Imitatio Christi* de Thomas a Kempis et les exposés de Ruusbroec et de ses disciples : Gérard Groot, Jean van Schoonhoven (contemporain et défenseur de Ruusbroec), Zerbolt, Mande, Gerlach Peters, etc., qu'on ne peut douter d'une influence réelle de Ruusbroec sur Thomas. On a même voulu attribuer en partie la composition de l'*Imitation* à Gérard Groote ou à Jean van Schoonhoven, tous deux disciples de notre mystique[4]. Thèse insoutenable, mais qui montre que Thomas a Kempis navigue dans le sillage de Ruusbroec.

[1] SPITZEN, *Thomas a Kempis als schrijver der Navolging van Christus gehandhaafd*, Utrecht, 1880, pp. 73-74.

[2] A. AUGER, *De Doctrina et meritis Joannis van Ruysbroeck*, pp. 171-172.

[3] J. HUYBEN, *Voor Thomas van Kempen*, dans *O.G.E.*, 1927, t. I, pp. 38-49.

[4] Dom J. HUYBEN, *Geert Groote en de Navolging*, dans *O.G.E.*, 1929, t. III, pp. 304-330. — J. HUYBEN, O.S.B., *Nog een vergeten mystieke grootheid*, dans *O.G.E.*, 1928, t. II, pp. 361-392; 1929, t. III, pp. 60-70; 144-164; 1930, t. IV, pp. 5-26, 428-473. — L. REYPENS, S.J., *Nog een vergeten mystieke grootheid*, dans *O.G.E.*, 1928, t. II, pp. 52-76, 189-213, 305-341. — J. HUYBEN, O.S.B., *De verspreiding der Nederlandsche Spiritualiteit in het buitenland in de XIVe en XVe eeuw*, dans *O.G.E.*, 1930, t. IV, pp. 168-182. — *De Nieuwe Eeuw*, 3 juli 1924 en 16 sept. 1926.

L'influence bienfaisante de Ruusbroec sur les Pays-Bas jusqu'à la révolution française s'est exercée non seulement sur les Frères de la vie commune et la Congrégation Windeshémienne et par eux sur le peuple, mais aussi sur le clergé séculier, comme le prouvent les œuvres de Pelgrim Pullen (1550-1608), où Ruusbroec est cité souvent littéralement[5].

L'influence de Ruusbroec ne s'est pas limitée aux Pays-Bas; elle a rayonné sur toute l'Europe Occidentale, soit d'une manière directe grâce surtout à la traduction latine de ses ouvrages par Surius, traduction qui connut trois éditions en 1552, 1608 et 1692, soit à travers les auteurs et les traités, dépendants de lui et rendant sa pensée.

L'auteur qui a contribué pour une large part à la divulgation de ses théories est le Franciscain Henri Herp (Harphius) († 1477). Pendant des années, il fut Frère de la Vie Commune, puis se fit Frère Mineur. Ses ouvrages écrits en latin empruntent à tel point aux spéculations mystiques de Ruusbroec qu'on l'a souvent accusé de n'être qu'un compilateur de grande envergure. Or ses traités ont connu une vogue extraordinaire et ont répandu la doctrine du mystique brabançon en France, en Italie, en Allemagne et en Espagne.

On peut citer une longue liste d'auteurs ascétiques et mystiques qui dépendent de Herp. En France les capucins Joseph de Tremblay, le sécretaire de Richelieu, Sébastien de Senlis, Simon de Bourg, Constantin de Barbançon, Paul de Lagny, et surtout Benoît de Canfeld († 1610), qui a influencé l'école française du XVIIe siècle, à savoir Beaucousin, de Bérulle, Madame Accarie, Marie de Beauville. Brémond écrit à ce sujet: «En effet, je le retrouve partout et je serais assez près de croire que toutes les influences qui ont faconné la prière du XVIIe siècle, il n'en est pas une qui dépasse, ni peut-être même qui égale la sienne. D'autant plus intéressant pour l'historien, que par la voie de Canfeld, c'est encore le vieil Harphius qui parle». C'est le vieil Harphius qui parle, et à travers Harphius, c'est l'influence de Ruusbroec qui continue à s'affirmer.

L'influence profonde de Ruusbroec et de toute la spiritualité néerlandaise sur l'École française, est une thèse solidement établie par Dom J. Huyben[6]. Le renouveau spirituel de la France a été en grande partie l'œuvre de Mme Accarie (la Bienheureuse Marie de l'Incarnation) — logée chez Mme de Bérulle, — du jeune de Bérulle et de toute une pléiade de religieux, surtout chartreux et capucins. Les deux grands maîtres spirituels de ce mouvement étaient Benoît de Canfeld (admirateur et disciple de Harphius-Ruusbroec) et Beaucousin, confesseur et directeur de conscience de Bérulle et de la Bienheureuse Marie de l'Incarnation. Or ce Beaucousin a traduit en français le chef d'œuvre de Ruusbroec: le *Mariage spirituel*, ainsi qu'un traité de haute mystique, entièrement dépendant du même Ruusbroec: le *Evangelische Peerle*. Il est fort probable que Bérulle, Mme Accarie et les autres disciples de Beaucousin, ont lu les traductions de leur confesseur. Dom Huyben est convaincu que Bérulle a puisé ses plus belles théories dans la *Perle évangélique*.

[5] L. Reypens, S.J., *Pelgrim Pullen*, dans *O.G.E.*, 1929, t. III, pp. 22-24, 125-143, 245-277.

[6] J. Huyben l'a prouvé surtout dans ses articles au sujet du traité *Evangelische Peerle*, dans *O.G.E.*, 1928, t. II, pp. 361-392 et 1929, t. III, pp. 5-26, 428-473.

[7] *Jan van Ruusbroec, Leven, Werken, onder Redactie van het Ruusbroec-Genootschap, Antwerpen*, Mechelen, 1931, p. 254.

Ajoutez-y que la période entre 1550-1610 était caractérisée par de nombreux travaux de traduction. Or, il est remarquable que plus de la moitié des ouvrages de spiritualité traduits en français étaient des traités néerlandais. Chaque année, au moins deux ouvrages néerlandais étaient traduits et édités. Voilà les sources qui ont principalement alimenté ce renouveau spirituel en France et ont servi de base à l'École française du XVIIe siècle.

Harphius — et à travers lui, Ruusbroec — était connu et fort goûté également en Italie. Venise a procuré plusieurs éditions de ses œuvres. Notre curiosité intéressée se porte surtout sur l'Espagne. Ruusbroec a-t-il exercé une influence réelle sur Sainte Thérèse et sur S. Jean de la Croix?

Oui, mais d'une manière indirecte, à travers deux franciscains: Francisco Osuna et Bernardino de Laredo, qui, tous deux, s'étaient assimilé les théories de Ruusbroec à travers Harphius. P. Groult prouve qu'entre Osuna et Ruusbroec, il y a des «points de contact et de caractéristiques essentielles communes»[8]. B. de Laredo cite explicitement parmi les sources d'Osuna Harphius, en louant sa doctrine au sujet de la contemplation parfaite. Or ces deux franciscains comptent parmi les auteurs spirituels que Ste Thérèse lisait de préférence et dont l'influence profonde sur elle est prouvée[9].

Quant à saint Jean de la Croix, déjà Mgr Waffelaert a constaté une affinité de doctrine très caractéristique. P. Crisogono admet qu'on trouve dans S. Jean des reminiscences évidentes[10]. Dans leur traduction du *Mariage spirituel* les Bénédictins de Wisques relèvent des passages parallèles chez S. Jean de la Croix. L. Reypens tient lui aussi pour établie une influence certaine et directe de Ruusbroec sur S. Jean de la Croix[11]. Il fonde sa conviction premièrement sur l'analyse de plusieurs doctrines communes aux deux surtout au sujet de la contemplation la plus haute, en second lieu sur le fait que S. Jean a lu le Pseudo-Tauler, qui contient des passages de Ruusbroec[12], et surtout sur la probabilité grande que S. Jean a connu la traduction latine des œuvres de Ruusbroec par Surius. Une convergence d'indices rendent cette thèse admissible. La lecture des œuvres de Ruusbroec (contrairement à celles de Harphius, Tauler, Eckart, Denys le Chartreux, S. François de Borgia, le Pseudo-Tauler, auxquels en appelaient les Alumbrados) n'a jamais été interdite en Espagne. Or, depuis 1552, la traduction de Surius était connue là-bas. La preuve? L'influence prépondérante qu'elle a eue sur le contemporain illustre de S. Jean de la Croix (1542-1591), le grand mystique franciscain, Juan de los Angeles (1536-1609). Ce dernier appelle Ruusbroec «divino Rusbrochio», «divino contemplativo» dont la doctrine est «difficultissimo» mais «muy importante»[13].

Étant donné le fait d'une parenté de doctrine tellement caractéristique qu'elle

[8] P. GROULT, *Les Mystiques des Pays-Bas et la littérature espagnole du seizième siècle*, Louvain, 1927, p. 130ss.

[9] LUCIDIUS VERSCHUEREN, ofm., *De Heraut van Ruusbroec*, dans *Jan Van Ruusbroec, Leven, Werken*, pp. 230-262.

[10] CRISOGONO DE JESUS SACRAMENTADO, *San Juan de la Cruz*, Madrid-Avila, 1929, pp. 40-45.

[11] L. REYPENS, S.J., *Ruusbroec en Juan de la Cruz*, dans *O.G.E.*, 1931, t. V, pp. 143-185.

[12] P. CRISOGONO, *op. cit.*, pp. 45-51; BRUNO DE J. M., *Saint Jean de la Croix*, p. 163.

[13] P. GROULT, *op. cit.*, p. 205.

incline à admettre une dépendance, on se demande où S. Jean a puisé ces théories? Harphius et le Pseudo-Tauler étant peu accessibles, il est normal de conclure à un contact direct.

Quoi qu'il en soit, — la question n'étant pas encore résolue, — tout incline à admettre une dépendance soit directe soit indirecte, *mais réelle*.

2. *But et valeur doctrinale de Ruusbroec.*

Maître Gérard, prieur du couvent des Chartreux de Notre-Dame à Capellan, près de Hérinnes, dans le Brabant wallon, au nord d'Enghien, contemporain et admirateur de Ruusbroec, écrivit au XIVe siècle un prologue à cinq ouvrages de celui-ci, qu'il copia et réunit en un volume. Dans ce prologue, il dit : «On avait, à ce moment là, grand besoin d'une doctrine sainte et intègre exposée en langue vulgaire, car des enseignements insidieux et hérétiques que Ruysbroeck décrit à la fin de la deuxième partie de l'*Ornement des Noces Spirituelles* et dans d'autres encore de ses ouvrages, étaient alors en vogue» (allusion aux Frères du Libre-Esprit).

L'œuvre de Ruusbroec en effet, est une exposition positive de la vie ascétique et mystique fondée sur l'expérience de ceux qui éprouvent ces grâces et sur la doctrine théologique de l'Église à la lumière de laquelle il interprète et défend la vraie mystique contre les hérétiques de son temps, dont la mystique était à tendances panthéistiques et quiétistes. Ses ouvrages ne sont donc pas à proprement parler, des traités de théologie, quoiqu'il suppose et quelquefois développe plusieurs thèses qui en relèvent, à fin d'interpréter les phases de l'ascension mystique de l'âme et son union intime à Dieu.

Ce ne sont pas non plus des livres polémiques quoiqu'il s'attache à démontrer en quoi les mystiques hérétiques se trompent.

Par son activité littéraire, Ruusbroec a été, au vrai sens du mot, un docteur pour son peuple. Pendant ce malheureux XIVe siècle, plein de guerres, de fléaux et de superstitions, il l'a préservé d'une néfaste aberration du sentiment religieux et mystique. Il l'a incité à la pratique des vertus les plus hautes, et l'a enthousiasmé pour l'idéal sublime d'une vie tout orientée vers Dieu.

Il mérite le titre de Docteur par la qualité et la valeur de sa doctrine. Il décrit en effet la vie spirituelle chrétienne jusque dans ses expériences intimes et profondes, qui sont l'épanouissement suprême de la grâce divinisante. Il distingue et décrit nettement ses divers états : d'abord la vie active, celle des «fidèles serviteurs», chez qui domine l'activité personnelle et extérieure selon les commandements de Dieu; puis la vie intérieure, celle des «amis secrets» dont la vie toute entière est concentrée consciemment sur Dieu; enfin la vie contemplative, celle des «fils cachés» qui se dépouillent de toute affection désordonnée, pour se donner intégralement à Celui qu'ils aiment réellement au-dessus de tout. Ils désirent contempler Dieu en Lui-même. En Lui, ils aspirent à s'oublier pour n'être conscient que de Lui. En Lui, ils souhaitent «mourir». C'est la contemplation et la jouissance la plus haute qui a «Dieu en soi» pour objet immédiat. Ruusbroec l'appelle «contemplation et jouissance sans distinction», parce que l'âme y est absorbée tellement selon toutes ses puissances en Dieu, qu'elle perd conscience de la distinction, qui, réellement persiste à exister entre elle et Dieu.

Les fondements de la vie spirituelle : la grâce, la structure de l'âme, la nature de Dieu, la sainte Trinité, la Rédemption, la part qui revient en celle-ci au Christ et à la sainte Vierge, la coopération de l'âme, sa passivité dans les hauts états mystiques, tout cela est exposé d'une manière souvent magistrale, et toujours orthodoxe.

Cette doctrine, si difficile à formuler, Ruusbroec a été le premier à l'exprimer dans sa langue maternelle, un mérite qu'on ne peut sousestimer.

Son orthodoxie a été quelquefois mise en doute. Les griefs allégués ont été prouvés dépourvus de fondement, de sorte que tout soupçon à ce sujet fut annulé définitivement. D'ailleurs, Ruusbroec a protesté plusieurs fois de sa parfaite soumission à l'Église. « Cette fois, lisons nous dans le *Livre de la plus haute Vérité*, je ne puis vous démontrer plus clairement ma pensée. Pour tout ce que je comprends ou ce que je ressens, et pour tout ce que j'ai écrit, je me soumets au jugement des saints et de la sainte Église. Car je veux vivre et mourir serviteur du Christ, dans la foi chrétienne, et, moyennant la grâce de Dieu, je désire être membre vivant de la sainte Église. »

Résumons en disant que Ruusbroec mérite réellement le titre de docteur, d'abord par la valeur intrinsèque de sa doctrine. Ensuite par l'influence bienfaisante de celle-ci, durant une période critique du XIVe siècle, aux Pays-Bas et bientôt par toute l'Europe, comme aussi sur les grands courants mystiques de l'Espagne au XVIe et de la France du XVIIe siècles. Également par le service qu'il rendit à l'Église en démasquant le faux mysticisme des Frères du libre Esprit, dont il brisa l'élan et arrêta la propagation. Enfin, par la parfaite orthodoxie formelle et même matérielle de ses ouvrages, dont la nouvelle édition selon le texte original connaît un succès réel et bien mérité.

Le cinquième centenaire de la naissance d'Érasme

Au cours des années 1967-1968 la Belgique commémora le cinquième centenaire de la naissance d'Érasme. Dans *Spectator*, du 14-15 juin 1968, nous avons évoqué sous le titre : *Erasmus herdacht*, les principales manifestations qui s'organisèrent à travers le pays, à Mons, Bruxelles, Gand et Liège.

Het vijfde eeuwfeest van Erasmus' geboorte werd in ons land herdacht met een luister die tot nu toe bij ons nog niet werd geëvenaard. De viering begon te Bergen op 26-29 oktober 1967, waar een uiterst geslaagd colloquium plaats greep. Hierop volgde op 30 april de Erasmusherdenking te Brussel door de Koninklijke Vlaamse Academie voor Wetenschappen, Letteren en Schone Kunsten. In de week van 3-6 juni kwamen belangrijke Erasmusdagen te Brussel, Gent, Luik en Antwerpen aan de beurt. Leuven zal later volgen. Het beeld van Erasmus zal er worden opgeroepen in het kader van de Nederlandse week en de Erasmusviering zal er worden bekroond door de uitgave van een uiterstbelangrijke bundel van studiën aan Erasmus gewijd, betiteld *Scrinium Erasmia-*

num, een festschrift dat twee boekdelen zal omvatten. Inmiddels beschikken wij reeds over de Handelingen van het *Colloquium* van Bergen en werden tevens vier voortreffelijke catalogi gedrukt die de Erasmus-tentoonstellingen belichten die werden ingericht in de Koninklijke Bibliotheek te Brussel, in het Plantijnmuseum te Antwerpen, in de Luikse en Gentse universiteitsbibliotheken, tentoonstellingen die geen historicus of liefhebber van ons humanistisch verleden mag missen.

In dit artikel willen wij ons beperken tot een overzicht van de historische bijdragen die ons op de vermelde Erasmusdagen werden aangeboden.

Erasmus de humanist.

Erasmus werd als humanist op voortreffelijke wijze gesitueerd door een talentvolle jeugdige Leuvense hoogleraar, Dr. IJsewijn. Vóór Erasmus' optreden golden de Nederlanden grosso modo in het oog van de humanisten als een «barbaars» gebied. Inderdaad slechts Agricola en Hegius kan men voor die periode vermelden als waardige voortrekkers van een humanistisch réveil. Erasmus mag derhalve terecht doorgaan als de geleerde die de liefde tot en het beoefenen van de *bonae litterae* in onze gewesten heeft opgewekt. Geen wonder dat, bij het begin van zijn carrière, hij zich waagde aan wat elke humanist als de hoogste uiting van de cultus der *bonae litterae* beschouwde, het zich opwerken tot een *poeta*, tot een dichter, en niet tot een *versificator* of rijmelaar. Precies over Erasmus' gedichten onderhield ons een Canadees geleerde, Dr. Thompson. Op dit gebied zou nochtans onze humanist zijn roem niet vestigen. Hijzelf gaf toe dat inspiratie tot dichten hem ontbrak, en hij klaagde over de *venae paupertas*, over de magere bron van poëtische bezieling waarmee hij door de natuur werd bedeeld. Ook hebben de Italianen hem nooit als een volbloed humanist erkend. Hem schonken zij niet de eretitel: «Romeins burger», waarmee zij Erasmus' Mechelse mededinger, Christophorus Longolius (1488-1522),vereerden. De Rotterdammer kon die hulde aan een rivaal toegekend niet kroppen. Wijlen professor Mesnard legde uit hoe Erasmus in zijn verweerschrift *Ciceronianus* het aanpakte om zichzelf tot eerste humanist van de Nederlanden te promoveren.

Het cultureel milieu waarin Erasmus zich bewoog werd in muzikaal opzicht prachtig geïllustreerd op de avond ingericht door de Koninklijke Vlaamse Academie in de Gotische zaal van het Brussels stadhuis. Schitterend commentaar leverde professor Lenaerts. Het was een stemmige, uiterst keurige uitvoering van liederen en muzikale composities die wij te danken hadden aan het initiatief van dr. Lebeer, vast secretaris van de Academie.

Erasmus als theoloog.

Aan de theologische positie van Erasmus werd vooral aandacht geschonken op de Erasmus-herdenking van de Koninklijke Vlaamse Academie. Dr. Bakhuizen van den Brink situeerde Erasmus in een brede historische context, en schrijver van dit overzicht onderzocht in hoever Erasmus vrijzinnig of rechtzinnig mocht heten. Hier past het Erasmus' houding niet te meten overeenkomstig leerstellingen die eerst na hem in de Tridentijnse en Posttridentijnse theologie werden ontwikkeld. Erasmus wou vooral een gelovige Schrifttheoloog zijn. Nergens huldigt hij de rede, zoals later Kant en Locke, als laatste norm van de waarheid.

Dat hij het niettemin aan de stok kreeg met de Leuvense theologen, is te wijten aan de pijnlijke indruk door zijn antimonakale spotschriften verwekt, aan zijn oorspronkelijk flirten met Luther, aan de grondig nieuwe opvatting aan het theologisch onderzoek die hij wou doen zegevieren. Hieromtrent velde de Leuvense hoogleraar Blockx een solied en geschakeerd oordeel.

Erasmus' milieu en invloed.

Kanunnik Nauwelaerts schilderde in een boeiende causerie de vrienden af die Erasmus te Gent heeft aangetroffen en die Rottier in zijn *La Vie et les Travaux d'Érasme* (1854) destijds is voorbijgegaan. In een prachtige taal lokte dr. Gilbert De Groote ons vervolgens naar Antwerpen, om er kennis aan te knopen met de drie uitzonderlijke Erasmusvrienden : de stadssecretaris Pieter Gillis, de schilder Quinten Metsijs en de bankier Erasmus Schets.

Verder stelde men in het licht de invloed van Erasmus op de Antwerpse rederijkers (G. Degroote), op de pedagogische handboeken (M. Derva), op de omgeving van Maria van Hongarije (I. Tancsenyi-Waldapfel), op het literair oeuvre van Jakob Cats (Cl. Margolin) en zelfs eventueel op de schilderkunst van Breughel (I. L. Zubnik). Ten slotte trok dr. Schalk (Keulen) een parallel tussen Erasmus en die andere monnik-humanist uit Italië, Folengo (1491-1554), die met hem meer dan een trek gemeenzaam heeft.

Voor een portret van Erasmus.

Drie sprekers leverden een bijdrage voor een exacter portret van de Rotterdammer. Professor Gerlo ging na in hoever Erasmus zijn vaderland getrouw is gebleven. Voorzeker kan men de humanist van geen chauvinisme beschuldigen. Integendeel, meermaals was hij niet mals voor de Nederlanden. Toch stelt men vast hoe de hang naar Brabant intenser werd naarmate de jaren vorderden.

Nauw aansluitend bij Gerlo's lezing was die van professor Halkin. Erasmus, aldus het spittante betoog van de Luikse hoogleraar, voelde zich europeaan, cosmopoliet. De man die zich had laten ontvallen : *Ubi bene, ibi patria, « Waar men het goed heeft, treft men zijn vaderland »*, voelde zich Duitser of Fransman naargelang men hem in die landen warm onthaalde. Het duurzaamst betoonde hij sympathie voor Engeland, maar ook hier koelde de geestdrift af. Kon het anders, toen zijn dierbaar Engeland de prooi werd van de wulpse Hendrik VIII, en zijn vriend, Thomas Morus, met de marteldood op het schavot om zijn trouw aan God en aan zijn vorst werd beloond? Al met al was Erasmus vooral wereldburger. Zelfs bij pozen voelde hij zich aan deze wereld vreemd en keek hij als pelgrim uit naar het enige echte vaderland, het hemels hiernamaals.

Professor Waterbolk, van Groningen trachtte Erasmus' innigste gevoelens te ontsluieren aan de hand van een geleerd en raak onderzoek naar de betekenis van Erasmus' vignet en levensspreuk : de Romeinse godheid *Terminus* en het motto : *Nulli cedo* of *concedo*, « Ik wijk voor niemand », « Ik geef aan niemand toe ». Het gaat, zoals het trouwens echte leuzen past, om een ambigu gezegde. Legt men de woorden in de mond van de godheid *Terminus*, dan spreekt Erasmus weemoedig zijn onderwerping uit aan het lot dat allen overkomt, de dood. Laat men daarentegen Erasmus zelf de leuze zeggen, dan wordt zij uitdagend, dan stelt zich de Rotterdammer aan als onovertroffen, onoverwinbaar. Soms, aldus Waterbolk, wendt wellicht de humanist de spreuk ook op speelse wijze aan, om zich bescheiden aan te dienen. Hijzelf is slecht *ter-minus*, dit wil zeggen driemaal de « mindere ».

Erasmus de contestatair.

In dit decennium van universele contestatie geldt Erasmus als een echte voorloper. Hij contesteerde vooreerst het onderwijs van zijn tijd, en dit vooral op tweevoudig gebied : dat van de scholastiek en zelfs dat van het humanisme, nl. in zijn *Ciceronianus* met zijn kritiek op het slaafs navolgen van de Romeinse redenaar. Hij contesteerde ook de politieke wereldorde, het nationaal gevoelen, dat de volkeren scheidde en tot oorlogen aanleiding gaf.

Hij contesteerde ten slotte de kerkelijke orde, die naar zijn mening, onder de invloed van scholastieken, monniken, wereldse kerkvoogden, afgeweken was van het Evangelie, van de navolging Christi. Doch in radicale tegenstelling met Luther en Zwingli droomde hij ervan buiten elk tumult, buiten elke gewelde-narij, buiten het stichten van nieuwe kerkgenootschappen, zonder scheuring dus van de Christenheid, de Kerk, haar geestelijkheid en haar leken, naar een nieuwe beleving van het Evangelie op te voeren. De kracht van zijn pen, die hij als een hefboom waardeerde om de wereld op te tillen, heeft de humanist overschat, en het gevaar van zijn satirische schriften, een tweesnijdig zwaard, heeft hij niet genoegzaam ingezien. Niet aan Erasmus maar aan Loyola, besluit Busken Huet, dankt de Roomse kerk zowel haar voorbeeldige uit-zuivering als vele van de krachten die haar toelieten zich verder machtig te ontwikkelen. Dit sluit evenwel niet uit dat ook Erasmus het zijne bijdroeg tot een wedergeboren christendom en dat, volgens de opvatting van velen, op het Tweede Vaticaans Concilie meer de geest van Erasmus dan die van Loyola aan bod is gekomen, zodat men niet zonder reden van een Erasmiaans concilie sprak [1].

* * *

De son côté, Louvain contribua à rendre hommage à l'humaniste d'abord en organisant à Louvain même une exposition érasmienne : *Erasmus en Leuven. Catalogus (17 nov. – 15 déc. 1969)*. Louvain, Musée communal, 1969, puis et surtout en publiant à Leyde, chez Brill, deux volumes de mélanges consacrés à l'humaniste : *Scrinium Erasmianum*, 2 vol., X-444 et VIII-738 p. Cette publication fut la plus monumentale de toutes celles parues à l'occasion du Ve centenaire.

Leuven. J. COPPENS.

[1] De catalogi waarover hierboven sprake was luiden : *Erasmus en België*, Brussel, 1969, in-8°, 100 p. en 4 pl. ; *Erasmusdrukken uit de Universiteitsbibliotheek te Gent*, Gent, 1969, in-8°, 104 p. ; *Le livre scolaire au temps d'Érasme*, Luik, 1969, in-8°, 58 p. ; *Het geestesleven in de Zuidelijke Nederlanden ten tijde van Plantin en Rubens*, Antwerpen, 1969, in-8°, 48 p., 16 pl.

Anecdota van Waeyenbergh

Les trois textes nous paraissent éclairer des aspects importants de la personnalité du regretté recteur : le premier illustre son attachement à une région du Brabant qu'il connaissait bien et aimait beaucoup; le deuxième éclaire son profond attachement à la culture flamande et nous offre un bon spécimen de son art oratoire; le troisième manifeste les sentiments qui l'animèrent et les illusions qu'il carressa à la veille de son éméritat.

I. *Toespraak gehouden te Neder-Over-Heembeek in het « Kasteelken » op 30 juli 1939.*

Hoogeerwaarde Heren,
Hooggeachte Dames en Heren,
Geachte Toehoorderes,

Veertig jaar terug lag Neder-Over-Heembeek ver, zeer ver van Brussel. Toen was het nog een kleine zelfstandige buitengemeente gelegen op de helling van de heuvel langsheen vaart en Zenne, zonder rechtstreekse verbinding met de grootstad waar ze thans deel van uitmaakt. Noch tram, noch trein : wie er naartoe moest, reed met de paardentram tot de Lakenbrug of met de stoomtram tot de Dikke Linde, in de volksmond toen meer de « Pekpot » genaamd, en wandelde in de lommer van het Koninklijk Park langsheen de weiden of langs het buitengoed Daumerie naar het schone landelijk dorp, zo schilderachtig ophellend langs de berg, zo rijk aan herinneringen vermits zijn geschiedenis terugloopt tot in 673 en het kenmerkt als een der oudste gemeenten van ons land. Geen wonder dan dat de Brusselaars, vooral zij die uit de naburige streek afkomstig waren, in die dagen de aantrek van deze gemeente ondergingen en de wandeling naar hiertoe ondernamen; ik draag uit mijn prilste jeugdjaren de herinnering mee aan meer dan een uitstapje of aan enkele koetsritten van die aard naar dit huis!

Geen wonder dat wie stille kalmte en vreedzame rust zocht in de zomerdagen de stad ontvlood en hier de hitte van die tijd kwam verdragen.

Zo was het in de XVII[e] eeuw, wanneer Jan-Baptist van Helmont het « Kasteelken » kwam bewonen van 1622 tot 1644. Zo was het twee eeuwen later, toen hetzelfde buitengoed van 1843 tot 1846 werd betrokken door de toenmalige jeugdige nuntius te Brussel, Mgr. Pecci, die later Paus zou worden onder de roemrijke naam van Leo XIII.

Zulke herinneringen mogen niet vergaan : ze zijn vergroeid met de lokale tradities; ze maken deel uit van het erf waar afstammelingen van vorige geslachten fier mogen op gaan. En de oudheidkundige kring van deze oude gemeente, die met de hulp van de openbare besturen reeds zoveel nuttig werk heeft gepresteerd, o.m. bij de oprichting in de oude St-Niklaaskerk van het Folklore-Museum, dat heden reeds werd vergroot, verdient een dankbare hulde om dat voorbeeld van waardevol en leerrijk cultuurwerk.

Het is me dan ook een grote eer, als vertegenwoordiger van de geestelijke overheid en van de Katholieke Universiteit, de gedenksteen te mogen onthullen en de gedachtenis te loven van die roemrijke figuren uit het verleden.

van Helmont, de arts, de scheikundige, de natuurkundige, de wijsgeer die in vele opzichten baanbreker was! Mgr. Pecci, de grote kerkvoogd en opvolger van St. Pieter! Een leek en een priester! Beiden, geleerden; de eerste vooral gekend in ons land, de andere met een faam als de wereld zo wijd en zo groot! Ik vind, — over tijdafstanden en waardigheidsverscheidenheid heen, — geen beter verbindingspunt dan met van beiden te verklaren dat ze uit liefde tot God en tot de mensen, hebben geleefd en gewerkt om hen te helpen genezen, de ene van lichamelijke kwalen, de andere van geestelijke instorting, van zedelijke minderwaardigheid, van sociale mistoestanden.

Jan Baptist van Helmont, Heer van Merode, Royenburg, Oorschot, enz., werd te Brussel in 1577 uit een adelijke familie geboren (zijn moeder stamde uit de Stassart's). Hij studeerde te Leuven in de wijsbegeerte in 1594, o.m. onder leiding van de beroemde Antwerpse Jezuïet, Pater Martinus Antonius del Rio, en al gaf hij zelf voorlezingen, toch weigerde hij de magistertitel.

Op grondslag van de wiskundige leer van Euklides en Copernicus en van de zedeleer van Seneca, Epiktetes en Pythagoras, bouwde hij een wereldbeschouwing op die berustte op wereldverachting en stoïsche ethiek en streefde naar natuurleven. Gelukkig temperde hij de strengheid van die leer door zijn christelijk volmaaktheidsideaal opgevat naar de geschriften van mystiekers zoals Johan Tauler en Thomas a Kempis. Toch bleef zijn aldus gegrond oordeel over de wereld, over zichzelf, over de mensen, zeer streng en liet het in hem twijfels ontkiemen over zijn burgerschap in de stede Gods, zodat hij de nakende strijd van het Jansenisme voorliep in zijn bewering dat alle puur-menselijke daad zonde was. Van hoogmoed beschuldigde hij zichzelf omdat hij, zich op zijn vrije wil zonder meer verlatend, «goede nacht wenste aan de goddelijke gedachte».

Bij het gevaar van dat streven, — en men verwijt zijn metaphysische levensbeschouwing soms tekens van dynamisch pantheïsme —, leunde hij aan bij de nieuwe denkmethodische idealen der Renaissance.

Langs de weg van ondervinding en ervaring door zinnelijke waarneming, berustend op onderzoek van feiten en oorzaken, geraakt men tot de objectieve kennis, en langs de studie van de verhouding der dingen tot het neerleggen der wetten in woorden en formules. Die methode luidt de proefondervindelijke wetenschap in.

De verdiensten van Jan Baptist van Helmont worden erkend en men stelt hem het kanonikaat vóór indien hij de theologie wil bestuderen; maar hij weigert, want elders ligt zijn weg, en hij wijdt zich aan de geneeskunde en aan de natuurwetenschappen.

De tijden zijn aan 't veranderen: waar vroeger de Pergaamse Galenus (129-200...) op het voetspoor van Hippocrates, zonder anatomie, zonder kennis van de bloedsomloop voor eeuwen lang kon gelden als de systematicus der geneeskunde en zijn leer steunde op de theorie van de vier lichaamsvochten (slijm, bloed, gele gal en zwarte gal) en van de drie levensgeesten (de psychische, de vitale en de vegetatieve); waar de arabier Avicenna (980-1036) die leer zou uitbreiden in dialectische deductie, zouden opvolgelijk de Leuvense professor Vesalius (1514-1564), met zijn anatomische leer beschreven in *De humani corporis fabrica* (1513), — de Baseler professor Paracelsus (1493-1541), met zijn *De longa vita* en zijn *Labyrinthus medicorum errantium*, — de Engelsman

Boyle (1625-1691) die met Mariotte zijn naam gaf aan de wet der constantie, — de grote Nederlander Boerhave (1668-1738), met zijn mechanistische en chemische opzoekingen, de weg banen tot de hernieuwing van scheikunde en geneeskunde en tot de wet van de onveranderlijkheid der totale massa van de Franse geleerde Lavoisier (1743-1794). Tussen in bij de aanvang dezer evolutie in de cosmopolitische rij der geleerden heeft ook onze landgenoot van Helmont als reformateur zijn plaats.

Zijn medelijden met de mensen spreekt uit het gebed dat hij in zijn gezamelijke werken inlast in het hoofdstuk *Studia Auctoris* (n^r 19, blz. 18): «Toorn Gods, dat ge tot nu niet de geringste waarheid over artsenij aan uw Scholen hebt veropenbaard!... Houdt ge er aan dat het leven van armen, weduwen en wezen U worde toegewijd onder de vreselijkste foltering van ongeneesbare ziekten? Waarom houdt ge niet op zoveel geslachten door de onzekerheid en de onwetendheid der artsen uit te rooien?... Heer vergeef, vergeef de onbescheidenheid van mijn liefde, want ge zijt het oergoed van de goedheid zelve».

Zijn roeping wordt bepaald door een stem die hem toespreekt, en in 1599 verwerft hij zijn titel van doctor in de geneeskunde die hij steeds zal verrijken dank zij zijn zin voor de praktijk, dank zij zijn wetenschappelijke opzoekingen, dank zij zijn reizen, o.m. naar Engeland, waar hij aan het hof wordt gehuldigd. Hij wordt aan het hof van Keizer Rudolf II geroepen (1576,1612) maar weigert. Rond die tijd wordt hij door een nijdige vriend vergiftigd en gaat hij om hulp bij de Ierse wonderdokter Butler die te Vilvoorde in 't gevang opgesloten zit. Meer dan ooit geldt van toen af voor zijn leven zijn leuze «verstaan, vergeven, beminnen».

Strijd zal hij kennen, die fijne, waardevolle geleerde. Na zijn polemiek met de Jezuïet Johannes Roberti betreffend het werk van Professor Goclenius van Marburg: *Unguentum sympatheticum et Armarium*, worden zijn schriften verbeurd verklaard. Leerrijk nochtans waren toen en blijven nog die werken die voor die tijd de grondslagen uitmaakten van de scheikunde en van de natuurkunde.

De kern van zijn leer kan als volgt worden samengevat: «de elementen hebben geen oorzaken zoals natuurlijke dingen, maar zijn bovennatuurlijk in hun oorsprong, wijl ze ontstaan door de scheppende daad en wijl ze blijven wat ze waren. Het werkend wezen in de natuur, als gezamelijke geest, een eenvoudige levensgeest, is de Archeus die geldt als activerend moment en als krachttype, innerlijke oorzaak van de gebeurtenissen.

Tegenover de vier aristotelische princiepen, — stof, vorm, oorzaak en doel —, tegenover de drie grondelementen van Paracelsus, — zwavel, kwikzilver en zout, — erkent hij tot zetel van het werkende leven alleen de *materia* bestaande uit twee elementen, water en lucht, en de werkende oorzaak, *causa efficiens*, ook genaamd *agens seminale*. De scholastische *forma* is, volgens van Helmont, de laatste werkelijkheid onder welke zich die princiepen voordoen, de *entelenchia*.

De inwerking geschiedt, volgens zijn theorie die hij *regimen* noemt, bij middel van de wind, bewegend — *blas motivum* —, of veranderend, — *blas alternativum* —, waarbij voor de mensen komt de vrije wil, *blas humanum*.

Van belang in deze theorie is het begrip *fermentum*, dat enigszins de moderne organische en anorganische scheikunde inleidt. Op dit gebied immers, is de verschijning van van Helmont van betekenis. Aan hem danken we: het *kwantitatief chemisch onderzoek*, bijdragen tot het *experimenteel bewijs van de wet van het behoud der totale stof*, de *grondleggende arbeid over de gaschemie*. Hij eigent zich de uitvinding toe van de naam *gas*, die Paracelsus reeds schijnt afgeleid te hebben uit *chaos*: *paradoxi licentia in nominis egestatem habitum illum gas vocavi, non longe a chao veterum secretum*, en hij geraakt betreffende de Spa-waters die hij noemt naar hun bronnen Pouhon, Tonnelet, Geronster, in twist met Henricus van Heer, van Luik, over het princiep van zijn thermometer; de *eerste aanvang van ruimte-chemische voorstelling*, die Jacobus Henricus van 't Hoff, in 1874, nader zal bepalen in zijn structuurformules in de ruimte. Hem danken we nog de *leer van de verwerking van organische of anorganische verbindingen*, de *chemische physiologie*, en eindelijk de *iatrochemie* of de leer van de betrekkingen tussen scheikunde en geneeskunde, bestudeerd bij middel van de inductie en van de vergelijkende proefneming. Op de chemie der sapverandering en van de gisting ent hij de studie in van het verloop der spijsvertering en van zijn beruchte koortstherapie, waar hij schermt met het zweetverwekkend praeparaat van Paracelsus.

Aan die leer verbindt hij zijn zielkunde met het onderscheid dat hij invoert tussen de *anima sensitiva*, de voelende ziel, die vergankelijk is, en de *mens*, de denkende geestelijke ziel, onsterfelijk evenbeeld van God, *res quae ita existit ut nulla re indigeat ad existendum*, iets dat zo bestaat dat het niets anders nodig heeft om te bestaan. Van belang is voor de geneesheer dit zielkundig onderscheid. Eigen aan de geestelijke ziel is het, te zien door het verstand, te begeren door de wil, te beminnen door de liefde.

Deze onvolledige schets van zijn opvattingen heeft hij breedvoerig ontwikkeld in zijn Tractaten die, uitgegeven door zijn zoon Mercurius in 1662, een lijvig boekdeel vormen.

Hij wist echter de dorheid ervan te bezielen met zijn christelijke gedachte van naastenliefde. «Bidden, lijden en beminnen, niet treuren, niet vrezen, niet vergelden» is zijn motief in zijn werk *Tumulus pestis*, uitgegeven na zijn dood te Amsterdam in 1648.

Rijk en goedgevuld was zijn bestaan geweest. Op 30 december 1644 te 6 uur ontsliep hij. Over zijn leven kon hij getuigen wat hij zelf had geschreven: *Nullum enim opus bonum in charitate poterit unquam reputationi quiçquam detrahere*, geen enkel goed werk uit liefde gedaan kan ooit in iets de faam schaden.

Hier leefde en stierf Jan Baptist van Helmont, professor aan de Leuvense Alma Mater. Hier leefde met zijn zusters zijn zoon, Frans Mercurius, arts zoals zijn vader. Vóór hij zijn zwerftocht aanving, verkocht hij het goed op 17 mei 1662 aan Joanna van Tax, wier familie hier lang bleef wonen.

Van 1843 tot 1846 vertoefde eveneens hier in de zomer de pauselijke nuntius te Brussel, Mgr. Pecci. Lang zou ik over hem moeten spreken, maar zijn figuur en zijn leven zijn U te wel bekend dan dat ik meer zou moeten doen dan dat kort maar zo belangrijk verblijf in ons land aan te stippen.

Geboren te Carpineto de 2[e] maart 1810, ontving het kind Pecci de voornamen Vincentius-Joachim. Onder zijn voorouders telde het de Romeinse republikijnse tribuun Cola di Rienzi. Na zijn studiën aan het Jezuïetencollege te Viterbo, werd hij in 1837 priester gewijd en tot legaat benoemd te

Benevente, en in 1838 vereerd met de waardigheid van huisprelaat van Zijne Heiligheid.

In 1843 wordt hij titularis bisschop van Damiette, als nuntius naar België gestuurd. Met spijt bereidt hij zijn vertrek voor naar ons land, waar volk en spraak hem onbekend zijn. Maar de hoop op een verdienstvolle toekomst spoort hem aan en met moed vaart hij weg uit Civita Vecchia naar Marseille. Onderweg legt hij zich toe op het frans dat hij tamelijk behoorlijk spreekt inmiddels als hij bij ons aankomt. Ook de inwendige toestanden bestudeert hij.

De encycliek *Mirari Vos*, door Paus Gregorius XVI in 1832 gericht tegen de strekking van *L'Avenir* van Montalembert en Lamennais, had haar weerslag gehad op de richtingen der politieke schakeringen in het jong opgerichte koninkrijk. De gang der gedachten en der invloeden had Minister Nothomb aan het bewind gebracht den 12[en] april 1841. Hij was de vorige zaakgelastigde van de Paus, Mgr. Fornari zeer genegen die, in 1838 aangekomen, in 1839 tot internuntius werd benoemd en in 1842 tot nuntius, terwijl hij ook tot aartsbisschop werd verheven.

In dat jaar waren de kamers met overgrote meederheid overgegaan tot het stemmen van een schoolwet op het lager onderwijs, wet die bijna 35 jaar in voege bleef. In 1843 legde het Episcopaat een ontwerp neer voor het uitvoeren van die wet. Reeds vóór het werd bekend gemaakt, was Mgr. Fornari op aanvraag van Koning Louis-Philippe naar Parijs verplaatst geworden in de herfst 1842.

In die omstandigheden kwam Mgr. Pecci uit Marseille over Nîmes, waar hij ziek viel, en over Namen, waar hij de Jezuïeten ging bezoeken, te Brussel aan. De inwoners van Neder-Over-Heembeek weten nog dat bij zijn aankomst op het buitengoed zijn rijtuig haast in de vaart reed, wat een onderpastoor der plaats gelukkig kon beletten. Ze weten ook hoe hij dagelijks in alle eenvoud de H. Mis opdroeg in die Sint-Niklaaskerk te Over-Heembeek.

Voor zijn zending moest hij zich buiten de partijgeest houden. Hij was bevriend met de Jezuïeten, werd zeer wel onthaald aan het hof en bij de adel, stelde zich aan de kant van het episcopaat, maar viel van de beginne af de Regering weinig mee. Van stad tot stad reisde hij ons land door, en dit liet hem toe beter en beter te waarderen én de opgroeiende politieke organisatie der democratie, én de zeer bedrijvige ontwikkeling onzer economie, én de werkende inrichting der Kerk. Maar er waren schaduwzijden.

De schoolkwestie had een geschil uitgelokt tussen episcopaat en regering; de ontologische strekking van de professoren Ubaghs en Tits te Leuven, reeds aangeklaagd door Mgr. Fornari, werd hevig bekampt door de Jezuïeten van Namen; de partijpolitiek werd opgezweept door Abate Gioberti, een Italiaanse priester, hier verblijvend, die in zijn werk *Primato* de hereniging van Italië voorstond onder het gezag van de Paus. Mgr. Pecci was die gedachte niet genegen. Komend uit het stille, half-dode Rome, viel hij hier op het kruispunt van de diplomatische banen die lopen van Londen naar Wenen en van Parijs naar Berlijn. Staatman was hij niet geboren, en het werd hem verweten, maar stilaan kreeg hij hier een vorming bezorgd door midden en omstandigheden, die hem zou bijblijven, zodat ons land in dit opzicht voor hem een uitgelezen proefveld was.

Met tact, handelend als priester meer dan als diplomaat, wist hij een gunstige oplossing te vinden voor de geschillen, tewijl hij veel bijdroeg tot de oprichting van het Belgisch College te Rome.

Zijn gezondheid kon echter ons guur klimaat niet verdragen en in september 1845 werd hij teruggeroepen naar Rome, waar hij, zes maand later terugkerend na een reis naar het Rijnland en naar Londen, tot aartsbisschop van Perugia werd benoemd door Paus Pius IX, enkele dagen na de dood van Paus Gregorius XVI. Twee en dertig jaar zou hij die plaats bekleden, om dan, na enkele dagen Kardinaal Camerlengo geweest te zijn, zelf tot Paus verkozen te worden onder de gezegende naam van Leo XIII.

Oordeel over hem en zijn vertrek was zeer verscheiden. Minister Dechamps schreef aan Montalembert: « Mgr Pecci n'est pas sans doute un homme d'état de la valeur de Mgr Fornari; il n'avait pas auprès du Roi et du Gouvernement l'influence qu'avait su acquérir ce dernier, mais il avait d'un autre côté obtenu à un plus haut degré la confiance des évêques et son influence avait grandi depuis quelque temps. » Van zijn kant echter stuurde Koning Leopold I zelf volgende aanbeveling aan de Paus: « Je dois recommander l'archevêque Pecci à la bienveillante protection de Votre Sainteté; il la mérite à tous égards, car j'ai rarement vu un dévouement plus sincère à ses devoirs, des intentions plus pures et des actions plus droites. Son séjour dans ce pays-ci lui aura été très utile, en lui permettant de rendre de bons services à Sa Sainteté. Je la supplie de lui demander un compte exact des impressions qu'il emporte sur les affaires de l'Église en Belgique. Il juge toutes choses très sainement et Votre Sainteté peut lui accorder toute confiance. »

België en zijn verblijf hier zou Leo XIII niet vergeten. Diep leed hij onder de afschaffing van de Belgische legatie bij het Vaticaan van 1879 tot 1885, ten gevolge van de schoolstrijd. Men weet hoe hij in 1893 de pogingen steunde van de jonge Leuvense Professor, Mgr. Mercier, bij de oprichting van het Hoger Instituut voor Wijsbegeerte. En het is ook iedereen bekend welke invloed op hem hebben uitgeoefend én zijn verblijf in ons midden, én de opkomende christelijke sociale beweging, én onze Congressen van Mechelen en van Luik, als voorbereiding van de nooit genoeg geprezen keure van de arbeid *Rerum Novarum*.

Hijzelf droeg ons land een genegen hart toe. Over onze grondwet, toen op doctrinaal gebied besproken, liet hij zich als paus uit in volgende woorden: « De Belgische Grondwet is een akkoord; dit moet eerlijk nageleefd worden. En vermits het aan de Belgen een halve-eeuw vrede heeft verschaft, zie ik niet in waarom veranderingen zouden moeten aangebracht of gewenst worden... De Katholieken moeten de grondwet niet alleen niet aanvallen, maar ze eerder verdedigen. »

« Als we deze aarde zullen verlaten hebben, dan slechts zullen we beginnen te leven », zegde dikwijls de oude witte grijsaard van het Vaticaan. Zo vloog de adelaar van Carpineto naar zijn levenseinde, naar het licht in de Hemel, het *Lumen in coelo*. En misschien, in het overzichtelijk vizioen dat de naderende dood over het vervlogen leven toelaat, heeft hij nog gedacht aan de drie jaren te Brussel doorgebracht, en aan dit buitengoed, het « Kasteelken » te Neder-Over-Heembeek, als hij op 20 juli 1903, zijn schone rijke ziel aan God gaf bij deze woorden: « *Andiamo all'Eternità*. Laat ons opgaan naar de Eeuwigheid ».

II. *Toespraak van Mgr. van Waeyenbergh. Wereldtentoonstelling Brussel 1958 Vlaamse Dag. 6 juli 1958.*

Vlaanderen nu!
Het verleden pleit voor de toekomst.

1958... 1910. Twee wereldtentoonstellingen te Brussel en tussenin een andere in 1935, zoals 1930 er een had begroet te Antwerpen.

Dit jaar is gewijd aan de mens, aan zijn kultuur, aan zijn opleiding zowel verstandelijk als lichamelijk, aan zijn welvaart zowel geestelijk en godsdienstig als stoffelijk. En vanaf de kleurrijkste verscheidenheid bloemen tot de afwisselende gedrochten der techniek met inbegrip van het onthutsend atomium, van de evenwicht-trotserende luchtsnerpende pijl en van een op één spil centraal rustend reusachtig gebouw, alles huldigt de vaardigheid van 's mensen vernunft en de bevoegdheid van die geestesvindingrijkheid, die ruimtebrekende gestalten en zoevende zweeftuigen schept... De mens!

Voor ons Vlamingen, met een edel verleden en een krachtige en hoopvolle blik in de toekomst, roept dat woord met een eigen klank de mystiek op van een volk dat fier mag gaan over zijn rijke geschiedenis vertellend van een strijd om welvaart, vrede en geluk in volle vrijheid en dat thans soms treurt om een schijnbare teleurgang onder de druk van de tijdsomstandigheden en van de willekeur van een politiek schijnbare minderwaardigheid.

Thans, — dank zij het aandringen der Vlaamse Jeugd en het begrip der verscheidene betrokken Overheden, dank zij de regeling getroffen door de Gouwheren van onze Vlaamse gewesten, — thans viert Vlaanderen vrij in zijn vrij België, onder een geliefd Vorstenhuis, met de trouw aan zijn roemrijk en kunstscheppend verleden, met zijn grote kunstenaars en geleerden, met zijn zee, weiden, velden en bossen, met zijn dorpen en steden, met zijn stromen, meren en vaarten, met zijn nijverheid en handel, met zijn mijnen en zijn fabrieken, met zijn wetenschap en kunst, met zijn lied en zijn zang, met zijn toneel en zijn folklore, een hoogdag op deze internationaal geworden bodem. Heden verklaart bevestigend hier Vlaanderen zijn krachtige wil om te leven, te werken, te bloeien en, zoals weleer, zijn plaats in te nemen, met eigen taal en eigen zeden, met eigen bestrevingen en betrachtingen, in een vereend Europa en in een vredelievende wereld!

Droom ver van nuchtere werkelijkheid?

Toch niet, maar hoopvolle verwachting van een gegeerde verwezenlijking... als we allen, vastberaden, voornaam en fier, zelfbewust van eigen grootheid en zeker van op te wekken vermogens, en verlangens, willen.

1910, dus bijna vijftig jaar geleden stichtten we, enkele hoogstudenten en seminaristen, hier te Laken een Katolieke Vlaamse Studentenbond, onder de bescherming van Vlaamse vooraanstaande vrienden uit het Brusselse en met de leuze: «Met 't Kruis in top!»... Indien ik ervan spreek, met verondersteld oorlof van de inrichters, dan is het hoofdzakelijk omdat het me toelaat ter plaatse zelf duidelijk de afstand te meten die werd afgelegd door een beweging die zo edel, zo schoon, zo begeesterend was omdat ze gegroeid was uit de kristelijke liefde tot de vadergrond en zijn inwoners, en omdat ze zich rekenschap gaf van de voor onze ogen van 1958 onaannemelijk geworden toestanden, waarin, stoffelijk en geestelijk, kultureel en verstandelijk, onze bevolking in een minderwaardigheidsgevoel leefde met de sociaal tergende kloof tussen intellektuelen en volk!

Die tijden zijn gekeerd, Goddank, en hulde mag hier gebracht worden aan al de duizenden die erom gezwoegd en geleden hebben, opdat uit houwe trouwe Moerenland herboren worde!

Zo eenvoudig is het lied van Albrecht Rodenbach:

> Het verleden leeft in ons,
> het heden hoopt op ons,
> de toekomst straalt voor ons,
> God zij met ons!

Maar treffend is het omdat het zo diep waar is.

* * *

Het verleden! Soms zijn we, in overmoed en waanzinnig overschatten van eigen waarde, geneigd om minachtend en misprijzend onze onwetendheid smalend te betuigen tegenover dat verleden dat ons bestaan heeft mogelijk gemaakt.

Het spreekt misschien van getaande en verwelkte grootheid, van tradities en herinnering aan voorbije tijden die men soms beter begraven laat: *let the dead Past bury its dead.*

Maar, indien eenieder, wie hij ook zijn moge, die, op deze wereldtentoonstelling, het Britse Paviljoen betreedt, dadelijk met eerbiedige bewondering en beklemmende stilte wordt bevangen, dan is het omdat, in de eenvoudige schoonheid van de schikking, het verleden indrukwekkend wordt opgeroepen en hulde wordt gebracht aan die tradities die door wel en wee en niettegenstaande de schommelende wisselingen der tijden, door dat sterk en offervaardig volk hoog werden bewaard en vereerd.

Een land zonder tradities is een land zonder toekomst of, zoals er onlangs werd geschreven: «Een modern volk zonder traditie is slechts een schaduw van zichzelf en kan niet geloven in een taak».

Ik heb de tijd niet om ons groot verleden, u genoeg bekend, te schetsen, waarin we streden voor de vrijheid, voor een leven dat waard zou zijn beleefd te worden, om de roeping van eerbied voor een menswaardig bedrijf.

In voor ons zeer oude tijden was Vlaanderen een grote politieke macht in het Westen. Reeds rond 1055, onder Boudewijn V, verscheen het graafschap als eerste en belangrijkste staat van de Nederlanden, en van de XIVe eeuw af stond Brabant in macht en glorie. Vanaf de XIe en XIIe eeuw wonnen de steden in Vlaanderen hun eerste vrijheidskeuren en sloten ze met de vorst een overeenkomst waardoor ze eigen bestuur, eigen legermacht, eigen financiën bekwamen. De meest belangrijke voor de burgerlijke vrijheden van al onze gewesten is de Blijde Inkomst van Brabant.

Vrij kon Vlaanderen dan ook met het buitenland wedijveren op kultuurgebied: lyrische poëzie, didaktiek, mystiek bloeiden en onze schilders brachten Vlaanderen aan de spits der kunst; onze bouwmeesters schiepen hun kathedralen, belforten en stadhuizen; handel en nijverheid brachten ons land in betrekking met verre gewesten: Vlaamse munt geraakte in Scandinavië en onze lakennijverheid overstroomde geheel Europa.

Hier leefde een taai volk, werklustig en ondernemend, diep gelovig zonder aanstellerij, kloekmoedig in de strijd, materialistisch voor eetlust en vermaak, maar steeds offervaardig om onverschrokken zeevaarders en zielenijverige missionarissen uit te zenden over de wereld, zoekend naar vredelievend expansie.

Vlaanderen was, naar het woord van wijlen E.P. Van Mierlo (*De Laude Flandriae*, p. 27), «meer dan de krijgsroem of de politieke grootheid van zijn mannen en vrouwen; meer dan het grafelijk huis, de dynastie die allen verbindt en tot een vaste saamhorigheid maakt. Vlaanderen dat is: de vruchtbaarheid van zijn bodem; de overvloed van alle goed; dat is: zijn dadendurf naar steeds hoger; Vlaanderen dat is het vrome Vlaanderen, land der vromen; het goede Vlaanderen, land der goeden; het dappere koene Vlaanderen, land der koenen» (wij mogen er bijvoegen thans: land der IJzervlakten waar, in der waarheid, liggen hun lijken in 't zand, opdat hope op de toekomst, O Vlaanderland); «Vlaanderen, dat is met één woord, en al ware Vlaanderen nog niets dan dit alles, mijn Vlaanderen, het land der mijnen, dat we beminnen omdat onze liefde «het gevoel is van allen op één bodem».

Verknocht aan eigen grond, zeden en geloof, kon het Vlaamse volk een gedicht uit de XIIe eeuw de lof laten zingen van *Flandria nostra* en door Brugge Ieper verzoeken om krijgslieden tegen Filips de Schone «omme 't lant te beschermen», terwijl te Woeringen de Brabantse strijdmacht aanviel met de strijdleus «Brabant den groten Hertog».

Zo verliep het... Zo was het twee eeuwen later toen Rubens zijn reuzenwerk voltooide en zijn school kunstenaars in 't leven riep.

Zo is dit prachtig verleden, zo is dit sterk volkskarakter, zo zijn die rijke gaven een waarborg van wat Vlaanderen kan zijn, indien Vlamingen eensgezind en eerlijk willen.

11 juli zal ons over kort herinneren aan wat geloof en liefde vermochten op de Groeningekouter.

Toen sprak men onververd Vlaams tegen vorst en vriend, toen was het openbaar leven Vlaams, zoals ervan getuigen de opschriften in de prachtige zalen van het roemrijk stadhuis te Brussel.

* * *

De toekomst vangt heden aan. Maar die toekomst hangt van u, van ons allen af.

Het eigen Vlaams karakter met zijn eigen taal wordt bedreigd versmoord te worden door een dreigende, te fel uitdeinende opslorping in een gewenst sterk verenigd Europa. Vangarmen van overweldigende wereldtalen kunnen ons verlammen, maar dat zal niet, als we er, naar Vermeylen's woord, voor zorgen «echte Vlamingen te zijn om Europeeërs te worden».

Uit houwe trouwe, stoere volksfierheid, keurige voornaamheid en sociale bezorgdheid, uit kristelijke *caritas* steunende op erkende rechtvaardigheid wordt een glansrijk Moerenland herboren. Geen haat, geen nijd, geen oneerlijkheid, maar liefde tot de mensen en de volkeren met aangevoeld en behulpzaam medelijden tot over de grenzen van ons land en van ons werelddeel, zoals sinds de bloedige oorlogen zo dikwijls spontaan en mild in onze gewesten werd betuigd. Er kome barmhartige verzoening door reeds te lang uitgestelde kwijtschelding aan allen die niet misdadigers zijn van gemeen recht.

Hier echter kunnen we voor ijdele droombeelden staan, als onze daden met onze bedoelingen en inzichten niet stroken, als de klank van onze taal niet verdient geëerbiedigd te worden, als onze mensen niet worden opgeleid tot geschoolde en ontwikkelde krachten, als België niet zijn plichten naleeft om, dank zij de nodige beleggingen, aan ons land zijn plaats te verzekeren in de edele wedstrijd voor het wetenschappelijk onderzoek, en aan Vlaanderen, zowel als aan Wallonië, de middelen te verschaffen om ekonomisch en kultureel een glorietijdperk te gemoet te gaan; als niet allen, groot en klein, samenwerken om de onmetelijke rijkdom verloren in onze gronden te ontginnen en produktief te maken.

Wij staan in een nieuwe tijd waar nochtans echt humanisme, in licht veranderde vormen, de standvastigheid van de geestelijk superieure waarden moet in ere houden. Plicht is het voor de jeugd, voor welke gezonde demokratisatie zulke heerlijke toekomstmogelijkheden kan openen, wars van alle nieuwgezind snobisme zowel als van een verontmoedigend minderwaardigheidscomplex, gebruik te maken van de aangeboden gelegenheid om, in stil en hard werk, in gespannen aandacht, in overtuigde navorsing, het hare bij te dragen om het leven beter en schoner te maken. Met eerbied voor eigen taal en met voldoende kennis voor eigen grootheid in de geschiedenis, in wetenschap en in de kunst, met onverpoosde arbeid moeten allen, maar vooral de intellektuelen, medearbeiden om over de hele wereld de mens een beter gaaf bestaan te verzekeren.

Met zin voor het leven, met evenwichtigheid in vorming en oordeel, met noeste arbeid en met trouw aan mensen en instellingen mogen we de dag van morgen te gemoet zien, omdat we nog steeds in het Vlaanderen van heden blikkend naar de toekomst, moeten kunnen verzuchten met Albrecht Rodenbach :

Ter Waarheid streeft mijn twijfelend gedacht
ter Waarheid streeft mijn rusteloze ziel,
ter Waarheid wille ik steeds met al mijn kracht
ter Waarheid bron van balsemende vrede.

Zo geve het God aan het Vlaanderen dat we minnen, en dat we met een dichter uit het begin van de XIIe eeuw begroeten :

Flandria, mitto vale,
  pia Flandria, terra piorum!
Mitto, remitto vale,
  bona Flandria, terra bonorum!
Rursus mando vale,
  proba Flandria, terra proborum!
Mando, remando vale,
  mea Flandria, terra meorum!

Gegroet, vroom Vlaanderen, land
der vromen in uw hoede!
'k Zend U mijn groet te hand,
goed Vlaanderen, land der goeden!
Gegroet, trouw Vlaanderen, land
waar eer en trouw steeds schijnen!
U blijft mijn groet verpand,
Mijn Vlaanderen, land der mijnen!

III. *Allocution de Son Excellence Mgr van Waeyenbergh à l'Union des Ingénieurs de Louvain le 26 novembre 1961.*

Monsieur le Président, Messieurs et chers Amis, Mes Ingénieurs,

Dois-je une fois de plus m'excuser d'arriver si tard; les raisons vous en ont été données. Je crois sincèrement qu'en tenant compte de la situation dans laquelle je me trouve si souvent, vous comprenez également et ma profonde sympathie et ma toute sincère gratitude et le plaisir que j'ai d'être avec vous le plus souvent possible, pour traiter avec vous des questions qui m'intéressent autant que vous.

Sans reprendre ce qui a été dit depuis mon apparition parmi vous, je voudrais vous remercier de vos félicitations pour mes deux fois 35 ans. L'on m'a dit qu'à 35 ans on est en pleine jeunesse et, hier soir encore, au Groupement Eumavia, groupement d'Eupen-Malmédy, on me disait que cela me valait donc deux jeunesses à la fois. Je veux bien l'accepter et me sentir pratiquement aussi jeune qu'il y a 50 ans, lorsque j'étais à l'Université comme étudiant. Je vous remercie surtout de ces sentiments d'amitié, de confraternité, je pense pouvoir employer le mot, puisque je suis membre honoraire de l'Union des Ingénieurs. Je m'en vante, je m'en félicite, car pratiquement je crée quand même beaucoup d'ingénieurs, puisque je signe tant de diplômes de ceux qui ont terminé leurs études et qui sont lancés dans la vie. Vous créez également, et vous dites même que nous créons ensemble. De fait nous avons créé, — et le mouvement vient surtout de vous et du groupement des professeurs des Écoles Spéciales, — une Faculté des Sciences Appliquées. Il est heureux que lorsque nous nous mettons à créer, nous ne créons pas de rien : en effet il y avait autrefois déjà les Écoles Spéciales qui nous restent chères; nous leur avons donné un nouveau nom couvrant une légère modification administrative; nous avons créé le titre de Doyen, ce qui me permet de féliciter le tout premier doyen que comptent les ingénieurs —; la vie continue et l'on tâche forcément de pouvoir répondre aux besoins nouveaux.

Besoins sans doute multiples! Réforme de programme, comme dans toutes les facultés, dans toutes les écoles, dans tous les instituts : partout on songe à la réforme, au changement des matières, tout au moins l'on parle de réduction, d'augmentation, de remplacement, etc....

Messieurs, à ce point de vue là, je crois que l'Université de Louvain se doit d'être à la page et même d'être en progrès, de donner l'exemple aux autres par une sage et raisonnable transformation, tout en respectant des traditions vénérables. Je songe pour le moment, en passant, au problème des pays en développement pour ne pas employer le vilain mot «sous-développés». Les pays en développement, nous avons le devoir de les aider : la tradition nous rappelle l'exemple magnifique de nos grands ingénieurs qui ont travaillé en Chine, en Amérique du Sud, au Congo. Entre autres, malgré critiques et accusations, nous devons avoir la prétention de le dire avec fierté, ils ont fait du Congo ce qu'il est devenu.

Je suis heureux de vous entendre applaudir, Messieurs, parce que vraiment, nous ne méritons pas l'injure qui nous a été lancée par Lumumba il y a un an et demi, telle que je l'ai entendue moi-même à Léopoldville. Nous ne méritons pas d'être traités de gens qui remplissent leurs poches et qui massacrent la population. Les ambassadeurs que j'ai rencontrés à ce moment-là à Léopoldville disaient : D'où viennent ces villes, ces routes, ces steamers, ces écoles, cette université, ces hôpitaux? D'où vient la santé de ces jeunes gens qui défilent devant nous, etc.? Il faut vraiment être mesquin ou ne pas connaître la situation pour oser proférer des mensonges et des injures comme celles que l'on a lancées dans des milieux tel que l'O.N.U. Nous ne sommes pas des massacreurs, nous ne sommes pas des assassins; nous avons gagné la lutte contre la malaria, contre la mouche tsé-tsé, contre l'esclavagisme; nous y avons apporté ce qui a fait du Congo un beau pays. Malgré les inquiétudes du moment, je garde ma pleine confiance en ce pays, à condition qu'on parvienne quand même un jour à y établir une autorité ferme et stable qui permettra aussi à notre Université Lovanium de prendre un élan encore beaucoup plus grand, digne d'un passé encore bien bref. Lorsque je constate que le Docteur Pommerath, de la Fondation Rockefeller, revenant de Léopoldville, s'arrête à Louvain exprès pour venir me dire ce qu'il a vu, ce qu'il a entendu, rentrant à New-York le même jour pour assister le lendemain au Conseil d'administration de la Rockefeller. Lorsqu'il m'annonce : «Il y a, Monseigneur, 600 étudiants inscrits à Lovanium, il y a 6 nationalités représentées, Brazzaville demande de pouvoir envoyer une quarantaine d'étudiants», j'ai pleine confiance et je voudrais savoir quelle serait l'autorité internationale ou nationale au Congo qui aurait le courage de démolir ce que nous avons fait en si peu de temps.

Messieurs, nous devons garder vivant ce principe de la confiance, cette fierté de ce que nous avons fait au Congo et nous défendre, autant que nous le pouvons, contre tout reproche injustifié. Qu'il y ait eu des abus, qu'il y ait eu des misères, il y en a partout, il y en a dans notre pays, il y en a dans les pays les plus civilisés; mais on ne doit quand même pas demander qu'en 80 ans nous eussions fait beaucoup plus que nous-mêmes n'ayons reçu en 40 siècles. On l'oublie parfois.

Messieurs, voilà votre œuvre, celle des ingénieurs, des pionniers, de nos missionnaires, de tous ceux qui ont eu le courage de partir d'ici, comme des jeunes partiront, je l'espère, vers les pays en développement, pour y apporter avec la civilisation chrétienne, la culture et un espoir de bien-être.

Mais ce n'est pas de cela que j'avais à vous parler.

Nous avons ici, pour le moment, aussi à nous défendre, malheureusement. Je n'insiste pas.

Lorsque je vois votre Union, mêlant l'expression flamande et l'expression francophone, dans une réelle fraternité, je me demande pourquoi dans tout notre pays, pas seulement dans notre Université, pas seulement à Louvain, l'union ne pourrait se consolider. J'affirme que Louvain est sain, car ce n'est pas parce que quelques huluberlus viennent y crier : «de Walen buiten», que nous devons dramatiser la situation. Dieu sait d'où ils viennent, Dieu sait s'ils sont étudiants et s'ils méritent l'importance attachée à leurs cris! Sans doute, nous avons le devoir d'examiner les problèmes qui se posent, mais nous devons pouvoir affirmer que cette Université a plus de cinq siècles d'existence; qu'elle fournit à la Belgique chaque année des centaines de diplômés, 300 médecins, 180 ingénieurs, pour tous les domaines; qu'elle réalise pour notre pays cette image vivante, le miracle perpétuel du miroir de notre pays avec ses difficultés et ses misères, ses grandeurs et ses gloires. Elle a le droit de continuer d'exister telle que l'ont conçue non pas des gens sans responsabilité mais, je le proclame hautement, les Évêques de Belgique qui l'ont restaurée et qui continuent à former le conseil d'administration de notre institution. Et bien, je suis sûr, que nous aurons assez de force, assez de souci de grandeur, assez de fierté pour répondre de l'avenir, dans la mesure que nous laisse la Providence, car nous sommes conscients et fiers aussi de ce que nous avons reçu dans nos mains.

Messieurs, ayons cette confiance. Je voudrais voir le gouvernement belge, je voudrais voir le député un peu civilisé, je voudrais voir l'étranger admirant notre pays, qui oserait porter atteinte à notre institution. Messieurs, là le danger pourrait être grand, et la folie suffirait pour détruire l'œuvre de siècles. Je vous dis seulement l'insanité de certaines expressions et de certains rêves qui traînent peut-être dans l'arrière-fond d'une cervelle un peu ébranlée.

Messieurs, ayons confiance dans l'avenir.

Vous avez créé donc, avec l'autorité académique, cette nouvelle Faculté des sciences appliquées. Vous envisagez l'extension de cette Faculté dans tous les domaines pour répondre maintenant sans retard aux nécessités du moment. Vous avez confiance en cet avenir, je la partage avec vous; les difficultés sont ce que vous connaissez, mais vous savez aussi comment, grâce à votre concours, dans le passé les anciennes Écoles Spéciales ont pu étendre notre institution et répondre aux besoins du moment par la création de nouveaux bâtiments bien équipés. Nous n'avons pas fini. Il y a un programme de construction pour plusieurs centaines de millions, que nous pouvons affronter grâce à cette garantie que, depuis la loi du 2 et 3 août 1960, nous avons le bonheur de pouvoir emprunter à la Caisse d'Epargne, — Bruxelles comme Louvain, Namur et St-Louis comme Louvain, — dans des mesures limitées, à des taux très bas. Dois-je en outre rappeler que par ces mêmes lois que nous devons au gouvernement présidé par M. Eyskens, nous obtenons d'importants subsides qui augmentent très largement nos facilités de vivre?

Nous construisons, en ce moment, en plus de dix chantiers, et nous le faisons pratiquement depuis la fin de la guerre, et nous avons pu, je vous rappelle le chiffre que j'ai cité dans mon discours inaugural, construire depuis la guerre pour 6 à 700 millions.

Songez à l'équipement, songez à l'effort financier qu'il a fallu faire. Or je prétends ne jamais avoir passé d'ordres d'équipements ou de constructions sans savoir comment je paierais. L'âge jouant son rôle, si l'autorité me relevait de mes fonctions, j'espère pouvoir m'endormir ou pouvoir partir sans grever de dettes mon successeur. Voilà la situation.

Nous pouvons avoir cette confiance en l'avenir.

Messieurs, vous donnez l'exemple et notre pays a besoin d'union et d'unité, je me permets de le dire, alors qu'on songe à certains problèmes graves qu'affronte l'humanité civilisée et chrétienne. Et lorsqu'on y songe, notre petit pays, grand tout de même par son histoire, par son audace, par son travail, par ses richesses, par tout ce qu'il a reçu de Dieu et par tout ce qu'il a décuplé grâce à ses forces mêmes, va-t-il se diminuer, va-t-il même se causer une vie impossible pour des choses qui sont dignes peut-être en elles-mêmes, jusqu'à un certain point, mais qui doivent trouver une solution réelle, coordonnée, par l'union de tous les Belges.

Je ne m'étends pas davantage, Messieurs, j'ai été heureux de recevoir vos félicitations, je me sens encore relativement jeune, puisque j'ai cette double jeunesse de 2 fois 35 ans. J'espère qu'en tout cas, unis et fiers de ce passé de Louvain, nous pourrons ensemble, à l'Université ou au dehors, travailler pour le bien de notre pays en songeant qu'en servant la patrie, nous servons l'Église, nous servons la véritable civilisation et nous assurons l'avenir pour autant qu'il est entre les mains des hommes.

Messieurs, ayons confiance en l'avenir et alors que je m'excuse encore une fois d'être arrivé si tard, je suis quand même content d'avoir passé quelques moments agréables parmi vous, pour puiser dans cette profonde amitié qui nous unit, des nouvelles forces pour le travail de demain, pour cet avenir auquel nous travaillons ensemble avec la grâce de Dieu.

Anecdota J. Coppens

Prolégomènes au cours d'exégèse d'Ancien Testament en l'Année académique 1946-1947

Le passage du séminaire ou du scolasticat à l'université marque, faut-il le souligner, dans le curriculum de vos études une étape notable. Au séminaire, tout était orienté vers la formation sacerdotale, le développement de la vie intérieure, la préparation au ministère pastoral. L'université suppose cette formation spirituelle et pastorale achevée. Dès lors tout y est conçu et organisé en fonction et en vue des études spécialisées qu'il convient d'y aborder.

La mission de l'université est double. Elle comporte d'abord l'enseignement systématique des diverses disciplines appelées à fournir à la société les hommes qualifiés dont elle a besoin pour son bien-être spirituel et matériel; elle comporte ensuite la pratique intensive de la recherche scientifique, appelée à apporter à chacune des disciplines y enseignées de nouveaux et fructueux développements. La faculté de théologie de Louvain qui requiert pour y être inscrit un premier cycle de formation accompli avec succès, en d'autres termes qui, contrairement à la plupart des autres écoles, s'est organisée en *graduate school*, mit dès ses origines l'accent en tout premier lieu sur la recherche. Dans ces conditions, la méthode qui y est à l'honneur, est l'approche critique; c'est elle qui l'emporte sur les exposés positifs et magistraux.

Dans un cours dit magistral, le professeur part d'une vérité acquise qu'il dispense toute faite à ses auditeurs. D'où le ton affirmatif, l'allure dogmatique des leçons. D'où aussi le danger de verser dans les défauts d'une éloquence creuse. La chaire n'y prolonge pas nécessairement la table de travail. Elle est plutôt un podium, une tribune, parfois même un tréteau, d'où le professeur débite ses connaissances à des auditeurs parfois plus disposés à somnoler qu'à écouter. Par contre, dans un exposé critique, le professeur part à la recherche de la vérité ou, à tout le moins, il invite à refaire le chemin qui y a conduit. Il s'attardera par conséquent moins aux conclusions qu'à une analyse directe, approfondie, personnelle, des documents dont elles découlent.

Un étudiant dépourvu du goût du travail scientifique peut avoir l'impression qu'il est obligé de se livrer ainsi à beaucoup de travail superflu, voire inutile, n'ayant aucun intérêt pratique, comportant même le péril d'aboutir à un chantier de démolition. En mettant tout en discussion ne verse-t-on pas dans le scepticisme et ne finit-on pas par se lasser du travail intellectuel?

On sait comment un humoriste anglais caractérisa jadis les diverses disciplines auxquelles on peut s'adonner : la philosophie, *to know nothing about everything*, — la théologie, *to know everything about nothing*, — le culte de l'érudition, *to know less and less about more and more*, — l'exercice de la critique, *to know more and more about less and less*. Laissons pour le compte de notre humoriste les deux premières appréciations, mais reconnaissons le bien-fondé des deux dernières. En particulier concédons qu'un excès d'esprit critique peut conduire à une pauvreté de pensée au regard de laquelle un savoir même encyclopédique passera pour une richesse.

Quoi qu'il en soit, ne venez pas chercher en notre facultés avant tout un ensemble d'idées toutes faites, éventuellement plus ou moins nouvelles, que vous pourrez ensuite répondre autour de vous, mais l'acquisition d'une méthode de travail, celle d'une parfaite probité scientifiques. Un tel apprentissage est un bien en soi. Il vaut largement les fatiques de la gymnastique intellectuelle qu'on vous y imposera.

Ce bien me paraît d'ailleurs avoir à notre époque un prix particulier. L'état du monde n'est pas précisément encourageant. Tout se passe, écrit Cyril Falls, comme si les grandes puissances se préparent à une troisième guerre mondiale, comme si les Soviets n'ont pour l'instant d'autre préoccupation que de s'octroyer un temps de répit pour mieux s'élancer ensuite à la conquête de nouveaux pays.

Puis, en Occident, les régimes démocratiques sont bien malades. Le régime parlementaire a perdu beaucoup de son prestige et de son efficacité. Toute discussion y paraît vaine et superflue, A défaut d'arguments, les criailleries et les injures y abondent. On n'y parvient même pas à se mettre d'accord sur les questions les plus simples et les plus équitables, telle par exemple la vraie liberté de l'enseignement.

Aux maux dont souffre la société, il n'y a que deux remèdes, la religion et la probité scientifique. Elles rendent l'intelligence docile à l'emprise de la vérité et la libèrent de la tyrannie des passions. La religion nous donne le sens du transcendant et elle incline l'esprit à accepter les vérités sur lesquelles repose en dernière instance les normes appelées à régir la conduite. Quant au souci de la probité scientifique, il nous met à l'abri de la tentation de substituer le fantaisiste et l'arbitraire au dictamen de la raison.

Venez donc à l'université, en particulier à cette école de réflexion critique

que voudrait être notre faculté, pour apprendre à penser juste, avec discernement, avec une peur instinctive de l'exagération, avec l'horreur du verbiage. Les plus grandes choses, disait Jean de la Bruyère, ont besoin d'être dites simplement; elles se gâtent par l'emphase.

Et pour apprendre à penser juste, apprenez à vous exprimer par écrit dans une langue correcte, châtiée, où tout est en ordre jusqu'à l'orthographe et la ponctuation. Des pensées claires, des énoncés corrects, *right thinking, concise writing*. Et si quelque talent littéraire vous est imparti, ne le négligez pas. Car rien ne subsiste sans le style.

Si vous vous appliquez durant votre séjour à la faculté à vous acquérir et, en toute hypothèse, à perfectionner l'art de penser, d'écrire et de parler, vous n'aurez jamais l'impression de perdre ici votre temps. Vous aurez au contraire conscience de vous approprier un instrument de travail qui vous rendra service partout, quelle que soit la mission et quel que soit le poste qui vous seront confiés. Et vous ne regretterez jamais qu'à chaque cours, les maîtres louvanistes ne vous aient pas gratifié d'un sermon ou de leçons où les conclusions étaient servies comme de petits pains bien cuits, bien croustillants et chauds, prêts à être emportés et distribués peut-être à des auditeurs qui risquent de ne pouvoir les assimiler.

Dans l'entretemps, prenez l'exemple sur les maîtres qui nous ont précédés et contribué au rayonnement de notre université. L'année passée, nous avons fêté le jubilé de la *Revue d'Histoire Ecclésiastique* et rendu hommage au dévouement du professeur Albert De Meyer à la publication de ce périodique, messager de l'Alma Mater louvaniste à travers le monde entier Et déjà nos collègues s'apprêtent à célébrer un autre grand travailleur, le chanoine Lefort, directeur du *Muséon*. Je ne pécherai ni par présomption ni par vanité, — *egotism is true modesty*, — en vous répétant que bien peu d'institutions catholiques comptent des maîtres et des périodiques aussi importants et aussi universellement appréciés. Et que d'ouvrages ou d'articles dont la *Bibliographia academica* est heureuse d'accueillir la mention. Évoquons les publications des professeurs Van Hoonacker, Lefort, Lebon, et reportons-nous aux travaux de nos étudiants, tels ceux de W. Goossens (1931), Béda Rigaux (1932), D. Van den Eynde (1933), G. Thils (1937), R. De Langhe (1945), R. Aubert (1945), A. Descamps (1945), É. Massaux (1945), pour ne citer que ceux dont nous avons suivi de plus près la formation et l'œuvre.

Restons néanmoins modestes. Ne provoquons pas la jalousie, car il des gens tentés, telle la reine d'*Alice in Wonderland*, de décapiter ceux qui ont le malheur d'une taille qui les dépasse, et qui n'ont autres conseillers qu'une susceptibilité maladive, propre des petits esprits.

En ce qui me concerne, je m'efforcerai de profiter le premier de conseils que je viens de vous donner. Je me garderai, même au risque de paraître avoir moins bien préparé mes leçons, de venir lire ici ponctuellement le cahier d'un cours rédigé jusque dans le moindre détail[1]. Je m'efforcerai plutôt de vous faire

[1] C'était par exemple le cas du professeur Arthur Janssen, qui ne se hasardait même pas à improviser le résumé de la leçon précédente avec lequel il avait l'habitude de commencer chaque cours. Mgr Joseph Lebon lisait, lui aussi, un texte minutieusement préparé. On le regrettait vivement. Quand il ôtait ses lunettes et improvisait une

partager en quelque sorte l'élaboration de mes recherches personnelles, et je veillerai à ce que mes exposés ne relèvent jamais de ces potions «*quarum est natura sensus assoupire*».

Grâce à une tradition susceptible de remonter jusqu'à Érasme et son *Collegium trilingue*, grâce surtout aux travaux et à l'influence de quelques maîtres prestigieux, les Cauchie, Van Hoonacker, Ladeuze, Coppieters, Tobac, notre faculté s'est fait surtout connaître par ses travaux de théologie positive, notamment en Écriture sainte et en patrologie. Quelle que soit la spécialité pour laquelle vous opterez en licence, veillez à vous assurer toujours un solide substrat biblique et patristique. Procurez-vous, pour l'étude des Saints Livres, une bonne édition du texte, une excellente introduction, une concordance et de solides dictionnaires. Et puis lisez l'Écriture sainte. Si mes additions sont exactes, l'Ancien Testament comprend 1064 chapitres et le Nouveau 260 : ce qui représente journellement la lecture de trois chapitres de l'Ancienne Loi et de 3/5 de chapitre de la Nouvelle Alliance. A l'heure présente, bien peu de prêtres s'astreignent à pareille lecture. Leur théologie et leur prédication s'en ressentent Je ne connais en notre pays aucun prédicateur de talent qui a son style et ses thèmes impregnés des Livres Saints, comme le furent par exemple les sermons de saint Augustin, de saint Bernard, de Newman, et, dans un domaine profane, les écrits de Ruskin. Et pourtant, «only in days when the Cross was recieved with courage, the Scripture searched with honesty and the Pastor heard in faith, can the pure word of God and the bright sword of the Spirit be recognised in the heart and the hand of Christians»[2].

Pour que tous nos meilleurs vœux se réalisent répétons ensemble, au début de cette nouvelle année académique, les prières traditionnelles en cette université : «Spiritus Sancti gratia illuminet sensus et corda nostra. Sedes Sapientiae ora pro nobis.»

Mgr Paul Van den Berghe évêque d'Anvers

Le lundi 7 juillet 1980, la radio communiqua à 13 h. la nomination du professeur Paul Van den Berghe au siège épiscopal d'Anvers. Le troisième évêque de la métropole depuis la restauration de l'évêché en 1961, naquit à Grammont le 7 janvier 1933. Au terme de ses études moyennes, il fut envoyé à l'université de Louvain pour y conquérir la licence en philosophie. Il passa ensuite au grand séminaire de Gand, mais après trois années il revint à Louvain pour y entreprendre des études supérieures de théologie. Il y prépara et soutint sous la direction du professeur J. Coppens un mémoire consacré à *Ani en Anaw in de Psalmen*. Louvain, 1961. In-4°, XIII-340 p., dont un extrait parut dans *Le Psautier*, Louvain, 1962, pp. 273-295.

parenthèse, c'était un plaisir, un régal, de l'écouter. Parmi les maîtres qu'on se plaisait à nommer pour leur talent d'exposition, il y eut de notre temps les chanoines Remy et Victor, le professeur Bayot et le chanoine Lefort. Ce dernier excellait dans l'art de la parenthèse, un des grands secrets des meilleurs éducateurs.

[2] Je ne me rappelle plus d'où j'ai tiré cette référence.

En 1961, il fut appelé par Mgr Calewaert à succéder au professeur Henri Van den Bussche comme professeur d'exégèse. Durant presque deux décennies il se dévoua à cet enseignement, multipliant leçons et conférences et ne manquant pas d'apporter une importante collaboration aux *Collationes Brugenses et Gandavenses*.

Le nouvel évêque a pris comme devise *Libertati nos liberavit* (*Gal.*, V, 1). On notera le datif et on pourra consulter sur la notion de liberté chrétienne un article de L. CERFAUX intitulé : *Condition chrétienne et liberté*, ap. *Recueil Cerfaux*, t. III, Gembloux, 1962, pp. 287-296. La liberté nous acquise par le Christ est paradoxalement une nouvelle servitude, celle d'une obéissance à l'Esprit du Seigneur : οὗ δὲ τὸ πνεῦμα κυρίου, ἐλευθερία (*II Cor.*, III, 17).

ANALECTA LOVANIENSIA

Le Collège du Pape
1930-1967 *

Quand au mois de juillet 1930 Mgr Paulin Ladeuze m'annonça que Nosseigneurs les Évêques me confiaient la succession du chanoine Pierre de Strycker comme président du Collège du Pape, ma surprise fut grande. J'étais installé au Collège du Saint-Esprit, — un peu à l'étroit il est vrai dans trois petites chambres de ce qu'on appelait alors le quartier américain [1], — et j'étais heureux de partager la compagnie et les repas d'un groupe de collègues qui y transmettaient les souvenirs et les traditions de la vie universitaire telle qu'elle s'était développée depuis le rectorat de Mgr de Ram [2] et, en grande partie, grâce à cet éminent recteur et savant. Les professeurs Ch. Noblesse [3], A. Boon [4], J. De Smedt [5], A. De Meyer [6], qui venaient de s'installer au n° 32 de la Rue des Joyeuses Entrées, dans un

* Sur le collège du Pape avant la suppression de l'Université par le pouvoir français occupant le pays A. Tielemans publia une notice dans l'*Annuaire de l'Université catholique de Louvain 1879*, t. XLIII, Louvain, 1879, pp. (489)-(524), sous le titre : *Notice sur le collège d'Adrien VI, dit du Pape*. Elle énumère les présidents : Godescale Rosemondt (± 1483-1526), Tilman Clercx († 1550), Michel de Bay (1513-1589), Jacques Janssoon (1547-1620), Guillaume Mercerus (1572-1639), Jean Schinkelius († 1646), Guillaume de Angelis (1583-1649), Sébastien Stockmans (1617-1650), François van Vianen (1617-1693), Gommaire Huygens (1631-1702), Charles-Ghislain Daelman (1670-1731), Jean-Joseph Guyaux (1684-1774), Thomas-Lambert Ghenne (1734-1813).

[1] Il s'agissait du quartier situé le long du Mont du Collège, quartier qui avait servi de résidence au recteur de l'université avant l'acquisition de la maison rectorale de la rue de Namur. Cette partie du Collège avait été remise à neuf après la première guerre mondiale grâce à la générosité d'un étudiant américain, l'abbé Coughlin; d'où l'appellation.

[2] *Notice sur la vie et les travaux de Mgr Pierre-François-Xavier de Ram*, ap. *Ann. Un. Louvain*, 1866, t. XXX, pp. (291)-(372).

[3] Ch. Noblesse, Bruxelles, 13-1-1875 – Louvain, 6-1-1959; cfr *AJUL*, t. XCII, vol. III, pp. 151-152.

[4] A. Boon (Blaasveld, 7-4-1883 - 3-1-1938) : cfr *AJUL 1936-1939*, t. LXXXIV, vol. II, pp. LXIX-LXXXVI.

[5] J. De Smedt, né à St-Nicolas-Waas, le 20-10-1888, y décédé le 10-12-1969.

[6] A. De Meyer : cfr J. Coppens, *In Memoriam Professor Kanunnik Albert De Meyer (1887-1952)*, ap. *Jaarboek Kon. Vl. Academie Wet., Lett. en Schone Kunsten*, 1952, pp. 261-277. — S'y ajouta durant quelques années É. Tobac, né à Opheylissem, le 13 oct. 1877, y décédé le 4 mai 1930.

immeuble affecté en principe au staff de la *Revue d'Histoire Ecclésiastique*, n'étaient plus les hôtes du Collège, mais y restaient, en-dehors du chanoine J. Lebon, président[7] et de l'abbé R. Naets, économe[8], les professeurs A. Van Hove[9], R. Maere[10], A. Monin[11], R. Koerperich[12], R. Draguet[13], G. Lemaître[14], auxquels se joignait un jour par semaine Lucien Cerfaux[15]. La table était hospitalière. Nombreux étaient les visiteurs, prêtres, religieux, laïques, qui venaient des quatre coins du pays, et même de l'étranger. Ils nous régalaient des nouvelles religieuses et politiques, et ils brossaient occasionellement un portrait, haut en couleur, de ceux conduisant ou appelés à conduire le destin de l'Église ou de la Patrie.

Ce milieu où les régions et les disciplines les plus diverses étaient représentées, me plaisait beaucoup. C'est dire que j'appréhendais de devoir le quitter et m'installer dans un cadre de vie qui m'était presque totalement inconnu. Je me rappelais y avoir conduit en 1919 pour la première année académique, au lendemain de la guerre mondiale 1914-1918, deux étudiants du collège de Termonde, futurs médecins, Albert De Bruyne de St-Gilles-lez-Termonde et Pierre Heyvaert de Zele. Je me souvenais également y avoir été invité, étudiant au Collège du Saint-Esprit, pour assister à une des messes solennelles que le président avait coutume d'y célébrer lors des grandes fêtes liturgiques. Enfin, revenu à Louvain comme professeur, j'avais fait la connaissance de quelques étudiants que le Collège hébergeait. Ces quelques contacts, au reste fort espacés et superficiels, ne me l'avaient pas rendu familier. Mais le chanoine A. De Meyer, — qui, je pense, s'était démené pour avancer et recommander ma candidature et qui n'était guère favorable à celle prônée par un de ses proches collègues, — insista beaucoup pour que j'acceptasse l'invitation du recteur.

[7] Cfr *ANL*, 1958, t. XIV, pp. 180-183. — *ETL*, 1957, t. XXXIII, pp. 673-755.

[8] *AJUL*, 1944-1948, t. LXXXVII, vol. III : Ch. NOBLESSE, *M. l'abbé R. Naets, inspecteur du matériel de l'université (Booischot 4-1-1879 – Louvain, 12-5-1944)*, pp. 316-321.

[9] J. COPPENS, *Monseigneur Van Hove. In Memoriam*, ap. *Kon. Vl. Acad. Wet. Lett. Sch. Kunsten van België. Jaarboek*, 1947, t. IX, pp. 226-244.

[10] *ANL*, t. VII, p. 153.

[11] *ANL*, t. X, p. 179. — *AJUL 1949-1950*, t. LXXXVIII, pp. LXXVI-XCI.

[12] *ANL*, 1958, t. XIV, pp. 194-199.

[13] R. Draguet, né à Gosselies, le 13 février 1896.

[14] Georges Lemaître né à Charleroi, le 17-7-1894, décédé à Louvain, le 26-6-1966.

[15] Cfr J. COPPENS, *Cerfaux, Lucien*, ap. *Biographie Nationale*, 1979, t. 41, fasc. 1, col. 95-110.

Trois vues du Petit Réfectoire
au Collège du Pape

Les Sœurs prennent congé du Collège
20 août 1965
U. Scheire – Sœur Hiëronyma – Mgr Descamps – J. Coppens – J. Smets – A. Petitjean
(S. Hiëronyma à droite de Mgr Descamps)

Cette acceptation me fut rendue facile par l'accueil bienveillant que le staff du Collège me réserva. Le président démissionnaire, le chanoine Pierre de Strycker, promu recteur du Collège américain, ne ménagea pas ses conseils et son aide pour m'initier à mes nouvelles fonctions. L'économe, l'abbé Joseph Boone[16], rivalisa de bienveillance. Les deux sous-régents : l'abbé Joseph Laruelle[17] et l'abbé Jules Daem[18], — l'un et l'autre paraissaient me dépasser en âge, — me témoignèrent dès le début une confiance totale.

Le règlement du collège n'avait guère évolué depuis le temps où les chanoines J. Sencie[19] et Th. Lefort[20] l'avaient présidé. Les domestiques, accompagnés des sous-régents, réveillaient les étudiants à 6 ¹/₂ heures. A 7 h., le président célébrait la messe communautaire. Suivaient à 8 h. le déjeûner, à 1 h. le dîner, à 4 ¹/₂ le goûter et à 7 ¹/₄ le souper. La prière du soir, remplacée aux mois de mai et de juin par le salut, terminait la journée. La porte du collège se fermait à 10 ¹/₂ h., mais elle s'ouvrait encore à 11 h. pour ceux qui avaient obtenu la permission d'une sortie. A 11 ¹/₄ h., la lumière était coupée.

Huit domestiques, dont un portier et un chauffeur-jardinier, étaient préposés à l'entretien du collège. Pour la chapelle et le service de la cuisine, le président de Strycker avait obtenu, grâce à l'intervention de leur directeur le chanoine Joseph Sencie, le concours des Sœurs de Marie de la rue de Bériot. L'une d'elles, Sœur Hiëronyma, se

[16] Cfr J. COPPENS, *M. l'abbé Joseph-Antoine Boone, ancien économe du Collège du Pape (1882-1952)*, ap. *Ann. Un. Louvain*, 1951-1952, t. LXXXIX, pp. CLXXX-CLXXXIII.

Relevons à l'actif de l'économe Boone, l'aménagement de la cour intérieure en jardin français en accord avec le style de l'immeuble, la restauration du vestibule conduisant au grand et petit réfectoire ainsi qu'à la chapelle, l'achat et l'encadrement de gravures ou de photos des présidents du Collège depuis 1834 jusqu'en 1930.

Nous-même, épris des traditions chères aux collèges universitaires anglais, avions entrepris de réunir les portraits de quelques personnages qui dans le passé avaient fondé le collège ou y avaient résidé : ceux d'Adrien VI, du cardinal Enckevoirt, d'Allard d'Amsterdam, de Jansenius, du cardinal Mercier, de Mgr Coppieters, ainsi que la reproduction des armoiries d'anciens sous-régents promus à l'épiscopat.

L'abbé Boone avait tenu à jour, minutieusement classées, toutes les pièces, y compris les moindres factures, relatives à l'économat. Son successeur, l'abbé Smets continua ce classement. Le dossier fut remis à mon successeur.

[17] Né à Nollevaux, le 9 sept. 1903, doyen de Neufchâteau le 28 oct. 1960 – 15 août 1973, décédé à Rossart, le 5 févr. 1975. Cfr *supra*, p. 281.

[18] J. Daem, né à St-Antelinks, le 11 mai 1902, évêque émérite d'Anvers.

[19] Né à Hal, le 20 sept. 1865, décédé à Louvain, le 15 août 1941.

[20] Cfr *Annua Nuntia Lovaniensia*, t. XVI, 1962, pp. 244-268. Le chanoine Lefort naquit à Orchimont en 1879 et décéda à Louvain, le 30 sept. 1959.

dévoua sans interruption jusqu'en 1965, quand, faute de recrutement, les sœurs quittèrent le Collège[21].

Je m'attendais, faut-il le dire, à ce que les étudiants essayassent de mettre à l'épreuve leur nouveau chef. Quand je m'adressai à eux dans la chapelle pour leur souhaiter la bienvenue et leur communiquer mes instructions, un farceur fit sauter les plombs et nous plongea dans l'obscurité. Je ne perdis ni le calme ni le fil de mes idées. Je continuai mon instruction comme si rien n'était arrivé et assurai mon auditoire que la lumière ne tarderait pas à revenir. Les organisateurs ressentirent leur entreprise comme un cuisant échec qui leur enleva tout désir de recommencer.

Je suis tenté de distinguer dans ma présidence une première période, de 1930 à mai 1940, coïncidant avec le rectorat de Mgr Ladeuze[22] et le vice-rectorat de Nosseigneurs K. Cruysberghs (1931-1936) et H. Van Waeyenbergh (1936-1944). En 1935, notre économe estima ne plus pouvoir remplir ses fonctions. Le recteur et nous-même lui offrirent de lui garder un appartement au collège qu'il avait si bien servi. Il préféra s'établir en ville dans la Rue Notre-Dame, en attendant de rejoindre à Bruges sa vieille mère, Rue des flamands. L'aîné des sous-régents, l'abbé Frans De Pauw, assura durant une année la fonction d'économe. A la fin de l'année académique, Malines nous octroya l'abbé Jean Smets, ancien élève de la faculté de droit canonique, pour succéder à l'abbé Boone. Il devint ainsi pour une longue période, jusqu'à la fin de mon propre mandat (1967), un auxiliaire infatigablement dévoué.

Au cours des premières années de ma présidence, les luttes entre étudiants wallons et flamands prirent par moments un vif caractère. Un soir, un groupe de wallons, rentrant vers 11 h. au collège, fut assailli par des camarades flamands. Je me précipitai avec l'un des sous-régents vers l'entrée pour leur ouvrir la porte. Au moment où je l'entrouvrit, un gaillard m'asséna d'un bâton ou d'une bouteille, — je n'ai pu le préciser — un violent coup sur la tête. Je saignai abondamment. Les sous-régents alertèrent le Dr Cornelis qui vint me chercher et soigner la blessure heureusement peu grave. Le lendemain quelques collègues vinrent prendre de mes nouvelles. J'attendis la visite du recteur, estimant avoir «versé mon sang» pour l'université. Il ne se présenta pas, et le vice-recteur n'entama jamais d'enquête. Ce fut

[21] Une modeste cérémonie marqua le 20 août 1965 le départ des révérendes Sœurs.
[22] Mgr Paulin Ladeuze, né le 3 juillet 1870, décédé à Louvain le 10 février 1940.

ma première grosse désillussion. Convenait-il de se rappeler la phrase prêtée à Alfred Cauchie : « La première qualité d'un recteur, c'est d'être un pachyderme » ? Ou, toujours grandement occupé, le recteur estimait-il que l'incident ne valait pas la peine d'une visite ? Ou fut-il mis trop tard au courant de l'attaque dont j'avais été la victime ?

Au collège même, où les flamands étaient légèrement majoritaires, il n'y eut jamais de lutte entre les deux groupes linguistiques. Je ne cessai de répéter la même consigne : « La dispute sur le forum, la paix dans la maison ». Au reste, la friction entre wallons et flamands tendit à diminuer. L'université le devait pour une grande part aux conversations et tractations, parfois prolongées jusque dans la nuit, entre Mgr Cruysberghs et l'étudiant Piet Meeuwissen. Et puis se profilait de plus en plus à l'horizon le danger d'un nouveau conflit international, en face duquel nos querelles linguistiques paraissaient bien mesquines ou même dangereuses pour la survie du pays.

Au cours de cette première période, la pratique religieuse de nos étudiants connut peut-être sa plus belle efflorescence. Y ont concouru l'action catholique en plein développement surtout dans la Flandre occidentale où elle était enflammée par le chanoine Karel Dubois[23], et, à Louvain même, la croisade eucharistique animée par le père jésuite Salsmans[24]. Nombreux furent les étudiants à se confier à la direction spirituelle de ce religieux qui réussit à exercer durant de nombreuses années, à travers bien de mutations dans la vie étudiantine de Louvain, une emprise notable sur l'élite des universitaires flamands.

Au cours de l'année 1939, nous assistions impuissants aux prodromes de la deuxième guerre mondiale. Nous nous rappelons comment à l'Institut de Spoelberch, le professeur Albert De Vleeschouwer faisait entre deux cours part à ses collègues des nouvelles alarmantes reçues à Bruxelles par le gouvernement. L'armée était mobilisée, et l'état-major préparait vaille que vaille, pour le cas d'une invasion éventuelle du pays, une deuxième ligne de défense s'appuyant sur l'Escaut, la Dyle et la Meuse. La ville de Louvain était située au centre de ce dispositif. Elle était appelée, en cas de retraite de l'armée belge sur cette deuxième position, à devenir la cible des combats. Pourtant la consigne rectorale était : *Learning and teaching as usual* !

Le matin du 10 février, la consternation frappa la cité universitaire :

[23] Cfr *Annua Nuntia Lovaniensia*, 1958, t. XIV, pp. 161-165. L'abbé Dubois naquit à Ostende, le 15 juillet 1895 et décéda à Roulers le 17 nov. 1956. Cfr *supra*, p. 64.

[24] J. JAGENEAU, *Salsmans, Jozef*, ap. *Encycl. Vlaamse Beweging*, Tielt, 1975, t. II, p. 1382.

Mgr Ladeuze n'était plus. Il s'était endormi dans son sommeil pour l'éternité. La veille, il avait été invité dans la soirée par le chanoine Abel Brohée[25] pour assister à une conférence de Dom Le Bail, abbé de l'abbaye trappiste de Bourlers-Chimay. Le religieux, frappé d'amnésie, avait dû renoncer à sa communication. Par une soirée froide et par des rues enneigées, le recteur rentra à pied chez lui en compagnie du professeur Lucien Cerfaux. Arrivés à la maison rectorale, ils prolongèrent à la porte leur entretien. Virginie, la vieille servante toute dévouée, gronda son maître. Elle lui reprocha son imprudence. Le lendemain matin, ne le voyant pas éveillé et descendu pour célébrer la messe au Collège américain, elle le découvrit décédé.

Nous avons rapporté ailleurs comment le jour des funérailles, le cardinal van Roey, présidant au Collège du Saint-Esprit la réunion de ses collègues dans l'épiscopat, leur proposa de confier sans tarder la succession à son candidat, Mgr Honoré van Waeyenbergh, le vice-recteur, qui venait de prononcer l'éloge funèbre de l'éminent disparu[26]. Mgr Coppieters insista pour que l'on prît au moins quelques jours de répit et de réflexion, tout en concédant que la gravité de la situation internationale réclamait d'urgence la nomination d'un nouveau recteur.

Bien que beaucoup de professeurs eussent préféré voir le chanoine Albert De Meyer accéder au rectorat, Mgr van Waeyenbergh fut accueilli sans réserves. Un seul regret formulé par divers professeurs, à savoir que les responsables de la joyeuse entrée du nouveau recteur l'avaient en quelque sorte conduit en procession aux Halles universitaires, où, conscient de la charge écrasante lui confiée, il n'accepta pas l'*omen* de son prénom *Honoratus*, mais s'avoua *oneratus* de la mission lui transmise en des circonstances si dramatiques.

Mgr van Waeyenbergh allait, au-delà de toute attente, répondre à l'espoir que le cardinal de Malines avait mis en lui, en sa clairvoyance, en sa vertu, en son courage. Le 10 mai 1940, le cataclysme que la politique de neutralité préconisée par le roi Léopold et son gouvernement, en étroite union avec les Pays-Bas, avait espéré pouvoir conjurer, s'abattit sur le pays. Tout de suite les nouvelles annonçaient le désastre. Des groupes de réfugiés limbourgeois, rapportant en termes d'apocalypse les bombardements et les ruines accumulées en leur

[25] Né à Soignies, le 7 avril 1880, décédé à Bruxelles, le 1er mai 1947.

[26] Cfr J. Coppens, *In Memoriam. Zijne Exc. Mgr. Honoré van Waeyenbergh 25 nov. 1891 – 19 juli 1971*, ap. *Jaarboek 1971 Kon. Vl. Acad. Wet. Lett. Sch. Kunsten*, Bruxelles, 1972, pp. 379-406.

province, traversèrent la ville. Ils étaient mêlés à des militaires refluant en désordre vers l'intérieur du pays. La police vint nous avertir que tous les habitants devaient quitter la ville. Au collège, il n'y avait plus que nous-même et le portier. Les étudiants avaient regagné leur famille ; l'économe et les sous-régents, susceptibles d'être mobilisés, avaient également dû participer à cet exode. Nous accompagnions une dernière fois le recteur à travers la ville, préoccupé qu'il était de se rendre compte de la situation et soucieux de faire enlever, avant que les troupes allemandes n'occupassent la cité, la plaque apposée à l'extérieur des Halles pour rappeler l'incendie criminel de 1914, ainsi que la fresque évoquant, à l'intérieur du bâtiment, le sac de Louvain par la soldatesque teutonne. Malheureusement il ne trouva plus d'ouvriers pour murer dans la bibliothèque universitaire l'accès aux caves, où Mgr Van Cauwenbergh avait entreposé les pièces les plus précieuses de ses collections.

Nous-même avions déposé dans les caves du collège un certain nombre de nos livres et de nos manuscrits. Ramassant dans une besace le bréviaire, un nécessaire de toilette, et quelque linge, nous finîmes par obéir aux consignes de la police et partîmes en bicyclette, accompagné du portier, vers Termonde, où résidait mon vieux père, et de là vers Adegem-lez-Eeklo où ma sœur et mon beau-frère m'avaient donné rendez-vous. Vous eûmes ainsi à répéter l'exode vécu en septembre 1914, quand il nous fallu quitter Termonde et tout ce que nous y possédions, chassés par les troupes allemandes qui s'apprêtaient à envahir et incendier la ville.

Nous arrivions à Bruxelles par la chaussée de Tervueren, y passèrent la nuit et rendirent visite à M. Robert Rambot, le patron de mon père ; puis je continuai seul ma route, par Grimbergen, Wolvertem, Merchtem, Lebbeke, vers Termonde, où je rejoignis mon père, et d'où je repartis pour un dernier trajet : Termonde – Gand – Eeklo – Adegem. Comme notre maison termondoise était située au centre de la ville, à quelques pas du pont menant à la grand'place, pont que l'armée minait et s'apprêtait à faire sauter, nous décidions de retourner à Termonde, d'y chercher notre père et de le conduire également à Adegem, où il aurait trouvé de l'aide et, pensions-nous, plus de sécurité.

Faut-il rappeler la rapidité avec laquelle les événements se succédèrent ? A peine avions-nous installé notre père, que les troupes allemandes occupèrent une nouvelle fois Termonde, s'avancèrent vers Gand, traversèrent le canal de Terneuzen et s'apprêtèrent à livrer bataille sur la Lys et le canal de dérivation vers Eeklo et la mer. Nous n'avions donc pas trouvé à Adegem le calme et la sécurité envisagés. Je pus amener mon beau-frère à ne pas se diriger vers la France, et nous décidâmes de nous mettre à l'abri des combats dans les environs de Maldegem, puis d'Oedelem[27]. Aussitôt la capitulation signée et l'armée belge prisonnière de l'ennemi, nous regagnions Adegem, où la propriété de mon beau-frère n'avait pas trop souffert. Puis ce fut tout de suite la décision de reconduire mon père à Termonde et de gagner nous-même au plus tôt Louvain. Ce fut notre bicyclette qui nous ramena vers la cité universitaire. A Termonde, notre maison de la Rue des chevaliers, avait été gravement endommagée. Il n'était pas question pour mon père et mon oncle de la réintégrer. En attendant les réparations les plus urgentes, la famille De Vries les accueillit à Saint-Gilles.

Pour éviter la chaussée trop encombrée de Termonde-As, nous reprîmes l'itinéraire suivi à notre départ de Louvain, sans rencontrer en cours de route des traces de l'invasion allemande. Aux environs de Vilvorde, nous croisions une section de l'organisation Todt chantant le *Wir fahren gegen Engeland.* Elle nous laissa tranquille et ne donna aucun signe d'hostilité. C'est seulement aux approches de Louvain qu'apparurent les premières dévastations. Le vaste scolasticat des Pères Jésuites d'Egenhoven était en ruines. Un incendie l'avait totalement ravagé, y compris son importante bibliothèque de philosophie et de théologie. Au lointain, nous aperçumes la tour de la bibliothèque universitaire. La radio avait annoncé la destruction du bâtiment sans fournir de détails. Nous nous demandions angoissés en quel lamentable état nous allions le revoir.

Dans l'entretemps, notre économe, l'abbé Jean Smets, était rentré au Collège. Il l'avait retrouvé indemne. Aucune porte n'avait été forcée; aucun vol n'avait été commis. Les sœurs de la rue de Bériot, également revenues en ville, s'étaient de nouveau présentées pour assumer leur service. La ville avait en partie nettoyé ses blessures. Deux pâtés de maisons, l'un rue de Namur, l'autre le long de la Dyle, avaient été bombardés et détruits. Plusieurs immeubles du marché aux grains, l'actuelle place Hoover, conservaient l'impact des obus qui les avaient frappés et qui sans doute avaient atteint également la bibliothèque qui n'était plus qu'un amas de décombres[28]. La population estudiantine

[27] Cfr G. Spittael, *Duel aan het Schipdonk-kanaal. Mei 1940*, Eeklo, 1978.

[28] Cfr G. Ryckmans, *Bis diruta, bis restituta. Contribution à l'histoire de la Bibliothèque de Louvain*, ap. *Scrinium Lovaniense. Mélanges historiques É. Van Cauwenbergh*, Louvain, 1961, pp. 18-60.

n'était pas revenue. De nombreux professeurs qui s'étaient réfugiés en France, restaient absents. Le recteur qui ne s'était jamais éloigné de la cité universitaire au-delà de Bruxelles et qui était sur place dès que les troupes anglaises s'étaient retirées sans engager vraiment le combat, avait repris son université en main. Il fut même sollicité par le pouvoir occupant d'assumer l'administration de la ville : tâche qui échut à l'un de ses professeurs, le docteur Bruynoghe[29].

Les avis sur la durée et l'issue de la guerre divergeaient au plus haut point. Le recteur prit l'initiative de réunir dans la salle de recréation du Collège du Pape les professeurs déjà sur place. Il estima qu'il n'y avait pas lieu de se conformer aux mesures prises en 1914 et de fermer son université. Il importait selon lui de soustraire la jeunesse aux réquisitions de l'ennemi et de maintenir l'activité des installations universitaires au service du pays. A la demande du recteur, j'acceptai de donner à l'École de commerce le cours de morale de Mgr de Strycker, parti pour les États-Unis, et même de remplacer pendant quelques semaines le chanoine Arthur Janssen[30], réfugié en France. Monsieur l'abbé Smets et moi-même acceptions aussi de contribuer à assurer le service dans la paroisse de Saint-Michel, dont le curé, l'abbé Schammel, tardait, lui aussi, à revenir dans le pays.

Quand l'Alma Mater reprit définitivement son activité et ouvrit l'année académique 1940-1941, je me fixé deux objectifs : d'abord maintenir les étudiants confiés au Collège à l'abri de toute tentation de collaborer avec des mouvements favorables au pouvoir occupant, puis m'efforcer, en des circonstances qui allaient s'avérer de plus en plus difficiles, d'assurer le ravitaillement. Que nous soyons parvenus à nourrir nos étudiants, nous ne le devons pas à quelque secours de l'extérieur mais au dévouement de notre économe, l'abbé Smets, au concours de nos étudiants, aux initiatives de l'abbé Robert De Langhe, et surtout au travail inlassable et à la prévoyance des religieuses animées par l'infatiblable sœur Hiëronyma.

A certains égards, les quatre années de guerre comptent parmi les plus heureuses que j'ai vécues au Collège. Tout d'abord il n'y avait guère de problèmes de discipline à faire observer dans la cité universitaire. La gendarmerie allemande veillait à l'ordre, imposant une heure de fermeture aux débits de boisson et procurant ainsi au nouveau vice-recteur, Mgr Suenens, des loisirs dont ses prédécesseurs

[29] Né à Alveringem, le 4 nov. 1881, décédé à Louvain, le 26 mars 1957.
[30] Né à Anvers, le 11 février 1886, décédé à Louvain, le 4 mars 1979.

n'avaient pas joui. Devant les dangers auxquels elle se sentait exposée, la communauté du collège resserrait ses rangs, renforçait son unité et cherchait, par l'organisation de séances de recréation et de formation, à compenser ce que la vie universitaire forcément diminuée ne leur offrait plus à l'extérieur. Nous invitions quelques collègues, dont Charles De Trooz[31], à venir entretenir de leurs travaux nos étudiants. Ceux-ci prirent l'initiative de fonder et d'animer des clubs baptisés l'un « L'Adrienne » pour les francophones, l'autre « La Caroline » pour les flamands. Et il y eut les séances d'audition musicale où le sous-régent Gérard Fransen, commentant des disques achetés d'occasion, révélait un aspect de sa personnalité que nous ne lui connaissions pas. Et comment ne pas évoquer le souvenir de deux étudiants, André Jadot et Carlos Versteele, dont le dévouement, l'entregent et l'éloquence soutenaient le moral de leurs camarades.

Au cours de l'année académique 1942-1943, la tranquilleté relative dont jusqu'alors l'Université avait joui, prit fin dramatiquement. Le pouvoir occupant obligea les recteurs de lui livrer les listes des étudiants de première année afin de leur imposer un travail forcé[32]. En cas de refus, il proférait des menaces à l'adresse des universités. A Bruxelles, le recteur de Louvain prit au nom de ses collègues la parole pour exprimer leur opposition. A Louvain, le conseil rectoral fut convoqué. Le cardinal, accompagné de Mgr Van Cauwenbergh, vint de Malines assister aux délibérations. Aux dires du professeur van der Essen, il n'y eut pas d'unanimité, mais, appuyée notamment par l'évêque auxiliaire du cardinal, une nette majorité se dégagea pour soutenir la position du recteur.

On connaît la suite des événements. Des séances de prière furent organisées dans l'église collégiale de Saint-Pierre pour obtenir la protection divine. Le pouvoir occupant les interpréta comme l'amorce d'une résistance susceptible de pouvoir s'étendre à travers tout le pays. Le recteur fut arrêté, condamné, emprisonné. Les interventions en sa faveur, y compris les plus hautes, se multiplièrent. Des mois s'écoulèrent avant que le pouvoir occupant ne consentît à le libérer provisoirement, vu que son état de santé commençait à inspirer de sérieuses inquiétudes. Toutefois il ne put regagner Louvain ni s'occuper de son

[31] Né à Louvain, le 31 janvier 1905, y décédé le 10 janvier 1952.

[32] Le 27 mai 1943 le recteur fut sommé de s'exécuter. Le conseil rectoral extraordinaire se réunit le 30 mai. Le 5 juin le recteur fut arrêté et le 30 juin son procès s'ouvrit à Bruxelles.

université. Il résida d'abord à As-lez-Bruxelles dans un immeuble ayant jadis appartenu à un autre résistant, Godefroid Kurth, puis, plus près de Louvain, dans une villa de Tervuren.

Nous n'avons pas participé aux délibérations qui ont en dernière instance dicté l'attitude du recteur. Après coup, des collègues observèrent que l'inscription des étudiants et, par conséquent, leur liste relevaient plutôt du vice-recteur. Puis des professeurs se sont demandés pourquoi l'autorité supérieure n'a pas elle-même pris la responsabilité du refus. Enfin j'entendis des collègues remarquer qu'il eût été facile, par exemple en simulant un vol, de faire disparaître la liste en question. Le fait est qu'obéissant à son tempérament, n'écoutant que son courage, le recteur avait pris les devants et qu'au surplus, défiant par son discours patriotique le pouvoir occupant, il avait attiré sur lui les foudres des militaires allemands.

Une fois Mgr van Waeyenbergh emprisonné, les évêques déléguèrent la fonction rectorale au vice-recteur Mgr Suenens. Celui-ci passa ses fonctions vice-rectorales à ses assesseurs : les chanoines De Muynck, Marchal, Janssen, Coppens. Il nous échut la tâche la plus délicate, celle des relations avec les étudiants, car il fallait compter avec la présence de quelques mouchards. Nous prîmes nos précautions, et notions, en présence de tous nos visiteurs, leur nom et l'objet précis de leur visite. Un jour Monsieur Naster, notre futur collègue, qui à cette époque était fonctionnaire de la Bibliothèque royale, vint nous trouver et nous prier d'inscrire comme étudiant sous un faux nom un jeune homme juif pour le soustraire à tout danger. Nous avons pris le risque, et jamais nous ne nous en sommes vanté, estimant n'avoir fait que notre devoir.

Au cours des derniers mois de l'occupation allemande, la *Polizei* vint par deux fois nous harasser. La première fois, elle nous réveilla durant la nuit. Elle se déclara être à la recherche d'un saboteur, et elle affirma qu'il s'était réfugié dans le collège. Nous répondîmes; — et c'était sincère, — que nous l'ignorions. S'avançant dans la cour du Collège et constatant l'ampleur des bâtiments, elle se retira en grommelant : « Wir werden belogen und betrogen in diesem Lande. Das haben wir niemals erlebt. »

La deuxième fois, l'incident fut infiniment plus grave. A la demande de notre sous-régent Henri Van den Bussche, nous avions engagé comme domestique un jeune homme de sa commune Denderbelle pour le soustraire aux réquisitions allemandes. Négligeant nos recommandations, il était sorti en ville et s'était fait arrêter par la *Polizei*.

Interrogé il avait sans doute laissé entendre que d'autres se trouvaient au collège dans les mêmes conditions. La *Polizei*, qui se présenta accompagnée d'un collaborateur, nous somma de lui livrer le domestique dont elle avait réussi à connaître le nom. Bien que menacé de déportation, l'abbé Jean Smets, notre économe, se refusa à toute collaboration pour découvrir le prétendu délinquant. Au reste, c'eût été impossible, car, alerté, il s'était caché dans l'entretemps au grenier. J'intervins auprès de la *Polizei* et me permis de m'étonner de son procédé. Je reçus comme réponse : «Also sie sind ein gebildeter Mann. Wenn Sie ein gebildeter Mann sind, dann lügen Sie nicht.» La Providence fut avec nous. Ayant pénétré dans la chambre du domestique recherché et ayant trouvé sa carte d'identité, nous constations qu'il ne tombait pas sous l'ordonnance allemande. Ce fut alors à nous de protester contre la façon dont les collaborateurs du pouvoir occupant menaient leurs enquêtes.

La vie continua sans trop de secousses dans la ville universitaire après que les étudiants de première année s'étaient dispersés à travers le pays. L'inquiétude toutefois ne cessa de grandir. Quand en vue d'un éventuel débarquement, les Alliés entreprirent de bombarder les nœuds ferroviaires, les louvanistes se demandèrent, de plus en plus anxieux, si leur ville n'allait pas à son tour devenir la cible des attaques nocturnes.

De fait, dans la nuit du 12 mai une escadre anglaise attaqua la gare de Louvain, important relais sur les lignes de chemin de fer reliant la France, où les armées du Reich combattaient, à l'hinterland allemand. Quand les sirènes donnèrent l'alarme, nous réveillions, accompagnés de nos sous-régents, les étudiants. Un premier groupe, conduit par l'abbé Robert De Langhe, se dirigea vers les caves du collège Marie-Thérèse; un deuxième, le plus important, groupé autour de M. l'économe Smets et de nous-même, se réfugia dans l'abri étançonné que nous avions aménagé en-dessous du petit réfectoire[33]. J'allai tout d'abord, traversant le jardin du collège et celui des Sœurs de Marie, donner l'absolution collective aux religieuses, groupées autour

[33] Seuls quelques rares étudiants ne répondirent pas à l'alarme et restèrent dans leur appartement. Ce fut aussi le cas du professeur Albert Van Hecke, qui logeait ce soir au collège. Il ne se leva pas à temps, et, une fois le bombardement commencé, décida sagement de ne pas s'aventurer dans les couloirs du collège pour essayer de trouver l'abri. Cfr P. De Smet, *De Heer Albert Van Hecke professor emeritus 1881-1959*, ap. *Ann. Un. Louvain 1957-1959*, t. XCII, vol. III, pp. 194-196. Le prof. Van Hecke naquit à Zottegem, le 29 nov. 1881 et décéda à Woluwe-St-Pierre, le 11 avril 1959.

de leur supérieure, Mère Bonaventure, dans un coin du couvent réputé plus solide. Puis je revins à l'abri du Collège donner l'absolution collective à nos étudiants et recevoir moi-même celle de l'économe. J'invitai tous présents à rester calmes et à réciter ensemble le rosaire. L'éclatement des bombes secoua la maison. Tous nous avions l'impression que le collège était gravement touché. Personne ne bougea ou ne quitta l'abri. Quand le calme se fut rétabli et parut se maintenir, nous nous décidâmus de sortir et de nous rendre compte des dégats. Le ciel était rougeâtre et reflétait les incendies qui s'étaient allumés en divers endroits de la ville. Le collège paraissait intact, mais divers débris et des pavés jonchaient la cour intérieure. L'abbé De Langhe vint à notre rencontre avec ses étudiants ainsi que le professeur A. Van Hecke, qui, n'ayant pas quitté sa chambre à coucher, avait assisté en première loge au sinistre.

Tout autour du collège une pluie de bombes s'était abattue, notamment sur le nouvel institut de physique réalisé par le chanoine Joseph De Smedt, — sur la maison du notaire Roberti, — sur l'immeuble situé à gauche à l'entrée de la rue Standonck, — sur l'aile gauche du Collège du Saint-Esprit et dans le jardin jouxtant le quartier dit américain, — sur la nef principale de l'église saint Michel. Mgr Suenens et sa mère qui, blottis sous l'escalier, n'avaient pas quitté leur demeure, étaient sains et saufs. Nous frayant un chemin à travers les poutres du toit de l'église projetés pêle-mêle dans la rue Saint-Michel, nous rencontrions le curé Schammel. Accompagné de sa servante, il s'était abrité dans un des confessionaux installés dans les épaisses murailles de son église. Il échappa au désastre : les voûtes des nefs latérales avaient résisté. Traversant la rue de Namur, nous rencontrions le chanoine Gonzague Ryckmans dont la belle demeure était intacte, ainsi que le chanoine Joseph Bittremieux, accompagné de sa sœur, dont en revanche la résidence avait beaucoup souffert de l'explosion de la bombe qui ravagea, au coin de la montagne de St-Antoine, l'immeuble Roberti. Le spectacle le plus affligeant fut celui du Collège du Saint-Esprit, où un incendie, rapidement maîtrisé, s'était déclaré, où l'aile gauche comprenant le grand réfectoire était en ruines, et surtout où l'on déplorait la mort d'une quarantaine de personnes qui y avaient cherché un refuge. Monsieur l'abbé Naets, inspecteur de l'Université, était parmi les morts, victime de son dévouement sacerdotal[34]. On avait fait appel à lui pour une absolution

[34] Cfr Ch. NOBLESSE, *M. l'abbé Raymond Naets, inspecteur du matériel de l'Université*, ap. *Ann. Un. Louv. 1944-1948*, t. LXXXVII, vol. III, pp. 316-321. Né à Booischot, le 4 janvier 1879, il décéda à Louvain, le 12 mai 1944. Parmi les victimes du bombar-

collective. Au moment où, peu après minuit, il s'amena pour remplir son ministère, une bombe explosa dans le jardin. Le souffle pénétra dans la cave et tua les malheureux qui, venus même de loin, avaient mis leur confiance dans les sous-sols du vieux collège.

Descendant la rue de Namur, nous apercevions la maison des demoiselles Fonteyn complètement effondrée, puis, arrivés à la grand'place, nous y trouvions l'hôtel-de-ville abîmé mais en gros épargné, tandis que s'offrait à nos yeux le spectacle hallucinant de la collégiale Saint-Pierre dont la partie du transept, abritant l'autel de la *Sedes sapientiae*, avait été complètement écrasée. A la place Foch, la Maison des Brasseurs était intacte, mais tout un pâté de maisons la jouxtant, — de l'une d'elles on avait dû descendre le chanoine Georges Lemaître, — était en feu. De l'autre côté de la place, la désolation n'était pas moins grande. La librairie Fonteyn avait, pour la deuxième fois dans son histoire, cessé d'exister.

Les bruits les plus alarmistes ne manquèrent pas de circuler dont beaucoup s'avérèrent heureusement sans fondement. Ainsi se répandit la nouvelle que la maison du chanoine Cerfaux avait été touchée et que le professeur avait péri. De fait, le boulevard de Tervuren n'avait pas été épargné, mais aucune bombe n'avait frappé les maisons situées près de la Dyle.

Le lendemain du désastre, Mgr van Waeyenbergh, passant outre à la consigne allemande l'éloignant de Louvain, retourna dans la ville universitaire pour ne plus la quitter. Le Cardinal vint se rendre compte des dégats infligés à une ville et à une institution qui lui étaient très chères. Ce fut pour lui l'occasion d'élever une protestation catégorique contre la façon dont l'aviation alliée exécutait ses raids sur les villes belges. Enfin l'administration communale nous fit savoir qu'elle comptait installer au Collège du Pape, dans les locaux situés à droite de l'entrée, le commissariat de police, qui, à la suite du bombardement, n'était plus habitable. Le collège devint ainsi, pour les derniers jours de l'occupation allemande et pour une période qui se prolongea tout un temps, le « Pandoerenkot » de la cité universitaire.

Le jour de la libération de la ville par l'armée anglaise un grave incident faillit surgir au Collège. Nous étions dans la cour et attendions que la police nous fit savoir la fin des combats et nous permit de sortir, quand brusquement s'amena du collège Marie-Thérèse un soldat

dement du 12 mai, l'Annuaire de l'Université signale, outre l'abbé Naets, le professeur chanoine Louis Marchal (né le 28-2-1881, décédé le 12-5-1944), trois employés et une dizaine d'étudiants.

allemand. Il tint en main une grenade et parut décidé de continuer le combat. L'abbé Robert De Langhe l'accosta et lui demanda ce qu'il désirait. Il répondit qu'il voulait reprendre la lutte et pria de lui indiquer le chemin pour quitter le collège. Notre sous-régent lui fit observer que la police gardait la porte, et, dès lors, que la sortie n'était pas possible. En voyant le soldat s'amener, un des policiers, pris de panique, fit feu, Brisé par la fatigue et nullement touché, le combattant s'effondra. Nous le déposèrent au parloir, et, comme il était catholique, nous lui donnions l'extrême onction. Quand il revint à lui et que d'ailleurs en ville tout combat, même d'arrière-garde, avait cessé, le dernier combattant allemand, fait prisonnier à Louvain, fut conduit à l'hôpital.

Le lendemain de la libération débuta à Louvain comme ailleurs la chasse aux collaborateurs. Ils furent amenés au commissariat de police et enfermés, menu fretin, dans une salle du Collège Marie-Thérèse, où nos bonnes sœurs leur servirent d'ailleurs un potage, en attendant qu'on prit soin d'eux et qu'on examina d'un peu plus près leur casier.

De la libération à l'armistice, Louvain vécut encore quelques jours d'angoisse lors de l'offensive von Rundstedt. Le fait que les soldats anglais se mirent à creuser des tranchées au boulevard de Tervuren suffit à quelques professeurs pour demander au recteur de pouvoir quitter la ville[35]. Puis il y eut la chute d'un V 1 dans la rue van Even où elle démolit la maison d'un employé de l'université. Le souffle de l'explosion fut si violent qu'il atteignit le collège et y arracha une fenêtre du grand réfectoire au moment où nous étions à table, notamment en compagnie du professeur Gustave Thils venu ce jour-là nous rendre visite.

En 1930, nous n'avions certes pas envisagé de garder très longtemps la présidence du Collège du Pape. Nos parents avaient prévu, pour une installation éventuelle en ville, l'achat d'une maison. Diverses circonstances nous amenèrent plus tard à changer d'avis.

Pour les années 1945-1967, où nous avons continué à diriger le collège, nous sommes tenté de distinguer trois périodes : une première, 1945-1953, au cours de laquelle l'abbé Robert De Langhe résida au collège et partagea nos repas et nos occupations; une deuxième, 1953-1962, coïncidant avec la dernière décennie du rectorat de Monseigneur van Waeyenbergh; une troisième, comprenant les années

[35] Ce fut par exemple le cas du chanoine Paul Sobry, né le 16 juin 1895 et décédé à Heverlee, le 25 janvier 1954.

1962-1967 au cours desquelles Monseigneur Descamps assuma les charges du rectorat.

Quand en 1930 nous acceptions de succéder à Mgr de Strycker, les directives rectorales étaient claires et formelles. Il s'agissait de boucler chaque année positivement le budget du Collège, budget qui à cette époque comportait le traitement modeste du président non seulement en tant que supérieur de la maison mais aussi comme professeur, ainsi que le service des repas à dix internes de l'Hôpital Saint-Pierre. Mon prédécesseur avait réussi à réaliser les instructions rectorales. Il quitta le Collège sans laisser de dettes et me transmit de quoi commencer ma présidence sans problèmes d'ordre financier. Je m'efforçai de suivre ses traces et, malgré les années difficiles de la guerre et de l'après-guerre, grâce au dévouement de l'économe et à la collaboration des Sœurs, je parvins à y réussir et même à constituer quelques réserves.

Pour les travaux extraordinaires, le président, pouvait et devait recourir à l'administration centrale. La plus vieille pédagogie de l'université réclamait d'urgentes réparations[36]. En 1936, Mgr Ladeuze accepta de refaire en beton l'aile située dans la partie centrale, dite «corridor de Marengo»[37]. Après le deuxième conflit mondial, Mgr van Waeyenbergh consentit à ce que l'intérieur des deux ailes latérales fût également reconstruit[38]. Seul le corridor inférieur de l'aile jouxtant le Collège Marie-Thérèse ne fut pas compris dans la restauration; l'inspecteur ne désirait pas abîmer les locaux du rez-de-chaussée, servant d'auditoires, qui venaient d'être remis à neuf. Plus tard, le recteur confia aux architectes Paul Felix et Georges Pepermans la restauration de la chapelle[39]. Un nouvel autel prit la place de celui en bois que jadis le président Sencie y avait installé. Et ce fut le professeur Simon Brigode qui aménagea l'entrée du

[36] Déjà avant mon arrivée au Collège, Mgr Ladeuze avait chargé l'inspecteur Janssens de restaurer l'escalier de la cour intérieure et d'aménager dans le style de la maison le hall conduisant à la chapelle, au grand réfectoire et au petit réfectoire; celui-ci servit de salon de réception lors des solennités académiques appelées à se dérouler au grand amphithéâtre du Collège Marie-Thérèse.

[37] Durant l'occupation du Collège par les vétérans des guerres napoléoniennes, les corridors avaient reçu des noms évoquant l'épopée de l'Empereur.

[38] L'aile jouxtant la cour du Collège Marie-Thérèse fut refaite en 1951 et 1952, celle jouxtant la caserne, aujourd'hui le bassin de natation, en 1954.

[39] Après 1967, l'intérieur de la chapelle subit quelques transformations à la suite de travaux entrepris après mon éméritat au corridor Marengo et de la démolition de la petite mensa au rez-de-chaussée.

Collège quand y fut placé, lors de l'exposition d'Adrien VI, le bas-relief commémorant le souvenir du fondateur.

La période 1945-1953 compte parmi les plus fastes du rectorat de Mgr van Waeyenbergh. Les luttes linguistiques parurent appartenir au passé. Au collège nous avions le privilège et le bonheur de compter comme commensal le professeur De Langhe[40], auquel s'ajoutèrent plus tard l'abbé Joseph Mogenet[41] et le chanoine Arthur Gille. Ce furent pour nous des années d'intense travail au cours desquelles nous avons élaboré un de nos ouvrages qui connut un grand succés, à savoir *Les Harmonies des deux Testaments*, Tournai, 1949, et avons lancé les *Journées bibliques* de Louvain.

C'est aux approches de Vatican II et surtout durant le concile, bref durant la période 1953-1962, que je pus constater chez quelques jeunes prêtres les premiers indices d'une désaffectation à l'endroit de l'institutionnel et, en particulier, de ce qui avait fait pour leurs aînés une excellente préservation de la vie sacerdotale. Ils aspiraient pour le dire en bref à une *Vie intérieure simplifiée*, mais d'une manière moins raisonnée, moins intelligente aussi, que jadis le Père Tissot l'avait proposée. Parfois les plus généreux cherchaient à compenser leur abandon d'observances traditionnelles par un recours à la pratique de vœux à un moment où un certain nombre de religieux paraissaient s'en fatiquer, ou même à les mettre en question. Pour la plupart, l'abandon de pratiques traditionnelles me parut créer un vide intérieur bien dangereux, appelant en quelque sorte la venue,voire l'irruption, des tendances sécularisantes. Quelques-uns finirent par y succomber, victimes de leur imprudence, et, peut-être pour une part, du manque de courage ou de clairvoyance de ceux auxquels incombait la tâche de les former, de les guider, de les prémunir.

Durant la même période, la concorde universitaire à laquelle, par son engagement personnel jusqu'à l'emprisonnement, le recteur van Waeyenbergh estimait avoir grandement contribué ne perdura guère. La mentalité estudiantine évolua considérablement. La mutation éclata au grand jour durant la décennie 1953-1962, la dernière de son rectorat.

Alors qu'au lendemain de la deuxième guerre mondiale, suite à l'entente qui s'était établie parmi les les étudiants face aux vexations

[40] R. De Langhe, né à Vinkt, le 13 février 1911, décédé à Louvain, le 30 oct. 1963. Cfr *ETL*, 1964, t. XL, pp. 104-125 et *supra*, pp. 99-108.

[41] Né à Melreux le 2 février 1913 et décédé à Soignies le 18 février 1980. L'abbé Mogenet soutint sa thèse alors qu'il résidait au collège. Brillant élément, il succéda au chanoine Rome.

de l'agresseur allemand, une tendance même «belgiciste» s'était fait jour, la tension entre wallons et flamands reprit et acquit une ampleur de plus en plus considérable. Ce n'est pas le lieu d'en rechercher tous les facteurs, d'autant moins que nous ne disposons pas encore de toute la documentation ni du recul nécessaire[42]. Contentons-nous de noter que ce qui de notre observatoire qu'était le Collège, nous a plus le plus frappé. Il y eut d'abord l'opposition qui se creusa entre les deux régions du pays à propos de la question royale. A Louvain, le recteur dut intervenir pour protéger le professeur Dabin qui avait pris en l'occurrence une position indépendante. Puis il y eut, à la suite du décès de Mgr Lamiroy, évêque de Bruges, le déclin de l'action catholique menée par le chanoine Dubois. A Louvain même, le décès de Paul Sobry en 1954 laissa un vide. L'emprise d'*Universitas* diminua, et cette perte d'influence ne fut pas compensée par celle d'une paroisse universitaire dont la direction fut contestée, même avant que certains faits pénibles n'eussent crevé les yeux des plus optimistes. Et ne perdons pas non plus de vue qu'il n'y eut pas un autre Cruysberghs pour entamer et mener des conversations avec les étudiants. Mgr Litt était à coup sûr plein de bonne volonté, mais son horizon me parut trop circonscrit à la table des convives qu'il rencontrait journellement à l'hôtel Majestic. Le choix qu'il fit de certains interlocuteurs pour le dialogue entre les partenaires linguistiques me surprit, et même me déconcerta. Puis il y eut aussi l'attitude parfois ambiguë de Mgr De Raeymaeker qui, par moments, parut jouer une carte plutôt extrémiste. Et comment oublier que des éléments non universitaires se mêlèrent plus d'une fois aux cortèges estudiantins? C'est eux que Mgr van Waeyenbergh rendit responsables de l'injure «Valet du Cardinal» lui lancée à la tête lors de l'émeute violente provoquée par la venue du ministre Duvieusart, le 10 mars 1960, à la cité universitaire. Ce fut la première fois que l'autorité du recteur, jusqu'alors respectée, fut publiquement bafouée. Quand quelques années plus tôt un groupe d'étudiants avait entrepris de saboter une conférence du ministre d'état Franz Van Cauwelaert, le recteur n'avait pas eu de peine à dompter le tumulte. En revanche, devant la meute qui assaillit Duvieusart, il dut s'avouer vaincu.

A l'intérieur même du Collège où les étudiants francophones

[42] Voir sur les années qui ont précédé la division de l'Université W. JONCKHEERE – H. TODTS, *Leuven Vlaams. Splitsingsgeschiedenis van de Katholieke Universiteit Leuven*, Leuven, Davidsfonds, 1979.

continuèrent à former un groupe important, il est vrai minoritaire, l'évolution estudiantine ne se fit guère sentir que dans quelques cas isolés. Nous avions obtenu l'éméritat en juillet 1967 et avions ainsi mis un terme à notre présidence du collège quand survinrent en France les troubles de mai 1968 qui ébranlèrent jusqu'à l'autorité du général de Gaulle. Ils préludèrent en quelque sorte à la révolte flamande provoquée par les mesures de l'autorité épiscopale, mesures prises pour résoudre la question de Louvain, mesures en partie malencontreusement formulées et rendues publiques dans une atmosphère surchauffée où l'entente ne parut plus pouvoir être envisagée[43].

Memento mei, Deus meus, in bonum. Amen (*Neh.*, XIII, 31).

[43] En 1965, à l'occasion de mes vingt-cinq ans de présidence, et en 1966, lors de mes soixante-dix ans, je réunis au collège les anciens étudiants devenus mes collègues à l'université, dont voici la liste : Ph. Loumaye (1927-1937), P. Felix (1931-1934), A. Gyselen (1931-1932), E. Meeussen (1931-1934), M. Renaer (1931-1933), J. Vandenbroucke (1932-1934), X. Aubert (1935-1936), P. De Somer (1935-1936), K. Roelants (1936-1938), R. Peuskens (1937-1938), R. Pouilliart (1937-1940, 1942-1944), J. Mertens (1939-1941), G. Willekens (1937-1944, 1946-1948), F. Bezy (1944-1947), A. Gilles (1944-1947), A. Van Haute (1947-1950), A. De Ruyttere (1944-1947), G. Levie (1946-1947), L. Van der Hauwaert (1946-1948), G. Boddez (1947-1950), H. Meunier (1947-1951), E. Eggermont (1948-1954), M. Callens (1949-1951), L. Ghoos (1949-1952), L. Missotten (1949-1951), A. Van Schoute (1949-1950), A. Wambersie (1949-1951), A. Prims (1950-1955), L. Ghoos (1951-1957), J. Lauwerys (1951-1961), J. Vervier (1951-1955), E. De Jaegere (1952-1954), A. Dhaenens (1952-1953), C. Dobbelaere (1952-1953), P. Van de Meerssche (1953-1954).

PRAESIDES ECONOMI SUBREGENTES COLLEGII PAPAE HADRIANI VI 1836-1967

Anni	*Praesides*	*Economus*	*Subregentes*
1835-36	Hermans[1]		
36-37	J.-B. David		Delforterie (directeur) – T. J. Gravez
37-38	J.-B. David		T. J. Gravez – C. J. Bogaerts
38-39	J.-B. David		T. J. Gravez – C. J. Bogaerts
39-40	J.-B. David		C. J. Bogaerts – H. Delecoeillerie
40-41	J.-B. David		C. J. Bogaerts – H. Delecoeillerie
41-42	J.-B. David		C. J. Bogaerts – H. Delecoeillerie
42-43	J.-B. David		J. Verdeyen
43-44	J.-B. David		J. Verdeyen – J. De Smet
44-45	J.-B. David		J. Verdeyen – E. Luytgaerens
45-46	J.-B. David		J. Verdeyen – E. Luytgaerens
46-47	J.-B. David		E. Luytgaerens – M. O'Reilly
47-48	J.-B. David		C. Anthonis – M. O'Reilly
48-49	J.-B. David		C. Anthonis – M. O'Reilly
49-50	J.-B. David		C. Anthonis – M. O'Reilly
50-51	N.-J. Laforêt		C. Anthonis – M. O'Reilly
51-52	N.-J. Laforêt		H. J. Jadot
52-53	N.-J. Laforêt		H. J. Jadot – F. Foubert
53-54	N.-J. Laforêt		H. J. Jadot – A. J. J. F. Haine
54-55	N.-J. Laforêt		H. E. Lambrecht – T. J. Lamy
55-56	N.-J. Laforêt		H. E. Lambrecht – T. J. Lamy
56-57	N.-J. Laforêt		T. J. Lamy – A. C. M. Van Gameren
57-58	N.-J. Laforêt		T. J. Lamy – A. C. M. Van Gameren
58-59	N.-J. Laforêt		T. J. Lamy – A. C. M. Van Gameren
59-60	N.-J. Laforêt		T. J. Lamy – A. C. M. Van Gameren
60-61	N.-J. Laforêt		L. Henry – E. Beauvois
61-62	N.-J. Laforêt		L. Henry – A. B. Van der Moeren
62-63	N.-J. Laforêt		L. Henry – J.-B. Abbeloos
63-64	N.-J. Laforêt		J.-B. Abbeloos – J.-B. Carnoy
64-65	N.-J. Laforêt		J.-B. Carnoy – J. G. Van Roost
65-66	C. P. E. Cartuyvels		J. G. Van Roost – P. Schoolmeester
66-67	C. P. E. Cartuyvels		P. Schoolmeester – J. J. Fourez
67-68	C. P. E. Cartuyvels		P. Schoolmeester – J. J. Fourez
68-69	C. P. E. Cartuyvels		P. Schoolmeester – D. Nollekens
69-70	C. P. E. Cartuyvels		D. Nollekens – Fivez – G. Liétard
70-71	C. P. E. Cartuyvels		A. Fivez – G. Liétard

[1] Cfr A. TIELEMANS, *art. cit.*, p. (510), qui se contente de signaler pour 1835-1836 « M. l'abbé Hermans, devenu plus tard curé à Wetteren ».

Anni	*Praesides*	*Economus*	*Subregentes*
71-72	C. P. E. Cartuyvels		V. Cambier – R. Depierreux
72-73	J. Jacops		V. Cambier
73-74	J. Jacops		R. Depierreux – J. Schneider – D. Mercier
74-75	J. Jacops		D. J. Mercier – A. Deschrevel
75-76	J. Jacops		D. J. Mercier – A. Deschrevel
76-77	J. Jacops		D. J. Mercier – A. Van Ingelgem
77-78	J. Jacops		A. Van Ingelgem – L. Lesquoy
78-79	J. Jacops		A. Van Ingelgem – L. Lesquoy
79-80	J. Jacops		L. Lesquoy – C. Delatte
80-81	J. Jacops		L. Lesquoy – C. Delatte
81-82	J. Jacops		Ch. Lucas – J. Lemaître
82-83	J. Jacops		Ch. Lucas – J. Lemaître
83-84	J. Jacops		J. Lemaître – M. Lecler
84-85	J. Jacops		M. Lecler – G. Ostyn
85-86	H. Vanden Berghe		M. Lecler – G. Ostyn
86-87	H. Vanden Berghe		M. Lecler – C. Delaere
87-88	J. de Groutars		C. Delaere – L. De Seille
88-89	J. de Groutars		C. Delaere – L. De Seille – A. Lauwers
89-90	J. de Groutars		A. Lauwers – J. Wauters
90-91	J. de Groutars		J. Wauters – J. Sencie
91-92	J. de Groutars		J. Wauters – J. Sencie
92-93	J. de Groutars		J. Sencie – J. Lenssen
93-94	J. de Groutars		J. Lenssen – A. Knoch
94-95	J. Sencie		J. Lenssen – A. Knoch
95-96	J. Sencie		J. Lenssen – R. De Muynck – L. Asselbergs
96-97	J. Sencie		R. De Muynck – L. Asselbergs
97-98	J. Sencie		R. De Muynck – L. Asselbergs
98-99	J. Sencie		R. De Groote – J. Flamion
99-1900	J. Sencie		H. Coppieters – Ch. Noblesse
00-01	J. Sencie		Ch. Noblesse – E. Frutsaert
01-02	J. Sencie		Ch. Noblesse – E. Frutsaert
02-03	J. Sencie		Ch. Noblesse – E. Frutsaert
03-04	J. Sencie		Th. Lefort – J. Van Cauwenbergh
04-05	J. Sencie		Th. Lefort – J. Van Cauwenbergh
05-06	J. Sencie		Th. Lefort – Th. Van Tichelen – L. Govaerts
06-07	Th. Lefort		G. Colle – A. Boon
07-08	Th. Lefort		G. Colle – A. Boon
08-09*	Th. Lefort	J. Boone	G. Colle – É. Willems – R. De Vlaeminck
09-10	Th. Lefort	J. Boone	É. Willems – R. De Vlaeminck
10-11	Th. Lefort	J. Boone	É. Willems – P. Van Cauwenbergh
11-12	L. Marchal	J. Boone	P. Van Cauwenbergh – L. Rochette
12-13	L. Marchal	J. Boone	A. Van Beerendonck – V. Coucke – F. Snieders
13-14	L. Marchal	J. Boone	V. Coucke – F. Snieders – Werbrouck – R. Koerperich
14-15	L. Marchal	J. Boone	R. Koerperich

* A partir de 1908-1909 (19-3-1908), l'abbé Boone fut nommé èconome.

Anni	*Praesides*	*Economus*	*Subregentes*
15-16	L. Marchal	J. Boone	R. Koerperich
16-17	L. Marchal	J. Boone	R. Koerperich
17-18	L. Marchal	J. Boone	R. Koerperich
18-19	L. Marchal	J. Boone	R. Koerperich – L. Bellon
19-20	P. de Strycker	Absent	L. Bellon – A. Collard
20-21	P. de Strycker	J. Boone	L. Bellon – J. Brosens – A. Collard
21-22	P. de Strycker	J. Boone	P. Mabesone – J. Vieujean
22-23	P. de Strycker	J. Boone	P. Mabesone – J. Vieujean
23-24	P. de Strycker	J. Boone	H. Hellemans – C. Muller
24-25	P. de Strycker	J. Boone	H. Hellemans – A. Faux
25-26	P. de Strycker	J. Boone	H. Hellemans – A Faux
26-27	P. de Strycker	J. Boone	E. Van Aelst – É. Lechat
27-28	P. de Strycker	J. Boone	E. Van Aelst – É. Lechat
28-29	P. de Strycker	J. Boone	L. De Kesel – J. Daem
29-30	P. de Strycker	J. Boone	J. Daem – J. Laruelle
60-61			
30-31	J. Coppens	J. Boone	J. Daem – J. Laruelle
31-32	J. Coppens	J. Boone	J. Laruelle – R. Bekaert
32-33	J. Coppens	J. Boone	R. Bekaert – G. Thils
33-34	J. Coppens	J. Boone	G. Thils – Fr. De Pauw
34-35	J. Coppens	J. Boone	G. Thils – Fr. De Pauw
35-36	J. Coppens	Fr. De Pauw	J. Havet – S. Vincke
36-37	J. Coppens	J. Smets	J. Havet – S. Vincke
37-38	J. Coppens	J. Smets	J. Havet – P. Van Hee
38-39	J. Coppens	J. Smets	J. Havet – J. Driesen – A. Postal
39-40	J. Coppens	J. Smets	J. Driesen – J. Nélis – R. De Langhe
40-41	J. Coppens	J. Smets	J. Driesen – J. Nélis – R. De Langhe
41-42	J. Coppens	J. Smets	L. Van Peteghem – G. Fransen – R. De Langhe (dir.)
42-43	J. Coppens	J. Smets	L. Van Peteghem – G. Fransen – R. De Langhe (dir.)
43-44	J. Coppens	J. Smets	H. Van den Bussche – G. Fransen – R. De Langhe (dir.)
44-45	J. Coppens	J. Smets	H. Van den Bussche – G. Fransen – R. De Langhe (dir.)
45-46	J. Coppens	J. Smets	H. Van den Bussche – A. Monnom – A. Roets (déc. 1945)
46-47	J. Coppens	J. Smets	A. Roets – J. Huaux – F. Van den Berghe
47-48	J. Coppens	J. Smets	A. Roets – J. Huaux – F. Van den Berghe
48-49	J. Coppens	J. Smets	J. Huaux – F. Van den Berghe – J. Ghoos
49-50	J. Coppens	J. Smets	J. Ghoos – L. Son – L. Becker
50-51	J. Coppens	J. Smets	L. Becker – J. Étienne – M. Sabbe
51-52	J. Coppens	J. Smets	J. Étienne – M. Sabbe – J. Geenen
52-53	J. Coppens	J. Smets	J. Étienne – M. Sabbe – J. Van Craenenbroeck
53-54	J. Coppens	J. Smets	J. Étienne – J. Van Craenenbroeck – B. Willaert
54-55	J. Coppens	J. Smets	J. Van Craenenbroeck – G. Jadoul – F. Neirynck
55-56	J. Coppens	J. Smets	G. Jadoul – F. Neirynck – C. Eykens
56-57	J. Coppens	J. Smets	F. Neirynck – C. Eykens – Y. Schuermans
57-58	J. Coppens	J. Smets	Y. Schuermans – G. Missiaen – L. Baert
58-59	J. Coppens	J. Smets	Y. Schuermans – G. Missiaen – L. Baert
59-60	J. Coppens	J. Smets	C. De Peuter – M. Dehaene – J. Van Echelpoel
60-61	J. Coppens	J. Smets	M. Dehaene – J. Van Echelpoel – R. Michiels – R. Georges

Anni	*Praesides*	*Economus*	*Subregentes*
61-62	J. Coppens	J. Smets	R. Michiels – R. Georges – A. Besters – S. Lamberigts
62-63	J. Coppens	J. Smets	R. Michiels – A. Besters – S. Lamberigts – A. Petitjean
63-64	J. Coppens	J. Smets	A. Besters – A. Petitjean – J. Lust – G. Plessers
64-65	J. Coppens	J. Smets	A. Petitjean – J. Lust – G. Plesters – Fr. Gistelinck
65-66	J. Coppens	J. Smets	J. Lust – Fr. Gistelinck – A. Brühls – U. Scheire
66-67	J. Coppens	J. Smets	Fr. Gistelinck – A. Brühls – U. Scheire – L. Leysten

* * *

E personis recensitis fuerunt promoti :

— ad episcopatum : T. J. Gravez (namurc.), C. Anthonis (aux. mechl.), H. Lambrecht (gand.), A. Mercier (mechl.), H. Coppieters (gand.), L. De Kesel (aux. gand.), J. Daem (antv.), L. Van Peteghem (gand.),

— ad rectoratum lovaniensem : N. J. Laforêt, J. B. Abbeloos,

— ad vice-rectoratum : C. Cartuyvels, J. Van Cauwenbergh,

— ad praelectiones in Alma Matre Lovaniensi : J.-B. David, Laforêt, A. J. J. F. Haine, H. Lambrecht, T. J. Lamy, A. B. Van der Moeren, J. B. Carnay, C. Cartuyvels, D. Mercier, J. Jacops, H. Van den Berghe, J. de Groutars, J. Sencie, R. De Muynck, H. Coppieters, Ch. Noblesse, Th. Lefort, A. Boon, L. Marchal, P. de Strycker, J. Vieujean, C. Muller, J. Coppens, G. Thils, Fr. De Pauw, J. Havet, R. De Langhe, G. Fransen, H. Van den Bussche, J. Ghoos, J. Étienne, M. Sabbe, B. Willaert, F. Neirynck, A. Petitjean, J. Lust, Fr. Gistelinck, L. Leyssen.

De professoribus qui ab anno 1836 usque ad annum 1967 in Collegio Papae praesides fuerunt notitiae adsunt in *Annuaire-Jaarboek Université de Louvain (AUL, AJUL)* :

N. J. LAFORÊT, *Discours aux funérailles de J.-B. David*, ap. *AUL*, 1867, XXXI, (312)-(339); F. NÈVE, *Discours prononcé le 4 mai 1866*, *ibid.*, (312)-(339). — *Décès de Mgr Laforêt, deuxième recteur magnifique de l'Université*, ap. *AUL*, 1873, XXXVII, (261)-(295); C. P. E. CARTUYVELS, *Discours funèbre de Mgr Laforêt*, *ibid.*, (296)-(337). — A. HEBBELYNCK, *Discours prononcé à la mortuaire de Mgr Cartuyvels le mardi 30 avril 1907*, ap. *AUL*, 1908, LXXII, (XXXI)-(XXXIV); F. LEFEBRE, *Monseigneur Cartuyvels*, *ibid.*, (XXXV)-(LXXXIX). — A. HEBBELYNCK, ap. *AUL*, 1907, LXXI, VI-VII[1]. — A. VAN HOVE, *M. le chanoine Henri vanden Berghe, professeur honoraire de la Faculté de théologie*, ap. *AUL*, 1930-1931, LXXXII, CLXXIV-CLXXVII. — A. HEBBELYNCK, *Discours prononcé aux funérailles de Mgr de Groutaers le 6 janvier 1900*, ap. *AUC*, 1901, LXV, (XIII)-(XX); Ph. COLINET, *Éloge funèbre de Mgr de Groutaers*, *ibid.*, (XXI)-(XXXIX). — W. PEREMANS, *Monseigneur Jozef Sencie, professor emeritus aan de Faculteit van Wijsbegeerte en Letteren*, ap. *AJUL*, 1940-1941, LXXXV, CCIII-CCVIII. — E. FEYS, *M. le chanoine Louis Marchal*, ap. *AJUL*, 1944-1948, LXXXVII, vol. III, 79ss. — É. LAMOTTE, *Éloge funèbre de Mgr Lefort*, ap. *AJUL*, 1957-

[1] Le professeur Jacops s'opposa à la publication d'une notice biographique.

1959, 227-231. — R. DRAGUET, *Le professeur Lefort collaborateur et directeur de la section copte du C.S.C.O.*, *ibid.*, 232-235. — G. GARITTE, *Monseigneur Lefort*, *ibid.*, 236-239. — A. DE MEYER, *Mgr Pierre de Strycker, professeur émérite de la Faculté de Philosophie et Lettres (17 mai 1880 - 7 juillet 1949)*, ap. *AJUL*, LXXXVIII, XXXVIII-L. — A. SCHOORS, *Het wetenschappelijk werk van Monseigneur Coppens. L'œuvre scientifique de Monseigneur Coppens*, ap. *De Mari à Qumrân L'Ancien Testament. Son milieu, ses écrits. Ses relectures juives. Hommage à Mgr Coppens* (éd. H. CAZELLES) (*Bibl. Eph. Theol. Lov.*, XXIV), Gembloux, 1969, 9*-28*, 29*-49*; G. RYCKMANS, *Notes d'un témoin*, 51*-65*. — G. THILS, *Allocution*, 67*-69*. — L. VAN PETEGHEM, *Allocution*, 71*-74*. — A. DESCAMPS, *Allocution*, 75*-80*. — A. CHARUE, *Toast*, 81*-82*. — *Réponse de Mgr Coppens. Antwoord van Mgr. Coppens*, 83*-93*. — *Bibliographia Academica J. Coppens. Capita selecta*, 95*-132*. — *Tabula gratulatoria*, 132*-158*.

INDEX ALPHABETICUS DEFUNCTORUM SOCIORUM QUORUM MEMORIA IN ANL I-XVI RECENSETUR

Numeri romani volumina ANL hucusque in lucem edita indicant.

INDEX ALPHATICUS DEFUNCTORUM SOCIORUM QUORUM MEMORIA IN ANL XXIV RECENSETUR

INDEX RERUM

PARS PRIMA. — NUNTIA FACULTATIS THEOLOGICAE ET FACULTATIS IURIS CANONICI

PARS SECUNDA. — NECROLOGIAE

TERTIA PARS. — CHRONICA FACULTATUM. — VARIA

Nous remercions vivement tous ceux qui nous ont autorisé à reproduire, — *ne pereant*, — les notices consacrées aux anciens professeurs et élèves des Facultés de théologie et de Droit canonique. Ces textes trouveront dans les *Annua Nuntia Lovaniensia* le plus large public qu'ils méritent.

* * *

Wij danken oprecht allen die ons de toelating schonken de notities gewijd aan oud-studenten en gewezen professoren van de Fakulteiten der Godgeleerdheid en van het Kerkelijk Recht, over te nemen *ne pereant*. Deze teksten zullen in de *Annua Nuntia Lovaniensia* het ruimere publiek vinden dat ze ongetwijfeld verdienen.